21 世纪全国高等院校汽车类创新型应用人才培养规划教材

汽车营销学

主　编　都雪静　安慧姝
副主编　王占宇　张　鹏
参　编　瞿炳华　郭欢欢　李金鹏
主　审　邓红星

内 容 简 介

本书以汽车营销为主线，围绕影响汽车销售的企业战略规划、营销策略及营销环境等内容展开，详细地介绍了汽车市场发展历程、市场营销观念的演变、汽车市场营销环境分析、汽车市场调查与预测、汽车营销组合策略、汽车品牌营销策略、汽车电子商务与网络营销，以及汽车销售实务等方面的基本理论及方法。

本书可供高等院校汽车服务工程专业教学使用，也可作为汽车营销从业人员的培训教材。

图书在版编目（CIP）数据

汽车营销学/都雪静，安慧姝主编．—北京：北京大学出版社，2015.5
（21世纪全国高等院校汽车类创新型应用人才培养规划教材）
ISBN 978-7-301-25747-0

Ⅰ.①汽… Ⅱ.①都… ②安… Ⅲ.①汽车—市场营销学—高等学校—教材 Ⅳ.①F766

中国版本图书馆 CIP 数据核字(2015)第 084498 号

书　　　名	汽车营销学
著作责任者	都雪静　安慧姝　主编
策 划 编 辑	童君鑫
责 任 编 辑	李娉婷
标 准 书 号	ISBN 978-7-301-25747-0
出 版 发 行	北京大学出版社
地　　　址	北京市海淀区成府路 205 号　100871
网　　　址	http://www.pup.cn　新浪微博：@北京大学出版社
电 子 信 箱	pup_6@163.com
电　　　话	邮购部 62752015　发行部 62750672　编辑部 62750667
印 刷 者	北京虎彩文化传播有限公司
经 销 者	新华书店
	787 毫米×1092 毫米　16 开本　25 印张　587 千字
	2015 年 5 月第 1 版　　2019 年 8 月第 3 次印刷
定　　　价	59.00 元

未经许可，不得以任何方式复制或抄袭本书之部分或全部内容。
版权所有，侵权必究
举报电话：010-62752024　电子信箱：fd@pup.pku.edu.cn
图书如有印装质量问题，请与出版部联系，电话：010-62756370

前　言

随着汽车保有量的不断增长，汽车营销在汽车后市场中备受瞩目，适当的营销战略及销售方法、新颖的销售策略等均给汽车企业的发展带来了契机。本书依据汽车服务业和汽车市场的特点，结合汽车市场已由单纯的技术型向技术服务型转化的现状，围绕汽车营销的基本理论及方法，详细地介绍了汽车市场发展历程、市场营销观念的演变、汽车市场营销环境分析、汽车市场调查与预测、汽车营销组合策略、汽车品牌营销策略、汽车电子商务与网络营销、汽车销售实务等方面的内容。

本书由东北林业大学交通学院都雪静副教授、黑龙江财经学院安慧姝副研究员担任主编。具体编写分工为：黑龙江财经学院安慧姝编写第1、2章，黑龙江工程学院张鹏编写第3、4章，东北林业大学都雪静编写第5～7章，东北林业大学王占宇编写第8、9章，东北林业大学瞿炳华编写第10章，东北林业大学郭欢欢、李金鹏编写第11章。

本书由东北林业大学邓红星教授担任主审，他在教材的体系及内容等方面提出了宝贵的意见，在此表示衷心感谢！

本书在编写的过程中参阅了大量的图书资料，受益匪浅，在此向有关的作者表示衷心感谢！

汽车营销学在我国尚处于不断摸索、不断完善的阶段，书中不完善之处在所难免，敬请读者批评指正。

编　者

2014 年 12 月

目 录

第1章 绪论 …… 1
1.1 市场与市场营销 …… 3
- 1.1.1 市场的含义 …… 3
- 1.1.2 市场的分类 …… 4
- 1.1.3 市场营销 …… 5
1.2 汽车市场营销与汽车服务业概述 …… 8
- 1.2.1 汽车市场营销 …… 8
- 1.2.2 汽车服务业概况 …… 10
综合习题 …… 16

第2章 汽车市场营销 …… 19
2.1 我国汽车市场发展概况 …… 21
- 2.1.1 我国汽车工业的发展历程 …… 21
- 2.1.2 我国汽车工业的战略地位 …… 23
- 2.1.3 我国汽车市场 …… 24
- 2.1.4 我国汽车市场的营销 …… 29
2.2 市场营销观念演变 …… 31
- 2.2.1 市场营销观念的演变历程 …… 31
- 2.2.2 当代营销观念的创新 …… 36
综合习题 …… 41

第3章 汽车企业战略规划 …… 43
3.1 汽车企业战略规划和营销管理 …… 45
- 3.1.1 汽车企业战略规划 …… 45
- 3.1.2 汽车企业总体战略规划的制定 …… 48
- 3.1.3 汽车企业市场营销战略规划 …… 54
- 3.1.4 汽车企业市场营销管理过程 …… 57
- 3.1.5 汽车营销计划 …… 61
3.2 汽车市场定位 …… 63
- 3.2.1 市场定位概述 …… 63
- 3.2.2 汽车市场定位依据、步骤及方式 …… 68
- 3.2.3 汽车市场定位策略 …… 71
综合习题 …… 74

第4章 市场购买行为分析及顾客满意工程 …… 78
4.1 消费者市场购买行为分析 …… 80
- 4.1.1 消费者与消费者市场 …… 80
- 4.1.2 消费者行为模式 …… 81
- 4.1.3 影响消费者购买行为的主要因素分析 …… 83
- 4.1.4 消费者的购买决策过程 …… 91
- 4.1.5 顾客让渡价值 …… 95
- 4.1.6 顾客满意 …… 98
- 4.1.7 顾客满意战略 …… 103
4.2 业务市场购买行为分析 …… 107
- 4.2.1 业务市场的特点 …… 107
- 4.2.2 业务市场购买者类型 …… 108
- 4.2.3 业务购买参与者 …… 109
- 4.2.4 业务购买行为类型 …… 110
- 4.2.5 影响业务购买的因素分析 …… 110
- 4.2.6 业务购买决策过程 …… 112
- 4.2.7 业务购买方式 …… 114
- 4.2.8 政府市场购买行为 …… 115
- 4.2.9 汽车中间商市场 …… 116
- 4.2.10 汽车零部件市场 …… 117
综合习题 …… 117

第5章 汽车市场营销环境分析 …… 120
5.1 汽车市场营销环境概述 …… 122
5.2 汽车市场营销宏观环境分析 …… 124
5.3 汽车营销微观环境分析 …… 142
5.4 汽车市场营销环境分析方法 …… 148
综合习题 …… 152

第6章 汽车市场调查与市场预测 …… 154

6.1 汽车市场调查概述 …… 156
- 6.1.1 市场调查的含义及作用 …… 156
- 6.1.2 汽车市场调查的内容 …… 158

6.2 汽车市场调查方法及步骤 …… 160
- 6.2.1 汽车市场调查的方法 …… 160
- 6.2.2 汽车市场调查的抽样技术 …… 165
- 6.2.3 汽车市场调查的步骤 …… 167

6.3 汽车市场调查问卷的编制 …… 169
- 6.3.1 问卷设计的原则 …… 169
- 6.3.2 问卷设计的程序 …… 170
- 6.3.3 问卷设计的构成 …… 171
- 6.3.4 问卷问题设计的注意事项 …… 172

6.4 汽车市场预测方法及应用 …… 178
- 6.4.1 市场预测概述 …… 178
- 6.4.2 定性预测法 …… 181
- 6.4.3 定量预测法 …… 186

综合习题 …… 192

第7章 汽车市场营销组合 …… 195

7.1 汽车产品组合策略 …… 197
- 7.1.1 汽车产品的整体概念 …… 197
- 7.1.2 汽车产品的组合策略 …… 199
- 7.1.3 汽车产品生命周期及其营销策略 …… 203
- 7.1.4 汽车新产品开发策略 …… 210

7.2 汽车促销组合 …… 217
- 7.2.1 汽车促销 …… 217
- 7.2.2 汽车促销组合概述 …… 218
- 7.2.3 影响汽车促销组合策略的因素 …… 219
- 7.2.4 汽车促销组合的趋势 …… 221
- 7.2.5 广告促销策略 …… 223
- 7.2.6 人员推销策略 …… 233
- 7.2.7 公共关系促销策略 …… 239
- 7.2.8 销售促进促销策略 …… 244

综合习题 …… 247

第8章 汽车品牌营销 …… 249

8.1 汽车品牌营销概述 …… 251
- 8.1.1 品牌 …… 251
- 8.1.2 品牌营销 …… 257
- 8.1.3 汽车品牌的组成 …… 261
- 8.1.4 汽车品牌营销 …… 267

8.2 汽车自主品牌营销策略 …… 271
- 8.2.1 汽车自主品牌 …… 271
- 8.2.2 我国汽车自主品牌的发展历程及现状 …… 273
- 8.2.3 国际化汽车品牌的营销策略 …… 278

综合习题 …… 282

第9章 汽车国际营销 …… 284

9.1 国际营销的理论基础 …… 286
- 9.1.1 汽车工业的发展历程 …… 286
- 9.1.2 国际汽车市场分析 …… 288
- 9.1.3 国际汽车市场营销理论 …… 292

9.2 国际营销的方式和战略 …… 299
- 9.2.1 国际目标市场的选择 …… 299
- 9.2.2 国际汽车市场营销方式 …… 301
- 9.2.3 国际汽车市场营销战略 …… 305
- 9.2.4 国际汽车营销模式 …… 313

综合习题 …… 314

第10章 汽车电子商务与网络营销 …… 317

10.1 汽车电子商务概述 …… 318
- 10.1.1 电子商务的发展历程、内涵及本质 …… 319
- 10.1.2 国内外汽车电子商务发展现状 …… 320
- 10.1.3 汽车电子商务的分类及功能 …… 322
- 10.1.4 汽车电子商务的优势 …… 326
- 10.1.5 汽车电子商务流程 …… 328
- 10.1.6 汽车电子商务运行模式及模式选择 …… 329

  10.1.7 汽车电子商务发展策略 …… 332
10.2 汽车网络营销实务 …… 334
  10.2.1 汽车网络营销的优势 …… 334
  10.2.2 国内汽车网络营销存在的问题 …… 335
  10.2.3 汽车网络营销方式 …… 337
  10.2.4 汽车网络营销流程 …… 338
  10.2.5 国内汽车网络营销发展策略 …… 340
10.3 网络营销模式及特点 …… 341
  10.3.1 网络营销的概念及内容 …… 341
  10.3.2 网络营销的特点 …… 344
  10.3.3 网络营销的功能 …… 345
  10.3.4 网络营销模式 …… 347
综合习题 …… 350

第11章 汽车销售实务 …… 353

11.1 汽车销售实务程序 …… 355
  11.1.1 整车销售 …… 355
  11.1.2 销售服务 …… 363
  11.1.3 零配件供应 …… 371
  11.1.4 维修服务 …… 371
  11.1.5 信息反馈 …… 372
11.2 汽车销售注意事项 …… 373
  11.2.1 汽车销售的基本法则 …… 373
  11.2.2 汽车展厅布置注意事项 …… 374
  11.2.3 汽车销售人员仪表、举止 …… 376
  11.2.4 客户接待注意事项 …… 378
  11.2.5 车辆展示注意事项 …… 382
  11.2.6 处理顾客异议注意事项 …… 383
  11.2.7 交车注意事项 …… 384
  11.2.8 投诉处理注意事项 …… 385
综合习题 …… 387

参考文献 …… 390

第 1 章 绪 论

 本章教学要点

知识要点	掌握程度	相关知识
市场与市场营销	熟悉市场的含义； 了解市场的分类； 掌握市场营销的含义； 掌握市场营销的形成与发展	市场的含义； 市场的分类； 市场营销的含义； 市场营销的形成与发展
汽车市场营销与汽车服务业概况	掌握汽车营销的功能、意义、特征及目标； 了解我国汽车服务业的现状； 了解我国汽车服务业发展趋势	汽车营销； 我国汽车服务业的现状； 我国汽车服务业的发展趋势

导入案例

见证我国汽车营销史的十款标志性车型

1. 桑塔纳

桑塔纳是改革开放以来国内引进的第一款轿车，从1984年引进到中国到2012年10月上海大众宣布旧桑塔纳停止生产为止，在中国的29年，桑塔纳圆了无数中国人的汽车梦，全国保有量超过380万台，创下市场神话，见证了中国汽车成长为全球第一产销大国的历程。

2. 富康

中国首款两厢轿车，同时也是首款国家以文件形式规划的家庭轿车，可惜"出生"太早，当时中国消费者还不接受"没屁股"的轿车，只好加了个屁股改为三厢，日子稍为好过一点。现在中国消费者能接受两厢车，富康的贡献是不可磨灭的。

3. 雅阁

雅阁是本田汽车厂最重要也是销售量最大的车系之一，在雅阁进入中国市场之前，跨国公司对于中国市场仍没有清晰的认识，当时的几家合资公司引进的基本上都是老款车型，换句话说，拿一些过了气的车型到中国市场谋求二次利润。广汽本田当时引进的是全球同步的第6代雅阁，其旺销的局面让跨国公司开始重新审视中国市场，在随后的几年纷纷开始往中国输入新车型。本田雅阁的出现促使中国轿车开始走中高级路线，加快了中国轿车的发展进程。

4. 别克GL8

"陆上公务舱"概念的成功推出，令别克GL8成为商务车的典范，堪称中国汽车营销的经典案例。别克GL8的成功，吸引了其他MPV的相继上市，但其龙头地位无人能撼。

5. 赛欧

"十万元家庭轿车"，这是赛欧给中国消费者的一个承诺，也是对"经济型轿车运动"发展的一次启蒙。赛欧的成功，同时也给其他汽车厂家上了一堂生动的关于公关策划与概念营销的实战案例课。

6. 吉利

吉利轿车的成功，向人们宣告了两个事实：一是民营企业也可以造汽车，二是汽车价格原来可以这么便宜。

7. 宝来

宝来自称"驾驶者之车"，这是汽车行业首次针对某一特定消费群而展开营销攻势，标志着个性化购车时代的到来。

8. POLO

POLO是中国第一款与国际同步的两厢紧凑型轿车，自推出之后好评如潮，成为2002年风头最劲的车型。POLO的推出，还改变了中国消费者对两厢轿车的偏见，两厢轿车开始大批上市，不过由于当时上海大众的营销策略出了问题，POLO并没有享受到两厢车市场扩张所带来的好处，销量不太理想。

9. 高尔夫

2013年欧洲汽车市场销售冠军高尔夫，在一汽大众引入之初，销售一直不温不火，令德国人为之烦恼。高尔夫的"水土不服"，不仅向德国大众，同时也向所有的跨国汽车公司提醒：随便拿一款新车到中国一卖就火的时代已经一去不复返了，中国消费者的消费心理和消费习惯必须受到尊重。

10. 奇瑞QQ

一款只卖四五万元的小车，却被贴上了时尚的标签；一款被指责为模仿大宇Matiz的小车，却改写了自主品牌车月销量不能超过1万辆的历史。奇瑞QQ的成功，不仅是价格的成功，更是营销策略的成功。

市场营销是随着经济发展和企业经营管理的需要而出现的。改革开放以来，市场营销受到我国企业界的极大关注，营销活动的开展越来越广泛和深入。

汽车产业作为国民经济重要的支柱产业之一，在经济发展的过程中起着举足轻重的作用。目前，全球的汽车市场竞争日趋激烈，我国的汽车工业发展机遇与挑战并存。面对能源、交通、环境等因素的制约以及更为激烈的国际竞争等的严峻挑战，我国的汽车工业必须采取有效的措施保证汽车产业的可持续发展。因此，我们必须对汽车营销工作给予高度重视，借助科学的营销策略，认识新的营销特点，探索新的营销规律，创造新的营销方法开展市场营销，促进汽车市场及营销活动的发展。本章将讨论市场与市场营销的含义，介绍汽车营销与汽车服务业的概况。

1.1 市场与市场营销

在现代社会经济条件下，几乎所有的经济现象与经济活动都与市场有关，几乎所有的经济方面的学科也都不同程度的涉及市场。

1.1.1 市场的含义

市场是商品经济的产物，哪里有商品生产和交换，哪里就会有市场。但是市场的概念又不是一成不变的，它是随着商品经济的发展而不断深化的和拓宽的。对市场概念可以从以下几方面来理解。

1. 市场是商品交换的场所

在商品经济尚不发达的时候，市场的概念总是同时间概念和空间概念联系在一起的。人们总是在某个时间聚集到某个地方完成商品的交换及交易，因而市场被看作是商品交换和市场交易的场所。至今，人们仍习惯地将市场看作商品交换的场所，这种市场形式目前仍很普遍，如商场、集贸市场、汽车交易市场等。

2. 市场是各种商品交换关系的总和

在现代社会里，商品交换关系渗透到社会生活的各个方面，交换的商品品种和范围日益扩大，交易方式也日益复杂，特别是金融信用、交通运输、通信事业的发展，交换的实现已经突破了时间和空间的限制,人们可以在任何时间和任何地方达成交易,实现商品交换。因此,现代的市场已经不再是指具体的交易场所。

从经济实质的角度看,市场的功能在于促进商品交换,使产品转换为商品。市场隶属商品经济范畴,反映着商品供求关系,代表着各种商品错综复杂交换关系的总和。市场既然反映着商品交换关系和商品供求关系,则通过市场就可以调节商品供给和商品需求的关系,包括二者在数量和结构上的关系,也可以反映和调节交易主体(供给者、购买者及其他交易参与者)之间的利益关系。

3. 市场是某种商品现实和潜在的总需求

市场可以描述为:市场＝购买者＋购买力＋购买欲望。此种描述揭示出市场的三要素,即购买者、购买力及购买欲望。事实上市场专指买方及其需求,而不包括卖方;至于卖方则与其竞争对手(卖方的同行)一起组成某个产业,他们之间属于竞争者,而不是市场。所以在市场营销中,市场往往等同于需求。平时大家所讲的"市场疲软"就是针对有效需求不足而言的。

市场的发展是一个由消费者(买方)决定,生产者(卖方)推动的动态过程。市场除了有购买力和购买欲望的现实购买者外,还包括暂时没有购买力,或是暂时没有购买的潜在购买者。这些潜在购买者,一旦其条件发生变化,如收入提高有了购买力,或受宣传介绍的影响,有了购买欲望,其潜在需求就会转变成现实需求,即有潜在需求的购买者是卖方的潜在市场。对卖方来说,明确本单位产品的现实和潜在市场,其需求量多少,对正确制定生产以及营销决策具有重要意义。

在现代社会里,市场成为整个社会经济的主宰者,是社会经济的指挥棒和调节器。现代交换经济中市场流通的基本关系,如图1-1所示。

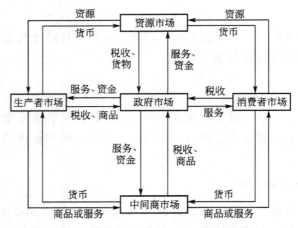

图1-1 现代交换经济中市场流通的基本关系

1.1.2 市场的分类

从不同的角度可以将市场分为不同的类型。在市场营销学中,可以依据购买者的身份、经营者的用途和对象、市场出现的先后、商品流通的时间和顺序及商品流通地域对市场进行划分。

1. 根据购买者的身份划分

将整个市场分为生产者市场、消费者市场、中间商市场和政府市场。生产者市场是指为了满足企业生产产品的需求而购买产品和服务的所有组织和个人所组成的市场。消费者市场是指所有为了满足个人或家庭生活需求而购买商品和服务的人所组成的群体。中间商市场是指购进商品后再转卖或出租给别人的所有组织和个人所组成的市场。政府市场是指为了满足自己办公需求而购买商品和服务的所有机构、组织和社会团体所组成的市场。

不同的购买者有着不同的需求，此种分类方法有利于企业分别研究各类市场的特点，便于企业按照顾客的需求制定市场营销决策。

2. 根据经营者的用途和对象划分

将整个市场划分为生产资料市场、消费品市场、资金市场、技术市场、服务市场、信息市场等。此种分类方法有利于企业研究不同产品和服务的特点，便于企业按照顾客的特殊需要组织生产经营活动。

3. 根据市场出现的先后划分

将市场划分为现实市场、潜在市场和未来市场。

（1）现实市场指对企业经营的某种商品有需要、有购买欲望、有支付能力的现实顾客。

（2）潜在市场指有可能转化为现实市场的市场。在构成市场的要素中，购买欲望与购买力中的任何一个不具备都意味着市场是潜在市场。

（3）未来市场指处于萌芽状态或尚未形成，但在一定条件下必将形成并发展成为现实市场的市场。在激烈的竞争环境中，企业要想生存与发展，除了要重视自己的现实市场外，更重要的是开发潜在市场，并积极的预见和开创未来市场。

4. 根据商品流通的时间和顺序划分

根据商品流通的时间把市场分为现货市场和期货市场；根据商品流通的顺序可以把市场分为批发市场和零售市场。

5. 根据商品流通地域划分

可以把市场分为国际市场、全国市场、城市市场、农村市场和地方市场。

1.1.3 市场营销

1. 市场营销的含义

在很长一段时间里，我国把"市场营销"称为"市场学"，来源于对英文 Marketing 一词的翻译。Marketing 作为一种企业经营综合活动的描述，其含义绝不只是限于对市场的静态描述和解释，也不只是对销售活动（Selling）的研究。按照现代经营观念，企业并不只是考虑如何把生产出来的东西卖出去，而更主要的是生产前就要考虑产品是否适销对路。可见，Marketing 应有更完整的内涵，它既包括市场需求研究，又包括丰富多彩的营销活动。但在中文中，对 Marketing 的译名却很多，且各有考虑，其中以"市场学""市场营销学""销售学"（港台地区的"行销学"）最为常见。"市场学"译名容易使人望文生义,将 Marketing 理解为静态的研究市场、流通、供求关系及价值规律的经济科学;而"销售学"译名又旨在强调重视销售技巧与推销方法,只是 Selling 指代的活动。二者均不能完整地反映 Marketing 的内涵。因此,大部分人赞成译作"市场营销",并已得到我国的普遍认同。

在市场营销产生的一个较长时期内,很多人都认为市场营销主要是指推销,目前很多人仍持有这种看法。其实,现代的市场营销早已不是推销的同义语了,权威的美国学者菲利普·科特勒认为"市场营销最主要的不是推销,推销只是市场营销的一个职能(并且常常不是最重要的)。因为准确地识别出消费者的需要,发展适销对路的产品,搞好定价、分销和实施有效的促销活动,产品就会很容易销售出去。"其研究的对象和内容是"识别目前未满足的需要和欲望,估量和确定需要量的大小,选择和计划(或方案),以便为目标市场服务"。这就是说,"市场营销"主要涉及企业在动态市场上如何有效地管理其交换和交换关系,以提高经营效果,实现企业目标。或者说,市场营销的目的,就是在于了解消费者的需要,按照消费者的需要来设计和生产适销对路的产品,同时选择销售渠道,做好定价和促销等工作,从而使这些产品可以轻而易举地销售出去,甚至"使推销成为多余"。

另一位美国学者 E.I. 麦卡锡说:"市场营销活动应从顾客开始,而不是从生产过程开始,应由市场营销部门(而不是由生产部门)决定将要生产什么产品。诸如产品开发、设计、包装的策略,定价、赊销及收账的政策,产品的销售地点以及如何做广告和如何推销等问题,都应由营销部门来决定。但这并不意味着市场营销要把传统的生产、会计、财务等工作全部接过来,而只是说市场营销为这些活动提供引导。"

1984 年菲利普·科特勒又进一步阐述说:"市场营销是识别目前未满足的需要和欲望,估量和确定需求量的大小,选择本企业能最好地为它服务的目标市场,并且决定适当的产品、服务和计划,以便为目标市场服务。"

1985 年美国市场营销协会(AMA)对市场营销的定义是:"市场营销是对思想、货物和服务进行构思设计、定价、促销和分销的规划与实施过程,从而产生能满足个人和组织目标的交换。"

2004 年 8 月,在 AMA 夏季营销教学者研讨会上,AMA 修正了市场营销的定义,此次公布的市场营销新定义是在整合了来自全球的理论界和实践界众多营销者的贡献基础之上而修订出来的。中国人民大学商学院的郭国庆教授建议将这次的新定义完整地表述为:市场营销既是一种组织职能,也是为了组织自身及利益相关者的利益而创造、传播、传递客户价值,管理客户关系的一系列过程。

美国市场营销协会将市场营销定义为:市场营销是创造、沟通与传送价值给顾客,及经营顾客关系以便让组织与其利益关系人受益的一种组织功能与程序。该定义于 2013 年 7 月通过美国市场营销协会董事会一致审核,该定义是目前较权威的定义。新时期的市场营销强调了顾客的重要地位,承认了顾客价值。

企业要想最大限度地满足自己的需要,首先就要最大限度地满足他人的需要。虽然市场营销的目的是同时满足供需双方的需要,但它的前提和重心却是满足顾客的需要,设法发现顾客现实需要和潜在需要并通过商品交换过程尽力满足它,满足顾客需要变成企业盈利的机会。

市场营销学是一门具有综合性和边缘性特点的应用科学,是一门经营管理的"软科学"。在某种意义上说,它既是一门科学(因为凝聚着诸多原理、道理或理论,如生产目的论、价值实现论、交换论等），又是一门艺术（因为体现了一系列营销方法，即"问题、分析、管理和决策的方法体系"，或称之为方法论）。其研究对象是企业的市场营销活动和营销管理，即如何在最适当的时间和地点，以最合理的价格和最灵活的方式，把适销对路的产品送到用户手中。

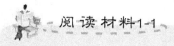

阅读材料1-1

市场营销的新式定义

（1）江亘松在《你的行销行不行》中强调行销的变动性，利用行销的英文 Marketing 作下面的定义："什么是行销？"就字面上来说，"行销"的英文是"Marketing"，若把 Marketing 这个字拆成 Market（市场）与 ing（英文的现在进行式表示方法）这两个部分，那行销可以用"市场的现在进行时"来表达产品、价格、促销、通路的变动性导致供需双方的微妙关系。

（2）2004年8月，在 AMA 夏季营销教学者研讨会上，AMA 揭开了关于市场营销新定义的面纱，以此更新了近20年来 AMA 对营销的官方定义。此后，关于市场营销的新定义在美国的市场营销理论界、实践界都引起了广泛的讨论。此次公布的市场营销新定义是在整合了来自全球的理论界和实践界众多营销者的贡献基础之上而修订出来的。中国人民大学商学院的郭国庆教授建议将这次的新定义完整地表述为：市场营销既是一种组织职能，也是为了组织自身及利益相关者的利益而创造、传播、传递客户价值，管理客户关系的一系列过程。推动重新审视和修订 AMA 关于市场营销的官方定义的主要力量之一是来自于 AMA 的 CEO 丹尼斯·杜兰普。市场营销的第一版官方定义是1935年被 AMA 的前身——美国营销教师协会所采用的，1948年被 AMA 正式采用。1960年，当 AMA 重新审视第一版定义时决定保持不变，不做任何修改。就这样，关于市场营销的最初的定义一直沿用了50年，直到1985年的时候被重新修订了。修订后的定义也就是当今我们见到的关于市场营销最普遍的定义：市场营销是计划和执行关于商品、服务和创意的观念、定价、促销和分销，以创造符合个人和组织目标的交换的一种过程。这个定义一直沿用至此才被重新修订。这次新定义是近20年来关于市场营销定义的首次修订，无怪乎引起了广大营销者的普遍重视。

2. 市场营销的形成与发展

20世纪初，以美国为代表的一些国家，由于工商业的发展十分迅速，商业广告的运用和销售技术的研究逐步受到社会各界的重视，许多经济院系都开设了广告学和销售技术等课程。从1902年起，美国的密执安、加利福尼亚和伊利诺伊州的三所大学的经济学系正式设置了市场营销学课程，并把市场营销问题当作一门学科来研究。1912年，美国哈佛大学赫杰特齐（J. E. Hegertg）教授编写的《Marketing》被认为是第一本把市场营销学作为独立学科的书。这些课程以经济学、行为科学和早期管理学为基础，涉及企业经营思想、销售手段和生产战略等许多方面的内容，形成"市场营销学"的雏形。但当时的销售研究主要限于推销和产品广告领域，尚未形成自己的理论体系。

真正的现代市场营销是第二次世界大战后在美国形成的。这是由于，美国在第二次世界大战中生产力不仅未受到大的摧毁，反而还有较大发展。在战后世界经济恢复时期，其

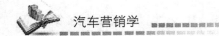

经济实力迅速超过老牌劲旅——英国，一跃成为头号强国。商品供给迅速超过商品需求，绝大部分商品市场成为买方市场，卖方之间的竞争空前激烈，使买方处于可以选择和左右市场的主导地位。因而原有的销售理论和方法面临着严峻的挑战。于是销售在理论上发生了重大变革，研究的范围突破了流通领域，日益与企业生产经营的整体活动密切结合起来，研究的重点转为买方市场条件下的企业经营活动，形成了以市场需求为中心的现代营销观念及其指导下的一系列现代企业经营战略和方法，并得以广泛传播和运用，取得了显著的实践成效。

进入20世纪五六十年代，市场营销在世界各地得到了广泛传播，可以说商品经济越发达的地方，市场营销也就越兴盛。大量的市场营销研究组织和学术著作纷纷诞生，积极地推进了市场营销向纵深领域发展。大体上说，市场营销是市场经济条件下企业竞争的有效手段，是现代企业不可或缺的经营武器。现在，就世界范围来看，市场营销在理论上仍是美国处于领先地位，但日本企业在营销实践上特别是七八十年代的卓著成绩，一度为全世界所瞩目。

经济改革前，我国长期执行越来越僵化的计划经济体制，否定抵制商品和商品生产，也否定与商品经济有关的科学和方法。在长达30年的时间里，市场营销学的研究和传播在我国基本中断，我国学者和企业对国外迅速发展的市场营销学知之甚少。西方的现代市场营销理论只是在改革开放后才传入我国，但发展却十分迅速。特别是1984年全国高校市场学研究会成立以后，极大地推动了市场营销在我国的传播、研究和运用。1991年3月成立的中国市场学会，对促进学术界与企业界、理论与实践的结合，也做了大量卓有成效的工作。

20世纪90年代中期以来，是我国市场营销理论研究结合中国具体实际提高、创新的时期。随着国内经济结构的变化、外资企业的大量进入，买方市场特征日益明显，中国市场竞争空前激烈。在这种形势下，强化营销和营销创新成为企业的主要课题，中国营销学术界主要进行了以中国企业实现"两个转变"（即从计划经济向市场经济转变，从粗放经营向集约化经营转变）为主题和以"跨世纪的中国市场营销"为主题的营销创新研究，取得了一系列有价值的研究成果。我国汽车企业也是在这一时期才真正逐步学会运用现代市场营销理论成果的。

1.2 汽车市场营销与汽车服务业概述

1.2.1 汽车市场营销

汽车市场营销是指汽车商品从生产领域到消费领域转移过程中所采取的经营方法、策略和销售服务。

汽车市场营销的任务就是通过努力解决汽车生产与消费的各种分离、差异和矛盾，使得汽车企业各种不同的供给与消费者或用户各种不同的需要与欲望相适应，最终实现汽车生产与消费的统一。

1. 汽车市场营销的功能

汽车市场营销作为汽车企业的一项经营管理活动，有如下四项基本功能。

1)发现和了解消费者的需求

现代市场营销观念强调市场营销应以消费者为中心,汽车企业也只有通过不断满足消费者的需求,才能实现企业的最终目标。因此,发现和了解消费者的需求是市场营销的首要功能。

2)指导企业制定战略决策

企业战略决策正确与否是企业成败的关键,企业要谋得生存和发展,必须制定成功的经营决策。汽车企业应通过市场营销活动分析外部环境的动向,了解消费者的需求和欲望,了解竞争者的现状和发展趋势,并结合自身的资源条件,指导汽车企业在产品、定价、分销、促销和服务等方面做出相应的、科学的决策。

3)开拓市场

通过对消费者现在需求和潜在需求的调查、了解与分析,充分把握和捕捉市场机会,积极开发产品,建立更多的分销渠道及采用更多的促销形式开拓市场,增加销售。

4)满足消费者的需求

满足消费者的需要与欲望是企业市场营销的出发点和中心,也是市场营销的基本功能。汽车企业通过市场营销活动,从顾客需求出发,并根据不同目标市场的顾客,采取不同的市场营销策略,合理地组织企业的人力、财力和物力等资源,为顾客提供适销对路的产品,搞好产品售后的各种服务,让消费者获得最大的满意。

2. 汽车市场营销的意义

汽车市场营销对我国汽车企业有重要意义,主要表现在以下三个方面。

1)开展汽车市场营销是市场经济体制运行机制的要求

市场经济下的运行机制是资源优化配置的一种形式,在这种运行机制下体现的是优胜劣汰。汽车企业如果不能顺应环境的变化,只会造车而不会卖车,最终必然会在现代汽车市场的激烈竞争中被淘汰。汽车企业只有运用现代市场营销理念来指导汽车生产与销售,才能在与国内外汽车企业的激烈角逐中获胜,最终在市场上占有一席之地。

2)开展汽车市场营销是提高企业效益和促进企业发展的主要动力

汽车市场营销的功能决定了在世界汽车技术和成本日益接近的形势下,积极营销是提高汽车企业效益的一条最好途径。

3)开展汽车市场营销是我国汽车企业走向世界的需求

在经济全球化愈演愈烈,市场经济发展模式获得普遍认同的今天,我国汽车企业走市场营销之路是与国际汽车市场接轨的必然。中国汽车企业要想在世界汽车企业中占有一席之地,除了努力提高汽车制造技术外,还应不断运用汽车市场营销理论指导实践,这样才能跻身世界汽车企业前列。

3. 汽车市场营销的特征

1)政策性强

在我国,对汽车营销权有严格的限制和规定。从事汽车生产的企业,必须按规定报经主管部门批准,并列入国家年度汽车生产企业报告及产品报告内,方准生产。同样,从事汽车产品销售的企业必须事先报请国家工商总局或各省市工商局批准,给予汽车经营销售权后才能开展销售活动。各级工商局审批汽车营销权非常慎重,其营销权限往往严格控制在一定的范围内,企业不得超越权限经营。目前,汽车及零部件的销售权正在朝着以生产厂为中心而辐射的售后服务中心转移。由于汽车营销的政策规定很多，而且随时间经常变化，因此营销商必须十分注意学习有关政策规定，遵纪守法，文明经商。

2）技术性较高

仅从汽车销售企业来看，在汽车营销过程中，从进货时选择车型，提车时检查、验收产品质量情况，储运过程中汽车使用、停车维护，销售汽车时宣传性能特点，售后发生质量问题的处理等都需要对各种汽车技术状况的了解。而且，大多数购买者会提出一系列技术问题，要了解清楚，弄明白后才决心购买。而对于汽车制造商来讲，科学技术水平已经成为企业获得生存和发展的重要因素之一，是企业核心竞争力的主要内容。

3）需用资金多

现在买一辆汽车少则 3～5 万元，多则 100 万元以上，还有更贵的高档汽车。所以，汽车营销必须要有足够的启动和流动资金，满足进料、进货、运输和储存的需要。对于汽车销售商来讲，为了使顾客有挑选的余地，要有一定数量的库存。由于占用资金多，随之而来的是银行贷款多，利息负担重，所以，汽车企业必须慎重地考虑如何加速资金周转问题，避免金融风险。

4）商品车维护复杂

营销汽车必须有一定的库存车辆，以便客户选择，而且从外地远程进货时，一般是一批批运来，要求有较大的仓库。存放时间长的应当在室内存放，尤其是客车，长期露天存放，日晒雨淋，接触风沙泥土，对车子有损伤，塑料管子和密封件也易老化。所以，库存车辆要有专人维护，机件要及时检查和涂油，冬天要把水套中的水放干净以免冻坏气缸体，蓄电池要定期充电等。如果将商品车放在储运公司，每年要付仓储费，又会增加流通费用。总之，这些工作都是区别于其他产品市场营销的。

4. 汽车市场营销的目标

营销目标是对企业经营销售活动的未来成果所作的设想和努力发展的方向，通常以定量方式体现出来，它是营销战略的核心。汽车市场营销目标包括汽车销售额和销售增长率、汽车销售地区的市场占有率（市场份额）、利润和投资收益率、产品质量、劳动生产率、产品创新、企业形象等。其中，利润和投资收益率是企业最重要的核心目标。投资收益率是指一定时期内企业的纯利润与该企业全部投资（自有资金）的比率，这是衡量和比较企业利润水平的主要指标。市场占有率是指一定时期内一家企业汽车销售量（或销售额）在同一市场的同类产品销售总量（总额）中所占的比重，又称市场份额。

营销目标有长期目标和短期目标之分，长期目标有 3 年、5 年、10 年不等；短期目标一般为当年所要实现的目标。确立营销目标可以为企业营销活动提供行动指南，使企业实现外部环境、内部条件和战略任务三者之间的动态平衡；使企业获得长期、稳定、协调的发展；有助于建立企业风格，改进企业的公共关系。

1.2.2 汽车服务业概况

汽车服务业被称为汽车市场的黄金产业。截至 2014 年底，我国机动车保有量达 2.64 亿辆，汽车服务市场的发展潜力巨大。

1. 汽车服务业定义

汽车是一种耐用消费品。当我们购买了汽车后，就需要定期对汽车进行加油、保养、保险和维修,消费支出贯穿汽车的购买和使用始终。与汽车终生消费的特点相对应,汽车服务业涉及的范围相当广泛,从汽车下线进入用户群开始,到整车成为废弃物为止的全过程,都涉及各种类型的汽车服务需求。

汽车服务可以分为汽车的销售过程中的服务,包括汽车销售本身,汽车销售过程中提供的与汽车相关的服务,还包括汽车销售后的服务需求。汽车基本服务的类型见表1-1。

表1-1 汽车基本服务的类型

服务类型	服务内容
售前服务	产品咨询、签订购车合同、办理登记手续、提供信息等
售中服务	汽车批发和零售、汽车保险、汽车贷款、上牌等相关服务
售后服务	零部件供应、维修保养、保修、索赔、新车抵押、二手车处理、汽车加油服务、汽车停车场、汽车检测等

汽车服务还可分为"汽车基本服务"和"汽车增值服务"。汽车基本服务指为实现汽车销售和正常使用等基本功能所提供的服务。比如,汽车销售服务、汽车金融和保险、汽车维修保养等服务都属于汽车基本服务。汽车增值服务指为满足汽车使用者个性需求,提升汽车对使用者价值而提供的汽车服务。最突出的汽车增值服务是汽车美容装饰和汽车俱乐部等。从国民经济行业分类看,汽车服务业中的汽车销售属于"批发零售业",汽车维修服务则属于"制造业",而汽车金融、汽车保险则分别属于金融保险业。有的汽车服务,如汽车美容在国民经济代码中很难见到踪影。这一方面说明汽车服务业有"跨行业"特征,同时也反映出汽车服务中的很多业务属于新兴业务,还没有在国民经济分类中得到反映。国民经济行业分类及代码见表1-2。

表1-2 国民经济行业分类及代码

代码	行业分类
F	批发与零售业
51	批发
517	机械设备、五金产品及电子产品批发
5171	农业机械批发
5172	汽车批发
5173	汽车零配件批发
5174	摩托车及零配件批发
5175	五金产品批发
52	零售业
526	汽车、摩托车、燃料及零配件专门零售
5261	汽车零售
5262	汽车零配件零售

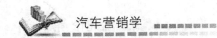

(续)

代　　码		行业分类
	5263	摩托车及零配件零售
	5264	机动车燃料零售
C		制造业
36		汽车制造业
361	3610	汽车整车制造
362	3620	改装汽车制造
363	3630	低速载货汽车制造
364	3640	电车制造
365	3650	汽车车身、挂车制造
366	3660	汽车零部件及配件制造

资料来源：《国民经济行业分类》GB/T 4754—2011。

综上所述，汽车服务业是指由汽车销售和使用所引起的、为保持汽车正常工作性能及为满足汽车使用者个性化需要而提供的各种汽车基本服务和增值服务的总称。

2. 汽车服务业的行业特点

由于汽车服务业涉及的行业非常庞杂，很多技术经济特征也不相同，比如汽车金融与保险的行业规模经济效应比较强，但汽车销售就不一定。对一定区域的销售店来说，并不是规模越大，销售量就越大。由于销售地域半径的限制，一般来说销售店有一定的规模经济，但这种规模经济是有限的。尽管如此，由于这些行业都归属于服务业，又因"汽车"而结合在一起，所以仍有一些共同的经济特征。

1）没有明显的行业生命周期

一辆汽车生产出来，就会产生各种服务需求，有的服务需求是一次性的，如汽车上牌，但更多都是周期性的，如汽车维修或配件更换、汽车保险、汽车加油。汽车上市时间不同，进入二手车市场的时间也不相同，进入二手车市场又将引发一系列服务需求。这些服务需求在时间上有时是继起的，有时是交错的。因此，从总体上看，汽车服务需求基本上是不会衰减的，没有明显的行业周期。

2）价格弹性比较弱

由于汽车产品是一种高速移动的交通工具，其安全性是国家和使用者最为关注的问题。因此，国家出台一些强制措施来保证这种安全性，因而引发出相应的需求。比如国家要求定期对汽车进行检测，检测结果不合格不许上路。强制给汽车上部分保险品种等也都是为了保证使用者安全使用，以及出现事故后能得到妥善处理而做出的规定。

对汽车使用者来说，很多服务是必须接受的，区别只是选择接受谁的服务的问题，如汽车维修、汽车加油等。即使有很多可以选择，但由于信息不对称，汽车使用者可能更愿意选择熟悉和信任的，而不仅仅是价格便宜的。汽车使用的这些特点使汽车服务的价格弹性相对较弱。

3. 我国汽车服务业的形成与发展

根据政府职能部门对该行业的影响程度，我国汽车服务业的发展历程大致可以分为四个阶段。

1）萌芽阶段

这个阶段是指汽车开始进入中国的 1901—1949 年。中国从 1901 年开始有了进口汽车，到 1936 年 1 月，湖南长沙机械厂试制出了 25 座"衡阳牌"汽车，用于长途客运，初步具备了现代汽车服务的某些特征。

这个历史阶段，并没有真正意义的汽车服务业的出现，汽车的主要社会功能是体现拥有者的尊严和地位，所谓汽车服务功能的体现更多地集中在达官贵人通过对汽车的使用而获得的一种尊贵的感觉。

2）满足阶段

1949 年后，百废待兴，由于多年的战争，中国遭受了巨大的损失，人们的物质生活受到极大破坏，长期在战乱中生活的人民，终于迎来了和平。1956 年，第一辆解放牌货车下线，标志着新中国有了自己的汽车工业。汽车用户对以汽车维修为基本内容的汽车服务产生了需要，从此我国汽车服务业的发展拉开了序幕。在当时的经济环境下，汽车服务业是在高度的计划经济体制下运行的。汽车一直作为一种重要的战略物资，实行高度的计划分配，由国家物资部门统一进行调拨、销售和供应。另外，当时的汽车生产品种单一，主要集中在货车的生产上，汽车配件的品种也很单一，此时的汽车服务更多地集中在汽车维修上。交通部门下设的汽车维修企业，是当时全社会汽车维修的主要承担者。在这个阶段，我国的汽车服务业实现了从无到有的历史性跨越，积累了一定的服务经验，特别是在汽车维修方面，形成了规模较大的汽车维修体系，为以后汽车服务业的发展奠定了基础；在汽车运输方面，形成了一批有一定规模的运输车队，为现代物流业的发展打下了良好的基础。

3）销售阶段

1978—1993 年，这个阶段称为我国汽车业的"销售阶段"。该阶段以 1984 年国家实施城市经济体制改革为分界点，1984 年以前，称为"观念转型"阶段，此后，称为"销售观念"阶段。

自改革开放以来，中国从过去严格的国家计划体制开始逐步过渡到以计划经济为主、市场调节为辅的经济运行体制。与汽车服务相关的各类企业的经济主体的利益，开始得到承认，各类经济主体得到了一定程度的经营自主权，允许在计划范围以外生产和销售部分产品。在管理体制上，由过去的中央管理为主的单层管理体制，演变为中央管理为主、地方管理为辅的双层管理体制。在汽车服务领域，由于国家的指令性计划的比重有所下降，汽车产品的指令性计划由 1980 年的 92.7% 下降到了 1984 年的 58.3%，汽车厂商为了满足其用户的需求，争取更多的市场份额，开始在一些中心城市建立自己的特约服务站，售后服务这种新的服务模式在中国诞生。

1985—1993 年，我国的汽车服务业进入了一个较快的发展时期。国家肯定了个人和私营企业拥有汽车及其汽车服务业的合法性，汽车运输市场和汽车消费市场相继开放，汽车保有量迅速增加，一些新的服务项目相继出现。

在汽车流通领域，汽车产品流通市场机制的作用日益扩大，由政府和市场共同作用的双轨制过渡到以市场为主的单轨制,标志着市场机制成为汽车产品流通的主要运行机制。1988年,国家指令性计划只占当年国产汽车产销量的20%,1993年进一步下降到不足10%。汽车流通体制也开始呈现出多元化的态势,出现了以汽车厂商的销售公司及其联合销售机构为代表的企业自销系统等多种形式的汽车销售模式。企业自销系统的出现,对后来我国汽车流通体制的演变产生了重要的影响。

在汽车配件流通领域,国家对汽车配件经营的放权更大,使得配件市场呈现出一片繁荣景象。根据地理优势,各地兴建了一批区域性和全国性的汽车配件交易市场,极大地方便了买主,有效地降低了订货的成本,受到汽车配件买主的欢迎。

在售后服务领域,由于国家对城市经济体制进行改革,国内的汽车生产厂商广泛建立了自己的售后服务系统,与社会上的汽车维修企业联合建立自己的特约服务站。而特约服务站反过来又增加了汽车维修企业的商机,由于可以得到汽车生产厂商直接的技术支持和正宗的配件供应,提高了维修企业在市场上的竞争力,从而吸引更多的维修企业纷纷加入到汽车生产厂商的售后服务系统中。

在这个阶段,汽车生产企业虽然强调了产品的销售环节,但仍然没有逾越"以产定销"的框框,虽然汽车生产厂商有效拓宽了销售的渠道,但却没有能力对其分销体系进行统一的规划和管理。这个阶段的汽车销售商,只提供单一的销售服务,基本上不提供其他服务。特别是对于一些国有汽车生产企业,将销售和营销混为一谈,缺乏有效组织市场的方法和技巧。

4) 营销阶段

自1994年开始,我国政府颁布并实施了第一个《汽车工业产业政策》,标志着我国汽车服务业发展开始驶入快车道。为了抑制"泡沫经济"对我国经济发展的影响,国家实行了一系列经济"软着陆"政策,使汽车市场彻底由卖方市场转入买方市场。在汽车生产厂商的生产能力得到大幅度提高的同时,受宏观调控政策的影响,汽车市场的有效需求相对不足,市场竞争空前激烈,使得原有的汽车服务体系的局限性开始显现出来,对于那些经营观念和经营手段落后的汽车服务企业,在市场价值规律的作用下,不得不进行有效的经营策略的改革或直接退出历史舞台;而一些与外国企业合作的汽车厂商,因其推出了先进的服务理念,通过对原有代理商的改造,以及提供整车销售(Sale)、零配件(Spare part)、售后服务(Service)、信息咨询等(Survey)的"4S"服务模式,推进了销售服务网与售后服务网统一的进程,提高了服务的效率,降低了服务成本,在汽车服务领域的影响力和控制力不断增强,使汽车服务从"销售阶段"上升为"营销阶段"。当前,汽车的物流配送、旧车交易、汽车文化、汽车俱乐部等服务形式相继出现,服务由单一朝向多样化发展,极大地丰富了我国汽车服务业的内涵。

4. 我国汽车服务业现状

我国汽车后市场起步较晚,但发展很快,汽车服务质量得到了很大的提升,但与国外成熟汽车服务相比,我国汽车后市场仍然是一种低层次、粗放型的市场。在成熟汽车市场中,整个汽车产业利润中汽车销售利润约占20%、零部件供应利润约占20%,而50%~60%的利润是在服务领域中产生的。而在我国汽车整车制造利润占汽车利润的比重较大,超过50%,而汽车服务利润还不到20%。我国的汽车服务有巨大的上升空间。汽车服务行业在中国未来的3~10年将是个飞速发展的行业。

1)相关政策逐步规范汽车服务业发展

近年来,政府有关部门出台了一些与汽车服务业相关的重要制度与政策措施,以逐步规范汽车服务业的发展。如《道路交通安全法》《缺陷汽车产品召回管理规定》《汽车品牌销售管理实施办法》《二手车流通管理办法》《汽车贷款管理办法》《汽车金融公司管理办法》和2013年1月15日国家质检总局公布的汽车三包政策等,这些政策措施对促进我国汽车服务业的发展产生了积极、重要的影响。

2)对汽车服务业的重视和投入仍有不足

汽车服务业虽然受到关注,但由于"重制造、轻服务"的产业发展观在汽车行业中占据主导,导致对汽车服务业发展的重视程度不足。汽车制造业产值大,对地方GDP的贡献多,因此各地对发展汽车制造业积极性高,将较多的资源投向了汽车制造,而对发展汽车服务业的投入相对较少。

3)规模化程度低,品牌优势不突出

国内汽车服务市场最显著的特点是企业规模较小、持续经营能力差、品牌优势不突出。与国外连锁化汽车服务巨头相比,我国的汽车服务提供商普遍缺乏较成熟的服务品牌。这样的市场结构难以满足我国汽车市场快速发展对服务的强劲需求,同时服务质量难以保证,影响服务企业规模的扩大与品牌经营战略的实现。

尽管中国汽车服务市场已经开始改进,但目前整个市场良莠不齐,尚未形成全方位立体化服务体系,规模化、品牌化等方面与国外汽车服务水平难以抗衡。

4)汽车维修市场亟待完善

汽车维修涉及每个车主,是汽车服务业的重要组成部分。在我国汽车维修市场上,无证经营的维修店占据一定比例,配件以次充好甚至使用假冒伪劣产品,费用收取不规范,维修从业人员水平参差不齐等,使得消费者权益难以受到保护,汽车维修市场亟待完善。

5)专业人才不足,服务理念相对落后

人员知识结构的不合理,制约了汽车服务贸易快速发展。由于汽车业发展相对较快和相关培训较少,从业人员不能及时进行自我知识更新,造成目前汽车服务贸易专业人才奇缺。企业缺乏提高服务标准的推动力,从而不能满足消费者日益提升的汽车服务需求。与国外的汽车服务相比,我国汽车服务的意识相对落后。国外售后服务的立足点是提高保质期限,保证正常使用期,推行"保姆式"品牌服务,而我国售后服务的立足点是"坏了保证修理";国外售后服务项目多,零部件、销售、维修和保养"一条龙",而我国则是维修服务单一性。

6)国际汽车服务业加快向中国转移

中国汽车服务市场的巨大潜力吸引着越来越多的跨国企业到中国投资。例如,AC德科公司、博世公司等均在中国建立了维修网络;通用、福特、大众、丰田等国际汽车企业都纷纷在中国开展了汽车金融业务。

无论是在维修领域还是汽车金融领域,汽车服务贸易外资进入的趋势初步显现。这一方面反映了我国汽车产业正在融入世界市场,另一方面也体现出我国汽车服务业竞争国际化已初见端倪。随着我国汽车服务市场的放开,更多的国际品牌将进入这一领域,届时竞争会更为激烈。

5. 我国汽车服务业的发展趋势

1）运作规范化

随着我国市场经济日益成熟，在考虑我国汽车业以及汽车服务业发展的内在要求，并借鉴国外发展汽车服务业成功经验的前提下，主管部门对我国汽车服务业制定了一系列专门的规章制度，对汽车服务业组织形式、工商登记、纳税、从业人员以及质量控制、责任界定等，都提供了严密科学的法律要求和保障，从而促进我国汽车服务业在法制化的轨道上运作与发展。

2）业务多元化

目前，我国汽车服务业的主要业务过于集中在维修方面，而汽车美容、二手车交易、汽车租赁等业务处于起步发展阶段。随着消费者对汽车产品服务多元化需求的增加，特别是政府日益放松非战略行业的投资限制，打破地区间、部门间的限制与垄断，更多的企业必将在汽车服务方面大显身手，开展多元化业务。

3）发展规模化

从整个国内汽车服务业发展状况看，规模化程度相对较低，难以形成规模优势，无法满足消费者需求，很难从规模层面上与跨国汽车服务业巨头展开竞争。为此，国家应通过适当的产业政策加以引导、扶持，以培育产业基础好、服务水平高以及规模适度的汽车服务企业走规模化发展之路。

4）合作国际化

国内汽车市场的全面开放以及我国进一步扩大对外开放的程度，既为跨国汽车服务企业进入国内汽车市场提供了契机，同时也为国内汽车服务企业开展国际合作提供了机遇。通过合资经营、合作经营等国际合作形式，使国内汽车服务企业在管理水平、运作机制、服务质量等方面，缩小与跨国企业的差距，为国内汽车服务企业走出国门，参与国际市场竞争创造条件。

综合习题

一、填空题

1. 按照购买者的身份可以将整个市场分为_____、_____、_____和_____。

2. 汽车市场营销作为汽车企业的一项经营管理活动，具有如下功能：_____、_____、_____和_____。

3. 汽车市场营销特征为_____、_____、_____和_____。

4. 我国汽车服务业的发展趋势为_____、_____、_____和_____。

二、名词解释

（1）市场营销；（2）汽车服务业。

三、简答题

1. 简述市场的概念及分类。

2. 简述市场营销的含义。
3. 简述汽车市场营销的概念、特征、功能及意义。
4. 简述我国汽车服务业的现状及发展趋势。

四、案例分析

根据以下案例所提供的材料，试分析

（1）什么是市场营销？

（2）试讨论老福特的成功与悲哀到底在哪里？

（3）此案例给了我们哪些启迪？

老福特的成功与悲哀

在世界汽车工业发展史上，亨利·福特（Henry Ford，1863—1947）是一位叱咤风云的大人物，他对人类的贡献不仅在于他发明了汽车生产流水线，使得寻常百姓买得起汽车，更在于他用生产实践推动了人们对生产方式和管理科学的研究，使管理从经验走上了科学。然而就是这样一位世界级人物，也只能是辉煌一时，未能辉煌一世。

福特曾先后于1989年、1901年与别人合伙经营汽车公司，但均因经营的高价赛车产品不适合市场需要，无法营销而以失败告终。

福特汽车公司创办于1903年，第一批大众化的福特汽车因实用、质优和价格合理，生意一开始就非常兴隆。1906年，福特又如法炮制，面向富有阶层推出豪华汽车，结果大众都买不起，福特车的销售量直线下降。1907年，福特总结了过去的经验教训，及时调整了经营指导思想和经营战略，实行"薄利多销"，于是生意又魔术般回升。当时，全国经济衰退已露端倪，许多企业纷纷倒闭，唯独福特汽车公司生意兴隆，赢利125万美元。到1908年初，福特按照当时大众（尤其是农场主）的需要，做出了明智的战略性决策，从此致力于生产规格统一、品种单一、价格低廉、大众需要而且买得起的"T型车"，并且在实行产品标准化的基础上组织大规模生产。此后十余年，由于福特车适销对路，销售量迅速增加，产品供不应求，福特在商业上获得了巨大成功，产销量最高一年达100万辆。到1925年10月30日，福特汽车公司一天就能造出9109辆"T型车"，平均每10秒生产一辆。在20世纪20年代前期的几年中，福特汽车公司的纯收入竟高达5亿美元，成为当时世界上最大的汽车公司。

到20世纪20年代中期，随着美国经济增长和人们收入、生活水平的提高，形势又发生了变化。公路四通八达，路面大大改善，马车时代坎坷、泥泞的路面已经消失，消费者也开始追求时髦。简陋而千篇一律的"T型车"虽然价廉，但已不能招来顾客，因此福特"T型车"销量开始下降。面对现实，福特仍自以为是，一意孤行，坚持其生产中心观念，置顾客需要的变化于不顾，诚如他宣称："无论你需要什么颜色的汽车，我福特只有黑色的。"1922年，他在公司推销员年会上听到关于T型车需要改进的呼吁后，静坐两个小时后说："先生们，依我看，福特车的唯一缺点是我们生产得还不够快。"就在福特固守他那种陈旧观念和廉价战略的时候，通用汽车公司（GM）却时时刻刻注视着市场的动向，为适应市场需要，生产一些新的颜色和式样的汽车上市。于是"雪佛兰"车开始排挤"T型车"。1926年"T型车"销量陡降。到1927年5月，福特不得不停止生产"T型车"，改产"A型车"。这次改产，福特公司不仅耗资1亿美元，而且这期间通用汽车公司乘虚而入，占领了福特车市场的大量份额，致使福特汽车公司的生意陷入低谷。后来，福特公司虽力挽狂澜，走出了困境，但福特公司从此失去了车坛霸主地位，让通用汽车公司占据了车坛的首席宝座。

> 资料来源：王琪. 汽车市场营销［M］. 北京：机械工业出版社，2009.

第 2 章
汽车市场营销

 本章教学要点

知识要点	掌握程度	相关知识
我国汽车市场发展概况	熟悉我国汽车工业的发展历程； 了解我国汽车工业的战略地位； 掌握我国汽车市场的形成与发展； 掌握我国汽车市场的特点； 掌握我国汽车市场的发展趋势； 熟悉我国汽车营销主要模式	我国汽车工业的发展历程； 我国汽车工业的战略地位； 我国汽车市场的发展历程； 我国汽车市场的特点； 我国汽车市场的发展趋势； 我国汽车市场营销的发展趋势
市场营销观念演变	掌握市场营销观念演变历程； 掌握当代的创新营销理念	市场营销观念的演变； 当代营销观念的创新

导入案例

2013年6月6日，首届中国汽车市场发展高峰论坛在中国汽车名城重庆隆重召开。这一论坛是全球汽车论坛（GAF）框架下系列会议的重要组成部分，以"变革·创新——迎接汽车市场营销新时代"为主题，旨在打造一场专注汽车市场的实战、实用峰会。

此次市场论坛由中国国际贸易促进委员会汽车行业委员会及重庆市人民政府主办，汽车观察杂志协办，清华大学经济管理学院为学术支持单位，并由重庆车展组委会承办，是享誉国内外的全球汽车论坛框架下的专业论坛之一，它专门针对汽车市场发展进行打造，恰逢2013重庆国际车展之前召开。

中国汽车市场发展高峰论坛首次推出就坚持高起点、国际性、专业化和实用性的特色，演讲嘉宾不仅有政府官员、各大汽车企业的营销老总和大的经销商集团的老总，而且在世界范围内广泛邀请知名营销专家、大学教授以及来自银行和咨询机构的权威专家学者，这使得论坛突破了业内人士经验交流的层面，站到了一个更高的、全方位的对汽车市场的审视平台。论坛的议题设计也集中在目前汽车市场的焦点、热点和难点问题，具有很强的实用性。

中国国际贸易促进委员会汽车行业委员会会长、全球汽车论坛组委会执行主席王侠说："中国汽车市场发展高峰论坛旨在引导汽车企业在营销上产生变革和创新，用新的营销理念、策略和方法助力整个汽车产业的可持续发展。"

首届市场论坛选择在重庆举办，体现了主办方对中西部市场的全新认识。在中国汽车市场整体进入低速增长的同时，一线特大城市和东部沿海经济发达城市的汽车已趋于饱和，而在西部大开发战略带动下的西部地区则成为汽车市场增长的新引擎。作为一个重要的汽车生产基地和中西部区域的连接点，重庆对于西部汽车市场无疑具有无可替代的示范作用和辐射效应。2013年的重庆车展在移师到重庆悦来国际博览中心之后，其规模和影响力取得明显的提升，在重庆车展期间召开中国汽车市场发展高峰论坛，实乃相得益彰，将有力地推动我国中西部乃至全国汽车市场的理性发展。

随着我国汽车产业的发展，汽车市场迅速扩大，竞争也日趋激烈。如何在激烈的市场竞争中求生存、求发展，这就需要汽车企业清楚地了解汽车市场发展状况，树立正确的营销观念，进而开展一系列的市场营销活动。本章介绍我国汽车市场发展概况与市场营销观念演变。

2.1 我国汽车市场发展概况

2.1.1 我国汽车工业的发展历程

中国汽车产业经历了一个曲折的发展过程，整个过程分成四个阶段：建设阶段、快速增长阶段、与国际接轨准备阶段、自主稳步发展阶段。

1. 建设阶段（1953—1978）

从1953年到1978年，是我国汽车工业的建设阶段，在这一时期，我国汽车工业在高度集中的计划经济体制下运行。由于经济基础薄弱，国家采取了集中力量重点建设的方式，先后建成了一汽和二汽等主机厂以及一批汽车零部件厂，为我国汽车工业的发展奠定了基础。其生产的产品基本上满足了同期国民经济发展的需要。当时的产品主要是中型载货汽车，全部由国家计划生产、计划销售。国家对汽车工业实行计划管理，汽车工业缺乏竞争机制，在长达近30年的时间内，由于种种原因，汽车工业发展比较缓慢。这一阶段我国汽车工业的发展大体上又可分为以下两个历史时期。

1）汽车工业的初创时期（1953—1967）

第一汽车制造厂于1953年在吉林省长春市兴建，仅用三年时间建成，并于1956年10月开始批量生产载质量4t的解放CA10系列货车，从而结束了中国不能生产汽车的历史。1958年，该厂又试制出我国第一辆轿车——东风牌轿车。之后，一汽又开始试制并小批量生产红旗CA770型高级轿车。

在一汽逐步扩大生产的同时，我国各地一批汽车修配企业相继改建成汽车制造厂，使我国生产的汽车品种和产量有所发展。同期，全国各地也纷纷试制轿车，但由于技术和条件限制，产品质量经受不了使用考验而被迫停产，从而结束了第一次大办汽车的热潮。

2）汽车工业自主建设时期（1968—1978）

1968年在湖北省十堰市开始动工兴建我国规模最大的第二汽车制造厂，同期又建成了生产重型汽车的四川汽车制造厂和陕西汽车制造厂。1975年第二汽车制造厂第一个车型EQ240下线，1978年7月又开始投产其主导产品EQ140。这批企业的建成标志着我国汽车工业进入了自己进行产品设计和工厂设计的新阶段。同时，这批企业的建成，带动了一大批地方企业的发展，形成了我国第二次大办汽车的热潮。

经过第一阶段的发展，我国汽车工业实现了零的突破。到1978年，汽车生产能力达到近15万辆的规模。但相对来讲，汽车工业发展还存在着生产增长速度慢、产品品种"缺重、少轻（即缺重型车少轻型车），轿车近乎空白"的事实，不能满足国家进一步发展的需要，汽车工业尚待更大发展。

2. 快速增长阶段（1979—1993）

从1979年到1993年，是我国汽车工业的快速增长阶段，在这一时期，随着国家经济体制改革的不断深入，我国汽车工业单一计划经济模式被彻底打破，市场逐步成为配置资源的主要机制，汽车工业内部的竞争不断强化。与此同时，在国家的协调、推动和在企业自愿的基础上，汽车企业之间的协作和专业化生产得以发展，打破了"小而全、大而全"

的发展模式，开始走上联合发展的道路，形成了一些骨干企业集团。在此期间，汽车工业受市场需求的巨大拉动，在中央和地方两个积极性的推动下，一批地方性和行业性的汽车企业应运而生，形成我国第三次大办汽车的热潮。

这一时期，我国汽车工业也开始走出自我封闭发展模式，走上了与国际汽车工业合作的发展道路。10余年间，我国汽车工业有重点、有选择地引进国外先进技术100多项。这些技术涉及汽车整车、特种车、专用车、零部件和相关配套工业等各个方面。通过整车生产方式、技术引进、消化吸收和建社改造，整个汽车工业有了明显进步。不仅汽车产量增加迅速，而且汽车产品结构也由单一的中型货车变为中型汽车与重、轻、微型货车等多品种商用汽车同时发展的新局面。基本上改变了商用汽车"缺重、少轻"的面貌。特别值得一提的是，这一期间以上海轿车工业的大规模建设为标志，拉开了我国现代化轿车工业建设的历程，并先后在全国形成了多个轿车生产基地。轿车生产量从1986年的1.25万辆发展到1993年的23万辆，轿车产量占汽车总产量的比例迅速上升。

但是，我国汽车工业在这一时期的发展也暴露出一些问题，汽车工业的面貌表现为"散乱、低，差"。"散乱"是指汽车工业的生产布局存在严重的分散、重复，乱投资和乱上项目的现象。据不完全统计，1993年全国共有整车（主机）制造厂家126个，客车和专用车厂家650个，零部件厂家多达3000余个。汽车厂家数目之多，在全世界也绝无仅有。其中轻型汽车最为分散，生产集中度最低，绝大多数产品没有明显差别，产品重复严重。"低"和"差"是指汽车工业的整体能力低，包括汽车工业的技术开发能力低，先进科技成果的吸收能力低，以及零部件工业、基础制造业和相关工业对汽车工业的支撑能力低，直接导致汽车产品技术性能和产品质量差，尤其在经济性、排放性、安全性和可靠性等指标上，我国汽车产品明显落后于同期国际水平。

3. 与国际接轨准备阶段（1994—2006）

在党的十四大以后，汽车工业被确定为我国的支柱产业。为迎接加入世贸组织（WTO），1994年国家颁布实施《汽车工业产业政策》，规范汽车发展模式。尤其在2001年，我国成功加入WTO，中国经济从此开始全面参与国际经济大循环。入世协议规定，至2006年，中国的汽车进口管理完全达到WTO的发展中国家的平均水平，我国的汽车工业发展面临机遇与挑战。入世对改善我国汽车市场环境，调整产业结构，筹措发展资金，参与国际分工都将起到积极的推动作用。但是入世以后，关税降低和非关税壁垒逐步取消，尤其是服务贸易的开放，将使我国汽车市场国际化，市场竞争将更加激烈，国内汽车工业发展面临前所未有的挑战。

这一时期，我国汽车工业表现出以下一些特点。

(1) 汽车工业的质量素质提高。如汽车厂家数目增加的趋势得以遏制，2001年整车厂家名义上虽然还有114家，但事实上有一半的企业处于停产或半停产状态，中小企业纷纷加入大型企业集团，甚至大型企业之间也在走向联合或合并，汽车工业的"散乱"现象得到初步扭转；汽车产量基本集中在前20家，汽车工业的生产集中度（产销量最大的几家企业的总产量占行业同期总产量的比例）进一步提高；汽车产品的质量性能持续提高，新技术的装车率不断增加，汽车的车型品种迅速丰富，结构趋于合理。

(2) 汽车产量平稳上升，增长速度合理。2002年我国汽车产量达到325万辆，其中轿车生产达到109万辆，销售112万辆；2003年汽车产量444万辆，其中轿车生产达到202

万辆,销售197万辆。在这一时期汽车产量保持平稳增长态势,不像前一阶段那样大起大落。

(3) 汽车工业的投资在保持外资大幅增加的同时,以吉利集团为代表的民营资本或私人资本首次进入整车(轿车)项目,丰富了汽车工业的投资主体,私人资本表现出较强的生命力。

(4) 汽车工业和汽车市场正在实现"两个转变",即汽车工业整体由以卡车工业为主向以轿车工业和汽车零部件工业为主转变,汽车市场从单一的公费购车向多元化市场结构转变,私人购车比例迅速上升。

(5) 汽车工业企业积极寻找对策措施,为同国际接轨积蓄力量。这些措施包括新一轮的企业重组(如"一汽"控股天汽;"上汽"控股五菱等),新一轮的对外深度合作(如东风集团与法国雷诺、PSA和日本日产公司的合作),以及加强修炼企业内功(如降成本、上质量、拓品种、增实力)等。

4. 自主稳步发展阶段(2006年至今)

2001年中国加入WTO,遵循入世时做出的承诺,中国逐步开放了汽车市场,有人曾下断言:"中国本土的汽车行业必将是受冲击最大的行业"。十三年过去了,中国的汽车工业,尤其是自主品牌汽车工业不但没有因为冲击而彻底垮掉,反而茁壮成长了起来,发展的态势和前景让国人瞩目和期待。随着汽车市场的开放,国际汽车巨头纷纷进入中国成立了合资企业,一汽大众、一汽丰田、上汽通用、广州丰田、广州本田、标致雪铁龙等中外合资汽车企业如雨后春笋般出现。与此同时,更令人瞩目的是我国自主品牌汽车企业如奇瑞、吉利、华晨等经受住了产业变革发展的考验,迅速崛起成为耀眼的明星。

2009年,中国成为全球最大的汽车市场,截至2014年连续6年汽车销量全球第一。中国汽车产业在历经多年的高速增长后,加快兼并重组脚步是大势所趋,它能解决内部结构和外部环境积累的诸多矛盾。在国家汽车产业调整与振兴规划的激励下,地方政府和车企竞相进行区域性兼并重组。在规模扩张大旗下,我国汽车业目前正按"市场拉动"和"政府推动"两条主线在演绎并购战。

2.1.2 我国汽车工业的战略地位

目前,汽车工业被列为国民经济的支柱产业,并对其予以扶植和发展。所谓支柱产业是指产品市场广阔,在国民经济中具有辐射面广、关联度大、牵动力强的产业。支柱产业的启动和发展可以促进其他产业发展,甚至对国民经济的发展起直接的推动作用,进而可以提高一个国家的综合国力和科技水平。

1. 汽车工业在国民经济中地位

汽车工业是综合性加工产业,其生产涉及冶金、橡胶、化工、机械制造、电子、纺织、材料等一系列加工工业,汽车产品的流通和使用又涉及运输、维修、保险、商业等众多第三产业。据统计,汽车的生产和使用涉及30余个相关行业,是典型的波及效应大的产业,波及效应达数倍于汽车工业本身的效益。因而,汽车工业的发展对整个国民经济发展的牵动力非常大。当这种作用被充分认识并得到重视时,汽车工业便会成为促进国民经济发展的积极因素;反之,它便会成为经济发展的制约因素。

汽车工业不仅波及效应大，其自身的经济效益也大。20世纪80年代，先进汽车生产国，汽车工业完成的工业增加值在其国内生产总值中的比重，西欧平均为7%，日本在10%以上，美国也超过5%。2011年中国汽车行业总产值1.3万亿，占总GDP的2.73%。根据中国国家汽车行业"十二五"规划研究组预测：到2015年我国汽车产量将达到2500万辆，汽车工业增加值占GDP的比重达到3%。改革开放以来，我国汽车工业的发展速度一直位居机械工业之首，明显高于同期国民经济的发展速度，从增长趋势看，我国汽车工业在国民经济中的地位引人注目。汽车工业对国民经济牵动力大，并在其中占有突出的地位。

2. 汽车工业发展有利于优化产业结构

汽车工业在产业结构链中占有重要地位。如美国的产业结构，由1880年以纺织、食品、木材加工为主体，发展到1950年以汽车、钢铁、石油、机械制造为主体。经过70年的时间，完成了产业结构由轻工业向重工业乃至深加工产业结构的转换。在转换中，汽车工业的发展起了极为重要的作用，钢铁、石油、橡胶、机械制造等产业的发展都是由于汽车工业发展而带动起来的。日本汽车工业的发展相对于美国来说，发展速度更快，其国民经济产业结构的转换也更为迅速。第二次世界大战后日本工业的发展先后出现过三组带头主导产业：第一组是电力工业，第二组是石油、石化、钢铁等工业，汽车工业处在第三组带头产业的位置。前两组带头工业的发展为汽车工业的大规模发展创造了条件。而汽车工业在形成一定规模后，反过来又带动前两组产业的更大发展。至20世纪70年代，日本由于汽车工业已具有相当规模，其产业结构也基本完成了向深加工产业结构的转换。

美日两国产业结构的演进，也直接促进了两国出口产品结构的改变，形成了以深加工、高附加值产品为主的出口产品结构。美国在20世纪70年代以前，一直是汽车、机电产品的出口大国；而日本却后来居上，在整个20世纪80年代和90年代初，仅汽车出口就占日本全部出口商品价值的60%以上。

3. 提供众多的就业机会

汽车工业的发展可以创造大量的就业机会。更重要的是，与汽车工业相伴发展的相关产业部门提供的就业机会更多。这种对就业的作用，无论是其经济意义，还是其政治意义，都是不可低估的。

以日本为例，1983年日本汽车工业从业人员达到69.6万人，约占整个制造业从业人员的6.6%。20世纪80年代日本与汽车工业相关的产业和部门的从业人员达900万人，为汽车工业从业人员的12.8倍，占日本就业总人数的18%。也就是说，每6个就业人员就有一个直接或间接地在从事着汽车生产和服务。

2.1.3 我国汽车市场

我国汽车市场的建立与发展是同我国汽车工业的发展相一致的，其不同点在于不同的经济体制下表现出的经济运行模式不一样。党的十一届三中全会以后，我国汽车工业产销系统由较为封闭的状态逐渐转为开放的状态，汽车生产的市场导向取代了计划指导。目前，汽车作为商品进入市场交换体系，多渠道、少环节的汽车商品市场流通体系已形成。

1. 汽车市场的形成与发展

我国汽车市场的形成过程，与西方国家存在着较大的差别。西方国家的汽车市场是在其商品经济发展过程中自然形成的，而我国的汽车市场是通过经济体制改革手段形成的。按照市场机制（价格机制、供求机制和竞争机制）在我国汽车生产、流通和消费各环节的作用程度不同，我国汽车市场的形成过程大体分为孕育阶段、诞生阶段和市场主体多元化成长阶段。

1）孕育阶段（1978—1984）

从1978年计划经济体制开始转轨到1984年城市经济体制改革着手实施，这几年是我国汽车市场的孕育阶段。从汽车产品的流通看，这一阶段的计划控制开始从严格向局部松动转变，但仍具有较浓厚的计划色彩。

1978年4月，中央做出《关于加快工业发展若干问题的决定（草案）》（简称工业三十条），指出加强重要物资的管理，要统一计划、统一调拨，除少量进口汽车由国家计划分配外，计划外的国产汽车由各省市自治区自行安排。汽车作为商品开始进入市场，汽车市场也在国家政策的扶持下迅速发展壮大。1981年，国务院批转《关于工业品生产资料市场管理暂行规定》，规定各生产企业在完成国家计划的前提下有权自销部分产品，企业自身利益开始得到承认，汽车产品流通也开始向市场化转变。但严格地说，这一阶段汽车产品分配仍在国家的计划控制之下，只是在管理方式和严格程度上有所松动。

在这一阶段，由于指令性计划对汽车的生产与流通仍占主导地位，企业自销与市场机制只是处于补充地位，计划体制没有根本性改变，因此汽车市场尚未真正形成。

2）诞生阶段（1985—1993）

自1985年以后，市场机制在汽车产品流通中的作用日益扩大，并逐步替代了传统的计划流通，汽车流通的双轨制向以市场为主的单轨制靠拢。此阶段的特点是：正面触及旧体制的根基即计划分配体制，大步骤缩小指令性计划，大面积、深层次地引入市场机制，为形成汽车市场创造了条件。至1988年，国家指令性计划只占当年国产汽车产销量的20%，1993年则进一步下降到7%。此时，已在上海、天津分别建立了全国性的汽车交易市场和零部件市场，在全国部分城市还建立了不少汽车自选市场、展销市场等有形市场。市场机制对汽车生产、流通和使用的作用越来越大，并上升至主导地位，我国的汽车市场已经全面形成。

3）市场主体多元化成长阶段（1994年至今）

此阶段以1994年我国开始全面进入市场经济建设为标志，并持续至2010年或稍后一些时间。届时汽车工业基本建成国民经济支柱产业，汽车工业将在数量和品种结构方面基本满足国内市场需要，市场主体将以私人消费为主导，从而使汽车市场转入下一阶段——私人消费主导阶段。

目前，这个阶段的主要市场特点是：市场机制进一步被充分尊重，那些影响和制约汽车市场发育的不和谐因素将逐渐减少，甚至得以消除；市场需求的规模迅速扩大，市场需求主体由过去比较单一的公费购买，向公务需求、商务需求和私人需求转变，并且私人需求的份额逐步增加至主导地位；进口汽车与国产汽车的竞争逐步加剧，从数量竞争到深层次竞争都更为明显。总之，我国汽车市场的形成与发展，必将为我国汽车企业提供更广阔的市场空间，同时也将使我国汽车企业面临更激烈的市场竞争。

2. 我国汽车市场的发展现状

随着国民经济的持续、健康、快速发展，以及国家将汽车工业作为国民经济支柱产业予以扶植，我国的汽车需求进入高速扩张时期，市场容量迅速扩大，需求结构也迅速变化。我国汽车市场总体上呈现出以下特点。

1）市场总需求快速增长

我国自20世纪50年代中期开始生产汽车至1992年汽车产销量首次突破百万辆大关，其间经历了36年的时间；从100万辆发展至产销量超过200万辆（2000年），其间经历了8年的时间；2013年，中国汽车产销量双超2000万辆；2014年中国汽车产销量突破2300万辆，位居世界第一。我国的汽车市场是世界汽车市场的重要组成部分。

2）汽车产品结构发生新变化

乘用车和商用车的产品结构向国际市场靠拢。2014年，全国汽车产销分别为2372.29万辆和2349.19万辆，其中乘用车产销分别完成1991.98万辆和1970.06万辆，比2013年分别增长10.2%和9.9%。这个比例与国际汽车市场基本一致，如美国市场上，乘用车的比例为73%左右，日本在76%左右，欧盟则在90%左右。乘用车需求量（主要是私人消费需求）的迅速增加，已经成为推动我国汽车产业及市场发展最活跃、最重要的力量。

3）自主品牌市场份额稳步上升

2001年，中国轿车自主品牌生产刚刚起步。2001年1月，奇瑞将注册资本的20%划转给上汽集团后，以"上汽奇瑞"的名称进入到国内轿车市场。2014年，根据中国汽车工业协会最新统计数据显示：长安、长城、奇瑞、比亚迪、吉利、东风、北汽、一汽、上汽、海马中国十大自主品牌乘用车达399.6万辆，较2013年在整个乘用车市场中所占市场份额在不断扩大。

4）汽车市场兼并重组加快

加入WTO之前，汽车兼并重组规模普遍不大、范围较小，主要在国内企业之间发生。加入WTO后，随着市场竞争的加剧，汽车企业把兼并重组作为进军市场、扩大规模、提升竞争力的重要手段，国内汽车企业兼并重组呈现加快发展的态势。一些国有、民营汽车企业主动抓住国际汽车市场变化带来的机遇，走出国门，加强与国际汽车企业的联合兼并、收购重组，兼并重组的规模、范围、区域等明显扩大，加上龙头企业自身实力的不断增强，汽车市场集中度不断提高。

2009年1月14日，国务院出台《汽车产业发展和振兴规划》，首次正式提出中国第一汽车集团公司、东风汽车公司、上海汽车工业（集团）总公司、中国长安汽车集团股份有限公司四大汽车集团，并鼓励这四家汽车企业在全国范围内开展汽车产业重组兼并。目前，中国汽车市场形成"4+7"格局，即"一汽、上汽、东风、长安"四大汽车集团，与"北汽、南汽、广汽、奇瑞、江淮、华晨、比亚迪"相竞争的格局。

5）汽车交易和消费行为趋于理性化

由于汽车消费结构出现公车消费向私人消费的改变，汽车市场供求关系呈现出供不应求向供过于求的变化，家庭、个人和私营企业购买比例的增加，使得汽车交易和消费行为趋于理性化。一方面，汽车厂商及其代表（如经销商等）必须正视消费者的需要，生产或提供适销对路的产品或服务，正确开展现代市场营销活动，提高经营水平；另一方面，消费者的消费心理日益成熟，已能够在购买时做出理智的分析和选择，冷静地对待购买、使用和消费环节，根据自己的需要选择厂家、品牌和价格等，最大限度地满足自己的需求。

6) 市场环境和市场秩序逐渐规范

随着社会整体市场体系的健全和规范，汽车市场中相应的法律、法规也逐步趋于完善。如国Ⅳ汽车排放法规、汽车产品3C认证、汽车产品召回制度的出台都大大规范了汽车市场。同时，国家加大了打击汽车走私的力度，使从非正当渠道流入市场的进口车数量大幅降低，净化了国内汽车市场环境。

当然，我国的汽车市场在表现出以上特点的同时也暴露出以下一些问题。

1) 汽车产品发展快但开发能力不足

我国已经成为世界汽车生产大国。但就汽车产品总体水平而言，同汽车工业发达国家相比存在很大差距，主要表现在以下两个方面：

(1) 汽车产业的研发能力薄弱，导致产品结构不合理，产品缺乏国际竞争力，制约了汽车工业的发展。近几年来，国外汽车工业发达国家虽然通过策略性的合资合作进入中国市场，但并未带来多少真正先进的技术，进而制约了我国汽车工业的发展，如部分合资汽车制造企业仍以SKD（半散件组装）、CKD（全散件组装）为主。

(2) 汽车零部件工业落后于整车的发展。零部件工业是汽车工业发展的基础，汽车工业对国民经济的带动作用主要体现在零部件工业上。我国除极少数合资企业产品外，大部分汽车零部件工业产品水平和技术开发能力比整车更为落后，直接导致了整车的产品质量难以大幅度提高。

2) 汽车及零部件服务贸易水平相对落后

汽车服务贸易涉及汽车从出厂至汽车报废时的方方面面，即汽车的后市场，国外将其比喻为汽车工业发展的血液，它创造了汽车前市场的几倍的利润，其重要性不言而喻。目前，我国的汽车企业还没有完全适应买方市场条件下以及开放市场条件下市场销售的要求，经营与服务意识薄弱，缺乏对市场和不同用户购车特点及消费心理的研究，还没有真正建立起整车销售、零配件供应、旧车销售、维修和信息反馈等一体化的服务体系。

此外，节能环保的汽车消费观念仍需强有力的政策引导。2008年，大幅度提高了大排量乘用车的消费税率，降低了小排量乘用车的消费税税率，但是实际效果却不尽如人意。虽然大排量轿车的价格上涨明显，但是其消费对象对价格的敏感性低；小排量汽车的消费者对价格虽然敏感，但是价格下降却不多；由于消费税计入产品价格，而且同期宏观经济物价指数也在上涨，使消费者对汽车产品的涨价误认为是汽车产品成本增加的结果。这些综合因素使得汽车市场没有向国家期望的方向发展和变化。从产品形象看，小排量汽车在环保和其他各项性能上也是一般水平，不被消费者认同。以上情况表明，国家和汽车厂商还需要从消费税、燃油税和产品质量等方面，综合进行调整，才能引导社会建立正确的汽车消费观。

日益严格的技术标准与自主品牌发展存在一定矛盾。为了降低汽车排放污染和车用能源消耗，我国正逐步提高汽车排放标准和燃油消耗限值标准，这些政策加大了自主品牌汽车生产企业研发的难度和投入力度，对刚刚起步的自主品牌轿车构成很大的政策压力。

3. 我国汽车市场的发展趋势

1) 汽车市场将进一步开放，市场竞争将更加激烈

我国汽车产业的发展离不开政府的政策扶持。未来政府在汽车产业中的角色更多的是

一个良好竞争环境创造者及市场仲裁者,而非行政管理者。在政府公平、公开与公正的市场竞争环境推动下,国有企业、民营企业与外资企业相互竞争、相互合作的格局将会逐步形成,共同推动中国汽车产业做大做强。通用汽车表示,中国市场机会多得惊人。日产雷诺表示,在做投资决定的时候,将重点考虑中国。大众(中国)发布的"2018计划"的目标是到2018年其在中国的汽车销量在目前的基础上翻番。在外资企业纷纷抢占中国市场的同时,国内的国有企业、民营企业也在抓紧提升竞争能力,积极拓展国内外市场,力争在新一轮竞争中取得更快的发展。

2) 汽车后市场面临巨大发展机遇

消费者对售后服务的质量与种类要求不断提高,汽车后市场面临巨大发展机遇。随着行业竞争的加剧,整车制造利润不断下降,导致汽车行业的产业链不断向下游延伸,新的服务种类不断出现,产生新的利润来源。据了解,在美国市场上,汽车产业链的重要环节中,汽车服务业的利润占比最高,达到了62%,而中国恰好相反,整车制造还高居产业链利润高端,占比达到61%。近年来,随着中国汽车产销量和保有量迅猛增长,汽车服务贸易市场呈现增长率与盈利性齐头并进之势,行业平均年增长率达25%,行业平均利润率超过15%。目前,汽车保险、二手车业务市场规模较大,未来,二手车业务、汽车美容及用品、汽车资讯、汽车租赁等行业也大有发展前途。

3) 新能源汽车将成为汽车市场竞争的焦点

新能源汽车将成为汽车市场竞争的焦点,并可能改变传统汽车市场竞争格局。2010年,国务院发布了《关于加快培育和发展战略性新兴产业的决定》(以下简称《决定》),提出了我国现阶段重点培育和发展的七大战略性新兴产业,新能源汽车位列其中。《决定》要求"着力突破动力电池、驱动电机和电子控制领域关键核心技术,推进插电式混合动力汽车、纯电动汽车推广应用和产业化。同时,开展燃料电池汽车相关前沿技术研发,大力推进高能效、低排放节能汽车发展"。其中以纯电动和混合动力为主的电动汽车作为新能源汽车产业的发展重点。

未来10年,我国新能源汽车产业将从研发阶段进入产业化阶段。可以断定的是,新能源汽车产业化的进程已经全面开启,产业化之后的新能源汽车市场的竞争格局将更趋激烈,传统的市场竞争格局将可能被打破,一些汽车企业或新进入者由于把握了机遇、选准了方向,很可能成为市场竞争的赢家,并跻身世界一流汽车企业,而一些汽车企业由于反应迟缓或战略方向错误,有可能丧失竞争优势。

我国汽车市场的未来走向特点如下。

(1) 汽车市场保持较快的增长速度,其中私人轿车需求的增长将成为拉动汽车市场的最主要力量。

(2) 轿车、高速重型汽车、中高档大型客车、微型车及功能特殊的专用汽车等车型,将是需求增加较快的车型,它们在汽车市场上的份额将大大增加。

(3) 出租汽车的服役期将缩短,更新速度将加快,低档车型将快速退出大城市的出租营运市场,使得出租汽车市场的需求稳步增长。出租汽车市场将会成为轿车的重要市场之一。

(4) 二手汽车市场将日益活跃,交易量上升。

(5) 更新汽车需求将占汽车销售量较大的份额。

2.1.4 我国汽车市场的营销

1. 我国汽车市场的营销现状

面对势不可挡的经济全球化大趋势,竞争将更加激烈,我国汽车市场营销模式和营销体制都会受到巨大冲击,汽车的生产、销售、维修和服务等领域都将面临挑战。

1) 经营模式变化给汽车市场营销带来新的契机

我国目前正处于市场经济建立的过程之中,旧体制正在瓦解,新体制正在逐步确立,汽车市场营销环境面临重大的变化。这个变化主要来自于汽车经营模式的变化。在过去,汽车经营模式是指令性计划的行政方式,经营模式按"产—供—销"、以产定销的方式运作。

加入WTO后,我国汽车市场营销模式已进一步显现出多层化特征。市场是导向,它以"无形的手"配置资源。经营企业根据市场调查,了解市场需求(品种、数量、规格),独立自主制定生产计划,增添设备,生产高质量、高水平的汽车,参与市场竞争。谁的汽车性能强、价格合适、质量可靠、售后服务好,谁就能在优胜劣汰的竞争中站稳脚跟。经营模式的变化给汽车工业带来新的契机,创造了一个公平竞争的营销环境,也使一些长期阻碍汽车工业健康发展的因素得到了解决,给汽车工业发展带来新的动力。

2) 产业政策变化将赋予汽车市场营销新的特色和内涵

中国的汽车工业作为国民经济的支柱产业被扶植,我国汽车工业迎来一个发展的黄金时期。但是我国的汽车市场营销活动不够成熟,现代汽车市场营销观念还不能被始终如一地贯彻和自觉运用。在社会主义市场经济建设中,我国不会再采取过去那种传统的汽车工业发展模式,也不会像美国那样通过上百年的残酷竞争,而会借鉴新兴工业化国家的先进经验,通过政府制定汽车产业发展政策,尽快振兴汽车工业。目前,汽车产业发展政策正在实施中。其中最大的变化是汽车市场将迅速地向完全的买方市场转变,这一根本转变将为汽车市场营销活动赋予新的特色和内涵。

3) 我国汽车市场营销将面临残酷的竞争和挑战

由于我国汽车工业的生产规模、成本价格、品牌效应、经济效益与美、欧、日等汽车生产大国相比差距较大。加入WTO以后,国外的汽车厂商将在中国获得贸易权和分销权,国外汽车大举进入中国市场。跨国汽车集团通过合资合作等形式,参与我国的轿车销售服务体系。国际厂商一方面寻找国内的汽车零售商,成为他们的品牌经营代理人,另一方面加强自身营销网络对中国市场的渗透力度。国际厂商的这些做法,使国内汽车企业的危机感陡增,促进了轿车的销售、流通体制的改革。为了我国汽车工业的振兴和发展,我们必须做到以下几点。

(1) 树立品牌意识,构建品牌经营体系。

(2) 树立服务意识,构建"四位一体"的专营店网络体系。

(3) 树立商业信誉,构建完整的服务贸易体系。

(4) 树立效率意识,加快建设电子商务体系。

(5) 树立"保姆"意识,建立健全相关的售后服务体系。

目前,为了提高各自的竞争实力,国外一些汽车公司纷纷改组、合并,世界汽车工业进一步走向集中和垄断。国际汽车工业列强们基于现实的困境和长远战略考虑,早已垂涎中国这个巨大的潜在市场,纷纷来投资建厂或设销售维修服务网点,试图瓜分成长中的中国汽车市场。一场没有硝烟的世界汽车工业大战,已经围绕争夺中国汽车市场展开。中国汽车工业在国际、国内两个汽车市场上同国外汽车厂商短兵相接,展开营销大战。

2. 汽车市场营销的发展趋势

中国汽车工业正在一步步走向世界,同一些国际大公司展开一场激烈的竞争,这场竞争实质上是一场汽车市场营销的竞争。目前,我国汽车市场营销采用以下五种模式。

(1) 汽车生产厂家极力推行单一品牌专卖店,鼓励经销商建立品牌专卖店。

(2) 国外的厂家十分关注中国的汽车市场,也在千方百计寻找品牌代理商,但是他们更注重的不是三位一体专卖店的形式,而是售后服务的发展模式,或者通过合资企业品牌的专卖店及其销售网络来实现发展目标。

(3) 汽车有形市场或汽车城。

(4) 以"汽车服务贸易园区"为代表的新型多功能市场全面发展模式。

(5) 汽车大道,集中、集合品牌专卖店销售模式。

我国大中城市存在较大差异,这种差异在东西部城市之间尤为明显,同时城乡经济发展不平衡,使得我国汽车市场营销不能完全依照国外"四位一体"的销售模式来发展。我国汽车市场营销活动得从实际出发,考虑国情、市情、地区情况,选择适合的营销模式。我国汽车营销的发展趋势如下。

(1) 汽车大卖场将逐渐成为重要的汽车市场营销模式。

汽车大卖场将逐渐成为继汽车专卖店销售后的重要的汽车市场营销模式。虽然国家发布的有关政策对于4S店仍然是持鼓励态度的,但随着中国加入WTO时间不断推移,汽车产业将会逐渐放开,汽车价格随之下降到基本与国际市场价格持平的程度,宣告汽车暴利时代的结束。因此,4S店只适合少数奢侈型的汽车品牌,对于大多数中档及经济型汽车品牌来说是得不偿失的,而汽车大卖场的销售模式是其最佳选择。

(2) 品牌经营势在必行。

品牌是企业可持续发展的最重要的资源之一。在中国汽车市场发育和发展的过程中,品牌的概念正在受到越来越多的关注。就一个企业而言,企业形象处于第一层次,品牌形象处于第二层次,产品形象处于第三层次。一个品牌必须存在于企业中,但是,这个品牌又可以独立于它所代表的企业之外,独立于它所依托的产品之外。因为企业可以被兼并、联合或重组,也可能破产倒闭,产品可以换型或更新,但品牌却是永恒的,是不断增值的。同一个产品,换一块牌子就可以身价百倍,这充分说明了品牌的重要价值。"兰博基尼"跑车无论在被德国大众公司收购前还是收购后,品牌形象的核心价值并没有因为企业间的购并而发生改变。因此,开发、塑造和管理品牌,是企业形象的根本,是产品价值人格化的体现。对汽车中具有强烈个性的轿车而言,品牌意味着市场定位,意味着产品质量、性能、技术、装备和服务等的价值,它最终体现了企业的经营理念。因此,品牌是企业制胜的法宝,是消费者所追求的一种理念,是企业和消费者中间的桥梁。

(3) 注重公共关系与汽车赛事营销的发展。

随着买方市场的到来,国内的汽车经销商逐渐意识到了危机,不断摸索新的营销途径。其中,公共关系营销在汽车市场营销中的重要作用是显而易见的,因为中国的汽车市场还处于起步阶段，绝大部分消费者对汽车的了解都来自媒体的报道，媒体的介绍和评价对消费者的购车决策起着决定性的作用。通过公关公司可以确立企业在社会中的正确位置，引起社会的广泛认同，将企业经营利益与社会利益兼顾，实现企业与社会利益的相互转化，最终赢得更大的企业发展空间。

（4）网络营销。

汽车市场营销将从传统的门店销售向汽车网络化营销发展。现在随着整个网络的发展，特别是用户的增加，网络已经成为重要的传播工具，尤其对汽车这样的产品来说，它的意义还要更深远，更重大一些。网上交易确实有着许多优点。节约时间，这是显而易见的。对于经销商来说，这种交易方式越来越成为吸引客户的一种途径。同时，网上交易还减少了许多开支，其中包括员工、管理、市场等方面的花费，而节省下的费用又可在汽车售价上使顾客受益。

现在消费者在买车之前，大多数消费者都会上网，在网上查各种各样的相关资料。汽车厂家、商家面对这种形势，应充分发挥网络的优势，充分把握产品的特点和卖点，并传达给消费者，让消费者去比较去选择。

中国加入WTO以后，经济全球化的趋势进一步加快，而电子商务将是国内汽车厂商与国际汽车厂商公平竞争的重要工具。在面对汽车个性化消费需求不断增长的今天，个性化、小批量式的生产正在成为现实。厂家必须和用户进行交互式的信息沟通，而这种个性化需求信息交互的实现只有网络可以实现。并且汽车市场的产品也将极大丰富，传统的市场搜寻方法由于消耗的时间和精力过大必将被信息的网络搜寻所取代。汽车市场上的私人消费正在逐步增加，购买方式也向多模式支付方式转变，只有网络能够为这些转变提供安全而有效的保障。所以电子商务对于汽车业来说是不可或缺的重要手段。

2.2 市场营销观念演变

2.2.1 市场营销观念的演变历程

营销观念的核心问题是以什么为中心开展企业的生产经营活动，因此营销观念的正确与否，对企业的兴衰起决定性作用。营销观念是随市场的形成而产生，并不断演变的，其大致经历以下五个历程。

1. 生产中心观念

生产中心观念（Production Concept）是一种最早的营销观念，产生于20世纪20年代以前。这种观念认为企业的一切经营活动应以抓生产为中心，企业能生产什么就生产什么，市场也就卖什么，即所谓"以产定销"。

在这一经营观念指导下，企业经营要解决的中心课题是生产问题，表现之一就是如何扩大产量和降低产品成本。其基本经营理念是：产量扩大，成本和价格就会下降，于是顾客就会增多。这种观念似乎很有道理，但不能脱离具体条件，如果某种商品确因生产规模小、价格高而影响销路，企业坚持这种观念一定会取得成功。反之如果价格不是影响顾客购买的主要因素，产品的用途、功能不能满足顾客需要，即便是免费派送也未必能够赢得顾客。应当看到的是，随着现代社会生产力的提高，传统产业企业的实力越来越接近，市场竞争日益加剧，企业在规模和成本上的竞争空间已越来越小，这种生产观念作为指导企业经营的普遍观念已逐步退出历史舞台。生产中心的营销观念的适用条件一般要满足以下两点。

（1）市场需求超过供给，买方争购，商品选择余地不多。

（2）产品确有市场前景，但因成本和售价太高，只有通过大力提高产量，降低成本，方能扩大销路。

2. 产品中心观念

产品中心观念产生于20世纪20～30年代，当时市场已开始由卖方市场向买方市场转化，消费者已不仅仅满足于产品的基本功能，而开始追求产品在功能、质量和特点等方面的差异性。产品中心观念的"以质取胜"替代生产中心观念的"以量取胜"。其基本理念是：企业经营的中心工作是抓产品质量，只要产品质量过硬，经久耐用，就会顾客盈门，企业就会立于不败之地。

这种观念同样不能脱离具体条件，如果产品确实有市场，但因质量太差而影响销路，企业坚持这种观念就会大有作为。否则，其他因素不能满足顾客需要，即使质量再好的产品也不会畅销。在现代市场经济高度发达的条件下，这种"酒香不怕巷子深"的生产观念也是不适宜的。因为现代市场需求的层次是不断提高的，能够更好地满足市场需求的产品层出不穷，如果企业的产品不能及时满足市场的更高要求，质量再好的老产品也不可能持久占领市场。

需要说明的是，虽然两种生产观念已不合潮流，不能很好地满足现代市场营销的要求，但并不是说企业就可以不重视提高生产效率，降低成本，狠抓产品质量等基本工作，而是说仅仅做好了这些工作还很不够，还不能保证企业成功。特别是汽车工业作为大批量、专业化、社会化大生产的典型代表产业，汽车生产企业必须力求充分发挥规模经济效益，必须苦练降成本、上质量等基本功，在此基础上再采取适宜的现代营销手段，企业才会兴旺发展。

3. 推销观念

推销观念（Selling Concept）产生于20世纪30年代初期，表现为"我卖什么，顾客就买什么"。其产生背景为：当时由于资本主义世界经济大萧条，大批产品供过于求，销售困难，卖方竞争加剧，企业担心的已不是生产问题，而是销路问题，因而推销技术特别受到企业的重视，并逐步形成了一种推销经营哲学。其基本理念是：企业经营的中心工作不再是生产问题，而是销售问题。抓销售就必须大力施展推销和促销技术，激发顾客的购买兴趣，强化购买欲望，努力扩大销售。

推销观念以推销为重点，比生产中心观念前进了一大步。但它仍没有脱离以生产为中心、"以产定销"的范畴。因为它只是注重对既定产品的推销，至于顾客需要什么，购买产品后是否满意等问题，则未给予足够的重视。因此，在经济进一步发展、产品更加丰富、竞争更加激烈的条件下，推销观念就不合时宜了。但推销观念对后来市场营销观念的形成奠定了基础，正是由于推销人员和营销管理人员发现只是针对既定产品的推销，其效果越来越有限，才转入对市场需要予以足够重视和加以研究，并将营销活动视作企业经营的综合活动。

4. 市场营销观念

市场营销观念(Marketing Concept)产生于 20 世纪 50 年代中期至 60 年代，是一种新型的经营哲学。它是一种以顾客需要为导向，"一切从顾客出发"的观念，即"顾客需要什么，就生产什么"。它把企业的生产经营活动看作是一个努力理解和不断满足顾客需要的过程，而不仅仅是生产或销售产品的过程；是"发现需要并设法满足"，而不是"将产品制造出来并设法推销"的过程；是"制造适销对路的产品"，而不是"推销已经制造出来的产品"的过程，因此"顾客至上"、"顾客是上帝"，"顾客永远正确"等口号，成为企业的座右铭。

市场营销观念较之传统的营销观念是一次质的飞跃，是企业经营思想上的一次深刻变革。推销观念与营销观念的对比，如图 2-1 所示。

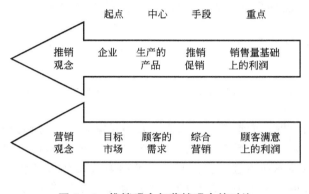

图 2-1 推销观念与营销观念的对比

与传统观念相比，根本区别有以下四点。

(1) 起点不同。

传统观念是在产品生产出来之后才开始经营活动，而市场营销观念则是以市场为出发点来组织生产经营活动。

(2) 中心不同。

传统观念是以卖方需要为中心，以产定销；而市场营销观念则是以市场需要为中心，以销定产。

(3) 手段不同。

传统观念主要采用广告为促销手段，而市场营销观念则强调协调的营销，主张通过整体营销(营销组合)的手段，来满足顾客的需要。

(4) 终点不同。

传统观念以扩大销售量，将产品销售出来获取利润为终点，而市场营销观念转向通过满足顾客需要来获取利润。

市场营销观念有四个主要支柱：目标市场、整体营销、顾客满意和盈利率。它从选定的市场出发，通过整体营销活动，实现顾客满意，从而提高盈利率。市场营销观念的产生和广泛应用以及技术进步的作用，对战后资本主义的经济发展做出了不可估量的贡献。

阅读材料 2-1

雅阁牌轿车的成功

日本本田汽车公司要在美国推出一款雅阁牌新车，但是丰田企业对美国消费者的喜好不是特别了解，所以在设计新车之前，他们派出工程技术人员专程到洛杉矶地区考察高速公路的具体情况，实地丈量了路的长度和宽度，了解高速公路采用的柏油成分，拍摄了公路进出口的具体设计。回到日本后，丰田企业专门修了一段长 9 英里（1 英里＝1.6093 公里）的同样标准的高速公路。就连路标和警示牌都与美国公路上的一模一样。在设计车辆行李箱的时候，设计人员意见有了分歧，他们就到美国停车场看了一下午，看人们如何取放行李，最后根据人们的习惯达成统一意见。结果本田公司生产的雅阁牌轿车一进入美国市场就备受美国消费者的欢迎，也得到了"全世界都能接受的好车"的称誉。

5. 社会营销观念

社会营销观念（Social Marketing Concept）产生于 20 世纪 90 年代，是对市场营销观念的一种修正和完善。

随着社会经济的发展，大量不可再生资源日益枯竭，生态环境遭到破坏，环境污染日益严重，通货膨胀，忽视社会服务等，严重威胁着社会公众的利益和消费者的长远利益，威胁着人类生活水准和福利的进一步提高，也威胁着经济的可持续发展。这种情况表明，现代市场营销活动有很多副作用，而市场营销观念又不能将其抑制或消除。因为只要企业从顾客需要出发，产品适销对路，就是符合市场营销观念的，这就要求修正市场营销观念，从而产生了人类观念（Human Concept）、理性消费观念（Intelligence Consumption Concept）、生态消费观念（Ecological Imperative Concept）等，其共同点就是注重社会公众利益，故统称为社会营销观念。

这种观念要求企业将自己的经营活动与满足顾客需求、维护社会公众利益和长远利益作为一个整体来对待，不急功近利，自觉（并不总是依靠政策和法律强行推进）限制和纠正营销活动的副作用，并以此为企业的根本责任。

现代营销观念的确立与发展，固然是资本主义经济发展的产物，但也是市场经济条件下企业经营经验的总结和积累。企业仅仅生产价廉物美的产品，仅仅靠生产出产品后再千方百计地去推销，并不能保证商品价值的实现。只有深入地理解和适应消费者的需要，并以此组织营销活动，同时维护公众长远利益，保持经济的可持续发展才是真正的经营之道。对上述营销观念演变总结，见表 2-1。

表 2-1　营销观念的演变过程

营销观念	时间	市场特点	基本观念
生产中心观念	20 世纪 20 年代前	卖方市场	营销重心：大量生产，解决供需，降低成本，低价扩张，不重视消费者需求和欲望
产品中心观念	20 世纪 20 年代～30 年代	供求缓和，产品有了选择	营销重心：提供优质产品。有选择的市场，消费者会选择质量最好、性能最优和特点最多的产品

(续)

营销观念	时间	市场特点	基本观念
推销中心观念	20 世纪 30 年代初～50 年代	产量质量提高，买方市场形成	营销重心：推销技巧。 要取胜就必须卖掉产品，要卖掉产品就必须吸引消费者兴趣和欲望，因而就要大力推销
市场营销观念	20 世纪 50 年代中期～90 年代	生产相对过剩，竞争激烈	营销重心：消费者（顾客）。 注意研究消费者需求与欲望，研究购买行为。顾客是中心，竞争是基础，协调是手段，利润是结果
社会市场营销观念	20 世纪 90 年代至今	市场充分竞争，理性价值	营销重心：企业利益和社会利益兼顾。 把企业长期利益和竞争战略与用户利益和社会利益结合起来

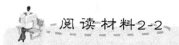
阅读材料 2-2

奔驰的社会营销观

奔驰不仅其汽车产品优质，而且在造车时始终抱着对社会负责的态度，下面两点充分体现了"奔驰"的社会责任感。

1. 造全世界最"安全"的车

据统计，每年全球因交通事故死伤的人数高达 25 万，汽车的安全问题尤其突出。奔驰一向重视交通安全问题，它首创的吸收冲击式车身和安全气囊（SRS）等安全设计被汽车工业界引为标杆，并导致各汽车大厂竞相投入研究开发的行列。

翻开奔驰的企业历史，从 20 世纪 50 年代开始它就致力于安全问题的研究。1953 年，奔驰发明的框形底盘上的承载式焊接结构使得衡量车身制造的标准朝着既美观又安全的方向迈出了第一步。在 600 型的基础上，奔驰又研制出了"安全客舱"，即载客的内舱在发生交通事故时不会被挤瘪，承受冲击力的是发动机和行李箱这两个"缓冲区"，为了不让转向盘挤伤驾驶员，转向柱是套管式的，可以堆拢到一起。在每一辆奔驰小轿车上，从车身到驾驶室部件，共有 136 个零部件是为安全服务的。

2. 造"环保至上"的车

尽管汽车给人们带来很多好处，但令人遗憾的是汽车加剧了环境的污染，表现为汽车的运行增加了城市的噪声，汽车排出的废气污染了空气等。于是环境污染问题也成为汽车的两大克星之一。由于石油、太阳能、煤、核能、水力、风力等都可以用来发电，这就使得汽车能源不局限于某一种能源，可消除部分噪声与废气的污染。

奔驰把对环保问题的关切作为其汽车设计的重点，长期以来重视环保技术的研究，致力于研制节能和保护环境方面的新型汽车。"使你加入节约能源及环境保护的工作"就是奔驰的口号。石油危机发生后，奔驰致力于研究使用汽车代用能源的装置，如乙烷、甲烷或混合燃料发动装置。奔驰每年定期推出强化企业形象的广告，表现其对环境问题的高度关心是广告的重要内容。一般汽车企业是以美国环保法规为最终标准，多数的商品开发也以满足美国的标准为前提，但奔驰除了这些之外，还另外制定了一套比美国标准还严格的管理规定。

2.2.2 当代营销观念的创新

随着新经济时代的到来,世界经济正以势不可挡的趋势朝着全球经济一体化、企业生存数字化、商业竞争国际化、竞争对手扩大化等方向发展。国际互联网、知识经济、高新技术特征明显,企业的经营进一步打破了地域阻隔的限制,如何在全球贸易体系中占有一席之地,如何赢得更大的市场份额和更广阔的市场前景,如何开发客户资源和保持相对稳定的客户队伍,已成为影响企业生存和发展的关键问题。在这样的背景下,新型营销理念层出不穷,如基于健康发展的绿色营销,基于各种营销要素的整合营销,基于协调各种营销关系的关系营销,基于客户关系管理的营销(如一对一营销、直接营销等),以及基于现代网络技术的网络营销、电子商务等。总的来看,这些理念是对现代营销观念及其指导下的营销方法的继承和发展,中心仍然是围绕顾客满意,并注重营销道德。

1. 顾客满意

顾客满意,是顾客的一种主观感觉状态,是顾客对企业的产品和服务满足其需要程度的体验和综合评估。影响顾客满意的因素主要是顾客购买后实际感受到的价值是否与其期望得到的价值相符,或者说是顾客得到的总价值与其付出的各种成本相比是否令人满意。

通过满足需求达到顾客满意,最终实现包括利润在内的企业目标,是现代市场营销的基本精神。这是一种基于现代"双赢原则"的营销理念。其核心思想是向顾客提供价值更高、成本更低的产品(即"顾客让渡价值"最大的产品)。

顾客让渡价值是指顾客与企业的交往过程中,顾客从企业那里获得的总价值与顾客支付的总成本的差额。顾客获得的总价值指顾客购买企业的产品或服务所期望获得的一组利益,它包括产品价值(产品的功效价值)、服务价值(产品的附加价值)、人员价值(营销和服务人员的素质和工作质量带给顾客的价值)、形象价值(产品的精神价值)等。顾客支付的总成本指顾客为购买企业的产品或服务所支付的货币资金、耗费的时间、精力以及体力等成本的总和。

但追求顾客让渡价值最大化常常会增加成本,减少利润。因此,在市场营销实践中,企业应掌握一个合理的度,而不是片面强调顾客让渡价值最大化,以确保实现顾客让渡价值所带来的利益超过因此增加的成本费用。换言之,企业顾客让渡价值的大小应以能够实现企业的经营目标为原则。

2. 绿色营销

绿色营销的概念产生于世纪之交。英国威尔斯大学肯·毕提教授在其所著的《绿色营销——化危机为商机的经营趋势》一书中指出:"绿色营销是一种能辨识、预期及符合消费的社会需求,并且可带来利润及永续经营的管理过程。"我国学者也指出:"所谓绿色营销,是指企业在营销中要重视保护地球资源环境,防治污染以保护生态,充分利用并回收再生资源以造福后代。"从这些界定中可知,绿色营销是以满足消费者和经营者的共同利益为目的的社会需求管理,以保护生态环境为宗旨的市场营销方式,它比传统的社会营销从更长远的生态环保角度来考虑社会的可持续发展,带有更强烈的绿色色彩。

面对环境的深刻变化,可持续发展是我国今后相当长的一段时间内,社会经济发展政策的基本取向。实施绿色营销的企业,对产品的创意、设计和生产,以及定价与促销的策划和实施，都要以保护生态环境为前提，力求减少环境污染，保护和节约自然资源，维护人类社会的长远利益，实现经济的可持续发展。随着汽车能源危机和环境污染的日益加剧，汽车销售业转入绿色销售的阵营。

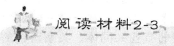阅读材料2-3

本田妙案

日本横滨本田汽车公司汽车大王——青木勤社长别出心裁地想出了一个为推销汽车而绿化街道的"本田妙案"。方案一经推出，即收到意想不到的效果，使本田汽车独领风骚。

"本田妙案"是怎样产生的呢？青木勤社长在每天外出和上下班的途中发现，汽车在飞跑过程中排出大量废气直接污染了城市环境，不但乌烟瘴气，而且造成路旁绿树的枯萎。青木勤社长看到自己的产品给环境带来不利影响，心情非常沉重。他决心解决这个问题，恢复自然的本来面目。于是，青木勤社长亲自制定了"今后每卖一辆车，就要在街道两侧种一棵纪念树"的经营方针。随后，本田公司又将卖车所得利润的一部分转为植树费用，以减轻越来越多的汽车排气对环境的污染。"本田妙案"实施后，汽车一辆辆开出，街上的树木一棵棵栽上，绿化地带一块块铺开。消费者心目中自然产生了一种强烈的需求欲望，同样是买车，为什么不买绿化街道的本田的汽车呢？既可以买到需要的产品，还可以美化生活环境。这可真是"有心栽花花不开，无心插柳柳成荫"。这种别出心裁的方案使本田汽车销量与"绿"俱增，起到了非常好的促销作用。

3. 整合营销

整合营销是一种更注重营销要素整体作用的观念。它比营销组合观念更强调营销因素（比组合要素更多）的整体作用，要求各种营销因素方向一致，形成合力，共同为企业的营销目标服务。整合营销观念打破了传统营销理念把营销活动只作为企业经营管理的一项职能的观点。它要求企业和相关利益主体的所有活动都整合和协调起来，以使企业按照既定战略向着预期目标运行。在整合营销理念指导下的企业，所有部门都在一起努力为相关利益主体的利益而服务，企业的营销活动成为企业各部门的工作。整合营销主要包括以下两个方面。

1）职能部门的配合

内部市场营销是指卓有成效地聘用、训练和尽可能激励员工很好地为顾客服务的工作。事实上，内部营销必须先于外部市场营销。企业内部各职能部门（营销、生产、研究发展、人事、财务）均各有职责。实行顾客导向的企业，营销部门的任务主要是研究、认识和服务于顾客，其他部门均应积极配合营销部门争取顾客。各部门必须在增进企业整体利益的前提下，多方面协调行动，为争取顾客发挥应有的作用。

2）营销工具的配合

营销工具包括产品、定价、分销、促销四大因素，在需求的满足上，依靠发挥四大因素的整体效应。单一因素的特殊优越，并不能保证营销目标的实现。例如，分销渠道不仅要与产品品质一致，还要与价格一致；促销活动也必须与产品品质、价格和分销渠道相一致。同时，企业所有营销努力，还必须在时间与空间上协调一致，才能获得最大的效益。

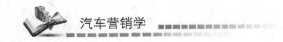

4. 关系营销

关系营销的概念是美国学者巴巴拉·本德·杰克逊于1985年提出的。关系营销，是把营销活动看成是一个企业与消费者、供应商、分销商、竞争者、政府机构及其他公众发生互动作用的过程，其核心是建立和发展与这些公众的良好关系，其目标在于建立和发展企业和相关个人及组织的关系，取消对立，成为一个相互依赖的事业共同体。关系营销的市场范围从顾客市场扩展到了供应商市场、内部市场、竞争者市场、分销商市场、影响者市场、招聘市场等，从而大大拓展了传统市场营销的含义和范围。这就要求企业经营管理的范围从内部可控因素，扩展到外部环境的相关成员（包括供应商、中间商、竞争者、政府、社区等）。

关系营销更为注意的是维系现有顾客，认为丧失现有顾客无异于失去市场、失去利润的来源。有的企业推行"零顾客背离"计划，目标是让顾客没有离去的机会。市场营销学者研究表明，吸引一位新的消费者所花的费用是保留一位老顾客的5倍以上，顾客再次购买率提高5%，利润就增加25%。所以关系营销更注重与顾客的交流和沟通，强调通过对顾客的服务来满足、方便顾客，以提高顾客的满意度与忠诚度，达到提高市场份额的目的。

5. 客户关系

客户关系营销的概念源于关系营销，但又不同于关系营销。客户关系营销比关系营销更注重企业与客户的关系，它借助现代数据库和管理信息系统等手段，以客户价值（客户对企业的价值）和顾客让渡价值为核心，通过完善的客户服务和深入的客户分析来满足客户的需求，在使顾客让渡价值最大化的同时，实现企业的价值。这是一种基于现代"双赢原则"的营销理念。

由客户满意进一步发展到客户十分满意是企业营销的重点。有资料表明，仅仅是客户满意还不够，当出现更好的产品供应商时，客户就会更换供应商。例如，在一项消费品满意的调查中，44%宣称满意者经常变换品牌，而表示对丰田汽车十分满意的75%的顾客调查中，这些人愿意再次购买丰田产品。这一事实表明，高度的满意能对品牌产生忠诚乃至对企业产生情感吸引，客户满意便上升为顾客忠诚。忠诚的客户能给企业带来诸多的利益。与此相反，不满意的客户将带来相反的结果。据北京美兰德信公司的电话抽样调查显示：日本三菱帕杰罗汽车、日航歧视性服务以及松下GD92手机事件，有76%的人对日本公司事后的态度及采取的措施表示不满意和非常不满意，而有60%的居民认为这会影响到他们对日货的购买。可见，创造客户满意是非常重要的。在这一过程中，客户关系营销思想的重要性便凸显出来了。

企业与客户的关系可以分为以下五种不同水平。

（1）基本关系。这种关系是指企业销售人员在产品销售后就不再与客户接触。

（2）被动关系。企业的销售人员在销售产品的同时，还鼓励消费者在购买产品后，如果发现产品有问题或不满时，及时向企业反映，如通过打电话联系。

（3）负责式的关系。企业的销售人员在产品售后不久，就应通过各种方式了解产品是否能达到消费者的预期，并且收集客户有关改进产品的建议，以及对产品的特殊要求，并把得到的信息及时反馈给企业，以便不断地改进产品。

（4）主动式的关系。企业的销售人员经常与客户沟通，不时地打电话与消费者联系，向他们提出改进产品使用中的建议，或者提出有关新产品的信息，促进新产品的销售。

（5）伙伴式的关系。企业与客户持续地合作，使客户能更有效地使用其资金或帮助客户更好地使用产品，并按照客户的要求设计产品。

6．网络营销

网络营销是随着互联网进入商业领域而诞生的。20世纪90年代初，随着互联网的飞速发展，在全球范围内掀起了互联网应用热潮，世界各大公司纷纷利用互联网提供信息服务，拓展公司的业务范围，并且利用互联网的特点积极改造企业内部结构和探索新的营销管理方法，实现营销手段的创新。1994年10月，网络广告诞生。基于搜索引擎Yahoo、Excite、Lycos等相继诞生，网络营销形成。

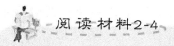
阅读材料2-4

搜索引擎的诞生

1994年，硅谷有两伙人预见了万维网普及所必然带来的信息爆炸，以及对信息获取工具的需求。他们分别实现了获取信息的两类技术，至今仍然广泛使用。这两类技术就是万维网搜索和万维网索引。

1994年初，有6个很要好的朋友从斯坦福大学毕业，5个计算机科学学士，1个政治科学学士。他们聚集在硅谷的墨西哥快餐馆，商量以后去向。他们一致认为应该一起创业，干一件有影响的大事。但这件具体的大事是什么，他们并没有定论。不过他们决定了，他们当中，政治学士乔·克劳斯（Joe Kraus）将是公司总裁，负责接电话、找钱和其他外部事物。计算机学士格雷姆·斯宾塞（Graham Spencer）将是技术总管，负责总体设计、任务分派和系统集成。6位朋友把自己的积蓄都贡献出来，凑了15000美元，在硅谷租了一个小房子，开始干了起来。

经过仔细讨论，朋友们决定开发一个"搜索引擎"（Search Engine）软件。它的功能是，只要用户输入关键词，软件就能从一个庞大的数据库或信息库中把含有这些关键词的文件找出来。这个软件后来被命名为Excite，是今天互联网和万维网上一个主要的搜索引擎。

网络营销是建立在互联网基础之上，借助于互联网来更有效地满足顾客的需求和欲望，从而实现企业营销目标的一种手段。网络营销包括新时代的互联网传播媒体、未来的信息高速公路、数字电视网和电子货币支付方式等。网络营销贯穿于企业经营的整个过程，包括市场调查、客户分析、产品开发、生产流程、销售策略、售后服务和反馈改进等环节。

网络营销是企业整体营销战略的一个组成部分，借助互联网来实现一定营销目标的一种营销手段，它是一种新生的营销方式。网络销售不单纯是网络技术，而是企业现有营销体系的有利补充。

7．营销道德

营销道德是调整企业与所有利益相关者之间关系的行为规范的总和，是客观经济规律

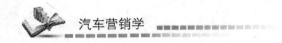

及法制以外约束企业行为的又一要素。营销道德最根本的准则,应是维护和增进全社会和人民的长远利益。凡有悖于此者,都属于非道德行为。目前,我国的营销道德问题值得引起重视,应当减少或消除经济生活中的不公平、不真实,资源过分浪费,强制推销,污染环境,不正当竞争等现象的发生。

树立良好的营销道德,离不开政府、司法和广大消费者,特别是广大企业的参与。企业界要切实地以先进的营销观念为指导,自觉地端正企业的经营态度和营销行为。同时也要加强法制建设,建立健全法制体系,完善消费者权益保护机构,加大消费者权益保护的力度,认真解决信息不对称问题,提高消费者在商品交易中的地位。

8. 全球营销观念

全球营销观念是1983年西奥多·莱维特提出的。它是20世纪90年代以后,市场营销观念的最新发展,它是指导企业在全球市场进行营销活动的一种崭新的营销思想。

全球营销观念在某种程度上完全抛弃了本国企业与外国企业、本国市场与外国市场的概念,而是把整个世界作为一个经济单位来处理。全球营销观念强调营销效益的国际比较,即按照最优化的原则,把不同国家中的企业组织起来,以最低的成本,最优化的营销去满足全球市场需要。也就是说,企业生产和销售单一产品服务,制定单一的标准化的营销组合策略,满足全球市场的需求,以求获得规模经济效益,从而提高企业产品的竞争能力。可口可乐就是实行这种营销观念成功的典范。

营销观念经过一百多年的发展,经历了生产观念、产品观念、推销观念、市场营销观念、社会营销观念、全球营销观念、整合营销观念和绿色营销观念,并向多元化发展。现今除了上述提到的营销观念之外,比较流行的营销观念还有文化营销观念、品牌营销观念、知识营销观念、网络营销观念、互动营销观念、形象营销观念、定制营销观念、服务营销观念、关系营销观念以及忠诚营销观念等。由于科学技术的迅猛发展,现在企业中有一种新的营销观念在逐渐流行开来,那就是如果完全依照消费者的需求来组织生产,会抑制产品的创新,因此企业除了顺应市场,发现新的需求之外,更要注重"创造市场,引导消费"。盛田昭夫在《索尼与我》一书中道出了索尼公司成功的秘密:"我们的政策是以新产品去引导消费,而不是先调查消费者喜欢什么产品,然后再投其所好。"正是由于一些企业奉行"创造市场,引导消费"这种营销观念,不断开发新产品,使产品生命周期不断缩短,有的产品生命周期只有2~3个月,如电脑软件。企业在这种营销观念的指导下,既使企业获得良好的经济效益,又使消费者受益匪浅。

一些学者在总结成功企业经验中得出一条真理:企业应在长期中以供给为主,短期内以需求为主。"长期中以供给为主"是指企业要密切关注科学技术的发展方向,投入大量的人力、物力和财力去开发新产品,去创造市场,创造需求。"短期内以需求为主"是指企业要密切注意市场的短期,及时跟踪消费者的价值取向,适时投放新产品以满足消费者的需求。

对汽车产品的营销,汽车企业应该掌握市场营销的理念并吸收最新的营销理念,结合汽车产品自身的特点,考虑汽车目标市场的实际情况,从实际出发开展合适的营销活动。

 综合习题

一、填空题

1. 中国汽车产业经历了_____、_____、_____、_____四个发展过程。

2. 我国汽车市场的形成过程大体分为_____、_____、_____三个阶段。

3. 推销观念(Selling Concept)产生于 20 世纪 30 年代初期,表现为"我卖什么,顾客就买什么",以_____为重点;市场营销观念(Marketing Concept)产生于 20 世纪 50 年代中期至 90 年代,是一种以顾客需要为导向,"一切从顾客出发"的观念,它有四个主要支柱分别是_____、_____、_____、_____。

4. 只要企业从顾客需要出发,产品适销对路,就是符合市场营销观念的,这就要求修正市场营销观念,从而产生了人类观念、理性消费观念、生态消费观念等,其共同点就是注重_____,故统称为_____。

5. 企业与客户的关系可以分为_____、_____、_____、_____和_____五种不同水平。

二、名词解释

(1) 生产中心观念;(2) 市场营销;(3) 社会营销;(4) 绿色营销;(5) 关系营销。

三、简答题

1. 简述我国汽车工业发展历程。
2. 简述我国汽车市场的发展现状和发展趋势。
3. 生产中心的营销观念一般要满足哪些条件?
4. 简述营销观念产生和演变的五个历程。
5. 当代创新的营销观念有哪些?

四、案例分析题

根据以下案例所提供的材料,试回答:

(1) 简述市场营销观念的演变历程。
(2) 华晨宝马 5 系 Li 车型成功的原因是什么?
(3) 案例中体现了哪种市场营销观念?并简述它的基本观念。

2008 年 1 月至 6 月,华晨宝马 5 系 Li 车型同比增长 51%,这是一个超乎人们想象的数字。宝马 5 系 Li 标志性的改动是轴距加长 14cm,增加了后排的空间。这也是宝马集团首次针对某一地域市场,进行如此大的改进,并在当地生产。2007 年 11 月中旬,宝马 5 系 Li 上市,有人认为这是宝马终于向中国市场"低头"。而宝马集团则坚持认为,这是其在中国本土化战略的一部分。其实,宝马 5 系 Li 的出现,最根本的还是表明宝马集团观念上的"改变"。国内合资企业车型轴距的加长,源于 20 世纪 80 年代中后期的上海大众桑塔纳 2000。此前,作为一款公务商务用车的主流车型——桑塔纳因后排空间狭窄而屡遭诟病。为了满足市场需求,上海大众在其后续车型的开发过程中,将轴距加长 10cm,使桑塔纳 2000 的后排乘员有了足够的腿部伸展空间。在国外,像桑塔

纳这样的B级车，大都以自驾为主，后排主要是孩子和宠物的空间，无需太大。而在中国市场上，B级车主要用于商务用途，对后排空间的要求也就自然高了起来。另外，稍有汽车常识的人都知道汽车的轴距加长之后，在舒适性得到改善的同时，其动力性、操控性、经济性等都会受到一定影响。那么，改还是不改？怎么改？改多少？显然，这已不是简单的技术、经济和生产问题。然而，大众汽车认准了必须要"加长"，就坚持下来。他们不仅给桑塔纳2000加长，而且让帕萨特B5加长；不仅众品牌B级车上加长，而且在奥迪品牌、C级车上也加长，从上一代奥迪A6，到现在的奥迪A6L，在欧洲原有车型的基础上，均加长10cm。其中，尤以A6L的"加长"最为成功：上市21个月，销量超过10万辆。大众的"改变"还在继续，而改变的方向却大相径庭。2008年7月中旬，一汽大众最新款迈腾上市。但是，大众汽车以往"标志性"的轴距加长并没有出现在迈腾车型上。厂家认为，随着时间的变化，国内消费者的消费观念也在变化。即使在公务、商务用车上，其驾驶者已不再是单一的职业司机。这些自驾车的社会精英人士，更愿意亲身体会德国车的操控与驾驶乐趣，而一汽大众就提供这种"原汁原味"的大众品牌汽车。迈腾近期出现的加价销售也说明这种"改变"得到了市场和消费者的认可。大众汽车从桑塔纳2000开始的"加长"，也曾启发其他企业，就连夏利这样的经济型轿车，也有过轴距加长10cm的车型。当然，轴距的加长只表明跨国公司"改变"的一个细节，不同的表现形式还有两厢改三厢，如爱丽舍、标致307；三厢改旅行款，如赛欧SRV等。这些企业也在改变中更贴近中国市场，贴近广大消费者。

➥ 资料来源：夏志华，张子波. 汽车营销实务［M］. 北京：北京大学出版社，2010.

第3章 汽车企业战略规划

本章教学要点

知识要点	掌握程度	相关知识
汽车企业战略规划和营销管理	掌握汽车企业战略的含义； 了解汽车企业战略的特征； 熟悉汽车企业战略制定的注意事项； 掌握汽车企业总体战略规划的制定； 掌握汽车市场营销战略规划的制定过程； 掌握营销计划应包含的内容	汽车企业战略规划的含义； 汽车企业战略的特征； 汽车企业战略制定的注意事项； 汽车企业总体战略规划的制定； 汽车市场营销战略规划的制定； 营销计划的内容
汽车市场定位	掌握市场定位的概念； 熟悉汽车市场定位的指标、作用； 掌握汽车市场定位的步骤； 掌握汽车市场定位策略及方式	产品定位、品牌定位、企业定位； 产品、服务、形象的差异化； 产品、品牌、企业定位策略； 避强、对抗和重新定位方式

导入案例

一汽集团企业战略规划

中国第一汽车制造集团,是以第一汽车集团为核心,在企业横向联合基础上,按照专业化协作的原则组建和发展起来的中国大型汽车工业企业集团。1994年初,"一汽"集团在认真分析了我国汽车工业的宏观环境条件和企业自身条件基础上,确定了其未来10~15年的企业发展战略,制定了实施战略规划的阶段步骤和主要措施。具体内容如下。

"一汽"集团为自己勾画的发展蓝图所包括的战略目标是:到2005年或稍长一点的时间内,将"一汽"集团建成初步具有国际竞争力的汽车工业集团。届时,集团的汽车年生产能力达到100万~110万辆,中型汽车、轻型汽车、轿车产量将构成1:1.6:4的汽车产品格局,主导产品达到六大系列35个车型;产量在国内汽车市场的占有率达25%;产品和生产技术水平基本达到国际20世纪90年代先进水平,在某些产品方面达到当时国际先进水平并稳步进入国际市场,这些产品届时的整车与零部件出口将占"一汽"集团汽车年销售总额的3%;初步具备能面向国际、国内两个市场的产品自主开发能力和一定的国际市场营销能力。为此,"一汽"集团为其各车型确立的发展方针是:中型车控制总量,调整结构,加速发动机柴油化、驾驶室平头化的发展进程,载重量适当向上发展,并提高产品技术水平,形成参与国际竞争的主导产品;轻型车进一步拓宽产品系列,增加品种,并大幅度提高产量,达到经济规模;轿车在已有的高级、中高级和普及型产品系列基础上,自行研制经济型家用轿车,并尽快形成各类轿车的合理生产规模。

"一汽"集团在制定上述战略规划时,对企业外部经营环境的分析是:首先,中国经济步入了持续、健康发展的新阶段,经济高速发展的现实和历史趋势预示了我国汽车市场的广阔前景。其次,社会主义市场经济建设又为汽车工业创造了新的竞争环境,市场经济制度的确立,有利于汽车企业得到一个公平竞争的环境,增强企业活力。第三,汽车工业在国民经济中确立支柱地位及其产业政策的实施,将为汽车工业加速健康发展创造条件、铺平道路。第四,在国内汽车市场竞争出现多极化格局和竞争日趋激烈的条件下,国内各主要汽车公司和集团为了赢得未来竞争和发展的主动,都在纷纷调整经营战略与目标。

"一汽"集团制定上述战略规划所依据的内部条件包括:首先,"一汽"集团形成了集团化和集约化的企业组织体系,企业经营管理水平在国内工业企业中相对较为先进;其次,"一汽"集团具有相对雄厚的技术实力和较为丰富的多种车型的开发经验;第三,企业经济实力正在增强,企业声誉在国内享有较高地位;第四,形成了较为完备的销售和售后服务网络体系,基本满足产品覆盖全国;第五,在国内率先形成了重型、中型、轻型和轿车等系列产品的生产基地,集团汽车产品车型的覆盖面宽,产品品种较为齐全。

为实现上述战略目标,"一汽"集团制定的实施步骤包括:第一阶段,到"八五"期末,6t平头柴油汽车形成批量生产能力,轻型车产量达年产6万辆的能力,建成年产3万辆奥迪中高级轿车的先导工程,初步建成年产15万辆普及型轿车的生产基地;第二阶段,到"九五"期末,轻型车形成年产15万~20万辆的生产能力,建成轿车零部件出口基地及经济型家用轿车基地,家用轿车生产能力大体达到15万辆的规模;第三阶段,到"十五"期末,在消化吸收中级轿车引进技术基础上,自主开发出具有一定技术水平的各类轿车,初步形成轿车产品的自主开发能力,并扩大普及型和家用轿车的生产规模。

为保证"百万辆规划"如期实现,"一汽"集团制定的主要措施如下。

(1)加大科技投入,形成独立的产品开发和科研能力,自行研制"大、中、小"红旗轿车。

(2)进一步调整产品结构,加大轿车在总量中的比重,形成以轿车为主,中型、轻型、轿车全面发展的新格局。

(3)建立、巩固各种车型的生产基地,形成大连、延边、无锡的客车基地,长春、吉林、哈尔滨的轻型车基地,长春、凌源的中型车基地,"一汽"本部的轿车基地;开辟烟台、威海的经济型家用轿车基地,西北区中型车基地,成都、芜湖的轻型车基地,广东轿车装配基地和广西特种车基地。

(4)有重点地建成一批高水平零部件总成基地。

(5)广开渠道,筹措资金,创造条件,推进股份制改造进程,建立现代企业制度。

总之,企业战略规划的制定,应做到目标明确、切合实际,实施步骤与措施应具体、可行。同时,在实施过程中应加强控制和管理。

3.1 汽车企业战略规划和营销管理

在动态的环境中生存和发展,企业不但要善于创造顾客并满足其欲望,还必须积极、主动地适应不断变化的市场。战略规划是企业面对激烈变化与严峻挑战的环境、市场,为长期生存和发展而进行的谋划和思考,是事关企业大局的科学规划,是市场营销管理的指导方针。

3.1.1 汽车企业战略规划

1. 汽车企业战略的基本含义

汽车企业发展战略或称汽车企业战略,是汽车企业为实现各种特定目标以求自身发展而设计的行动纲领或方案,它涉及汽车企业发展中带有全局性、长远性和根本性的问题。这种方案,是汽车企业根据当前和未来市场环境变化所提供的市场机会和出现的限制因素,考虑如何更有效地利用自身现有的以及潜在的资源能力,去满足目标市场的需求,从而实现汽车企业既定的发展目标。

有效的汽车企业战略是目标与手段的有机统一体。没有目标,就无从制定战略;没有手段,目标就无法实现,也就无所谓战略。所以,汽车企业战略既要规定汽车企业的任务和目标,更要着重围绕既定的任务和目标,综观全局地确定所要解决的重点问题、经过的阶段、采取的力量部署以及相应的重大政策措施。

有效的汽车企业战略应能适应不断变化的环境,并对变化的环境做出正确、系统和配套的反应,充分利用环境变化所带来的新的市场机会,以保证汽车企业的有效经营和发展。因此,汽车企业战略应当具有很强的应变能力。

2. 汽车企业战略的层次

一般来讲,大中型汽车企业的战略可以划分为三个重要层次,即汽车企业总体战略、汽车市场营销战略和汽车企业职能战略。

1) 汽车企业总体战略

汽车企业总体战略,是汽车企业最高层次的战略,是有关汽车企业全局发展的、长期的、整体性的以及带有挑战性的战略。它需要根据汽车企业使命,选择企业参与竞争的业务领域,合理配置企业资源,使各项经营业务相互支持、相互协调。总体战略的任务主要是回答企业应在哪些领域进行活动,经营范围选择和资源合理配置是其中的重要内容。汽车企业总体战略是汽车企业高层负责制定、落实的基本战略。汽车企业在制定其总体战略时,需要充分考虑市场机会与市场威胁、企业的产业类型、企业的优势与劣势、企业有形资源和无形资源的价值、企业核心能力与核心竞争力的构成、市场进入业务单元的战略选择、业务组合分析、竞争地位评估、多种业务的集团资源战略以及基于价值链的成功要素整合等问题。

2) 汽车市场营销战略

营销战略是指企业确定的、在将来的某一个时期希望达到的经营活动目标,及为了实现这一目标而预先制定的行动方案,它是当今企业在市场竞争中最被广泛关注的一项创意性营销活动。汽车市场营销战略是企业在现代市场营销观念的指导下,为了实现企业的经营目标,对于企业在较长时间内市场营销发展的总体设想和规划。

汽车市场营销战略是汽车企业战略管理的一个重要组成部分,是汽车企业的灵魂。汽车市场营销战略的选择受企业整体战略思想的制约,不同的经营思想会有不同的市场营销战略。汽车市场营销战略必须与整体经营战略相吻合,科学、严谨和可行的营销战略对汽车企业的生存和发展具有重要意义。

3) 汽车企业职能战略

汽车企业职能战略,也就是汽车企业职能部门战略,是汽车企业各个职能部门的短期性战略,期限一般在一年左右,以便职能部门管理人员把注意力集中在当前需要进行的工作上,并及时根据已变化的条件做出相应的调整。其制定者主要是各职能部门的管理人员。职能战略可以使职能部门及其管理人员更加清楚地认识本部门在实施总体战略、营销战略过程中的任务、责任和要求,有效地运用有关的管理职能,保证企业战略目标实现。

3. 汽车企业战略的特征

汽车企业战略具有全局性、长远性、纲领性和抗争性的特征。

1) 全局性

汽车企业战略的全局性是以企业大局为对象,根据企业整体发展的需要而制定的。企业战略规定的是企业整体的行动,追求的是企业的整体效果。

2）长远性

汽车企业战略的长远性既是汽车企业谋取长远发展要求的反映，又是汽车企业对未来较长时期内生存和发展的通盘考虑。战略的制定要以外部环境和内部条件的当前情况为出发点，并对汽车企业当前运行有指导、限制作用，这是为了更长远的发展，是长远发展的起步。因此，凡是为适应环境、条件的变化所确定的长期基本不变的目标和实现目标的方案，都属于战略的范畴。汽车企业针对当前形势，灵活地适应短期变化、解决局部问题的方法，是战术的概念。

3）纲领性

汽车企业战略所规定的是汽车企业整体的长远目标、发展方向和重点，应当采取的基本方针、重大措施和基本步骤。它具有原则性、概括性和行动纲领的意义。

4）抗争性

汽车企业战略是关于企业在激烈的竞争中如何与竞争对手抗衡的方案，是针对来自各方面的冲击、压力、危险和困难，迎接这些挑战的基本安排。而与那些不考虑竞争、挑战，单纯为了改善汽车企业现状、增加经济效益、提高管理水平等的计划、目的不同，只有这些工作与强化企业竞争能力和迎接挑战直接相关并具有战略意义时，才构成汽车企业战略的内容。

4. 制约因素

汽车企业战略的一个核心思想是使汽车企业目标与市场机会相匹配，使汽车企业的市场营销活动与市场环境的变化相协调。因此，制定汽车企业战略，必须从实际出发，认真研究制约或影响汽车企业营销活动、汽车企业利润率的各种因素。

制约或影响汽车企业营销活动的因素，从汽车企业能否控制的角度可划分为两类。

1）汽车企业可控制因素

汽车企业可控制因素是指影响汽车企业营销活动，并且汽车企业本身所能控制和运用的各种营销手段，主要包括：汽车产品开发、生产制造设备、汽车产品附加服务、基本价格、折扣价格、付款时间、分销渠道、储运设施、广告宣传、人员推销、公共关系以及营业推广等。这些手段的综合运用就是汽车企业市场营销组合，它在很大程度上决定着汽车企业经营的成败。

2）汽车企业不可控制因素

汽车企业不可控制因素是指影响汽车企业经营活动，但不受汽车企业控制的各种外部的环境因素，主要包括：经济发展、汽车相关技术的进步、法律规定、国家政策、人口状况、居民收入、消费心理、社会文化、风俗民情以及市场竞争等。这些外部因素是"双刃剑"，它们在带来"市场机会"的同时也会形成"环境威胁"，汽车企业只能适应这些因素。

因此，汽车企业要想取得成功，不仅要有效地运用可控制的营销手段，还要适应由不可控制因素构成的外部环境。此外，制定汽车企业战略还要考虑制约、影响汽车企业利润的因素，如竞争对手的状况、行业准入的难易程度、汽车产品的替代品状况以及汽车零部件、劳动力资源的供给状况等。

5. 汽车企业战略规划组成

汽车企业战略规划由市场机会分析、汽车企业目标与市场定位、制定市场营销战略、制定市场营销计划与政策、执行与控制市场营销组合及结果组成，如图3-1所示。

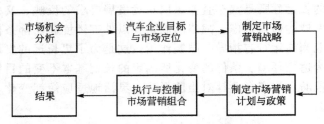

图3-1 汽车企业战略规划的组成

市场机会分析包括市场机会分析与评价。汽车企业目标与市场定位包括汽车企业目标与市场机会相匹配及建立信息系统和估价竞争，其中，汽车企业目标包括近期目标和中长期目标，近期目标一般是指年度目标，是企业中长期目标的一部分，根据年度制定计划安排，是企业当前亟待解决的问题和当年需完成的工作任务；中长期目标根据企业发展的进程制定，描绘企业发展前景的规划蓝图，是战略目标的主要内容。制定市场营销战略包括市场细分、选择目标市场、进行市场定位和扩大市场份额。制定市场营销计划与政策，即制定市场营销组合，包括产品决策、价格决策、渠道决策和促销决策。执行与控制市场营销组合包括实施战略规划、检查成效、营销组合和补充、调整与再制定。结果包括消费者的满足、企业盈利、良好的企业形象、满意的市场份额以及汽车企业的生存与发展。

6. 汽车企业战略规划的意义

汽车企业战略是汽车企业营销活动的灵魂。科学、严密的战略计划可以增大汽车企业盈利；树立汽车企业的良好形象；有利于汽车企业在竞争激烈的市场环境下生存和发展。制定战略规划在市场营销过程中的意义如下。

(1) 协调汽车企业内部的各种活动（如资金筹措、资源配置、生产制造过程、销售过程等），充分合理利用汽车企业内部资源（如人力、物力、财力和企业声誉等），从而增强汽车企业实现各项目标的可能性。

(2) 促使决策者从全局、长远的角度考虑问题，这样可以使汽车企业避免市场营销"近视"，有助于实现符合企业整体利益的目标。

(3) 促使汽车企业管理人员仔细观察、分析并预测市场动向。这有利于汽车企业长远规划的制定，大大减少了发展的盲目性。

(4) 减轻或消除突发事件造成的危害，增强汽车企业抵御各种风险的能力。

总之，汽车企业制定发展战略，可以提高其营销活动的目的性、预见性、整体性、有序性和有效性，增强汽车企业整体的竞争能力和应变能力。

3.1.2 汽车企业总体战略规划的制定

企业战略是企业的计划、计策、模式、定位和观念。企业战略决定和揭示企业的目的和目标，为企业提出实现目标的重大方针和计划，确定企业应该从事的经营业务，明确企业自己的价值观念，明确企业的经济类型与人文组织类型，以及决定企业应对员工、顾客和社会做出的经济与非经济的贡献。

1. 汽车企业总体战略规划的制定的内容

1）确定企业的任务与目标

明确了汽车企业任务，也就明确了汽车企业的活动领域和发展的总方向，汽车企业任务通常是由企业的高级管理层决定的。在确定任务时，主要应考虑以下几方面的因素。

（1）汽车企业历史上的突出特征。
（2）汽车企业周围环境的变化。
（3）汽车企业资源的变化情况。
（4）上级管理部门的意图。
（5）汽车企业的特有能力。

汽车企业决策层应以书面报告形式提出本企业的任务，一份有效的任务报告通常应体现以下原则。

（1）以市场为导向，符合消费需要。
（2）切实可行。
（3）鼓舞人心、激励士气。
（4）方针、措施明确具体。

汽车企业目标是企业任务的具体体现，是汽车企业未来一定时期内所要达到的一系列具体目标的总称，通常包括：汽车产品销售额和销售增长率、汽车产品销售地区、市场占有率（市场份额）、利润率和投资收益率、汽车产品质量与成本水准、劳动生产率、汽车产品创新以及汽车企业形象等。其中，利润率和投资收益率是汽车企业最重要的核心目标。

制定汽车企业目标一般应符合以下要求。

（1）多重性。汽车企业应有若干具体目标。
（2）时限性。汽车企业应规定各个具体目标的时间界限。
（3）数量化。汽车企业应尽可能使目标数量化，以便易于把握和核查。
（4）实际性。汽车企业选择的目标水平应从实际出发，与自身资源条件和市场环境相适应。
（5）层次化。汽车企业应使目标有主次，分从属。
（6）阶段性。汽车企业制定的长期战略目标应分阶段提出具体的要求。
（7）协调性。汽车企业应确保各个具体目标之间协调一致，避免矛盾和冲突。
（8）社会一致性。汽车企业应使目标与社会经济发展相协调。

2）规划汽车企业投资组合

确定汽车企业经营业务投资组合，应将企业的资金按照企业战略任务和目标的要求决定投资比例，进行合理分配、使用，使企业的竞争优势得以充分发挥，从而最有效地利用市场机会，确保投资效益。规划投资组合的方法较多，常用的有波士顿咨询集团法和通用电器公司法。

（1）波士顿咨询集团法（Boston Consult Group，BCG）。

波士顿咨询集团法又称作"市场增长率/市场占有率"法，是波士顿咨询集团创立的。市场占有率是指企业在统计期和某市场范围内，企业实现的销售量（额）占整个行业总销售量（额）的百分比，它反映企业在行业中的地位、市场占有率还可以用相对比较的方法去研究，即采用相对市场占有率指标，它是在统计期和某市场范围内，企业实现的销售量（额）与最大竞争对手实现的销售量（额）之比，用以反映企业与其竞争者的实力对比关系。

BCG 分析法选择市场增长率 η 和相对市场占有率 η'' 两个指标，组成"市场增长率/相对市场占有率"矩阵,并根据这两个指标指的排列组合情况把企业的战略经营单位或业务划分为四种类型,如图3-2所示。其中市场增长率 η 的高低可根据具体情况确定。

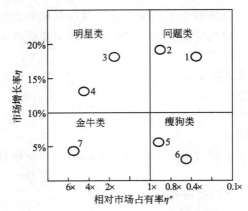

图3-2 波士顿咨询集团法(BCG)分析矩阵

图3-2中,市场增长率 η 以10%为分界线;相对市场占有率 η'' 以1.0为分界线;图3-2中的圆圈代表企业的战略经营单位或业务,圆圈的位置由各单位或业务的市场增长率和相对市场占有率的数值决定,圆圈的大小表示各单位或业务的销售额的大小。

① 明星类业务($\eta>10\%$,$\eta''>1.0$)。市场增长率和市场占有率都较高,业务处于迅速成长期,在增长上和获利上有着极好的长期机会,但需要大量的投资。企业应在短期内优先供给它们所需的资源,支持其快速发展。

② 金牛类业务($\eta<10\%$,$\eta''\geqslant1.0$)。相对市场占有率高、市场增长率低;一般处于成熟的低速增长的市场之中,市场地位有利,盈利率高,本身不需要大量投资,是企业利润的主要来源,宜采用保持政策。

③ 问题类($\eta>10\%$,$\eta''\leqslant1.0$)。市场增长率高、相对市场占有率低,竞争能力不强;一般是处于市场导入期,通常处于最差的现金流量状态。一方面,市场增长率高,需要大量的资金支持;另一方面,其相对市场份额较低,能够生成的资金很少,市场风险较大。企业要力求将此类业务转化成"明星类"业务,若这种可能性不大,应考虑淘汰。在对此类业务决定是否进一步投资时,要判断使其转化为明星类业务所需的投资量,分析其未来盈利,两相比较,慎重行事。

④ 瘦狗类($\eta<10\%$,$\eta''<1.0$)。市场增长率和相对市场占有率都不高,竞争能力不强;一般是处于衰退期或属于开发失败型,不宜过多地追加投入,若这类业务还能自我维持,则应缩小经营范围,加强内部管理;若已彻底失败,应及早清理业务或退出经营。

(2) 通用电器公司法(General Electrics,GE)。

通用电器公司法又被称为"多因素投资组合矩阵"分析法,是通用电器公司创立的;它认为分析业务组合应选用更为全面的指标,因而选用两类指标:一类是行业吸引力,包括市场容量、销售增长率、利润率、竞争者强弱、商业周期性、季节性、规模经济等因素;另一类是竞争能力,包括市场占有率、价格竞争力、产品质量、用户熟悉程度、推销效率和市场地理位置等因素。上述两类指标各分三级,排列组合后共九个方格,如图3-3所示。

根据综合评估的行业吸引力和经营业务竞争能力,可将企业的战略单位或业务分为以

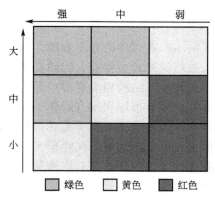

图 3-3　通用电器公司(GE)分析法

下三类。

① "绿区"类，位于图 3-3 中绿色区域。这类业务具有很强的行业吸引力和竞争能力，是最强的战略业务单位。企业应采取拓展战略，追加投资，促其发展。

② "黄区"类，位于图 3-3 中黄色区域。这类业务不能同时具备较强的行业吸引力和竞争力，总吸引力处于中等状态，企业应采取选择/盈利战略。

③ "红区"类，位于图 3-3 中红色区域。这类产品的行业吸引力和竞争力都较弱，是没有前途的产品。企业不应再投资，而应采取收割/放弃战略。

3）选择企业增长战略

企业建立、规划新的业务有三种途径：第一，在现有的业务范围内，寻找进一步发展的机会；第二，分析建立和从事某些与目前业务有关的新业务的可能性；第三，考虑开发与目前业务无关、但有较强吸引力的业务。这样就有密集性增长战略、一体化增长战略和多元化增长战略三种相应的增长战略。

（1）密集性增长战略。

密集性增长战略是指企业在现有的生产经营范围内，充分挖掘经营潜力，从而求得较高的市场占有率。采用的方式有三种：①市场渗透。通过采取各种营销措施，如增加广告宣传等促销手段，或开发新的分销渠道等，努力在现有的市场上增加现有产品的销售额，提高市场占有率。②市场开发。企业以现有产品打进新的市场以增加销售量；开发新的有可能进入但又未进入的细分市场，建立相应的分销渠道，或采取新的营销组合策略。③产品开发。在现有市场上开发新的产品，利用现有技术增加新品种或改进原有产品，扩大现有目标市场的销售额。

（2）一体化增长战略。

一体化增长战略是指企业通过扩展营销活动领域，实行程度不同的一体化经营，以增强产、供、销的整体能力，从而扩大规模、提高效率、增加盈利。一体化发展战略可以使企业对产、供、销所组成的营销链进行自我独立控制。汽车企业可实行以下几种一体化增长战略：①向后一体化。生产企业向后收购或兼并几个原材料供应商，使企业自身拥有原材料供应体系，形成供应和生产一体化，实现供产结合。②向前一体化。企业向前收购或兼并几个经销商，或者自己建立分销系统，控制其产品的分销渠道，实现产销结合。③水平一体化。企业收购或兼并弱小的竞争对手或与同类企业合资联营，以扩大经营规模和实力，取长补短，共同利用某些机会，并寻求新的发展机遇，形成产、供、销一条龙体系。

（3）多元化增长战略。

多元化增长战略是指企业向本行业以外的方向发展，向其他行业投资，与现有业务跨度较大。企业实行多元化增长战略的形式主要有：①同心多元化。企业以现有产品或技术为核心，向外扩展业务范围，开发生产结构相类似的产品，或使现有产品能增加新的特色或功能。②水平多元化。企业针对现有市场和现有顾客，利用新的技术和设备发展新的产品，这些技术与企业现有的技术和经营业务无多少关联，但在市场和营销渠道上有相同的业务，企业在生产和技术方面进入了全新领域，风险较大。③综合多元化。综合多元化即发展与企业现有产品、技术和市场无关的新业务，将经营范围扩大到与现有技术、现有市场、现有分销渠道都无关联的其他领域，也就是企业进入其他行业或经营领域。例如，汽车企业同时从事金融业、经营房地产、开办酒店等业务，形成一个跨行业的经营集团。

实行多元化发展可以减少单一经营的风险，提高企业对环境的适应性，获得更大的发展机遇，充分利用企业内部资源，提高整体经济效益。这种做法的风险性最大，如果决策不慎，贸然进入完全陌生的行业，一旦经营失误，就会为企业带来巨大损失。因此，企业规划新的发展方向时，必须慎重，结合自己现有的特长和优势加以考虑。

4）实现战略目标的步骤和措施

企业在制定战略规划时，除规定企业任务、确立战略目标、规划投资组合和选择增长战略等内容外，还必须对实现战略规划的步骤和主要措施做出大致安排。也就是大体上明确分为几步走，各阶段的时间是多长，确保达到的目标是什么，争取达到的目标又是什么，各阶段工作的重点是什么，有利与不利条件有哪些，企业需要创造的条件又有哪些等。

企业在制定上述步骤和主要措施安排时，对各阶段目标与措施的规定应有所区别。对现阶段的规定应具体些，对未来阶段的工作不应太具体化，以适当抽象和概括为宜，但也不能过分抽象，导致目标不明。战略规划的步骤安排和主要措施要有利于各职能部门做好职能规划和计划。

5）职能规划

战略规划应是一整套科学的目标任务体系，这个体系应包括产品规划、技术开发规划、市场规划、财务规划、生产规划和发展布局规划等主要内容，这就是职能规划，它既是战略规划的分解，又是各职能部门的行动纲领。现代企业管理理论认为，企业战略规划确定后，必须要将战略规划具体地化为企业各管理层的目标，形成一整套目标体系，推行目标管理，使管理层肩负起实现目标的责任。美国著名管理学者杜拉克说："管理人员应当由他所要达到的目标，而不是由他的上司来指挥和控制。"我们的企业家应尽快转变过去习惯了的行政命令管理作风，掌握与现代企业制度相适应的管理方法，并形成富有特色的管理作风。

对于职能规划，企业必须明确市场营销在战略规划中的地位，必须按照现代营销观念，突出营销地位。这既是做好战略规划的前提，又是处理好营销职能与其他职能，营销部门与其他部门关系的前提。

2. 汽车企业战略规划制定的原则

汽车企业战略规划的制定，通常应遵循以下各项基本原则。

（1）坚持企业能力与战略目标、有利条件与不利因素相统一的原则。分析在充分利用有利因素、最大限度限制不利因素的条件下，企业可以达到怎样的能力，并找到企业能力与战略目标的最佳结合点。

（2）遵循汽车工业发展的客观规律，坚持走专业化、社会化、高起点的道路，兼顾市场容量与经济规模相统一、培养产品开发能力和增强发展后劲等原则。

（3）考虑社会责任，把企业经济效益和社会利益统一起来。安全、节能和环保已成为现代汽车企业要重点考虑的问题。

（4）分清战略决策和业务决策的区别，战略目标要明确具体、有可操作性，要考虑获利能力。

（5）坚持一次规则、分步实施以及突出重点的原则。汽车企业要处理好眼前与长远、改革与发展、已有基础与新事业拓展等关系，围绕总体战略目标，突出重点，分阶段付诸实施。

（6）坚持适时修订、补充和完善的原则。汽车企业的高层决策人员应根据外部条件和企业对比力量的变化适时审查战略规划，并审时度势地做出调整。

（7）坚持按科学程序办事的原则。严格的科学程序是正确制定并执行战略规划的有力保证。

3. 汽车企业战略规划制定方法

在遵循以上原则的同时，战略规划的制定还有以下一些特定的方法。

1）自上而下的方法

这种方法是先由汽车企业总部的高层管理人员制定企业的总体战略，然后由下属各部门根据自身的实际情况将企业总体方案具体化，形成系统的战略方案。这种方法要求企业高层管理人员对下属各部门的工作了如指掌，对企业全局的把握能力强。其优点是企业高层管理人员能牢牢把握住整个企业的经营方向，并能对下属各部门实施有效控制。缺点是难以充分发挥中下层管理人员的积极性和创造性。

2）自下而上的方法

这是一种先民主后集中的方法。汽车企业最高管理层要求各部门积极提交战略方案，并对各部门提交的方案进行必要的修改、协调平衡，然后才形成企业的总体战略规划。这种方法要求企业有着浓厚的民主作风且中下层管理人员素质较高。其优点是可发挥各级人员的积极性和创造性，集思广益，战略的贯彻实施较为容易。缺点是各部门战略方案较难协调。

3）上下结合的方法

这种方法通过企业最高管理层和下属各部门管理人员共同参与、沟通协商来制定战略规划。这种方法比较值得推荐，它结合了自上而下和自下而上这两种方法的优点，并且克服了它们的不足，制定出来的战略规划具有较好的协调性、创造性和可操作性。

4）战略小组的方法

这种方法是指企业负责人与其他高层管理人员组成一个战略制定小组。小组中，一般由总经理任组长，其他的人员构成依据小组工作内容不同而具有很大的灵活性，通常是吸收与所要解决问题关系最密切的人员参加。这种方法目的性强、效率高。

4. 汽车企业战略规划制定注意事项

汽车企业制定企业战略的规划时需要注意以下几个方面的事项。

（1）必须依据企业外部环境和企业内部条件的变化趋势及企业经济效益的发展趋势，判定企业在运行过程中即将发生的战略问题。企业可以从相互依存、相互影响的环境因素与各个职能领域之间的变化寻找问题，并分析它对整个发展的影响程度。

（2）评估企业战略的重要性，将战略问题进行整理、分类，依据轻重缓急的不同加以排列，最重要的战略问题由企业的决策者进行详尽的分析；一般重要战略问题由企业各个经营部门研究分析；而一般性战略问题，只需加以注意，不必详加分析。

（3）对重要的战略问题进行分析，从过去、现在和未来等多方面，分析问题的发展趋势，将战略问题逐层分解，研究各个层次的问题，如产品普及率、实质销售增长率、有关产品销售率、市场占有率、老客户流失率、新用户获得率和投资利润率等，以及它们对企业战略的影响，系统深入地掌握战略问题。

（4）提出与问题有关的战略。如果问题涉及面较广，应考虑制定总体战略和营销战略。如果仅仅涉及职能部门，则只制定相应的职能战略。

（5）发展战略计划和形成行动方案。根据提出的战略，考虑和决定如何及时、有效地实施，从而增进或避免减少企业的效益。汽车企业之间的竞争关键是争夺市场，因为市场能够综合检验出企业的竞争能力。

总之，确定企业战略目标时，要以高销售增长率、高盈利、高市场占有率、良好的信誉作为汽车企业的战略目标。在企业总体战略的制约下，汽车企业一方面要细分市场及其汽车产品的不同生命周期阶段，运用不同的计量指标作为营销战略目标。另一方面，选用市场占有率作为汽车企业中短期的营销战略目标，选用投资利润率作为汽车企业中长期的营销战略目标。

3.1.3 汽车企业市场营销战略规划

1. 汽车市场营销战略规划的含义

汽车市场营销战略规划是汽车企业在现代市场营销观念的指导下，为了实现企业的经营目标，对于汽车企业在较长时间内市场营销发展的总体设想和规划。制定汽车市场营销战略计划要从外部环境中去分析、评价不同汽车产品业务增长的市场机会，同时结合汽车企业自身的资源状况。汽车市场营销战略计划必须与企业总体战略相吻合，科学、严谨和可行的营销战略对汽车企业的生存和发展具有重要意义。

2. 汽车市场营销战略规划的目的

汽车市场营销战略规划的目的如下。

（1）提高服务质量。通过提高服务质量管理来提高服务质量，增强汽车企业的核心竞争力。

（2）满足顾客需求。通过价值链和顾客关系管理提高顾客让渡价值，实现顾客满意。

（3）战胜竞争对手。分析竞争环境和竞争对手，确立汽车企业的市场竞争地位和基本竞争战略。

3. 汽车市场营销战略的特点

一般来讲，汽车市场营销战略是汽车企业总战略的子战略，它有着总战略的思想与内涵。汽车市场营销战略具有以下几个特征。

1) 系统性

汽车市场营销战略计划应该包括战略任务、战略目标、战略重点、战术措施等要素，同时应该确定其相互间的相互关联性。实施过程中通过要素间的关联关系来体现营销战略的完整性和系统性。营销战略目标是指汽车企业在营销战略思想的指导下,在营销战略时期内汽车企业全部市场营销活动所要达到的总体要求。战略重点要体现本企业汽车产品的特色,围绕营销战略目标的实现,通过对汽车企业内外部、主客观条件的分析,找出各阶段影响市场营销的重要问题,把它作为营销战略重点。战术措施要体现营销谋略的创新性、应变性,以及能够实现营销战略目标所采取的各种措施。

2) 全局性

汽车市场营销战略计划的全局性包括两层含义:一是指汽车企业对市场营销战略进行整体规划;二是指汽车企业在市场营销中做出事关汽车企业发展的关键性策略。

3) 长远性

长远性是指战略要着眼于未来,要指导和影响未来较长时期内的营销活动,是对未来营销工作的通盘筹划。因此,要立足当前,放眼未来,协调好近期和长远的关系。

4) 可行性

按照汽车企业的现有资源,充分发挥企业的潜力,通过员工的共同努力,能够落实企业指定的营销战略计划。

4. 汽车企业市场营销战略规划的制定

汽车企业市场营销战略规划的制定过程,如图3-4所示。

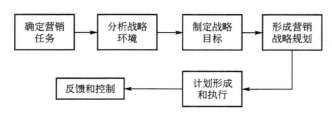

图3-4 汽车市场营销战略规划的制定过程

1) 确定营销任务

营销部门必须根据总体战略来明确自己的营销任务。营销任务是指营销部门生产经营的业务和发展方向,它是营销部门开展各种活动的依据。营销任务的分析应以市场需要为中心,明确所要服务的顾客群是谁;所要满足的顾客需要什么;用以满足这些需要的产品或技术是怎样的。一份有效的任务说明书将向员工阐明有关机会、方向、重要性和成就等方面的意义,就像一只"无形的手",引导员工朝同一个方向奋斗,进而推动企业文化的建设。

2) 分析战略环境

企业及其营销部门的各种经营活动总要受到各种环境因素的影响。这些环境大体可以分为外部环境因素和内部环境因素。SWOT(Strength, Weakness, Opportunity, and Threats analysis)分析法可以对企业的优势、劣势、机会和问题进行全面评估,详见5.3节。

(1) 外部环境分析。

一般而言,营销部门要监测那些影响其业务的主要宏观环境因素(经济的、技术的、法律的、文化的环境因素),还要监测重要的微观环境参与者(顾客、竞争者、分销渠道、供货商),因为他们会影响公司在这些市场上的盈利能力。营销部门要建立营销情报系统,以研究这些因素的重大发展趋势和规律。对这些趋势或发展规律,销售人员应辨明其明显的或隐藏的机会与威胁。

(2) 内部环境分析。

每个企业都要定期检查自己的优势与劣势,可通过"营销备忘:公司绩效优势与劣势分析检查表"方式进行,见表3-1。

表3-1 企业绩效优势与劣势分析检查表

		绩效					重要性		
		特强	稍强	中等	稍弱	特弱	高	中	低
营销能力	1. 企业信誉								
	2. 市场份额								
	3. 顾客满意								
	4. 顾客维系								
	5. 产品质量								
	6. 服务质量								
	7. 定价效果								
	8. 分销效果								
	9. 促销效果								
	10. 销售员效果								
	11. 创新效果								
	12. 地理覆盖领域								
资金能力	13. 资金成本、来源								
	14. 现金流量								
	15. 资金稳定								
制造能力	16. 设备								
	17. 规模经济								
	18. 生产能力								
	19. 甘愿奉献的劳动力								
	20. 按时交货的能力								
	21. 技术和制造工艺								
组织能力	22. 有远见的领导								
	23. 具有奉献精神的员工								
	24. 创业导向								
	25. 弹性、适应能力								

很明显,企业不应去纠正它的所有劣势,也不是对其优势全部加以利用。而是企业应研究,它究竟是应只局限在已拥有优势的机会中,还是去获取和发展某些优势,以找到更

好的机会。

3）制定战略目标

公司在完成了SWOT分析后，就可以在计划时间内制定特定的目标。一般是几个目标的组合，包括利润率、销售增长额、市场份额、风险、创新和声誉等。营销部门建立这些目标，然后进行目标管理。为了使目标管理正常进行，营销部门的各种目标必须满足四个条件：目标必须按轻重缓急有层次地安排；在可能的条件下，目标应该用数量表示；目标水平应该现实；各项目标之间应该协调一致。

另外一些需要认真权衡的关系有短期利润与长期增长，现有市场渗透与新市场开发，利润目标与非利润目标，高增长与低风险。对各组目标的不同选择将会导致不同的营销战略。

4）形成营销战略规划

规划说明企业欲向何处发展，战略则说明如何达到目标。每个企业必须制定达到目标的恰当战略，包括技术战略和资源战略。

迈克尔·波特将其归纳为三种类型：全面成本领先，差别化，集中化。

（1）全面成本领先。

公司致力于达到生产成本和销售成本最低化，这样就能以低于竞争对手的价格赢得较大的市场份额。

（2）差别化。

奉行此战略的企业通过对整个市场的评估找出某些重要的顾客利益区域，集中力量在这些区域完善经营。汽车企业可以努力在服务、质量和技术方面成为领导者，但难以在上述各方面全面领先。

（3）集中化。

公司将其力量集中在为几个细分市场服务上。公司从了解这些细分市场的需要入手，在选中的细分市场上，运用成本领先或产品差别化。

5）计划形成和执行

营销部门一旦形成了主要战略思想，就必须制定执行这些战略的支持计划。因此，如果企业决策取得技术优势，就必须通过相应的计划来支持其研究与开发部门，以搜集可能影响本企业的有关新技术的信息；开发先进的尖端产品，训练销售人员，使他们了解技术，制定广告计划，宣传本企业的先进技术地位等。在计划形成阶段，营销人员必须估算计划成本。对每项营销活动测算它的实际成本，以判断实际成本与产生的效果是否相匹配。

6）反馈和控制

在贯彻公司战略中，需要追踪结果和检测内外环境中的新变化。某些环境相当稳定，很多年变化不大，也有些环境基本按照预计的方式缓慢发展，另外一些环境则发生迅速、重大和无法预料的变化。企业要做好环境变化的准备，当环境变化时，企业将回顾和修订其执行、计划、战略，甚至目标。一个组织一旦不能对重大的环境变化做出反应，就可能会失去其市场地位。

3.1.4 汽车企业市场营销管理过程

为了使企业的营销活动与复杂多变的市场营销环境相适应，确保企业实现预定战略策

略目标，必须实施有效的市场营销管理。

市场营销管理过程是指以实现企业战略规划为目标，识别、分析、选择和发掘市场营销机会，创造、建立和保持与目标市场之间的互利关系而进行的分析、计划、执行与控制的管理过程。它包括分析市场机会、选择目标市场、确定市场进入策略和实施市场营销活动四个重要的步骤。

1. 分析市场机会

市场机会就是指市场上存在的尚未被满足的需要。由于受企业内外部各种条件的制约，并非所有的市场机会都能为企业所用，只有企业可以占领的市场机会才构成企业机会。分析市场机会即寻找适宜的市场机会。作为营销管理人员，不但要善于发现市场机会，而且也要善于识别企业内部条件限制及环境威胁，只有如此才能正确分析、评估市场机会，找到企业的市场机会。

汽车企业的市场营销管理者不仅要善于寻找、发现有吸引力的市场机会，而且要善于对所发现的各种市场机会进行评价，分析这些市场机会与汽车企业自身的任务、目标、资源条件等是否一致，进而选择那些比潜在竞争者有更大优势、能享有更大"差别利益"的市场机会作为汽车企业的发展机会。当汽车企业面临最好的市场机会时，应当有效利用机会，做到"先"、"快"、"创新"和"应变"。

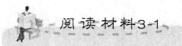

日本丰田公司开拓美国市场

日本丰田汽车公司在20世纪最初开拓美国市场时，首次推向美国市场的"丰田宝贝"仅售出228辆，出师不利，增加了丰田汽车以后进入美国市场的难度。丰田汽车公司对其所面临的市场机会进行了全面深入的分析，找到了不利的因素，同时也发现了有利的因素——美国汽车公司重点在于比豪华，且汽车的体积大、耗油多，而美国人的消费观念正在转变，由把汽车作为地位、身份象征的传统观念正在开始向实用化转变，且核心家庭大量出现，家庭规模正在变小。针对这些市场机会，日本丰田成功地将小汽车打进了美国市场。日本丰田公司正是在全面分析市场机会的基础上，巧妙化解威胁，有效利用市场机会，顺利地进入了美国市场。

2. 选择目标市场

企业在找到市场机会之后，还要分析和测量市场容量，对市场进行细分，找出企业能提供最佳服务的细分市场，并实行市场定位。

汽车企业在进行市场营销时，面对的是一个十分复杂的市场，这个市场里的消费者由于收入、年龄以及生活习惯的不同，对汽车商品和服务有着截然不同的需求。汽车企业由于自身资源和能力的限制，不能对市场中所有需求不同的消费者服务，而只能扬长避短、发挥优势，选择其中的一部分消费者作为目标市场，以开发适销对路的产品，满足这一部分消费者的需求。因此，汽车企业需要对市场进行细分，进而选择有效的目标市场。

1）市场细分

市场细分就是根据一定的特征变量将一个较大的市场划分为若干个子市场的过程。也就是说市场细分是根据购买者对产品或营销组合的不同需要，将市场划分为不同的子目标市场，并且针对子目标市场的共性，调整和配合适当的营销策略，以更有效地满足消费者需求，实现企业目标和战略的过程。市场细分的实质是需求的细分。

2）市场细分的作用

细分汽车市场，就是要求汽车企业调查分析不同的消费者在需求、资源、地理、位置、购买习惯和行为等方面的差别，然后将上述要求基本相同的消费者群体合并为一类，形成整体汽车市场中的若干"子市场"或"分市场"。汽车市场细分一般具有以下五方面的作用。

(1) 有利于发现市场营销机会。

(2) 能有效地制定最优营销策略。

(3) 能有效地与竞争对手相抗衡。

(4) 能有效地扩展新市场，扩大市场占有率。

(5) 有利于汽车企业扬长避短，确定企业经营的总体方向。

3）汽车消费市场的细分

目前，汽车消费市场细分的常用方法主要有以下几种。

(1) 按西方国家对汽车产品大类的划分方法，汽车市场可分为：乘用车市场和商用车市场。

(2) 按我国对汽车产品类型的传统划分标准，汽车市场分为载货汽车市场、越野车市场、自卸车市场、专用汽车市场、特种汽车市场、客车市场以及轿车市场七种市场；也可分为乘用车市场和载货汽车市场。乘用车市场是轿车及具有乘用车车身形式的各类专用汽车构成的市场；载货汽车市场是各类非乘用车车身形式的专用汽车构成的市场。

(3) 按汽车产品的性能特点不同，汽车市场可分载货汽车市场（包括重型汽车市场、中型汽车市场、轻型汽车市场和微型汽车市场），轿车市场（包括豪华轿车市场、高档轿车市场、中档汽车市场、经济型轿车、普及型轿车市场和微型轿车市场），客车市场（包括大型、中型、轻型和微型客车市场）。

(4) 按购买者的性质不同，汽车市场可分为机关公用车市场、商务及事业性单位用车市场、生产经营性用户需求市场和私人消费性用户需求市场等。

(5) 按汽车产品的完整性不同，可分为整车市场、零部件市场、汽车配件市场。

(6) 按汽车使用燃料不同，可分为汽油车市场、柴油车市场、混合动力车市场等。

(7) 按地理位置不同，可分为东部沿海地区汽车市场、中部地区汽车市场以及西部地区汽车市场。也可划分为东北区、华北区、华东区、中南区、西南区和西北区六个汽车市场，还可以分为城市汽车市场和农村汽车市场。

(8) 按汽车保有量变化与否，汽车市场可分为新增需求市场、更新需求市场。

(9) 按是否具有军事用途，汽车市场可分为军用汽车市场、民用汽车市场。

(10) 按汽车是否具有专门用途，可分为普通车市场和特种专用车市场。

(11) 按汽车销售时新旧程度，汽车市场分为新车市场、二手车市场和拆车市场。

此外，还可以按照排量、气候、地域以及用途等细分汽车市场。总之，根据不同的标准，可以把汽车市场分成不同的子市场，作为汽车企业要针对自身的优势，选择最适合本企业的细分标准对市场进行细分，以便选择其目标市场，有效地制定营销策略。

4）目标市场选择

对各个细分市场进行评估之后，就要进行目标市场选择。汽车企业在选择目标市场时应考虑市场全面化，生产多种产品以满足顾客群体需要。在选择目标市场时，有以下五种可供考虑的市场覆盖模式。

（1）市场集中化。

所谓市场集中化，即企业只选取一个细分市场，只生产一类产品，供应某一单一的顾客群，进行集中营销。选择市场集中化模式的企业应具备在该细分市场从事专业化经营或取胜的优势条件；限于资金能力，只能经营一个细分市场；该细分市场中没有竞争对手；准备以此为出发点，取得成功后向更多的细分市场扩展。否则不宜选用这种模式。

（2）选择专业化。

所谓选择专业化，是企业选取若干个具有良好的盈利潜力和结构吸引力，且符合企业的目标和资源的细分市场作为目标市场，而每个细分市场之间联系较小。其优点是可以有效地分散经营风险，即使某个细分市场盈利不好，仍可在其他细分市场取得盈利。采用选择专业化模式的企业应具有较强资源和营销实力。

（3）产品专业化。

是企业集中生产一种产品，并向各类顾客销售这种产品。其优点是企业专注于某一种或一类产品的生产，有利于形成和发展生产和技术上的优势，在该领域树立形象。其局限性是当该领域被一种全新的技术与产品所替代时，产品销售量有大幅度下降的危险。

（4）市场专业化。

是企业专门经营满足某一顾客群体需要的各种产品。市场专业化经营的产品类型多，能有效分散经营风险。但由于集中于某一类顾客，当这类顾客的需求下降时，企业也会遇到收益下降的风险。

（5）市场全面化。

是企业生产多种产品去满足各种顾客群体的需要。实力雄厚的大型企业选用这种模式，才能收到良好效果，如丰田汽车公司在全球的市场。

3. 确定市场进入策略

企业进入市场的方式如下。

（1）独立进入。企业依靠自身的力量，自己开发产品或服务，独立进行市场营销。这种方式需要企业具有必要的技术、资源、信誉及营销经验，可以壮大企业的实力。

（2）联合进入。企业依靠与合作者合作，共同开发市场，减轻独立进入市场的风险。这种方式要求合作者能够优势互补，各取所长。

（3）并购进入。企业通过并购方式，兼并或者控股，掌握相关企业的控制权，借并购企业的原有资源进入市场。这种方式是大型企业拓展新业务的常见方式，如上汽集团就是通过这种方式进入微型汽车市场的。

4. 实施市场营销活动

实施市场营销活动包括施行以下几个相互关联的行动。

（1）确立市场营销组合，即决定采用哪些可控手段，如何进行搭配才能实现最优的效果。

（2）做好市场营销预算，即将营销经费在不同的业务或产品上进行分配，以及在各种营销手段之间进行分配。

（3）做好市场营销计划，对营销过程实施监督和控制。

3.1.5 汽车营销计划

1. 汽车营销计划的含义及作用

汽车工业作为一种高投入、高技术、高产出的支柱产业，要求企业在市场活动中必须对其发展做出必要的战略规划，以确立企业发展目标，避免工作的盲目性。为了实现这些规划，就要制定相应的计划。在这些计划中，营销计划作为现代企业管理的组成部分，具有相当重要的作用。

所谓计划，就是对未来的目标和行动方案做详细而系统的阐明。营销计划就是企业为了达到某种目标，对企业与营销活动有关的人、财、物等企业资源事先所做的安排和说明。

汽车营销计划是实现企业战略目标和进行营销活动的纲领，一般体现为企业规定在预定的营销期内，要求完成的汽车营销数量和销售收入。

汽车营销计划使得企业的营销工作按既定计划有条不紊地执行，从而避免营销活动的混乱和盲目性。归纳起来，汽车营销计划的作用主要表现在如下几个方面。

（1）详细说明了预期的经济效益。减少了有关部门和企业的最高管理层经营的盲目性，使企业有了明确的发展方向。

（2）确定了实现计划活动所需的资源。这样有利于企业提前预测这些资源的需求量，能够进一步使企业节约成本。

（3）描述了将要执行和采取的任务。企业可明确规定各有关人员的职责，使他们有步骤、有目标地完成自己的任务，提高了企业的效率。

（4）有利于企业监测整个营销活动过程及其效果，可使企业协调各部门的关系，获得进一步的巩固与发展。

2. 营销计划的内容

营销计划有各种不同的格式，但就其内容来讲却相对固定，一般应包括：计划摘要、营销环境分析、风险与机会、目标、营销策略、行动方案、财务预算、控制。

1) 计划摘要

其主要目的是让高层主管很快了解计划的核心内容，通常在摘要后面紧接着列出计划内容的目录。

2) 营销环境分析

这个部分的主要内容是对当前营销情况的分析，也就是对企业市场处境的分析。主要有：①外部环境分析，包括国家政治经济的形势与发展、人口、技术因素、社会文化因素等的发展趋势的分析。②内部环境分析，包括企业产品内部的分销渠道状况、企业的财务状况、人员状况和供应商能力状况变化等的分析。③产品状况分析，包括产品组合中每个品种的市场范围和价格、销售额、市场占有率和纯利润等。④竞争状况，主要竞争者的规模、目标、市场占有率、产品质量、营销策略方面的信息。

3) 风险与机会

营销管理人员对产品的风险和机会做出预测，并加以具体描述。这样做的目的是使企业管理人员能够及时了解事态的发展变化，并提出相应的解决办法。

4) 目标

一般有两类目标要确定，一是财务目标，用以确定一个稳定的长期投资收益率和利润；二是营销目标，它是实现财务目标的途径。目标的确立还应该符合四个标准：①目标力求表达清晰，并且有一定的完成期限。②目标应该保持内部的一致性。③目标应该分层次加以说明。④目标通过努力后是可以达到的，有挑战性，能够激发员工的工作积极性。

5）营销策略

营销策略是指企业为了达成营销目标所运用的逻辑方法和手段，包括目标市场的选择、营销因素组合、营销费用及目标市场定位策略。

6）行动方案

行动方案是指对营销策略实施的具体安排，主要包括做什么、什么时间做、什么时间完成、由谁负责、需要多少成本等内容。整个行动方案还可列表加以说明，表明每一时期应执行和完成的营销活动，使整套营销活动落到实处。

7）财务预算

营销目标、策略以及行动方案拟订之后，企业就应该制定一个保证该方案实施的预算，这种预算实际上是一份预计损益表。这不仅是企业上层管理者审核计划是否可以接受的一个重要文件，而且一经批准，该预算就会成为调整生产和安排销售活动的重要依据。

8）控制

计划书的最后一部分是控制，这是用来监督检查整个计划进度的，应包括一些应变措施，以适应市场不断变化的需要和计划中可能遇到的问题，保证计划顺利实施和营销目标的实现。

3. 汽车营销计划的编制

汽车营销计划的编制过程一般包括以下六个步骤。

1）分析营销现状

对于汽车工业来讲，分析营销现状关键的目的之一是发现可供企业利用的机会，而这种机会是指市场上存在着未被满足的需要。其次是发现对企业存在的威胁，如果这种威胁来自于企业内部，一般来讲可以通过加强管理等措施来纠正；如果这种威胁来自于市场，则需要企业做出相应的反应。

2）确定营销目标

营销目标是营销计划的核心，主要包括销售量、销售利润、市场占有率等。确定营销目标时，应该注意各目标项目的协调一致，以免造成相互影响，妨碍营销目标的实现。

3）选择目标市场

目标市场是企业产品销售或服务的对象，选择目标市场主要取决于一系列因素，如应考虑与目标市场相关的企业目标、目标市场的潜在机会、企业自身的能力等问题。目标市场正确与否，直接影响到营销目标实现的可能性。

4）制定营销组合

营销组合，是指企业为了满足目标市场的需要，综合运用企业可控制的各种营销策略和手段的组合，包括产品策略、分销渠道策略、促销策略以及定价策略等。在这一阶段，要把这些一般化的策略具体结合特定企业的特定营销策略来加以考虑，并使其具体化。

5）通报与执行计划

经过企业最高领导批准后，必须马上传达给执行部门的有关人员，具体研究贯彻执行的方案，并付诸实施。这种执行计划的行动方案大致分为五个步骤：①将完成目标的计划分为几个内容；②解释每一内容的关系和顺序；③每一内容由谁负责；④确定每一内容所需的资源；⑤规定每一内容所需的时间和完成期限。

另外，还应该提供一些与营销计划有关的信息资料，如市场总体容量、企业的市场占有率、企业的预期销售量、营销的总费用和利润等。

6）考核和调整

计划工作的最后一个步骤就是对付诸行动的计划进行监督和检查。由于存在许多不可控制和不可预料的因素，因此，计划在执行的过程中很有可能会出现一些障碍与偏差，这就要求在整个计划执行过程中，通过信息反馈，判断所采取的措施是否有效，及时修正计划或改变行动方案，以适应新的情况。

3.2　汽车市场定位

企业在进行市场细分确定目标市场之后，就必须决定在这些细分市场中要取得什么样的地位。产品地位是消费者对产品的重要特征进行定义的方法，即相对于竞争产品而言，本产品在消费者心目中所处的位置。如果消费者认为某产品与市场上另一产品雷同，消费者就没有理由购买该产品。唯一的办法是使自己的产品与竞争者的产品有所差别，有计划地树立自己产品与众不同的形象，有效地使自己的产品差异化，去获得差别利益。

3.2.1　市场定位概述

1. 汽车市场定位概念

在市场上汽车产品不仅品种繁多，而且各有特色，广大用户又都有着自己的价值取向和认同标准，企业要想在目标市场上取得竞争优势和更大的效益，就必须在充分了解消费者和竞争这两方面情况的基础上，确定本企业的市场位置，即为企业树立形象，为产品及服务赋予特色。这个过程即是市场定位。所谓市场定位指的就是企业根据用户对所生产产品的需求程度，根据市场上同类商品的竞争状况，为本企业产品规划一定的市场地位，即为自己的产品树立特定的形象，使之与众不同。市场定位的过程就是在消费者心目中为公司的品牌选择一个希望占据的位置的过程。

市场定位根据定位的对象不同，一般有企业（公司）定位、品牌定位、产品定位三个层面。产品定位就是将某个具体的产品定位于消费者心中，当消费者产生类似需求就会联想起这种产品。产品定位是其他定位的基础，因为企业最终向消费者提供的是产品，没有产品这一载体，品牌及企业在消费者心中的形象就难以维持。如大家常说的"物美价廉""经济实惠""优质优价""豪华高贵""性能优良""技术领先"等就属于产品形象。

品牌定位不同于产品定位，当一种知名品牌代表某一特定产品时，品牌定位与产品定位无大区别。如当消费者一看到"飘柔"，就自然而然把它与洗发水联系起来。当一种知名品牌代表多产品时，产品定位就区别于品牌定位，如当你提起"三星"时，别人很难分辨出你指的是三星微波炉，还是手表，或是手机。尽管如此，人们脑海中还是会产生一种概念，即"三星＝高品质"。所以，品牌定位比产品定位内涵更宽，活动空间更广，应用价值更大。

企业定位是企业组织形象的整体或其具有代表性的局部在公众心目中的形象定位。企业定位是最高层的定位，必须先定位它们的产品和品牌，但它的内容和范围要广得多。

国内外各大汽车公司都十分注重市场定位，精心地为其企业和每一种汽车产品赋予鲜明的个性，并将其准确地传达给消费者。例如，像"吉利"、"夏利"、"羚羊"、"佳宝"、"哈飞"等品牌的汽车，其主要针对的是中低收入者，其定价一般在10万元以下；像"赛欧"、"宝来"、"爱丽舍"、"POLO"等品牌汽车主要针对的是中等收入的城市人群，其定价一般在10万~20万元；像"别克"、"帕萨特"、"奥迪"以及一些进口汽车，如"本田"、"宝马"、"奔驰"等品牌汽车针对的是高收入人群，定价一般在30万元左右或以上。当然，上述所列的仅仅是市场定位中价格的因素。

在汽车行业众多的品牌中，定位观点是各不相同的。同是高档汽车，"宝马"强调的是"驾驶的乐趣"，"富豪"强调的是"耐久安全"，"马自达"强调的是"可靠"，"绅宝"(SAAB)强调的是"飞行科技"，"丰田"(IDYUTA)强调的是"跑车外形"，"菲亚特"强调的是"精力充沛"，而"奔驰"的定位则是"高贵、王者、显赫、至尊"，"奔驰"的TV广告中较出名系列是"世界元首使用最多的车"。

2. 汽车市场定位的指标

差异化是指设计一系列有意义的差别，以便使本公司的产品能够同竞争者的产品相区别的行动。企业为其产品进行市场定位，是为了向市场提供具有差异性的产品，这样就可以使其产品具有竞争优势，即要使产品具有竞争性差异化。对汽车企业而言，一般应在产品、服务和形象等方面实现差异化。

1）产品差异化

并不是每一种产品都有明显的差异，但是，几乎所有的产品都可以找到一些可以实现差异化的特点。汽车是一种可以高度差异化的产品，其差异化表现在特色、性能质量、一致性、耐用性、可靠性、可维修性、风格、设计和运行费用上。

（1）特色。

特色是指产品基本功能的某些增补。例如，对于汽车来说，该产品的基本功能就是代步和运输的作用，汽车产品的特色就是在基本功能上的增加，如电动窗、ABS系统、保险带、安全气囊和空调等。由于汽车可以提供的差异化项目很多，因此汽车制造商需要确定哪些特色应该标准化，哪些是可以任意选择的。

产品的特色体现了制造商的创造力，一个新特色的产生可能为产品带来意想不到的生命力。例如，汽车安全气囊发明后，引起了业界的广泛注意，并且很快在世界各大汽车公司中被广泛运用，虽然到现在为止，该产品的安全性和实用性仍然备受争议，可是，无可争议的是，安全气囊已经成为中高档汽车中不可或缺的一个配件。由此可见，一个企业如果可以率先推出某些有价值的新特色，就是一种最有效的竞争手段。

要注意的是，并不是每一个特色都值得企业推行，特色必须是有价值的。同时，企业在为自己的产品提供特色的时候，除了考虑这个特色是否有价值外，还要考虑增加该特色的成本和顾客愿意为这项特色多付的费用。

（2）性能质量。

性能质量是指产品主要特点在运用中的水平。一般来说，产品的性能可以分为低、平均、高和超级四种。总体来说,性能高的产品可以产生较高的利润。但是,当性能超过一定的分界后,由于价格因素的影响,愿意购买的人会越来越少,报酬反而会下降。例如,如果一家汽车公司在华东地区大量推销高性能越野吉普车,由于华东地区多是平原的地理环境,同时经济的发达致使道路条件相对优越,因此即使该吉普车的性能优越,购买人数也是相当有限的。

(3) 一致性。

这是指产品的设计和使用与预定标准的吻合程度。例如,帕萨特 B5 百公里耗油 5.8L,那么流水线上的每一辆帕萨特 B5 都符合这一标准,该汽车就具有高度一致性;反之,一致性就差。质量一致性是制造商信誉的体现,高度一致性可以增强消费者对该产品的信任,从而在一定程度上增加产品的销售量。

(4) 耐用性。

耐用性是衡量一个产品在自然条件下的预期操作寿命。一般来说,购买者愿意为耐用性较长的产品支付更高的售价。但是,如果该产品的时尚性相当强的话,耐用性就可能不被重视,因为,流行一旦过去,该产品就失去价值。同样,技术更新较快的产品也不在此列。由于汽车产品特点的作用,对汽车来说,耐用性是反映该产品优劣的一个重要指标,生产商完全可以将耐用性作为差异化因素加以宣传。

(5) 可靠性。

这是指在一定时间内产品将保持不坏的可能性。购买者一般愿意为产品的可靠性付出溢价。由于汽车属于耐用商品,使用时间较长,因此可靠性和耐用性一样,都是受到汽车消费者重视的指标。

(6) 可维修性。

可维修性是指一个产品出了故障或用坏后进行维修的难易程度。一辆由标准化零件组装起来的汽车容易调换零件,其可维修性也就高。理想的可维修性是指可以花少量的甚至不花钱或时间,自己动手修复产品。除了汽车设计水平和生产质量决定了该汽车的可维修性之外,为该汽车提供的售后服务也可以看做可维修性的衡量标准之一。如果一家整车生产企业建立大量维修点,可以保证消费者在最短的时间内使汽车获得维修,同样可以认为,该汽车的可维修性高。

(7) 风格。

风格是产品给予顾客的视觉和感觉效果。许多汽车买主愿意出高价购买一辆汽车就是因为被该汽车的外表所吸引。当人们提到一辆汽车时,眼前最先浮现的通常就是该车的外观。风格比质量性能更能给顾客留下印象。同时,风格具有难以仿效的优势。为福特公司带来巨大利润的野马跑车之所以受到欢迎,除了低廉的价格外,其独特的风格也是一个很重要的原因。野马车的设计集豪华和经济于一体,车身为白色,车轮为红色,后保险杠向上弯曲成一个活泼的尾部,就像是一匹野马。在福特公司为新车问世在芝加哥所做的测试中,大部分受测试者都表示首先被该车的外观所吸引。

(8) 设计。

设计是指从顾客要求出发,能影响一个产品外观和性能的全部特征的组合。设计特别适用于耐用产品,如汽车。所有在产品差异化下讨论的内容都是设计参数。设计必须确定在特色、性能质量、一致性、可靠性、可维修性、风格等各方面分别投资多少,合理兼顾各点,并力求完美,从而进行必要的取舍。从企业的角度看,设计良好的产品应该是容易生产和分销的。从顾客的角度看，设计良好的产品应该是看上去令人愉快的，同时又容易使用、修理的。因此，对汽车生产商来说，在推出一种新车型的整个过程中，耗费最大、最困难的就是设计时期。

（9）运行费用。

运行费用中，耗油量是一个十分重要的指标。消费者在购车时，耗油量是其需考虑的一个重要因素。一般来说，日本车最省油，德国车次之，美国车最费油。但不要以为，最省油的轿车一定是最受消费者欢迎的。

2）服务差异化

除了产品差异化以外，企业也可以对其所提供的服务实行差异化。在整车销售中，服务的重要性正逐渐被企业重视，并且成为影响销售业绩的一项重要因素。特别当产品差异化较难时，要在竞争中取得成功的关键常常有赖于服务的增加和服务的质量。在汽车销售中，服务的差异化主要体现在：订货方便、客户培训、客户咨询、维修和其他各种服务上。

（1）订货方便。

订货方便是指如何使顾客以最为便捷的方式向公司订货。网络的普及和电子商务的产生为顾客提供了一种随时随地可以订货的购物方式。这种便捷的订货方式已经开始被广泛使用，因此，作为汽车销售商和生产商，发展电子商务是必然的趋势。

（2）客户培训。

客户培训是指对客户单位的雇员进行培训。特许经营是当今汽车销售行业中比较常见的渠道。大多数汽车公司都会对它的特许经销商进行培训，以便他们更好地经营特许店。此外，在汽车销售中，客户培训也可以看作是教会顾客如何使用他们的新汽车，这项工作并不一定要靠售货员来进行，一本详细的使用说明书也可以起到客户培训作用。

（3）客户咨询。

客户咨询是指卖方向买方无偿或有偿地提供有关资料、信息系统和建议等服务。例如，帕萨特助理式服务中要求销售人员为客户提供提醒服务，其中包括：提醒消费者按时享受生产商或经销商的承诺服务（如 7500 千米的免费保养）；提醒消费者注意某些常规使用规范，如进行年检、购置保险等。

（4）维修。

维修是指消费者所能获得的修理服务的水准。由于汽车是一种耐用商品，消费者购买汽车后一般总希望能尽可能长时间地使用。因此，汽车消费者非常关心他们从卖主那里可以获得的修理服务的质量。

维修是售后服务的一项内容，在服务营销逐渐被汽车营销行业所重视的今天，优秀的整车生产商和销售商都会注重维修服务的提供。上海大众和上海通用这两家公司都在全国各地建立了许多特约维修点，并且经常对工作人员进行统一培训，以便为顾客提供标准化的、良好的维修服务。

（5）多种服务。

企业还能找到许多其他办法，通过提供各种服务来增加价值，也可以将上述差异因素融合起来。如果将企业提供的服务和产品融合为一体的话，那么企业可以根据提供服务的差异性为产品定位。在汽车营销中，中、高档汽车，尤其是高档汽车面对的消费者的价格弹性相对较低，因此对于这些顾客来说，服务可能比价格更具有吸引力。对于高档汽车的购买者来说，舒适、快捷、无微不至的服务，以及汽车的外观、内装饰，是拥有者身份和地位的体现。

3)形象差异化

即使竞争产品及服务看上去都一样,消费者也能从公司或品牌形象方面得到一种与众不同的印象,因此,企业可以通过树立标新立异的形象使自己不同于竞争对手。当然,在汽车销售中很少遇到通过产品和服务两项指标都无法区分的产品,但是形象差异也是一个不可忽视的定位指标。

要使一个产品具有有效形象需要达到三点:第一,它必须传递特定的信息,这些信息包括产品的主要优点和定位;第二,它必然通过一种与众不同的途径传递这一信息,从而使其与竞争产品相区分;第三,它必然产生某种感染力,从而触动顾客的心。

为树立汽车品牌形象,可利用标志、文字和视听媒体、气氛和特殊事件来完成。

(1)标志。

汽车的标志和品牌是密不可分的一个整体,它们共同作用来体现汽车的形象。标志是汽车品牌的视觉反应。标志将品牌名称视觉化和形象化,并通过其设计和造型,传达出某种文化、精神和追求。标志容易建立与消费者之间的沟通和认知,通过标志,人们可以轻而易举地辨认出不同类别的汽车品牌,将自己对某种汽车品牌的情感与标志在视觉上联系起来。譬如,英国著名品牌劳斯莱斯除了用两个"R"字叠合而成商标之外,还在车头放了一个展翅欲飞的女神雕塑,象征"速度之神"和"狂喜之灵"。现在,人们一想起劳斯莱斯车,就会想起这个女神雕像。

(2)文字和视听媒体。

企业所选择的标志必须通过各种广告来传播其个性。上海大众曾经推出过一个形象广告,一个学生在德语课上被要求翻译"德国精神"这个单词时,没有注意听课的孩子在黑板上画出了由"V"和"W"两个字母层叠而成的上海大众的标志,表示在他的印象里,上海大众的形象就是以严谨、务实著称的德国精神。上海大众在推出帕萨特轿车时,也制作了大量带有帕萨特标志的信封、信纸、提包、T恤等宣传用品,以求在消费者心目中加深对帕萨特标志的印象。

(3)气氛。

一个组织生产或传送其产品或服务的场所是产生有利形象的另一个途径。采取特许经营体制的汽车销售商都会要求所有特许经销商都采用同样的外观和内部装潢,甚至包括办公用品的摆放、墙面装饰画的样式都是完全相同的。而这些装饰,如颜色、摆放等,往往是该企业形象的体现。一个企业就是用这种完全一致的方式在不同的地方宣传企业及其产品的形象。

4)特殊事件

企业可以通过由其赞助的各类活动营造某个形象。这一点在汽车营销中表现最明显的就是每年举行的一级方程式赛车。世界著名的赛车生产厂家不但为该比赛提供用车,有的还自己组织车队参赛,在比赛中自然展示本企业产品的卓越质量,也通过赛车手的出色表现赋予赛车不同的精神面貌。

另外,企业还可以通过一些特殊事件来展示自己的形象,譬如公司纪念日、开创者诞辰日等。例如,2001年元旦是新世纪开始的时刻,受到公众的广泛关注,上海大众就在这时候推出"帕萨特世纪高速公路行"的活动,上海电视台对此活动进行了全程追踪采访,自然在公众心目中树立了良好的形象。

3. 汽车市场定位的作用

企业产品进入市场前必须要进行市场定位,市场定位的作用主要如下。

1)市场定位能够创造差异,有利于塑造特有的企业形象

通过市场定位向消费者传达定位的信息,使差异性清楚凸现于消费者面前,从而引起消费者注意,并使其产生联想。若定位与消费者的需求吻合,你的品牌就可以留驻消费者心中。曾经有一张获奖的照片:整张照片上布满了挤得密密的牛,这上百只牛形体极其相似,唯有一只却异常引人注目,在其他的牛都低头觅食的时候,它却抬头回眸,瞪着大眼好奇地望着摄像机的镜头,神情奇怪可爱。每个看到这张照片的人都被那头牛吸引,并对其留下难以磨灭的印象,而对其他牛则难以留下记忆。这说明一个道理:有差异的、与众不同的事物才容易吸引人的注意力。

2)适应细分市场消费者或顾客的特定要求,以更好地满足消费者的需求

一种产品不可能满足所有消费者的要求,每一个企业只有以市场上的部分特定顾客为其服务对象,才能发挥其优势,提供更有效的服务。因而明智的企业会根据消费者需求的差别将市场细分化,并从中选出有一定规模和发展前景且符合企业的目标和能力的细分市场作为目标市场。但只是确定了目标消费者是远远不够的,因为这时企业还是处于"一厢情愿"的阶段,令目标消费者也同样以你的产品作为他们的购买目标才更为关键。为此企业需要将产品定位在目标市场消费者所偏爱的位置上,并通过一系列的营销活动向目标消费者传达这一定位信息,让消费者注意到这一品牌并感觉到它就是他们所需的,这才能真正占据消费者的心,使你所选定的目标市场真正成为你的市场。

3)市场定位能形成竞争优势

当今信息爆炸的社会中,消费者大都被产品或服务过量的信息所困惑,他们不可能在做每项购买决策时都对产品做重新评价,为了简化购买决策,消费者往往会对产品进行归类,即将某个企业和产品与竞争对手和竞争产品相比较后得出感觉、印象和感想,并使企业和产品在他们心目中"定个位置"。定位一旦得到消费者的认可,能使企业形成巨大的竞争优势,且这一优势往往不是产品质量和价格所带来的优势能比的。

3.2.2 汽车市场定位依据、步骤及方式

1. 汽车市场定位依据

汽车企业可从多种角度来进行汽车市场定位,形成自己的竞争优势。

1)根据产品的特色定位

构成产品特色的许多因素,诸如产品的品质、价格、成分、材料等,都可以作为定位的依据。例如,对于汽车来说,该产品的基本功能是代步和运输,汽车产品的特色就是在基本功能上的增加,如电动车窗、安全带、安全气囊和空调器等。

汽车产品的特色体现了制造商的创造力,一个新特色的产生可能为产品带来意想不到的生命力。但是并不是每一个特色都值得企业去推广,特色必须是有价值的。同时,公司在为自己的产品提供特色的时候,除了考虑这个特色是否有价值外,还要考虑增加该特色的成本和顾客愿意为这项特色多付的费用。

2)根据产品的用途定位

例如,汽车产品中的客车,其定位和家用小轿车就有明显的不同。

3) 根据提供给顾客的利益定位

例如,同样是家用轿车,某厂家的产品可以强调稳重大方,安全系数高;另一厂家可能会强调耗油低,外观新颖等。一款车的与众不同之处也即消费者的兴趣所在。例如,奇瑞QQ以"2003年最佳性价比,外观一见倾情,动力十足"的卖点宣传掀起了一股小旋风;奥迪A4凭借"定位于尊贵、动感、时尚,丰富的选装设备,高品牌认知度"使其独领风骚;中华晨风以"中华品牌物超其值的核心价值"赢得了顾客的青睐。

4) 根据使用者定位

将产品指向某一类特定的使用者,根据这些顾客的看法塑造恰当的形象。例如,面向中老年人使用的轿车和面向青年人使用的轿车,其产品定位就应该有所不同。帕萨特(PASSAT)原本是一种季风的名字,而帕萨特轿车从诞生之日起,就被烙上了商务与休闲合二为一的标签,它的消费主体是不断获取更大成功的中产阶级,城市中高档收入人士,25~45岁,男性为主,成功企业家,合资或外企的高级管理人员,拥有家庭和自己的住宅。他们充满自信和智慧,奋斗的艰辛成就了他们务实的作风。帕萨特既可商用,是一种身份的象征;又适用于生活,折射出自己的价值观与品位。

5) 根据竞争状况定位

以竞争产品定位为参照,突出强调人无我有,人有我优。

以上分别从不同方面介绍了市场定位的依据,但事实上,企业进行市场定位时往往是多个依据同时使用。

2. 汽车市场定位步骤

汽车市场定位的关键是企业要设法在自己的产品上找出比竞争者更具有竞争优势的特性。竞争优势一般有两种基本类型:一是价格竞争优势,就是在同样的条件下比竞争者定出更低的价格。这就要求企业采取一切努力来降低单位成本。二是偏好竞争优势,即能提供确定的特色来满足顾客的特定偏好。这就要求汽车企业采取一切努力在产品特色上下工夫。因此,汽车企业市场定位的全过程主要通过以下三步来完成。

1) 分析目标市场现状,确认本企业潜在的竞争优势

这一步骤的中心任务是要回答以下三个问题:一是竞争对手产品定位如何;二是目标市场上顾客欲望满足程度如何以及确实还需要什么;三是针对竞争者的市场定位和潜在顾客的真正需要的利益要求企业应该及能够做什么。要回答这三个问题,汽车企业市场营销人员必须通过一切调研手段,系统地设计、搜索、分析并报告有关上述问题的资料和研究结果。

通过回答上述三个问题,汽车企业就可以从中把握和确定自己的潜在竞争优势在哪里。竞争优势产生于企业为顾客创造的价值,顾客愿意购买的就是价值。

2) 准确选择竞争优势,对目标市场初步定位

竞争优势表明企业能够胜过竞争对手的能力。这种能力既可以是现有的,也可以是潜在的。选择竞争优势实际上就是一个企业与竞争者各方面实力相比较的过程。比较的指标应是一个完整的体系,只有这样,才能准确地选择相对竞争优势。通常的方法是分析、比较企业与竞争者在经营管理、技术开发、采购、生产、市场营销、财务和产品七个方面究竟哪些是强项,哪些是弱项。借此选出最适合本企业的优势项目,以初步确定企业在目标市场上所处的位置。选择竞争优势可以采用比较方法,创造自己的竞争优势,据此进行本企业的市场定位。

3）显示独特的竞争优势和重新定位

这一步骤的主要任务是汽车企业要通过一系列的宣传促销活动，将其独特的竞争优势准确传播给潜在顾客，并在顾客心目中留下深刻印象，强化本企业及其产品与其他企业及其产品的差异性，主要在于：创造产品的独特优势；创造服务的独特优势；创造人力资源的独特优势；创造形象的独特优势。为此，汽车企业首先应使目标顾客了解、知道、熟悉、认同、喜欢和偏爱本企业的市场定位，在顾客心目中建立与该定位相一致的形象。其次，汽车企业通过各种努力强化企业在顾客心目中的形象，保持目标顾客的了解，稳定目标顾客的态度和加深目标顾客的感情来巩固与市场相一致的形象。最后，汽车企业应注意目标顾客对其市场定位理解出现的偏差或由于企业市场定位宣传上的失误而造成的目标顾客模糊、混乱和误会，及时纠正与市场定位不一致的形象。

汽车企业的产品在市场上定位即使很恰当，但在某些情况下，还应考虑重新定位。重新定位是指企业为已在某市场销售的产品重新确定某种形象，以改变消费者原有的认识，争取有利的市场地位的活动。重新定位对于汽车企业适应市场环境、调整市场营销战略是必不可少的，可以视为汽车企业的战略转移。重新定位可能导致产品的名称、价格、包装和品牌的更改，也可能导致产品用途和功能上的变动，汽车企业必须考虑定位转移的成本和新定位的收益问题。

3. 汽车市场定位的方式

汽车企业市场定位实际上也是一种竞争定位，它确定了本企业及其产品同竞争对手及其产品之间的竞争关系。从这个角度来看，市场定位主要有以下几种方式。

1）避强定位

汽车企业力图避免与实力最强或较强的其他汽车企业直接发生竞争，将自己的产品定位于与竞争对手不同的市场区域内，发展特色产品，使自己的产品在某些特征或属性方面与最强或较强的对手有显著的差异。这种方式的优点是：能够迅速塑造企业与众不同的形象，在消费者或用户心目中树立起一种象征，迅速地在市场上站稳脚跟。由于这种定位的方法市场风险较少，成功率较高，常常为多数汽车企业所采用。

2）对抗性定位

企业根据自身的实力，为占据较佳的市场位置，不惜与市场上占支配地位的、实力最强或较强的竞争者发生正面竞争，从而使自己的产品进入与对手相同的市场位置。这种定位的方式有时会产生激烈的市场竞争，有较大的市场风险，但不少企业认为由于竞争者强大，能够激励自己奋发上进，一旦成功就会取得巨大的市场优势，且在竞争过程中往往能产生轰动效应，可以让消费者很快了解企业及其产品，便于企业树立市场形象。例如，奥迪和宝马为了占据中高级轿车市场，在各个领域不断展开竞争，最终推动两者不断进步，都取得了巨大成功。

3）重新定位

企业实施某种定位方案一段时间以后，有可能发现原有定位效果并不理想，不能达到营销目标；或者没有足够的资源实施这一方案；或者为发展新市场和竞争的需要，此时应该对产品进行重新定位。

重新定位有时需要承担很大的风险，企业在做出重新定位决策时，一定要慎重。必须仔细分析原有定位需要改变的原因，重新认识市场，明确企业的优势，选择最具优势的定位，并通过传播,不断强化新的定位。定位时应注意的问题:①定位混乱。企业推出的差异过多、推出的主题太多、定位变化太频繁,使消费者对其产品或品牌只有一个混乱的印象,令人难于弄清楚产品的主要功能及益处。②定位过度。企业过度鼓吹产品的功效或所提供的利益,使消费者难以相信企业在产品特色、价格、功效和利益等方面的宣传,对定位的真实性产生怀疑。③定位过宽。有些产品定位过宽,不能突出产品的差异性,使消费者难以真正了解产品,难以使该产品在消费者心目中树立鲜明的、独特的市场形象。④定位过窄。有些产品或品牌本来可以适应更多的消费者的需要,但由于定位过窄,使消费者对其形象的认识也过于狭窄,因而不能成为企业产品的购买者。例如,中国的丝绸,在西方顾客心目中是一种上流社会消费的高价商品,但由于国内企业争相出口,不断压价,使其在国外市场上成为一种便宜货,许多人反而不买了。

3.2.3 汽车市场定位策略

1. 产品定位策略

市场营销中的产品是一个包含三个层次的整体产品,产品定位的目的是让有形、无形的产品在顾客心目中留下深刻的印象,因此产品定位必须从产品三个层次的各种特征入手,如功能、价格、技术、质量、安装、应用、维护、包装、销售渠道、售后服务等方面,使其中的一个或几个能与其他同类产品区分开来,且区别越大越好,特色越明显越好,看上去就好像是市场上"唯一"的。归纳起来,产品定位策略有下面几种。

1)属性定位

产品与属性、特色或顾客利益相联系。如汽车市场上,德国的大众汽车具有"货币的价值"的美誉,日本的丰田汽车侧重于"经济可靠"。产品的外形(形状、颜色、大小等)是产品给顾客的第一印象,独特的外形,往往能吸引顾客的注意力。在顾客对某些产品的形式已成为习惯、想当然时,如果在外形上加以改造,往往有令人惊喜的效果。如果在黑色的T型福特车中,突然看到一辆红色的汽车,会格外引人注目。

2)价格与质量定位

价格是产品最明显、最能反映其质量、档次特征的信息。通常使用的价格与质量定位有以下两种。

(1)高质高价定位。

高价格是一种高贵质量的象征。只要企业或产品属于"高质"的类别,且高质量、高水平服务、高档次能使顾客实实在在地感受到,就可以用这种定位。

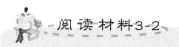

劳斯莱斯的高质高价定位

劳斯莱斯汽车是富豪生活的象征,其昂贵的车价近40万美元。据说该车的许多部件都是手工制作,精益求精。出厂前要经过上万公里无故障测试。拥有这种车的顾客都具有以下特征:2/3的人拥有自己的公司,或者是公司的合伙人;几乎每个人都有几处房产;每人都拥有一辆以上的高级轿车;50%的人有艺术收藏;40%的人拥有游艇;平均年龄在50岁以上。可见,这些人买车并不是在买一种交通工具,而是在买一种豪华的标志。

(2) 高质低价定位。

一些企业将高质低价作为一种竞争手段，目的在于渗透市场，提高市场占有率。如广东格兰仕集团就是采用这种定位，通过重视优于价格水平的产品质量的宣传，向顾客传递"物超所值"的信息，使格兰仕微波炉迅速占领我国微波炉市场并一直保持超过65%的极高的市场占有率。

3）根据产品的功能和利益定位

能帮助顾客解决问题，带来方便，使顾客获得心理上的满足，这就是产品的功能。顾客一般很注重产品的功能，企业可以通过对自己产品的各种功能的突破，强调给顾客带来比竞争对手更多的利益和满足，进行功能定位。产品本身的属性及由此获得的利益、顾客所能获得的利益、解决问题的方法及需求满足程度，能使顾客感受到产品的利益定位。这里的利益包括顾客购买产品时追求的利益和能获得的附加利益，产品本身的属性及消费者获得的利益。如大众汽车"气派"，丰田车"经济可靠"，沃尔沃车"安全"，而奔驰是"高贵、王者、显赫、至尊"的象征，奔驰的电视广告中较出名的广告词是"世界元首使用最多的车"。

4）使用者定位

使用者就是目标顾客。依靠使用者的定位，实际上就是选定一个独特的目标市场，并使产品在此目标市场上获得难以取代的优势地位。如宝马的儿童车、老年人用的汽车和年轻人用的车。

2．品牌定位策略

品牌是商业化的现实生活中最常见的东西。如今要用什么东西都得买，买的时候就认牌子，因为同类的产品太多了，据说在国际上，有一半的产品是靠牌子成交的。如瑞士的手表、法国的化妆品、日本的电子产品和小汽车、德国的照相机、美国的可口可乐及中国的丝绸等，这些产品几乎不需要任何介绍，成交率非常高。

1）档次定位

依据品牌在消费者心目中的价值高低区分出不同的档次。因为档次定位反映品牌的价值，不同品质、价位的产品不适宜使用同一品牌。如果企业要推出不同价位、品质的系列产品，应采取品牌多元化策略，以免使整体品牌形象受低质产品影响而遭到破坏。

2）类别定位

依据产品的类别建立起品牌联想。类别定位力图在顾客心目中造成该品牌等同于某类产品的印象，以成为某类产品的代名词或领导品牌，在消费者有了某类特定需求时就会联想到该品牌。

3）比附定位

比附定位就是攀附名牌，比拟名牌来给自己品牌定位。目的是借名牌之光来提升自己品牌的价值和知名度。

(1) 甘居"第二"。明确承认同类产品中另有最负盛名的品牌，自己只不过是第二而已。这种策略会使人产生一种谦虚诚恳的印象，相信其所说的是真实可靠的，因而记住了通常不易为人重视和熟记的序号。

(2) 奉行高级俱乐部策略。强调自己是某个具有良好声誉的小团体的成员之一。如美国克莱斯勒公司就宣称自己是美国"三大汽车公司之一"，推出这个俱乐部的概念，一下子使自己和"巨头"们坐在一起了，很容易在顾客心目中留下不灭的印象。

4）情景定位

将品牌与一定环境、场合下产品的使用情况联系起来，以唤起顾客在特定情景下对该品牌的联想。如"八点以后"巧克力薄饼定位"适合八点以后吃的甜点"，"米开威"（Milkyway）则自称为"可在两餐之间吃的甜点"。它们在时段上建立了区分。八点钟以后，想吃甜点的顾客自然而然想到"八点以后"这个品牌，而在两餐之间，首先会想到米开威。

3. 企业定位策略

顾客在购买一种物品的时候，常常会面临着品牌太多，而自己又对品牌弄不清楚的情形。这时顾客往往会倾向于看生产经营的企业是哪一家，再做决定。企业作为一个整体，在顾客的心目中是有一定位置的。所以一个企业，必须设法让自己作为一个整体，在顾客的心灵中占据一个明显而突出的位置。企业整体定位策略如下。

1）市场领导者的策略

在同行中，往往有一家这样的大企业，它的经济实力雄厚，产品拥有最大的市场占有率，被公认处于市场领导者的地位。这类企业为了维护其领导者的地位，通常把自己的整体形象定位在消费者偏爱范围的中心位置，这样定位最能合乎广大顾客的需要，市场占有率最大。市场领导者往往是竞争者群起而攻之的对象，因此汽车企业为保持其市场领导者的地位必须采取的措施有：维护高质量形象、扩大市场需求总量、保护市场份额和扩大市场份额。

2）市场挑战者的策略

在同行业中，一些大企业处于第二、第三的市场地位，它们不甘心被领导，积极抢占市场领导者的位置，以提高市场占有率，增加盈利。这类企业的市场定位是把自己的整体形象定位在尽量靠近市场领导者的位置，缩小与领导者的差别，便于争夺市场领导者地位。作为市场挑战者必须有明确的策略目标和竞争对手，这些目标或对手一般包括：市场领导者，规模相似但经营不善、资金不足的公司和区域性小、经营不善、资金不足的公司；其次，必须选择合适的进攻策略，进攻策略主要有：正面进攻、侧翼进攻、包围进攻、迂回进攻和游击进攻。

（1）正面进攻。正面进攻是集中全力向对手的长处发动进攻。这一策略打击的不是竞争者的弱点，而是其最强的地方，胜负则决定于双方的优势大小及耐力。但如果市场挑战者的资源比竞争对手少，正面攻击无疑是自杀的做法。

（2）侧翼进攻。侧翼进攻就是集中优势力量攻击对手的弱点。一般来说，市场领先者往往是最强大的，但最强大的也难免有不安全的地带，因此，它的弱点往往是敌方进攻的目标。侧翼进攻一般可以设几个战略角度进行，核心是"细分市场转移"，如地理细分，即进攻领先者往往忽略的区域。

（3）包围进攻。包围进攻是针对几个方面同时进攻，让竞争者必须同时保卫它的前方、边线和后方。当挑战者具有较优越的资源，并且通过包围进攻策略能迅速突破竞争者所占有的市场时，该策略就显得十分有用了。

（4）迂回进攻。迂回进攻是一种避免直接和竞争者冲突的竞争策略。挑战者尽量避开对手，而瞄准竞争程度较小的市场。迂回进攻有三种方法：发展多样化的不相关产品，开拓新的地理市场以及开发新技术以取代现有产品。

(5) 游击进攻。游击进攻适用于那些规模较小的挑战者，它们发动小型而间歇性的攻击，去骚扰竞争者，并希望建立永久的据点。常见的方法有：有选择的减价、密集的促销轰炸等。

3）市场追随者的策略

在同一行业中，一些处于市场第四、第五位的企业，或处于第二、第三位的企业，它们从利润出发，不愿意冒风险与市场领导者争夺市场领导地位，而宁居次要地位追随、模仿市场领导者。这类企业一般选择的定位策略如下。

（1）紧密追随策略。

这种策略是在各个细分市场和市场营销组合方面，尽可能仿效领先者。这种跟随者有时好像是挑战者，但它不从根本上侵犯到领先者的地位，就不会发生直接冲突，有时甚至被看成是寄生者。

（2）距离追随策略。

这种追随是在主要方面，如目标市场、产品创新、价格水平和分销渠道等方面追随领先者，但仍与领先者保持若干差异。这种追随者可通过兼并小企业而使自己发展壮大。

（3）选择追随策略。

这种追随策略在某些方面紧跟领先者，而在另一些方面又自行其是。也就是说，它不是盲目追随，而是择优追随，在追随的同时还要发挥自己的独创性，但不直接竞争。在这些追随者中，有些可能成为挑战者。

4）市场补缺者的策略

在同一行业中，一些小型企业因为资源有限，无法与大企业相争，只能经营一些被大企业忽视的小市场。这类企业把自己的整体形象定位在远离领导者的位置上，以避免市场竞争，发展自己的事业。它们的经营对大企业来说是有机的补充，它们使市场更加完善。市场补缺者可以在以下方面发挥作用。

（1）最终用户。公司可专门为某一类型的最终用户服务。

（2）垂直层次。公司可专门生产与销售某些有循环周期的垂直层次的产品。

（3）顾客规模。可集中力量为小规模顾客服务。

（4）特殊顾客。公司专门生产向一个或几个大客户销售的产品。

（5）单独加工。公司只生产顾客订购的产品。

（6）特种服务。公司专门提供一种或几种其他公司所没有的服务。

综合习题

一、填空题

1. 大中型汽车企业的战略可划分为_____、_____、_____三个重要层次。

2. 汽车企业战略规划由_____、_____、_____、_____、_____和_____组成。

3. 战略规划的制定方法有_____、_____、_____。

4. 企业的增长战略有_____、_____、_____三类。

5. 市场定位根据定位的对象不同可以分为_____、_____、_____三个层面。

6. 汽车企业要想在目标市场上成功树立起自己产品独特的形象，必须制定适当的市场定位战略，通常可供汽车企业选择的市场定位战略有_____、_____和_____。

7. 从本企业及其产品同竞争对手及其产品的关系这一角度来看，汽车市场定位的方式主要有_____、_____、_____三种。

二、名词解释

（1）汽车企业战略；（2）市场营销管理过程；（3）汽车营销计划；
（4）市场定位；（5）重新定位。

三、简答题

1. 简述制定汽车企业战略的意义。
2. 简述制定汽车企业总体战略规划的步骤。
3. 简述波士顿集团咨询法。
4. 汽车企业战略规划的制定有哪些原则？
5. 简述汽车市场营销管理过程。
6. 简述营销计划的内容。
7. 简述市场定位的概念及指标。
8. 简述汽车市场定位的作用。
9. 简述汽车市场定位的步骤。
10. 简述汽车市场的定位策略。

四、案例分析题

根据以下案例所提供的材料，试分析：奇瑞QQ的成功得益于奇瑞集团什么样的市场定位策略？

奇瑞QQ的崛起

在最成熟的微型车市场上，面对十多个品牌激烈竞争，奇瑞QQ在不到半年的时间内取得3万辆的销量。也正是因为奇瑞QQ的畅销，使得奇瑞公司位列2003年国内汽车销量第八名。

1. 产品定位：年轻人的第一辆车

奇瑞QQ的公司品牌、产品品牌和服务并不具有优势。但有着"年轻人的第一辆车"产品定位的奇瑞QQ，是国内汽车行业中第一个以细分消费群体为明确客户定位的汽车产品。而在此之前，汽车产品基本上没有细分的客户定位，有的只是价格档次定位，例如，"经济型轿车""中级车""主打20万～30万元价位的车型""豪华车"。

"年轻人的第一辆车"界定出了年轻的上班族这群人崭新的生活方式——拥有汽车、拥有一个属于自己的移动空间，享受驾驭乐趣，不只是有多年工作经历的上班族的专利，年轻的上班族同样也能进入汽车时代。而在此前，年轻的上班族的出行方式基本上是公交车或自行车，打出租车只是偶尔的事情。国内的汽车厂商一般都认为，年轻的上班族不会买车，或者说上班族需要多年积累才有实力买车，而且即使在有了一些经济实力之后,上班族在买房与买车之间一般是选择前者,而不是后者。而奇瑞QQ打破了传统的社会理念和消费观念,向中国数千万年轻的上班族发出了一个消费汽车的动员令。

上汽奇瑞销售公司总经理助理、营销总监刘宏伟介绍,奇瑞公司注意到,金融信贷工具在国内的广泛使用和信贷市场的成熟,放大了年轻上班族的购买力,培育了他们信贷消费的全新理念,加之年轻人注重生活质量,崇尚领先的生活方式,这使得年轻人提前拥有自己的轿车成为现实可能和主观需要;而且奇瑞还认为,随着年轻人的成长,他们对社会的贡献越来越大,他们所占据的社会位置越来越重要,社会对他们的经济回报也一定是越来越大,年轻的上班族到那时还会更换更高价位的轿车。这就是奇瑞QQ"年轻人的第一辆车"产品定位的创意初衷,也表明了奇瑞公司对汽车消费市场的深入分析和对目标消费群体的准确把握。在包括奇瑞QQ车主在内的广大年轻的上班族听来,"年轻人的第一辆车"更像是他们进入汽车时代的宣言。

2. 产品定价:"低价入市"策略

新车上市,主要有两种定价策略:"高开低走"和"低价入市",奇瑞QQ选择了后者。

奇瑞QQ上市之前,奇瑞公司曾经在新浪网上做了一个"网络价格竞猜"活动,在由20万人参加的奇瑞QQ新车价格竞猜调查中,大多数人都认为,这样一款设计时尚、性能不错、配置舒适的新车的价格应该在6万～9万元之间。与消费者大众相比,更有发言权的不少业内人士也认为,该车应该在5万～8万元之间。然而,奇瑞公司最终宣布的价格却是4.98万元。

奇瑞QQ的"低价入市"策略看似愚钝,实则有着诸多优点:第一,在短时间内形成购车热潮,形成了新车难得的良好口碑;第二,销售规模的迅速崛起,使新车在国内微型车市场上占据了领跑者的角色;第三,新车的热销,使得汽车厂商的大规模量产成为现实,产能的充分释放又使得新车的零部件大规模采购成为可能,从而为终端产品的低价提供了成本保障和前提条件。

"高开低走"策略的定价逻辑是新车先以比较高的价位入市,赚足尽可能多的单车利润,而后盯着市场供需变化和竞争对手的降价来不断调低自己新车的价格。相比之下,奇瑞QQ"低价入市"策略等于明白地告诉消费者,奇瑞QQ性价比很高,尽管是热销的新车,但价格中的水分非常少,不会像其他热销新车一样趁"火"打劫。这种定价策略与奇瑞QQ"不仅便宜,而且时尚"的产品理念是吻合的,也与奇瑞公司"造中国消费者买得起的具有世界品质的轿车"的造车理念是一脉相承的。

这种"低价入市"策略,在一定意义上也是一种"忠诚度营销"——奇瑞公司在把一颗忠诚的心交给消费者的同时,也俘获了消费者的心,一个又一个的消费者又用钞票把忠诚还给了奇瑞公司,加入到了奇瑞QQ车主的行列中来。

3. 营销诉求:时尚

当奇瑞QQ的名字在起名会上蹦出来的时候,几乎所有的人都有一种"找到了""就是这一个"的感觉。其实,奇瑞QQ这个名称之所以从"嘟嘟""咪咪""爱Car(爱车)"等几十个候选名字中脱颖而出,就是因为它有着其他名字无可比拟的很多优势。

首先,"QQ"这个名字是时尚的、前卫的,它最早诞生于国际互联网上,又有"我能找到你"、"我可以联系到你"的意思;第二,这个名字与目标消费者群体的定位基本吻合,他们年轻、敏感,喜欢接受新事物,对生活乐观、自信;第三,这个名字已经有了很高的知名度,推广起来成本比较低;第四,"QQ"这个名字简洁,容易被人记住,更容易传播。

一个设计时尚的新车,加上一个时尚的车名,消费者没有理由不把时尚这项桂冠戴在奇瑞QQ头上。

看见奇瑞QQ的人,都会被它时尚的外形所吸引:奇瑞QQ的整个前脸像一只可爱的卡通青蛙,两只大灯像两颗炯炯有神的大眼睛,两边保险杠上下的散热器口恰像咧开嘴大笑的两个嘴角——这种时尚造型在国内微型车里绝对是第一家。即使在国内的汽车家族中,奇瑞QQ也绝对是领风气之先的。它将产品仿生学运用到汽车上,把一个黑、大、粗、重的汽车产品塑造成一个可爱灵动的小宠物形象。

奇瑞QQ上市以来,奇瑞公司举办的市场营销活动和品牌推广活动并不是太多,但都把营销诉求聚焦在"时尚"两个字上,颇有影响力。比如,在他们举办完奇瑞QQ车贴大赛之后,很多车主都舍不得把车贴撕下来,因为这些车贴是他们真心喜欢的;在2004年北京春节庙会上,奇瑞QQ作为庙会奖品着实让获奖人乐开了怀;奇瑞QQ车友会的名称,不叫车友会,而叫"奇瑞QQ小学"。

当台湾地区意识形态广告公司将"100%时尚制品"提炼出来,作为奇瑞QQ的一句话广告词推上央视时,奇瑞人才发现,他们事实上一直在做着这样一件事:为"100%时尚制品"而孜孜以求。

仅仅就在几年前,微型车还是夏利、奥拓、吉利"小老三样"的天下,而在不到一年的时间里,奇瑞QQ、路宝、爱迪尔和Spark——"新四小龙"就已经向"小老三样"发动了强有力挑战。"新四小龙"中路宝的时尚形象要差一些,Spark难以大幅下降的价格削弱了自己的竞争力,爱迪尔要想夺得"国内最时尚的微型车"的市场定位也绝非易事,作为国内微型车市场的新势力,奇瑞QQ的霸主地位短期内还难以有人撼动。

可以说,奇瑞QQ成功的价值还在于它重新定义了国内的微型车格局和微型车趋势:今后更加流行、更加热销的微型车,一定是那些时尚、价廉的车型,而不会是那些只具有价格优势的微型车。

➡ 资料来源:牛艳莉.汽车市场营销[M].成都:电子科技大学出版社,2008.

第4章

市场购买行为分析及顾客满意工程

本章教学要点

知识要点	掌握程度	相关知识
消费者市场购买行为及顾客满意	了解消费者与消费者市场含义； 了解消费者的行为模式； 掌握影响消费者购买行为的因素； 掌握消费者购买决策过程； 掌握顾客让渡价值理论； 掌握顾客满意的含义； 熟悉顾客满意度测量步骤； 了解顾客满意战略的内容、特征	消费者与消费者市场； 消费者行为模式； 影响消费者购买行为的主要因素分析； 消费者购买决策过程； 顾客让渡价值； 顾客满意； 顾客满意度测量； 顾客满意战略
业务市场购买行为	掌握业务市场的特点； 了解业务市场购买者类型； 熟悉业务购买行为类型； 掌握影响业务购买的因素； 掌握业务购买决策过程； 掌握政府购买行为特点； 了解汽车中间商及零部件市场	业务市场的特点； 业务市场购买者类型； 业务购买行为类型； 影响业务购买的因素分析； 业务购买决策过程； 政府市场购买行为； 汽车中间商市场； 汽车零部件市场

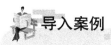

导入案例

奇瑞 QQ

奇瑞汽车公司作为中国地方汽车企业，曾经成功推出奇瑞"旗云"、"东方之子"等性价比高的轿车，6个月销售2.8万多辆，创造单一品牌微型轿车销售纪录，并且凭借自主品牌的优势与合理的价格优势向国外出口轿车产品，已经在全国形成相当的知名度。"奇瑞QQ"的目标客户是收入不高但有知识、有品位的年轻人，同时也兼顾有一定事业基础、心态年轻、追求时尚的中年人。一般大学毕业两三年的白领都是"奇瑞QQ"潜在的客户。人均月收入2000元即可轻松拥有这款轿车。许多时尚男女都因为"QQ"的靓丽、高配置和高性价比就把这个可爱的小精灵领回家了，从此与"QQ"成了快乐的伙伴。

奇瑞公司有关负责人介绍说，为了吸引年轻人，"奇瑞QQ"除了轿车应有的配置以外，还装载了独有的"I-say"数码听系统，成了"会说话的QQ"，堪称目前小型车时尚配置之最。据介绍，"I-say"数码听是奇瑞公司为用户专门开发的一款车载数码装备，集文本朗读、MP3播放、u盘存储多种时尚数码功能于一身，让"QQ"与计算机和互联网紧密相连，完全迎合了离开网络就像鱼儿离开水的年青一代的需求。"QQ"的目标客户群体对新生事物感兴趣、富于想象力、崇尚个性，思维活跃，追求时尚。虽然由于资金的原因他们崇尚实际，对品牌的忠诚度较低，但是对汽车的性价比、外观和配置十分关注，是容易互相影响的消费群体；从整体的需求来看，他们对微型轿车的使用范围要求较多。奇瑞把"QQ"定位于"年轻人的第一辆车"，从使用性能和价格比上满足他们通过驾驶"QQ"所实现的工作、娱乐、休闲、社交的需求。奇瑞公司根据"QQ"的营销理念推出符合目标消费群体特征的品牌策略。在产品名称方面，"QQ"在网络语言中有"我找到你"之意，"QQ"突破了传统品牌名称非洋即古的窠臼，充满时代感的张力与亲和力，同时简洁明快，朗朗上口，富有冲击力；在品牌个性方面，"QQ"被赋予了"时尚、价值、自我"的品牌个性，将消费群体的心理情感注入品牌内涵。引人注目的品牌语言，富有判断性的广告标语"年轻人的第一辆车"，及"秀我本色"等流行时尚语言配合创意的广告形象，将追求自我、张扬个性的目标消费群体的心理感受描绘得淋漓尽致，与目标消费群体产生了情感共鸣。

企业市场营销的目的就是在使消费者满足需求并达到满意的基础上获得利润。这就要求企业首先要识别消费者的需求，并进行引导最终促成消费者购买产品。要做到这些，就需要对市场购买行为进行分析，提高消费者的让渡价值，使消费者满意。本章主要介绍消费者市场购买行为、顾客满意和业务市场购买行为。

4.1 消费者市场购买行为分析

4.1.1 消费者与消费者市场

1. 消费者的含义

消费者顾客是相对组织顾客而言的。就一般意义上说,消费者是指为了满足生活消费而购买和使用商品或服务的人。生活消费过程往往是以个人或家庭为单位进行的,因而消费者包括个人消费者和家庭消费者。

2. 消费者市场的含义

消费者市场是相对组织市场而言的。生活消费是服务和消费流通的终点,因而消费者市场又称最终消费市场,是指参与生活消费活动的个人或家庭的总和。消费者市场购买目的主要是为了满足个人和家庭消费。

市场营销的最终目标就是要满足消费者的欲望与需求。而消费者市场是商品或服务的最终市场,是实现企业利润的最终环节,所以一切企业,无论是生产企业还是商业、服务企业,无论是否直接为消费者服务,都必须研究消费者市场。其他市场,如生产者市场、中间商市场等,虽然购买数量很大,常常超过消费者市场,但其最终服务对象还是消费者,仍然要以最终消费者的需要和偏好为转移。从这个意义上说,消费者市场是一切市场的基础,是最终起决定作用的市场。例如,汽车企业生产的汽车通过总经销商销售给消费者,但要想获得好的利润,就必须认真研究消费者的需求,以消费者的需求制定营销方案。因此,对消费者市场的研究,是对整个市场研究的基础和核心。

与组织市场相比,消费者市场有以下特点。

1) 购买者多而分散

消费购买涉及每个人和每个家庭,购买者多而分散。消费者市场是一个人数众多、幅员辽阔的市场。由于消费者所在的地理位置不同,空闲时间不一致,造成购买地点和时间的分散性。

2) 购买量少,购买频率高

消费者购买是以个人和家庭为购买单位的,受到消费人数、需求量、购买力、储藏地点、商品保质期等诸多因素的影响,消费者为了保证自身的消费需要,往往购买批量小、批次多、购买频繁。

3) 购买的差异性大

消费者人多面广,差异性大。由于消费者年龄、性别、职业、收入、文化程度、民族、宗教信仰的不同,导致其需求也有很大的差异性,对商品的要求也各不相同,而且随着社会经济的发展,消费者消费习惯、消费观念、消费心理不断发生变化,从而导致不同消费者的购买差异性大。对于同一消费者而言,其需求也是多样性的,不仅有生理的物质需求,还有心理的、精神方面的需求。

4) 购买的可诱导性

从购买行为看,消费者的购买行为具有很大程度的可诱导性。消费者在决定采取购行为时,不像组织市场的购买决策那样,常受到生产特征的限制及国家政策和计划的影响,而是具有自发性、感情冲动性;消费品市场的购买者大多缺乏相应的商品知识和市场知识,其购买行为属非专业性购买,他们对产品的选择受广告、宣传的影响较大。

消费者购买行为的可诱导性,为企业提供了巨大的市场潜力和市场机会。企业可通过市场营销活动,做好商品的广告宣传和营销推广等来启发和引导人们的消费,使潜在的欲望变为明显的购买行动,未来的消费需求可以转变为现实的消费。

5) 购买的发展性

消费者的需求不是一成不变的,是随着社会经济的发展和生活水平的提高而不断变化和发展的。

目前,随着科学技术的进步和消费者人均收入水平的提高,人们对商品和服务的需要呈现出由少到多、由粗到精、由低级到高级的发展趋势。未曾消费过的高档商品进入消费;过去消费少的高档耐用品现在大量消费;过去质量一般的商品,现在质量有所提高;一种需要满足了,又会产生新的需要。新需求的不断产生,使购买具有发展性的特点。

6) 购买的流动性

由于消费者的需求复杂,供求矛盾频繁,加之在市场经济比较发达的今天,人口在地区间的流动性较大,因而导致消费购买的流动性很大,消费者购买经常在不同产品、不同地区及不同企业之间流动。因此,企业要密切注视市场动态,提供适销对路的产品,同时要注意增设购物网点和在交通枢纽地区创设规模较大的购物中心,以适应流动购买力的需求。

7) 购买的周期性

有些商品,消费者需要常年购买,均衡消费,如食品、副食品、牛奶、蔬菜等生活必需商品;有些商品,消费者需要季节购买或节日购买,如一些时令服装、节日消费品;有些商品,消费者需要等商品的使用价值基本消费完毕才重新购买,如电话机与家用电器。这就表现出消费者购买有一定的周期性可循。

8) 购买的替代性

消费品种类繁多,不同品牌甚至不同品种之间往往可以互相替代,消费者在有限购买力的约束下,对满足哪些需要以及选择哪些品牌来满足需要必然慎重地决策且经常变换,导致购买力在不同产品、品牌和企业之间流动。

4.1.2 消费者行为模式

1. 消费者行为简单模式

对于市场营销人员来讲,其主要任务是分析和研究有关消费者市场的"6W1H"问题。

(1) 谁构成市场(Who)　　　　　购买者(Occupants)
(2) 他们在购买什么(What)　　　购买对象(Objects)
(3) 他们为何(Why)购买　　　　　购买目的(Objectives)
(4) 谁(Who)参与了购买　　　　　购买组织(Organizations)
(5) 他们何时(When)购买　　　　 购买的时间(Occasions)
(6) 他们在何地(Where)购买　　　购买地点(Outlets)

(7) 他们怎样（How）购买　　　　　　　购买方式（Operations）

由于以上七个英文单词的开头均为字母 O，所以也称"7O"研究法。要解决以上问题，必须要研究消费者的购买行为模式。

消费者的行为模式实质上是一种刺激-反应模式，即消费者在一定的外界刺激下，会产生一定的反应。该模式的主要内容是：首先，消费者总是处于一定的外界刺激之下，这些外界刺激可分为两类，一类是企业营销刺激，即企业所提供的产品、价格、分销和促销；一类是其他环境刺激，即消费者所处的经济、技术、政治、文化等外部环境。其次，上述两方面刺激必然会对消费者产生一定影响，导致消费者做出某种最终反应，这些最终反应体现为消费者对产品、品牌、经销商、购买时机及购买数量等选择方面，通过这一系列选择，消费者最终实现其购买行为。购买者行为简单模式，如图 4-1 所示。

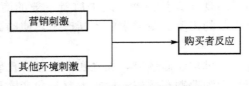

图 4-1　购买者行为简单模式

2. 消费者行为模式与"购买者黑箱"

相同的外部刺激对不同的消费者会引起不同的反应，其原因是消费者从受到刺激到做出反应，其间还经历一个看不见的中间过程，即具有不同特征的消费者做出不同购买决策的过程。在消费者行为研究中，我们通常将看不见的中间过程称为"购买者黑箱"，如图 4-2 所示。市场营销人员的任务就是研究"购买者黑箱"，即研究影响消费者对外部刺激做出反应的因素，了解消费者对特定刺激的反应，揭示出消费者行为规律，从而有的放矢地制定营销策略。

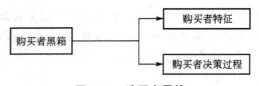

图 4-2　购买者黑箱

消费者对于外部刺激的反应（即消费者决策）取决于两方面因素：一是消费者的特征，它受多种因素影响，并进一步影响消费者对刺激的理解和反应；二是消费者的购买决策过程，它影响最后的结构状态。消费者行为总模式和详细模式分别如图 4-3 和图 4-4 所示。

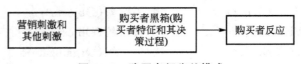

图 4-3　购买者行为总模式

图 4-4 购买者行为详细模式

综上所述，研究消费者行为模式的实质就是对"购买者黑箱"进行分析，分析消费者对刺激因素的反应，也就是回答两个问题：消费者的特征如何影响购买行为，消费者的购买决策如何影响其购买行为。

4.1.3 影响消费者购买行为的主要因素分析

分析影响消费者购买行为的因素有助于企业制定有效的市场营销活动，消费者的购买行为受到诸多因素的影响，可以将其归为文化因素、社会因素、个人因素和心理因素四大类。

1. 文化因素

同其他因素相比，文化因素对消费者购买行为的影响最为广泛和深刻。文化对消费者行为的影响又可以从文化、亚文化和社会阶层三个方面分析。

1) 文化

文化是人类在社会发展过程中所创造的物质财富和精神财富的总和。它既包括人类生产的物质产品和提供的各种服务，也包括道德、风俗习惯、行为规范、宗教信仰等意识范畴。文化不仅表现着人类智慧发展的历程和人类文明的标志，而且对消费者具有潜移默化的影响，它造就、影响和支配着消费者的行为方式。因为每一位消费者都是生活在一个特定的文化环境之中，从小就会受到周围文化的熏陶，并建立起与该文化相一致的价值观、道德观、风俗习惯等，而这些是影响消费者购买行为的深层因素。

2) 亚文化

亚文化又称"文化中的文化"，每种文化都由若干更小的亚文化组成，它为成员带来更明确的认同感和集体感。亚文化群体的成员不仅具有与主流文化共同的价值观念，还具有自己独特的生活方式和行为规范。就消费者的购买行为而言，亚文化的影响更为直接、更为重要，这种影响甚至是根深蒂固的。以下为几种主要的亚文化群体。

(1) 民族亚文化群体。

民族亚文化群体是指由于民族信仰或生活方式不同而形成的特定文化群体。例如，中国是一个统一的多民族国家，除了占人口90%以上的汉族以外，还有50多个兄弟民族。由于自然环境和社会环境的差异，不同的民族形成不同的亚文化群，从而在饮食、服饰、建筑、宗教信仰等方面都会表示出明显的不同。

（2）地域亚文化群体。

同一个民族，居住在不同的地区，由于环境不同，也会形成不同的地域亚文化。例如，我国地广人多，各地区有不同的习俗和爱好，菜肴风味就有川、鲁、粤、淮扬四大菜系。

（3）宗教亚文化群体。

例如，天主教徒、伊斯兰教徒、基督教徒和佛教徒等，各有其宗教的尊崇和禁忌，形成一定的宗教文化。

（4）种族亚文化群体。

例如，白种人、黑种人、黄种人等，不同的文化风格和态度，使他们在需求和购买行为上存在着很大差异。

对于亚文化现象的重视和研究能使企业对市场有更为深刻的认识，对于进一步细分市场，有的放矢地开展营销活动具有十分重要的意义。

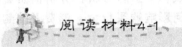

阅读材料4-1

文化对市场营销的影响

一家美国公司在日本市场上推销自己的产品时，采用的是曾经风靡美国市场的鼓动性口号"做你想做的"，却没有达到预想的效果。经市场调查后方知，日美文化在价值观念上存在很大的差异，日本人并不喜欢标新立异、突出个性，而是非常强调和谐、克己。于是，这家公司将口号更改为"做你应做的"，市场反应良好。口号虽一字之差，带来的效果却截然不同。

在美国，购买食品被认为是一种琐事，因而妇女们到超市采购的次数较少，但每次购买量很大；而在法国，家庭主妇在购物过程中与店主和邻居交往是其日常生活的一个组成部分，因而她们的采购是多次、少量的。正因如此，广告对美国主妇的影响很大，而现场陈列对法国主妇最有效。另外，美国家庭冰箱的容积要比法国家庭的大些。

某企业发明一种治皮肤病的药，倒在澡盆中用，在英国销售成功，但在法国却失败了，因为法国人只冲淋浴。

"可口可乐"有一个广告，画面上将支撑雅典神庙的石柱换成4个可乐瓶，引起尊崇此神庙的希腊人大怒，被迫撤回。

英国出口到非洲的食品罐头一个也卖不出去，因为罐头盒子上印了一个美女图案，而非洲人认为罐头里装什么，外面图案就画什么。

中国海尔空调商标上的"海尔兄弟"图案在法国受到欢迎，因为购买空调的多为女性，她们喜爱孩子；但在中东地区却禁止该标志出现，因为这两个孩子没穿上衣。

美国一家玩具公司生产的洋娃娃在美国很受欢迎，但出口到德国却无人问津，因为该洋娃娃的形象与德国风尘女郎非常相似。后来做了适当调整才受到德国人欢迎。

加拿大一家公司将一种洗发剂引入瑞典市场，起先销路不好，当了解到瑞典人洗头通常在早晨而不是晚上后，便把品牌"EveryNight"改为"EveryDay"，使该产品销量大为增加。

3) 社会阶层

社会阶层也属于文化的范畴，其主要是由于人们在经济条件、教育程度、职业类型以及社交范围等方面的差异而形成的不同社会群体，并因其社会地位的不同而形成明显的等级差别。社会阶层作为一种文化特征具有以下特点：一是处于同一社会阶层的人的行为比处于不同阶层的人的行为有更强的类似性；二是当人的社会阶层发生了变化，其行为特征也会随之发生明显变化；三是社会阶层的行为特征受到经济、职业、职务、教育等多种因素的影响，根据不同的因素划分，构成的社会阶层会有所不同。

人们通常以所处的社会阶层判断自己的社会地位。社会阶层直接影响人们的生活方式，同一社会阶层的消费者具有相似的价值观、兴趣爱好和行为方式，不同社会阶层的消费者的购买行为则存在显著差别。如处在较高社会阶层的消费者往往喜欢购买高档名牌产品，并特别注重所购产品的社会价值和象征意义，处于较低社会阶层的消费者由于经济的限制，更青睐于经济实惠、物美价廉的产品。所以营销人员要针对不同的社会阶层的爱好，通过适当的信息传播方式，在适当的地点，提供适当的产品和服务。

2. 社会因素

消费者购买行为不仅受到广泛的文化因素的影响，而且也受到社会因素的影响，其主要因素有相关群体、家庭、角色与地位。

1) 相关群体

相关群体是指直接或间接影响一个人的态度、行为或价值观的群体。它可能是一个团体组织，也可能是某几个人；可能是正式的群体，也可能是非正式的群体。按照不同的标准，相关群体可以划分为不同的类型。例如，按照成员的身份可以将相关群体分为会员群体和非会员群体。会员群体是指相关群体和被影响的对象都是具有同样身份的人，如亲人、同事等。非会员群体是指和被影响者虽不具有同样身份，但都会影响被影响者行为的群体。按照接触的程度和群体对成员的重要性可以将相关群体划分为主要群体和次要群体。主要群体是指成员之间具有经常性的面对面的接触和交往，形成亲密关系的群体，如家庭成员、亲朋好友、同窗同事、邻里等。相关群体对消费者行为的影响主要有信息性影响、规范性影响和认同的影响。

(1) 信息性影响。

信息性影响指相关群体的价值观和行为被个体作为有用的信息加以参考。这些信息既可以直接获得，也可以间接获得；既可以主动收集，也可以被动得到。当消费者对所购产品缺乏了解，凭眼看和手摸难以对产品品质做出判断时，别人的使用和推荐将被视为非常有用的证据。群体在这一方面对个体的影响，取决于被影响者与群体成员的相似性，以及施加影响的群体成员的专长性。例如，某人发现好几位朋友都购买了大众 Polo，于是她决定也购买大众 Polo，因为这么多朋友使用它，意味着该品牌一定有其优点和特点。

(2) 规范性影响。

规范性影响指由于群体规范的作用而对消费者的行为产生影响。规范指在一定社会背景下，群体对其所属成员行为合适性的期待，它是群体为其成员确定的行为标准。无论何时，只要有群体存在，不需思考，规范就会迅速发挥作用。规范性影响之所以发生和起作用，是由于奖励和惩罚的存在。为了获得赞赏和避免惩罚，个体会按群体的期待行事。例如，某个产品广告宣称如果使用某种产品就会受到群体的赞赏，那么群体中的成员必然会购买。

（3）认同的影响。

认同的影响指个体自觉遵循相关群体所具有的信念和价值观，从而在行为上与之保持一致。例如，私人购车盛行，大多数经济条件允许的人纷纷加入购车潮。个体之所以在没有外在奖惩的情况下能够自觉遵守群体的规范和信念，主要是由于两方面的力量：一方面是个体可能利用相关群体来表现自我，提升自我形象；另一方面是该群体可能是个体的渴望群体，或个体对该群体非常忠诚，从而视群体价值观为自身的价值观。营销人员研究相关群体的目的，就是要选择与目标市场的消费者关系最密切、传递信息最有效的相关群体来影响消费者，以求让他们迅速认同、接受商品。

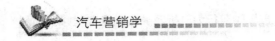

克莱斯勒公司的影响相关群体

克莱斯勒公司在 LH 系列轿车全面上市之前，对 25 个城市数百万名社会杰出人士进行调查，从中选择出 6000 名企业或社会的领导者，并将 LH 系列轿车免费提供给他们试用。在试用期内，通过遍布全国的营销网络与轿车试用者保持积极接触，及时倾听他们对于新轿车的评价，迅速解决他们遇到的问题。与此同时，向这些试用者提供大量的产品信息，以增进他们对轿车各项性能的了解。在试用结束后的调查中发现，98%的试车者都向他们的朋友推荐了这一新车型，市场反应强烈，克莱斯勒公司在新车上市的当年就出色地完成了销售任务。

2）家庭

家庭是以婚姻、血缘和有继承关系的成员为基础形成的一种社会单位，也是社会中最重要的消费者购买组织，对消费者的购买行为产生的影响直接且强烈。

人们的消费习惯、消费观念、消费方式和行为最先是从家庭继承发展而来的。家庭对消费活动的影响有三个方面：第一，家庭决定了其成员的消费行为方式。通常是影响子女，子女继承父母的消费行为方式。第二，家庭的消费价值观影响其成员的价值观。但这并非绝对的，有时子女常常接受新时代的价值观。第三，家庭的消费方式。家庭的消费方式有多种情况，子女往往继承家庭的决策方式。此外，不同的家庭形态和家庭生命周期的不同阶段，由于家庭成员有所变化，购买心理与购买行为也有一定的差异。

在家庭中，作为家庭成员的丈夫、妻子以及子女在购买决策中的角色各不相同。家庭购买决策一般可以分为四种方式。

（1）妻子主导型。即在决定购买什么的问题上，妻子起主导作用。

（2）丈夫主导型。即在决定购买什么的问题上，丈夫起主导作用。

（3）自主型。即对于不太重要的购买，由丈夫或妻子各自独立做出购买决策。

（4）联合型。即丈夫和妻子共同做出购买决策。

在具体购买活动中，夫妻购买决策的形式会因商品性质的不同而有所不同。一般说来，在购买价格昂贵的耐用消费品或高档商品时，丈夫的影响较大；在购买生活必需品方面，妻子的影响较大。丈夫通常在决定是否购买以及何时何地购买方面有较大影响，妻子则在决定所购买商品的颜色等外观特征方面有较大影响，见表 4-1。另外，孩子在家庭购买决策中的影响力也不容忽视。现在中国的家庭，孩子都是"小皇帝"，他们在食物、玩具、服装、娱乐以及汽车的购买选择上有一定影响力,尽管他们通常并不是这些商品的实际购买者,但却是购买决策的影响者。企业及其市场营销人员应认真研究特定目标市场的特定家庭模式,确定不同家庭成员在购买不同产品中的影响力,并采取相应的营销来影响家庭成员的购买选择。

表 4-1 丈夫和妻子对购买决策的影响

购买因素	汽车	礼服用白衬衫	电视机	洗衣机
品牌	H	*	H	W
功能	H	H	H	W
式样	W	H	W	W
规格	H	H	W	W
维修保证	*	—	H	W
价格	H	W	H	H
商店	H	*	W	H
服务	H	—	H	H

注:"H":丈夫影响大;"W":妻子影响大;"*":丈夫和妻子影响相同;"—":没有意义。

3)角色和地位

角色是社会期望个人所承担的活动,每种角色都有相应的地位,它反映了社会对个人的综合评价。一个人在一生中会从属于许多群体,个人在群体中的位置取决于个人的角色和地位。一个消费者同时又承担着多种不同角色,并在特定时间里具有特定的角色,每种角色都代表着不同的地位身份,并在不同程度上影响着其购买行为。

3. 个人因素

消费者的购买决策还受到个人特征的影响,体现在以下几个方面。

1)年龄及人生阶段

消费者的购买行为与所处的年龄密切相关,人们在一生中购买的商品和对服务的需求会随着年龄的增长而变化,不同年龄的消费者行为有所不同。企业可以把产品和服务定位于一个或多个特定的年龄群。例如,青年人的品牌意识较强,而老年人更注重产品的实用性。

消费者购买行为还受到家庭生命周期的影响。在生命周期的不同阶段,消费者的行为呈现出不同的主流特性。根据年龄、婚姻状况、子女状况的不同,可以划分为不同的生命周期,传统的家庭的生命周期可划分为以下八个阶段。

(1)单身阶段。

这一阶段以年轻人为主。随着结婚年龄的推迟,这一群体的数量正在增加。虽然收入不多,但由于没有其他方面的负担,所以他们往往拥有较多的可支配收入。收入的大部分用于支付房租、购买护理用品、基本的家电和交通、度假等方面。这一群体比较关心时尚、崇尚娱乐和休闲。

(2)新婚阶段。

这一阶段从新婚夫妻正式组建家庭开始,到他们的第一个孩子出生结束。在这个阶段，两人一方面要共同决策和分担家庭的责任，另一方面对许多新的问题如储蓄、购买住房和家具等，必须认真思考并做出决策。这个阶段的特点是年轻、无子女，经济状况好，购买力最强，耐用品购买力高。他们是昂贵服装、高档家具、餐馆饮食、奢侈度假等产品和服务的主要消费对象。

（3）满巢Ⅰ阶段。

这一阶段家庭通常由6岁以下孩子和年轻夫妇组成。第一个孩子的出生常常会给家庭生活方式和消费方式带来很大变化。一方面，婴儿用品、家具、食物和保健用品等成为家庭的主要购买对象；另一方面，生活方式大大改变，家庭随意性支出减少，度假、餐饮、汽车的选择均要考虑小孩的需要。

（4）满巢Ⅱ阶段。

在这一阶段，最小的孩子一般已超过6岁，大多数入学读书。家庭用于孩子教育的支出会大幅度增加。

（5）满巢Ⅲ阶段。

这一阶段家庭通常由年纪较大的夫妇和他们仍未完全独立的孩子所组成。在此阶段，孩子中有的已经工作，家庭财务压力有所减轻。由于夫妻双双工作，加上孩子也能不时地给家里一些补贴，所以家庭经济状况明显改善。通常家庭会更新一些大件商品，购买一些更新潮的家具，还会花钱外出就餐、旅游等。

（6）空巢Ⅰ阶段。

这一阶段子女已经成年并且独立生活，夫妻仍有劳动能力。这一阶段父母用于身体保健、培养新的嗜好、夫妻单独出外旅游、买一些高档的物品等方面的支出会上升。

（7）空巢Ⅱ阶段。

这一阶段子女早已离家分居，家庭由已退休的老年夫妻组成。在这一阶段消费者收入大幅减少，消费更趋谨慎，倾向于购买有益健康的产品。

（8）家庭解体阶段。

当夫妻中的一方去世，家庭进入解体阶段。如果在世的一方身体尚好，有工作或有足够的储蓄，并有亲朋的关照，家庭生活的调整会容易些。由于收入减少，他们会更加节俭。而且，这样的家庭会有一些特殊的需要，如更多的社会关爱和照看。

消费者在家庭生命周期不同阶段上的需求和消费行为有较大差别，企业可以制定专门的市场营销计划来满足处于某一或某些阶段消费者的需要。

2）职业

一个人所从事的职业会也直接影响到人们的生活方式和消费习惯，不同职业的消费者的购买模式有所不同。例如，蓝领工人与公司总裁的需要肯定不同，农民和演员的需要会有巨大的差别。这不仅是由于不同的工作性质和劳动环境所造成的，也与人们处在不同的社会阶层中所具有的价值观念、生活方式、经济状况等方面不同具有密切的关系。因此，营销人员应该对各种不同职业群体的需要进行深入的调查研究，找出对自己产品或服务感兴趣的职业群体，并根据其职业特点制定适当的营销组合策略。

3）经济状况

个人的经济状况直接决定了消费者的购买力，一般说来，收入较低的消费者往往比收入较高的消费者更关注商品价格的高低。因此，消费者个人收入、储蓄及存款利率的变化等影响着企业对目标市场的选择和营销策略的制定。

4）生活方式

从经济角度看,一个人对产品和服务的选择实质上是声明他是谁,他想拥有哪类人的身份,消费者经常选择这样而不是那样的产品、服务和活动,是由于他们把自己与一个特定的生活方式联系在一起。因此,企业必须探明产品或品牌与消费者生活方式之间的关系,并对目标消费者的生活方式有一个清晰的把握,并在整体市场营销活动中做出相应的决策,以便尽可能吸引相关生活方式下消费者的注意和购买。

5）个性

个性是指人的气质、性格、能力和兴趣等心理特征的统一体,是个人带有倾向性的、比较稳定的、本质的心理特征的总和。它是个体独有的、并与其他个体区别开来的整体过程。消费者千差万别的购买行为往往是以他们各具特色的个性心理特征为基础的。一般说来,气质影响消费者行为活动的方式,性格决定着消费者行为活动的方向,能力标志着消费者行为活动的水平。

4. 心理因素

消费者行为除受文化、社会、个人因素影响外,还会受到心理因素的影响。心理因素包括:动机、知觉、学习、信念与态度等。

1）动机

动机是一种驱使人满足需要、达到目标的内在驱动力,能够及时引导人们去探求满足需要的目标。行为科学认为,动机是人行为的直接原因,并规定了行为的方向。因此,研究消费者行为必须研究其动机。人的行为是由动机支配的,而动机又是由需要引起的。人的需要是多种多样的,这些需要可以从多个角度予以分类。美国心理学家亚伯拉罕·马斯洛(Abraham Maslow)的需要层次理论,如图4-5所示,将人类需要按由低级到高级的顺序分为生理需要、安全需要、社交需要、尊重需要和自我实现需要五个层次。

一个人会同时存在多种多样的需要,包括物质和精神需要。但是每种需要的重要性,

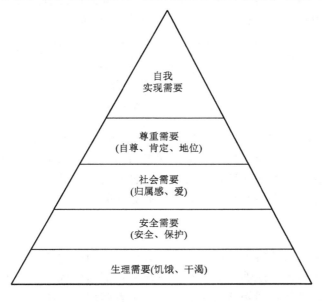

图4-5 马斯洛的需要层次理论

在特定时期并不一样。每一个人都会首先寻求满足他最重要、最迫切的需要，即需要结构中的主导需要。这个主导需要形成的驱动力就是他们的行为动机，在他成功地满足这个主导需要之后，才会注意下一个相对较为重要的需要。一般来说，人对需要的满足，是从较低的层次向较高的层次发展的。

2）知觉

人们通过各种感觉器官来感知外界刺激，同样的外界刺激对不同消费者会引起不同的知觉。所谓知觉，是指人们收集、整理、解释信息，形成有意义的客观世界影像的过程。具体地说，人们要经历以下三种知觉过程。

（1）选择性注意。

人们在日常生活中会接触众多刺激，但大部分会被过滤掉，只有少部分刺激会引起人们注意。例如，西方人平均每天见到的广告超过1500条，不可能都引起人们注意，大多数的刺激物都会被筛选掉。

（2）选择性曲解。

每个人总是按自己的思维模式来接受信息，并趋向于将所获信息与自己的意愿结合起来，即人们经常按先入为主的想法来解释信息。例如，某一名牌商品在消费者心目中早已树起信誉，形成品牌偏好，就不会轻易消失；另一新的品牌即使实际质量已优于前者，消费者也不会轻易认同，总以为原先的那个名牌更好些。

（3）选择性记忆。

人们对所接触的信息，不可能全部记住，其中大部分信息都会忘记，只会记住符合自己态度和信念的信息。例如，购买者往往会记住自己喜爱品牌的优点，而忘掉其他竞争品牌的优点，这种心理机制，就是选择性记忆。

3）学习

人类的行为有些是出于本能，但大多数行为是从后天经验中得来的，也就是通过学习实践得来的。所谓学习，是指人在生活过程中，因经验而产生的行为或行为潜能比较持久的变化。人类的学习模式主要包括五个阶段，如图4-6所示。

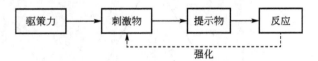

图4-6 人类的学习模式

图4-6中，驱策力是引发人行动的内在动力；刺激物和诱因是决定人们何时、何处以及如何反应的微弱刺激因素；反应则是消费者为满足某一动机所做出的选择；强化则是指如果某一反应能使消费者获得满足，那么消费者便会不断做出相同的选择。营销人员可以通过把产品与强烈的驱策力联系起来，利用刺激性的诱因并提供正面强化等手段，来建立消费者对产品的需要。

4）信念与态度

人们通过实践和学习获得了自己的信念与态度，它们反过来又影响着人们的行为。信念是指人们对事物所持的描述性思想。对企业来讲，信念构成了产品和品牌的形象，人们是根据自己的信念行动的，错误的信念会阻碍消费者的购买行动，企业可以通过营销活动来树立消费者对产品和品牌的信念。态度是人们对客观事物所持的主观评价与行为倾向。

人们几乎对所有事物都持有态度，这种态度不是与生俱来的，而是后天习得的。态度导致人们喜欢或不喜欢某些事物，并一经形成就成为一种固定模式，企业应尽可能使其产品适应消费者的意向，激起消费者抱惠顾的态度，从而赢得更多的顾客和市场。

综上所述，文化、社会、个人、心理等因素综合影响消费者购买行为。企业对这些因素进行分析，更好地识别哪些消费者对自己的产品和服务最感兴趣，从而为市场细分和选择目标市场提供必要的线索，也为制定恰当的营销组合策略提供依据。

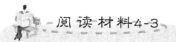

阅读材料4-3

本田公司打开了美国摩托车市场

日本的本田摩托车进入美国市场时，面对的是公众普遍的负面态度——大多数美国人将摩托车与流氓犯罪活动联系在一起。

为了占领美国市场，本田公司（Honda）必须改变公众的态度。于是，本田公司竭尽所能进行了包括广告在内的大量的促销活动。在本田摩托车的广告中，无一例外地以神父、教授以及美女等正面公众人物为广告主角，并告诉公众"骑上本田摩托，拥抱美好生活"。于是，逐渐改变了公众对摩托车的负面态度，本田公司打开了美国摩托车市场。

4.1.4 消费者的购买决策过程

企业除需了解消费者的行为模式以及影响消费者的各种因素之外，还必须了解消费者如何做出购买决策及消费者行为决策的过程，以便采取相应的措施，实现企业的营销目标。

1. 购买决策的角色分析

消费者消费虽然是以一个家庭为单位，但参与购买决策的通常并非一个家庭的全体成员，许多时候是一个家庭中的某个成员或某几个成员，他们分别扮演了不同的角色，即发起者、影响者、决定者、购买者和使用者。

（1）发起者。指首先想到或提议购买某种产品或劳务的人。

（2）影响者。指其看法或建议对最终决策具有一定影响的人。

（3）决定者。对是否买、为何买、如何买、何时买、何处买等购买决策做出最终决定的人。

（4）购买者。实际执行购买决策的人。

（5）使用者。实际消费或使用产品或服务的人。

有时，一个家庭成员会担任好几个角色；有时，一个角色又由几个家庭成员共同扮演。通常，营销人员最关心谁是决策者。对于有些产品或服务是很容易辨别的。例如，烟酒一般由男性做出购买决策,而化妆品一般由女性做出购买决策。但是有些产品则不易找出购买决策者。因此,作为企业必须了解每一购买者在购买决策中所扮演的角色,并针对其角色地位与特性,采取有针对性的营销策略,才能较好地实现营销目标。例如,购买一辆汽车,提出这一要求的是孩子,是否购买由夫妻共同决定,而丈夫对汽车的品牌做出决定,妻子在汽车的造型、颜色方面则有较大的决定权。只有了解了购买决策过程中的参与者的作用及其特点,企业才能够制定出有效的生产计划和营销计划。

2. 购买决策的类型分析

消费者购买决策随其购买决策类型的不同而变化。较为复杂和花钱多的决策往往凝结着消费者的反复权衡和众多人的参与决策。根据参与者的介入程度和品牌间的差异程度,可将消费者购买行为分为四种类型,见表4-2。

表4-2 购买决策类型

品牌差异程度	购买参与程度	
	高	低
大	复杂的购买行为	多样化的购买行为
小	寻求平衡的购买行为	习惯性购买行为

1) 复杂的购买行为

复杂的购买行为是指消费者在购买时投入很大的时间与精力进行产品比较选择,并注重各个品牌之间的差异的购买行为。当消费者对所购买的商品不了解,感到风险比较大,或者所购买的商品价值比较高,而不同厂家所提供的产品差异性较大时,消费者就越会采取复杂的购买行为。

汽车属于价格贵重,不常买的产品。对于汽车的购买,消费者在对汽车的性能缺乏了解,且不同品牌之间的差异又较大的情况下,他们会投入较多的时间,广泛地收集有关信息,考虑不同品牌之间的差异,最后做出慎重的购买决策。对于复杂的购买行为,营销者应尽可能给消费者提供必要的商品信息,以帮助消费者学习和了解产品的性能和属性,搞清产品的差别优势及其给消费者带来的切实利益,并通过广告与促销工作来突出本企业产品的特点,以影响消费者对不同品牌产品的选择。

2) 多样化的购买行为

这种购买行为的特点是消费者参与程度低、品牌差异大,消费者经常改变品牌的选择。由于参与程度低,消费者不愿意花更多的精力参与选择。同时,消费者不断变换所购产品的品牌,不是对产品不满意,而是为了寻求多样化。针对这种购买行为,领导者品牌可通过占领货架、提示性的频繁广告等来鼓励习惯性的购买行为;挑战者品牌则应通过低价、优惠、免费样品及新产品试用等来鼓励寻求变化的购买行为。

3) 寻求平衡的购买行为

有些产品品牌差异不大,消费者也不经常购买,但商品的价值比较高,购买时风险比较大,因而消费者参与程度比较高。这时,消费者一般会货比三家,只要价格公道、购买方便、机会合适,消费者就会决定购买。这种行为称为寻求平衡的购买行为。例如,购买商品房,消费者不一定会注重是由哪个房地产商开发的房子,但会花较多的时间对商品房的地点、户型、结构、建筑质量进行比较分析，再决定购买。购买以后，可能因为产品自身的某些方面不称心，或者是得到了其他产品更好的信息，消费者也许会感到一些不协调或不满意，产生不该购买这一产品的后悔心理。为了改变这种心理，他会主动寻求种种理由来减轻、化解这些不协调，以证明自己的购买决定是正确的。针对这种类型的消费者行为，营销者应通过各种营销手段，向消费者提供有关商品评价的有利信息，消除消费者的不平衡心理，使其相信自己的购买决策是正确的。

4）习惯性的购买行为

对于价格低廉、经常购买、品牌差异小的产品，消费者不需要花费太多时间进行选择，也无需经过收集信息、评价产品特点等复杂过程。他们也许会长期购买某个品牌的商品，但只是习惯或者出于方便，而不是因为对某个品牌的忠诚。这种行为称为习惯性的购买行为。对于这种的购买行为，营销者可以用价格优惠、电视广告、独特包装、销售促进等方式鼓励消费者试用、购买和续购其产品。

3. 购买决策的主要步骤

完整的购买决策过程包括五个阶段：确认需要、收集信息、评价比较、购买决策、购买后行为，如图4-7所示。消费者的购买决策过程早在实际购买发生之前已经开始，并将一直延续到实际购买之后。因此，营销人员应关注消费者的整个购买过程，而不仅仅是决策过程。一般情况下，复杂的购买行为会依次经历这五个阶段，对于参与程度较低的习惯性购买行为，经常会跳过或颠倒某些阶段。

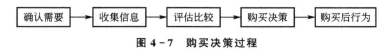

图4-7 购买决策过程

1）确认需要

确认需要是购买行为的起点。当消费者在现实生活中意识并确认到自己的某种需要时，购买的决策过程便开始了。消费者的需要一般来源于两个方面：一是内部刺激。例如，当人们感到饥渴的时候，会引发人们产生进食、喝水的需要；二是由外部刺激。例如，商品美丽的包装、电视广告等会引起消费者强烈的购买欲望。消费者在内外刺激的共同作用下，会产生对某种产品的需要。因此，企业要善于规划刺激，运用各种刺激物，激发消费者对产品的需要。

2）收集信息

消费者确认某种需要，并确立了满足需要的购买目标之后，就开始搜集各种相关信息资料，以便寻找到能满足其需要的最合适的商品或服务。一般来说，消费者的信息来源主要有以下四个方面。

（1）个人来源。通过家庭、亲友、邻居、同事或同学等个人关系获得信息。

（2）商业来源。通过企业的广告、推销员、经销商、包装品、展销会等途径获得信息。

（3）公共来源。通过大众传播媒体、消费者组织等渠道获得信息。

（4）经验来源。消费者通过操纵、实验和使用产品得到信息。

在上述信息来源中，最主要的是商业来源，而最有效的信息则来自于个人来源。各种来源的信息对购买者决策都有一定程度的影响，在正常情况下，商业来源主要起通知作用,而个人来源主要起评估作用。在这一阶段,营销人员可以充分利用各种促销活动加深消费者对商品的印象和记忆,引导并促进消费者购买。

3) 评估比较

消费者在收集所需的各种相关信息后,会对这些信息进行分析比较和综合判断,权衡利弊后做出最终选择。不同消费者使用的评价方法和评价标准差别很大,但从总体上讲,消费者对产品的购买,是为了从该产品上寻求特定利益,而产品属性对消费者而言就是产品利益,因此他们往往会把某类产品看成是一些特定属性的组合,并根据各自的偏好对这些属性给予不同的权重,然后对不同产品进行打分和排序。消费者感兴趣的属性因商品而不同,而且不同类型的消费者对各种属性重要性的认识有很大差异。企业应对此进行仔细分析,从而采取相应的措施影响消费者的选择。

4) 购买决策

购买决策是购买过程的关键阶段。这是因为消费者只有做出购买决策后,才会产生实际的购买行为。在评估比较阶段,消费者经过对可供选择的产品与品牌的分析比较,初步形成了购买意向,但消费者购买决策的最后确定,还会受到其他两种因素的影响。一是他人的态度。他人态度对消费者购买决策的影响程度,取决于他人反对态度的强度和消费者遵从他人愿望的程度。例如,丈夫想买一辆摩托车,而妻子坚决反对,丈夫就极有可能改变或放弃购买意向。二是意外情况。消费者的购买意向还会受到事先未预料到的意外情况的影响,在消费者即将采购时,家庭收入、产品价格等的意外变化会改变消费者的购买意向,使消费者推迟或取消原来的购买决定。因此,在这一阶段,营销人员可以利用优质的售后服务作为承诺,来坚定消费者的购买决心。目前有些大商场做出零风险承诺,对促进购买者决定很有效。

5) 购买后行为

消费者在购买产品后,往往会通过自己的使用和他人的评价,对其购买选择进行检验,把他所体验到的产品实际性能与购买前对产品的期望进行比较,进而产生一定的购后感受,如满意、一般或不满意等,这些感受最终会通过各种各样的行为表现出来,形成所谓的购后行为。

在此阶段主要有两种情况:第一种情况是,消费者对所购买的商品感到满意。如果所购商品完全符合消费者的意愿,甚至比消费者预想的还要好,那么消费者不但自己会重复购买,而且还会有意无意地去鼓动、引导其他人购买该商品。所以,市场营销中有句格言是"最好的广告便是满意的顾客"。此格言形象地反映了消费者购后评价的重要性。因此,营销者对产品的广告宣传只有实事求是,才能使购买者感到满意。有些营销者在产品性能的宣传上故意留有余地,其目的就是增加消费者购后的满意度。第二种情况是,消费者对所购买的商品感到不满意。如果消费者对所购商品不满意,除了要求退换货外,往往还会对朋友、同事诉说这种感受,告诫他们不要购买这种商品,甚至会通过大众媒介公之于社会,如向消费者协会投诉、向新闻媒体披露,甚至诉诸法律,给企业造成巨大的损失。因此,营销者应积极主动地与消费者做购后联系,采取一些必要措施来降低消费者购买后的不满意程度,促使消费者确信其购买决策的正确性,同时还要加强售后服务,企业还应根据顾客的意见反馈,及时改进产品和改善服务。

4.1.5 顾客让渡价值

顾客让渡价值是菲利普·科特勒在《营销管理》一书中提出来的，他认为"顾客让渡价值"是指顾客总价值（Total Customer Value）与顾客总成本（Total Customer Cost）之间的差额，如图4-8所示。顾客在购买某一产品时，总是希望获得较高的顾客价值和付出较低的顾客购买总成本，使自己的需要得到最大限度的满足。顾客在做购买决策时，往往从价值与成本两个方面进行比较分析，从中选择出"顾客让渡价值"最大的产品作为优先选购的对象。

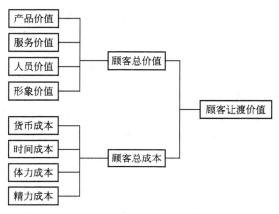

图4-8 顾客让渡价值示意图

我们可以用这样的例子来说明顾客让渡价值理论。当一个住在城乡结合部的主妇准备购买一台排油烟机时，她会面临这样的情况：一种她所喜欢的排油烟机，在其附近的商店里有售，同时她也知道在市中心这种排油烟机的价格比较便宜，而且款式也比较多，但是市中心的商店不肯送货和安装，附近的商店则不仅安装，还能常年维修。这位主妇考虑再三，还是决定在附近购买。对于主导购买决策的理由，我们可以用顾客让渡价值理论进行说明。即如果市中心同类产品的价格比在附近购买便宜不了多少（如仅便宜5%），那么，主妇会认为，她得到的顾客总价值差异不大；而顾客总成本则因省却了运货和安装等时间和成本，而大大低于在市中心购买的总成本，从而使顾客让渡价值增大，于是她会决定在附近的商店里购买。当然如果价格相差得比较大（如相差20%以上），主妇可能会选择去市中心购买。

关于顾客让渡价值理论有两点需要说明：一是顾客在信息基本透明的情况下，会以顾客让渡价值的最大化作为购买决策的主要依据；二是顾客的总价值和总成本都是包含多种因素的综合体，而不仅仅是产品效用和产品价格之间的比较。因此，消费者会根据顾客的让渡价值来决定其购买行为。企业为在竞争中战胜对手，吸引更多的潜在顾客，应当主动地对自己的顾客让渡价值进行测算和评估，向顾客提供比竞争对手具有更高顾客让渡价值的产品，获得更大的顾客满意程度。为此，企业可从两个方面改进自己的工作：一是通过改进产品、服务、人员与形象，提高产品的总价值；二是通过改善服务与促销网络系统，减少顾客购买产品的时间、精神与体力的耗费、降低货币与非货币成本。

1. 顾客总价值

顾客购买总价值是指顾客购买某一产品与服务所期望获得的一系列利益。顾客购买总价值包括产品价值、服务价值、人员价值和形象价值。其中每一项价值的变化均对总价值产生影响。

1）产品价值

产品价值是由产品的功能、特性、品质、品种与式样等所产生的价值。它是顾客需要的中心内容和选购产品的首要因素。一般情况下，产品价值是决定顾客购买总价值大小的关键和主要因素。产品价值是由顾客需要来决定的。在经济发展的不同时期，顾客对产品的价值有不同的要求，构成产品价值的要素以及各种要素的相对重要程度也会有所不同。在经济发展的同一时期，不同类型的顾客对产品价值也会有不同的要求，在购买行为上显示出极强的个性特点和明显的需求差异性。

产品价值应以顾客需求为导向。产品的开发与设计注重市场调研及客户需求的识别，设计人员应面向市场，以顾客需求为中心。市场既是产品的归宿，又是产品质量形成的起点。顾客是制造和服务企业收入的源泉。市场调研和客户需求的识别，在产品研制和产品质量的确定中起着重要的导向作用。通过市场调研，倾听顾客的声音，可以挖掘出消费者的潜在需求，进而结合自身情况进行市场细分，确定目标市场（即目标消费群），并根据目标市场进行产品设计。

企业应重视产品的质量。企业生产的产品除了满足规定的用途或目的之外，还必须符合社会的要求，符合适用的标准和规范，也就是必须达到甚至超越一定的质量标准。质量是企业的生命，提高产品质量是提高产品价值、维护企业信誉的主要手段。应该建立有效的质量保证体系，以满足顾客的需要和欲望，并保护企业的利益。

2）服务价值

服务价值是指伴随产品实体的出售，企业向顾客提供的各种附加服务，包括产品介绍、送货、安装、测试、维修、技术培训、产品保证等所产生的价值。服务价值是构成顾客购买总价值的重要因素。在现代市场营销实践中，随着消费者收入水平的提高和消费观念的变化，消费者在选购产品时，不仅注意产品本身价值的高低，而且更加重视产品附加价值的大小。特别是在同类产品质量与性质大体相同或类似的情况下，企业向顾客提供的附加服务越完备，产品的附加价值越大，顾客从中获得的实际利益就越大，从而购买的总价值越大；反之，则越小。因此。在提供优质产品的同时，向消费者提供优质和差异化的服务，已成为现代企业市场竞争的新焦点。

（1）为顾客提供优质服务。

在从注重数量向注重质量转变的消费时代，顾客越来越要求企业提供细致、周到、充满人情味的服务，要求购买与消费的高度满足。因此，高品质、全方位的服务理所当然地成了企业赢得优势的一大法宝。全方位服务包括全过程服务、全方面服务、全顾客个性化服务。

全过程服务是针对顾客消费的每一环节所进行的细致而深入的服务。从售前消费者产生消费欲望的那一刻起，到商品使用价值耗尽为止的整个过程，都对消费者细心呵护，使消费者与自己的品牌紧密相连，让消费者在每一层面都感到完全满意。全方面服务指为消费者提供所需的各种服务项目，也称"baby-sitter服务"（保姆式服务）。即将消费者当作婴儿一样细心呵护。全顾客个性化服务，则是针对个体消费者，设计并开发企业的产品及服务项目，以适应当今个性化和多样化的消费趋势。

(2) 服务的定位与服务差异化。

产品需要定位，服务同样如此。当消费者被大量的广告信息淹没的时候，服务定位的宗旨是如何使消费者比较容易识别本企业的服务产品。定位是一项战略性营销工具，企业可以借此确定自身的市场机会，并且当竞争情况发生变化时，企业能够实行相应的措施。定位可以是不经计划而自发地随时间而形成，也可以经规划纳入营销战略体系，针对目标市场进行。它的目的是在顾客心目中创造出有别于竞争者的差异化优势。

3) 人员价值

人员价值是指企业员工的经营思想、知识水平、业务能力、工作效益与质量、经营作风、应变能力等所产生的价值。企业员工直接决定着企业为顾客提供的产品与服务的质量，决定着顾客购买总价值的大小。一个综合素质较高又具有顾客导向经营思想的工作人员，会比知识水平低、业务能力差、经营思想不端正的工作人员为顾客创造更高的价值，从而创造更多满意的顾客，进而为企业创造市场。人员价值对企业和顾客的影响作用是巨大的，并且这种作用往往是潜移默化且不易度量的。因此，企业应高度重视企业人员综合素质与能力的培养，加强对员工日常工作的激励、监督与管理，使其始终保持较高的工作质量与水平。

4) 形象价值

形象价值是指企业及其产品在社会公众中形成的总体形象所产生的价值，包括企业的产品、技术、质量、包装、商标和工作场所等所构成的有形形象所产生的价值，公司及其员工的职业道德行为、经营行为、服务态度与作风等行为形象所产生的价值以及企业的价值观念、管理哲学等理念形象所产生的价值等。形象价值与产品价值、服务价值及人员价值密切相关，在很大程度上是上述三个方面价值的综合反映。良好的形象价值会对企业的产品产生巨大的支持作用，带给顾客精神上和心理上的满足感与信任感，使顾客需要获得更高层次和更大限度的满足，从而增加顾客购买总价值。

2. 顾客总成本

顾客总成本是指顾客为购买某一产品所耗费的时间、精神、体力以及所支付的货币资金等成本之和。降低顾客购买的总成本，顾客可获得更大让渡价值。顾客总成本不仅包括货币成本而且还包括时间成本、精神成本、体力成本等非货币成本。一般情况下，顾客购买产品时首先要考虑货币成本的大小。因此，货币成本是构成顾客购买总成本大小的主要因素。在货币成本相同的情况下，顾客在购买时还要考虑所花费的时间、精神、体力等。因此这些支出也是构成顾客总成本的重要因素。

1) 时间成本

在顾客购买总价值与其他成本一定的情况下，时间成本越低，顾客购买的总成本越小，从而顾客让渡价值越大。在服务质量相同的情况下，顾客等候购买该项服务的时间越长，所花费的时间成本越大，购买的总成本就会越大。因此，努力提高工作效率，在保证产品与服务质量的前提下，尽可能减少顾客的时间支出，是创造更大的顾客让渡价值、增强企业产品市场竞争能力的重要途径。

2) 精力成本

精力成本是指顾客购买产品时，在精神、体力方面的耗费与支出。在顾客购买总价值与其他成本一定的情况下，精神与体力成本越小，顾客为购买产品所支出的总成本就越低，从而顾客让渡价值越大。消费者购买过程是一个从产生需求、寻找信息、判断选择、决定购买、实施购买以及购后感受的全过程。在购买过程的各个阶段，均需付出一定的精神与体力。当消费者对某种产品产生了购买需求后，就需要搜集该种产品的有关信息。消费者为搜集信息而付出的精神与体力的多少会因购买情况的复杂程度而有所不同。如果企业能够通过多种渠道向潜在顾客提供全面详尽的信息和相关服务，就可以减少顾客所花费的精神与体力，从而降低顾客购买总成本。

4.1.6 顾客满意

1. 顾客满意含义

顾客满意（Customer Satisfaction，CS）作为现代企业的一种手段，常被称为CS战略或顾客满意战略。所谓顾客满意是指顾客对一件产品满足其需要的绩效与期望进行比较所形成的感觉状态。顾客是否满意取决于其购买后实际感受到的绩效与期望（顾客认为应当达到的绩效）的差异，若绩效小于期望，顾客会不满意；若绩效与期望相当，顾客会满意；若绩效大于期望，顾客会十分满意。顾客满意分为以下三个层次。

1) 物质满意层

物质满意层次是顾客满意中最基础的层次。物质满意层次是顾客在对企业提供的产品核心层的消费过程中所产生的满意。物质满意层次的支持者是产品的使用价值，如功能、质量、设计、包装等。

2) 精神满意层

精神满意层次是顾客在对企业提供的产品形式层和外延层的消费过程中产生的满意。精神满意层的支持者是产品的外观、色彩、装潢品位和服务等。

3) 社会满意层

社会满意层次是顾客在对企业提供的产品的消费过程中所体验到的社会利益维护程度。社会满意层次的支持者是产品的道德价值、政治价值和生态价值。产品的道德价值是指在产品的消费过程中不会产生与社会道德相抵触的现象；产品的政治价值是指在产品的消费过程中不会导致政治动荡、社会不安；产品的生态价值是指在产品的消费过程中不会破坏生态平衡。

以上三个满意层次一般具有递进关系。从社会发展过程中的满足趋势看，人们首先寻求满足的是产品的物质满意层，只有这一层次基本满意后，才会推及到精神满意层，而精神满意层基本满意后，才会考虑社会满意层。

2. 顾客满意度测量的含义

顾客满意是一种积极的购后评价，是顾客在感受到所购买产品或服务与先前的期望相一致时而做出的积极评价。它本身是一种心理活动过程，它可以通过问卷调查的方式直接测出，这也是许多学者所主张的顾客满意度测量含义，即"调查人们在购买和消费产品与服务过程中，心理经过判断后的结果"。例如，我们在汽车销售服务企业询问顾客对该店提供的产品和工作人员的服务是否满意时，一定可以得到"一般"、"较好"、"很好"、"较差"、"很差"等表示满意程度的回答。但是，对于顾客满意管理来说，顾客满意度测量一方面需要直接测量结果，即顾客满意程度；另一方面还应该测量顾客形成该满意水平的心理过程，即顾客对满意度影响因素的感知情况。这是因为：一方面，顾客满意度测量是建立在某一概念模型的基础上，测量两方面的内容使得测量人员能够检验数据是否符合先前假设的概念模型，是否具有判别有效性和会聚有效性，从而确认该次测量效果。另一方面，测量两方面的内容有助于企业利用测量结果指导自身的营销实践，因为对企业来说，单纯顾客满意度高低的结果只意味着企业的整体现实表现，而无法对企业未来的营销实践活动起到具体的指导作用；相反，如果调查顾客满意度判断的心理过程，将能使企业了解自己的表现与顾客的期望、需要等影响因素的差距，从而指导企业制定有针对性的营销措施。

3. 顾客满意度测量的步骤

顾客满意度测量的全过程包括调查准备、实施调查、分析调查结果三大部分。

1）顾客满意度调查准备

在实施顾客满意度调查之前，必须先做好一些准备工作，主要包括确定调查对象、关键的绩效指标体系以及设计问卷。

（1）确认调查对象。

进行顾客满意度调查时，首先要确定调查的对象。不同的企业、不同的产品拥有不同的顾客。不同群体的顾客，其需求结构的侧重点是不相同的。他们购买什么产品，从哪个商家购买，购买预期乃至购买后的满意程度都常常受到其他人的影响。在确定顾客满意度测量的对象时，要考虑是将顾客设定为实际使用者，还是购买决策者。这一点常随产品或服务的性质而异。对于个人购买而言，消费者购买汽车及其相关产品后大多自己使用，购买者与使用者几乎一致。在这种情况下，可以把购买者作为对象。但对于组织购买而言，购买决定和实施者一般是采购部门，他们往往不是实际使用者。虽然采购部门在购买前会征询使用部门的意见，但购买时未必完全按照使用部门的要求去办。当然，同时获得购买者和实际使用者的满意是最理想的，因此，从理论上讲，应将双方都列为顾客满意度测量的对象。但在实际操作中如何均衡地满足双方需要，要具体情况具体分析。

（2）确定关键的绩效指标。

顾客满意度调查的核心是确定产品和服务在多大程度上满足了顾客的欲望和需求。顾客会因为欲望和需求，根据自己所获的信息而产生期望，满足顾客的期望会导致满意，超越顾客期望还可能带来更强烈的顾客忠诚。相反，没有满足顾客期望会寻致不满意。

要求和期望可以归纳为一系列绩效指标，这些指标是表明顾客如何判断一个产品或一个公司的重要问题。顾客满意度调查不仅要揭示顾客满意的程度，而且应该找出满意和不满意的内在原因。通过制定绩效指标就可以达到这个目的，一般情况下，这类绩效指标可根据以下两个主要原则予以确定。

第一，绩效指标对顾客而言必须是重要的。确保选择顾客认为是最关键的绩效标准的唯一途径是倾听顾客的意见。

第二，绩效指标必须能够控制。顾客满意度调查会使顾客产生期望，认为公司即将进行改进，如果公司在某一领域无法或不愿意采取行动加以改变，则不应在此耗费时间和精力。

关键绩效指标的确定，可以通过定量和定性相结合的研究方法，并按照如下基本程序进行。

① 获取公司内部信息。公司内部信息是关键绩效指标的第一个信息来源，管理者、销售代表、顾客服务人员一般都掌握这些信息。

② 征询行业领域专家的意见，这在技术性非常强的行业尤为重要。这些专家对技术非常精通，了解哪个部位、哪项性能、哪项技术会直接影响产品的使用效果，并由此影响顾客使用该产品的感受。

③ 运用探索性研究来理解顾客如何做和评价他们的购买决定，明确顾客满意的构成因素。公司必须站在顾客的立场上考虑满意度调研，尤其是在定义顾客的要求和期望时，什么都不可取代与顾客的直接沟通。

④ 结合公司内部信息、专家的意见和顾客的反映，列出所有可能影响顾客满意的指标，并设计成问卷(包括各指标的重要性标度)。之后，利用邮寄或电话访问的形式让顾客对这些满意指标的重要性标度进行评价。

⑤ 确定最终的绩效指标系列。全部选择平均得分最高的绩效指标通常是下策，因为相似的绩效指标往往关联度很高。某个顾客给予高度评价的指标中可能会出现对一个重要主题的几种不同看法，而最终的访问只应包括几种看法中的一种。解决这一问题可以利用几种统计方法来解决，例如，"因素分析法"将访问得到的数据分解为若干个次级要素，从每个要素中都可以选择一个指标，而在选择中还要借助于统计结果的指导；另一种统计方法——"判别分析法"用来确定被选出的绩效指标能否很好预测整体满意或不满意的程度。我们可以重复使用因素分析和判别分析技术，这样得到的绩效指标系列不仅在统计上是有效的，而且从逻辑上讲也适用于测量顾客满意度。

绩效指标具有普遍意义，适用于许多不同的产品和服务，如图4-9所示。不过，每个公司在具体运用这些指标时还需进一步定义、阐述和解释。

◆ 与产品有关的绩效指标	◆ 与购买有关的绩效指标	◆ 与服务有关的绩效指标
价值-价格的关系	礼貌	保修期或担保期
产品质量	沟通	送货服务
产品利益	获得的难易和方便程度	处理顾客抱怨
产品特色	公司名誉	问题的解决
产品设计	公司竞争力	
产品的可靠性和统一性		
产品或服务的范围		

图4-9 普遍绩效指标

在确定了科学合理的评价指标体系后，接下来就要确定各评价指标的权重。因为每个评价指标对顾客满意度的贡献率有较大差异，因此，客观公正的指标权重是评价顾客满意度的关键。利用顾客给出的指标相对重要性分值，通过计算、归纳，最终得到一套科学的指标权重。权重的确定也可以采用市场调查的方法，通过统计得出不同的顾客满意指标对顾客满意度的影响程度；也可以采用专家意见法(也称德尔菲法)、层次分析法等科学方法去确定指标权重。

(3) 设计问卷。

在设计问卷之前，必须先确定该次测量所用的顾客满意概念模型，如瑞典顾客满意度晴雨表(SCSB)采用的是绩效模型。随后，就要确定问卷设计是采用封闭式问题——问卷提供被选答案，还是开放式问题——由被调查对象根据自己的想法完成而问卷本身不提供被选答案。在调查中,一般都有时间限制,还需要为统计分析提供量化的答案,所以主要采取封闭式问题。

在设计顾客满意度调查问卷时,另一个非常重要的问题是选择何种量表,调查是否成功、问卷设计是否合理,关键在于其使用的测量量表是否合理、可行。因为顾客满意度测量是测量态度、观点等人们的心理感受,这类主观描述如何转换为可供计量的数量指标来供数据处理是非常重要的。目前,常用于顾客满意度调查的量表主要有以下几种。

① Likert 记点等级量表。

这种量表是一种适用于调查研究的简便测量方法。该表由一系列关于客体的陈述组成,并提供了多项目的测量,在每一陈述上均有几种不同的等级水平,要求顾客对此做出选择,以表明其同意的等级水平。表 4-3 所列的量表措辞是市场调研组织的推荐方式。

表 4-3
请阅读以下陈述语句,并在最准确反映您的同意或不同意程度的小格口画 "√"

	很同意	比较同意	既同意又不同意	比较不同意	很不同意
当你购买汽车时,外观是一个很重要的因素					
当你购买汽车时,外观不是一个很重要的因素					

Likert 记点等级量表简单易懂,它是所有量表方法中最受欢迎的。但是,这种量表方法不太精确,在转化成量化数据时,需要调查者赋予每一级一个分数。Likert 记点等级量表对各种态度的覆盖面也有限,尤其对商家表现肯定的方面划分不够细致。Likert 记点等级量表只适用于表现好的或非常好的商家。在现今激烈的市场竞争中,商家表现必须达到一个很高的水平,这就需要一种较细致的量表方法将这些公司加以区分。

② Osgood 语意差别表。

该表是 Osgood、Suci 和 Tannenbaum 在 1957 年提出的,该方法是设计一对对反义形容词分别置两端,中间为几种不同程度的态度的排列,要求顾客对某一物品的形容词的两极描述做出选择。典型的情况下,中间给出的级别应比 Likert 记点等级量表中的 5 个级别多一些,让调查对象选择与自己情况最贴近的形容词表明自己的态度强度。Osgood 语意差别表见表 4-4。

表 4-4

如果您要购买汽车，请阅读以下陈述，并在最准确反映您的同意或不同意程度的小格中画"√"

| 1. 汽车外形稳重一点也不重要 | □ □ □ □ □ □ □ | 极端重要 |

| 2. 汽车价格便宜一点也不重要 | □ □ □ □ □ □ □ | 极端重要 |

语意差别量表可以用于量化调查结果及与较强的竞争商家相区别，但因为缺少定性分析，也使被调查对象填写不便。被调查对象还常常会尽量使每级的得分都尽量高些。

③ 数字量表。

此表要求被调查对象对自己的态度强度给出一个分数，如满分是10。但级别大小没有严格的规定，有些场合用 1~5 分制。表 4-5 就是数字量表的例子。

表 4-5

当您购买汽车时，请评估以下两个因素的重要性。方法：请对以下各陈述给出一个分数，最高 10 分表示非常重要，最低 1 分表示非常不重要

将要购买的汽车	分数（满分 10 分）
1. 外观稳重	
2. 价格便宜	

序列量表对确定顾客优先要求顺序非常有帮助，因为它本身避免了给出同样分数的可能性，还有利于突出商家在哪些方面做得最好，以确定商家是否在顾客最关心的那些方面做得最好。但是，序列量表依然存在两个问题：一是被调查对象会觉得序列量表很难填写，一段时间之后便会失去耐心匆匆浏览各项因素填完了事；二是量化结果的问题，假设列出 1~10 个因素，唯一能将其量化的方法就是用 1~10 分对应量表中的 1~10 级。这就意味着排序低的那几项只能得 1、2、3 分，而这当然是不公平的，因为今天大多数商家在各方面都已做得相当好了。

④ 序列量表

序列量表要求被调查对象表明其对各项因素的态度的相对强度，并按重要性或偏好进行排序，不需其他进一步的规定。表 4-6 是序列量表的例子。

表 4-6

以下是购买汽车的相关因素的陈述，请根据重要性将其排序

将要购买的汽车	排序
外观稳重	
价格便宜	
内部空间大	

数字量表对顾客来说简明易懂,可用于现场采访或调查问卷,在统计分析和结果的直观描述中也十分方便,特别是有助于确定对顾客来说最紧要的方面。10 分的量表标准对被调查对象来说十分熟悉,而且也为相似的表现程度提供足够的量表余地。

4. 实施顾客满意度调查

顾客满意度调查的实施包括抽样、确定调查方法与实施,其过程与一般营销调研过程基本类似。

5. 调查结果分析

调查结果分析(数据分析)是将原始数据转化为易于理解和解释的形式。它是对数据的重新安排、排序和处理,以提供描述性信息。正确分析调查和访问结果对理解顾客的感觉并确定改进的战略计划极为关键。

4.1.7 顾客满意战略

美国市场营销学者菲力普·科特勒在《市场营销管理》一书中明确指出:"企业的整个经营活动要以顾客满意为指针,要从顾客角度出发,用顾客的观点而非企业自身利益的观点来分析考虑消费者的需求。"此话现已成为市场营销的经典名言。从某种意义上讲,只有使顾客感到满意的企业才是不可战胜的。

顾客满意战略产生于剧烈的竞争市场。市场环境发生了变化,买方市场的特征逐渐明显,消费者的经验和消费心理素质也日趋成熟,消费者对产品和服务的需求也发生了变化,于是综合服务质量成了企业竞争的关键,靠优质服务使顾客感到满意已成为众多汽车企业的共识,以服务营销为手段提高顾客满意度是企业在市场竞争中的理性选择。

1. 顾客满意战略的内容

服务型企业要实施顾客满意战略,首先必须具备将顾客需求转化为服务产品的能力。企业在进行服务产品的设计和开发时,应充分考虑顾客的需求特点,发现顾客的满意因素,并尽可能将其包含于服务产品当中,为顾客提供更大的让渡价值。同时还应充分重视顾客的潜在需求,引导顾客将潜在需求表达出来。企业应建立顾客参与机制,让顾客参与到产品的开发和决策中来,真正以顾客为中心,建立富有活力的企业组织,并保证企业信息沟通顺畅,对一线员工充分授权,使整个企业组织形成对顾客需求的快速反应机制。

其次,顾客满意战略要求企业重视顾客关系管理,用优质的服务手段和服务产品向顾客提供价值。服务型企业在向顾客提供服务的过程中,应努力延长顾客保有期,从而提高顾客对企业的盈利能力,这就要求企业摈弃短期交易思想和行为,通过在与顾客的长期合作中,创建与顾客之间的友好局面。

第三,顾客满意战略是高度复杂的系统工程,需要企业内部各个部门及全体人员的积极配合,也需要全社会形成一个真正以"顾客导向"的市场运行机制。因此,企业应积极发挥能动性,调动一切可以支配的资源,创建企业的顾客满意战略系统,并不断加以完善,从而最大限度地提供令顾客满意的服务。

2. 顾客满意战略的基本特征

1) 顾客导向

企业以顾客的观点而非企业利益的观点去设计和开发产品，尽可能地预先把顾客的不满因素从产品中去除，并顺应顾客的需求趋势（潜在需求），预先在产品本身上创造顾客的深层满意。

2) 自我完善

通过信息反馈系统，对服务体系的设计、执行过程等环节不断修正、完善，最大限度地发挥顾客满意战略管理的效用，提升顾客满意度。

3) 高度互动

企业在实施顾客满意战略的过程中，注重与顾客的交互式合作，充分发挥顾客的积极作用，在高度互动中实现顾客满意。

4) 界面友好

借助信息手段和IT技术，创造企业与顾客的友好界面，提高顾客服务的效率和效果。

5) 组织创新

通过建立面对顾客需求的快速反应机制，培育鼓励创新的组织文化和保证组织内部的上下沟通，建立并完善以顾客为中心的学习型组织。

6) 分级授权

通过逐级充分授权，使一线工作人员有充分的处理决定权和较强的责任意识，这是及时完成令顾客感到满意的服务的重要一环。

3. 实施顾客满意战略的意义

实施顾客满意战略，在宏观和微观两个层次上均具有积极的意义。

1) 宏观层次

顾客满意战略正为越来越多的国家所重视，发达国家相继进行了顾客满意监测的研究。

(1) 顾客满意战略有助于促进国民经济的持续增长。

由于发达国家工业化的程度较高，其生产率的上升空间已经很有限。虽然普遍认为，生产率的提高是提高经济发展水平、增强国家竞争力的重要途径，但生产率反映的是一国产出的"数量"，而顾客满意可以反映产出的"质量"。如果数量上的缓慢增长可以被质量上的增长所带来的收益弥补的话，那么实施顾客满意战略可以说是对经济发展的一种强力推动。

(2) 顾客满意战略有利于企业开拓新市场。

许多国家正面临着不断增加的国际竞争的压力，本国的产品在外国市场上竞争，同时，外国的产品也在本国市场上竞争。而在一些发达国家中，国内的大部分市场呈现出一种饱和状态，且市场的成长也比较缓慢，这也就是为什么一些大跨国集团纷纷看好中国及一些发展中国家市场的最根本原因。因为在这些国家中，有大量尚未被满足的顾客。但是，从长远来看，其总体趋势是供应者在不断增加，而有吸引力的新顾客的数量越来越少。而且，在竞争性的市场上，对手对本企业现有顾客基础的侵蚀，直接将导致企业的防御能力低下。为此，企业必须保持住已有的顾客基础。

(3) 满意水平是体现人民生活质量的重要标准。

顾客的不满意可能由于所购买的产品或者服务本身质量的低劣所致，也有可能是由于顾客的特定需求没有得到满足。很难想象，在社会进步是以人民生活水平的提高为标准的前提下，一个市场上假冒伪劣产品泛滥、消费者的需求得不到满足的社会是个运行正常的社会。因此，从这个意义上说，全国性的顾客满意水平的提高还是社会福利增加的一种表现。

2）微观层次

(1) 顾客满意管理可以提高企业的市场份额，增加企业收入。

顾客的满意程度将直接影响他们重复购买时的消费选择，影响企业的口碑效应，从而影响企业的市场份额大小。处于顾客满意度领先的企业将拥有更可观的市场份额，这已为众多学者的研究所证明。1996年Sheila Kessler对3个竞争者公司(它们具有不同的顾客满意度：公司A 99%满意，公司B 98%满意，公司C 95%满意)的市场份额变化情况进行了分析。他透过人们的消费行为发现，顾客更倾向于同那些能让自己更满意的企业打交道。因此，当公司C和公司B的一些顾客没有从交易中得到满意时，他们就会转向更能令自己满意的公司A。假设开始时3个公司的市场份额相同，都为33%，经过48个时期后，公司A的市场份额将升至60%，公司C的市场份额则降至10%。这个分析结果表明，处于竞争环境中的企业，顾客满意程度对其市场份额的变化有明显的影响作用。

(2) 顾客满意能够降低企业的成本支出。

顾客满意也包含了顾客对企业及产品与服务的了解。因此，在顾客对企业产品进行重复购买时，企业可以减少与顾客的交易成本(减少沟通所花费的时间)。同时，较高的顾客满意度将能为企业带来较高的顾客保持率和较低的顾客流失率。顾客满意度高的企业，可以大大降低开拓新产品市场的成本，因为满意顾客可能更频繁、更大量地购买他们认为满意的产品和企业其他的产品与服务。另外，高顾客满意水平可以降低失败成本。所谓的失败成本是指企业处理顾客不满意的成本。如果顾客不满意，顾客就会采取行动，如要求退货、公开投诉等，企业必须花费时间、金钱、人力等资源来处理，从而给企业带来失败成本。据美国汽车业的调查，一个满意的顾客会引发8笔潜在生意，其中至少有1笔成交，一个不满意的顾客会影响25个人的购买意愿。争取一位新顾客所花的成本是保住一位老顾客所花成本的6倍。

(3) 顾客满意战略有助于形成顾客忠诚。

顾客越忠诚，他们越倾向于向同一企业购买产品和服务。满意的顾客可能会变成忠诚的顾客，通过顾客满意保住顾客是一种最积极的方法。

(4) 顾客满意战略可以减少顾客对价格的敏感程度，提高对质量事故的承受能力。

满意的顾客通常愿意为他们所获得的利益付出更高的价格，而且对价格上涨的容忍度也会增加。即使产品或服务出现事故，满意的顾客也能予以更多的理解。因此实施顾客满意战略的企业在进攻过程中，能够获得更多的收益；在防守过程中，能够降低企业处理危机事件的交易费用。

此外，顾客满意战略有利于企业形成良好的企业文化，培育健康的价值观和积极向上的精神，使员工团结合作，融为一体，吸引人才和稳定员工队伍；有利于获得出资人更多的信任和支持，有利于企业与供应商和推销商建立长期稳定的合作关系，提升合理利用资源的能力。

4. 顾客满意战略导入的基本程序

顾客满意战略的核心思想是企业的全部经营活动都要从满足顾客的需要出发，以提供满足顾客需要的产品或服务为企业的责任和义务,以满足顾客的需要、使顾客满意为企业的经营目的。从企业管理的角度,推行顾客满意战略一般包含以下5个步骤。

1) 企业顾客满意现状调查与诊断

企业进行顾客满意现状调查与诊断是推行顾客满意战略的基础,其目的是为了深入了解企业组织与管理现状。调查具体包括调查和研究组织的架构、组织的效率与活力、组织的管理流程、员工的观念、服务观念与意识、服务行为与服务心态、服务培训、服务传播与相互沟通等方面。只有了解了企业组织与管理现状,才能制定针对性策略,优化企业架构与企业管理流程以适应顾客满意战略的需要。

企业顾客满意现状调查与诊断的基本方法主要是企业各层级深度访谈、企业部门小组访谈以及有关企业内外针对性专题问卷调查及有关客户资料的分析。调查与诊断从组织架构、服务观念与意识、服务行为与服务心态、服务培训、服务传播与沟通等多个层面进行。

2) 基于顾客满意战略的企业组织架构优化

创造顾客满意需要一个以顾客满意为目标,协调高效、应变能力强的服务组织体系。传统的科层式组织结构,往往不同程度地存在着上下级之间单向沟通(往往表现为由上而下的"下行沟通")、部门与部门之间互动协调不力、监控支持系统与市场监控系统不完善、内部反馈系统流于形式等弊端。因此,要改善顾客满意,必须在组织结构上做出适当安排,通过扁平化、网络化和适当的组织弹性,提高对顾客需求做出反应的效率,进而实现企业整体顾客满意的改善。

3) 企业顾客满意度动态测评模型及其运用

企业顾客满意度测评为企业提供了对顾客满意服务状况迅速、有益和客观的反馈。通过测评,企业决策人员可以清楚地了解目前工作做得如何及如何改善和提高。因此,企业应根据自己所开展业务的具体特点和竞争的实际状况,建立一套适合本企业的测评模型,这将大大有助于建立健全满意服务标准,并指导企业的满意服务工作。

4) 企业顾客满意动态监控体系的建立与维护

企业建立顾客满意动态监控体系的主要目的是通过专业的动态调查、监控手段,收集、监控企业自身顾客服务满意状况及竞争对手满意服务状况,提供企业顾客满意服务与竞争对手满意服务的动态分析报告,以作为企业进行顾客满意度管理的依据。在实施过程中,企业可设立专门机构对企业的顾客满意服务进行动态监控。如果企业没有相应的专业机构或人员,也可以委托专业第三方进行,但企业必须有专人对该监控体系的运作方案和实施情况进行审核和监督。

5) 企业顾客满意服务标准的确立与执行

威廉·B.马丁(William B. Martin)在其研究中指出,高品质顾客服务包括服务程序和服务提供者两个方面。其中服务程序涵盖了满意服务工作如何进行的所有程序,提供了满足顾客需要、令顾客满意的各种机制和途径;服务提供者则是指服务过程中人性的一面,涵盖提供满意服务的过程中与顾客接触所表现的态度、行为和语言技巧。从管理的角度看,为了保证服务的可靠性、响应性等影响服务质量的因素,对服务岗位执行满意服务的规范是十分必要的,特别要注意的是,满意服务标准并非恒定不变的,而是动态的,随着客户对服务要求的提高,必须对满意服务标准做出阶段性更新和提升。

4.2 业务市场购买行为分析

生产和销售企业不但出售产品,同时,他们还需要买入大量的原材料、制造件、设备等。针对汽车商品而言,由于它具有消费品和生产资料的双重特征,决定了汽车的业务市场是一个很大的市场。因此,研究业务市场的购买行为对汽车营销活动是有意义的。一般来说,业务市场与消费者市场的主要区别在于两者的购买用途和目的不同。

4.2.1 业务市场的特点

同向消费者出售商品或服务相比,向业务购买者出售商品或服务的过程中要涉及更多的项目和金钱,与消费者市场相比,业务市场具有以下特征。

1. 购买者相对较少

一般来说,业务市场上的营销人员面对的顾客比消费者市场上的营销人员少得多。虽然业务购买者在地理上显得较为分散,但购买类型却比较集中。例如,在业务市场上,一家汽车特约销售服务站的潜在客户最多是所处地区的所有企业和组织;而在消费品市场上,他们的潜在客户也许就是所处地区的所有人。

2. 购买量相对较大

许多业务市场的特点都是高比例购买的。一个消费者一般一次只会向一家汽车特约销售服务站购买一辆汽车。而一家运输公司一次可能会购买几辆甚至几十辆汽车。

3. 供需双方关系密切

许多整车生产厂家有自己固定的原材料和零部件的供应商,他们通常签订长期合同,如果不出现特殊事件,这种相互间的供需合作不会轻易中断。例如,世界上最大的汽车零配件供应商"德尔福"就固定向诸如通用、福特等整车生产厂供货。

4. 需求具有衍生性

对业务产品的需求最终取决于对消费品的需求,当消费品市场的需求情况出现变动时,相应的业务品市场上的需求情况也会发生变化。例如,如果汽车租赁行业持续出现疲软的话,租赁厂商就必然会减少或者停止购买车辆。

5. 短期内需求弹性小

大多数业务用品的总需求受短期价格变化的影响较小。例如,对于整车生产厂家来说,只要所生产车辆的需求没有发生变化,制造工艺一般不会发生重大改变。即使零部件价格上升,也不会明显减少对零部件的需求。在消费品市场上,如果汽车的价格上涨,消费者就可能放弃近期的购车计划,从而减少对零部件的需求。

6. 采购专业性强

业务市场上的采购是由受过专业训练的人员来执行的。和消费品市场最大的不同在于,消费品市场上的购买者往往对所购买的商品并不熟悉,而业务市场上的采购员通常了解所购买产品的特征，甚至了解生产工艺，有较强的选购和比较能力，并且在谈判技巧上都较为老道。这就要求营销者必须对他们的产品提供大量的技术资料和特定服务。

7. 影响购买决策的人较多

业务购买中的影响者比消费者购买中的影响者多得多。除了同一个采购部门的人员，企业采购部门的领导乃至工作人员都可能影响最终的购买决策，尤其是在购买主要商品时会有高层管理人员介入。

8. 需求的波动性较大

业务购买者对产品的需求要比一般消费者的需求具有更大的波动性。业务市场受经济环境、政策与法律等因素的影响较大，而这些因素往往随时间具有较大的波动性，从而导致业务市场需求的波动性。

9. 购买行为方式特殊

业务购买有直接采购、互惠采购、租赁等特殊购买方式。

（1）直接采购。直接采购是指业务购买者通常直接从生产商那里购买商品，而非从中间商那里购买，尤其是采购批量大或者价格昂贵、工艺复杂的商品时。例如，一家汽车租赁公司准备购买一批普通型桑塔纳轿车用于租赁业务时，通常会直接和大众汽车公司联系，而不是在经销商处购买。

（2）互惠采购。互惠采购是指供应商和采购者之间存在互购产品项目，各自向对方提供优惠，实施互惠采购。

（3）租赁。租赁作为企业融资的一种方式，已经越来越受到重视，一些业务购买者会采用设备租赁而非直接购买的方式。例如，一家公司如果在短期之内用车的需求增大，那么该公司的管理层很可能会选择向租赁公司租用几辆车，而不是去购买。

4.2.2 业务市场购买者类型

对于汽车业务市场来说，其购买者类型主要有以下五类。

1. 企事业集团消费型购买者

这类购买者包括企业组织和事业单位两大类。其中，企业组织是从事产品或服务生产与经营的各种经济组织，主要包括各类厂矿、商业单位和以赢利为目的的经济实体，其特点是自负盈亏、按章纳税、自我积累、自我发展。事业单位是从事社会事业发展的机构，是为某些或全部公众提供特定服务的赢利性或非赢利性组织，其特点是全部或部分接受财政资助，获得政策性补贴，也可以在规定的范围内向其服务对象收取一定费用。事业单位主要包括学校、医院、红十字会、卫生保健组织、新闻出版机构、图书馆、文艺体育团体、基金会、福利和慈善机构等，另外我们把各种职业或业余的团体、宗教组织、专业和行业协会等也纳入"事业单位"的范畴，一起进行讨论。企事业集团消费型购车，其目的是为了满足商务活动和开展事业活动的需要。

2. 政权部门公共需求型购买者

这类购买者包括各种履行国家职能的非营利性组织，是指服务于国家和社会，以实现社会整体利益为目标的有关组织，具体包括各级政府及其组成部门，军队，警察局，监狱、立法机关、政协机关及党群组织(含工会、共青团和妇联)等。这些部门的特点是运行经费全部来自各级财政的经费支出。

3. 运输营运型购买者

这类购买者是指专门从事汽车运输服务的各类组织或个人,具体包括各种运输公司、旅游运输公司、城市社会公共汽车运输公司、城市出租汽车运输公司、具有自备运输的大型企业或某些行业系统的专业运输部门、各种私人运输经营户等。

4. 再生产型(含部分再转卖型)购买者

再生产型购买者包括采购汽车零部件或汽车中间型产品(如汽车的二、三、四类底盘)进行进一步加工、生产制造出整车的汽车生产企业,如各种主机生产企业、重要总成装配厂家、各种特种车及专用车生产厂家等;再转卖型购买者是指各类从事汽车流通的中间商组织,它们是汽车厂家分销渠道上的成员。由于汽车分销渠道的特点,中间商一般不构成汽车厂家的市场,在这一点上汽车产品与一般商品是有区别的。但少数汽车厂家也采取了将产品推给中间商后就视为销售完毕的销售方式,因此将中间商的购买行为一起进行讨论。

5. 装备投资型购买者

这类购买者包括那些将汽车视为装备进行投资,把汽车用做生产资料的各类组织,主要指各种基本建设单位、农业生产和林业生产单位,其特点是汽车主要限于建设工地、农场或林区范围内使用。

4.2.3 业务购买参与者

业务市场的特点之一,就是业务购买中的参与者比消费者购买中的参与者要多。典型的购买决策过程中的参与者可以分为以下六类。

1. 发起者

提出和要求购买的人。发起者可能是使用者。

2. 使用者

最终使用产品或服务的人。他们在界定产品的品牌、规格等方面起重要作用,尤其是技术含量比较高的产品。例如,一个决定购买一批轿车充当出租车的大用户,可能就会征求企业中现有轿车司机的意见,向他们征询哪种类型的轿车使用起来比较方便,并且能满足运输需要。

3. 影响者

影响购买决策的人。影响者经常协助确定产品规格并提供方案评价的信息。技术人员往往是重要的影响者,尤其是在企业采购生产设备时。

4. 决策者

决策者是指有权决定或批改采购计划的人。汽车是一种高价商品,并且多数情况下购买者的数量较多,其决策者一般都是单位的高层决策者或具体采购部门的最高决策者。

5. 购买者

正式实施购买行为的人。在复杂的购买过程中,购买者包括高层管理人员在内。

6. 信息控制者

信息控制者是指控制信息流向的人员，如单位的采购代表、技术人员、秘书人员。他们不是购买行动的直接参与者，也不对企业决策产生影响，但是，他们往往是有能力影响或阻止销售员或有关商品信息与采购人员接触的人。汽车特约销售服务站的营销人员在试图打开某一个企业的市场时，必须重视这些人员在整个购买活动中可能产生的影响。

购买行为不同，企业的不同成员在整个购买过程中的重要性也就不同。在直接再采购时，采购代理人的作用较大；在新任务采购中，其他组织人员的作用较大；在产品选择决策时，工程人员和使用者有较大影响力；而购买者则往往有选择供应商的权利。同时，必须注意的是，一些需购买轿车的业务单位直接受政府公共部门领导，这些政府部门对购买决策有着举足轻重的作用，营销人员对此万不可掉以轻心。

4.2.4 业务购买行为类型

根据购买的复杂程度，业务购买行为可分为直接重购、修正重购和新购三类。

1. 直接重购

这是一种最为简单的购买类型。直接重购是指用户按照以往的一贯性需要，按原有订货目录和其他基本要求，继续向原有的供应商重复购买一直在采购的产品，变动不大，可能只有数量上的调整。因此，这种采购类型花费的人力较少，采购人员做出购买决策的依据是过去的经验，是对供应商以往的满意程度。由于这种购买行为所涉及的供应商、购买对象、购买方式等均为往常惯例，因而无需做出太多的新的采购决策，它属于一种简单的购买活动。

直接重购的优点是利于稳定供需双方关系，原有的供应商不必重复推销，而能致力于保持产品和服务的质量，从而简化了购销手续，节省了购买者时间。但对于新的供应商来说，这无疑加大了其进入该市场的难度，因而其营销活动应注意先从零星的小额交易打开缺口，再逐渐扩大市场占有率。

2. 修正重购

修正重购是指采购者为了某种目的而需要改变产品规格、型号、价格、交货条件等，甚至更换供应商。这种购买类型下的采购行为比直接重购复杂，它要涉及更多的购买决策人员和决策项目。修正重购有助于刺激原供应商改进产品和服务质量，大大提高生产率，降低成本，保持现有的用户，同时还给新供应商提供了竞争机会。

3. 新购

新购是指组织用户首次购买其所需的产品和服务。由于是第一次购买，买方对所购的产品没有使用经验，因而其购买决策会比较复杂，通常要收集大量的信息，建立一整套的标准，详细比较和选择供应商以及产品品牌。一般情况下，新购的产品金额越大，风险就越大，采购决策的参与者就会越多，制定采购决策所需的信息就越多，决策所花费的时间也就越长。

4.2.5 影响业务购买的因素分析

业务购买者在做出购买决策时也会受到各种因素的影响，主要影响因素可以分为四种类型：环境因素、组织因素、人际因素、个人因素，如图 4-10 所示。

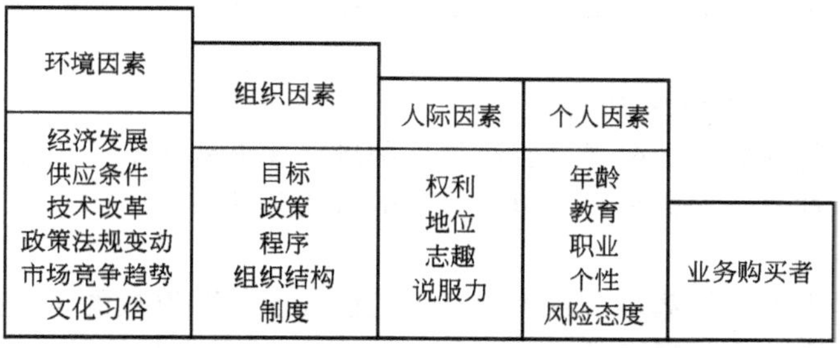

图 4-10　影响业务购买者行为的因素

1. 环境因素

环境因素是指购买者周围环境的因素，是影响业务购买行为重要的外部因素。环境因素包括一个国家的经济发展、供应条件、技术改革、市场竞争趋势、政策法规变动、文化习俗等，其中经济因素是最重要的。例如，如果预期经济前景不佳，市场需求不振，购买者就不会增加投资，甚至会减少投资，减少原材料采购量和库存量，降低产量。技术的进步则会导致企业购买需求改变，使其修正重购和新购买行为不断增加。例如，对于汽车市场，如果政府出台政策限制私人购车，汽车租赁公司根据市场调查，认为未来私人租赁用车的需求会增大，那么就可能做出增加车辆购买的决定。如果政府出台环境保护政策，需要买车的企业就应当考虑到，出于保护环境，政府可能在不久之后以法律、法规的形式限制汽车的排放、噪声等指标。为避免今后可能引起的麻烦，在现今的采购决策时就可以考虑购买环保型汽车。而作为营销人员，可以以此提醒企业，也可以告诉企业，作为一个公共组织，企业有义务为社会服务，购买环保型汽车可以表现出企业的社会责任感，有利于企业在公众心中的良好形象。再譬如，我国政府曾经多次对国家公务员和国有企业领导干部的用车标准做出硬性规定，这就限制了此类企业或组织的购车标准。

2. 组织因素

每个企业的采购部门组织，都各有其目标、政策、程序、结构、制度等。市场营销人员必须尽力了解各种采购组织，细心收集和积累各种有关资料。在现代企业中，组织结构中有以下五种趋势值得注意。

1）采购部门地位升级

采购部门过去在组织结构中属于低层次的部门，但是随着社会主义市场经济的发展，企业的成本控制越来越重要，而采购部门的采购工作又是成本控制的重要组成，所以采购部门的地位会随之提升。

2）采购权力集中

在我国传统的组织结构中，采购工作通常是下放和分散的。而在现代企业的先进的组织结构中，采购重视的是集中化，即设立独立的采购部门，这样可以使采购专业化，有利于对采购环节进行集中监督，形成规模采购以后会更加有效地控制成本。

3）合同长期化

组织购买者越来越重视同信誉较好的供应商保持良好的长期合作关系，这样既可以减少企业在每次采购时对新供应商审核所花费的时间和费用，又可以保证产品质量。例如，通用汽车公司就倾向于与能生产出较高质量的部件且坐落在其工厂附近的少数几家供应商建立长期关系。

4) 强化对采购绩效的评审机制

先进的组织结构形式正试图通过奖励制度刺激那些采购人员,引发竞争,这会使采购人员更加关心组织利益,努力为组织争取更好的供货条件。

5) 网上采购

企业之间在网上的交易额越来越大,这已经引起了采购模式的重大变革。但是在我国汽车行业,此种情况目前尚属少见。

3. 人际关系因素

业务购买行为的人际关系因素主要是指组织内部不同人员之间的关系,主要表现在不同地位、不同职权和不同情趣的各类参与者之间的关系。对于营销者而言,应该准确了解组织内的人际关系状况,确定每个人在购买决策中扮演的角色及其影响力的大小,用这些因素促成交易。

4. 个人因素

个人因素对业务购买行为的影响也很大,尽管业务购买者相对一般消费者购买更为专业与理性,但由于购买中心由多个感性的人组成,个人的感情因素将不可避免地体现在购买决策和购买行为中。购买决策过程中的每一个参与者都有自身的特点,消费者市场上影响购买行为的个人因素在业务市场上仍然会起到一定的作用。这些人往往受到个人年龄、收入、教育水平、职业、喜爱偏好等因素的影响而做出不同的购买决策。因此,汽车市场营销人员了解这些个人因素有利于对不同参与者采取不同的促销和公关措施。

综上所述,影响业务购买行为的因素复杂多样,在上述因素中,环境因素的影响最为重要,其次是个人因素。营销人员必须了解和掌握环境的变化及其对购买者购买行为可能产生的影响,并结合业务客户的组织情况、人际关系和购买参与者的个人特点,来及时制定和调整营销方案。

4.2.6 业务购买决策过程

市场营销学将集团组织市场的购买决策过程划分为 8 个阶段,全新采购包括这 8 个购买决策阶段,属于完整的购买决策过程;而对于修正重购和直接重购而言,所包括的决策阶段要少一些,尤其是直接重购包括的决策阶段最少,这两种决策过程属于不完整购买决策过程。各类决策模式所包括的决策过程的阶段见表 4-7。

表 4-7 购买决策过程阶段表

采购阶段	购买类型		
	新购	修正重购	直接重购
1. 确认需求	是	可能	否
2. 确定需求内容	是	可能	否
3. 拟定产品规格	是	是	是
4. 寻找供应商	是	可能	否

(续)

采购阶段	购买类型		
	新　　购	修正重购	直接重购
5. 征求建议书	是	可能	否
6. 选择供应商	是	可能	否
7. 发出订单	是	可能	否
8. 审核评价	是	是	是

1. 确认需求

确认需求是购买决策过程的起点。这种需求可能来源于两个方面：一是内部的刺激，如运输公司需要购买新的运输车辆；二是外部的刺激，如商品广告、汽车展览会等使采购人员发现了质量更好、价格更低的产品，刺激采购需求。

2. 确定需求内容

确认某种需求后，就要把所需求产品的种类与数量从总体上确定下来。标准产品的采购一般由采购人员直接决定；而复杂产品的采购则需由企业内部的使用者和工程技术人员共同来确定产品的一般特性，包括可靠度、耐用性、价格等。

3. 拟定产品规格

拟定所需购买产品的具体技术和规格指标。例如，对于汽车的购买，需要由专业技术人员具体详细地说明所需汽车产品的品牌、排量及其他技术参数，供采购人员参考。

4. 寻找供应商

寻找供应商就是根据以上步骤确定的对需求产品的大体要求，寻找符合标准的供应商并要求他们发来产品说明书、正式报价等有关信息资料。特别是较复杂和贵重的采购项目，一定要广泛收集获得供应商的各种详细的资料，调查供应商的信誉度、产品品牌状况、产品的市场占有率、产品质量、价格及售后服务状况等，通过聚集、筛选，提出列为被选对象的详细说明。对于汽车的购买，购买者可以通过查找汽车企业名录，利用电脑搜寻，打电话请其他公司推介以及参观车展等手段，挑选服务周到、产品质量好、声誉好的供应商。供应商的任务就是要使自己列入主要备选企业的范围之内，应通过有力的广告及促销方案，努力提高企业在市场上的知名度。

5. 征求建议书

采购人员在获得备选供应商清单之后，就会邀请供应商提供相应建议书以供参考。建议书将提供该供应商所提供产品的说明书、价目表、服务项目等。数量大、项目复杂时，通常采用招标的形式（政府采购中尤为常见）进行采购。因此，对于供应商而言，写好建议书或投标书是十分重要的，这是入选的主要依据。

6. 选择供应商

选择供应商就是对供应商的建议书进行分析比较，通过对供应商各方面情况一起综合评估，从而选定一个或几个最具吸引力的供应商作为交易谈判对象，通过谈判最终确定供货商。对于选择汽车供应商的标准通常有以下几个方面。

(1) 汽车产品是否安全可靠、技术是否先进、品种规格是否符合要求。

(2) 能否及时交货、能否稳定均衡供货。

(3) 能否提供维修服务、能否对客户的要求迅速做出反应。

(4) 价格是否合理、付款条件是否便利。

(5) 企业信誉及历来履行合同的情况、是否重约守信、有无欺诈行为等。

(6) 企业财务状况是否良好。

在采用招标方式采购时，应使用规范的开标、评标方式予以择定。

7. 发出订单

用户最终选定供应商之后，就会签订合同，写明所需产品的规格、数量、要求交货的时间以及保修条件等项目，然后发出正式订单或直接提货。

8. 审核评价

与一般消费者购买过程中的购买购行为一样，采购部门根据供应商的履约状况和产品最终的使用情况来对该次采购做出评价。评估的方面有：该采购品在本单位的使用效果、经济效果、供应商的供货情况、服务情况等。评估效果将作为采购人员奖惩的依据，并对供应商能否直接重购做出判断。

4.2.7 业务购买方式

业务组织在采购过程中，常常要选择合适的购买方式。常见的购买方式有以下几种。

1. 公开招标选购

公开招标选购是指业务市场的采购部门通过一定的传播媒体发布广告或发出信函，说明拟采购的商品、规格、数量和有关要求，邀请供应商投标。招标单位在规定的日期开标，选择报价较低和其他方面合乎要求的供应商作为中标单位。这种招标方式常被用于政府采购、再生产者配套采购、重大工程项目建设单位装备采购等场合。

采用招标方式，业务组织会处于主动地位，供应商之间会产生激烈的竞争。供应商在投标时应注意以下几个问题。

(1) 自己产品的品种、规格是否符合招标单位的要求。非标准化产品的规格不统一，往往成为投标的障碍。

(2) 能否满足招标单位的特殊要求。许多集团组织在招标中经常提出一些特殊要求，如提供较长时间的维修服务、承担维修费用等。

(3) 中标欲望的强弱。如果企业的市场机会很少，迫切要求赢得这笔生意，就要采取降价策略投标；如果企业还有更好的市场机会，只是来尝试一下，则可以适当提高投标价格。但无论如何，报价均要求在合理的范围内，恶意的低价竞争不一定能够中标，因为招标单位对价格一般进行过调查，有一个标底价。过分远离这个价格，招标单位可能会淘汰投标单位。

有时，招标单位对投标单位要进行资质审查。例如，汽车再生产者对零部件或中间性产品的配套采购，就要对各个拟投标的供应商进行资格审查，看其产品质量是否能够通过本企业质量部门或产品试验部门的质量认定，考察其是否具有必要的融资能力等。所以供应商在投标前应了解招标单位的决策过程，事先做好必要的准备工作。

2. 议价合约选购

议价合约选购是指业务市场的采购部门同时和若干供应商就某一采购项目的价格和有关交易条件展开谈判，最后与符合要求的供应商签订合同，达成交易。汽车产品的大宗订单、特殊需求订单一般均采取此种购买方式。

4.2.8 政府市场购买行为

1. 政府购买行为特点

政府市场由各种为执行政府的主要职能而采购商品的国家以及地方的政府单位组成，是非盈利性质的市场。其特点是，在进行采购时，不像业务采购者那么关心利润，而是更多地考虑利润以外的问题和社会利益。政府是大宗产品和服务的主要购买者之一，对于汽车营销生产企业来说，政府市场是一个购买力相当强的潜在市场。与一般民间购买不同，政府采购有以下几个主要特点。

1）采用竞价投标方式

政府采购要求供应商竞价投标，并选择标价低的供应商。政府采购往往带有指令性计划性质，受到预算的约束，应遵循勤俭节约的原则，按照采购计划严格执行，并采用公开招标的方式，政府往往会选择报价最低者，有时也会选择那些报价虽较高但能提供优质产品或能及时履约的供应商。在购买项目复杂、涉及巨额研发费用和高度风险或可供选择的供应商较少时，政府也会与供应商谈判。

2）关注国家利益

政府采购往往倾向于照顾本国的公司。因此，许多跨国企业总是与东道国的供应商联合投标。

3）受到公众监督

政府采购要受到公众监督。政府采购的目的是为了履行社会职责，应本着公开、公正、公平和效益的原则，接受社会监督。为此，政府要做大量文书工作，在批准采购之前，必须填写并签署一些内容详尽的表格，并经常要求供应商提供大量的书面材料，并遵守一些特定的规定规则。供应商必须根据政府采购人员提出的要求（或清单），提供尽可能详尽的书面材料。

4）营销活动方式受限

市场中通行的营销手段在政府采购中作用很小。政府部门在采购政策中事先规定了价格标准，产品的各项特征也被严格设定，产品差异与价格策略不再是营销因素，同时，由于采用公开竞标方式，使得广告、人员推销的影响减弱。

2. 政府采购决策

政府购买的每种商品都需要对如下问题做出进一步的决策：购买多少？去哪里买？支付多少钱？需要哪些服务？

制定这些决策的原则必须是将纳税人的费用降至最低水平。一般来说，政府采购者会偏爱那些能够满足所要求规格的最低成本出价者。

1）政府购买过程的参与者

在国家、省、市以及地方各级部门都存在政府的采购组织。国家一级的采购组织最大,其采购单位包括国务院各部委下属采购组织和军用两大部门。许多部委机构控制了自己部门采购的大部分,尤其是工业品和专用设备。

军用物资采购是由国防部,大部分则通过国防军需机构和陆海空三军的采购部门来执行。这些部门负责采购和分配军用部门所需要用的军需物品。

省、市以及地方各级部门采购机构包括税务、教育、公路交通、卫生、住宅机构和其他机构,它们各自都有其销售商必须掌握的购买程序。

2)影响政府采购者的因素

政府采购者受到环境、组织、人际和个人因素的影响。政府采购的独特之处在于它受到外界公众的严密注视。以美国为例,政府采购的一个监督者是国会,另一个监督者是预算局,它对政府支出进行核查,并寻求改善支出效率。为了监督政府机构如何花费大众的钱财,许多私人监督团体也在密切注视政府机构的采购,非经济标准在政府采购中的作用日益加强,要求政府采购者支持不景气的工商企业和地区、小型工商企业和那些废除了种族、性别、年龄歧视的工商企业,销售商在决定同政府进行业务时需要牢记以上这些因素。

由于政府购买的这些特殊性,不少大企业把政府部门作为一个单独的目标细分市场,并设专人负责管理。这些企业通过积极了解政府部门的需求和项目,参与其产品规格设计过程,积累竞争优势,认真筹备投标,加强对外沟通和联系,树立和强化本公司的声誉,以取得政府的大宗购买。同时,供应商还必须做好充分的准备,以随时根据政府部门的特殊需求来改进自己的产品。当前,政府的一些采购已经在网上进行,这在一定程度上减少了供应商与政府交易的麻烦。

4.2.9 汽车中间商市场

汽车中间商是指介于汽车生产企业与消费者之间、参与汽车商品的流通、促进买卖行为发生和实现的个人和经济组织。中间商是商品经济、合理流通的必要条件,它一头连接着生产者,另一头连接着商品的最终消费者,具有平衡市场需求、扩散商品和集中商品的功能,在商品流通中发挥着重要的作用。中间商包括批发商和零售商两种。

1. 批发商

批发商是以批发后再销售为目的,实现产品或劳务在空间和时间上的转移的中间商。根据其是否拥有商品的所有权可分为两种类型:独立批发商和代理商。

1)独立批发商

独立批发商是指批量购进并批量销售的中间商。它拥有商品的所有权并以获取批发利润为目的,其购进对象通常是生产者或其他批发商,售出对象多为零售商。

2)代理商

代理商是指接受委托人的委托,替委托人推销商品的中间商。他们不拥有商品所有权,以取得佣金为目的,促进买卖的实现。

2. 零售商

零售商是将产品和服务销售给最终消费者的中间商。它具有形式多样、数量庞大、分布广泛的特征。汽车零售商按其经营的范围可分为:专营零售商、兼营零售商和零售代理商。

1)专营零售商

专营零售商是只经营单一品牌汽车产品的零售商。我国各地的汽车专卖店都属于这类。

2）兼营零售商

兼营零售商是经营多家品牌汽车产品的零售商。

3）零售代理商

零售代理商不拥有汽车产品的所有权，仅从销售代理商处取得代理权或者是销售代理商设立的零售机构，如汽车销售代理处、代理店等。

4.2.10 汽车零部件市场

截至2014年年底，我国机动车汽车保有量已达到2.64亿辆，如此大的机动车保有量保证了汽车零部件售后的巨大市场，并且这个市场正日渐强大。作为汽车产业链中关键一环的汽车零部件行业，更被预测为今后若干年发展最快的行业之一。因此，汽车营销者除了要做好整车的营销工作外，还应当关注汽车的零部件市场，做好零部件的市场营销。

汽车零部件市场主要可分为主车配套市场和社会维修配件市场两个组成部分。主车配套市场是由整车厂家向其配套的零部件企业采购汽车零部件而构成的产业市场；社会维修配件市场是由社会车辆在使用过程中因为维修而产生的对汽车零部件的需要而构成的市场。主车配套市场和社会维修配件市场虽然属于两个不同的市场，但二者也有很强的联系。首先，对于某个具体的零部件企业而言，其产品如果打入主车配套市场，那么其社会维修配件市场的需求就可能得以巩固和扩张，因为维修网点和汽车用户心理上一般要求更换原厂配件。因此，占领主车配套市场就不仅仅是增加了一个大客户的问题，而是间接关系到其社会维修配件市场能否保持源源不断的需求。其次，主车配套厂家采购的零部件一部分用于装车的需要，另一部分用于满足其售后服务网络的需要，显然整车厂家服务网络在维修市场上的服务占有率的提高，有利于增加整车厂家的配套采购，却可能会减少零部件企业面向社会维修市场的配件销售。

汽车零部件的类别、品种繁多，不同的零部件具有的市场特性差别很大。例如，汽车的车桥、车轮、发动机缸体等零部件的市场需求，主要来自整车厂家的生产配套，配套需求占据这类零部件的主要市场份额。反之，汽车易损件，如火花塞、缸套、轴瓦等零部件的市场需求主要来自社会维修市场。维修配件市场的需求量远远大于主车配套的需求量。由于这个原因，汽车零部件的市场营销比较复杂，不可能表现出单一的营销模式。也就是说，对此种零部件很有效的营销方式，却不一定适合于另一种零部件的营销。这就要求营销者必须根据其产品的具体市场特点，研究其需求规律，确立适当的营销战略和策略。

综合习题

一、填空题

1. 消费者对于外部刺激的反应（即消费者决策）取决于两方面因素：一是_____，它受多种因素影响，并进一步影响消费者对刺激的理解和反应；二是_____，它影响最后的结构状态。

2. 消费者的购买行为受_____、_____、_____和_____四大类因素的影响；其中_____因素对消费者行为的影响又可以从文化、_____和_____三个方面分析。

3. 相关群体对消费者行为的影响主要有_____、_____、_____；根据年龄、婚姻状况、子女状况的不同，可以划分为不同的生命周期，传统的家庭生命周期可划分_____、_____、_____、_____、_____、_____、_____和_____八个阶段。

4. 购买决策主要步骤包括_____、_____、_____、_____和_____。

5. 顾客满意战略的基本特征有_____、_____、_____、_____。

6. 常见的业务购买方式有_____、_____。

二、名词解释

（1）消费者市场；（2）购买者黑箱；（3）顾客让渡价值；（4）顾客满意；（5）相关群体；（6）修正重购。

三、简答题

1. 简述消费者市场的特点。
2. 分析消费者购买决策的类型。
3. 顾客满意测量的含义是什么？顾客满意测量的步骤有哪些？
4. 简述实施顾客满意战略的意义。
5. 简述业务市场的特点。
6. 分析影响业务购买的因素。
7. 简述业务购买决策过程。
8. 简述政府购买行为的特点。

四、案例分析题

阅读以下材料，试分析汽车消费者的购买行为。

小 邵 购 车

邵雁今年31岁，小两口都是济南市一家商业银行的职员，家距上班地有7～8km。看到这些年身边许多亲朋好友纷纷跻身有车一族，不禁也怦然心动。但是，前些年受经济收入制约，小两口只能羡慕别人。2002年，小两口买到了一套面积逾百平方米的住房，孩子也渐渐长大，终于可以攒钱买汽车了，而且汽车似乎自然而然地成了小两口上下班以及接送孩子上学的"必需品"了。这位漂亮的银行女职员说："关键是近几年的收入提高了，有了一些经济条件，我们两口子月收入3000多元，买一辆家庭轿车并养活它，基本可以承受。不然，还是只能在一边瞅着别人驾着爱车从你身边风驰电掣而去。"平常上班很忙，难得有时间到车市细细打量那些明光锃亮的各型家庭轿车。利用春节放假的机会，邵雁一早从家里来到离家不太远的车市看车。她说春节她看了车展，先看看有没有中意的，如果有，打算春节后把车订上。邵雁说，她和丈夫都喜欢二汽出产的富康系列，但在车型上略有区别，她更喜欢"爱丽舍"，而丈夫则比较喜欢"小富康"。可能是由于时间比较早和天气有些不太好，车市的顾客不多，偌大的一个车市显得有点冷清，主要的展厅并没有富康车。在旁边一个较小的展厅里看见有两辆，但门锁着进不去。邵雁决定到专营"富康"系列的"都市车迷"去看看。"都市车迷"不大的展厅里全是富康系列，有"爱丽舍"，有"毕加索"，还有普通富康。一见到有顾客，促销小姐马上迎上来介绍他们销售的各种车型；考虑到丈夫的爱好，邵雁还是认认真真地询问小富康的情况，从色彩、价格、燃油节省、安全性和舒适性一直问到车辆的内饰以及美观性。导购小姐则不厌其烦地回答她的咨询。由于经验不足，邵雁问的几个问题都是较为幼稚的问题，如车省不省油，导购小姐马上斩钉截铁地回答道："省。"为了货比三家，邵雁决定再到城西边的车市去看看。在这个销售店，邵雁将主要注意力放到她最钟爱的"爱丽舍"上。在这儿负责销售的公司代表邓先生一边详细介绍这种车的各种优点，一边打开一辆样车的车门，让邵雁坐进去感受。"爱丽舍"比丈夫喜欢的富康贵3万元，不过邵雁认为，这种车的行李箱比小富康大多了，有双安全气囊，有CD唱机，内饰也比小富康气派。"我特不喜欢小富康的那个头，没有爱丽舍的气派，但老公又特别喜欢小富康，你说咋办？"邵雁自己也感到挺棘手的。最后销售代表邓先生递了一张名片给邵雁，让她回去考虑。当我问邵雁最后是怎么打算的，她说："消费是一种心情，经济状况允许，工作生活也需要，我已经想好了，学驾车，暑假里就先去预订一辆，干脆一次性到位，做做老公的思想工作，一咬牙买辆爱丽舍得了。"

▶ 资料来源：李文义，李景芝．汽车市场营销［M］．北京：人民交通出版社，2004．

第 5 章
汽车市场营销环境分析

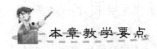
本章教学要点

知识要点	掌握程度	相关知识
汽车市场营销环境概述	了解汽车市场营销环境分析的意义； 熟悉汽车市场营销环境的特点； 掌握汽车市场营销环境的概念	市场营销环境特点； 汽车市场营销环境； 汽车市场营销宏观环境与微观环境间关系
汽车市场营销宏观环境分析	掌握汽车市场营销宏观环境影响因素； 熟悉汽车相关政策	政策法律环境、经济市场环境、自然与人口环境、社会文化与科技环境
汽车市场营销微观环境分析	掌握汽车市场营销微观环境影响因素	汽车企业本身内部各职能部门、供应商、营销中介、消费者、竞争者、社会公众
汽车市场营销环境分析方法	掌握汽车市场营销环境分析方法概念及分析步骤	SWOT分析方法、机会-威胁矩阵分析法

 **导入案例**

日本丰田公司应对环境变化举措

1970年,美国发布了限制汽车排放废气的"马斯基法",而丰田早在1964年就把省油和净化技术列为自己的技术发展战略,并一直进行相应的技术研究。为了研制废气再循环装置和催化剂转换器,丰田在当时的7年间投入了10000亿日元的资金和1万人的力量。仅废气处理系统就开发出丰田催化方式、丰田稀薄燃烧方式、丰田触媒方式三种,并很快在"追击者"高级轿车上安装了这些装置,从而在这一技术领域把美国人远远甩在了后边。同时,丰田还与其他日本汽车厂家一起开发了节约燃料25%~30%的省油车,以后又开发出了防止事故发生和发生事故后保证驾驶人员安全的装置。这些对受石油危机冲击后渴望开上既经济又安全轿车的美国人来说,无异于久旱逢甘露。5年间,在其他厂家的汽车销售直线下滑的情况下,丰田在美国的销售却增加了2倍。一位美国汽车行业人士事后对照丰田的做法和当时美国汽车公司的反应,发表了这样的看法:"在1973年阿以战争和接着出现的石油危机之后,对一些问题的回答是非常清楚的。整个世界陷于一片混乱之中,对这种局势我们必须立即做出反应。小型的、节油的、前轮驱动的汽车是今后的趋向。""做出这样的推测不必是什么天才,只需要看看对底特律来说最可怕的1974年的销售数字就行了。通用汽车公司的汽车销售总数较上年下降了150万辆,福特公司的销售数也减少了50万辆。小型车大多来自日本,而且销路极好。""在美国要提高生产小型车的效率是很费钱的事情。但是,有些时候,你除了做出巨额投资之外,没有任何其他的选择。通用汽车公司耗资数十亿来生产小型汽车。克莱斯勒公司也对节油型号的汽车投入了一大笔钱。但是,对亨利(福特的董事长)来说,生产小型车是没有出路的。他最喜欢用的说法'微型汽车,低微利润'。""你又能靠小型汽车赚钱,这毕竟是对的——至少在美国是这样。这一点,一天天变得更正确。但是这并不意味着我们就不应该制造小型汽车,即使不出现第二次石油短缺的前景,我们也必须使我们的经销商保持心情舒畅。如果我们不向他们提供消费者需要的小型车,这些经销商便会与我们分手,另谋出路,甚至去为本田或丰田公司工作。""严酷的现实是,我们必须照顾购买力较低的那部分市场。如果再加上爆发石油危机的因素,这种论点就更是正确无疑了。我们不提供小型节油的汽车,就像开一家鞋店而告诉顾客:对不起,我们只经营9号以上的鞋。""制造小型汽车已成为亨利不愿意谈及的事。但是我坚持我们必须搞一种小型的、前轮驱动的汽车——至少在欧洲搞一种小型车的确很有意义"。"于是派遣我们的高级产品的设计师到大西洋彼岸去工作,很快就装配出了一辆崭新的假日型汽车。它是一种前轮驱动和配有横置发动机的型号很小的汽车,简直妙不可言,也很受市场欢迎"。

5.1 汽车市场营销环境概述

今天的市场是一个快速变化、高度竞争的市场,企业面对的市场环境呈现了以下特点。①顾客处于主导地位:顾客的需求已成为指挥企业经营方向的令旗,买方市场业已形成;②产品多样化:产品的种类和特色层出不穷,生命周期正在加速缩短,技术的复杂性在不断提高;③竞争日益加剧:随着交通运输和信息技术的突飞猛进,竞争已经在全球范围内展开;④市场规则渐趋统一:在市场全球化过程中,包括世界贸易组织在内的国际组织以及各国政府都纷纷制定和实施更加严密而统一的市场竞争规范。

1. 汽车市场营销环境概念

企业的市场营销活动是在一定的市场营销环境里进行的,任何企业都不可能脱离现实的市场环境而从事营销活动,而市场营销环境又是随着时间的推移而不断变化的。各种环境因素的变化,对企业来说,既可以带来机会,又可能形成某种威胁。因此企业应该及时准确地把握市场营销环境的动态变化,以便避开威胁,利用机会。现代市场营销理论也特别强调市场营销环境的动态性和企业对环境的能动适应性。

美国著名市场学家菲利普·科特勒将市场营销环境定义为:"企业的营销环境是由企业营销管理职能外部的因素和力量组成的。这些因素和力量影响营销管理者成功地保持和发展同其目标市场顾客交换的能力。"也就是说,市场营销环境是指与企业有潜在关系的所有外部力量与机构的体系。因此,对汽车营销来说,汽车市场环境是汽车营销活动的约束条件。汽车市场营销环境分析的意义如下。

1) 汽车市场营销环境分析是汽车企业市场营销活动的立足点

汽车企业的市场营销活动是在复杂的市场环境中进行的。社会生产力水平、技术进步变化趋势、社会经济管理体制、国家一定时期的政治经济任务,这些都直接或间接地影响着汽车企业的生产经营活动,左右着汽车企业的发展。20世纪80年代,我国准备引进生产乘用车车型以满足国内市场的需要。当时国内改革开放刚开始,国外大多数企业采取观望态度或由一些规模不大的汽车公司以即将淘汰的产品提供合作生产。德国大众汽车公司通过对中国市场环境的深入研究,决定与我国合作生产轿车,并且经过论证、谈判、筛选,确定与实力最强的一汽集团和新发展的上汽集团合作生产适宜于中国制造、消费的轿车;经过十多年的发展,一汽集团与上汽集团从20世纪80年代至今一直掌握着我国轿车消费相当份额的市场,取得了巨大的成功。

2) 汽车市场营销环境分析使汽车企业发现经营机会,避免环境威胁

汽车企业通过对汽车市场营销环境的分析,在经营过程中就能发现经营机会,取得竞争优势;同时,避免环境威胁就是避免汽车营销环境中对企业营销不利的影响。如果没有适当的应变措施,则可能导致某个品牌、某种产品甚至整个企业的衰退或被淘汰。1973年,石油输出组织(OPEC)联合起来减少石油供给,制造石油短缺,并使油价上涨。当时美国汽车企业生产的汽车一般比日本和欧洲的汽车耗油量大。由于美国汽车企业在环境发生变化时对石油输出组织行动所导致的油价上涨缺乏准备,导致汽车销量的严重下降,而日本车因其省油、便宜,成功打入美国市场。

3) 汽车市场营销环境分析使汽车企业经营决策具有科学依据

汽车市场营销经营受到诸多环境因素的制约,是一个复杂的系统,企业的外部环境、内部条件与经营目标的动态平衡,是科学决策的必要条件。企业要通过分析,找出自己的优势和劣势,发现由此带来的有利条件和不利因素,使企业在汽车营销过程中取得较好的经济效益。20 世纪 20 年代,汽车已不再是富人的专利品,亨利·福特 T 型已走入家庭,致使大量汽车拥有者对汽车的要求不再仅局限于经济实惠,而是开始追求漂亮的颜色、四轮驱动、减振器、变速器、低压大胎和流线型车体。福特汽车公司只是对 T 型车进行局部改进;而通用汽车公司通过对汽车市场营销环境的研究分析,转向提供多姿多彩、线条优雅的新型汽车。当通用汽车公司推出新型车雪佛兰时,福特汽车公司的 T 型车只能黯然退出历史舞台。

根据营销环境中各种力量对企业市场营销的影响,汽车市场营销环境分为宏观环境(Macro - environment)和微观环境(Micro - environment)两方面:宏观环境间接影响企业营销活动的社会力量,通常指汽车企业面临的政治与法律环境、经济与市场环境、人口与自然环境、社会文化与科技环境等;微观环境直接影响与制约企业市场营销活动的环境因素,通常指汽车企业本身、竞争者、供应商、营销中介、消费者、社会公众等。因此,汽车市场营销环境是一个多因素、多层次而且不断变化的综合体。各因素间相互关系,如图 5-1 所示。

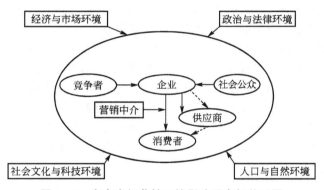

图 5-1 汽车市场营销环境影响因素间关系图

2. 汽车市场营销环境的特点

1) 差异性

汽车市场营销环境的差异性不仅表现在不同汽车企业受不同环境的影响,而且同样一种环境因素的变化对不同汽车企业的影响也不相同。例如,汽油价格的上升对于生产大排量的汽车企业而言是不利的因素,而对于生产经济型、小排量的汽车企业而言又是个机会。汽车企业为适应营销环境的变化所采取的营销策略也各不相同。例如,不同的国家、民族、地区之间在人口、经济、社会文化、政治、法律、自然地理等各方面存在着广泛的差异性,这些差异性对企业营销活动的影响显然是很不相同的。再如,我国汽车企业虽处于相同的国内经济环境、政治法律环境、技术环境、竞争环境等,但这些环境对不同企业影响的程度是存在着差异的。由于外界环境因素的差异性,汽车企业必须采取不同的营销策略才能应付和适应这种情况。

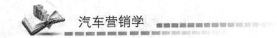

2）客观、多变性

企业总是在特定的社会经济和其他外界环境条件下生存发展。汽车企业也不例外，汽车企业只要从事市场营销活动，就不可能不面对着这样或那样的环境条件，也不可能不受到各种各样环境因素的影响和制约，包括微观的和宏观的。一般来说，汽车企业是无法摆脱营销环境影响的，它们只能被动地适应营销环境的变化和要求。例如，消费者消费收入、消费结构的变化等是客观存在的经济环境变化，在一定程度上影响了汽车消费，但这些变化并不是汽车企业可以主导的。因此，汽车企业决策者必须清醒地认识到这一点，要及早做好充分的思想准备，随时应付汽车企业将面临的各种环境的挑战，不断调整营销策略。

3）相关性

汽车市场营销环境不是由某一个单一的因素决定的，而是还要受到一系列相关因素的影响。汽车市场营销环境是一个系统，在这个系统中各个影响因素是相互依存、相互作用和相互制约的。例如，汽车企业开发新产品时，不仅要受到经济因素的影响和制约，更要受到社会文化因素的影响和制约。再如，价格不但受市场供求关系的影响，而且还受到科技进步及财政政策、消费者心理等因素的影响。因此，要充分注意各种因素之间的相互作用。

4）动态性

营销环境是企业营销活动的基础和条件，且总是处在一个不断变化的过程中。汽车市场营销环境是在不断发生变化的。当前的汽车营销环境与十多年前的营销环境相比已经有了很大的变化。例如，国家产业政策过去鼓励汽车消费，而如今随着汽车保有量迅速增长带来的大量的交通拥堵、尾气排放，现在一定程度上进行限购，如燃油税的更改等均给营销活动带来了决定性的影响。再如，我国消费者的消费倾向已从追求物质的数量化为主流正在向追求物质的质量及个性化转变，也就是说，消费者的消费心理正趋于成熟。目前，汽车市场营销环境的变化速度在不断加快，每一个汽车企业作为一个小系统都与市场营销环境这个大系统处在动态的平衡中。一旦环境发生变化，平衡便被打破，汽车企业就必须积极地适应这种变化。

5.2 汽车市场营销宏观环境分析

汽车市场宏观环境（Macro-environment）是指能影响整个微观环境和企业营销活动的广泛性因素，即政治与法律环境、经济与市场环境、人口与自然环境、社会文化与科技环境。一般地说，汽车企业对宏观环境因素只能适应，不能改变。宏观环境因素对企业的营销活动具有强制性、不确定性和不可控制性等特点。例如，汽车排放法规的逐级递升，排放要求越来越严格，汽车企业只能不断改进技术降低尾气排放。国家环保总局宣布，自2008年7月1日起，全面停止仅达到国Ⅱ排放标准轻型车的销售和注册登记，2009年1月1日起，重型车要先一步达到国Ⅲ标准。北京市2013年对全市新增机动车实施相当于欧Ⅳ标准的国Ⅳ燃油标准，这意味着无法达到国Ⅳ排放标准的汽车产品届时将不能在北京市场上出售。汽车市场宏观环境影响因素主要有如下几种。

1. 政治与法律环境

政治与法律环境指对汽车产品的营销活动产生明显影响的政府有关方针、政策与法律制度的总称。国家的汽车政策主要包括汽车产业发展政策、汽车企业政策、汽车产品政策和汽车消费政策四个方面。

1)汽车产业发展政策

为适应不断完善社会主义市场经济体制的要求以及加入世贸组织后国内外汽车产业发展的新形势,推进汽车产业结构调整和升级,全面提高汽车产业国际竞争力,满足消费者对汽车产品日益增长的需求,促进汽车产业健康发展,特制定汽车产业发展政策。一般来说,国家的汽车产业发展政策可分为促进汽车产业发展的政策和抑制汽车产业发展的政策。了解国家的汽车产业发展政策有利于汽车企业制定适宜的营销方案。

日本就是一个对汽车产业实行扶持政策的国家。在对国内零部件生产厂家的扶持方面,日本颁布实施了《机械工业振兴临时措施法》,将汽车产业和其他一些行业作为重点扶持的"特定机械工业",由政府直属金融机构实行长期低息设备资金贷款保证,并制定与贸易自由化相适应的措施对零部件生产厂家加以扶持。得到融资保证的零部件生产厂家,引进外国技术、更新生产设备,从而加大了企业之间的差距。对外实行"保护"政策:为了保护国内的轿车生产,日本还采取了禁止外国汽车进口的措施。其实,就是在汽车进口完全自由化以后,国家仍然利用关税壁垒对国内生产的小轿车进行着有效的保护。针对欧美发达国家擅长生产大中型卡车的特点,日本避其锋芒,实行重点发展小轿车的战略决策,同时,日本政府制定出了保护轿车生产的关税壁垒。在其设定的关税中,小轿车比商用车高,小型车比大型车高;与此相反,在国内征税时,对小轿车和小型车的征税却比商用车和大型车低。可以说,在日本汽车尚未具备国际竞争力之前,引进外国技术、谢绝外资参与、严格限制进口和设置关税壁垒是日本汽车产业得以迅速发展的关键措施。

汽车产业实行抑制政策最早源于英国。1865年,英国议会通过《红旗法案》,限制行车速度,市内不超过8km/h,乡间不超过18km/h,致使英国的汽车发展受到了限制。《红旗法案》在1896年被废除。图5-2即为当时著名的红旗法。

中国的汽车产业政策既不同于历史上的日本,也不同于历史上的英国,而是带有从计划经济过渡到市场经济的显著特点。

2)汽车企业政策

汽车工业是国家的支柱产业,重点汽车企业更是国家的栋梁。因此,不管是在发达国家,还是在发展中国家,对重点汽车企业都关爱有加,实行优待和保护的政策。

(1)优待重点汽车企业的政策。

图5-2 英国著名的红旗法

为了促进我国汽车工业的发展,我国推出了优待重点汽车企业的政策。政策规定,凡国家重点汽车企业可享受以下优惠政策:固定资产投资方向调节税为零税;优先安排其股票和债券的发行与上市;银行在贷款方面给予积极支持;在利用外资计划中优先安排;对经济型轿车、轿车关键零部件的模具、锻造工具,适当安排政策性贷款;企业集团的财务公司，经国家有关部门批准，可以扩大业务范围。

此处所提重点汽车企业或企业集团应当具备的条件及其发展的目标是：年产汽车 30 万辆，年销汽车 20 万辆，开发资金占年销售额的 2.5％，并向年产 60 万辆发展者；年产汽车 15 万辆，年销汽车 10 万辆，开发资金占年销售额的 2.5％，并向 30 万辆发展者；年产汽车 10 万辆，年销汽车 8 万辆，开发资金占年销售额的 2％，并向适度规模发展者；年产客车 0.15 万辆，年销客车 0.1 万辆，开发资金占年销售额的 2％，并向适度规模发展者；轿车关键零部件在同类产品国内市场中的占有率达到了 25％；或者尚属国内空白亟待发展的产品，国家支持其向规模经济目标发展者；摩托车产品，在国内市场的占有率达到了 10％以上，国家支持其继续扩大产品产量并增加产品品种的企业。

（2）保护重点汽车企业的政策。

1997 年 7 月湖北省委省政府开风气之先，首先为武汉市一批"企业合法权益重点保护单位"举行了隆重的挂牌仪式。湖北汽车集团公司、湖北汽车标准件厂、湖北专用汽车制造厂、湖北专用汽车电器厂、武汉一汽解放公司等 7 家汽车企业被列入了重点保护的行列。首批挂牌保护的企业大多是汽车企业，这既是支持支柱产业发展的一项重大举措，也是进一步转变政府职能、推动党风廉政建设的一个重要措施。接受挂牌保护的企业，可以通过填报企业负担审查表的形式，及时而准确地向纪检监察机关反映情况，理直气壮地抵制乱摊乱派，维护自己的合法权益。

3）汽车产品政策

现代市场营销学把企业的产品结构划分为宏观和微观两部分。其中，宏观结构是指一个企业所拥有的产品种类的多少，就汽车而言，则是指货、客、轿 3 种汽车所占的比例；微观结构是指某种产品的整体结构，汽车的微观结构首先表现在汽车的功能方面，而汽车排量则是表现汽车功能的主要指标。为了降低污染，发展小排量汽车已经成为当今世界汽车技术发展的方向。为此，西欧和北美洲都是以提高燃油税的方法来鼓励消费者积极使用小排量汽车。

4）汽车消费政策

汽车消费即销售，汽车销售即发展。政府对汽车消费的态度以及相关的消费政策，往往可以更为直接地促进国家汽车工业的发展。一般来说，汽车消费政策可以分为鼓励汽车消费的政策和鼓励汽车更新的政策两种类型。

制定鼓励汽车消费政策的主要目的是对汽车消费的鼓励和支持。例如，德国不仅是汽车诞生之国，也是汽车生产大国，该国只有 8100 多万人口却拥有 5000 万辆汽车，而且多为轿车。德国之所以能够成为世界上汽车密度最高的国家之一，不但得益于其国民经济的高速发展，而且得益于德国政府制定的刺激汽车消费的政策。德国鼓励汽车消费的政策体现在以下几方面：首先，尽量简化购车手续。在德国办理购车手续极为方便，除车价以外需交行车证费及打印车牌费各 25 欧元，车牌号免费（如自己选号则需 10 欧元），15 分钟之内可办妥全部购车手续。其次，尽量降低消费税率。在德国，只征收机动车税，而且税款很低。机动车税根据汽车废气排放量的不同而有所差异，排气量越小，税收就越低。再次，支持顾客灵活付款。为了鼓励人们购买汽车，德国政府还支持汽车商向顾客提供分期付款服务，而且利息相当优惠。此外，贷款、租赁、减息延时、信用透支等，都是西方发达国家鼓励汽车消费的付款形式。最后，实施道路畅通工程。德国政府还投入大量资金，修筑公路等基础设施以保证汽车畅通无阻。目前，德国不仅有纵横交错的高速公路，还有四通八达的联邦公路和乡村公路。道路桥梁均不收费,其目的是让消费者觉得,拥有自己的汽车并在公路上驰骋是一件非常惬意的事情。

当然,在世界上某些国家或城市也是不鼓励汽车消费的。例如,德国的吕贝克市是不鼓励汽车消费的,吕贝克市第一个宣布为"无汽车城";荷兰首都阿姆斯特丹也成为欧洲第一个将汽车逐出首都的城市。

与西方发达国家相比,我国政府也制定了许多鼓励汽车发展的政策,但是却又执行着抑制汽车消费的策略。这种看似相互矛盾的政策,其实又是高度统一的。因为,计划经济是短缺经济,汽车数量与汽车需求之间的差距如天壤之别,那就只能以各种理由来抑制汽车的消费。我国制定鼓励汽车消费的政策主要有鼓励汽车更新的政策和抑制汽车消费的政策。

鼓励汽车消费是针对汽车的潜在消费者而言的,而鼓励汽车更新则是针对汽车的现在消费者来说的。旧的不去,新的不来,只有不断地吐故纳新,汽车消费才能保持旺盛的生命力。在计划经济条件下,汽车更新确实是皆大欢喜的事情。但在市场经济条件下,这种更新却不是行政命令可以解决得了的。新时代需要新政策,在市场经济条件下,这种鼓励汽车更新的政策主要有以下两种:①新车更换政策。对愿意更换新车的消费者给予一定的经济补贴。为了使汽车更新的优惠政策得到落实,补贴办法更便于操作,全国老旧汽车更新领导小组会同交通部、财政部和国家计委曾经于 1995 年 9 月 30 日联合发出了关于执行《老旧汽车更新定额补贴暂行办法》的补充通知。该补充通知指出,凡全民和集体所有制企业的运输车辆更新,进口车报废之后更新国产车,小轿车报废之后更新国产客、货车,以及在更新国产车时,货车大、小吨位互换,客车大、中吨位互换,均可享受一定数额的补贴。②旧车报废政策。旧车报废是促进汽车更新的重要途径。

在推行鼓励汽车消费的政策外,我国也配以适当的抑制汽车消费的政策。如汽车市场,尤其乘用车市场是政策市场。因此,汽车市场营销必须十分重视研究营销的法律环境。我国三大汽车公司之一的东风汽车公司,遵照国家产业政策的要求,率先成立了汽车法规职能机构——汽车法规工作委员会,隶属于汽车工程研究院,专门负责对汽车法规工作的研究和推进,以使公司的市场营销建立在法制化的基础之上。汽车法规工作委员会下设有汽车法规工作室,负责了解和掌握国内外汽车法规及相关标准的现行状况和动态信息;参与国内汽车法规的制定和修改工作;在企业市场营销的所有环节,向所有市场营销人员提供法律咨询;同时承担与对口行业主管部门和汽车法规部门的联系等。汽车法规工作委员会着眼长远做决策,汽车法规工作室针对现实找对策,从而有效地避免了在法规实施和产品认证等方面可能出现的被动局面。

2013 年我国实施的汽车相关政策如下。

(1)《缺陷汽车产品召回管理条例》。

于 2004 年 10 月开始实施的《缺陷汽车产品召回管理规定》,规定凡在我国境内生产、进口、销售、租赁、修理汽车产品的制造商、进口商、销售商、租赁商、修理商,都应遵守该规定。国家质检总局是管理缺陷汽车召回的行政主管部门。

《缺陷汽车产品召回管理规定》表明中国的汽车消费者终于有机会可以享受到应有的权利,将会促进国内外汽车生产厂家更加注重汽车产品的安全性,提高国内现有汽车的技术含量。消费者的权益将会得到更大保证,从而将增加汽车消费者的消费信心,刺激汽车消费市场。缺陷汽车产品的召回期限,整车自交付第一个车主起,至汽车制造商明示的安全使用期止；未明示安全使用期的，或明示的安全使用期不满10年的，汽车产品交付第一个车主之日起10年止。汽车轮胎的召回期限为自交付第一个车主之日起3年止。

《缺陷汽车产品召回管理条例》已经于2012年10月10日国务院第219次常务会议通过，自2013年1月1日起施行。相比于2004年发布的《缺陷汽车产品召回管理规定》，此次通过的《缺陷汽车产品召回管理条例》将部门规章上升为行政法规，条例中针对生产者召回缺陷汽车产品存在的违法行为，设定了严格的法律责任，在提高罚款额度的同时，增加了吊销行政许可等处罚措施。

(2)《关于实施国家第四阶段重型车用汽油发动机与汽车排放标准》。

2012年7月25日由环境保护部颁布，2013年7月1日实施的《关于实施国家第四阶段重型车用汽油发动机与汽车排放标准》规定：自2013年7月1日起，所有生产、进口、销售和注册登记的重型车用汽油发动机与汽车必须符合国四标准的要求，相关企业应及时调整生产、进口和销售计划；凡不满足第四阶段要求的重型车用汽油发动机与汽车不得注册登记、销售和使用。

(3)《家用汽车产品修理、更换、退货责任规定》。

2013年1月15日由国家质检总局发布的《家用汽车产品修理、更换、退货责任规定》，自2013年10月1日起实施。值此，经多次修改、酝酿八年之久的汽车"三包"条例正式出台。"三包"就是"包修、包换、包退"。条例中指出：消费者购车在60日内或行驶里程3000公里之内（以先到者为准），车辆发动机、变速器的主要零件出现产品质量问题的，消费者可以选择免费更换发动机、变速器；2年或者行驶里程5万公里之内（以先到者为准）是汽车三包有效期，在此期间，因严重安全性能故障累计进行了2次修理，严重安全性能故障仍未排除或者又出现新的严重安全性能故障的，消费者可以选择更换车辆或退车；3年或者行驶里程6万公里（以先到者为准）是汽车三包的保修期，顾名思义，车辆在这个时间段内出现产品质量问题（易损耗零部件有单独的质保期），消费者凭三包凭证由修理者免费修理（包括工时费和材料费）。

(4) 新节能补贴政策。

2013年10月1日至2015年12月31日，继续实施1.6L及以下节能环保汽车推广补贴政策。新节能补贴政策中规定：补贴金额标准不变，即对消费者购买节能汽车继续给予一次性3000元定额补助，由汽车生产企业在销售时兑付给购买者。新政策对于车辆的节能、环保要求提升。按照政策规定，节能汽车的百公里综合油耗入门门槛已经调整到5.9L；增加推广车辆在污染物排放上必须达到国四排放标准的条款；政策还鼓励采用发动机怠速启停、高效直喷发动机、混合动力、轻量化等节能环保技术和产品。

(5) 新能源汽车补贴政策。

2013年至2015年，财政部、科技部、工信部、发改委四部委联合出台的《关于继续开展新能源汽车推广应用工作的通知》（下称《通知》），公布了新能源汽车推广应用补贴政策和具体的补贴额度。新一轮新能源补贴是根据车辆纯电动模式下的工况续航里程而确定补贴金额的多少。按照规定，2013年购买纯电动乘用车最高享受6万元/辆的补贴，购买插电式混合动力乘用车（含增程式）可享受最高3.5万元/辆的补贴。另外，如果购买燃料电池乘用车可享受20万元/辆的补贴。补贴直接补给车企，而不再补给试点城市，实行按季预拨，年度清算的方式；之前新能源车补贴标准根据动力电池组能量（之前是按3000元/kW·h给予补助)来确定补贴金额,新的补贴则根据车辆在纯电动模式下的续航里程来给予补助;抵制地方保护。为消除地方保护,新政策对采购外地品牌数量也提出了最低要求。例如,在 2013 年至 2015 年,特大型城市或重点区域新能源汽车累计推广量不低于 10000 辆,其他城市或区域累计推广量不低于 5000 辆,此外推广应用的车辆中外地品牌数量不得低于 30%。

消费者在选择购买符合补贴标准内的新能源汽车时,按照产品市场指导价格扣减补贴后再支付。也就是说,消费者在经销商处购买的车型价格已经是在原有企业公布的指导价格基础上扣减国家补贴的数目。企业方面,中央财政会将补贴资金拨付给新能源汽车生产企业,实行按季预拨,年度清算的方式,所以消费者不必去向相关部门申请,购车时直接便可获取补贴。

2. 经济与市场环境

经济是市场的支撑力量,而市场则是经济的直观表现。所谓市场,对于企业来说,则是指那些现实的或者潜在的消费者群。其中,现实的消费者群是指那些既有购买欲望也有购买能力的人;而潜在的消费者群则是指那些只具有购买欲望而缺乏购买能力,或者只具有购买能力而缺乏购买欲望的人。如果说消费者的购买欲望可以通过企业的诱导来唤起的话,那么,购买能力则与一个国家或地区国民经济的发展和国民收入的水平有关。

1) 经济环境与汽车营销

经济环境为汽车市场营销提供了可能性。缺乏汽车消费和销售的经济基础,所谓汽车市场营销就只能是空中楼阁。经济环境对汽车市场营销影响较大的因素主要有国民经济发展水平和国民收入发展水平两个方面。

(1) 国民经济发展水平。

在经济学研究领域,通常用国民经济的发展阶段以及不同阶段的发展水平来表现国民经济的发展水平。

① 国民经济的发展阶段与汽车产销。经济学家通过研究认为,国民经济的发展与国民经济的生产总值紧密相关,是一个从量变到质变的过程。

② 国民经济的发展水平与汽车产销。西方经济学家在衡量某一国家和地区的经济发展水平时,往往从产品销售的角度划分为农产品自给自足阶段、前工业或商业生产阶段、初级制造业生产阶段、非耐用品或半耐用消费品生产阶段、耐用消费品与生产资料生产阶段和出口制成品生产阶段六种类型。在进入耐用消费品与生产资料生产阶段之后,不但人民生活必需的冰箱、彩电等会普及开来,而且价格相对昂贵的汽车也会先后走进我们的生产和生活。毫无疑问,我国的经济发展水平越过了耐用消费品与生产资料生产阶段,正迈步走在出口制成品生产阶段,汽车消费已经日益成为大众消费的主要目标。

在我国,公车消费相对于经济的发展而言,是一个缺乏弹性的市场;而私车消费则会随着国民经济的发展而发展。这就是说,真正可以表现经济发展与汽车消费关系的是私车消费的状况。截止到 2013 年年末,全国民用汽车保有量达到 13741 万辆,其中私人汽车保有量 10892 万辆,比上年增长 17.0%。

(2) 国民收入发展水平。

国民收入不但是国民经济发展的必然结果,而且是国民经济发展的客观表现。收入影响消费,高收入引起高消费。在我国,汽车更是处在高消费的巅峰。在市场营销学领域,国民收入主要是指消费者的工资、奖金、补贴、福利等以及他们的存款利息、债券利息、股票利息、版权稿酬、专利拍卖、外来赠款、遗产继承等一切可以视之为收入的全部现金收入。但是往往并不能将其全部收入用于消费,而是首先要扣除作为一个公民所必须承担的社会责任和义务。国民收入发展水平对汽车市场营销的影响主要表现在以下三个方面。

① 经济收入决定汽车拥有程度。汽车更新的速度与国民收入的水平紧密相关。但是,国家的汽车产业政策和汽车消费政策也是影响汽车更新的重要因素。中国属于低收入国家,老百姓大多是潜在的汽车消费者,要想将他们的购买欲望转化为购买行为,必须改变他们的价值判断,即提高获益感,降低付出值。为此,不但要对车型和价格进行合理定位,而且要适当延长汽车的使用年限。只要车还符合环保和安全的标准,应当允许它在公路继续奔驰。美国人的汽车拥有量是每千人828辆,其他发达国家汽车的平均拥有量是每千人600辆,而中国却是每千人拥有不到37辆,但中国却占了全世界人口的20%还多。当中国发展到汽车每千人拥有量接近600辆时,可以想象这是一个多么庞大的数字。

② 经济收入决定车型选择。市场营销学家们在谈到大众轿车的车型定位时,曾经提出了一个为社会公认的"购买能力系数"分析理论,该理论认为,只有当轿车的销售价格与人均国民收入之比为1.4左右时,相应型号的轿车才能大规模地进入家庭。2014年,我国人均国民收入46531元,就乘用车市场而言,能真正走入家庭的有雪佛兰乐驰、比亚迪F0、吉利熊猫等。

③ 经济收入决定付款方式。发达国家比较重视信用消费,发展中国家比较重视现款消费;对于富有者提倡信用消费、贷款或者分期付款的购车方式比较宽松,对于贫穷者提倡现款消费、贷款或者分期付款的购车方式则相对严格。

2) 市场环境与汽车营销

市场环境对汽车市场营销影响较大的因素主要有汽车市场的发育状况和汽车市场的竞争状况两个方面。

(1) 汽车市场的发育状况。

所谓汽车市场的发育状况,对于汽车生产厂家来说,主要是指目标市场的成熟程度。成熟的汽车市场应该是那些既具有消费欲望,同时也具有消费能力的消费者个体和群体。世界汽车行业以轿车市场的发育为例,认为汽车市场的生产和消费大致要经过以下五个阶段:①生产高薪阶层使用的中高档和中档普及型轿车阶段;②生产个体工商业者、自由职业者和高薪阶层使用的普及型和小型轿车阶段;③轿车开始走向家庭阶段,小型车起步的比例明显增大;④轿车向大型和豪华型发展阶段,小型车明显减少;⑤轿车普及率更高阶段,家庭主妇、学生和老人用车增加,汽车再度趋向小型化。

(2) 现在汽车消费市场。

现在汽车消费市场是指那些已经拥有或者可以拥有汽车的消费者群体。这种在理论上存在的统计群体,以具有现实的购买能力为其基本特征。显然,在我国现实的经济条件下,这个消费者群体的市场容量是非常有限的。按照消费者购买汽车的资金来源,我们可以把现在汽车市场划分为公车消费市场和私车消费市场两种类型。

所谓公车消费市场,是指那些只拥有汽车乘坐权,不拥有汽车所有权的消费群体。

这种乘坐权与所有权相分离的现象,是世界上发展中国家所特有的现象。乘坐者无能力或者无须购买汽车,但是为了工作和生活的需要,却又要拥有乘坐的权利,这样只能由国家代为支付购车和维持的费用。但是,如果公车的享用者具有购买和维持汽车的支付能力,或者他已经享受了相应级别的劳动补偿,那就只能是一种特权。因此,公车消费无一不具有等级森严、按级配档的特点,而且,只有较高级别的国家公务员以及曾经为相应级别的公务员才能享受公车消费的待遇。一般来说,公车消费市场的容量是相对固定并相当稳定的,增加市场的容量比较困难,企业只有以变换车型或者重新定位的策略来赢得市场。

所谓私车消费市场,是指那些既拥有汽车乘坐权,也拥有汽车所有权的消费群体。

按照消费者购买汽车的购买动机,我们可以把现在汽车市场划分为生活消费市场和生产消费市场两种类型。

所谓生活消费市场,是指那些以代步为基本特征,将汽车用于生活和工作的消费者群体。在西方国家,汽车具有较高的普及率,而且汽车的所有权大多属于个人;我国汽车普及率逐年增长,截至2013年上半年,中国的汽车普及率达到7%~8%,到2020年中国的汽车普及率将有望达到15%。

所谓生产消费市场,是指那些以营运为基本特征,将汽车用于生产和盈利的消费者群体。用于生产者,主要是一些需要借助汽车的速度特征或者载重功能进行生产的工商企业和农业组织的所有者。

(3) 潜在汽车消费市场。

潜在汽车消费市场是指那些还未拥有或者可能拥有汽车的消费者群体。这种在理论上存在的统计群体,以缺乏现实的购买能力为其基本特征。显然,在我国现实的经济条件下,这个消费者群体的市场容量是非常广阔的。这个市场曾经长期被自行车所占据,后来又被摩托车所代替,将来,毫无疑问地会向家用轿车转移。有关专家认为,这种以普通老百姓为销售对象的"汽车纯消费行为在汽车使用中的比重"将逐渐增大。一般来说,我国汽车市场的发展趋势将主要表现为以下四个方面的特点。

① 中国汽车的大众化趋势。回顾世界汽车发展史可以发现,汽车,尤其是轿车的大众化是一个渐进的历史过程。但由于国情、民情、民俗、民风的不同,这种大众化的速度和程度也千差万别。随着中国经济的持续增长、汽车工艺的改进及价格的降低,汽车已成为耐用消费品走进家庭。

② 中国汽车的乡村化趋势。

在农村,汽车作为一种先进工具,首要任务就是将农民从每天体力劳动中解放出来,变为"机械运动"。他们最需要解决的不是代步工具的先进性和舒适性,而是体力劳动的替代品。也就是说,在做好"村村通公路"和"村村通客车"的基础上,农民现在最需要的是先进的机械和运输工具。"谁能赢得农村市场,谁就能真正意义上赢得中国市场。"业内人士认为,2020年,中国汽车保有量将达到1.4亿辆,而这高达1亿多的潜在客户,主要为现在汽车保有量还远未饱和的城镇和农村,这些地域蕴藏着巨大的汽车产品消费潜力,也是微车发展的终极市场。

③ 中国汽车将向西部转移。新世纪我国实施了西部大开发战略。"要想富,先修路",有了路,汽车才能奔驰起来,经济才能腾飞起来。西部大开发自修路始,修路要车;经济发展自物流始,物流要车,可以想见,我国西部将会在一个相当长的历史时期内保持着汽

车需求的强劲势头。为此，我国几家著名的汽车企业老总在接受记者采访时都不约而同地表示："对西部大开发这样的天赐良机，我们是不会放过的。"江苏亚星客车集团公司还迅速成立了"东西部合作工作小组"，利用自己在产品开发方面的优势，根据西部汽车市场的特点，为西部地区设计专用客车产品。

④ 中国汽车将向国外出口。目前，中国在全球的汽车出口量仍然很小，中国政府已经把汽车工业指定为支撑国家经济的重要支柱产业之一，并实施了一系列措施鼓励汽车出口。政府预期，到2015年，中国汽车及其零部件出口额将达到1200亿美元，占全球汽车贸易总额的10%。中国汽车市场的爆炸性增长吸引了全球众多汽车制造商到中国开拓市场。与此同时，中国制造的廉价乘用车大量出口也让来自世界各地的经销商竞相争取在其国内销售中国车的权利。那些与中国知名汽车制造商签订了进口和代理合同的外国经销商是非常幸运的，因为他们的的确确遇到了一座真正的"金山"。2009年至2013年我国汽车整车出口情况，见表5-1。

表5-1 2009年至2013年中国汽车整车出口情况　　　　　单位：万辆

车型	年份				
	2013年	2012年	2011年	2010年	2009年
乘用车	48.6	66.12	47.61	28.29	14.96
商用车	38.64	39.49	33.82	26.19	18.28
总计	87.24	105.61	81.43	54.48	33.24

中国乘用车出口商正在不断开拓东南亚、东欧、俄罗斯、非洲以及中部和南部美洲市场。在这些发展中市场上，中国汽车企业正在不断努力适应当地的市场需求，改善业务流程，探索如何在需求多变的海外市场进行推广、销售以及售后服务。一旦中国的汽车企业在这些发展中市场上取得了不错的进展，那么，他们进军北美、欧洲、韩国和日本这些拥有苛刻的消费者以及激烈竞争的成熟市场则指日可待。

3. 人口与自然环境

1) 自然环境与汽车营销

汽车企业营销的自然环境是指影响汽车企业生产和经营的物质因素，如汽车企业生产需要物质资料及汽车企业生产汽车产品过程中对自然环境的影响等。自然环境的变化既可能带来严重的威胁，也可能创造有利的市场营销机会。汽车企业营销人员必须重视自然环境的变化趋势。一般来说，自然环境对汽车营销的影响主要表现在以下几个方面。

(1) 自然资源的减少以及能源成本上涨对汽车企业的生产和销售造成巨大威胁。

随着汽车工业的发展，生产消耗的原材料也越来越多，原材料的短缺与生产成本的矛盾就越来越突出。石油能源面临枯竭、铁矿日趋减少，对汽车产业带来严重的威胁和挑战，逼迫很多企业开始研究和生产新能源汽车，如电动汽车、太阳能汽车，同时积极研究各种合成材料代替钢铁来降低成本，走可持续发展的道路。

(2) 环境污染日益严重。

目前,世界环境日益恶化,汽车尾气成为一些大城市的重要空气污染源,占总污染源的 50% 以上。为了减少汽车对环境造成的污染,各大汽车公司和各国对汽车造成的环境问题采取了一系列的措施,主要包括对汽车排气污染物的种类、生成机理、影响因素、控制技术措施及其对大气环境的危害的研究;制定新的汽车排放标准和试验规范;改进汽车的各种环境保护技术,特别是排气催化净化装置的原理及组成、车载诊断系统的组成、可有效控制柴油机排放的共轨喷油系统以及逆向再生方式的颗粒过滤装置等实用新技术;采用代用燃料汽车、蓄电池电动汽车、混合动力汽车、燃料电池汽车等来代替传统的燃油汽车。

(3) 气候因素。

自然气候条件的好坏对汽车的冷却、润滑、起动、充气效率、制动效能、功率的发挥以及对汽车机件的正常工作乃至使用寿命均产生直接的影响,同时对驾驶员的工作条件也有实质性的影响。例如,别克凯越汽车为在中国上市,其发动机和变速器都经历了严格的本土化试验,证明该车适合气候差异悬殊的中国市场,才最终打上别克品牌的。别克凯越先后在温度高达 70℃ 以上的新疆吐鲁番做抗热爆震试验;在海拔 4500 米以上的西藏德庆做抗高原动力性试验;在 -30℃ 以下的黑龙江黑河做抗寒冷起动试验等,挑战并征服了恶劣环境的极端考验。因此,汽车企业在市场营销的过程中,应注意当地的气候条件,向市场推出适合当地气候特性的汽车,并做好相应的服务工作。

(4) 地理因素。

地理环境包括某个地区的地形、地貌等地理特征,也涵盖交通运输结构因素。一个地区公路运输的地位和作用对该地区汽车市场容量以及汽车企业目标市场选择都有很大的影响。反过来,汽车生产企业也应根据不同的目标市场的地理环境,设计和生产适应该地区地理环境的汽车,最大限度地适应和满足消费者的要求。例如,华东是我国经济发达地区,轿车的需求量大,一汽集团投放华东地区的奥迪轿车,上海市的购买量占了近一半,江、浙两省的销售量也明显上升;但是,对于华北、西北和青藏高原来说,二汽生产的东风卡车却具有不可动摇的地位。显然,东风的成功是与其目标市场的地理环境的准确定位分不开的。

为了使汽车更好地适应目标市场的地理环境,汽车生产厂家不但要针对地理环境进行设计,而且要针对驾驶环境进行测试。在西方发达国家的某些汽车生产厂家,有时还借助高新技术虚拟驾驶环境为汽车设计取得资料。世界上最大的汽车内部系统制造商之一的约翰逊控制装置公司,曾经投资办了自己的"舒适工程中心"。该中心的核心装置是一台汽车驾驶模拟装置,可以模拟不同条件下的汽车行驶环境,如道路上的景象、声响以及汽车的承受力和减震性等。通过此种研制手段,可以为产品开发人员切身体验怎样把汽车设计得更为舒适提供更好的条件。

(5) 交通状况。

汽车除了对地理环境具有较高的依赖性外,对交通状况具有更高的依赖性。交通环境是指公路交通在一个国家与地区的作用、各等级公路的里程和比例、公路交通量及紧张程度、公路网布局、主要附属设施状况等。交通状况好的地区更能促进汽车的销售;相反,差的交通状况对汽车销售有一定的制约。例如,在珠江三角洲、长江三角洲的一些城市,由于交通条件较好,公路多且质量高,在一定程度上带动了汽车的消费,而在

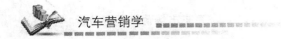

交通状况较差的西部地区，汽车的消费明显不足。另一方面，交通状况还会影响消费的汽车车型，如西部地区，由于交通条件相对较差，更适合使用卡车、SUV、MPV等车型。

在我国，土地利用与交通建设的矛盾越来越突出。汽车的发展要有限度，超过了"度"就会走向其反面；道路建设也要有限度，超过了"度"也会走向其反面。至于解决的方法，前者要着眼于公共交通，后者要着眼于高速公路。公共交通和高速公路的结合，将是现代社会物质文明和精神文明的理想结合。

2）人口环境与汽车营销

人口是构成市场的基本要素。现代市场营销观念认为，企业必须密切注意自身所处的人的环境变化，因为市场是由那些有购买欲望并且有购买力的人构成的。在一定环境下，人口的多少直接决定着市场的潜在容量。但是，由于企业的市场营销不可能面向所有的人，因此对人口的考察必须是具体地研究人口的动向。这些因素变化都会对市场需求的格局产生影响。从市场营销的角度看，人口数量意味着消费数量，即市场容量和市场潜量；而人口结构，如年龄、性别、职业、地位以及文化程度、经济收入等，即人的个性心理特征和个性心理倾向等，显然意味着消费选择和消费结构。一般来说，人口环境对汽车市场营销的影响主要表现在以下两个方面。

（1）消费者的年龄结构。

在传统观念里，汽车只是青年人的大玩具。如果以此定位，汽车市场的容量显然非常有限。为了扩大市场容量，汽车生产厂家必须将目标市场向前和向后延伸。向前延伸的基本含义是占领少年汽车市场，生产出符合少年消费者需要的汽车来。德国宝马汽车公司就曾经为小驾驶员设计并生产出了第三款"婴儿赛车"。该车型通体白色，点缀着黑色斑点，状如小狗，非常可爱。汽车虽然只是儿童用车，却仍然具有典型的宝马特征：肾型格栅、双圆形前灯并拥有宝马的品牌标志。一经推出，就受到了广大儿童消费者的欢迎。向后延伸的基本含义是占领老年汽车市场，生产出符合老年消费者需要的汽车来。美国福特汽车公司最近率先推出了"福特老人"系列轿车。该类汽车是专门为老年人设计的。考虑到老年人大多腿脚步不便、反应迟钝的特点，"福特老人"们不但车门较宽、门槛较低，而且特别配备了助动型驾驶座、放大的仪表盘和后视镜、按钮刹车以及自动锁车系统等以方便老人出入。当然，汽车价格也较正常价格低，以照顾退休老人收入有所降低的特点。

（2）消费者的性别结构。

随着职业女性的增加和经济地位的提高以及其自立、自主意识的增强，已经有越来越多的女性，特别是西方国家的女性，成为现实的或者潜在的汽车消费者。在德国，57%的女性拥有自己的汽车，而且她们还希望与男性平分秋色，要求拥有专为女性生产的汽车。为此，妇女组织还以性别歧视为由，向政府递交了一份抗议书。在美国，女性消费者不但占据了汽车销售额的49%，而且影响着80%以上的购车决定。据2014年《中国汽车市场营销指数分析报告——女性汽车消费分析》显示，中国汽车市场中女性消费者近三成。为此，汽车厂家和商家都开始回过头来转向女性消费者。一些著名汽车企业还专门聘请女性来担任企业的董事、经理和设计师等以顾及女性消费者的需要。

4. 社会文化与科技环境

1) 社会文化与汽车营销

社会文化环境指一个国家、地区或民族的传统文化。市场营销学中所说的社会文化因素，一般指在一种社会形态下已经形成的信息、价值、观念、宗教信仰、道德规范、审美观念以及世代相传的风俗习惯等被社会所公认的各种行为规范。社会文化作为人们一种适合本民族、本地区、本阶层的是非观念强烈影响着消费者的购买行为，使生活在同一社会文化范围内的各成员的个性具有相同的方面，它是购买行为的习惯性和相对稳定性的重要特点。

汽车企业的市场营销人员应分析、研究和了解社会文化环境，以针对不同的文化环境制定不同的汽车营销策略。如1960年前，人们在经过第二次世界大战后，心理比较庄重、严肃，汽车颜色多以深色为主（如黑色）。后来，由于日本汽车工业的崛起，追求自由自在的生活成为时尚，汽车流行色变得以轻快、明亮为主（日本人喜欢白色）。就汽车而言，虽然它只是一种具体的文化形态，但是在它身上所表现出来的整体文化积淀，往往比其他产品更为强烈，具有鲜明的个性特征。美国人的奔放、日本人的精细、欧洲人的贵族遗风等，都会在消费的汽车产品上有所体现。因此，汽车的市场营销必须顾及到市场细分和目标市场的文化环境，从而提高产品、定价、分销和促销策略的针对性。再如日本本田汽车公司，是日本汽车的后起之秀。该公司之所以成功，与他们所奉行的"本土化策略"分不开，即以文化的高度适应性来开拓市场。在他们进入美国市场的时候，并不是向美国人推销自己的产品，而是在美国本土建立研制和开发据点，致力于生产和销售符合美国人需要的汽车，从而取得了很大的成功。

此外，我国各地区之间在收入、文化、消费习惯等方面存在巨大差别，以前可选择的车型少，不同地区的消费者购车行为存在"趋同效应"，但现在他们对车型的喜好、对价格的敏感度、对品牌的认知度都出现了分化。例如，广东消费者偏爱日本车，中高档轿车的需求量较大；成都消费者喜爱经济型轿车；而在北京，几乎什么品牌的轿车都卖得掉。汽车消费文化的区域化特征，给汽车厂家的市场研究工作提出了更高的要求。一般来说，文化环境对汽车市场营销的影响主要表现在以下几个方面。

（1）文化环境影响人们对汽车的态度。

人们对待汽车的态度无疑与经济因素有关，但是人们对待汽车的态度却不是由经济因素单独决定的。在相当多的情况下，文化环境往往更为强烈地影响着人们对待汽车的态度。许多国家和民族将汽车视为代步的工具，而美国则把汽车视为须臾不可离开的伴侣。有人说"美国是绑在汽车轮子上的国家"，也有人说"美国是汽车上的游牧民族"，生前与汽车相伴，死后与汽车同穴。相当多的人认为，汽车是美国人在居室和办公室之外第三个活动空间。一位美国作家在分析这种现象时指出，美国是一个自由奔放的民族，驾车兜风带来的畅快感觉，是其他任何物质的或者精神的东西都不能代替的。

就我国而言，汽车文化也正在兴起。由于大多数中国人还不具备拥有私人家庭用车的经济条件，因此，替代性的汽车消费已经层出不穷。打的上班、租车旅游已经成为时尚。由于社会上存在着相当数量的"追车族"，北京国旅风光游览公司于1996年办起了"汽车旅游"，为那些已经学会开车却又没有汽车的人们提供过一把汽车瘾的机会。至于新婚大喜之日租上几辆、十几辆、几十辆甚至上百辆汽车招摇过市者更是屡见不鲜。

(2) 文化环境影响人们对汽车品牌的选择。

不同的文化环境，人们对汽车品牌的理解是不同的。在西方发达国家，作为代步工具的汽车被称之为"乘用车"，作为运载工具的汽车被称之为"商用车"。但是，在中国人眼里，那作为代步工具的东西就成了"轿车"。显然，轿车系由轿子派生而来，是与身份和权势密切相关的。这种文化传统根深蒂固，强烈地影响了桑塔纳和富康轿车的命运。桑塔纳有"轿"，威风凛凛，尽管在国际市场上已经淡出，却在中国轿车市场上独领风骚；富康车无"尾"，小巧玲珑，尽管在国际市场上领先一步，却在中国轿车市场上知音难觅。只是后来添了尾巴，而且将"东风"改为"神龙"，将"富康"改为"神龙富康"既得天助，又送吉祥，才渐渐引起了国人的青睐。

其实，文化环境不但影响人们对汽车品牌的选择，而且影响人们对汽车产地的选择。中国人酷爱"洋车"，沾洋即醉，甚至汽车生产厂家的老总们也坐着人家的洋车招摇过市。但是，收入颇丰的韩国人对洋车却不买账。大街上车流如涌，但无论是小汽车还是大卡车，清一色都是国产的现代、大宇、起亚。

文化环境还影响着人们的价值判断。不同的价值判断往往左右着人们对汽车结构，如功能、造型、品牌、商标的选择。中国人好面子，心目中的坐骑多为轿车。美国人重实用，反倒使皮卡和廉价车盛行起来。

(3) 文化环境影响汽车的消费方式。

在经济非常发达的西欧国家，现在却流行着"共享汽车"的时尚。毕竟，对上班族来说，除非你是一个需要在大街上来来往往的人，一个人全天候使用一辆汽车的时间基本是不存在的。闲着也是闲着，从价值工程的角度看，这是很不划算的。与其如此，何不汽车共用、费用共担呢。最先开展汽车共享业务的大型汽车厂商是德国戴姆勒公司，该公司从 2009 年起，利用小型车"Smart"，开展了可异地还车的按需型汽车共享业务"Car2Go"。如今不仅是在德国国内主要城市，还开始在欧洲其他地区及美国开展业务。德国宝马公司也从 2011 年 4 月开始，开展了按需型汽车共享业务"DriveNow"，以德国首都柏林及慕尼黑等大城市为中心，共运行了 1000 多辆车。德国最大的汽车厂商大众公司也从 2011 年 11 月开始，在汉诺威市实施设定租车站点的汽车共享项目"Quicar"，成功进入了汽车共享市场。

(4) 文化环境影响汽车的消费流行。

消费流行是一种消费者在某一阶段共同追求某一事物的社会心理现象。它按照循环反应的刺激方式发展，并具有新奇和奢侈的特点。这种追求时髦的现象，有时还可以具有强烈的情绪色彩，大家互相攀比、人人趋之若鹜，这便是所谓的消费流行。消费流行集社会促进、社会规范和社会从众于一身，往往具有强大的制约力量。消费流行不但可以影响和改变一个人的行为模式，而且可以影响和改变一个人的审美观念，造成对企业的市场营销有利或者有害的结果。例如，21 世纪初，世界发达国家流行着一股"复古风"。这种"复古风"在汽车消费上同样表现了出来。只是这种"复古车"并非倒退，外表虽然古典，内心却已摩登。德国大众汽车公司开风气之先，将现代高科技装进传统"甲壳虫"里，一经面市，就在全世界同行里引起一片哗然，并在欧美掀起一场不大不小的"甲壳虫"热。著名的保时捷和劳斯莱斯等汽车公司也紧随时其后，返璞归真、精雕细刻，延续着其古董般的汽车造型，吸引着好古者们的视线和钱袋。这种复古风由西向东吹来，在日本也引起了一股怀旧浪潮。

在同一个国家和地区中，因为民族、种族、民俗、民风、宗教、地域、职业、地位等多种因素的影响，也会使人们的价值观念和消费习惯表现出多样性的特征。其中任何一个具有共同特征的社会群体，我们都称之为亚文化群。不同亚文化群的消费者，其生活方式、消费习惯以及爱好和禁忌也各不相同。企业只有既了解大文化群的特点，也了解亚文化群的特点，才能真正做到投其所好、以鸟养鸟、左右逢源、所向披靡。

就地域和地区而言，美国一家汽车咨询公司曾经对亚洲的驾车者进行了一次民意调查，结果发现，亚洲的有车族们对汽车的看法有着惊人的相似之处。如知名度最高是丰田、美誉度最佳的是奔驰、价格安全都看重、拥有汽车是资格象征等。为了符合亚洲人的心理需要，世界各大汽车公司纷纷推出了自己的"亚洲车"。

就民族和种族而言，有人曾以《汽车与民族个性》为题发表议论说，美国人霸气、英国人保守、德国人严谨、法国人新潮、瑞典人朴实、日本人善变。这种观点虽然有失偏颇，但是，以人看车，总还是有较高程度的相关。

汽车文化是一面镜子，它可以忠实地反映一个国家的特性，形成汽车史上的"四大派系"。如德国车的严谨、法国车的浪漫和人性化、英国车的高贵、日本车的精明，这些不同车系所具有的特殊文化气质在消费者心中早已形成了鲜明的差异化形象和产品定位。一定程度上来说，汽车文化的内涵对消费者的影响力度，要比厂商研发新车型的力度大得多。

2）科技环境与汽车营销

科技环境指一个国家和地区整体科技水平的现状及其变化。众所周知，人类历史上经历了四次科技革命。第一次以蒸汽机技术为标志，第二次以电气技术为标志，第三次以电子技术为标志，第四次是以新能源、新材料为标志的绿色科技革命。现代科学技术是社会生产力中最活跃和决定性的因素，它作为重要的营销环境因素，不仅直接影响企业内部的生产和经营，而且还与其他环境因素相互依赖、相互作用，影响企业的营销活动。

(1) 科技环境对企业营销活动的影响。

① 科学技术的发展直接影响企业的经济活动。在现代，生产率水平的提高，主要依靠设备的技术开发(包括原有设备的革新、改装以及设计、研制效率更高的现代化设备)，创造新的生产工艺、新的生产流程。同时，技术开发也扩大和提高了劳动对象的利用广度和深度，不断创造新的原材料和能源。这些不可避免地影响到企业的管理程序和市场营销活动。科学技术既为市场营销提供了科学理论和方法，又为市场营销提供了物质手段。

② 科学技术的发展和应用影响企业的营销决策。科学技术的发展，使得每天都有新品种、新款式、新功能、新材料的商品在市场上推出。因此，科学技术进步所产生的效果，往往借助消费者和市场环境的变化而间接影响企业市场营销活动的组织。营销人员在进行决策时，必须考虑科技环境带来的影响。

③ 科学技术的发明和应用，可以造就一些新的行业、新的市场，同时又使一些旧的行业与市场走向衰落。如太阳能、核能等技术的发明应用，使得传统的水力和火力发电受到冲击。太阳能、核能行业的兴起，必然给掌握这些技术的企业带来新的机会，又给水力、火力发电行业带来较大的威胁。伴随着科学技术的进步，新行业替代、排挤旧行业，这对新行业技术拥有者是机会，但对旧行业却是威胁。

④ 科学技术的发展，使得产品更新换代速度加快，产品的市场寿命缩短。科学技术突飞猛进，新原理、新工艺、新材料等不断涌现，使得刚刚炙手可热的技术和产品转瞬间成过时产品。这种情况下，要求企业不断地进行技术革新，赶上技术进步的浪潮。否则，企业的产品跟不上更新换代的步伐，跟不上技术发展和消费需求的变化，就会被市场无情地淘汰。

⑤ 科学技术的进步，将会使人们的生活方式、消费模式和消费需求结构发生深刻的变化。科学技术是一种"创造性的毁灭力量"。一种新技术的应用，必然导致新的产业部门和新的市场出现，使消费对象的品种不断增加，范围不断扩大，消费结构不断发生变化。如在美国，由于汽车工业的迅速发展，使美国成了一个"绑在汽车轮子上的国家"，现代美国人的生活方式，无时无刻不依赖于汽车。再如，计算机及计算机网络的发明，打破了地域的界限，促使经济全球化。这些生活方式的变革，如果能被企业深刻认识到，主动采取与之相适应的营销策略，就较易能获得成功。

⑥ 科学技术的发展为提高营销效率提供了更新更好的物质条件。如新的交通运输工具的发明或旧的运输工具的技术改进，使运输的效率大大提高；信息、通信设备的改善，更便于企业组织营销，提高营销效率。现代商业中自动售货、邮购、电话订货、电视购物等方式的发展，既满足了消费者的要求，又使企业的营销效率更高。

(2) 科技环境对汽车市场营销的影响。

① 对汽车性能的影响。进入 20 世纪以后，科学技术的发展对汽车性能的改进起到了巨大的推动作用，从而不断提高了汽车的安全性、舒适性、操控性，最大限度地满足了汽车消费者的要求，推动了汽车的消费。这些技术主要表现在汽车导航系统的运用；汽车电子技术的飞速发展，其运用领域包括自动变速系统、无级变速系统、雷达测距系统、指纹防盗系统等；汽车安全系统的升级，如 ABS、EBD、ESP、安全气囊的运用，提高了汽车的安全性；电脑技术在汽车上的广泛运用，使汽车的发展进入了新的里程碑。

② 对汽车材料的影响。传统的汽车材料多用钢材，而现在和未来的汽车将会更多地采用塑料、橡胶、玻璃、陶瓷等材料或者合成材料(如铝镁合金、铝碳合金、碳素纤维等)制成，以达到重量轻、耐磨损、抗撞击、寿命长、故障少、成本低的目的。目前，这种"非钢化"的趋势不但越来越明显，而且出现了越来越强的势头，它将对汽车工业的发展带来新的活力。

③ 对汽车销售的影响。传统的汽车销售是从直接销售开始的。先是产销合一，再是店铺直销。直接销售渠道虽然越来越接近消费者，但是，随着生产规模和销售任务的日益扩大，间接渠道的销售方法还是浮出了水面，经过销售商和代理商来销售汽车，起到了广泛的分销作用，目前，4S店的销售方式成为了汽车销售的主要方式。随着网络技术的发展，网络营销又将成为汽车销售的新途径。

总之，科学技术的进步和发展，必将给社会经济、政治、军事以及社会生活等各个方面带来深刻的变化，这些变化也必将深刻地影响企业的营销活动，给企业造成有利或不利的影响，甚至关系到企业的生存和发展。因此，汽车企业应该特别重视科学技术这一重要的环境因素对企业营销活动的影响，以使企业能够抓住机会，避免风险，求得生存和发展。随着先进的传感技术、计算机技术、环保轻质材料等科学技术在汽车上的应用，汽车正朝着更加智能化、轻量化方向发展。

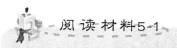

凯迪拉克的市场营销宏观环境

长期以来,美国汽车市场被三大汽车公司所垄断:通用汽车公司占42%、福特汽车公司占28%、克莱斯勒占11%,其中通用的凯迪拉克则是"世界标准",具有引领世界豪华车潮流的地位。然而,到了20世纪80年代,时过境迁,美国三大汽车公司的市场份额下降至67.8%,而凯迪拉克在豪华市场的份额和声誉不仅面临着国内竞争者的挑战,而且还受到来自欧洲及亚洲的竞争者的威胁。凯迪拉克车在市场上腹背受敌,阅读下面凯迪拉克汽车公司的营销宏观环境,对其面临的问题进行思考:产品是否定位在合适的市场上?它的形象适合凯迪拉克汽车购买者所追求的口味吗?广告是否有效地到达了目标市场并传递了适合的形象?

1. 市场环境

20世纪50年代和60年代,能源充足且价格低廉,美国厂家以制造大体积、大功率的汽车取得了巨大的成功。

20世纪70年代,由于石油危机导致能源价格上涨,使得国外厂商生产的小型省油的汽车获得了优势。由于节油型汽车的大量涌入,美国国内汽车厂商的市场份额逐渐下滑,从1957年的大约96.5%下降到1973年的85%、1979年的77%,最后1987年降至大约只有68%。其中,大多数的进口车来自现已成为世界头号汽车生产国的日本(包括丰田、尼桑、本田等公司)。欧洲国家也一直是美国汽车市场的主要供应者,如德国的大众、梅塞德斯-奔驰、宝马,瑞典的沃尔沃、萨博,稍小的一些的有法国的标致、雷诺,有时还有来自意大利的菲亚特、蓝西亚和阿尔法罗密欧。同时,在20世纪80年代,韩国也开始向美国出口汽车。

在整个能源短缺时代至20世纪80年代中期,日元对美元的利率有利于日本,因此它能以比美国和欧洲同类产品更低的成本进行出口,而且日本制造商在生产小型、低能耗和高质量的汽车方面也的确取得了巨大的成功。然而美国政府在通用、福特和克莱斯勒三大汽车公司的压力下,对日本进口车的数量实行了"自动限额"(或称配额)法案。由于配额限制和20世纪80年代中后期的日元坚挺的影响,日本厂商无法再大量出口小型汽车并取得可观的利润了。这些因素使得日本人开始调整他们的产品组合战略,转向出口利润较大、档次较高的汽车。

在日本厂商首先瞄准了小型节油车的时候,欧洲汽车制造商除大众以外,均已瞄准了一个与其不同的细分市场。梅塞德斯-奔驰、宝马、奥迪、沃尔沃等都在不同程度上瞄准了高档车市场。

韩国等厂商则瞄准了低档车市场。由于日元对美元和其他货币的坚挺,他们取代了日本而成为美国低档车市场上的主要出口商。美国三大汽车制造商对20世纪70年代中期石油成本上升的反应是缩小车型并增加小型节油车的产量。因此,20世纪80年代的美国汽车普遍较以往的要小,并且经济。然而当石油价格在20世纪80年代中后期稳定之后,美国的生产者和消费者又都分别开始制造和购买像以前那样的大型高功率汽车了。不过,这些汽车较20世纪60年代还是要经济得多。汽车的销量与宏观经济状况直接相关。当失业率较低且经济前景看好时,销量就会上升。如果油价预期会上升或不稳定,那么小型节能车的销量就会上升。在20世纪80年代中期这样的高利率和经济停滞的年代,国内制造商为了刺激销量,纷纷采取了现金折扣和有吸引力的低息贷款(如美国汽车公司24个月期的利率为0)等促销措施。因而这时期顾客购买的动机不仅是为了获得更为先进的车型,同时也是为了获得可观的销售优惠。

2. 竞争市场

豪华车市场可以分成两个部分,即传统型豪华车市场和功能型豪华车市场。美国主要生产传统型车,而欧洲则主要生产功能型车。传统型车的典型代表有凯迪拉克和林肯,其次还有奥斯摩比尔、别克、水星和克莱斯勒。欧洲功能型豪华车的典型有:德国的梅塞德斯-奔驰、宝马和奥迪,英国的劳斯莱斯和美洲虎,另外还有瑞典的萨博和沃尔沃等。

传统型豪华车力求对驾驶员的技能要求降到最低。他们在车内配备了豪华舒适如卧室的设备,车开起来非常平稳,以至于水星的电视广告曾夸耀说,一名珠宝匠坐在该车的后座上仍能在运行时一毫不差地打磨钻石。而功能型豪华车则致力于通过操纵和缓冲系统来向驾驶者及时地提供所需的路面状况信息。在凯迪拉克的历史中,一直有许多车型与它竞争。在20世纪30年代,有帕凯、利箭、奥本和林肯这样一些品牌。到20世纪60年代前期,这些品牌中的大多数都已成为历史,只剩下福特公司的林肯和克莱斯勒公司的帝国(直到1985年)与之竞争这一可观的市场。

1) 国内竞争

在凯迪拉克策划它的市场战略时,福特公司的林肯也不甘落后。在1979年,林肯系列中唐卡车型,尺寸缩小到与凯迪拉克相同的大小。1982年,林肯又推出了大陆,以取代销售不佳的维塞娜。这两种车都是凯迪拉克系列中的塞维车的竞争车型,并且都试图吸取塞维的各种优点。新的大陆型车甚至借鉴了塞维的设计风格,尤其是那种"裙撑"式的车尾。1984年林肯的战略开始转变,这一年它推出了马克七型,它不再采用唐卡车的底盘,并重新回到了双门的设计。它同时提供了两种款式:一种是基于设计者系列的传统车型,另一种是功能车型LSC。马克七型采用了新开发的空气缓冲系统,这在美国其他车型中是见不到的。LSC款采用了升级的运动型装备,如欧式坐椅和更为有力的空气缓冲系统。随后几年中,为了增加LSC的功能性吸引力,又改进了转速器和高功率发动机。1988年,林肯推出了大陆型的全新设计。由于在马克七型LSC上借鉴了不少的东西,大陆型车现在好像急于冲出塞维的模式,而不是像早期那样模仿。按照汽车业分析专家的看法,林肯的新款大陆型车售价在30000美元以下,并且显示了美国汽车制造商能够糅合两个大陆(欧洲和北美)的设计魅力于一体。车身和内部设置带有明显的欧洲风格,而大小和舒适性又是明显的美国式。大陆型车的推出标志着福特公司已经成为功能型豪华车市场上真正的挑战者。

2) 国外竞争

在凯迪拉克度过20世纪60年代到70年代时,欧洲的豪华车也出现在市场上,英国的劳斯莱斯一直以其高昂的价格和精致的手工工艺代表了豪华车的最高水准,因而它并非凯迪拉克的竞争者。德国的梅塞德斯-奔驰是另外一种类型的豪华车。如果说凯迪拉克给人的感觉如同卧室一般,那么奔驰车就像一个功能齐全的书房。奔驰的目标不是把人们包在软绵绵的丝绒之中,或是让驾驶者感觉平稳如水,而是通过合理的座位设计使驾驶更舒适并提供飞快的速度。

梅塞德斯-奔驰就致力于研制耐用的汽车。公司的全部产品都定位于功能型豪华车市场上的不同价位。普通型的售价仅为30980美元的190-D2.5型车可以与顶级的售价高达79840美元的560-SEC型车共用零配件。这也使得奔驰公司能将精力集中于一个细分市场。同时,奔驰公司也是世界上最大的重型卡车制造商。

在20世纪70年代和80年代的交替之际,其他一些欧洲厂商也开始向功能型豪华车市场进军。西德的宝马公司由主要出口双门旅行车转向研制与奔驰公司类似的车型。宝马的战略与奔驰不同,它更加迎合运动导向的功能型豪华车购买者。

宝马产品系列开始有小型的2门和4门的3系列,中型的4门5系列,以及大型的4门7系列、2门6系列。在过去的几年里,宝马公司通过推出上面提到的4门3系列车型扩大了产品线。1987年宝马全新的7系列包括1986年735i型的替代车型和为1988年设计的全新的750iL型。750iL型车是宝马公司在美国所出售的最大、最贵的车,每辆售价70000美元。750iL与稍次一些的735i型不同的是它4.5英寸(1英寸=2.54厘米)的轴距,以及发动机罩和散热挡栅。更显著的是它的12缸发动机。750iL型要比735i型贵13000美元,而且是世界上唯一的12缸5座轿车。

随着功能型豪华车市场的不断增长,许多人都认为奔驰将为豪华车市场上的最终胜利者,不过它最近受到了宝马的挑战。当车主被问到对所购车的制造商及分销商的服务的满意程度时,奔驰的车主给出的评价要高于凯迪拉克的车主给出的评价。奔驰公司的产品线与宝马公司较类似,其190级与宝马的3系列,300级与宝马的5系列,S级与宝马的7系列在体积上都是一样的。奔驰公司还生产多种两门小汽车和敞篷车。1987年,奔驰和宝马在美国的销售总和为178000辆,超过凯迪拉克销量的一半。

在豪华车市场上居第3位的是德国厂商奥迪,奥迪主要凭借其车身光洁的5000系列(48057辆)在1985年达到了74000多辆的最高销售纪录。5000系列的车身与中型的奔驰和宝马一样大,但价格要低。然而在1986年,由于传媒报道5000系列装备的自动传动装置有时会自动加速,结果销售开始下滑。到1987年,销量比前两年下降了44.2%。

1986年,为了重建奥迪在豪华车市场上的形象,公司推出了全新的4000系列替代车型,名称为80系列。1989年,奥迪5000系列重新出场,但名称被改为奥迪100和奥迪200。100型和200型在外形上与5000系列没有差别,但内部结构进行了重新设计,而且其装备的引擎体现了新技术的发展,这也是与旧式5000系列不同的。

国外竞争对手除欧洲外,还有日本。20世纪80年代中后期石油价格一直较为稳定,结果许多厂商又开始生产各种功率强大宽敞舒适的大型车。此外,20世纪80年代后期美元对其他西方货币如马克和日元相对疲软,使得从联邦德国或日本进口的货物变得昂贵。为了获得能接受的利润,许多出口商提高了价格。厂商价格的上升往往也伴随着汽车档次和质量的提高。

20世纪80年代末,日元的坚挺使得日本人失去了低成本的优势。日本人不再能像前些年那样制造出价格低廉,能与韩国、南斯拉夫和美国国内厂家相竞争的车型。由于

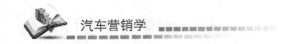

难以获得期望的利润，日本人开发了许多结构紧凑、尺寸适中的车型。这类车包括本田的雅阁、丰田的凯美瑞和尼桑。

看到德国车在价格和形象上的同步上升，本田公司注意到了这样一个机会：以传统型国内轿车的价格提供欧式功能型轿车。阿库拉把重点放在分销服务上，结果分销服务和产品质量一起在1988年J.D.强力消费者满意指数排名中名列第一。阿库拉以及一些随后推出的车型，如丰田的凌志和尼桑的无限，试图迎合那些以前买了廉价进口车，但现在想买档次提高同时又保留了原有进口车优点的车型的消费者。这类车型就包括中型的传奇。传奇车型配备了四轮盘式制动、空气循环系统、强力门锁、电动窗和收放机。像欧洲功能型车一样，阿库拉也强调操作方便和行驶平稳，为此，传奇装备了有高级赛车性能的V-6引擎，还配置了在本田其他车型中没有的缓冲装置。关于阿库拉传奇型车，汽车分析家马瑞安·N.科勒说："在不到三年的时间里，本田公司的阿库拉的市场份额将突破10万辆大关，这意味着在这一市场上它将比欧洲的每一品牌都好卖。"梅塞德斯-奔驰公司在美国的市场主管汉斯·乔丹说："阿库拉是2.5万美元到3万美元的各类车的真正敌手。"

就在阿库拉不断扩展时，在美国汽车市场上，丰田和尼桑也力争占据一席之地。他们分别推出了凌志和无限。凌志是丰田在1990年推出的。凌志LS400型是"车身庞大、车内宽敞、风格古朴"的四门轿车，看起来糅合了宝马和奔驰的设计风格，又带有凯迪拉克蛋形老爷车的挡栅，还有底特律风格的木制内缘和皱皮内装饰。它采用流线型的设计，4L的汽缸容积、4个凸轮、250马力的V-8型发动机推动车体以高速行驶。这就足以让奔驰、宝马和美洲虎的设计者努力工作十多年了。

5.3 汽车营销微观环境分析

汽车企业不仅要关注汽车市场营销宏观环境的变化，而且要了解汽车市场营销活动的所有微观环境因素，这些因素影响汽车市场营销目标的实现。汽车市场营销决策的微观环境是指与汽车企业营销决策活动紧密联系，能够直接影响汽车企业为目标市场提供服务能力的各种因素。

汽车营销微观环境主要包括汽车企业本身内部环境，即汽车企业本身内部各职能部门、汽车企业的供应商、营销中介、汽车企业的消费者、竞争者、社会公众等方面因素。这些环境因素往往与企业的具体营销活动有直接的密切关系。微观市场营销环境虽然与宏观市场营销环境一样都是企业影响因素的集合，但它与宏观市场营销环境是有区别的：第一，微观市场营销环境比宏观市场营销环境对汽车企业市场营销的影响更为直接；第二，微观市场营销环境中的一些因素在汽车企业经过努力后可以程度不同地加以控制。把市场营销环境分为宏观环境和微观环境，有利于掌握两类不同环境对市场营销的作用程度。汽车市场营销微观环境的主要影响因素如下。

1. 汽车企业本身内部环境

汽车市场营销微观环境的一个重要因素是汽车生产企业内部的环境状况。汽车生产企业的市场营销并不是孤立的，它面对着许多职能部门，如高层管理、财务、研发、采购、制造等部门。这些部门、各管理层次之间的分工是否科学、协作是否和谐、目标是否一致、配合是否默契，都会影响营销管理的决策和营销方案的实施。企业管理者的管理能力、企业资源状况、企业的投资方式以及经营能力等内部因素都在很大程度上影响着汽车的市场营销。汽车企业本身内部环境的净化和优化，是汽车企业成功的关键因素之一。如美国第一大汽车公司通用汽车公司在经历了1920—1921年最严厉的经济危机后，被称为汽车企业"管理之父"的斯隆上任通用公司总经理，实施了一系列改革措施，如政策制定和行政管理的分开；分散经营与协调控制相结合；提倡"分期付款、旧车折旧、年年换代、密封车身"等，使通用汽车公司立于不败地位。

2. 供应商

供应商是指企业生产经营所需资源的提供者，包括企业或个人。供应商供应的原材料价格的高低和交货是否及时、数量是否充足等，都会在一定程度上影响汽车产品的成本、售价、利润和交货期。供应商应该有较强的供应能力、一定的价格优势和质量可靠的产品等。

从营销角度分析，处理与供应商的关系主要有两种方式：一是采用复数原则，分别从多家供应商那里采购原材料和零配件，避免对某一家供应商过分依赖，从而运用采购数量调控，对供应商施加影响，以保证采购物品质量稳定和交货及时；二是通过技术纽带、技术标准，尽量把供应商、生产、技术体系纳入公司控制范围，建立稳定长期的合作关系。供应商过少，汽车产品在供应过程中容易发生垄断现象，产生弊端和不利；但供应商过多则采购量分散，采购价格没有优势，且订单处理程序复杂，流通费用过高，同样不利。供应链管理成为关系企业生存和发展的关键，而供应商评估则是做好供应链管理，使供应链的合作关系正常运行的基础和前提条件。汽车企业应该认真地研究和分析供应商的情况，有效的、多方位的供应渠道是企业节约成本实现交易的重要前提。因此，与供应商们建立良好的业务关系是市场竞争的关键因素之一。

3. 营销中介

营销中介机构是指企业将产品销售给最终用户的过程中，协助企业促销、销售和经销的各类组织和机构，包括中间商、物流公司、营销服务机构和金融机构等。中间商在企业的营销活动中扮演着重要的角色，它帮助企业寻找顾客并直接与顾客进行交易，从而实现产品向最终用户的转移。中间商又分为商人中间商和代理中间商。商人中间商拥有汽车的所有权，他们将汽车转卖给其他中间商或者消费者，从差价中获得利润；代理中间商没有汽车所有权，仅实现汽车生产厂商代理汽车销售业务，收取佣金。企业应该保持与中间商的良好关系，互相协调。物流公司是协助企业把货物从产地运送到目的地的经济实体。其基本功能是调节汽车生产与消费之间的空间矛盾。汽车企业要通过综合考虑成本，运输方式、速度及安全性等因素来决定运输和存储商品的最佳方式。营销服务机构是指调研公司、营销咨询公司、广告公司以及各种广告媒体，这些机构协助企业选择目标市场，推销汽车产品。金融中介机构包括银行、信贷公司、保险公司等，它们能够为汽车交易提供金融支持或在货物买卖中承担风险，对汽车企业的市场营销起到很重要的作用。

选择中间商并与之合作，并非是一件简单的事情。企业为了使自己的产品更加接近消费者，往往希望对中间商拥有较强的影响和控制力，一个实力较强的大企业面对众多的小中间商，它可以对中间商拥有控制力。然而，实力弱的企业却难以影响大中间商，甚至反过来会受制于中间商。例如在瑞士，全部食品销售的70％集中在合作联社和消费合作社两大中间商手里，这些中间商拥有巨大的力量及左右制造商的条件，甚至可以将某些制造商排斥出市场。因此企业必须对各种可选择的渠道模式结构及其成员状况作好调查、分析，以选择经济有效的方式与途径进入市场。

4. 消费者

消费者是指汽车企业为之服务的目标市场的对象，是汽车产品的购买者、使用者。包括个人、家庭、组织机构、政府部门等。汽车企业营销活动是以满足顾客需要为中心的，并通过消费者对本企业的汽车产品或服务取得补偿和利润。因此，消费者是汽车企业最重要的环境因素。按照购买动机和类别，消费者市场可以分为消费者市场、生产者市场、中间商市场、政府市场以及国际市场五种类型，每个市场都具有不同的销售特点，应认真地加以分析区别。

1) 消费品市场

消费品市场是指满足个人和家庭消费需要而购买商品和服务的市场。消费品是社会最终产品，它不需要经过生产企业再生产和加工，便可供人们直接消费。消费品市场广阔，购买人数多而分散，这些人的年龄、性别、民族、文化程度、地理区域、传统习惯、收入、心理动机等各不相同，对消费品的需求千差万别，消费品供应具有广泛性和复杂性。汽车作为一种耐用品，因为价格较高，人们的购买力成为影响其销售的主要因素。同时，它与人们的收入水平直接相关，也受收入分配结果的制约。

2) 生产者市场

生产者市场指组织机构作为再生产的投入而购买商品和服务的市场。生产者市场具有购买者数量较少、规模较大、需求波动性较大、需求一般都缺乏弹性等特点。它对于国民经济的发展具有重要的作用。

在消费者市场上，购买者是个人和家庭，购买者数量很大，但规模较小。而生产者市场上的购买者，绝大多数都是企事业单位，购买的目的是为了满足其一定规模生产经营活动的需要，因而购买者的数量很少，但购买规模很大。

消费品市场需求的少量增加与减少，会导致生产者市场需求较大幅度的增加和减少；生产者市场的需求较容易受各种环境因素（尤其是宏观环境因素）的影响，且生产者市场内部的各种需求之间具有很强的连带性和相关性，因而消费需求易产生较大的波动。

在生产者市场上，因生产者不能在短期内明显改变其生产工艺，所以生产者市场的需求在短期内尤其缺乏弹性。如汽车企业不能因钢材的涨价而不用它，也不能完全用其他材料来代替。此外，生产者市场的需求是由消费者市场需求派生和引申出来的。例如，消费者对汽车产品的需求，引申出汽车厂对汽车生产资料的需求。这种派生的需求引起的生产资料价格变动不会对产品的销量产生大的影响。如汽车产品通常是由成千上万的零件组成，如果某种零件的价值很低，这种零件的成本在整个产品的成本中所占比重很小，即使其价格变动，对产品的价格也不会有太大影响，因此对这些零件的需求也缺乏弹性。

3) 中间商市场

中间商市场是通过转售赚取进、销的差价而购买商品和服务的市场。中间商购买属批量购买,购买目的是转手买卖,贱买贵卖,以"好卖"作为主要的购买决策标准。虽然中间商关心商品的质量与款式,但他们对购买价格更敏感。

中间商市场的需求受价格因素影响极大,购买价格的高低往往直接影响最终消费者的购买量,从而影响中间商的购买量;由于中间商往往财力有限,无力对所有产品进行推广,因此常常需要生产厂家协助其做产品推广,帮助其销售;且对产品技术不擅长,通常需要供应商协助其为最终消费者提供技术服务、产品维修服务和退货服务;技术复杂、知识含量大的产品需要供应商提供培训专业推销员的服务。

中间商对选购时间要求苛刻,对市场变化反应更加灵敏;中间商市场的需求应该与消费者需求的时间保持某种一致性(不一定完全同步),以抓住市场机会,满足消费者购买的需要。因此,中间商一旦发出订单,就要求尽快到货,以避免库存积玉和失去时效。因此,营销人员应视其购买或销售的业绩给予恰当的回报。

中间商在整体市场中的分布状态较生产者分散,但比最终消费者集中。更值得注意的是,中间商及其类型的地域分布很有规律,而中间商与中间商之间彼此又构成竞争关系。因此,供应商寻找中间商是比较容易的,营销人员应注意中间商之间经营商品的搭配。

4)政府市场

政府市场是指那些为执行政府的主要职能而采购或租用汽车产品的各级政府单位。政府市场上的购买者是政府的采购机构。政府市场是一个庞大的市场。政府采购市场是指因政府消费而形成的一个特殊市场,是国内市场的一个重要组成部分。政府采购市场的规模为政府财政支出中政府消费和政府投资的总和,在许多国家里,政府组织是商品和服务的主要购买者。在美国,政府市场由各种为执行政府的主要职能而采购或租用商品的联邦、州以及地方的政府单位组成。通常占一个国家或地区年度GDP的10%以上,发展中国家规模还要大一些,一般为20%~30%。政府采购市场不同于民间市场,有特定的采购主体,采购资金为政府财政性资金,采购的目的是为履行政府管理职能提供消费品或为社会提供公共品,没有营利动机,不具有商业性。由于在这个市场里,采购资金主要来自国家预算资金(纳税人缴纳的税金),按照财政收入取之于民、用之于民的原则,政府采购活动必须公开、公正、公平地开展,将政府采购形成的商业机会公平地给予每一个纳税人(包括供应商),不得采取歧视性措施,剥夺他们应有的权利。

5)国际市场

国际市场是指国外购买组织和个人,包括国外消费者、生产者、中间商和政府等。通常意义上讲国际市场是商品交换在空间范围上扩展的产物,它表明商品交换关系突破了一国的界限。国际市场又是不同的文明、文化在时间、空间上交织而成的多维概念。从时间上看,国际市场是一个历史的概念,有其萌芽、形成和发展的过程;从空间上看,国际市场是一个地理的概念,它总是相对于某一个具体范围内的市场而言,即探讨商品交换、劳务交换和资源配置在一定范围内的特征。

5. 竞争者

企业在其目标市场进行营销活动的过程中,总会遇到竞争者的挑战和影响。竞争是商品经济的基本特征,只要存在着商品生产和商品交换,就必然存在着竞争。从顾客的角度来看,企业在营销活动中面临以下四种类型的竞争对手。

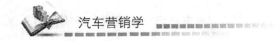

1) 欲望竞争者

欲望竞争者指提供不同产品满足不同需要的竞争者。比如，对一个汽车制造商来说，在消费者收入有限的情况下，顾客在同一时限如果购买汽车就可能放弃购买住宅，如果购买住宅就可能放弃购买汽车，那么住宅开发商就是汽车制造厂家的欲望竞争者。

2) 类别竞争者

类别竞争者指提供能够满足同一种需要的不同产品的竞争者。仍用上一个例子，电动自行车、摩托车、小轿车同为交通工具，都能满足家庭（个人）以车代步的需要，这三种产品之间存在一种平行竞争关系，对于汽车制造商来说，生产电动自行车和摩托车的企业便是类别竞争者。

3) 产品形式竞争者

产品形式竞争者指生产同种产品但提供不同规格、型号、款式以满足相同需求的竞争者。如同为汽车制造商，有的企业生产高档轿车，像奔驰；有的企业生产中档轿车，像凯越；有的企业生产经济型轿车，像捷达。虽然都生产轿车，但是不同层次轿车之间在排量、配置、尺寸等方面却不相同，这些厂商之间便互为产品形式竞争者。

4) 品牌竞争者

品牌竞争者指产品相同，规格、型号等也相同，但品牌不同的竞争者。比如，在中档轿车市场中，排量、尺寸、油耗、内置都基本相同的轿车有凯越、伊兰特、福美来等不同品牌，它们之间相互形成品牌竞争者的关系。再如中国的中高级轿车市场中，生产帕萨特轿车的上海大众与生产雅阁轿车的广州本田就互为品牌竞争者。

汽车企业在分析竞争对手时，要注意以下几个关键问题。

(1) 辨别竞争者。企业参与市场竞争，不仅要了解谁是自己的顾客，而且还要弄清谁是自己的竞争对手。从表面上看，识别竞争者是一项非常简单的工作，但是，由于需求的复杂性、层次性、易变性，技术的快速发展和演进、产业的发展使得市场竞争中的企业面临复杂的竞争形势，一个企业可能会被新出现的竞争对手打败，或者由于新技术的出现和需求的变化而被淘汰。企业必须密切关注竞争环境的变化，了解自己的竞争地位及彼此的优劣势，只有知己知彼，方能百战不殆。依据划分角度的不同，竞争者有不同的类型。如从市场方面看，企业的竞争者有品牌竞争者、行业竞争者、需要竞争者、消费竞争者四类；从企业所处的竞争地位来看，竞争者的类型有市场领导者、市场挑战者、市场追随者、市场补缺者四类。因此，企业应从不同的角度，识别自己的竞争对手，关注竞争形势的变化，以更好地适应和赢得竞争。

(2) 确认竞争者的经营战略。各企业采取的战略越相似，他们之间的竞争就越激烈。根据汽车企业所采取的主要战略不同，可将竞争者划分为不同的战略群体。根据战略群体的划分，可以归纳出两点：一是进入各个战略群体的难易程度不同。一般小型企业适于进入投资和声誉都较低的群体，因为这类群体较易打入；而实力雄厚的大型企业则可考虑进入竞争性强的群体。二是当汽车企业决定进入某一战略群体时，首先要明确谁是主要的竞争对手，然后决定自己的竞争战略。

除了在统一战略群体内存在激烈竞争外，在不同战略群体之间也存在竞争。因为：①某些战略群体可能具有相同的目标客户；②顾客可能分不清不同战略群体的产品的区别，如分不清高档货和中档货的区别；③属于某个战略群体的汽车企业可能改变战略，进入另一个战略群体，如生产高中档汽车的通用汽车公司也能开发低档经济性轿车。

（3）研究竞争者的资源状况和优劣势所在。在市场竞争中，企业需要分析竞争者的优势与劣势，做到知己知彼，才能有针对性地制定正确的市场竞争战略，以避其锋芒、攻其弱点、出其不意，利用竞争者的劣势来争取市场竞争的优势，从而来实行企业营销目标。竞争者优劣势分析的内容如下。

① 产品。竞争企业产品在市场上的地位；产品的适销性；以及产品系列的宽度与深度。

② 销售渠道。竞争企业销售渠道的广度与深度；销售渠道的效率与实力；销售渠道的服务能力。

③ 市场营销。竞争企业市场营销组合的水平；市场调研与新产品开发的能力；销售队伍的培训与技能。

④ 生产与经营。竞争企业的生产规模与生产成本水平；设施与设备的技术先进性与灵活性；专利与专有技术；生产能力的扩展；质量控制与成本控制；区位优势；员工状况；原材料的来源与成本；纵向整合程度。

⑤ 研发能力。竞争企业内部在产品、工艺、基础研究、仿制等方面所具有的研究与开发能力；研究与开发人员的创造性、可靠性、简化能力等方面的素质与技能。

⑥ 资金实力。竞争企业的资金结构；筹资能力；现金流量；资信度；财务比率；财务管理能力。

⑦ 组织。竞争企业组织成员价值观的一致性与目标的明确性；组织结构与企业策略的一致性；组织结构与信息传递的有效性；组织对环境因素变化的适应性与反应程度；组织成员的素质。

⑧ 管理能力。竞争企业管理者的领导素质与激励能力；协调能力；管理者的专业知识；管理决策的灵活性、适应性、前瞻性。

（4）判断竞争者的反应模式。不同的竞争者对市场或企业竞争措施给予不同的反应模式。通常的反应模式有如下几种。

① 迟钝型。由于某些竞争企业自身在资金、规模、技术等方面的能力的限制，对市场竞争措施的反应不强烈，行动迟缓；或竞争者对自己的竞争力过于自信，不屑于采取反应行为；还可能是因为竞争者对市场竞争措施重视不够，未能及时捕捉到市场竞争变化的信息。这些反应均属迟钝型反应模式。

② 选择型。某些竞争企业对不同的市场竞争措施的反应是有区别的。例如，大多数竞争企业对降价这样的价格竞争措施总是反应敏锐，倾向于做出强烈的反应，力求在第一时间采取报复措施进行反击，而对改善服务、增加广告、改进产品、强化促销等非价格竞争措施则不大在意，认为对自己不构成直接威胁。

③ 强烈反应型。竞争企业对市场竞争因素的变化十分敏感，一旦受到来自竞争者的挑战就会迅速地做出强烈的市场反应，进行激烈的报复和反击，势必将挑战自己的竞争者置于死地而后快。这种报复措施往往是全面的、致命的甚至是不计后果的，不达目的决不罢休。

④ 不规则型。竞争企业对市场竞争所做出的反应通常是随机的，往往不按规则出牌，使人感得不可捉摸。例如，不规则型竞争者在某些时候可能会对市场竞争的变化做出反应，也可能不做出反应；他们既可能迅速做出反应，也可能反应迟缓；其反应既可能是剧烈的，也可能是柔和的。

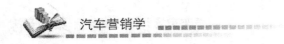

6. 社会公众

社会公众是指对汽车企业市场营销目标的实现构成实际或潜在影响的一切社会团体和个人。汽车企业周围的公众一般包括媒介公众、融资公众、政府公众、群众公众、社会组织、一般公众及内部公众。

(1) 媒介公众。主要指报社、杂志社、广播电台、电视台、出版社等大众传播媒体。

(2) 融资公众。影响公司融资的财务机构，包括银行、投资公司、保险公司、信托公司、租赁公司、证券公司等。

(3) 政府公众。指政府有关的部门，如工商、税务、法律等。

(4) 群众公众。包括消费者组织、环境保护组织和其他有关的群众团体。

(5) 社会组织。是指企业所在地区附近的居民和社区组织。

(6) 一般公众。除以上公众以外的其他公众。企业不能轻视一般公众，因为一般公众不但有可能是企业产品或服务的潜在购买者，也可能是企业潜在的投资者，如通过购买企业股票而向企业投资。

(7) 内部公众。指企业内部的所有工作人员。

5.4 汽车市场营销环境分析方法

1. SWOT 分析法

1) SWOT 分析法概述

SWOT 分析法又称为态势分析法，是一种根据汽车企业自身的既定内在条件进行分析，找出本汽车企业的优势、劣势及核心竞争力的战略分析方法。SWOT 分析法是由美国旧金山大学的管理学教授韦里克于 20 世纪 80 年代初提出来的，SWOT 四个英文字母分别代表：优势(Strength)、劣势(Weakness)、机会(Opportunity)、威胁(Threat)。

2) SWOT 分析法步骤

SWOT 分析法常常被用于制定集团发展战略和分析竞争对手情况，在战略分析中，它是最常用的方法之一。进行 SWOT 分析时，主要有以下步骤。

(1) 环境因素的 SWOT 分析。

运用市场调查的各种研究方法，对汽车企业目前的各种环境因素(外部环境因素和内部环境因素)进行分析。外部环境因素包括机会因素和威胁因素，它们是外部环境对汽车企业的发展直接影响的有利和不利因素，属于客观因素，内部环境因素包括优势因素和劣势因素，它们是汽车企业在其发展中自身存在的积极和消极因素，属主动因素，在调查分析这些因素时，不仅要考虑到历史与现状，而且更要考虑未来发展问题。

S——Strength(优势)是组织机构的内部因素，具体包括：有利的竞争态势；充足的财政来源；良好的企业形象；技术力量；规模经济；产品质量；市场份额；成本优势；广告攻势等。

W——Weakness(劣势)是组织机构的外部因素，具体包括：设备老化；管理混乱；缺少关键技术；研究开发落后；资金短缺；经营不善；产品积压；竞争力差等。

O——Opportunity(机会)是组织机构的外部因素,具体包括:新市场;新需求;市场壁垒解除;竞争对手失误;

T——Threat(威胁)也是组织机构的外部因素,具体包括:新的竞争对手、替代产品增多、市场紧缩、行业政策变化、经济衰退;客户偏好改变;突发事件等。

SWOT方法的优点在于考虑问题全面,是一种系统思维,便于发现问题和解决问题,条理清楚,便于检验。

(2) 构建SWOT矩阵。

汽车企业在具体应用SWOT分析方法时,将调查得出的汽车企业所面临的各种优势、劣势、机会和威胁等因素依据轻重缓急或影响程度等方式进行排序及统计分析,将那些对本汽车企业发展有直接、重要、大量、迫切、久远影响的因素优先排列出来,而将那些间接、次要、少许、不急、短暂影响的因素排列在后面,构建SWOT矩阵,见表5-2。

表5-2 SWOT矩阵

	机会(O) 1. 2.	威胁(T) 1. 2.
优势(S) 1. 2.	SO战略 1. 2.	ST战略 1. 2.
劣势(W) 1. 2.	WO战略 1. 2.	WT战略 1. 2.

SO战略是一种发展汽车企业内部优势与利用外部机会的战略,是一种理想的战略模式。当汽车企业具有某特定方面的优势,而外部环境又为发挥这种优势提供有利机会时,可以采取该战略。例如,良好的汽车产品市场前景、供应商规模的扩大和竞争对手的财务危机等外部条件,配以汽车企业市场份额的提高等内在优势可成为汽车企业收购竞争对手、扩大生产规模的有利条件。

WO战略是利用外部机会来弥补内部弱点,使企业改劣势而获取优势的战略。当汽车企业存在外部机会,但由于汽车企业本身存在一些内部弱点而妨碍其利用机会时,可采取该战略先克服这些弱点。

ST战略是指汽车企业利用自身优势,回避或减轻外部威胁所造成的影响。例如,竞争对手利用新技术大幅度降低成本,给汽车企业带来很大的成本压力;同时材料供应紧张,其价格可能上涨;消费者要求大幅度提高汽车产品质量;汽车企业还要支付高额环保成本等,但若汽车企业拥有充足的资金、熟练的技术工人和较强的汽车产品开发能力,便可利用这些优势开发新工艺,简化生产工艺过程,提高原材料利用率,从而降低材料消耗和生产成本。另外,开发新技术汽车产品也是企业可选择的战略。新技术、新材料和新工艺的开发与应用是最具潜力的成本降低措施,同时它可提高汽车产品质量,从而回避外部威胁的影响。

WT战略是一种旨在减少内部弱点,回避外部环境威胁的防御性技术。当汽车企业存在内忧外患时,往往面临生存危机,降低汽车产品成本即成为改变劣势的主要措施。

(3) 制定实施方案。

在完成环境因素的SWOT分析和SWOT矩阵的构建基础上,可制定该汽车企业的实施方案。汽车企业制定实施方案时的基本原则是:发挥优势因素,克服弱点因素,利用机会因素,化解威胁因素;考虑过去,立足当前,着眼未来。运用系统分析的综合分析方法,将排列与考虑的各种环境因素相互组合,从而制定出企业的未来实施方案。

为能得到准确的分析结果,在应用SWOT方法进行汽车企业环境分析时应遵循一定的规则:①对本企业的优势与劣势有客观的认识;②能准确区分出本企业的现状及前景;③进行SWOT法分析时,影响因素必须考虑全面;④分析时必须与竞争对手进行优势及劣势的比较;⑤分析尽量简洁,避免复杂化及过度分析;⑥SWOT法在应用时要依企业的不同而不同,具体问题具体分析。

2. 机会-威胁矩阵法

1) 机会矩阵

不同的环境条件和机会能给企业带来不同的潜在利润,从而形成不同的潜在吸引力。同时,企业利用各种环境机会能够战胜竞争对手取得成功的可能性也是不同的。"机会吸引力的大小-企业成功概率的高低"组成机会分析矩阵。机会矩阵就是对企业环境中存在的机会进行分析的有效方法。机会矩阵如图5-3所示。

图5-3中,有1、2、3、4四个象限,不同的象限代表者不同的环境机会及企业成功概率。具体分析如下:第2象限的环境机会,属于机会吸引力大和企业成功概率高的状态,企业在这一市场条件下应全力去发展;第1象限的环境机会,属于机会吸引力大和企业成功概率低的环境条件,企业应设法改善自身的不利条件,使第1象限的环境机会逐步发展到第2象限而成为有利的环境机会;第3象限的环境机会,属于机会潜在吸引力小和企业成功概率高的环境机会,对广大企业这种环境往往不予重视,对中小企业来说,正可以不失时机地捕捉这样的机会;第4象限的环境机会,属于机会潜在吸引力小和企业成功概率低的环境条件,对这样的环境状态,企业一般是一方面积极改善自身条件,另一方面静观市场变化趋势,随时准备利用其转瞬即逝的机会。例如,某汽车企业面临A、B、C、D四种环境机会,A为某汽车企业预研制一种有效的防止污染系统;B为某汽车企业预研制一种更有效的减震汽车;C为某汽车企业预研制高效的太阳能汽车;D为某汽车企业预研制一种高效的电动轿车;用机会矩阵分析该汽车企业的环境状态结果,如图5-4所示。

图5-3 机会矩阵

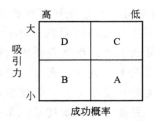

图5-4 某汽车企业机会环境分析结果

2）威胁矩阵

对于环境的分析，不仅要分析机会，也必须关注环境给市场营销活动带来的威胁。企业必须进行环境威胁分析。企业受到环境中的威胁产生不同的影响，威胁出现的概率也是不同的。将"威胁影响程度的大小-出现概率的高低"组成威胁矩阵。威胁矩阵就是对企业环境中存在的威胁进行分析的有效方法。威胁矩阵如图5-5所示。

图5-5中，对于第2象限的威胁，企业应处于高度警惕状态，并制定相应的措施，尽量避免损失或者使损失降低到最小，因为它的潜在严重性和出现的概率均很高；对于第1、3象限的威胁，企业也不应该掉以轻心，要给予充分的重视，制定好应变方案；对于第4象限的威胁，企业一般应注意其变化，若有向其他象限转移的趋势，应制定对策。例如，汽车企业遭受A、B、C、D四种威胁，A为竞争者研发了一种高效的电动轿车；B为严重的、漫长的经济萧条期；C为汽油价格上涨；D为限制汽车排污法律的出台；用威胁矩阵分析该汽车企业的环境状态结果，如图5-6所示。

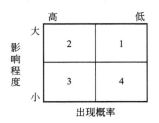

图5-5 威胁矩阵

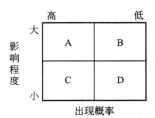

图5-6 某汽车企业威胁环境分析结果

3）机会-威胁矩阵

在对汽车企业分别进行机会矩阵与威胁矩阵分析后，应用机会-威胁矩阵对其即将从事业务的所处水平进行机会-威胁矩阵分析，判断其业务类型，针对业务类型采取相应的应对措施。所谓的机会-威胁矩阵就是由"企业所受机会水平的高低-威胁水平的低高"组成机会-威胁矩阵。机会-威胁矩阵就是对企业环境中存在的机会与威胁进行系统综合分析，确定企业业务类型的有效方法。机会-威胁矩阵如图5-7所示。机会-威胁矩阵中的业务类型有理想业务、冒险业务、成熟业务和困难业务四种，分别对应着图5-7的1、2、3、4四个象限，如图5-8所示。

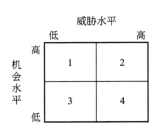

图5-7 机会-威胁矩阵综合分析图　　图5-8 机会-威胁矩阵业务类型

从图5-7中可以看出：①理想业务是一种汽车企业面临机会大、威胁水平低的业务。对于理想业务应该看到机会难得，必须抓住机遇，迅速行动。②冒险业务是一种汽车企业面对高利润与高风险的业务，既不宜盲目冒进，也不宜迟疑不决，应全面分析自身的优势和劣势，扬长避短，创造条件，争取突破性发展。③成熟业务可作为汽车企业的一种常规业务，用以维持企业的正常运转，并为开展理想业务和冒险业务创造条件。④困难业务是汽车企业要么努力改变环境，减轻威胁，要么立即转移，摆脱无法扭转的困境的业务。

不断变化的市场环境，既给企业的市场营销提供机会，也可能带来威胁，同一环境的变化对某些企业是机会，对另一些企业就有可能是威胁。企业在分析自己所处的营销环境后，往往会有两种认识：第一，把营销环境看成"不可控"因素，企业积极地去适应所处的环境，他们先对营销环境的分析，然后再制定营销策略，以避免环境中的危险因素，利用环境中的有利机会；第二，采用预测性环境管理的方法，不是单纯地观察环境后再做出决策，而是采用积极的措施去影响环境因素，创造出有利的营销机会，不再把营销环境看成完全的"不可控"因素，了解市场营销环境的变化趋势，提高市场变化的应变能力，快速适应市场营销环境的变化，趋利避害地开展市场营销活动，使企业更好地生存和发展。

综合习题

一、填空题

1. 汽车市场环境是_____的约束条件。
2. 汽车企业营销宏观环境影响因素包括_____、_____、_____、_____、_____、_____。
3. 汽车企业营销微观环境影响因素有_____、_____、_____、_____、_____。
4. 汽车企业常用的营销环境分析法有_____、_____。

二、名词解释

（1）汽车企业营销宏观环境；（2）汽车企业营销微观环境；（3）SWOT法；（4）机会-威胁矩阵法。

三、简答题

1. 汽车营销环境的分析对汽车企业营销有什么意义？
2. 简述宏观环境与微观环境的概念及其主要影响因素。
3. 简述自然环境对汽车企业市场营销的影响及应对策略。
4. 简述汽车使用环境影响因素。
5. 简述公路交通对汽车营销环境的影响。
6. 简述汽车企业应对环境变化的基本措施。
7. 简述汽车企业常用的营销环境分析法。
8. 简述SWOT法概念及分析步骤。

四、案例分析题

根据以下案例所提供的材料，试用环境机会-威胁矩阵法分析：

（1）丰田汽车公司当时处于何种业务状态？
（2）此种业务状态最适宜采用何种策略才能有所改善并扭转局面？

丰田汽车公司营销环境

日本丰田汽车公司20多年前开拓美国市场时，首次推向美国市场的车牌"丰田宝贝"仅售出228辆，出师不利，增加了丰田汽车以后进入美国市场的难度。丰田公司面临着足以影响其成败的营销环境变化。

（1）美国几家汽车公司名声显赫，实力雄厚，在技术、资金方面有着别人无法比拟的优势。

（2）美国汽车公司的经营思想是：汽车应该是豪华的。它们忙于比豪华，因而其汽车体积大，耗油多。

（3）竞争对手除了美国几家大型汽车公司外，较大的还有已经领先进入美国市场的德国大众汽车公司，该公司已在东海岸和中部地区站稳了脚跟。该公司成功的原因主要有：以小型汽车为主，汽车性能好，定价低；有一个良好的服务系统，维修服务很方便，成功地打消了美国消费者对外国车"买得起，用不起，坏了找不到零配件"的顾虑。

（4）大众汽车公司忽视了美国人的一些喜好，许多地方还是按照德国人的习惯设计的。

（5）日美之间不断增长的贸易摩擦，使美国消费者对日本产品有一种本能的排斥和敌意。

（6）美国人的消费观念正在转变，他们将汽车作为地位、身份象征的传统观念逐步减弱，开始转向实用化。他们喜欢腿部空间大、容易行驶且平稳的美国车，但又希望大幅度减少用于汽车的消耗，比较倾向于购买费用低、耗油少、耐用、维修方便的汽车。

（7）消费者已意识到交通拥挤状况的日益恶化和环境污染问题，乘公共汽车的人和骑自行车的人逐渐增多。

（8）在美国，核心家庭大量出现，家庭规模正在变小。

➥ 资料来源：李俊凯．营销是什么［M］．北京：人民日报出版社，2004．

第 6 章
汽车市场调查与市场预测

 本章教学要点

知识要点	掌握程度	相关知识
汽车市场调查概述	了解市场调查的含义及作用； 掌握汽车市场调查的内容	汽车市场调查的内容
汽车市场调查方法及步骤	掌握汽车市场调查的方法； 熟悉汽车市场调查的步骤	汽车市场调查的方法、步骤及其应用
汽车市场预测方法及应用	掌握汽车市场预测的内容及基本步骤； 掌握汽车市场预测的方法； 熟悉汽车市场预测方法的应用	汽车市场预测的内容及基本步骤； 汽车市场预测的方法及其应用

导入案例

通用汽车公司的市场研究

1998年,通用汽车公司(GM)对一款被描述为坚固、军事化的概念车进行市场调查。当该产品被冠以GMC品牌(GM的卡车分公司)名称时,观众反应冷淡。但当给它命名为"悍马"(Hummer)时,消费者的反应空前热烈。在得到这个研究结果后,GM与AM General在1999年签订一份合同,该合同允许AM General使用"悍马"这一品牌名称。AM General另外也和GM签订了一个七年的合同为GM生产悍马H2运动型多功能车(SUV)。

根据自己的研究,GM相信H2——悍马的一个较小型的版本,将会受到那些强健的人和富有的婴儿潮一代的青睐,他们希望能越野驾驶以显示自己的成功;还有三四十岁的在投资银行或类似行业上班的有钱人也会喜欢这款车。GM相信它能够把H2引入豪华SUV市场以让它与一些品牌(像林肯Navigator或是GM自己的卡迪拉克Escalade)竞争。公司制定了一个生产计划,要求AM General在印度建造一个耗资2亿美元的制造厂,从而使GM能在2002年7月以4.9万美元一辆的基本价格向市场推出H2。预期在2002年能售出1.9万辆H2,而以后销售量会上升到每年4万辆——这个数字将使得H2成为豪华SUV市场上的销量最大者。与H2相比,悍马每年只销售约800辆。

2000年,GM和AM General并没有为悍马做广告,但是它们规划了H2在2002年推出之前的时间如何进行宣传,以增加悍马的品牌知名度,为正式推介产品打基础。GM聘用了一个营销公司Modernista,为这个活动投入了300万美元。2002年7月,GM推出了2003年款悍马H2。对于H2,GM瞄准的市场是平均年龄在42岁、家庭年收入超过12.5万美元的人。相比之下,H1瞄准的顾客是那些平均年龄在50岁、家庭年收入在20万美元以上的人。

H2推出之后,汽车分析人员发现它行驶起来很顺畅,但他们质疑其内部装饰的质量,并批评它的储物空间太小。H2只能乘坐5个人,如果想坐第6个人则需要在后面的备用轮胎旁边装上一个新座位。而且,分析人员也想知道是否真会有那么多人愿意花费如此多的钱去购买这辆越野车,因为研究发现仅仅只有10%的车主愿意尝试越野行驶。尽管遭受批评,H2的销售情况依然火爆。有些买主等待了几个月,甚至为了买到车而加价1万美元。GM在每辆车上获利2万美元。到2003年中期,它实现了第一年的销售任务,卖出了18816辆H2。2003年GM共售出了35259辆H2,然后,销售开始下降。为此,GM向经销商提供每辆车2000美元的销售奖励作为刺激,希望他们能将自己的库存从80天的供应量降到45天。经历过5个月的销售下滑后,2004年初上涨的油价似乎敲响了警钟,悍马被打入J.D. Power消费者满意评级的最底层。H2购买者需要为每320英里行驶路程支付50美元汽油费。分析人员认为GM应该修正H2的年销售计划为3万辆。

市场营销面对的是不断变化和充满竞争的市场，为了企业发展，汽车营销者必须借助科学方法和手段，对市场的发展变化进行科学调查和科学预测，掌握市场发展变化的走势和规律，从而为寻找营销机会，避开和减少风险，测算市场容量，安排营销计划，谋划营销策略提供科学依据。

6.1 汽车市场调查概述

6.1.1 市场调查的含义及作用

1. 市场调查的含义

市场调查也称市场调研，就是指运用科学的方法，有目的地、系统地搜集、记录、整理有关市场营销的信息和资料，分析市场情况，了解市场的现状及其发展趋势，为市场预测和营销决策提供客观的、正确的资料。所谓的汽车市场调查指运用科学的方法，有目的地、系统地搜集、记录、整理有关汽车市场营销的信息和资料，分析汽车市场情况，了解汽车市场的现状及其发展趋势，为汽车市场预测和营销决策提供客观的、正确的资料。

美国市场营销协会将市场调查定义为：市场调研是一种通过信息将消费者、顾客和公众与营销者连接起来的职能。

2. 市场调查的特点

现代的市场调查，一般具有以下几个方面的特点。

（1）目的性。市场调查是为了找出市场发展变化的规律，向用户提供决策依据。在每次市场调查之前，都必须预先确定调查的范围和所要达到的目标。市场调查的最终目的是为有关部门和企业进行有关预测和决策提供科学的依据。因而，市场调查目标必须明确。

（2）科学性。市场调查要提供反映真实情况的准确无误的信息。市场调查的方法必须是科学的，不带任何偏见，不受感情因素的影响，对事实、证据的阐述必须排除主观性，进行合乎逻辑的推断。

（3）时效性。市场调查应在用户对信息需求的有效时间内完成，并提供给用户。市场调查有一定的时间限制，若不能按期保质保量地完成，则会失去其应有的意义。

（4）实践性。市场调查具有鲜明的实践性。它要求工作人员必须深入实践才能获取具体的、全面的第一手资料。

（5）相关性。市场调查一般以某种产品的营销活动为中心开展具体工作。因此，它总与产品的营销业务直接有关。

（6）不确定性。市场调查所掌握的信息并不一定绝对准确、完整。市场上的情况是不断变化的，有的时候有些条件是稳定的，但大部分的情况下市场是在一直改变的。

3. 市场调查的作用

市场情况是在不断变化之中，无论在国民经济宏观管理中，还是在企业微观经营中，都要时刻掌握市场信息和市场动向，否则将会造成决策失误，最终导致国民经济的无序发展或企业经营亏损直至破产。因此，从某种意义上说，市场调查是企业经营的一项经常性工作，是企业增强经营活力的重要基础，它的作用如下。

（1）市场调查是销售人员了解市场环境、掌握市场动态及开发潜在客户的重要手段。

（2）市场调查是企业获取信息的主要途径，有利于企业在科学的基础上制定营销战略与计划。通过市场调查，了解市场、分析市场，才能根据市场需求及其变化、市场规模和竞争格局、消费者意见与购买行为及营销环境的基本特征科学地制定和调整企业营销规划。

（3）市场调查是企业进行科学营销决策的依据，有利于发现企业营销活动中的不足，保持同市场的紧密联系并改进营销管理。企业通过市场调查还可以及时掌握竞争对手的动态，掌握企业产品在市场上的占有率大小，针对竞争对手的策略，对自己的工作进行调整和改进。

（4）市场调查有利于优化营销组合。企业根据市场调查的结果，分析研究产品的生命周期，开发新产品，制定产品生命周期各阶段的营销组合策略，如综合运用各种营销手段，加强促销活动、广告宣传和售后服务，增进产品知名度和顾客满意度；尽量减少不必要的中间环节，节约储运费用，降低销售成本，提高竞争力。

（5）有利于企业进一步挖掘和开拓新市场，开发新产品，发挥竞争优势。通过市场调查，企业可发现消费者尚未满足的需求，衡量市场上现有产品及营销策略满足消费需求的程度，从而不断开拓新的市场。市场调查，对于厂商开发新产品、进行技术改造、决定投资方向具有十分重要的意义。企业只有通过市场调查，分析产品所处的生命周期阶段，才能合理调整生产结构和产品结构，确定什么时候研制、生产、销售新产品，以满足消费者需要。

4．汽车市场调查的分类

根据汽车市场查目标的不同，汽车市场调查可以分为探索性调查、描述性调查、解释性调查及预测性调查四种类型。

1）探索性调查

当企业对需要调查的问题所涉及的范围和内容尚不清楚时，就应采用探索性调查作为试探，以便进一步调研。例如，某汽车企业近一段时期的产品销售量下降，不知是什么原因，一时弄不清是产品质量不好、价格偏高、服务不好，还是市场上出现了新的竞争性产品，对这些问题，可以先对一些用户、中间商或企业生产经营人员进行探索性调查，从中发现销售下降的主要原因，再确定继续调研的方向。探索性调查是为了发现问题。

2）描述性调查

描述性调查是针对需要调查的问题，采用一定的方法，对问题进行如实的记录，了解有关这一问题的实际情况和影响因素。这种调查研究是通过实际的资料，了解和回答"何时"、"何地"、"谁"、"如何"等方面的问题。多数市场调查都属于描述性调查，如对汽车市场需求的潜在量、市场占有率、促销方法和销售渠道等方面的研究。根据描述性调查的资料，找出一些相关因素，为进一步进行解释性调查和预测性调查提供资料。因此，描述性调查的资料对统计推论是十分有用的。它解决社会现象"是什么"的问题。

3）解释性调查

解释性调查是在描述性调研已收集资料的基础上，研究各因素的因果关系。在市场调查中，经常会遇到一些要回答"为什么"的问题。例如，为什么该品牌的汽车产品的销售量会下降？为什么消费者在同类汽车中比较喜欢其他牌子的汽车？这一类问题要求找出问题的原因和结果。因此，解释性调查是解决"为什么"的问题。

4) 预测性调查

预测性调查是通过收集、分析和研究过去与现在的各种市场情况资料，运用预测方法，研究并估计未来一定时期内市场上某种汽车的需求量和变化趋势。这种调查已属于市场销售预测的范围。这种调查是为了解决"会怎么样"的问题。

6.1.2 汽车市场调查的内容

市场调查的内容很多，有市场环境调查，包括政策环境、经济环境、社会文化环境的调查；有市场基本状况的调查，主要包括市场规范，总体需求量，市场的动向，同行业的市场分布占有率等；有销售可能性调查，包括现有和潜在用户的人数及需求量，市场需求变化趋势，本企业竞争对手的产品在市场上的占有率，扩大销售的可能性和具体途径等；还可对消费者及消费需求、企业产品、产品价格、影响销售的社会和自然因素、销售渠道等开展调查。汽车市场调查的内容涉及厂商市场营销的各个方面，具体地说，可概括为以下四个方面。

1. 汽车市场环境调查

主要是对汽车市场的宏观和微观环境因素进行调查，以掌握环境的变化对市场营销的影响，从而指导企业的市场营销策略的制定和调整。

从市场调查的角度，关注的调查内容主要包括以下几项。

（1）政治环境。主要对有关汽车方面的方针、政策和各种法令、条例等可能影响本汽车企业销售的诸因素进行调查。

（2）经济环境。包括各种重要经济指标，如全国及各主要目标市场的人口总数及构成，国民生产总值及其构成，社会商品零售总额，消费水平和消费结构，币值是否稳定及价格水平，重要输入品、输出品及其数量、金额，能源及其他资源情况等。

（3）科技环境。对国际国内新技术、新车型的发展速度、变化趋势、应用和推广等情况进行调查。

（4）社会文化环境。调查的内容有一个社会的文化、风气、时尚、爱好、习俗、宗教、当地人的文化水平、民族特点和风俗习惯等。

2. 目标客户情况调查

（1）汽车消费需求量。消费需求量直接决定市场规模的大小，影响需求量的因素是货币收入及适应目标消费人群两个方面。估计市场需求量时，要将人口数量和货币收入结合起来考虑。

（2）消费结构调查。消费结构是客户将货币收入用于不同商品的比例，它决定了客户的消费投向，对消费结构的调查包括以下部分：人口构成、家庭规模和构成、收入增长状况、商品供应状况以及价格的变化。

（3）客户购买心理和购买行为调查。通过调查了解客户所思所想和购买行为的特征，使销售人员以积极主动的方法影响客户消费全过程，从而扩大销售。

（4）潜在市场调查。潜在市场调查的主要目的是发现潜在目标市场。调查渠道是驾驶学校、已有用户、目标群体、汽修场所等。

3. 汽车企业竞争对手调查

我国汽车市场竞争日益激烈,既有国内汽车厂家的市场争夺,又有加入WTO后进口车辆的强大威胁。做好竞争对手调查是企业自身发展的重要一环。竞争对手可以分为现实竞争对手和潜在竞争对手。调查内容主要是对竞争对手的营销组合、其产品的市场占有率和企业实力等进行调查,以了解对手的情况。

一般来说,汽车企业做竞争对手分析,大体包括以下几个方面。

(1) 确认公司的竞争对手。广义而言,公司可将制造相同产品或同级产品的公司都视为竞争对手。

(2) 确定竞争对手的战略。公司战略与其他公司的战略越相似,公司之间的竞争越激烈。在多数行业里,竞争对手可以分成几个追求不同战略的群体。战略性群体即在某一行业里采取相同或类似战略的一群公司。确认竞争对手所属的战略群体将影响公司某些重要认识和决策。

(3) 确认竞争对手的目标。竞争对手在市场里找寻什么?竞争对手行为的驱动力是什么?此外,还必须考虑竞争对手在利润目标以外的目标,以及竞争对手的目标组合,并注意竞争对手用于攻击不同产品/市场细分区域的目标。

(4) 确认竞争对手的优势和弱势。这就需要收集竞争者几年内的资料,一般而言,公司可以通过二手资料、个人经历、传闻来弄清楚竞争对手的强弱。也可以进行顾客价值分析来了解这方面的信息。

(5) 确定竞争对手的反应模式。了解竞争对手的目标、战略、强弱,都是为了解释其可能的竞争行动及其对公司的产品营销、市场定位及兼并收购等战略的反应,也就是确定竞争对手的反应模式。此外,竞争对手特殊的经营哲学、内部文化、指导信念也会影响其反应模式。

(6) 最后确定公司的竞争战略。

4. 汽车营销组合策略调查

汽车企业自身营销组合要素调查,如图6-1所示。汽车企业营销组合策略调查主要从营销组合产品、价格、销售渠道和促销方式这四个方面开展。

1) 汽车产品调查

产品(包括服务)是厂商赖以生存的物质基础。一个厂商要想在竞争中求得生存和发展,就必须始终如一地生产出令顾客满意的产品。

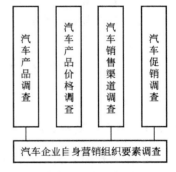

图6-1 汽车企业自身营销组合要素调查

汽车产品调查的内容包括:产品设计的调查(包括功能设计、用途设计、使用方便和操作安全的设计、产品的品牌和商标设计以及产品的外观和包装设计等);产品和产品组合的调查;产品生命周期的调查;对老产品改进的调查;对新产品开发的调查;对于如何做好销售技术服务的调查等。

2) 汽车产品价格调查

价格对产品的销售和厂商的获利情况有着重要的影响,尤其在市场经济条件下,积极开展产品价格的调查,对于厂商制定正确的价格策略有着重要的作用。

汽车产品价格调查内容有:目标市场不同阶层顾客对产品的承受能力;竞争车型的价格水平及销售量;提价和降价带来的反应;目标市场不同消费者对产品的价值定位;现有定价能否使企业盈利,盈利水平在同类企业中居于什么样的地位;替代产品价格的调查;新产品定价策略的调查。

3) 汽车销售渠道调查

销售渠道的调查也是市场调查的一项重要内容。它的选择是否合理,产品的储存和运输安排是否恰当,对于提高销售效率、缩短交货期和降低销售费用有着重要的作用。

销售渠道调查的内容包括:中间商(包括批发商、零售商、代理商等)的选择和利用情况的调查;仓库地址调查;运输工具的安排和利用调查;交货期、销售费用的调查等。

4) 汽车促销调查

促销调查包括广告的调查、人员推销的调查、各种营业推广的调查以及厂商形象的调查等多方面的内容。例如,在广告制作前要为制作适应目标顾客的广告进行调查,广告制作发布后,需要针对广告效果进行调查。促销活动要调查试行促销后销售量、市场占有率的变化等。

具体包括:广告的调查,包括广告信息的调查、广告媒体的调查、广告时间的调查、广告效果的调查等;人员推销的调查,包括销售力量调查、销售人员素质的调查、销售人员分派的合理性调查、销售人员报酬的调查;各种营业推广措施及其效果的调查;公共关系利用与厂商形象的调查等。

以上各项内容,是从市场调查的一般情况来讲的,各个汽车厂商在不同时期,在市场营销中遇到的问题不同,所要调查的问题也就不同。所以不同的厂商,必须根据自己的具体情况来确定市场调查的重点,并组织力量,把调查工作做好。

5. 汽车售后服务调查

汽车售后服务调查包括维护修理的水平与质量调查,客户满意程度调查,客户关系维系方法与效果调查,维修企业管理水平与管理能力的调查等。

6.2 汽车市场调查方法及步骤

6.2.1 汽车市场调查的方法

市场调查的方法是多种多样的,调查者应根据实际需要,审慎地选择适宜的调查方法。下面介绍几种常用的调查方法。

1. 文案调查法

文案调查又称间接调查,是指通过搜集各种历史和现实的动态统计资料(第二手资料),加以整理、分析、研究,从中获取与市场调查课题有关的情报,在办公室内进行统计分析的调查方法。这种方法主要是通过调查人员向有关方面索取资料,或从网络中搜寻,或通过剪报、摘录等方式获得,也可以通过购买、交换、查问、索取等方法获得。

获取资料主要包括企业内部资料和企业的外部资料。

1) 汽车企业内部资料

包括历年的统计资料，各种记录、统计报表、财务决算报告、工作总结、生产销售资料、用户来函、竞争对手情况等。

2) 汽车企业外部资料

(1) 国家机关公布的国民经济发展计划，统计资料、政策、法令、法规、条例等以及一些内部文件。

(2) 各行业协会、各种经济信息中心、专业信息咨询机构、银行、消费者组织公布的和提供的各方面的信息资料。

(3) 国内外公开出版物，包括报纸、杂志及图书刊登的新闻报道、消费市场信息、评论、调查报告、经济论述等资料。

(4) 企业之间交流的有关资料。

(5) 全国或地方不定期举办的展览会、交易会、洽谈会、订货会等资料。

文案调查法的优点是可以克服时空条件的限制；收集到的情报资料受各种因素影响小，费用低，效率高。缺点是对文案调查获得资料的加工、审核工作较难；文案调查资料难以与当前的调查项目吻合，调查结果的准确性受影响；文案调查要求更多的专业知识、实践经验和技巧，需要具有一定文化水平的人才能胜任，否则寸步难行。

通过文案调查法获取的有用信息会产生重要作用。例如，日本公司要进入美国市场，就查阅了美国的有关法律和进出口贸易法律条款并由此得知，美国为限制进口，保护本国工业，在进出口贸易法律条款中规定：美国政府收到外国公司商品报价单，一律无条件地提高 50%。而美国法律中对于本国商品的定义是："美国制造的零件所含的价值必须占该商品总价值 50%以上的商品"。日本公司针对这些规定，谋划出一条对策：生产一种具有 20 种零件的商品，在本国生产 19 件零件，在美国市场上购买一件零件，这一零件价值最高，其价值比率在 50%以上。商品在日本组装之后再运到美国销售，就成为美国国内的产品，可以直接和美国公司竞争了。

2. 访问法

访问法就是将调查的事项，以当面或电话或书面或其他方式向被调查者提出询问，以获得所需资料的调查方法。按照调查人员与被调查人员的接触方式不同，可以有面谈调查、电话调查、邮寄调查、计算机辅助电话访问（Computer Aided Telephone Interview）等方式。科学设计调查表、有效地运用个人访问技巧是此方法成功的关键。

1) 面谈法

面谈法就是派调研人员上门访问被调查人员，面对面地提出问题，征求意见，获取所需第一手资料的方法。这种方法具有回收率高、信息真实性强、搜集资料全面、灵活性强的优点；但所需费用高，对访问人员的监督、管理较困难，调研结果易受调研人员业务水平和态度的影响。

(1) 面谈调查按被访问对象人数的多少，可分为个人访问和集体座谈两种形式。集体座谈又叫小组访问法，是邀请一定量的被调查者（一般 8~10 人为宜）参加集体讲座，由主持人提出各种问题，围绕调查研究目标展开，以达到收集资料的目的。小组座谈法的主要形式有头脑风暴法、专家会议法和德尔菲法。

(2) 面谈调查按照问卷的填写形式，可以分为两种。一是调查员按照问卷向被调查者询问，然后将对方的回答记入问卷，所用问卷称访问式问卷。另一种是调查员将问卷交给被调查者，说明填写方法，请对方填写。可以当场填写完毕，也可以约定以后某个时间再来收取问卷（也叫置留问卷调查法），所用问卷称自填式问卷。

置留问卷调查法优点是调查人员可当面消除被调查者的思想顾虑和填写调查表的某些疑问，被调查者又有充分时间独立思考回答问题，节省了访问时间，并可避免受调查人员倾向意见的影响，因而能减少调查误差，提高调查质量和调查表的回收率。缺点为调查结果的准确性不能保证，调查范围有限，信息的时效性降低。

（3）面谈调查按照访问的地点和访问的形式，又可以分为入户（或单位）访问和拦截访问。入户访问是指调研员到被调研者的家中或工作单位进行访问，直接与受访者面谈。然后利用访问式问卷对逐个问题进行询问，并记录下对方的回答；或是将自填式问卷交给被调研者，讲明方法后，等待对方填写完毕或稍后再来收取问卷的调研方式。这是目前最常用的一种调查方法。

入户访问的优点是：当面听取被调研者的意见，并观察其反应；问卷回收率较高，如彻底执行可达100%；访问的形式较灵活；可获得额外信息，如调研员可从被调研者的住所及其家具，推测其经济状况。其缺点是：拒访率较高；调研成本较高；对访问人员的素质要求较高，调研结果正确与否受调研员技术熟练与否及诚实与否的影响甚大。

拦截式访问（街头访问、定点访问）是指访问员在某个事先选好的地点（如商业区、商场、街道、医院、公园等）拦截被访者进行调查。这种方法常用于商业性的消费者意向调研。例如，在汽车城的前台拦截顾客询问他（她）们对各种汽车品牌的偏好以及购买习惯、行为等。

拦截式访问的优点是访问进程快，成功率高，成本较低廉。其缺点为现场访问的效果可能不理想，被访者的选取受访问者的影响较大，回访较难。

2）电话调查法

电话调查法是选取一个被调研者的样本，以电话的形式向被调查者询问一系列的问题，从而获得信息资料的一种调查方法。电话调查常用于样本数量多，调查内容简单明了，易于接受，需快速获取信息的调查事项的调查。这种调研方法的优点是：可在短时间内调研多数样本，成本甚低；问卷较简单，对访问人员要求不高；适宜访问某些特殊的被访者；问卷资料易于汇总。其缺点是不易获得对方的合作，不能询问较为复杂的内容，难以辨别答案的真伪。

3）邮寄问卷法

邮寄问卷法是邮寄调研人员将预先设计好的问卷或表格邮寄给被调研者，请他们按要求填好后再邮回的一种调研方式。

这种调研方法的优点是：调研成本低；被调查者有充分的时间思考和回答问卷，并能与周围的人进行讨论和交换意见；调查范围广；对访问人员的要求低，不需专门的培训和管理。其缺点是：回收率通常偏低，影响调研的代表性；因无访问员在场，被调研者可能误解问卷意义；调查表的回收期长。

4）计算机辅助电话访问（Computer Aided Telephone Interview）

计算机辅助电话访问是用一份按计算机设计方法设计的问卷，用电话向被调研者进行访问。在发达国家，特别是在美国，这种方法比传统的电话访问更为普遍。通过计算机拨打所要的号码，电话接通之后，调研员读出屏幕上显示出的问答题，并直接将被调研者的回答(用号码表示)用键盘记入计算机的记忆库之中。

3. 观察法

观察法是由调研人员在调查现场进行观察和记录的一种市场调研方法。在观察时，调研人员既可以耳闻目睹现场情况，也可以利用照相机、录音机、摄像机等设备对现场情况做间接的观察，以获取真实的信息。观察法有如下三种。

1) 直接观察法

即到出售有关产品的商店、商场、展销会或消费者家中，观察并记录商品的实际销售情况，同行业同类产品的发展情况，新产品的性能、用途、包装、价格等情况。例如，汽车厂商派调查人员到4S店，直接观察顾客最喜欢哪几种车型，或派调查人员到销售现场观察顾客最喜欢什么样的装备配置和造型设计等。

2) 行为记录法

一般将录音机、录像机、照相机及其他一些监听、监视设备设置在现场，被调查对象的行为会如实地被记录下来。例如，美国的尼尔森公司，在全国各地1250个家庭的电视机里装了电子监听器，每90s扫描一次，每一个家庭的电视机，只要收看3min以上的节目，就会被记录下来。

3) 痕迹观察法

通过对某种行为留下的实际痕迹来观察调查情况。目前，汽车销售商大都兼营汽车修理，为了解在哪个电台上做汽车广告效果好，他们观察并记录前来修理的汽车的收音机指针停放在哪个电台上，把记录的结果做统计就可以知道汽车用户最常听哪个电台，则在这些电台上做汽车广告的效果就最好。

观察法常在以下调查中应用如下方法。

(1) 顾客动作调查。当设计新店铺时，应先研究吸引顾客的最佳方式，此时应进行顾客动作观察。

(2) 交通量调查。为研究某一街道的商业价值或改善交通秩序，调查某一街道的车辆以及行人流量或方向时可采用此法。

(3) 新产品试销观察。新产品试销时，可通过直接观察或借助仪器来了解顾客的语言、表情、动作有何变化，从而得出顾客对新产品的各种感受。

(4) 当地零售价格水平、竞争产品特点和陈列方式、产品销售包装方式和市场中可能出现的广告及推销形式等。

观察法的主要优点：因被调查者没有意识到自己正在接受调查，一切动作均极自然，准确性较高；观察调查可以由观察人员在现场使用自己的视、听、触、味、嗅等感觉器官对事物进行观察，所以成本低，见效快。观察法的主要缺点：观察法仅局限于表象观察，难以了解被调查者的心理信息，如动机、价值观念等更深入、翔实的资料；观察法受时间和空间限制，所获得的信息资料往往有一定的局限性；调查人员的素质水平不同，获得的调查资料可能会出现较大的差别。

4. 实验法

实验法是一种特殊的观察方法，一般是指通过对某些条件加以控制，对调查对象进行实验，以获取所需资料的一种调查方法。它起源于自然科学的实验求证法，其目的是为了查明实验对象的因果关系。

1）实验调查法的应用范围

实验法的应用范围较高，凡是新产品或某种产品改变品种、包装、外观造型、设计、广告、陈列、价格以及分销渠道时，都可通过实验方法观察对销售量产生的影响。

2）实验法调查的方法

（1）实验室观察法。

此方法在研究广告效果和选择媒介广告时常常被采用。例如，汽车厂商为了选择一种最能吸引大众的广告，可设计几种广告，请一些人来评判，看哪种广告设计对他们最有吸引力，以便为广告设计提供有用的信息。

（2）销售区域实验法。

此法可分为：①试销。把少量产品先拿到几个有代表性的市场去试销、展销、看样定货。试销是商品大量上市之前的一个准备阶段，是新产品趋向成长的过渡过程。它要求厂商先生产一小批商品，有计划地投放到几个预定市场，摸清销路，听取顾客意见，经过改进，然后再扩大生产。②免费试用。厂商先拿出一部分产品让消费者先试用一段时间，然后再付款。例如，某厂生产一种新型车载电话，可将新型车载电话请一部分用户无偿试用一段时间，过一段时间收回，由试用者对产品提出改进意见。这就为厂商进一步改进产品和预测销售提供了有价值的资料。

（3）模拟实验法。

模拟实验法是通过对市场情况充分了解，建立一定的模型，在计算机上进行模拟，也就是说，它所建立的假设和模型，必须以市场的客观实际为前提，否则就失去了模拟的意义。模拟实验的好处是，它可以较好地进行各种方案的对比，这是其他实验观察法难以做到的。

3）实验法的优缺点

实验法的优点是收集到的原始资料比较客观、准确；实验法方式比较灵活；实验过程中可以主动引起某些因素的变化，并通过控制其变化来获得相关的资料，而不是被动、消极地等待某些因素的变化。其缺点是调查的时间比较长，成本比较高；市场的变化是由多种宏观和微观因素共同作用的结果，许多因素如政治、文化、自然等因素是人工无法控制的，而竞争对手、消费者等微观因素也是较难驾驭的，所以实验法调查的结果不可能完全准确无误；在实验室或局部范围内进行的实验结果，由于各种条件的影响，未必适合大范围市场条件下的运行，因此实验的结论难以完全被推行或采用。

5．网上调查法

网上调查法是指在因特网上针对特定市场营销环境进行简单调查设计、收集资料和初步分析的活动。利用因特网进行市场调查（简称网上调查）有两种方式，一种方式是利用因特网直接进行问卷调查等方式收集一手资料，这种方式称为网上直接调查；另一种方式是利用因特网的媒体功能，从因特网收集二手资料。由于越来越多的传统报纸、杂志、电台等媒体，还有政府机构、企业等也纷纷上网，因此网上成为信息海洋，信息蕴藏量极其丰富，关键是如何发现和挖掘有价值信息，而不再是过去苦于找不到信息，对于第二种方式一般称为网上间接调查。

网上市场调查的实施可以充分利用因特网作为信息沟通渠道的开放性、自由性、平等性、广泛性和直接性的特性，使得网上市场调研具有传统的一些市场调研手段和方法所不具备的一些独特的特点和优势。这些特点和优势主要表现在以下几个方面。

（1）及时性和共享性。网上调查是开放的，任何网民都可以进行投票和查看结果，而且在投票信息经过统计分析软件初步自动处理后，可以马上查看到阶段性的调查结果。

（2）便捷性和低费用。实施网上调查节省了传统调研中耗费的大量人力和物力。

（3）交互性和充分性。网络的最大好处是交互性，因此进行网上调查时，被调查对象可以及时就问卷相关问题提出自己更多的看法和建议，可减少因问卷设计不合理而导致的调查结论偏差。

（4）可靠性和客观性。实施网上调查，被调查者是在完全自愿的原则下参与调查，调查的针对性更强，因此问卷填写信息可靠、调研结论客观。

（5）无时空、地域限制。网上市场调查是全天候的调查，这就与受区域制约和时间制约的传统调查方式有很大区别。

（6）可检验性和可控制性。利用因特网进行网上调查收集信息，可以有效地对采集信息的质量实施系统的检验和控制。

6.2.2 汽车市场调查的抽样技术

1. 抽样调查基本概念

调查对象的选取方法可分为普遍调查与抽样调查。一般来说，对千差万别的个体所组成的总体进行全面的、普遍的调查研究叫作普查。但是在实际的研究中，由于受到各种条件的限制，普查是非常困难的，往往代之以抽样调查。抽样调查是从研究对象的总体中抽取一定数目的样本加以调查，然后用所得的结果推论和说明总体特征。这种从总体中选择一定数目样本的过程就是抽样。总体与样本间关系，如图6-2所示。

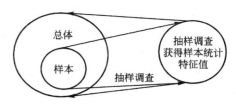

图6-2 总体与样本的关系

普查由于受到人、财、物和时间的限制不可能有大量的资料，因此大量的社会调查都是抽样调查。抽样调查具有很多优点，如节省经费、时效性强、准确性高等。当然抽样调查与普查的结果会有一定的差别，这种差别叫作抽样误差，但是通过科学的手段可以将误差控制在一定的范围内，同时，普查由于范围广、人力多，故因工作环节与层次过多而导致的工作差错也会增多，而抽样调查则可以最大限度地减少这种误差。那么在什么情况下采用抽样调查呢？在不能也不适宜采用普查方式及不必采用普查方式的情况下采用抽样调查。例如，我们要了解某品牌汽车的耐碰撞能力，不可能把所有的生产出的汽车全都碰撞一遍，只能采用抽样的方法，在已经生产出的汽车中随机抽取一部车或者几部车进行检验。

2. 抽样调查的步骤及方法

抽样调查的主要步骤如下。

1）确定抽样对象

抽样对象是指对哪些人进行调研。例如，要想了解家庭购买汽车的决策过程，究竟应调查丈夫、妻子还是其他家庭成员，只要购买者、使用者、决定者和影响者不是由一人承担，调研人员就需要确定抽样对象。

2) 确定样本大小

样本大小是指调研人数的多少。大样本当然比小样本提供的结果更可靠，但大样本的调研成本高，而且往往没有必要。只要抽样程序正确，即使样本不足总体的1％，也同样能提供可靠的调查结果。此外，也可应用置信区间法来确定样本数量的大小，其计算公式为

$$n = \left(\frac{Z\hat{\sigma}}{E}\right)^2 \tag{6-1}$$

式中：n——样本数量；

Z——z的统计量；

E——可接受的最大误差（即精确度为$\pm E\%$）；

$\hat{\sigma}$——样本方差，其计算公式为

$$\hat{\sigma} = \sqrt{\frac{\sum(x_i - \overline{X})^2}{(n-1)}} \tag{6-2}$$

式中：x_i——第i个样本值；

$\overline{X}$——样本均值；

n——样本数量。

3) 确定抽样方法

抽样方法主要有如下两类。

(1) 随机抽样。随机抽样是指在调查对象总体中随机抽取一定数目的样本进行调查。这种调查总体中每一个单位都有被选做样本的机会。抽取样本的方式主要有如下几种。

① 简单随机抽样。简单随机抽样是最基本的概率抽样，又称纯随机抽样。简单随机抽样是对总体中的所有个体按完全符合随机原则（随机数表）抽取样本的方法，它保证了总体中的每一个个体都有同等被抽取的概率。

② 分层随机抽样。分层抽样也称类型抽样或分类抽样，是先对总体单位按某种特征（如年龄、性别、职业等）分层，然后每一层都按照一定的方法随机抽取部分单位构成样本的一种抽样形式。

③ 等距随机抽样。等距随机抽样又称系统抽样或机械抽样，即将调研总体中所有单位按一定标志顺序排列、编号，计算出抽样距离，然后按相等的距离或间隔抽取样本。

④ 分群随机抽样。它是在当总体的所在基本单位自然组合或被划分为若干个群后，从中随机抽取部分群，并对抽中群内全部基本单位进行调查的一种抽样组合形式。

⑤ 多阶段抽样。多阶段抽样对基本调查单位的抽选不是一步到位的，是多种抽样方法的结合。

(2) 非随机抽样。非随机抽样是指按照调研者主观设定的某个标准抽取一定数目的单位进行调研，并不是每一个单位都有机会被选为样本。非随机抽样有以下四种具体方法。

① 方便抽样。方便抽样又称偶遇抽样，是指在一定时间内、一定环境里所能遇到的或接触到的人均选入样本的方法。

② 判断抽样。判断抽样是研究者依据主观判断选取可以代表总体的个体作为样本，这种样本的代表性取决于研究者对总体的了解程度和判断能力。

③ 配额抽样。配额抽样是首先对总体进行分组，然后由调研人员从各组中任意抽取

一定数量的样本。

④ 滚雪球抽样。滚雪球抽样是先从几个适合的样本开始，然后通过它们得到更多的样本，一步一步地扩大样本范围的抽样方法。

6.2.3 汽车市场调查的步骤

为了保证市场调查的准确性、客观性和工作质量，必须遵循一定的调查工作程序。汽车市场调查一般可分为调查准备、调查实施和分析总结三个阶段。

1. 调查准备阶段

调查准备阶段非常重要，准备工作充分与否直接关系到整个调查工作的成败。这一阶段主要做如下工作。

1）确定调查目标

市场调查的第一步就是确定调查目标。也就是说，在进行市场调查之前，先要确定调查的目的、范围和要求，即把调查的主题确定下来。为了保证市场调查的成功有效，首先要明确所要调查的问题，既不可过于宽泛，也不宜过于狭窄，要有明确的界定并充分考虑调查成果的实效性；其次，在确定问题的基础上，提出特定调查目标。

确定调查目标必须先搞清以下几个问题：为什么要调查；调查中想要了解什么；调查结果有什么用处；谁想知道调查的结果。企业一般是为解决生产经营中某些方面的问题才需要进行市场调查的，如新产品开发问题、企业产品的市场占有率下降的原因等。根据问题来确定调查目标，使整个调查过程围绕明确的调查目标而展开，否则便会使调查工作带有盲目性，造成人、财、物的浪费。

例如，某汽车专营店，所售车型出现销售额增长停滞，有压库现象，应考虑制定新的促销策略。但是，对于这个构想是否恰当，公司当局面临如下几个问题：①由于公司刚进入汽车行业，内部资料搜集不够，无法提供分析。②车型出现销售额增长停滞现象的具体原因不明确，经济衰退减少，消费者偏好转变，促销手段不得力，还是销售人员销售策略出现偏差，竞争对手实力增加等都可能是原因。假如是竞争对手实力增加，以何种指标来判断呢？消费者认为本公司产品市场落伍，新增加了经销商，导致市场空间缩小、竞争车型的广告设计较佳，售后服务有问题等。

市场营销人员对这些测定指标沟通后，决定对竞争者和促销手段展开调查，以准确了解汽车市场消费趋势，进而决定是否改变营销策略，或者保持现状。因此，此项消费者购买调查的重点在于：①寻找最合适的测定指标，测定该车型处于什么样的竞争阶段。②竞争对手的分布与经营状况。③本调查应采取叙述性调查还是假设检定调查，还是两者兼具。④哪一种促销策略更适合目标消费群。

2）拟订调查计划

调查目标确定之后就要拟订调查计划，也就是要确定实现调查目标的行动计划和方案。具体内容包括确定调查项目、选择调查方式、确定调查方法、确定经费预算、安排调查进度和编写调查计划书等。

（1）确定调查项目。确定调查项目是根据已确定的调查目标具体设置调查项目。与调查目标有关的因素很多，在不影响调查结果的大前提下，应综合考虑人力、时间和费用等诸多因素，选择重要的进行调查。

（2）选择调查方式。应根据调查项目选择具体的调查地点、调查对象。调查对象的确定要以能客观、全面地反映消费者的看法和意见为宗旨。

（3）确定调查方法。每种调查方法都有一定的优点、缺点和适用的条件。调查者应根据资料的性质、精确度及经费预算情况来确定调查方法。如果采用抽样调查方法，还要搞好抽样设计。

（4）确定经费预算。每次汽车市场调查都需要支出一定的费用，因此在制定计划时，应编制调查费用预算，合理估计调查的各项开支。在进行预算时，要认真核算、合理估计，尽可能考虑全面，以免影响进度。调查费用一般包括总体方案策划费、抽样方案设计费、调研问卷设计费、印刷费、调研实施费（包括调研员培训费、差旅费、礼品费、劳务费等）、数据统计分析费、办公费、咨询费等。

（5）安排调查进度。日程安排要根据调查过程中所要做的各项工作和每项工作所需要的时间来确定。合理安排调查进度是调查工作能按质、按期完成的有力保证。调查进度的安排要服从于调查项目，将各个调查项目具体化、明确化。每一进度中所要完成的工作内容，所需人力、经费、时间限定等都应在进度表中表现出来。

（6）编写调查计划书。在进行正式调查之前，应把前几个步骤的内容编成调查计划，以指导整个调查的进行。

2. 调查实施阶段

这一阶段包括收集、整理和分析信息资料等工作。调查中的数据收集阶段是花费时间最多且又最容易出现失误的阶段。为了保证调查工作按计划顺利进行，应事先对有关工作人员进行培训，而且要充分估计出调查过程中可能出现的问题，并要建立报告制度。提高调查人员的素质，使调查人员在计划实施过程中按计划去进行，使获取的数据尽可能反映事实，在整个信息搜集过程中能排除干扰，获得理想的信息资料。

由于从问卷和其他调查工具获取的原始资料是杂乱无章的，所以无法直接使用。调查人员应协同营销人员利用计算机等现代数据处理方法和分析系统，按照调查目标的要求进行统计分析，以整理出那些有助于营销管理决策的信息。

3. 分析总结阶段

这个阶段的工作有：调查资料的汇总整理、编写调查报告等。

1）调查资料的汇总整理

资料的汇总整理工作主要有资料校核、资料编码、数据统计和资料分析。

（1）资料校核。

首先应对资料进行校核，剔除不必要的、不可靠的资料，以保证资料的可靠性和准确性。在核校时，如发现资料不清楚、不完整、不协调之处，就应采取各种措施予以澄清、补充和纠正。

（2）资料编码。

为了方便查阅、统计和利用调查资料，经过审核，调研资料合乎要求后，应分类编码汇总，按不同的标志分门别类进行资料编码。

（3）数据统计。

统计是累计计算某一问题选择各个答案的人数，计算相应的百分比，即答案的分布情况。

(4) 资料分析。

资料分析是整个市场调查工作中资料工作的最后阶段。市场调查人员应运用统计方法对资料做必要的分析，并将分析结果提供给有关方面作为参考。一般使用的统计方法有多维分析法、回归分析法和相关分析法等。

整理分析资料是一项繁琐而艰辛的工作，因而调查者必须有耐心、细致的工作作风。同时，要注意工作的有条不紊和提高效率。现在一般应采用计算机等先进手段辅助信息处理。

2）编写调查报告

市场调查的最后一道工序就是编写调查报告，这是市场调查的最终成果，报告的内容、质量决定了它对企业领导据此决策行事的有效程度。

调查报告一般包括以下一些内容：①题目、调查人、调查日期；②目录。最好有内容提要；③序言。说明调查研究的原因、背景、目的、任务、意义；④调查概况。说明调查地点、对象、范围、过程、方法、步骤、查表内容、统计方法及数据、误差估计、在技术上无法克服的问题、调查结果等；⑤调查结论与建议。这是调查报告的主要部分。根据调查的第一手资料、数据，运用科学的方法对调查事项的状况、特点、原因、相互关系等进行分析和论证，提出主要理论观点，做出结论，提出建设性意见；⑥调查的不足、局限性与今后工作的改进意见；⑦有关资料、材料的附件。调查表副本、统计资料原稿、访问者约会的记录、参考资料目录等有关论证和说明正文的资料。

调查报告撰写前，需要做大量的实地调查工作，以大量的资料为依托；然后要对材料予以取舍、分析、加工；在编写调查报告时，要注意紧扣调查主题，力求客观、扼要并突出重点，使企业决策者一目了然；避免使用或少用专业的技术性名词，必要时可用图表形象说明。

6.3 汽车市场调查问卷的编制

问卷调查是利用统一设计好的问卷，向被调查者调查搜集关于市场需求方面的事实、意见、动机、行为等情况的一种间接、书面、标准化的调查方法。汽车市场的各种调查方法都是通过问卷完成的。调查问卷的设计或称调查表的设计，是市场调查的一项关键工作。

问卷设计的质量优劣直接涉及调查目的是否能够实现，问卷内容的覆盖面涉及所收集信息是否全面，问卷的措辞和语气会影响调查对象是否配合接受调查。调查表往往需要认真仔细地拟定、测试和调整，然后才可大规模使用。为了设计一份受欢迎的调查表，它要求设计者不仅要懂得市场营销的基本原理和技巧，还要具备社会学、心理学等知识。

6.3.1 问卷设计的原则

一份设计完好的问卷必须具备能将问题准确传达给被调查者和使被调查者乐于接受两个功能。要实现这两个功能，问卷设计时应当遵循一定的原则和程序，运用一定的方法和技巧。

1. 目的原则

目的原则是问卷设计的最重要原则，也是问卷设计首先要遵守的原则。问卷市场调查与预测设计的根本目的是设计出符合调查需要，能获得足够、适用和准确的信息资料的调查问卷，以保证调查工作的顺利完成。对于任何一项问卷设计工作来说，调查的目的都是其灵魂，因为它决定着问卷的内容和形式，涉及问卷必须问什么、不必问什么等重大问题；采用什么样的问句形式，也应服从调查目的的需要。

2. 接受原则

接受原则是设计问卷必须考虑的原则，也是获得被调查者支持的关键。比如，调查的内容离被调查者很远，被调查者对此十分陌生；调查中的问题涉及被调查者的隐情；调查问卷过长等都没有从被调查者的角度去考虑问题的结果，通常使得被调查者难以接受。所以，在设计问卷时，必须从被调查者的角度来设计。

3. 简明原则

简明也是保证问卷质量的关键，如果不能很好地遵循简明原则，就会事倍功半，最终使得调查工作的质量受到影响。简明原则具体可体现在整体设计要简明、问卷要简明、问句要简明等方面。

4. 匹配原则

匹配原则也是问卷设计中一个十分重要的原则，它在进行资料整理和统计分析的时候也是十分重要的。

5. 排序原则

问卷设计时，有关问句的排列要依照一定的顺序来安排。通常考虑的顺序主要有时间顺序、类别顺序、逻辑顺序等。

6.3.2 问卷设计的程序

要设计一份调查问卷，第一步工作并不是马上动手写调查问题，而是先做一段时间的探索性工作，然后才是设计问卷初稿，并经过试用和修改，最后形成正式的问卷，具体程序如下。

（1）透彻了解调查研究的主题。根据调查主题决定调查表的具体内容和所需要的资料。

（2）逐一列出各种资料的来源。

（3）将自己放在被调查人的地位，考虑这些问题能否得到确切的资料，哪些能使调查人方便回答，哪些难以回答。

（4）按照逻辑思维排列提问次序。

（5）决定提问的方式，哪些问题用多项选择法；哪些问题用自由回答法；哪些问题需要做解释和说明。

（6）写出问题，一个问题只能包含一项内容。

（7）每个问题都要考虑给解答人以方便，如果用对照表法，就要研究用哪些询问项目，如果用多项选择法，就要考虑应列出哪几条答案。

（8）每个问题都要考虑能否对调查结果进行恰当的分类。
（9）审查提出的各个问题，消除含义不清、有倾向性的语言和其他疑点。
（10）考虑提出问题的语气是否自然、温和、有礼貌和有趣味性。
（11）考虑将得到的资料是否对解决问题有帮助，如何进行分析和交叉分析。
（12）以少数应答人为例，对调查表进行小规模的预测。
（13）审查预试的结果，既要着眼于所收集的资料是否易于列表，又要着眼于资料的质量，看是否有不足之处需要改进。
（14）重新设计调查表并打印出来。

6.3.3 问卷设计的构成

在调查目标确定后，如采用问卷形式获取所需资料，就要把调查目标分解成详细的题目，同时还要针对调查对象的特征进行设计，如考虑调查对象是企业、消费者还是老顾客。一般的调查问卷由以下几部分组成。

1. 卷首语

卷首语是给被访者的一封短信。它的作用在于说明调查者的身份、调查内容、调查目的、调查意义、抽样方法、保密措施和表示感谢等。例如：

您好！

欢迎您填写这份调查问卷。我们××公司准备在我市筹建一汽丰田4S店，针对一汽丰田品牌和建店情况进行此次调查，请您把真实的情况和想法提供给我们。本问卷不记姓名。您的回答将按照国家统计法予以保密。

占用您的时间，向您表示衷心的感谢！同时送上一份小礼品。

2. 问卷说明

问卷说明是用来指导被访者填写问卷的说明。问卷说明主要包括：填答方法、要求、注意事项等。例如：

填表说明：

1）请在每一个问题后适合自己情况的答案号码上划圈，或者在一处填上适当的内容。
2）问卷每页右边的数码及短横线是计算机用户填写的，你不必填写。
3）若无特殊说明，每一个问题只能选择一个答案。
4）填写问卷时，请不要与他人商量。

3. 被调查者的基本情况

如被访者姓名、家庭地址、电话号码、年龄、性别和月收入等，一般来讲，如果被访者不愿意透露，可以免填。

4. 主要问题

调研问卷的核心内容。

5. 调查过程记录

调查过程记录可以放在问卷的最前面，也可以放在问卷的最后面，主要是记录调查员的姓名、督导员的姓名、在调查过程中有无特殊情况发生、被访者的合作情况等。这部分内容不要让被访者看到。调查过程记录的一般形式如下。

调查员姓名：

督导员姓名：

调查过程中有无如下情况发生：

在调查过程中有其他人在场(是什么人)。

在调查过程中有客人来访，但没有打断调查。

在调查过程中有客人来访，中断过调查(多长时间)。

在调查过程中被访者对调查内容或语言有不明白的地方。

在调查过程中被访者有顾虑。

其他(请详细说明)。

在调查过程中被访者的合作情况：

A. 合作　　　　　　　B. 一般　　　　　　　C. 不合作

6.3.4　问卷问题设计的注意事项

问题是问卷的核心部分，在设计问题时，通常要考虑问题的内容、类别、格式、措辞和顺序。

1. 问题形式

问题形式有封闭式和开放式两类。封闭式问题有一组事先设计好的答案供调查对象选择。这类问题比较容易提问、回答、处理和分析。但是，这类问题的回答受到设计者思维定式的影响和限制。

例如，对于购买私人汽车您认为是否应有适当限制？

A. 是　　　　　　　　B. 否　　　　　　　　C. 看情况而定

开放式问题不提供事先设计好的答案供调研对象选择。

例如，您对私人购车有何看法？

(　　　　　　　　　　　　　　　　　　　　)

2. 问题的表述

问题的表述方式在调查问卷中，对调查结果有绝对的影响，以下是值得注意的几个方面。

(1) 问句表达要简洁、通俗易懂，不要模棱两可，避免用一般或经常等意思的语句。

例如，问："您最近经常驾驶汽车吗？"这里"最近"是指"近一周"还是"近一月""近一年"；"经常"是指间隔多久，意思不明。

问："您会购买捷达轿车吗？"这一问句实际上将买汽车和喜欢的品牌放在一起，让人不易回答。

问："购车时您首要考虑的是汽车的输出功率吗？"这一问题有专业术语，消费者可能不理解。

(2) 问题要单一，避免多重含义。例如，问："您认为我公司的维修技术和服务质量怎样？"维修技术和服务质量是两个问题，消费者不好作答。

(3) 要注意问题的客观性，避免有诱导性和倾向性的问题，以免使答案和事实产生误差。例如，问："捷达车皮实耐用，维修方便，您是否喜欢？"应该问："府上用的是××

牌子的汽车？"

（4）避免过于涉及个人隐私。例如，问："您今年多大岁数？""你结婚了吗？"转换为"您是哪一年出生的？""您先生从事何种工作？"

（5）问题要具体，避免抽象和笼统。问题太抽象和笼统会使被调查者无从答起。例如，问："您认为当前汽车行业的发展趋势怎样？"这一问题过于笼统，涵盖调查范围可以是全国，也可以是全省，也可以是各种汽车车型的未来发展趋势，被调研者很难回答。

（6）调研语句要有亲切感，并考虑到答卷人的自尊。

例如：您暂时不买小轿车的原因是：

A. 买不起　　　　B. 款式不好　　　C. 使用率不高　　D. 不会驾驶

这种回答方式易引起反感，可以调整为：

您暂时不买小轿车的原因是：

A. 价格不满意　　B. 款式不合适　　C. 使用率不高　　D. 未考驾照

3. 问题的顺序

问题的顺序应当注意以下几点。

（1）第一个问题必须有趣且容易答复，以引起被调研者的兴趣。

（2）重要问题放在重要地方。

（3）问卷中问题之间的间隔要适当，以便答卷人看卷时有舒适感。

（4）容易回答的问题在前面，慢慢引入比较难答的问题。

（5）问题要一气呵成，且应注意问题前后要有连贯性，不要让答询人情感或思绪中断。

（6）私人问题和易引起对方困扰的问题应最后提出。

（7）为了解被访问者的答题可靠与否，在访问结束时不妨将问题中重要者再重新抽问。

（8）问卷要简短，为避免被访者太劳累，一般以15分钟内全部答完为宜。

4. 问题与答案的设计

封闭式问题在市场调查问卷中占有重要地位，因此在答案设计中要注意掌握以下原则。

（1）答案的互斥性。

答案的互斥性指同一个问题的若干个答案之间是相互排斥的，不能有重叠、交叉、包含的情况，这样才能保证答案的特定含义，使调研者不至混乱。

（2）答案的完备性。

所排列的问题答案应是所提出问题的全部可能，不能有遗漏。这种情况一般多出现在多选题中，有时很难把所有的答案列出。对此我们通常在列出主要问题选项后，再列"其他"一项备选。

（3）问题的设计要考虑调研对象的实际情况，答案的划分要符合客观事实。问卷设计可有以下几种方法。

① 填空法。多用于几个字或一个数字就能回答的简单问题。

例如，您现有的轿车用了（　　）年。

② 两项选择法。它的回答项目非此即彼，简单明了。例如：
您是否已购买家用轿车？
  A．是　　　　　　　　B．否

这类问题的答案通常是互斥的，调研结果统计得到"是"与"否"的比例，由于回答项"是"与"否"之间没有任何必然的联系，因此得到的只是一种定性分析，说明不同回答所占比例，比例大的部分影响力和重要性比较大。

③ 多项选择法。有些问题为了使被调查者完全表达要求、意愿，还需采用多项选择法，根据多项选择答案的统计结果，得到各项答案重要性的差异。
例如，您买家用轿车是因为：
  A．经济条件允许　　　B．自己开着玩，个人喜好　　C．上下班驾驶，代步工具
  D．气派、赶时髦　　　E．周围邻居或熟人都有　　　F．为了旅游、出行方便
  G．其他（具体写出）

④ 等距离量表法。研究同质问题的不同程度差别，通常用"很好""较好""一般""较差""差"一类的回答来表述。例如：
您是否想买一辆家用轿车？
  A．很想买　　　　　　B．想买　　　　　　　　　　C．不一定
  D．不想买　　　　　　E．不会买
又如，您觉得当前家用轿车的价格如何？
  A．很贵　　　　　　　B．贵　　　　　　　　　　　C．适中
  D．便宜

⑤ 顺位法。这种方法就是列举出若干项目，以决定其中较重要的顺序方案。例如：
您所知道的家用轿车品牌有哪些？
  A．桑塔纳　　　　　　B．捷达　　　　　　　　　　C．富康
  D．奇瑞风云　　　　　E．别克　　　　　　　　　　F．飞度
  G．凯越　　　　　　　H．其他
您最喜欢哪两种？
  A．首先（　　　）　　B．其次（　　　）

5．问卷的应用

（1）设计调查问卷。
要通过调查问卷进行市场调查，首先要认真对待问卷的设计，要注意问卷的严谨、全面和有利于调研者作答。

（2）确定调查对象的数量。
发放调查问卷根据问题的需要和调查的范围来选择确定调查对象，但考虑到问卷的回收率和有效率的影响，调查对象的单位数应大于研究数。例如，计划调查300份问卷，预计回收率为60％，有效率为85％，则调查对象单位数为：300份/60％×85％＝588份。

（3）回收和审查调查问卷。
对于遗漏项太多或漏选关键项太多的资料，可作废处理；还可用时，一般将漏项用空白表示或以其他代号表示；对含义模糊的答复，根据情况，要么作废，要么参考前后几个问题的回答来判断。

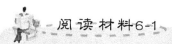
阅读材料 6-1

某市一汽丰田 4S 店市场调查方案

1. 调查目的
(1) 了解本公司品牌汽车市场情况。
(2) 分析影响各车型销售的原因。
(3) 加强企业与使用顾客、潜在顾客的感情沟通。
(4) 本公司的售后服务状况。
2. 研究内容
1) 市场情况
(1) 公司所售车型的社会保有量、市场份额情况；潜在消费者首选车型的比例和规格；对同类车型性能的比较；同类产品价格比较。
(2) 所售车型的知名度及所处的地位；本公司的社会知名度及所处地位。
(3) 影响汽车购买的因素：经济环境、服务质量、影响源(媒体与舆论)及竞争对手分布。
2) 广告情况
企业、产品广告的接触率；广告评价；广告形式、内容、途径的改进意见。
3) 售后服务
售后服务的技术；售后服务的质量；需要改进的建议。
4) 基本情况
性别、文化程度、年龄、职业、个人收入。
3. 调查方式
(1) 售后服务现场调查。
(2) 对购车用户进行电话调查或上门拜访。
(3) 驾驶学校、出租公司访查。
(4) 以问卷为主的调查。
4. 样本情况
(1) 城市样本：××市。
(2) 集体样本：从全市中随机抽取 3 所驾驶学校和两家汽车出租公司。
(3) 老顾客样本：从购车客户中调查 50~100 人。
(4) 潜在顾客样本：目标消费群随机抽取 50~100 人。
(5) 经销商样本：同车型竞争对手两家；竞争车型 3~5 家。
5. 调查日程
调查准备：3 月 1 日前完成。
制定计划：3 月 2 日~10 日。
实施计划：3 月 11 日~4 月 1 日。
数据整理：4 月 2 日~10 日。
报告汇总：4 月 11 日~21 日。
提交：4 月 25 日。

6. 调查经费

(1) 问卷设计调查经费小计：2000元。

问卷费：400元；调查费：600元；礼品费400元；公关费：300元；分析处理费：300。

(2) 访谈会经费小计：1000元。

招待费：400元；礼品费：300元；公关费：200元；场租费：100元。

(3) 管理费小计：300元。

(4) 经费总计：3300元。

【调查问卷】

您好！

欢迎您填写这份调查问卷。我们××公司针对一汽丰田品牌进行这次调查，请您把真实的情况和想法提供给我们。请在相应的空格内打"√"。您的回答将按照国家统计法予以保密。

占用您的时间，向您表示衷心的感谢！同时送上一份小礼品。

1. 您的性别是
   □男　　　　　　　□女

2. 您的年龄
   □18～22岁　　　□23～30岁　　　□31～40岁　　　□41～50岁
   □51岁以上

3. 您的最高学历是
   □初中及以下　　□高中　　　　　□中专、技校　　□大专
   □本科　　　　　□研究生及以上

4. 您的个人月收入（包括各种来源）
   □1000元以下　　□1001～2000元　□2001～3000元　□3001～5000元
   □5000元以上

5. 您的职业状况是
   □政府部门管理人员　　　　　　　□国有企业管理人员
   □外企、私企员工　　　　　　　　□外企、私企管理人员
   □事业单位（学校、医院）工作人员　□事业单位管理人员
   □专业人士（医生、律师、记者等）　□文艺体育类工作者
   □学生　　　　　　　　　　　　　□其他

6. 您现在是否已有汽车
   □有　　　　　　　□没有

7. 如果您买汽车，您会买哪种车
   □轿车　　　　　　□越野车　　　　□商务车　　　　□其他

8. 请问您有几年驾龄？
   □正在学驾照　　　□三年以下　　　□3～5年　　　　□5年以上

9. 您所能承受的汽车价位在
   □5万元以下　　　 □5～10万元

☐10万元以上，15万元以下　　　☐15万元以上

10. 您在购车时关注的车辆信息是
☐安全性　　☐经济性　　☐环保性　　☐性价比
☐舒适性

11. 影响您购车的因素是
☐造型　　☐油耗　　☐品牌　　☐价格
☐性能　　☐其他

12. 您通过何种途径了解到我们一汽丰田汽车的信息
☐报纸　　☐电视　　☐广播　　☐广告
☐展销会　　☐网络　　☐朋友介绍

13. 您购买汽车最看重的因素是
☐价格　　☐品牌　　☐性能　　☐外观
☐内饰配置精美　　☐安全性好　　☐内部空间宽敞　　☐售后服务水平
☐配置

14. 您最喜欢的汽车颜色是
☐红　　☐黑　　☐白　　☐银
☐墨绿　　☐浅黄　　☐金色　　☐浅绿
☐其他

15. 您最担心购车后会出现什么问题（单选）
☐车辆质量　　☐售后服务　　☐安全性　　☐其他

16. 您知道我们4S店的地址吗？
☐知道　　☐不知道

17. 您买家用轿车是因为
☐经济条件允许　　　　　　　　☐自己开着玩，个人喜好
☐上下班驾驶，代步工具　　　　☐气派、赶时髦
☐周围邻居或熟人都有　　　　　☐为了旅游，出行方便
☐其他（具体写出）

18. 您所知道的家用轿车品牌有哪些？
☐威驰　　☐捷达　　☐锐志　　☐卡罗拉
☐别克　　☐飞度　　☐普锐斯　　☐其他
您最喜欢哪两种？
A. 首先（　　）　　B. 其次（　　）

19. 您之所以买这款车是因为（可多选）
☐价格实惠　　☐维修方便　　☐有一定知名度　　☐别无选择
☐朋友介绍　　☐其他

20. 您一般会在什么情况下换车
☐车辆报废　　☐经济条件允许　　☐个人兴趣　　☐有合适的新车型

21. 您目前开的这款车性能如何？
☐很好　　☐较好　　☐好　　☐一般

☐差

22. 您知道一汽丰田的哪些品牌(可多选)
☐威驰　　　　☐皇冠　　　　☐锐志　　　　☐卡罗拉
☐普锐斯　　　☐普拉多　　　☐陆地巡洋舰

23. 您在选择购车地点时,考虑的首要因素是
☐离家近　　　☐价格最低　　☐服务质量高　☐有实力的
☐有熟人的销售企业　　　　　☐其他

24. 您喜欢的付款方式是
☐现金　　　　☐转账支票　　☐分期付款　　☐消费信贷

25. 您认为应该通过何种渠道作广告效果更好
☐电视　　　　☐网络　　　　☐电台　　　　☐报纸
☐专业杂志　　☐其他

26. 您进行汽车维护时,首先考虑的是
☐服务质量　　☐技术水平　　☐保养设备　　☐交通便利
☐其他

27. 您认为售后服务还需在哪些方面改进(可多选)
☐技术　　　　☐服务质量　　☐环境设施　　☐服务规范化
☐配件价格　　☐其他

28. 您认为哪种销售人员值得信赖
☐稳重　　　　☐灵活　　　　☐专业　　　　☐能言善辩
☐其他

29. 您是从何种渠道知道我公司的(可多选)
☐电视广告　　☐报刊　　　　☐熟人介绍　　☐网络
☐其他途径

30. 您对我公司提供的服务满意吗
☐很满意　　　☐满意　　　　☐一般　　　　☐不满意
☐不知道

感谢您的合作,祝您全家愉快,谢谢!

6.4　汽车市场预测方法及应用

6.4.1　市场预测概述

市场预测就是运用科学的方法,对影响市场供求变化的诸因素进行调查研究,分析和预见其发展趋势,掌握市场供求变化的规律,为经营决策提供可靠的依据。

1. 市场预测的分类

依据划分标准不同,市场预测有不同的分类。

1) 依据预测范围的分类

(1) 宏观市场预测。宏观市场预测是对整个市场的预测分析,研究总量指标、相对数指标以及平均数指标之间的联系与发展变化趋势。宏观市场预测对企业确定发展方向和制定营销战略具有重要的指导意义。

(2) 微观市场预测。微观市场预测是对一个生产部门、公司或企业的营销活动范围内的各种预测。微观市场预测是企业制定正确的营销战略的前提条件。微观市场预测是宏观市场预测的基础和前提,宏观市场预测是微观市场预测的综合与扩大。

2) 依据预测时间的分类

(1) 近期预测。近期预测是指时间在一周～一个季度之间的预测。

(2) 短期预测。短期预测是指时间在一季度～一年之间的预测,有助于企业适时调整营销策略,实现企业经营管理的目标。

(3) 中期预测。中期预测是指时间在 1～5 年之间的预测,有助于企业确定营销战略。

(4) 长期预测。长期预测是指时间在 5 年以上的市场变化及其趋势的预测,为企业制定总体发展规划和重大营销决策提供科学依据。

3) 依据预测对象的分类

(1) 单项产品预测。单项产品预测是市场预测的基础。按照产品的品牌、规格与型号进行预测。为企业编制季度计划、年度计划与安排生产进度提供科学依据。

(2) 同类产品预测。同类产品预测是按照产品类别进行预测,一般按照同大类产品的具体标志性特征进行具体预测。

(3) 产品总量预测。产品总量预测是对消费者需要的各种产品的总量进行预测,一般属于行业预测。

4) 依据预测性质的分类

(1) 定性预测。定性预测是研究和探讨预测对象在未来市场所表现的性质。主要通过对历史资料的分析和对未来条件的研究,凭借预测者的主观经验、业务水平和逻辑推理能力,对未来市场的发展趋势做出推测与判断。定性预测简单易行,在预测精度要求不高时较为可行。

(2) 定量预测。定量预测可以确定预测对象在未来市场的可能数量。以准确、全面、系统、及时的资料为依据,运用数学或其他分析手段,建立科学合理的数学模型,对市场发展趋势做出数量分析。定量预测主要包括时间序列预测与因果关系预测两大类。

2. 市场预测的基本要素

(1) 信息。信息是客观事物特性和变化的表征和反映,存在于各类载体,是预测的主要工作对象、工作基础和成果反映。

(2) 方法。方法是指在预测的过程中进行质和量的分析时所采用的各种手段。预测的方法按照不同的标准可以分成不同的类别。按照预测结果属性可以分为定性预测和定量预测,按照预测时间长短的不同,可以分为长期预测、中期预测、短期预测和近期预测。按照方法本身,更可以分成众多的类别,最基本的是模型预测和非模型预测。

(3) 分析。分析是根据有关理论所进行的思维研究活动。根据预测方法得出预测结论之后,还必须进行两个方面的分析:一是在理论上要分析预测结果是否符合经济理论和统计分析的条件;二是在实践上对预测误差进行精确性分析,并对预测结果的可靠性进行评价。

(4) 判断。对预测结果采用与否,或对预测结果依据相关经济和市场动态所做的修正需

要判断，同时对信息资料、预测方法的选择也需要判断。判断是预测技术中重要的因素。

3．市场预测的内容

市场预测的内容十分广泛，从宏观到微观，二者相互联系、相互补充。具体讲主要包括以下几个内容。

1）预测市场容量及变化

市场容量是指有一定货币支付能力的需求总量。市场容量及其变化预测可分为生产资料市场预测和消费资料市场预测。生产资料市场容量预测是通过对国民经济发展方向、发展重点的研究，综合分析预测行业生产技术、产品结构的调整，预测工业品的需求结构、数量及其变化趋势。

消费资料市场容量预测的重点为：(1)消费者购买力预测。预测消费者购买力要做好两个预测：一是人口数量及变化预测。人口的数量及其发展速度，在很大程度上决定着消费者的消费水平。二是消费者货币收入和支出的预测。(2)预测购买力投向。消费者收入水平的高低决定着消费结构，即消费者的生活消费支出中商品性消费支出与非商品性消费支出的比例。消费结构规律是收入水平越高，非商品性消费支出会增大，如娱乐、消遣、劳务费用支出增加，在商品性支出中，用于饮食费用支出的比重大大降低。另外还必须充分考虑消费心理对购买力投向的影响。(3)预测商品需求的变化及其发展趋势。根据消费者购买力总量和购买力的投向，预测各种商品需求的数量、花色、品种、规格、质量等。

2）预测市场价格的变化

企业生产中投入品的价格和产品的销售价格直接关系到企业盈利水平。在商品价格的预测中，要充分研究劳动生产率、生产成本、利润的变化，市场供求关系的发展趋势，货币价值和货币流通量变化以及国家经济政策对商品价格的影响。

3）预测生产发展及其变化趋势

对生产发展及其变化趋势的预测就是对市场中商品供给量及其变化趋势的预测。

4．市场预测的基本步骤

预测应该遵循一定的程序和步骤以使工作有序化、统筹规划和协作。市场预测的过程大致包含以下的步骤。

1）确定预测目标

明确目标，是开展市场预测工作的第一步，因为预测的目标不同，预测的内容和项目、所需要的资料和所运用的方法都会有所不同。明确预测目标，就是根据经营活动存在的问题，拟定预测的项目，制定预测工作计划，编制预算，调配力量，组织实施，以保证市场预测工作有计划、有节奏地进行。

2）搜集资料

进行市场预测必须有充分的资料。有了充分的资料，才能为市场预测提供进行分析、判断的可靠依据。在市场预测计划的指导下，调查和搜集预测有关资料是进行市场预测的重要一环，也是预测的基础性工作。

3）选择预测方法

根据预测的目标以及各种预测方法的适用条件和性能，选择合适的预测方法。有时可以运用多种预测方法来预测同一目标。预测方法的选用是否恰当，将直接影响到预测的精确性和可靠性。运用预测方法的核心是建立描述、概括研究对象特征和变化规律的模型，根据模型进行计算或者处理,即可得到预测结果。

4) 预测分析和修正

分析判断是对调查搜集的资料进行综合分析,并通过判断、推理,使感性认识上升为理性认识,从事物的现象深入到事物的本质,从而预计市场未来的发展变化趋势。在分析评判的基础上,通常还要根据最新信息对原预测结果进行评估和修正。

5) 编写预测报告

预测报告应该概括预测研究的主要活动过程,包括预测目标、预测对象及有关因素的分析结论,主要资料和数据,预测方法的选择和模型的建立,以及对预测结论的评估、分析和修正等。

汽车企业在汽车市场预测时常采用的方法是定性预测和定量预测。

6.4.2 定性预测法

定性预测是指预测者根据已经掌握的部分历史和直观的资料,运用个人的经验和主观判断能力对事物的未来发展做出性质和程度上的预测。汽车市场定性预测又可以分为以下几种方法。

1. 个人经验判断法

个人经验判断法是凭借个人的知识经验和分析综合能力,对预测目标做出未来发展趋向的推断。推断的成功和准确与否取决于个人所掌握的资料以及分析、综合和逻辑推理能力。个人经验判断法有以下两种。

1) 相关推断法

相关推断法是根据因果性原理,从已知的相关经济现象和经济指标去推断预测目标的未来发展趋向。例如,汽车保有量的增加与经济水平、人口数量等有关。因此,在调查中国汽车保有量的增加率时,就可以推断出购买汽车的人数和购买力均提高。

运用相关推断法,应先根据理论分析和实践经验,找出影响预测目标的主要因素,再根据因果性原理,进行具体的推断。

2) 对比类推法

对比类推法是依据类比性原理,从已知的类似经济事件去推断预测目标的将来发展趋向。例如,需要预测今后一段时间内全国汽车市场需求状况,只需选取若干大、中、小城市进行调查分析,就可以类推全国总需求的情况。这是一种应用较广泛的局部总体类推法,除此之外,对比类推法还有产品类推法(根据产品的相似性类推)、地区类推法(根据地区的相似性类推)、行业类推法(根据行业的相似性类推)等。

在应用对比类推法时,应注意相似事物之间的差异。因相似不等于相等,在进行类推时,根据相似事物的差异往往要做一定的修正才能提高类推预测法的精度。

2. 集体经验判断法

集体经验判断法是利用集体的经验、智慧,通过思考分析、判断综合,对事物未来的发展变化趋势做出估计和判断的一种方法。企业集体经验判断法相对于个人经验判断法有十分明显的优点,它利用了集体的经验和智慧,避免了个人掌握的信息量有限和看问题片面的缺点。

1) 集体经验判断法种类

(1) 意见交换法。意见交换法是指参加预测的人员,通过座谈讨论,相互交换意见,当场提出个人主观的估计预测值；或者就先提出个人主观的估计预测值，然后由预测主持者集中各方面的意见，综合形成一种或几种预测结果。

（2）意见汇总法。意见汇总法是指在对某事物进行预测时，由企业内部所属各个部门分别进行预测，然后把各部门的预测意见加以汇总形成集体的预测意见的一种判断预测法。

（3）消费者意向调查法。消费者意向调查法是指在调查消费者或用户在未来某个时间内购买某种商品意向的基础上，对商品需求量或销售量做出量的推断的方法。这种方法可以几种消费者或用户购买商品的决策经验，反映他们未来对商品的需求状况。

（4）意见测验法。意见测验法是指向企业外部的有关人员（如消费者或用户）征求意见，加以综合分析做出预测推断的一种方法。经常采用的有消费者或用户现场投票法、发调查表征求意见法、商品试销或试用征求意见法。

2）集体经验判断法预测步骤

（1）由若干个熟悉预测对象的人员组成一个预测小组，并向小组人员提出预测目标和预测的期限要求，且尽可能地向他们提供有关资料。

（2）小组人员根据预测要求，凭其个人经验和分析判断能力提出各自的预测方案。同时每个人说明其分析理由，并允许大家在经过充分讨论后，重新调整其预测方案，力求在方案中既有质的分析，又有量的分析，既充分的定性分析，又有较准确的定量描述。在方案中着重研究探讨未来市场的可能状况、各种可能状态出现的概率及每种状态下市场销售可能达到的水平。

（3）预测组织者计算有关人员预测方案的方案期望值，即各项主观概率与状态值乘积之和。

（4）将参与预测的有关人员分类，并赋予不同的权数。由于预测参加者对市场了解的程度以及经验等因素不同，因而他们每个人的预测结果对最终预测结果的影响作用也不同。所以要赋予每个人员不同的权数表示这种差异，最后采用加权平均法获得最终结果。若给每个预测者以相同的权数，表示各预测者的预测结果的重要性相同，则最后结果可直接采用算术平均法获得。

（5）确定最终预测值。

3．德尔菲法

德尔菲法是在20世纪40年代由赫尔默（Helmer）和戈登（Gordon）首创，1946年，美国兰德公司为避免集体讨论存在的屈从于权威或盲目服从多数的缺陷，首次用这种方法来进行定性预测，后来该方法被迅速广泛采用。20世纪中期，当美国政府执意发动朝鲜战争的时候，兰德公司又提交了一份预测报告，预告这场战争必败。政府完全没有采纳，结果一败涂地。从此以后，德尔菲法得到广泛认可。

德尔菲法是采用背对背的通信方式征询专家小组成员的预测意见，经过几轮征询，使专家小组的预测意见趋于集中，最后做出符合市场未来发展趋势的预测结论。德尔菲法也称专家调查法，是一种采用通信方式分别将所需解决的问题单独发送到各个专家手中，征询意见，然后回收汇总全部专家的意见，并整理出综合意见。随后将该综合意见和预测问题再分别反馈给专家，再次征询意见，各专家依据综合意见修改自己原有的意见，然后再汇总。这样多次反复，逐步取得比较一致的预测结果的决策方法。

德尔菲法依据系统的程序，采用匿名发表意见的方式，即专家之间不得互相讨论，不发生横向联系，只能与调查人员发生关系，通过多轮次调查专家对问卷所提问题的看法，经过反复征询、归纳、修改，最后汇总成专家基本一致的看法，作为预测的结果。这种方法具有广泛的代表性，较为可靠。德尔菲法的具体实施步骤如下。

（1）组成专家小组。按照课题所需要的知识范围，确定专家。专家人数的多少，可根据预测课题的大小和涉及面的宽窄而定，一般不超过20人。

（2）向所有专家提出所要预测的问题及有关要求，并附上有关这个问题的所有背景材料，同时请专家提出还需要什么材料。然后，由专家做书面答复。

（3）各个专家根据他们所收到的材料，提出自己的预测意见，并说明自己是怎样利用这些材料并提出预测值的。

（4）将各位专家第一次判断的意见汇总，列成图表，进行对比，再分发给各位专家，让专家比较自己同他人的不同意见，修改自己的意见和判断。也可以把各位专家的意见加以整理，或请身份更高的其他专家加以评论，然后把这些意见再分送给各位专家，以便他们参考后修改自己的意见。

（5）将所有专家的修改意见收集起来，汇总，再次分发给各位专家，以便做第二次修改。逐轮收集意见并为专家反馈信息是德尔菲法的主要环节。收集意见和信息反馈一般要经过三四轮。在向专家进行反馈的时候，只给出各种意见，但并不说明发表各种意见的专家的具体姓名。这一过程重复进行，直到每一个专家不再改变自己的意见为止。

（6）对专家的意见进行综合处理。

德尔菲法在应用时由于专家组成成员之间存在身份和地位上的差别以及其他社会原因，有可能使其中一些人因不愿批评或否定其他人的观点而放弃自己的合理主张。要防止这类问题的出现，必须避免专家们面对面的集体讨论，而是由专家单独提出意见。对专家的挑选应基于其对企业内外部情况的了解程度。专家可以是第一线的管理人员，也可以是企业高层管理人员和外请专家。例如，在估计未来企业对劳动力的需求时，企业可以挑选人事、计划、市场、生产及销售部门的经理作为专家。此外，还应注意以下问题。

（1）为专家提供充分的信息，使其有足够的根据做出判断。例如，为专家提供所收集的有关企业人员安排及经营趋势的历史资料和统计分析结果等。

（2）所提问的问题应是专家能够回答的问题。

（3）允许专家粗略地估计数字，不要求精确，但可以要求专家说明预计数字的准确程度。

（4）尽可能将过程简化，不询问与预测无关的问题。

（5）保证所有专家能够从同一角度去理解员工分类和其他有关定义。

（6）向专家讲明预测对企业和下属单位的意义，以争取他们对德尔菲法的支持。

德尔菲法同常见的召集专家开会、通过集体讨论、得出一致预测意见的专家会议法既有联系又有区别。德尔菲法能发挥专家会议法的优点，既能充分发挥各位专家的作用，集思广益，又能把各位专家的意见分歧表达出来，取各家之长，避各家之短。但德尔菲法易受权威人士的意见影响；且有些专家碍于情面，不愿意发表与其他人不同的意见；或出于自尊心而不愿意修改自己原来不全面的意见，这些是德尔菲法在实施过程中要需注意的。

4. 专家意见汇总法

意见汇总法是指根据预测的目的、内容及要求，有针对性地汇总所属机构的预测意见，加上本身对预测资料的分析判断，来分析预测对象未来的发展趋向的一种集体判断法。意见汇总法在市场预测中的基本做法如下。

（1）根据决策和计划的需要，向所属单位提出预测要求。

（2）利用现有统计资料，在内部运用意见交换法，分别做出预测意见。

（3）将各所属预测资料和意见加以汇总，并依据自己已经掌握的统计资料，推断出预测的结果。

在实际工作中，意见汇总法与意见交换法结合运用。

5. 购买者意向调查法

许多企业经常关注新顾客、老顾客和潜在顾客未来的购买意向情况，如果存在少数重要的顾客占据企业大部分销售量这种情况，那么购买者期望法是很实用的。购买者意向调查法，国外也称"买主意向调查法"，是指通过一定的调查方式（如抽样调查、典型调查等）选择一部分或全部的潜在购买者，直接向他们了解未来某一时期（即预测期）购买商品的意向，并在此基础上对商品需求或销售做出预测的方法。在缺乏历史统计数据的情况下，运用这种方法，可以取得数据资料，做出市场预测。

在预测实践中，这种方法常用于中高档耐用消费品的销售预测，如汽车销售量的预测就常采用此种方法。调查预测时，应注意取得调查对象的信任，要创造条件解除调查对象的疑虑，使其能够真实地反映商品需求情况。购买者意向调查法的步骤如下。

（1）把消费者的购买意向分为不同等级，用相应的概率来描述其购买可能性大小。一般分为5个等级："肯定购买"，购买概率是100%；"可能购买"，购买概率是80%；"未确定"，购买概率是50%；"可能不买"，购买概率是20%；"肯定不买"，购买概率为0。具体见表6-1。

表6-1 购买意向等级概率描述表

购买意向	肯定购买	可能购买	未确定	可能不买	肯定不买
概率描述（P）	100%	80%	50%	20%	0

（2）向被调查者说明所要调查的商品的性能、特点、价格，市场上同类商品的性能、价格等情况，以便购买者能准确地做出选择判断，并请被调查者明确购买意向，即属于表6-1中5种购买意向中的哪一种。

（3）对购买意向调查资料进行综合，列出汇总表，见表6-2。根据汇总表可以分别统计出肯定购买的人数、可能购买的人数、未确定购买的人数、可能不买的人数及肯定不买的人数。

表6-2 购买意向调查资料汇总表

购买意向	肯定购买	可能购买	未确定	可能不买	肯定不买
概率描述（P）	100%	80%	50%	20%	0
人数（户数）x_i	x_1	x_2	x_3	x_4	x_5

(4) 计算购买比例的期望值,购买比例的期望值公式为式(6-3);再计算购买量的预测值,购买量预测值计算公式为式(6-4)。

$$E = \frac{\sum P_i x_i}{\sum x_i} \qquad (6-3)$$

式中:E——购买比例期望值;
P_i——不同购买意向的概率值;
x_i——不同购买意向的人数(户数)。

$$Y = E \cdot N \qquad (6-4)$$

式中:Y——购买量预测值;
E——购买比例期望值;
x_i——不同购买意向的人数(户数)。

采用购买者意向调查法的优点是一般准确率较高。但不太适合长期预测。因为时间长,市场变化因素大。消费者不一定都按长期购买商品计划安排,所以这时预测结果可用其他方法预测对比进行修正,使预测结果更为准确。

6. 销售人员意见法

销售人员意见法是利用销售人员对未来销售进行预测。有时是由每个销售人员单独做出这些预测,有时则与销售经理共同讨论而做出这些预测。预测结果以地区或行政区汇总,逐级汇总,最后得出企业的销售预测结果。销售人员最接近消费者和用户,对商品是否畅销、滞销比较了解,对商品花色、品种、规格、式样的需求等都比较了解。所以,许多企业都通过听取销售人员的意见来预测市场需求。汽车销售人员意见法就是将汽车市场划分为若干子市场,每个子市场由销售员来预测,整个市场的预测值是各子市场预测值的总和。

销售人员意见法的优点如下。
(1) 比较简单明了,容易进行。
(2) 销售人员经常接近客户,对客户意向有较全面深刻的了解,对市场比其他人有更敏锐的洞察力,因此,所做的预测值可靠性较大,风险性较小。
(3) 适应范围广。
(4) 对商品销售量、销售额和花色、品种、规格都可以进行预测,能比较实际地反映当地需求。
(5) 销售人员直接参与公司预测,从而对公司下达的销售配额有较大信心去完成。
(6) 运用这种方法,也可以按产品、区域、顾客或销售人员来划分各种销售预测值。

销售人员意见法的缺点如下。
(1) 销售人员可能对宏观经济形势及企业的总体规划缺乏了解。
(2) 销售人员受知识、能力或兴趣影响,其判断总会有某种偏差,有时受情绪的影响,也可能估计过于乐观或过于悲观。
(3) 有些销售人员为了能超额完成下年度的销售配额指标,获得奖励或升迁机会,可能会故意压低预测数字。

6.4.3 定量预测法

定量预测法是根据比较完备的历史和现状统计资料，运用数学方法对资料进行科学的分析、处理，找出预测目标与其他因素的规律性联系，对事物的发展变化进行量化推断的预测方法。定量预测法可以分为两大类，一类是时间序列分析法，一类是因果关系分析法（如回归分析法）。

1. 时间序列分析法

时间序列是指同一经济现象或特征值按时间先后顺序排列而成的数列。时间序列分析法是运用数学方法找出数列的发展趋势或变化规律，并使其向外延伸，预测市场未来的变化趋势。时间序列分析法应用范围比较广泛，如对商品销售量的平均增长率的预测、季节性商品的供求预测、产品的生命周期预测等。时间序列分析是定量预测方法之一，它的基本原理一是承认事物发展的延续性。应用过去数据，就能推测事物的发展趋势。二是考虑到事物发展的随机性。任何事物发展都可能受偶然因素影响，为此要利用统计分析中加权平均法对历史数据进行处理。该方法简单易行，便于掌握，但准确性差，一般只适用于短期预测。时间序列预测一般反映趋势变化、周期性变化、随机性变化三种实际变化规律。

时间序列分析法是根据系统观测得到的时间序列数据，通过曲线拟合和参数估计来建立数学模型的理论和方法。汽车市场定量预测法通常使用的时间序列分析法有简单平均法、移动平均法、指数平滑法等。

1) 简单平均法

简单平均法是通过对一定观察期内时间序列的数据求得平均数，以平均数为基础确定预测的方法，是市场预测中最简单的定量预测方法。这种预测方法简单，当预测对象变化较小且无明显趋势时，可采用此法进行短期预测。

简单平均法实质是依据简单平均数的原理，认为各值出现的概率相同，简单相加后除以个数。简单平均法有很多种，最常用的有算数平均法、加权平均法、移动平均法等。

（1）算数平均法。算术平均法是求出一定观察期内预测目标的时间数列的算术平均数作为下期预测值的一种最简单的时序预测法。算数平均法的数学计算公式为

$$y_{n+1} = \frac{\sum_{i=1}^{n} y_i}{n} = \frac{y_1 + y_2 + \cdots + y_n}{n} \tag{6-5}$$

式中：y_{n+1}——第 $n+1$ 期销售量的预测值；

y_i——第 i 期实际销售量；

n——所选资料期数。

算术平均法的优点是计算简便；缺点是将预测对象的波动平均化了，因而不能反映预测对象的变化趋势，所以该方法只适合对比较稳定的企业中波动不大的预测对象进行预测。

（2）加权平均法。加权平均法是指标综合的基本方法，又称"综合加权平均法"。加权平均法是利用过去若干个按照时间顺序排列起来的同一变量的观测值并以时间顺序数为

权数，计算出观测值的加权算术平均数，以这一数字作为未来期间该变量预测值的一种趋势预测法。加权平均法，在市场预测里，就是在求平均数时，根据观察期各资料重要性的不同，分别赋予不同的权数加以平均的方法。加权平均法的特点是所求得的平均数已包含了长期趋势变动。加权平均法的计算公式为

$$y_{n+1}=\frac{\sum_{i=1}^{n}\omega_i x_i}{\sum_{i=1}^{n}\omega_i} \tag{6-6}$$

式中：y_{n+1}——第 $n+1$ 期销售量的预测值；

x_i——第 i 期实际销售量；

ω_i——第 i 期权重系数；

n——所选资料期数。

【例 6-1】 某汽车营销企业 2013 年 1~6 月的销售额分别为（单位：万元）：260，270，240，280，260，250，依据时间时效性，假定赋予这 6 个月观察值相应的权数依次为：1，2，3，4，5，6，试用加权平均法预测该营销企业 7 月份的销售额。

解：用加权平均法预测该汽车营销企业 7 月份的销售额为

$$y_{n+1}=\frac{\sum_{i=1}^{n}\omega_i x_i}{\sum_{i=1}^{n}\omega_i}$$

$$=\frac{1\times260+2\times270+3\times240+4\times280+5\times260+6\times250}{1+2+3+4+5+6}$$

$$=259（万元）$$

即该汽车营销企业 7 月份的销售额为 259 万元。

2）移动平均法

移动平均法就是将已有的时间序列数据分段平均，并逐期移动，来对产品的需求量、公司产能等进行预测的一种方法。移动平均法适用于即期预测。当产品需求既不能快速增长又不快速下降，且不存在季节性因素时，移动平均法能有效地消除预测中的随机波动。移动平均法根据预测时使用的各元素的权重不同，可以分为：简单移动平均、加权移动平均和指数平滑法。

（1）简单移动平均法。简单移动平均法也称一次移动平均法，其计算公式为

$$y_{n+1}=\frac{1}{k}\sum_{i=n-k+1}^{n}y_i \tag{6-7}$$

式中：y_{n+1}——第 $n+1$ 期的一次移动平均预测值；

y_i——第 i 期的实际销售值；

n——所选资料期数；

k——移动跨期。

【例 6-2】 某汽车企业 2013 年前 10 个月的销售额见表 6-3，试用一次移动平均法分别在移动跨期为 5 和 7 的情况下，预测该企业第 11 个月的销售额。

表 6-3 某汽车企业 2013 年前 10 个月的销售额

期数	实际销售额（万元）	五期移动平均数（$k=5$）	七期移动平均数（$k=7$）	期数	实际销售额（万元）	五期移动平均数（$k=5$）	七期移动平均数（$k=7$）
1	50			7	68	49.4	52.1
2	51			8	58	52.8	53.3
3	49			9	48	54.6	52.9
4	40			10	78	56.2	57
5	55			11		60.8	
6	52			12			

解：用一次移动平均法预测该企业第 11 个月的销售额为

$$y_{n+1} = \frac{1}{k} \sum_{i=n-k+1}^{n} y_i$$

当 $k=5$ 时，则第 11 个月的预测值为

$$y_{11} = \frac{1}{5}(52+68+58+48+78) = 60.8（万元）$$

当 $k=7$ 时，则第 11 个月的预测值为

$$y_{11} = \frac{1}{7}(40+55+52+68+58+48+78) = 57（万元）$$

（2）加权移动平均法。加权移动平均法就是根据同一个移动段内不同时间的数据对预测值的影响程度，分别赋予不同的权数，然后再进行平均移动以预测未来值。加权移动平均法计算方法为

$$y_{n+1} = x_1 y_n + x_2 y_{n-1} + x_3 y_{n-2} + \cdots + x_k y_{n-k+1} \tag{6-8}$$

$$x_1 + x_2 + \cdots + x_k = 1$$

式中：x_i——第 y_{n-k+1} 期实际销售额的权重；

y_i——第 i 期实际销售额；

y_{n+1}——第 n 期实际销售额的移动平均数；

k——移动跨期。

加权移动平均给固定跨越期限内的每个变量值以不相等的权重。其原理是：历史各期产品需求的数据信息对预测未来期内的需求量的作用是不一样的。远离目标期的变量值的影响力相对较低，故应赋予较低的权重。

在运用加权平均法时，权重的选择是一个应该注意的问题。经验法和试算法是选择权重的最简单的方法。一般而言，最近期的数据最能预示未来的情况，因而权重应大些。例如，根据前一个月的利润和生产能力比起根据前几个月能更好地估测下个月的利润和生产能力。但是，如果数据是季节性的，则权重也应是季节性的。

应用移动平均法进行预测能平滑掉需求的突然波动对预测结果的影响。但移动平均法运用时也存在着一定的问题：①如加大移动平均法的期数（即加大 n 值）会使平滑波动效果更好，但会使预测值对数据实际变动更不敏感；②移动平均值并不能总是很好地反映出趋

势,因其结果是平均值,预测值总是停留在过去的水平上而无法预计会导致将来更高或更低的波动;且移动平均法要有大量的过去数据的记录。

为了使其预测结果更加接近现实,最好是引进近期的新数据,不断修改平均值,以之作为预测值。

(3)指数平滑法。指数平滑法是布朗(Robert G. Brown)提出的,布朗认为时间序列的态势具有稳定性或规则性,所以时间序列可被合理地顺势推延;他认为最近的过去态势,在某种程度上会持续到未来,所以将较大的权数放在最近的资料。指数平滑法是生产预测中常用的一种方法,也用于中短期经济发展趋势预测,所有预测方法中,指数平滑法是用得最多的一种。也就是说指数平滑法是在移动平均法基础上发展起来的一种时间序列分析预测法,它是通过计算指数平滑值,配合一定的时间序列预测模型对现象的未来进行预测。其原理是任一期的指数平滑值都是本期实际观察值与前一期指数平滑值的加权平均。据平滑次数不同,指数平滑法分为:一次指数平滑法、二次指数平滑法和三次指数平滑法等。在此仅介绍一次指数平滑法,一次指数平滑法的数学计算公式为

$$s_t^{(1)} = \alpha x_t + (1-\alpha) s_{t-1}^{(1)} \tag{6-9}$$

式中:$s_t^{(1)}$ ——第 $t+1$ 期的预测值;

x_t ——第 t 期的观察值;

α ——一次平滑指数,$0 < \alpha < 1$。

在应用一次指数平滑法进行预测时,第 $t+1$ 期的预测值就等于第 t 期的一次指数平滑值($s_t^{(1)}$)。此外需注意一次平滑指数 α 和初始值 $s_0^{(1)}$ 的确定,一次平滑指数 α 为

$$\alpha = \frac{2}{(N+1)} \tag{6-10}$$

式中:α ——一次平滑指数,$0 < \alpha < 1$;

N ——样本数据观察值数目。

确定初始值 $s_0^{(1)}$ 时需考虑样本数据的观察期数,当观察期的数据超过了 15 个时,可以直接令初始值 $s_0^{(1)}$ 等于 x_1;观察期的数据不足 15 个时,可以采用直接将前几个观察值的平均值作为初始值。

综上所述,简单平均法是对时间数列的过去数据一个不漏地全部加以同等利用;移动平均法则不考虑较远期的数据,并在加权移动平均法中赋予近期资料更大的权重;而指数平滑法则兼容了全期平均和移动平均所长,不舍弃过去的数据,但是仅赋予逐渐减弱的影响程度,即随着数据的远离,赋予逐渐收敛为零的权数。

2. 回归分析法

回归分析预测法是通过研究分析一个应变量对一个或多个自变量的依赖关系,从而通过自变量的已知或设定值来估计和预测应变量均值的一种预测方法。通过分析市场现象自变量和因变量之间的相关关系,建立变量之间的回归方程,并将回归方程作为预测模型,根据自变量在预测期的数量变化来预测因变量的关系。因此,回归分析预测法是一种重要的市场预测方法,当我们在对市场未来发展状况和水平进行预测时,如果能将影响市场预测对象的主要因素找到,并且能够取得其数量资料,就可以采用回归分析预测法进行预测。它是一种具体的、行之有效的、实用价值很高的常用市场预测方法。

1) 回归分析预测法的步骤

（1）根据预测目标，确定自变量和因变量。明确预测的具体目标，也就确定了因变量。如预测具体目标是下一年度的销售量，那么销售量 Y 就是因变量。通过市场调查和查阅资料，寻找与预测目标相关的影响因素，即自变量，并从中选出主要的影响因素。

（2）建立回归预测模型。依据自变量和因变量的历史统计资料进行计算，在此基础上建立回归分析方程，即回归分析预测模型。

（3）进行相关分析。对具有因果关系的影响因素（自变量）和预测对象（因变量）进行的数理统计分析。进行相关分析一般要求出相关系数，以相关系数的大小来判断自变量和因变量的相关程度。

（4）检验回归预测模型，计算预测误差。回归预测模型是否可用于实际预测，取决于对回归预测模型的检验和对预测误差的计算。回归方程只有通过各种检验，且预测误差较小，才能将回归方程作为预测模型进行预测。

（5）计算并确定预测值。利用回归预测模型计算预测值，并对预测值进行综合分析，确定最后的预测值。

回归分析预测法有多种类型。依据相关关系中自变量的个数不同分类，可分为一元回归分析预测法和多元回归分析预测法。在一元回归分析预测法中，自变量只有一个，而在多元回归分析预测法中，自变量有两个以上。依据自变量和因变量之间的相关关系不同，可分为线性回归预测和非线性回归预测。

2) 一元线性回归分析法

一元线性回归分析预测法是通过研究分析一个应变量对一个自变量的依赖关系，从而通过自变量的已知或设定值来估计和预测应变量均值的一种预测方法。一元线性回归分析法的计算公式为

$$Y_i = a + b x_i \tag{6-11}$$

式中：x_i——自变量（$i=1, 2, \cdots, n$）；

Y_i——因变量（$i=1, 2, \cdots, n$）；

a——常数项，$x=0$ 时的 y 值；

b——回归系数，因素 x 对结果 Y 的影响程度。

常数项 a 的计算公式为

$$a = \frac{1}{n}\sum_{i=1}^{n} y_i - b \frac{1}{n}\sum_{i=1}^{n} x_i \tag{6-12}$$

回归系数 b 的计算公式为

$$b = \frac{n\sum_{i=1}^{n} x_i y_i - \sum_{i=1}^{n} x_i \sum_{i=1}^{n} y_i}{n\sum_{i=1}^{n} x_i^2 - \left(\sum_{i=1}^{n} x_i\right)^2} \tag{6-13}$$

相关系数的计算公式为

$$r = \frac{\sum_{i=1}^{n} x_i y_i - \frac{1}{n}\sum_{i=1}^{n} x_i \sum_{i=1}^{n} y_i}{\sqrt{\sum_{i=1}^{n} x_i^2 - \frac{1}{n}\left(\sum_{i=1}^{n} x_i^2\right)^2} \sqrt{\sum_{i=1}^{n} y_i^2 - \frac{1}{n}\left(\sum_{i=1}^{n} y_i^2\right)^2}} \tag{6-14}$$

相关系数 r 的绝对值的大小表示相关程度的高低。①当 $r=0$ 时，说明是零相关，所求回归系数无效。②当 $|r|=1$ 时，说明是完全相关，自变量 x 与应变量 y 之间的关系为函数关系。③当 $0<|r|<1$ 时，说明是部分相关，r 值越大，表明自变量 x 与应变量 y 相关的程度越高。

估计标准差 S_y 的计算公式为

$$S_y = \sqrt{\frac{\sum_{i=1}^{n} y_i^2 - a\sum_{i=1}^{n} y_i - b\sum_{i=1}^{n} x_i y_i}{(n-2)}} \tag{6-15}$$

3) 消费需求弹性预测法

消费需求弹性预测法是指预测者依据商品价格变化与商品需求量的变化关系，进行市场预测的方法。市场商品需求受多种因素的影响，主要因素有：①价格因素。一般地说，价格上升，需求量要下降，价格下降，需求量就会增加；②消费者收入因素。大多数商品随着消费者收入的增加，其需求量也随之增加，收入下降，商品需求量也随之下降。③市场商品需求还受消费者心理、消费的环境等因素的影响。

在影响商品需求的诸多因素中，价格因素无疑是一个主要因素。商品价格的变动会引起市场对商品需求的变化。早在 19 世纪，西方经济学家马歇尔就看到这一点，提出需求弹性理论和价格弹性理论。从此，价格变动成了市场商品供求理论和分析价格与供求关系的重要工具。消费需求弹性预测法就是以这一理论为依据的。应用消费需求弹性预测法进行市场预测，必须要确定需求弹性系数。

需求弹性系数指的是商品需求量对价格变动的反应程度。一般用价格变动的相对量与需求变动的相对量之比求得，即等于需求量变动的百分比除以价格变动的百分比。其计算公式为

$$E = \frac{\dfrac{Q_1 - Q_0}{Q_0}}{\dfrac{P_1 - P_0}{P_0}} = \frac{\Delta Q}{\Delta P} \times \frac{P_0}{Q_0} \tag{6-16}$$

式中：P_0——商品变动前的价格，即原来价格；

P_1——商品变动后的价格；

Q_0——价格变动前的需求量；

Q_1——价格变动后的需求量。

其中价格变动量 ΔQ 计算公式为

$$\Delta Q = \frac{E \times \Delta P \times Q_0}{P_0} \tag{6-17}$$

需求弹性预测法的基本计算公式为

$$Y = Q_0 + \Delta Q = Q_0 + \frac{E \times \Delta P \times Q_0}{P_0} \tag{6-18}$$

需求弹性系数 E 一般为负数，它表示商品价格下降时，销售量或需求量上升，为了说明方便，对 E 取绝对值。E 的取值不同，表明需求弹性对价格变动反应不同。它主要有以下三种类型。

(1) 富有弹性。需求量变动百分数大于价格变动百分数，即需求弹性系数大于 1 时，称为需求富有弹性。例如，价格下降 2%，需求量增加 4%。

(2) 单一弹性。需求量变动百分数等于价格变动百分数，即需求弹性系数等于 1 时，称为需求单一弹性。例如，价格下降 2% 时，需求也增加 2%。

(3) 缺乏弹性。需求量变动百分数小于价格变动百分数，即需求弹性系数小于 1 时，称为需求缺乏弹性。例如，价格减少 2%，只引起需求量增加 1%。

【例 6-3】 某汽车公司的某款车型售价为 12.5 万元时，每月售量为 1180 台。当车价格降价到 11.9 万元时，每月销售量上升到 1260 台。(1)试求此款车的需求弹性系数是多少？(2)如果此月后每台再降 500 元，试用消费弹性法预测下月销量为多少？

解：(1) 需求弹性系数为

$$E = \frac{\frac{Q_1 - Q_0}{Q_0}}{\frac{P_1 - P_0}{P_0}} = \frac{\Delta Q}{\Delta P} \times \frac{P_0}{Q_0} = \frac{80}{-6000} \times \frac{125000}{1180} = -1.4124$$

(2) 如果此月后每台再降 500 元，则

$$\Delta Q = \frac{E \times \Delta P \times Q_0}{P_0} = \frac{(-1.4124) \times (-500) \times 1260}{119000} = 7(台)$$

根据需求弹性预测法的基本公式，下个月的销量为

$$Y = Q_0 + \Delta Q = Q_0 + \frac{E \times \Delta P \times Q_0}{P_0} = 1260 + 7 = 1267(台)$$

综合习题

一、填空题

1. 现代市场调查一般具有 _____、_____、_____、_____、_____ 和 _____ 六方面特点。
2. 汽车企业营销组合策略调查主要从 _____、_____、_____ 和 _____ 这四个方面开展。
3. 汽车市场调查问卷设计的原则有 _____、_____、_____、_____ 和 _____。
4. 市场预测的基本要素有 _____、_____、_____、_____。
5. 定量预测法可以分为两大类，一类是 _____，另一类是 _____。

二、名词解释

(1) 汽车市场调查；(2) 定量预测法；(3) 定性预测法。

三、简答题

1. 汽车市场调查有什么作用？汽车市场调查一般有哪几个步骤？
2. 汽车市场调查的内容包括哪些？
3. 汽车市场调查有哪几种方法？
4. 汽车市场预测的常用方法有哪些？

四、案例分析题

(1) 从案例中分析汽车市场调查有何作用和意义。
(2) 你认为汽车市场调查的内容有哪些？

丰田汽车进入美国汽车市场的营销策略

20世纪60年代初，日本丰田汽车公司在准备进入美国汽车市场时遇到很大困难。但由于丰田公司进行了细致的市场调研，制定了周密的营销策略，推出了具有特色的产品，经历了艰苦的奋斗后，最终取得了很大的成功。丰田公司的主要营销策略包括以下步骤。

1. 对美国汽车市场进行调研，掌握主要信息

(1) 消费者的偏爱与需求。美国人喜欢大型、豪华的汽车，许多美国人将汽车作为地位、身份的象征。更多的消费者崇尚实用和时尚，要求轿车内部空间大，装饰漂亮，乘坐舒适，操纵性能好，容易驾驶而且平稳，经济性好，耗油量低，可靠耐用，维修工作少，简单方便，价格适中等。

(2) 市场环境。政府与消费者均意识到交通拥挤和环境污染问题，指责舆论很强，因此，对国外进口车型没有歧视，但对日本车很瞧不起，因为日本当时没有良好的国际品牌车型。

(3) 竞争对手状况。美国本土三大汽车公司实力雄厚、品牌深入人心，都具有庞大的生产能力，上万个营销点遍布全国。欧洲销往美国的车辆从小型车到豪华车均有，市场占有率不足10%。德国大众汽车公司已先期进入美国市场，在东部和中部已有所发展，并建立有维修、服务系统。进口车主要填补了美国小型车需求的空缺，但由于没有根据美国消费者的偏爱和期望提供所需的车型和配置，因而均不大受欢迎。

(4) 消费市场需求状况。1960年美国年产轿车670万辆，进口近50万辆，轿车消费占全球50%以上。日本当年生产轿车16.5万辆，由于消费市场小，难以扩产。

2. 对美国汽车市场调研进行分析，得出结论

(1) 美国汽车公司竞相生产大型汽车，其发动机排量在3.5~7.5L之间，3L排量以下的中小型轿车主要依赖从欧洲进口，具有巨大的市场空间。

(2) 美国汽车市场上的本土车耗油量约为每百公里13~20L，评价甚差，受到很大的舆论压力。且汽车车身长，转弯半径大多为6.5m，对日渐小型化的美国家庭而言已经不受宠爱。

(3) 美国具有巨大的轿车消费市场，只有进入该市场才能使丰田公司有充分的发展。

(4) 由于已进入美国汽车市场的进口车均没有完全按照美国消费者的需求来制造，妨碍了其在市场上的销售，因而应将专门为美国人开发、受美国人欢迎的车型投放到美国市场。

(5) 在美国市场上应更好地做好服务工作，以此来树立丰田品牌。

3. 丰田公司对已开发的皇冠车型进行有针对性的改进

(1) 将排量增加到2.2~2.8L，并将耗油量控制在每百公里7~10L范围内，即只有美国车耗油量的一半左右。

(2) 将原车身长度增加到4.5m左右，比美式车短1m，宽度加宽到1.7m，比美式车窄0.3m。使内部空间和美式车相接近，保持了宽敞、舒适的环境。转弯半径控制在5.5m以内，以使操纵简便。

（3）将价格定位在 2000 美元，相当于美式车价格的 2/3，完全按美式习惯进行服务，只是更加周到、更加尊重消费者的意愿。

合理的车型、优异的性能、良好的服务和超低的价位，使得丰田公司很快在美国树立起丰田的品牌。1965 年，丰田公司在美国销售量达 2 万辆，1970 年则达 20 万辆，1980 年则高达 90 万辆。从 20 世纪 80 年代起，丰田公司已开始在美国设厂，实行了销售车辆本土化生产。

资料来源：王琪．汽车市场营销［M］．北京：机械工业出版社，2009．

第 7 章
汽车市场营销组合

 本章教学要点

知识要点	掌握程度	相关知识
汽车产品组合策略	掌握汽车产品的整体概念； 掌握汽车产品组合策略； 掌握汽车生命周期概念及其相应营销策略； 掌握汽车新产品开发的程序	汽车产品的整体概念包含的 5 个层次； 汽车产品组合概念、类型，汽车产品组合决策原则； 汽车产品生命周期各阶段的营销策略； 汽车新产品开发的方式及开发的程序
汽车促销组合	了解促销的概念和作用； 掌握促销组合方式及影响汽车促销组合策略的因素； 掌握人员促销、广告、公共关系和销售促进四种促销策略的内容与应用	汽车促销的实质及作用； 汽车促销组合含义及方式； 人员促销策略、广告促销策略、公共关系促销策略和销售促进策略

导入案例

宝马汽车公司产品营销策略

宝马汽车公司位于德国南部的巴伐利亚州。宝马公司拥有16座制造工厂、10万余名员工。公司汽车年产量100万辆,并且生产飞机引擎和摩托车。1994年,宝马集团(宝马汽车和宝马机车加上宝马控股的罗孚汽车集团,以及从事飞机引擎制造的宝马-劳斯莱斯公司)的总产值在全欧洲排第七,营业额排第五,成为全球十大交通运输工具生产厂商之一。2012年全球企业声誉100强,宝马获最佳头衔。

汽车工业自形成以来,一直稳定发展,现已成为全球最重要、规模最大的工业部门之一。但是,20世纪80年代中期,美国国内汽车市场趋于饱和,竞争非常激烈,汽车行业出现不景气;90年代之后,日本、欧洲等国家的汽车制造业都发展缓慢,全球汽车行业进入了调整阶段。汽车行业需要新的经济增长点。而此时亚洲经济正以惊人的速度发展,中国、泰国、印度尼西亚等国的具有汽车购买能力的中产阶级的数量正飞速增长。世界汽车巨头都虎视着亚洲,尤其是东亚这块世界汽车业最后争夺的市场。宝马公司也将目标定向了亚洲。

宝马公司试图吸引新一代寻求经济和社会地位的成功的亚洲商人。宝马的产品定位是:最完美的驾驶工具。宝马要传递给顾客创新、动力、美感的品牌魅力。这个诉求的三大支持是:设计、动力和科技。公司的所有促销活动都以这个定位为主题,并在上述三者中选取至少一项作为支持。每个要素的宣传都要考虑到宝马的顾客群,要使顾客感觉到宝马是"成功的新象征"。要实现这一目标,宝马公司欲采取两种手段,一是区别旧与新,使宝马从其他品牌中脱颖而出;二是明确期望宝马成为自己成功和地位象征的车主有哪些需求,并去满足他们。

宝马汽车种类繁多,分别以不同系列来设定。在亚洲地区,宝马公司根据亚洲顾客的需求,着重推销宝马3系列、宝马5系列、宝马7系列、宝马8系列。这几个车型的共同特点是:节能。

(1)宝马3系列。3系列原为中高级小型车,新3系列有3种车体变化:四门房车、双座跑车、敞篷车和三门小型车,共有7种引擎。车内空间宽敞舒适。

(2)宝马5系列。备有强力引擎的中型房车5系列是宝马的新发明。5系列在外形上比3系列大,它们的灵敏度是相似的。拥有两种车体设计的5系列配有从180马力到400马力的引擎,4个、6个或8个气缸。5系列提供多样化的车型,足以满足人们对各类大小汽车的所有需求。

(3)宝马7系列。7系列于1994年9月进军亚洲,无论从外观或内部看都属于宝马大型车等级。7系列房车的特点包括了优良品质、舒适与创新设计,已成为宝马汽车的象征。7系列除了有基本车体以外,还有加长车型可供选择。

(4)宝马8系列。8系列延续了宝马优质跑车的传统,造型独特、优雅。

汽车市场营销组合是汽车企业针对所确定的目标市场，考虑环境、能力、竞争状况对汽车企业自身可控因素的影响，综合运用各种可能的营销手段，组合成一个系统化的整体策略来达到企业的经营目标。市场营销的手段有几十种之多，通常可以把这些手段归为四个因素，即产品、价格、分销和促销，简单称"4P"策略。

本章主要介绍汽车产品组合策略和汽车促销组合策略。

7.1 汽车产品组合策略

汽车产品是汽车市场营销的物质基础，是汽车市场营销中最重要的因素，营销组合中的其他三个因素都必须以汽车产品为基础进行决策，汽车产品则成为整个营销组合的基石。一个汽车企业在制定营销组合时，首先需要确定的就是发展什么样的汽车产品来满足目标市场的需求，汽车产品开发从某种意义上来说是一个市场营销问题，而不仅仅是单纯的技术问题。

7.1.1 汽车产品的整体概念

市场营销是一个满足用户需要的过程。用户的需要既包括物质方面的需要，又包括心理和精神方面的需要。从现代营销观念来看，产品不仅包括有形的实物，而且还包括无形的信息、知识、版权、实施过程以及服务等内容。人们对汽车产品的理解，传统上仅指汽车的实物产品，从现代营销观念来说，汽车产品是指向汽车市场提供的能满足汽车消费者某种欲望和需要的任何事物，包括汽车实物、汽车服务、汽车保险、汽车品牌等各种形式。简而言之，人们需要的汽车产品＝需要的汽车实物＋需要的汽车服务。

由此可见，现代市场营销产品的概念不仅仅是具体的有形产品，而是一个包含多层次内容的整体概念，广义的汽车产品概念引申出汽车产品整体概念，这种概念把汽车产品理解为由核心产品层、形式产品层、期望产品层、延伸产品层和潜在产品层五个层次所组成的一个整体，如图 7-1 所示。

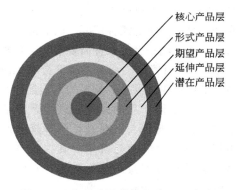

图 7-1 汽车产品整体概念五层次论

1. 核心产品层

产品的核心产品层又称为实质产品层，是产品的本质层次，即顾客真正所购买的基本服务和利益，是满足用户需要的核心内容。汽车产品的核心产品层是指向汽车消费者提供的基本效用或利益。汽车消费者购买某种品牌汽车产品并不是为了占有或获得汽车产品本身，而是为了满足某种需要，如为了能运输货物或代替步行，这就是汽车产品的核心内容。营销活动所推销的是汽车产品的基本效用或利益，而非汽车产品的表面特色，因为汽车消费者正是基于此才愿意付出一定的代价购买该汽车产品。

2. 形式产品层

形式产品层又称为基础产品层，是核心产品层借以实现的形式。所谓形式，是向市场提供的实体或务实的外观。任何汽车产品总具有实体，汽车产品的外观指汽车产品出现于市场时具有可触摸的实体和可识别的面貌,并不仅指是否具有外形。汽车市场营销学将汽车形式产品归结为由四个标志所构成,即质量水平、外观特色、汽车造型和汽车品牌。至于汽车产品的基本效用必须通过某些具体的形式才能实现,因而汽车市场营销人员应该首先着眼于汽车消费者购买汽车产品时所追求的实际利益,以求更完善地满足汽车消费者的需要,从这点出发,再去寻求实际利益得以实现的形式,进行汽车产品设计。

3. 期望产品层

期望产品层即购买者购买产品时通常希望和默认的一组属性和条件。它主要是用户或消费者购买产品前,基于以往经验和知识而形成的对产品的期望,这种期望是否能够得到满足,将影响用户或消费者的购买决策。汽车期望产品层是指汽车消费者在购买该汽车产品时期望能得到的东西。例如,汽车消费者期望得到舒适的车厢、导航设施、安全保障设备等。这种期望是否能够得到满足,将影响用户或消费者的购买决策,所以企业不能仅仅从实质产品出发去进行市场营销,还必须完整地了解他们的期望。

4. 延伸产品层

延伸产品层又称为附加产品层。汽车延伸产品层是指汽车消费者购买汽车形式产品和汽车期望产品时所能得到的附加服务和利益,即储运、装饰、维修、保养等。例如,美国的汽车业通常提供四种担保:基本担保、动力装置担保、腐蚀担保和排放物担保。为了满足不同的服务需求,1987年1月福特公司推出四种延伸服务计划ESP,集中向零售商和汽车消费者提供汽车延伸服务,汽车延伸产品的观念来源于对汽车消费者需要的深入认识。由于汽车消费者购买汽车产品是为了满足某种需要,因而他们在购买时,希望得到与满足这种需要有关的一切事物。可见,汽车消费者的某种需要实际上是整个系统。认识到这一点就会理解,汽车企业所出售的也必须是一个整体,这样才能充分满足消费者的需要。只有向汽车消费者提供具有更多实际利益、能更完美地满足其需要的汽车延伸产品,才能在竞争中获胜。

汽车延伸产品的设计应该注意以下三点:其一,任何汽车延伸产品都将增加汽车企业成本,因此营销人员在设计汽车延伸产品时并不是越多越好,应考虑汽车消费者是否愿意承担因其产生的额外费用。其二,汽车延伸产品给予汽车消费者的利益将很快转变为汽车消费者的期望利益。竞争者为了吸引消费者而不断增加汽车延伸产品,因而汽车延伸产品的设计不是一劳永逸的事情,而应根据消费者的需要和竞争者的动向,不断改进。其三,由于汽车延伸产品提高了汽车产品的价格,因而促使某些竞争者剥除汽车延伸产品,以降低价格,吸引其他细分市场的汽车消费者。因此经济型轿车会与豪华型轿车并存,以低廉的价格满足汽车消费者最基本的代步需要。

5. 潜在产品层

潜在产品层包括所有延伸产品在内的现有产品中,可能发展成为未来最终产品的潜在状态的产品,它指出了现有产品可能的演变趋势和前景。汽车潜在产品层是指包括现有汽车产品的所有延伸和演进部分在内,最终可能发展成为未来汽车产品的潜在状态的汽车产品。汽车潜在产品指示出现有汽车产品的可能发展前景,如普通汽车可以发展为水陆两用的汽车等。汽车延伸产品主要是今天的汽车产品,汽车潜在产品则代表今天汽车产品的演变趋势和前景。

对于汽车产品整体概念的五个层次的内容,实质产品是核心。企业必须在实质产品上下功夫,不断开发创新适合顾客需要的新品种,并提高产品质量,以更好地满足用户的需要。在开发实质产品的同时,也不能放松形式产品和延伸产品。期望产品用于企业检查其形式产品或延伸产品是否很好地满足了用户或消费者的期望。形式产品是顾客购买商品时首先获得的印象,对激发顾客购买欲望具有促进作用。延伸产品是伴随顾客购买商品而出现的进一步要求,可以说是顾客的后顾之忧。企业若能在顾客购买商品时同时提供这些服务,顾客就会放心地购买、安心地使用企业的产品,对其他顾客也能起到一种示范和广告作用。潜在产品为企业不断改进产品、开发新产品提供了方向。

7.1.2 汽车产品的组合策略

1. 汽车产品组合概念

汽车产品组合又称产品搭配,是指汽车企业生产和销售的所有汽车产品线和汽车产品品种的有机组合方式,也就是全部汽车产品的结构。

汽车产品组合通常由若干汽车产品线(汽车产品系列)组成。所谓汽车产品线是指密切相关的汽车产品的系列,这些汽车产品能满足类似的需要,销售给同类汽车消费群,而且经由同样的渠道销售出去,销售价格在一定幅度内变动,汽车产品线(产品系列)又由若干汽车产品品种组成。汽车产品品种指汽车企业生产和销售汽车产品目录上开列的具体汽车产品名和汽车型号。如一汽集团汽车的产品线包括重型、中型、轻型载货汽车,高级、中高级、普及型及微型轿车等多个产品系列,每个产品系列又有数个,甚至数十上百个品种。

2. 汽车产品组合的衡量

通常需要对产品组合进行衡量,以掌握其特征。汽车产品组合的衡量通常可以采取这样四个度量参数:产品组合的广度、产品组合的深度、产品组合的长度、产品组合的相关性。接下来,我们就以上海汽车集团的汽车产品组合为例,进一步讨论汽车产品组合的广度、深度、长度和相关性的概念,见表7-1。

表7-1 上海汽车集团汽车产品组合广度和产品线深度

产品组合广度	上海大众汽车公司							上海通用汽车公司		
	第一代	第二代	第三代	第四代					
	桑塔纳	桑塔纳2000型	帕萨特	波罗	途安	斯柯达	别克	赛欧	7座旅行车
产品组合深度	普通型	自由沸点	豪华型	两厢			GL	SL 基本型	
	普通用车			三厢			LGX		
	警务用车		—	—			GS		
	出租汽车	桑塔纳·俊杰2000G SI-AT	—	变型车			G	SLX 选装 I型	—
	LPG 双燃料车		—				新世纪		
	99新秀						新一代	SLXAT 选装 II型	
	世纪新秀		—						

汽车产品组合的广度指汽车企业生产经营的汽车产品系列（线）的个数，包含的产品线越多，广度就越宽。上汽集团汽车产品组合的广度为9，即有9条汽车产品线。

汽车产品组合的深度是指每一汽车产品系列（线）所包含的汽车产品项目。包含的产品项目越多，深度就越大。如桑塔纳系列有普通型、警务用车、出租用车等7个项目。

汽车产品组合的长度是指汽车产品组合中的汽车产品品种总数。上汽集团一共有30种品种的汽车产品，汽车产品组合的长度为30。

汽车产品组合的相关性又称组合相容度是指各条产品线在生产条件、最终用途、细分市场、分销渠道、维修服务或者其他方面相互关联的程度。

3. 汽车产品组合的类型

汽车产品组合具有广度性组合和深度性组合两种类型。汽车超市和汽车专营店所体现的就是这两种不同的组合类型，见表7-2。

表7-2 汽车产品组合类型

卖场形式	组合广度	组合深度	组合长度	组合相容度
汽车超市	宽	浅	长	差
汽车专卖店	窄	深	短	好

企业根据市场需要及其内部条件选择适当的产品组合广度、深度、长度和相关性来确定经营规模和范围，则形成了以下的产品组合类型。

1）全线全面型

这是指企业着眼于向任何顾客提供各种所需产品的产品组合类型。该种组合要求企业同时拓展产品组合的广度和深度，增加产品线和产品项目，力求覆盖每一细分市场。但对产品线之间的关联程度则没有限制，可以是狭义的全面全线型，即扩展产品线后关联程度仍然紧密；也可以是广义的全线全面型，即扩展产品线后关联程度松散，甚至是多元化经营。

2）市场专业型

这是指企业向某一市场或某一类型顾客提供所需的各种产品的产品组合类型。它是以满足同一类型顾客为出发点，着重考虑拓展产品组合的广度，即依据同类顾客需求设置产品线。

3）产品线专业型

这是指企业只生产某一种类型的不同产品项目来满足市场需求的产品组合类型。采用这一组合的企业只拥有一条产品线，可根据市场需求增加这一产品线的深度，扩展产品项目。

4）有限产品线专业型

这是指企业只生产某一产品线中一个或少数几个产品项目来满足市场需求的产品组合类型。通常小型企业采用这一组合类型，因为所需资金相对较少，可发挥企业专长，但它的风险比较大。

5）特殊产品专业型

这是指根据消费者的特殊需要而专门生产特殊产品的产品组合类型。这种组合的市场竞争威胁小，适合于小型企业，但难以扩大经营。

6）特别专业型

这是指企业凭借其特殊的生产条件生产能满足顾客特殊需求的产品的组合类型。采用这一组合可排斥竞争者涉足。

4．汽车产品组合策略

产品组合策略就是企业根据市场环境、企业能力和企业目标，对产品组合的广度、深度和相关性进行决策，在多种可能中选择有利于本企业发展的最佳产品组合。尽管产品组合的广度、深度和相关性与企业的销售量和利润大小不存在必然的比例关系，但是，一个汽车企业为了获得最大的销售和利润，确定一个最佳的汽车产品组合是十分重要的。

产品组合的决策过程应成为优化产品组合的过程，通过这一过程必须使产品组合的方式更有利于企业的利润目标实现。常见的汽车产品组合策略有扩大汽车产品组合策略和缩减汽车产品组合策略。

1）扩大汽车产品组合策略

（1）扩大汽车产品组合的长度。一个汽车企业在生产设备、技术力量所允许的范围内，既有专业性又有综合性地发展多个品种。扩大汽车产品组合的广度可以充分利用企业的人力和各项资源，使汽车企业在更大的市场领域中发挥作用，并且能分散汽车企业的投资风险。上海大众汽车公司在扩大汽车产品线广度上的思想是：普桑—桑塔纳2000—帕萨特—经济型轿车。广州本田在本田雅阁成功的基础上，迅速推出低价位的本田飞度，如图7-2所示；上海通用汽车公司在别克热销之后又成功地将赛欧推向市场，如图7-3所示。

图7-2　本田雅阁与本田飞度

图7-3　别克昂科雷与雪佛兰新赛欧

（2）加深汽车产品组合深度。从总体来看，每个汽车公司的汽车产品线只是该行业整个范围的一部分。例如，宝马汽车公司的汽车在整个汽车市场上的定价属于中高档范围。加深汽车产品组合的深度，可以占领该行业同类汽车产品更多的细分市场，迎合更广泛的消费者的不同需要和爱好。在上海帕萨特轿车基本型的基础上，研制开发豪华型车和变型车，就是上海大众汽车公司加深汽车产品组合深度的例子。

产品组合深度有以下三种方式：向下扩展，是指许多公司的汽车产品最初定位为高档汽车产品，随后将汽车产品线向下扩展；向上扩展，在市场上定位于低档汽车产品的公司计划进入高档汽车产品市场；双向扩展，定位于市场中端的公司决定朝向上、向下两个方向扩展汽车产品线。

（3）加强汽车产品组合相关性。一个汽车企业的汽车产品应尽可能地相关配套，如汽车和汽车内饰、汽车涂料等。加强汽车产品组合的相关性，可提高汽车企业在某一地区某一行业的声誉。

但扩大汽车产品组合往往会分散经销商和销售人员的精力，增加管理困难，有时会使边际成本（指每一单位新增生产的产品或购买的产品带来的总成本增量）加大，甚至由于新产品的质量性能等问题而影响本企业原有产品的信誉。

2) 缩减汽车产品组合策略

该策略也同样有缩减汽车产品组合广度、深度、相关性三种情况。采取缩减策略有以下好处。

（1）可集中精力与技术，对少数汽车产品改进品质、降低成本。

（2）对留存的汽车产品可以进一步改进设计和提高质量，从而增强竞争力。

（3）使脱销情况减少至最低限度。

（4）使汽车企业的促销目标集中，效果更佳。

采取该策略会使汽车企业丧失部分市场，增加汽车企业经营风险。因此，一个汽车企业对于某种汽车产品，在决定是否淘汰之前，应慎之又慎。

3) 高档汽车产品策略与低档汽车产品策略

高档汽车产品策略，就是指在一种汽车产品线内增加汽车产品项目，以提高汽车企业现有汽车产品的声望。上海大众汽车公司为桑塔纳2000型加装 ABS、2VQS 发动机、电子防盗等多项国内首次采用的先进装置就成为"时代超人"，这样既可增加原汽车产品的销量，又可逐步推动高价汽车产品的销售。有些汽车企业使用高档汽车产品策略时，开始阶段着力于扩大原有廉价汽车产品的销售，过了一段时间就取消廉价汽车产品，注重推销新产品。

低档汽车产品策略，是在高价汽车产品线中增加廉价汽车产品项目，目的是利用高档名牌汽车产品的声誉，吸引购买力较低的顾客，使其慕名来购买廉价汽车产品。

这两种策略都有一定的风险。因为无论是在廉价汽车产品系列中增加高档汽车产品，还是在高档汽车产品系列中分离出低档汽车产品，都可能引起汽车消费者的混淆。例如，采取高档汽车产品策略的汽车企业如要改变企业在消费者心目中的形象，是很不容易的；而采用低档汽车产品策略的汽车企业，如果处理不当，往往会损害企业原有名牌产品的声誉。

4) 汽车产品异样化和汽车产品细分化策略

汽车产品异样化和汽车产品细分化均属扩大汽车产品组合策略。汽车产品异样化是指在同质市场上，汽车企业强调自己的产品与竞争产品有不同的特点，以避免价格竞争。尽管两种汽车产品在动力、安全等性能上没有差别，但是可以采用不同的设计、不同的造型等，尽可能地显示出与其他产品的区别，争取在不完全竞争市场上占据有利地位。采用该策略的实质在于同质汽车产品的"异样化",而不是将同质汽车产品"异样化"。因此,只能使自己的产品与竞争产品稍有异样,而不能过于独特,以免失去吸引力,丧失原有的市场。

汽车产品异样化实质上是要求汽车消费者需求服从生产者的意志。而汽车产品细分化则是从汽车消费者的需求出发,而且承认汽车消费者的需求是不同的,因此,它充分体现了市场营销观念的要求。

5. 汽车产品组合决策原则

汽车产品组合决策是指根据企业目标对汽车产品组合的长度、广度、深度和相关性做出合理安排。它主要受企业所拥有的资源条件、市场基本情况和竞争条件等方面的限制。

汽车产品组合决策对企业的营销决策有着重要意义。增加产品组合广度(车型系列多),扩大经营范围,可减少车型单一的风险;增加产品组合的长度(品种多),可使产品线丰满,同时给每种产品增加更多的变化因素,有利于企业细分市场,提高产品的市场占有率和用户满意率。在市场竞争激烈的情况下,增加产品品种是提高企业竞争能力常用的手段。目前,我国的汽车市场,除了中型载货汽车的品种发展较为完善外,其余各种车型都还有很大的品种发展余地,而在轿车和重型汽车方面对车型系列的发展空间还很大,因而各汽车企业更要做好产品线与产品项目的决策,以谋求企业更大的发展空间。产品组合决策一般应参照以下原则进行。

1) 产品品种发展策略

企业如果增加产品品种可增加利润,那就表明产品线太短;如果减少品种可增加利润,那就表示产品线太长。产品线长度以多少为宜主要取决于企业的经营目标。目前我国汽车市场已经进入买方市场,各汽车企业有增加产品线长度、不断丰富产品品种的趋势。产品项目的调整是企业市场营销经常面临的决策,营销人员必须经常根据汽车市场行情的变化,分析各品种的销售增长率和利润率,以确定各品种的获利能力,决定该增加或减少哪些品种的生产与投放,从而保证市场营销取得最大的成果。

2) 产品线(车型系列)发展策略

企业产品系列的发展受到各种因素的制约。这些因素主要有:

(1) 其他企业的产品系列。即其他企业是否有相同系列的汽车产品。如果有,那么这些产品的水平如何,市场上是否畅销,市场规模有多大等,这些问题的答案将影响到本企业的产品线发展。

(2) 本企业的经营战略。

(3) 本企业的产品开发能力以及产品线形成生产能力所需的资金等。

企业至少对上述问题调查摸底后,才能制定科学的产品发展规划和计划。所以产品线发展策略实际上是一个做好企业新产品开发决策的问题。

7.1.3 汽车产品生命周期及其营销策略

任何一种产品(通常为某个车型系列)在市场上都不会永远畅销,它自投入市场到退出市场都要历经销售形式由强到弱,自盛转衰的发展演变过程。这种变化规律就像人的生命一样,从诞生、成长到成熟,并最终走向衰亡。由于这一规律的存在,企业就必须做到:第一,企业必须为其处于不同发展阶段的产品制定适当的营销策略,即产品的阶段营销策略；第二，企业必须不断地做好产品改进和新产品的开发工作，不断向市场推出新产品，以取代那些处于衰退和即将衰退的产品。否则，企业就不可能永久地立于不败之地。

1. 产品生命周期的概念

产品生命周期是现代市场营销的一个重要概念。企业对自己产品生命周期的发展变化进行研究，掌握汽车市场地位和竞争状态，为制定产品策略提供依据，对增强企业的竞争能力和应变能力有重要意义。产品生命周期又称产品寿命周期，是指一种产品自开发成功和上市销售，在市场上由弱到强，又由盛转衰，再到被市场淘汰所持续的时间，其长短主要取决于市场竞争的激烈程度和科技进步的快慢。

产品的寿命可以分为效用寿命、使用寿命和市场寿命。

（1）效用寿命。是指某种产品向人们提供的某种效用能力持续的时间。例如，随着汽车的诞生和普及，人们对马车的需求就减少了，马车的效用寿命就逐渐终结。

（2）使用寿命（又叫自然寿命）。是指某一辆具体的汽车产品从新车走下生产线开始使用到丢弃报废所经历的时间。它主要受使用过程中的有形磨损（物理磨损）和无形磨损的双重影响。

（3）市场寿命（又称为经济寿命）。是指一种产品自开发成功和上市销售，在市场上由弱到强，又由盛转衰，再到被市场淘汰持续的时间。汽车产品的市场寿命可以理解为某种车型从上市到被市场淘汰（新车型代替）所经历的时间。

一般来说，市场寿命比效用寿命短，但比使用寿命长，其长短主要取决于市场的激烈程度和科技进步的快慢，市场寿命主要是产品无形磨损（失去技术上的比较优势）的结果。现代市场营销所指的产品生命周期是指市场寿命，而不是效用寿命和使用寿命。

产品生命周期包括以下五个的阶段，如图7-4所示。

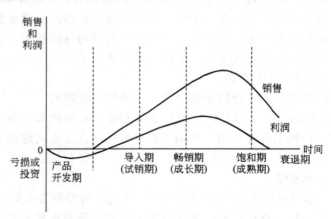

图7-4 汽车产品的五个生命周期阶段

（1）开发期。这是产品生命周期的培育阶段，它是新产品的构思阶段。在此阶段，产品的销售量为零，企业投入的研究开发费用与日俱增。

（2）导入期。这是产品初次上市的时期。市场对产品的初期需求是不大的，因为很多人还不知道有这种产品，要让大家熟悉这种产品需要经过一段时间，因此，这是一个缓慢增长的阶段。这一阶段，由于产品刚推出，费用较大，成本较高，企业几乎不盈利。

（3）成长期。这是销售与利润迅速增长的时期。这时人们不仅知道这种产品，甚至有的人已经开始重复购买。由于大量生产,成本降低,加上销售量的增加,单位产品的利润以及企业的总利润都大大增加。

(4) 成熟期。这是销售量增长比较缓慢的阶段,生产和销售同一产品的厂商之间的竞争越来越激烈。同时,因为产品已为大多数顾客所采用,潜在消费者已为数不多,为巩固本产品的竞争地位所花的费用也不断增加,所以这阶段利润趋于稳定或开始下降。

(5) 衰退期。这一阶段销售量呈急剧下降趋势,有的企业已开始放弃这些产品的生产,从而这些产品便逐渐从市场上消失了。

2. 汽车产品生命周期各阶段的营销策略

不同汽车产品在产品生命周期的不同阶段各具不同的特点,汽车企业营销策略也应有所不同。由于产品的开发期属于新产品开发阶段,将在下一节新产品中讨论。运用汽车产品生命周期理论主要有三个目的:一是使汽车产品尽快为汽车消费者所接受,缩短汽车产品的导入期;二是尽可能保持和延长汽车产品的成长期;三是尽可能使汽车产品以较慢的速度被淘汰。

1) 导入期营销策略

汽车产品处于导入期时具有以下主要特点。

(1) 生产批量小,制造成本高。因为新产品刚开始生产时,技术不够稳定,不能批量生产,次品率较高,市场反应测试、改进费用高,因此制造成本较高。

(2) 营销费用高。新产品刚进入市场,消费者对其性能、质量、款式、价格、优点等不了解、不认同,需要企业加大推销和宣传的力度,必然引起营销费用的提高。

(3) 销售量小,销售增长缓慢。新产品投入市场,由于消费者不了解,尚未被多数用户接受,只有少数创新者、早期接受者购买产品,因而销售数量少,销售增长缓慢。

(4) 利润低,甚至为负值。在此阶段,产品销售呈缓慢增长状态,销售量小,同时由于投入了大量的新产品开发费用和促销费用,企业几乎无利可图甚至亏损。

(5) 产品品种少,市场竞争少。

(6) 价格偏高。这个时期的新产品由于产量小,销售量小,成本高,生产技术还有待完善,加之必须支付高额的促销费用,所以定价需要高些。

在这一阶段,风险最大,应该尽快地结束这一阶段,让消费者尽快接受这种汽车产品,所以这阶段的营销策略要突出一个"快"字,即千方百计缩短投入期,使之尽快进入成长期。其中关键环节是要大力宣传和促销,使新产品赢得顾客的了解和欣赏,从而尽快进入市场。如采用做广告、扩大对产品的宣传、名牌产品提携新产品、采用试用的方法、刺激中间商积极推销等策略。导入期的市场策略,单就价格与促销费用两因素考虑,可分为以下四种策略。

(1) 高价快速促销策略(快掠取策略)。采取高价格,以大量广告宣传费用迅速扩大汽车销售量来加速对市场的渗透,以图在竞争者尚未反应时,先声夺人,捞回本钱。这种策略的前提是:消费者愿意支付高价,大部分潜在消费者还不了解此种汽车产品;同时这种汽车产品应具有老产品所没有的特色,适应汽车消费者的某种需求。国内外汽车公司在推出富有特色的中高级轿车时往往采用这种策略。

(2) 高价低费用策略(缓慢掠取策略)。此种策略采用高价格,少量的广告宣传促销费用,能带给企业较多利润。这种策略的前提是:汽车产品必须具有独创的特点,填补了市场的某项空白。它对汽车消费者来说主要是有无的问题,选择性小,且竞争威胁不大。如东风汽车公司在推出 EQ1141G(EQ153)和 EQ111B(EQ145)两种车型时,采用的营销策略大体就属于此种类型。上海大众汽车公司在最早推出桑塔纳轿车时采用的也是这种策略。

(3) 低价快速促销策略(快速渗透策略)。采用低价格,大量广告宣传费用,以求迅速占领或挤入市场。这种策略适合于:市场容量相当大,汽车消费者对这种汽车新产品不了解,但对价格敏感;潜在竞争激烈;同时要求企业尽力降低成本,以维持较大的推销费用。如日本、韩国的汽车公司在刚进入北美市场时,便采用了这种营销策略。上海通用公司在推出以供应家庭消费为主的赛欧轿车时采用了这一策略。

(4) 逐步打入市场策略(缓慢渗透策略)。采取低价和低促销费用推出汽车新产品,占领新市场。低价的目的在于促使市场尽快接受汽车产品,并有效地阻止竞争对手对市场的渗入;低促销费用的目的在于降低售价,增强竞争力。此策略的前提是:市场容量大,汽车消费者对价格敏感,有相当的潜在竞争者。中国众多农用车生产企业在将自己生产的产品推向市场时采用的基本都是这一策略。

2) 成长期营销策略

新产品经过投入期后,消费者对该产品已经熟悉,消费习惯业已形成,销售量随之迅速增长,这种新产品就进入了成长期。成长期产品的主要特点如下。

(1) 上升。由于产品已被广大消费者所接受,形成了相当大的市场需求,销售量增长很快,产品销售额迅速上升。

(2) 大量生产经营,成本降低,利润增加。新产品经过投入期的不断改进和完善,产品的设计和制造工艺已确定,批量生产的条件也已具备。随着产量的扩大,单位生产成本和销售成本都相对降低,企业利润大幅增长。

(3) 竞争激烈。在这一阶段,竞争者看到有利可图,大批同类产品的竞争者介入市场参与竞争,市场竞争加剧,新产品盈利较高时更是如此。

新产品上市以后如果适合市场的需要,即进入成长期。在此阶段,销量迅速增长,营销策略的核心是尽可能地延伸汽车产品的成长期,营销策略的重点应在一个"好"字上,即保持良好的产品质量和服务质量。切勿因为产品销售形式好就急功近利,粗制滥造,片面追求产量和利润。企业为了促进市场的成长,应做好以下工作。

(1) 改善产品品质。如增加新的用途,努力发展产品的新款式、新型号等。对产品进行改进,可以提高产品的竞争能力,满足顾客更广泛的需求,吸引更多的顾客。

(2) 寻找新的细分市场。通过市场细分,积极寻找和进入新的尚未满足的细分市场并开辟新的分销渠道,扩大商业网点,满足更多顾客的需求。

(3) 改变广告宣传的重点。把广告宣传的重心从介绍产品转向建立产品形象上来,目的是建立品牌偏好,争取新的顾客。

(4) 调整产品售价。选择适当的时机降低价格或推出折扣价格,可以吸引对价格敏感的消费者采取购买行动,还可抑制竞争。在这一时期,企业需要在追求高市场占有率与追求眼前高额利润的问题上做出权衡与抉择。

上述市场扩张策略可以加强企业的竞争地位,但同时也会增加营销费用,使利润减少。因此,对于处于成长期的产品,企业常面临两难的抉择:是提高市场占有率,还是增加当期利润量。如果企业希望取得市场主导地位,就必须放弃当期的最大利润而期望在下一阶段获得更大的收益。

3）成熟期营销策略

成熟期是产品生命周期的一个鼎盛时期，也是一个由盛转弱的转折时期。产品进入成熟期的标志是销售增长率减缓，市场趋于稳定，并持续较长时间。产品经过成长期的一段时间以后，销售量的增长会缓慢下来，利润开始缓慢回落，这表明产品开始走向成熟期。

成熟期产品的特点集中体现在以下几个方面。

（1）产品结构基本定型，工艺成熟。产品在性能及质量方面再度进行改进的余地已经不大。

（2）销售量增长缓慢，在达到顶峰后开始缓慢回落。这一阶段，由于产品已被绝大多数购买者接受，新的消费者基本上不再增加，市场需求量趋于饱和，销售额的维持主要依靠原有消费者的重复购买。

（3）竞争处于白热化，利润开始下降。同类产品的竞争日益加剧，企业不得不投入更多的营销费用或开发新的差异性市场以维持其市场地位，由此而导致企业利润逐步下降。少数财力不足或竞争力弱的企业被迫退出市场。

这个阶段的营销策略应突出一个"争"字，即争取稳定的市场份额，延长产品的市场寿命。这一阶段企业的主要任务是集中一切力量，尽可能延长产品生命周期。成熟期是汽车企业获得利润的黄金时期，此时的策略围绕着如何延长汽车产品寿命，防止过早跌入衰退期而展开，具体有以下几种。

（1）市场改革策略。努力开拓新的目标市场，向市场需求的深度和广度发展。通常有三种形式：①寻找新的目标市场；②刺激汽车消费者增加使用频率；③重新树立汽车产品形象，寻找新的买主。

（2）改进产品。企业可以通过改变产品特性，吸引顾客。主要是改善产品性能，如提高汽车的动力性、经济性、操纵性、稳定性、舒适性、制动性和可靠性，创名牌，保名牌。此种策略适合于企业的产品质量有改善余地，而且多数买主期望提高质量的场合。

（3）调整营销组合。企业可通过改变营销组合的一个因素或几个因素来扩大产品的销售。如开展多样化的促销活动，改变分销渠道，扩大附加利益和增加服务项目等。营销组合之所以必须不断调整，是因为它们很容易被竞争者效仿，以至企业失去竞争优势。如上汽销售总公司为推进桑塔纳的销售，在1999年改变传统的分销渠道，设立地区分销中心，引进了特许经营的营销方式，以改进营销组合。

4）衰退期的营销策略

在成熟期，产品的销售量从缓慢增加直到缓慢下降，如果销售量的下降速度开始加剧，利润水平很低，通常就可以认为这种产品已进入了衰退期。这个阶段的主要特点如下。

（1）销售量急剧下降。由于产品逐渐老化，具有类似功能的新产品开始进入市场，并逐渐代替老产品，转移了市场需求，购买者的急剧减少导致销售量的严重下滑。

（2）利润明显下降，部分企业出现亏损。由于经过成熟期的激烈竞争，价格已降到极低的水平，再加上销售减少，资金周转减慢，企业从这种产品中能获得的利润很低，甚至可能出现亏损。

（3）大量竞争者退出市场。在这一阶段，营销策略要突出一个"转"字，即除了坚守少数确实有利可图的细分市场外，迅速转入新产品或新市场。企业要有计划地"撤"，有预见地"转"，有目标地"攻"。具体有以下几种策略可供选择。

① 维持策略。即继续沿用原有的营销组合策略，保持原有的细分市场，使用相同的分销渠道、定价及促销方式，直到这种产品完全退出市场为止。

② 收割策略。利用剩余的生产能力，在保证获得边际利润的条件下，有限地生产一定数量的汽车产品，适应市场上一般老汽车消费者的需要，或者只生产某些零部件满足用户维修的需要。

③ 榨取策略。大力降低销售费用，精简促销人员，增加眼前利润。

④ 集中策略。汽车企业把人力、物力集中到最有利的细分市场和销售渠道。

⑤ 撤退策略。撤退老产品，组织汽车新产品上马。撤退时，可以把生产该种汽车产品的工艺以及设备转移给并非处在衰退期的其他地区的汽车企业。

综上所述，汽车产品生命周期各阶段及其对应的营销策略可归纳为表7-3所列。

表7-3 产品生命周期各阶段及其营销策略

	开发期	导入期	成长期	成熟期	衰退期
销售量	无	低	迅速上升	达到顶峰	下降
成本	高	高	评价水平	低	低
利润	无	无	上升	高	下降
营销策略	尽快上市	建立知名度	提高份额	争取利润最大化	推出新产品

3. 产品生命周期的其他形态

并非所有的产品都呈现典型的产品生命周期，有不少的产品生命周期呈现为特殊的形式。这是由于在实际的经济生活中，受各种主客观因素的影响，常使产品在市场上不能按产品生命周期的典型规律变化，而呈现其他的形式。如：

1)"成长-衰退-成熟"模式

产品进入市场后，销售量迅速上升，在达到最高点后，销售量又迅速下降，之后销售量将稳定在一个市场可接受的水平之上，并保持相当长的一段时期。之所以销售量可以长期稳定在一个水平上，是因为这种产品的后期购买者才开始购买，而那些早期采用者已在进行第二次购买了。但是，二次购买的规模不如首次购买，如小型办公用家具、厨房用具等有此种情况。如图7-5(a)所示。

2)"循环-再循环"模式

这种产品生命周期具有两个循环期。如果企业能对进入衰退期的产品进行成功的"市场再营销"活动，如加大促销力度、改进产品等，可能使一个要衰亡的产品再次进入一个新的生命周期。从而出现产品生命周期的第二个循环。但再循环的持续时间和销售量都不如第一个循环。如图7-5(b)所示。

3)"扇形"模式

由一系列连续不断的生命周期所组成。产品进入成熟阶段后，由于发现新的产品特性、新的用途、新的市场，采用各种措施，使得本已进入成熟或衰退期的产品重新进入快速增长的时期。美国杜邦公司在20世纪40年代开发的"尼龙"，当时主要作为第二次世界大战期间军用降落伞的用料，有极大的销售量。第二次世界大战结束后，尼龙的销售量明显低落，杜邦公司又将尼龙用作衬衫、袜子的材料，使尼龙有了更大的市场销量。由于穿着不舒适，不久，尼龙的市场销售量就又开始低落。杜邦公司为尼龙又找到了做成汽车轮胎帘布的用途，使尼龙销量至今仍极其可观。如图7-5(c)所示。

4)"三角"模式

产品进入市场后，立即进入成长阶段，而在销售量达到顶点后，陡然下降甚至为零，如节假日用品、纪念章、魔方、飞盘等。如图7-5(d)所示。

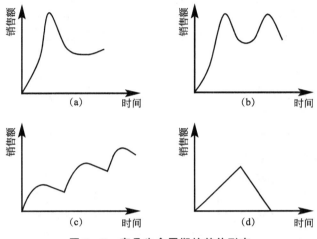

图7-5 产品生命周期的其他形态

4. 产品生命周期各阶段的判断

企业在营销过程中，必须经常了解自己的产品正处于生命周期的什么阶段，以便及时制定出相应的营销策略。但是，产品生命周期的各阶段之间并无明显的界限，带有很大的随机性和模糊性，一般只能做出定性的判断。要真正完整地描述产品生命周期曲线，只有在产品被市场淘汰后，才能根据它的全部销售历史资料整理出来，但此时对企业营销活动已失去指导意义。因此，企业只有通过一些变通的方法来判断产品生命周期的各个阶段。通常有三种方法：类比法、销售增长率比值法和成长曲线(戈珀兹曲线)法。

1) 类比法

所谓类比法就是根据以往市场类似产品生命周期变化的资料来判断市场产品所处市场生命周期的哪个阶段。对于正在销售的新产品，由于没有销售资料或者销售资料不全，很难进行分析判断，可以运用类似产品的历史资料，进行比照分析。

很多产品的出现往往是对以前某一种产品的改进、改善，因此，它的销售特点和销售历史同前一种产品会有很大的相似性。例如，铃木公司在为铃木武士车定位时，就参照了铃木 SJ410 在美国西海岸的销售情况进行分析。由于同一产品在各地销售和流行的时间有先后，因此，参照同种产品在先行销售地区的发生、发展情况，也是一种很好的方法。当然，各地区由于经济水平和文化素养、生活习惯不同，情况不会完全一致。

用类比的方法必须注意：第一，两种产品必须有可比性，就是说两者之间在消费方式、价格、原料、销售方式等方面有相似性。第二，不管类比的产品之间有多大程度的相似，毕竟是两种不同的产品，它们在销售时间和使用价值上总有一定的差异，因此类比产品的生命周期情况只能作为一种参考。

2）销售增长率比值法

由于产品生命周期变化的主要特征反映在销售量变化上，因此，通过观察销售量的变化来判断产品正处于生命周期的哪个阶段也是一种可行的方法。所谓销售增长率比值法就是用产品销售量增长率与时间增长率的比值 K 来判断产品所处市场生命周期哪个阶段的方法。不同比值下产品生命周期阶段，见表7-4。

表7-4 不同比值下产品生命周期阶段

比值 K	产品所处的生命周期阶段
$K<0.1$	导入期
$K>0.1$	成长期
$-0.1<K<0.1$	成熟期
$K<-0.1$	衰退期

3）成长曲线法（戈珀兹曲线法）

成长曲线是一种描述动植物生长、变化的曲线，很适于反映产品生命周期的发展变化情况。用此种方法可以在事中、事前推测，判断出产品所处生命周期的阶段。一种常用的成长曲线是戈珀兹曲线，该曲线正好对应了产品生命周期的四个阶段：导入期、成长期、成熟期、衰退期。所以，把产品销售情况（即发展过程）看作是时间的函数，可以得到产品生命周期曲线。

需要说明的是，汽车市场营销人员在判断产品处于生命周期哪一阶段时，应综合加以分析。因为我国汽车市场形态还不成熟，一时的滞销，可能是由于国民经济处于低速运行状态所至，所有企业的产品市场均有下降，此时不一定意味着产品到了衰退期；反之，一时畅销，可能是由于经济发展过热造成的，所有企业的产品均畅销，此时不一定意味着产品处于成长期。所以企业对产品的畅销或滞销应予以正确的分析。

不同汽车品种的生命周期是不一样的。国外汽车产品寿命的统计表明，重型汽车的产品寿命要长一些，轻型汽车短一些，轿车则更短一些，有的只有两三年。现实生活中，具体产品的生命周期形态更是多种多样。例如，有的产品因预测失误，在导入期便夭折；有的产品在设计时虽然看来尽善尽美，但市场却不接受，销售增长十分缓慢；有的产品在成长期后可能没有成熟期而直接转入衰退期；有的汽车产品可能在衰退期还能"起死回生"。对企业来讲，在不同阶段应所采取不同的营销策略。

7.1.4 汽车新产品开发策略

任何汽车产品都有生命周期，一种汽车产品长期占领市场，一成不变的现象是十分罕见的。为了延长汽车产品的生命周期或者继续开展经营活动，企业就必须开发汽车新产品，这样才能适应不断变化的市场需求。企业的新产品开发应做到"人无我有，人有我优，人优我转"和"改进、开发、预研"的统一。

1. 汽车新产品的概念

一般来说，凡是消费者认为是新的、能从中获得新的满足的、可以接受的产品都属于新产品。汽车新产品指采用新原理、新技术、新材料、新设计、新工艺而研制成的具有新结构、新功能的汽车产品。在营销学中,新产品可从市场和企业两个方面来判断:对于市场来讲,第一次出现的产品即称之为新产品;对于企业而言,第一次营销的产品叫作新产品。以此两个标准作为依据,可以将新产品分为以下六种。

1) 全新产品

多指新发明创造的产品,使用全新产品来开拓新市场。由于科学技术进步或为了满足市场需求而发明的产品对企业和市场来讲都是新产品。全新产品在新产品中占比只有10%左右,这是由于全新产品的发明难度大,需要大量的资金、技术作为支持,而且市场风险极大。

2) 模仿产品

它是通过模仿别人的技术,并稍加改造,打上自己的品牌进行销售。此类产品的同种产品在市场上已经出现,但对企业来讲就属于新产品。开发这种新产品不需要大量的资金和先进技术,比开发全新产品容易得多,在所有新产品中占比20%左右。

3) 重新定位产品

企业将现有的老产品投入到新的市场中,对于新市场来说,这种产品即为新产品。重新定位要求企业对新产品的目标市场做认真彻底的调查研究,论证重新定位的可能性,并考虑重新定位后市场份额是否会下降。此类新产品占比约7%。

4) 换代产品

增加现有的产品大类,在原来的产品大类中开发新的品种、品牌、规格、花式等,新产品与原产品差别不大,所需要的资金和技术较少,但这类产品极易被竞争对手模仿,在新产品中有26%属于此类。如一汽-大众在2004款捷达的基础上,先后推出了2008款、2010款、2012款和2013款捷达换代产品。图7-6分别为一汽-大众2004款捷达和2013款捷达。

(a) 2004款　　　　　　　　　　(b) 2013款

图 7-6　一汽-大众捷达 2004 款和 2013 款

5) 改进产品

这类产品是指利用新的科学技术,对原有的产品进行改进,使产品更容易被消费者接受,消费者能得到更多的利益满足。这些产品与原产品十分接近,便于在市场上普及,但仍然容易被模仿,竞争激烈,在新产品中所占的比重也是26%。

6) 降低成本型新产品

这类产品是指改进原来的配料和工艺或提高生产效率,降低生产成本,但产品原有功能不变。这类产品在新产品中的比重是11%。

2. 汽车新产品开发的方式

新产品开发活动主要包括开发新的工艺过程、设备和原材料,从而降低成本、提高效率；通过改变产品设计或增加某些功能，以达到扩大产品市场范围，增强企业市场地位的效果；加强研究开发、技术管理、知识产权、科学环境等软技术的创新开发。新产品开发一般有以四种方式或策略。

1）独立（自主）研制

独立（自主）研制是企业针对企业产品现状和存在的问题，以市场需求为导向，开展有关新技术、新材料方面的研究，研制出独具特色的产品。这种研制方式是企业完全依靠自己的科研技术力量独立研究开发新产品，它具有容易形成系列产品、优势产品的优点，适合于科研力量强的大型企业。

2）技术引进

技术引进是指企业通过各种手段引进外部的先进技术开发新产品，或直接引进生产流水线生产新产品。它具有研制开发时间短、研制开发费用低、可以促进企业技术水平、生产效率和产品质量提高的优点。但在引进时要注意市场分析、时机分析及技术的先进性、适用性分析。

3）独立研制与技术引进相结合

指企业在对引进技术消化吸收的基础上，将引进技术与本企业的科研活动相结合，推动本企业的科研活动，在引进技术的基础上不断创新，开发新产品，努力赶超先进水平。

4）联合开发

联合开发是指企业与高等院校、科研机构以及其他企业合作开发新产品。联合开发方式按联合主体可分为产学研合作方式和企业间联合开发方式。产学研合作方式具有强大的创新优势和发展前景，企业与高等院校、科研单位之间发挥各自的优势，联合开发新产品。它把企业的资金优势和高等院校、科研单位的技术优势结合起来，双方共担风险，共享成果，达成双赢，适合目前我国大多数企业的实际情况。企业间联合开发特别是强强联合是典型的优势互补，可以分担技术创新和产品开发的风险、扩大市场份额和提高经济效益。

3. 汽车新产品开发的程序

开发汽车新产品具有重要的战略意义，但开发汽车新产品又是一件难度极大的工作。难就难在汽车新产品要有创新，创新又与科学技术的重大突破密切相关，而科学技术的重大突破并非轻而易举之事；同时，人们的汽车消费需求既是多变的，又是复杂的，开发汽车新产品面临"众口难调"的局面；开发汽车新产品费用昂贵，而且受环境的制约等。这一切说明，开发汽车新产品绝非易事。要想使开发的汽车新产品获得成功，需要遵循科学的新产品开发的方法和程序。

从汽车市场营销观点出发，汽车新产品的开发要经历：创新构思、过滤筛选、概念发展、产品试制、市场试销、正式上市六个阶段。

1）创新构思阶段

汽车新产品始于构思，构思贵在创新，汽车产品的构思是汽车新产品诞生的开始。现代企业越来越感到"闭门造车"的苦思冥想式的发明创造已不适应社会经济发展和市场需要的要求了。一个汽车新产品应当适应汽车市场的需要，因此，汽车企业在进行汽车新产品开发前应当进行充分的市场调查。

(1) 调研阶段。

创新构思必须源于实际的调研。调研的对象主要有以下几个。

① 购买者。汽车购买者的需求是开发汽车新产品的起点和归宿,因此,汽车购买者的需求是汽车产品创新构思的重要来源。汽车企业应通过直接调查、用户座谈会、整理来函来电等多种途径,搜索收集汽车购买者的诉求。这种调查将会对产品今后改进提供大量的创意。

② 竞争者。调查和分析竞争汽车产品成功和失败之处,借鉴竞争汽车产品的经验教训,实事求是地判断其利弊,对于汽车企业汽车新产品的创新构思有积极的帮助。

③ 销售者。销售人员直接接触广大汽车消费者,他们最先感受到汽车消费者的抱怨与不满,也最早感到竞争的压力,他们往往成为汽车企业了解汽车新产品构思的最好来源之一。

(2) 构思阶段。

在进行了调研之后,汽车企业了解汽车消费者需要什么,接下来就是要针对这种需要进行构思,而汽车新产品的构思应当充分发挥想象力。常见的挖掘创新构思的方法有两种。

① "智力激励法"。该方法由管理学者奥斯本提出,其目的在于广开言路,充分鼓励和激励职工动脑筋、想办法,使大家的各种创新构思,各种设想、联想甚至空想、幻想等都能公开地、无保留地发表出来。具体做法是:针对某一行为组成动脑团队。一接到汽车消费者提出的问题,主持人即通知团队成员,安排于次日或隔日开会。开会时,让一切设想自由发表,众多的设想被收进录音带。为使会议达到最佳效果,奥斯本认为必须遵循以下原则:不应对任何设想进行批评或抨击;鼓励自由奔放的设想;设想越多越好,争取成功的机会;除激发原始的设想外,更要组合这些设想以衍生出更多的设想。

② 哥顿法。哥顿法是由美国人哥顿提出来的一种方法,它的特点为:参加会议准备出主意、提方案的人并不知道要解决的是什么样的具体问题,只有负责引导大家思考的会议主持者知道;把问题抽象化,向与会者提出来,而原来的问题则不讲,利用熟悉的事物作为迈向陌生事物的跳板。例如,不提如何改进剪草机问题,而提出:"用什么办法可以把一种东西断开?"在此,不提"剪断",因为它使人会想起剪刀;不提"割断",因为它引导人们从各种刀具方面去思考。针对如何断开,人们提出剪刀、电割、锯断、冲开等,进而提出理发推子形式的刀片、镰刀形式的旋转刀片等;对解决抽象问题的方案,会议主持逐个研究,看能否解决原来的问题,会议结束时把问题提出来。

哥顿法的优点在于先把问题抽象化,然后提出解决的方案。这是因为,在开发新产品的时候,如果只是根据具体的事物来想办法,无论如何也会受到现有事物的约束,得不出彻底解决的方案。如果根据抽象的问题而想方案,会得到一些平常想不到的办法。

2) 过滤筛选阶段

这一阶段也可以说是分析阶段,这一阶段必须尽量避免两种失误:一种是误舍,即将有希望的汽车新产品构思设想放弃;一种是误取,即将一个没有前途的汽车产品设想付诸实现,结果惨遭失败。进行有成效的筛选必须从不同角度进行度量,全面分析影响汽车产品成败的因素,见表 7-5。

表 7-5　汽车新产品失败的原因

汽车新产品失败的原因	所占比例/(%)	汽车新产品失败的原因	所占比例/(%)
对市场判断的错误	25	研制失败、生产失败	10
对技术发展判断的错误	25	销售失败	10
生产和创造费用判断的错误	15	经营管理不善	15

属于外部的因素主要有：市场需求量、价格、质量要求、竞争状况、技术趋向、汽车消费者特征、分配路线等。属于内部的因素主要有：资金、技术水平、设备能力、管理水平、销售组织、厂址等。

筛选后的汽车产品仍需经过进一步的开发程序，方能形成完整的汽车产品概念。产品设想是企业正在研究与开发拟推向市场的可能产品。汽车产品概念乃是汽车企业欲使汽车消费者接受而形成的意念。汽车消费者购买的不是汽车产品设想，而是汽车产品概念，一个汽车产品设想可以衍生成许多汽车产品概念，作为开发的目标。经营者要不断向自己提问：何人(Who)使用？何时(When)使用？为何(Why)使用？如何(How)使用？何地(Where)使用？喜欢什么(What)形态？考虑这些问题的过程便是汽车产品概念的形成过程。这些问题的不同组合便形成了不同的汽车产品概念。对于众多的、不同的汽车产品概念，仍可采用筛选阶段所用的评分法，将一些不切合实际的概念予以剔除。

汽车产品概念一旦形成，汽车企业还要通过一定途径在汽车消费者中进行测试，收集其反应，关于汽车新产品概念测试问题，见表 7-6。概念测试与最后的汽车产品越近似，该概念测试的可靠性越高。

表 7-6　汽车新产品概念测试问题

问　　题	汽车产品衡量范围
你是否清楚汽车产品概念并相信其利益	可传播性和可信度。如果得分低，这概念就必须重新界定或修改
你是否认为该汽车产品满足了你的某一需求	需求程度。需求越强烈，预期的汽车消费者兴趣就越高
目前是否有其他汽车产品满足这一需求，并使你满意	汽车新产品和现有汽车产品的差距。差距越大，预期的汽车消费者兴趣就越高。需求程度可与差距程度相乘，乘积为需求与差距分数，需求与差距分数越高，预期的汽车消费者兴趣就越高。需求与差距的高分意味着汽车消费者认为该汽车产品满足了强烈的需求或汽车产品没有满足他们的需求
相对价值而言，价格是否合理	认知价值。认知价值越高，预期的消费者兴趣就越高
你是否(肯定、可能、可能不、肯定不)购买该产品	购买意图
谁可能使用这一汽车新产品？将在什么时候购买？使用频率如何？	用户目标，购买时间和购买频率

3）概念发展阶段

（1）立项阶段。

本阶段的目的在于预估汽车新产品的销售量与收益率，并衡量其是否符合企业的目标，如果适合即可开发。在此阶段，要对以下几项因素进行预告。

① 未来销售量。汽车产品应否开发很大程度上取决于汽车产品开发后是否有销量。虽然这个量难以精确预测，但科学的估测有助于对其所承担的风险和可能得到的利益进行权衡。

② 首次购买销售量。首先，估计市场潜力将汽车产品的销售对象加以划分，估算市场的各个部分将购买的数量，从中减去已有的汽车产品的数量，即得各部分潜在的销售量，各部分潜在销售之和即为市场潜力；其次，估计市场渗透率，并由此估算现有市场潜力中可以渗透的比率，最后得出首次购买销售量。

③ 重置销售量。首先，预估产品的使用寿命；其次，预计重复购买率。汽车消费者再次购买时由于对同类产品的选择和经济发展等因素的影响，实际购买时间与是否购买等均会发生变化。

④ 未来成本与利润。此项预估可以参考公式(7-1)：

$$Z_t = (P_t - C_t)Q_t - F_t - M_t \tag{7-1}$$

式中：Z_t 为 t 年的利润额；P_t 为 t 年的平均价格；C_t 为 t 年的单位变动成本；Q_t 为 t 年的销售量；F_t 为 t 年的不变成本；M_t 为 t 年的推销费用。

（2）产品设计阶段。

这一阶段，汽车企业要根据立项设计出符合汽车消费者需要的汽车产品，一般来说，汽车企业开发汽车新产品阶段是耗时最长也最可能失败的阶段，因为好的创意未必在技术上可行。

整车厂在新车开发中，往往要经过几年的努力才能推出一款可行的新车型，这期间将淘汰大量的构思。汽车新产品从最初的构思到正式设计结束，就完成了开发的过程，紧接着进入试制阶段。

4）产品试制阶段

产品试制阶段可细分为研制阶段、测试阶段与试制阶段。

（1）研制阶段。

企业根据设计，生产出样车。对于汽车设计来说，这一阶段中企业主要是进行实际样车的研制和计算机模拟测试。

（2）测试阶段。

对生产出的样车进行一系列的实验，观察其可靠性和使用性。计算机在生产领域中广泛运用后，越来越多的汽车企业，特别是整车厂开始使用计算机模拟测试，这种测试可以大大减少研发的费用。根据测试的结果，汽车企业将修改设计。

（3）试制阶段。

可行的设计完成后，应当将此交给有关部门，将研制的汽车产品试制成实体的汽车产品。

5）市场试销阶段

（1）试销阶段。

本阶段包括两个内容：其一为试用；其二是试销。

① 试用。将汽车新产品交给特定使用人使用，观察使用结果。分析其是否有进一步改造与完善的地方。

② 试销。将试用后的汽车产品提供给经过挑选的、可以信赖的、有限范围内的汽车消费者。由汽车消费者的购买行为对汽车新产品予以评价。

当然，并不是所有的汽车产品都必须经过市场试销，对于有些选择性不大的汽车产品，而且汽车企业对之又抱有信心，具有成功的把握，就无须进行试销。汽车新产品试销之前，要做一些决策，包括确定试销的地区范围；试销时间的长短；在试销过程中需要搜集哪些资料；试销后将采取什么行动等。

汽车的开发通常采用推出概念车的方法来进行市场测试。汽车整车厂会运用确定的概念，生产出少量的汽车，也就是概念车，在车展或其他公众场合中展出，听取意见，再决定是否进入批量生产。这主要是因为汽车开发的费用大，不可能向小型日用品那样，通过试销来确定是否大量投产。

（2）定型阶段。

根据市场试销的结果，完善原设计，使其更加符合汽车消费者的期望，以及降低成本、提高竞争力。

一个汽车新产品正式定型后，企业就完成了定型（完善）阶段的工作。

6）正式上市阶段

汽车新产品一旦定型，就应当不失时机地立刻将它推向市场。汽车产品投产之后，汽车企业必须考虑为之建立完善的营销计划，建设销售网络。需要训练并激励销售人员，安排好广告与促销。所有这些都必须支付庞大的费用。许多正式上市的新产品，其第一年的销售费用有时高达销售收入的一半以上。

通常，汽车产品并不是从开始便向全国市场推出，而是先向主要的地区与市场推出。如果试销的结果充满希望，汽车企业可能尝试以激进的方式全速促销该产品，尤其在竞争者将跃入同一市场时，更应如此。如果缺乏足够的信心，以渐进的方式较缓慢地进入市场，固然可以避免损失，但也会失去许多机会利润。

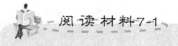
阅读材料7-1

成功的典范——MPV

克莱斯勒公司产品的发展也是经历了一番波折，但很快以领先的技术占据了优势。其中，最值得称道的就是首创了新的车型概念——MPV，"捷龙系列"就是它成功的典范。

事实上，早在1977年，克莱斯勒就启动了"T-115"工程，秘密研发厢式旅行车，到1983年11月，世界上第一辆MPV诞生，刚一上市就受到消费者的热捧，在一年内销售了21万辆，被称之为"神奇旅行车"。众所周知，20世纪80年代世界经济处于低迷期，这一销售数字是相当惊人的。正是因为MPV兼顾了轿车乘坐的舒适性和商用车特有的宽敞性，所以它们在欧洲市场才带来了连克莱斯勒工程师们都难以想象的销售热潮。在美国市场上，克莱斯勒集团MPV的总销量曾是通用公司和福特公司的两倍，是本田公司的3倍。虽然MPV只有仅仅20年历史，但相比其他车型，无论是技术创新速度还是市场扩张速度，MPV都毫不逊色。其首创者克莱斯勒大捷龙在20年间创造了MPV领域50多项发明，荣获了150多个奖项，全球销量更是达到1000万辆之多。由于其对MPV的突出贡献，克莱斯勒大捷龙被业界赋予"MPV教父"的美誉。

7.2 汽车促销组合

在现代商品社会里,商业中心星罗棋布,展柜上的商品琳琅满目,消费者可能根本就没有注意到企业产品的存在。在买方市场条件下,各生产企业需要采用各种有效的方法和手段,开展适时而恰当的促销活动,这对于传播营销信息、宣传企业产品、建立消费者信念、树立企业形象都是具有积极意义的,会使企业的产品为消费者所认知和了解,引起目标顾客的购买欲望,促成其购买行为的产生。促销的方法和手段主要有人员推销、广告促销、公共关系促销和销售促进,它们构成了促销组合策略的重要内容。

7.2.1 汽车促销

1. 汽车促销的含义

促销(Promotion)是促进产品销售的简称。从市场营销的角度看,促销是企业利用各种有效的方法和手段,通过与消费者之间的信息沟通,激发消费者的购买欲望,并促使其实现最终的购买行为。

汽车促销就是汽车制造商通过人员和非人员的方式,将汽车制造商的汽车产品信息及购买途径传递给目标消费者,从而激发消费者的购买兴趣,强化消费欲望甚至创造需求,使其产生购买汽车产品行为,进而促进汽车产品销售的一切活动。

汽车促销是汽车制造商市场营销的一个重要策略,主要通过人员推销、广告、销售促进等活动把有关产品的信息传递给消费者,激发消费者的需求,甚至创造消费者对产品的新需求。通过这样的策略,向汽车制造商外部传递信息,与中间商、消费者及各种不同的社会公众进行沟通,树立良好的产品形象和企业形象,使消费者最终认可企业的产品,实现汽车制造商的营销目标。

2. 汽车促销的实质

汽车促销的实质是信息沟通。汽车产品促销的过程就是汽车制造商与消费者的信息沟通过程。汽车制造商为了促进汽车产品的销售,通过各种促销活动,使汽车制造商与中间商和消费者之间建立起稳定有效的信息联系,实现有效的信息沟通。营销人员应做到以下几点以便进行有效的信息沟通。

(1)确立信息沟通的目标。汽车制造商之所以要开展汽车产品促销活动,就是为了引起消费者的注意和兴趣,并激发他们的购买欲望,从而达到扩大销售的目的。要做到这一点,在沟通中,信息的传播必须选择消费者公认的和有权威的传播者来发布消息,应根据消费者的爱好、特点、需要和商品的性能来确定沟通内容,否则就达不到沟通的目标。

(2)沟通方式的综合运用。信息沟通的方式多种多样。为了提高沟通的效率,汽车制造商必须利用各种沟通方式,有目的、有计划地配合起来,综合运用,才能收到预期的效果。

(3)信息沟通障碍的排除。在现实信息沟通中,存在着沟通对象不明、沟通目标不清、信息设计利用有误、沟通渠道选择不当和忽视沟通效果分析等障碍。汽车制造商应分析研究沟通障碍并及时排除沟通障碍,以促进汽车制造商有效开展促销活动。

3. 汽车促销的作用

（1）传递汽车产品和销售信息。通过促销宣传，可以将汽车制造商的产品信息传递给消费者。明确告诉消费者有什么样的汽车产品，产品有什么特点，到什么地方购买，购买的条件是什么等，从而引起消费者的注意，激发并强化购买欲望，为实现和扩大销售做好舆论准备。

（2）突出汽车产品的特色，提高竞争能力。随着社会经济的发展，市场竞争日趋激烈，同类汽车产品中，有些汽车产品差别细微，而通过促销活动则能够宣传突出其汽车产品特点的信息，从而激发了潜在的需求，提高了汽车制造商及其汽车产品的竞争力。

（3）强化汽车制造商的企业形象，巩固市场地位。恰当的促销活动可以树立汽车制造商良好的企业形象和汽车产品形象，能使顾客对汽车企业及其产品产生好感，从而培养和提高消费者的忠诚度，形成稳定的消费者群，可以不断地巩固和扩大市场占有率。

（4）影响消费者的购买倾向，创造需求，开拓市场。在促销活动中向顾客介绍汽车产品，不仅可以诱导消费者的购买倾向，而且可以增加甚至是创造新的需求，为汽车制造商持久地挖掘潜在市场提供了可能性。这种作用在新产品推向市场时效果尤为明显。汽车制造商通过介绍新产品，展示合乎潮流的消费者模式和标准，提供满足消费者生存和发展需要的承诺，从而唤起顾客的购买欲望，创造出新的消费需求。

7.2.2 汽车促销组合概述

1. 促销组合的含义

所谓促销组合就是汽车制造商根据汽车产品的特点和营销目标，综合各种影响因素，对各种促销方式的选择、编配和运用。汽车促销组合是一种组织促销活动的策略思路，是汽车制造商运用广告、人员推销、公关宣传、销售促进四种基本促销方式组合成一个策略系统，使企业的全部促销活动互相配合、协调一致，最大限度地发挥整体效果，从而顺利实现汽车制造商的目标。促销组合是促销策略的前提，在促销组合的基础上才能制定相应的促销策略。因此，促销策略也称为促销组合策略。

2. 促销组合的方式

企业的促销活动种类繁多，但主要有广告促销、人员推销、公共关系促销和销售促进促销四种形式。

（1）广告促销。广告是通过报纸、杂志、广播、电视、广告牌等广告传播媒体形式向目标消费者传递信息。广告促销是指汽车制造商按照一定的预算方式，支付一定数额的费用，通过不同的媒体对汽车产品进行广泛宣传，促进汽车产品销售的传播活动。采用广告宣传可以使广大客户对企业的产品、商标、服务等加强认识，并产生好感。统计表明，在各主要汽车生产国，汽车业是做广告最多、广告费用最高的行业之一。在我国，汽车广告正在与日俱增，成为汽车促销的主要手段。图7-7为比亚迪汽车促销海报。

广告的特点是可以更为广泛地宣传企业及其商品，其传递信息面广，不受客户分散的约束，同时广告还能起到倡导消费、引导潮流的作用。

（2）人员推销指汽车制造商派出推销人员或委托推销人员，直接与消费者接触，向目标消费者进行产品介绍、推广、促进销售的沟通活动。对汽车销售企业而言，主要是由推

图 7-7 比亚迪汽车促销海报

销人员与客户直接面谈沟通信息,其主要方式有在汽车展厅内的人员推销,展示会上或驾乘活动的人员推销,带车上门的人员推销。

人员推销方式具有直接、准确、推销过程灵活、易于与客户建立长期友好合作关系以及双向沟通的特点。但这种推销方式成本较高,对推销人员的素质要求也较高。

(3) 公共关系促销是指企业在从事市场营销活动中正确建立企业与社会公众的关系,以便树立企业良好形象,从而促进产品销售的一种活动。公共关系是一种创造"人和"的艺术,它不以短期促销效果为目标,通过公共关系使公众对企业及其产品产生好感,并树立良好企业形象,以此来激发消费者的需求。它是一种长期的活动,着眼于未来。

随着营销理论和实践的不断进步,促销的方式也在不断更新和变化。例如,"企业赞助",这是企业广告和公共关系相结合的一种新的促销方式,企业赞助的范围也很广泛,它在企业促销中起着越来越重要的作用。

(4) 销售促进又称营业推广,是指企业运用各种短期诱因鼓励消费者和中间商购买、经销或代理企业产品或服务的促销活动。销售促进的特点是可有效地吸引客户,刺激购买欲望,可以较好地促进销售。但它有贬低产品之意,因此只能是一种辅助性促销方式。

这四种形式各有其特点,见表 7-7,既可单独使用,也可以组合在一起使用,以达到更好的效果。

表 7-7 各种促销方式的优缺点

汽车促销方式	优 点	缺 点
广告促销	具有普遍性、范围广、表现力强、信誉度高	预算费用大
人员推销	直接性强,有利于培养顾客	费用支出较大
公共关系促销	可信度很高、信誉最佳、可消除戒心	应与其他手段配合
销售促进	信息沟通好、刺激性强、诱导力大	时效性差、不易建立长期品牌

7.2.3 影响汽车促销组合策略的因素

促销组合体现了现代市场营销理论的核心思想——整体营销。促销组合是一种系统化的整体策略,四种基本促销方式则构成了这一整体策略的四个子系统。促销组合的决策,就是决定如何选择和组合应用四种促销方式,达到汽车制造企业有效进行促销的目的。汽车企业在做这些决策时,除了要考虑各种方式的特点与效果外,还要考虑以下因素。

1) 产品属性

产品从其基本属性角度来看可分为生产资料和生活资料。因为生产资料产品技术性较强,购买者数量较少,但购买数量大且金额较高,通常采用以人员推销为主的促销组合;因为生活资料市场购买者人数众多,产品技术性较简单,标准化程度较高,通常采用以广告为主的促销组合。在生产者市场和消费者市场上,公共关系促销和销售促进都处于次要地位。汽车产品技术性较强,购买者数量相对较少,单个产品的价格较高,从这个角度看,其属于生产资料。

2) 目标市场特点

市场比较集中的汽车产品,人员推销的效果最好,销售促进和广告效果次之。例如,在商用车市场上,重型汽车因使用上的相对集中,市场也比较集中,因而人员推销对促进重型汽车的销售,效果较好;市场需求分散的汽车产品,广告的效果较好,销售促进和人员推销次之。例如,轻型汽车、微型汽车由于市场分散,广告对促进这类汽车销售的效果就更好。在乘用车市场上,小型客车的用户相对集中,便于人员推销。

汽车产品目标市场在销售范围大、涉及面多的情况下,应以广告促销为主,辅以其他促销方式;汽车产品目标市场销售范围较小、需求量较大的应以人员推销为主,辅以其他促销方式。如果汽车目标市场消费者文化水平较高、经济收入宽裕,应较多运用广告和公共关系沟通为主的组合;反之,应多用人员推销和销售促进为主的促销组合。

3) 促销目标

汽车制造商的产品营销可以分为营销初期、中期和后期。不同的阶段,要求有不同的促销目标。汽车产品营销初期,促销目标往往是以增加产品的知名度、开辟市场为目标;营销中期,汽车产品进入市场成长阶段,往往是以扩大销售、提高市场占有率为目标;在营销的后期,往往是以维持市场和转移市场为目标。因此,促销组合和促销策略的制定,要符合汽车制造商的促销目标,根据不同的促销目标,采用不同的促销组合和促销策略,见表7-8。

表7-8 不同促销目标的促销方式选择

营销阶段	促销选择		
	首 选	次 选	再 次 选
营销初期	人员推销	销售促进	广告
营销中期	广告	销售促进	人员推销

4) 产品生命周期的阶段

在汽车产品生命周期的不同阶段,有不同的促销目标,因而应采取不同的促销组合策略,见表7-9。当汽车产品处于导入期,新产品首次打入市场,需要进行广泛的宣传,以提高知名度,因而广告的效果最佳,销售促进也有相当作用,重点宣传产品的性质、牌号、功能、服务等,以引起消费者对新产品的注意。当汽车产品处于成长期时,市场已经发生了变化,消费者已对产品有所了解,采用以广告为主的促销组合,但广告宣传应从一般介绍产品转而着重宣传企业产品特色，树立品牌，使消费者对企业产品形成偏好，这时应增加促销费用，并配合人员推销，以扩大销售渠道。当汽车产品处于成熟期时，产品已全部打入市场，销售从鼎盛转而呈下降趋势，这时应增加销售促进，削弱广告，在此阶段应大力进行人员推销，以便与竞争对手争夺客户。当汽车产品处于衰退期时，同行竞争已到了白热化程度，替代产品已出现，消费者的兴趣已转移，这时企业应该削减原有产品的促销费用，少量采用提示性广告，对于一些老用户，销售促进方式仍要保持。

表7-9 产品生命周期各阶段的促销方式选择

产品生命周期	促销选择		
	首 选	次 选	再 次 选
导入期	广告	销售促进	人员推销
成长期	广告、公共关系	人员推销	销售促进
成熟期	销售促进	人员推销	广告
衰退期	销售促进	人员推销	公共关系

5）促销预算

任何企业用于促销的费用总是有限的，这有限的费用自然会影响营销组合的选择。因此企业在选择促销组合时，首先要根据企业的财力及其他情况进行促销预算；其次要对各种促销方式进行比较，以尽可能低的费用取得尽可能好的促销效果；最后还要考虑到促销费用的分摊。不同促销预算下的促销方式选择见表7-10。

表7-10 不同促销预算的促销方式选择

促销预算	促销选择		
	首 选	次 选	再 次 选
费用充足	广告	销售促进	人员推销
费用紧张	人员推销	销售促进	广告

6）"推"或"拉"策略

在促销中，汽车制造企业一般采用"推"策略或"拉"策略。"推"策略是把中间商作为主要的促销对象，采用以人员推销为主的促销组合，把产品推进分销渠道，推上最终市场。这种策略一般适合于单位价值较高、性能复杂、需要作示范的汽车产品以及市场比较集中的汽车产品等。"拉"策略是把消费者作为促销对象，采用以广告为主的促销组合，引导消费者购买，从而拉动中间商进货。这种策略适合于单位价值较低的、日常需求较大的产品，流通环节较多、渠道较长的产品，市场范围广、市场需求较大的产品等。不同的汽车制造商对两种策略有不同的偏好，有些则偏重"推"策略，有些则偏重"拉"策略。

7.2.4 汽车促销组合的趋势

1. 整合营销传播

整合营销传播应市场发展的需求而产生。随着市场不断发展，消费者每日接收到的推广信息不计其数，如电视、报纸、杂志、广播、直销函件、户外广告牌等，产品种类更是数不胜数。消费者处于这种杂乱的信息网络中，对单一品牌的注意力、记忆力及识别力极低。因此，要加强消费者对品牌乃至产品的注意及接收程度，单一的推广招数已不能满足消费者的口味和企业的战略目标，整合营销传播的出现达到了这一目的。

整合营销传播(Integrated Marketing Communications，IMC)是一种营销传播过程，它包含了计划、创造、整合以及营销传播的各种形式的运用，这种营销传播随着时间传递给品牌的目标消费者群和潜在顾客。

整合营销的目的在于最终影响或直接影响目标消费者群的行为。整合营销传播将所有顾客、潜在消费者可能了解品牌的方法都看作潜在的信息传播渠道，并充分利用所有顾客、潜在消费者能够接受的传播方法。整合营销传播的关键是，对旧有关系模式加以改变，把营销传播致力于一种互相交流，注重建立客户关系以实现营销目标，即从"消费者请注意"转变为"请注意消费者"。整合营销传播要求所有品牌的传播媒介和传播信息都传递一致的信息。

2. 网络营销

网络营销(Cyber Marketing，Online Marketing)也称互联网营销，是指通过互联网，利用电子信息手段，进行经营销售活动。网络营销是汽车企业整体战略的一个组成部分，是为了实现汽车企业总体经营目标，营造网上经营环境，实施各种营销策略，满足顾客需求，开拓市场，增加盈利能力，实现汽车企业市场目标的过程。需要注意的是，网络营销要有现代信息技术做支撑，也要有一个完整的业务流程。

网络营销包括以下基本要素：网络营销的主体——个人或组织。网络营销是个人与个人(C to C)、组织与组织(B to B)、组织与个人(B to C)之间进行的一种交换活动。网络营销的实质是"商品交换"，目的是通过商品交换来满足个人和组织的需要。网络营销的核心职能是利用互联网进行销售工作，还包括调查、策略制定、宣传、促销等内容。网络营销的产品，指一切可以满足顾客需要的因素，包括货物、服务、思想、知识、信息、技术、娱乐等种种有形和无形的因素。

3. 数据库营销

数据库营销(Database Marketing)就是企业通过搜集和积累消费者的大量信息，经过处理后预测消费者有多大能力去购买某种产品，以及利用这些信息给产品以精确定位，有针对性地制作营销信息以达到说服消费者去购买产品的目的。通过建立数据库并对其进行分析，对企业能够准确了解用户信息有很大帮助，以能准确确定企业的目标消费群。数据库的建立和使用，使企业促销工作具有针对性，从而提高企业营销效率。

数据库的组成要素包括以下方面。

(1) 独特的标识符，譬如 ID 或区分码。

(2) 个人或组织的名称和称呼。

(3) 邮政地址和编码。

(4) 电话号码。

(5) 订单、问询或推荐的来源。

(6) 首次交易的日期和购买细节。

(7) 按照日期、购买金额(累计金额)和所购产品划分开的购买时间接近程度、频率、货币交易历史等。

（8）信用历史和信用等级。

（9）消费者个人的相关人口统计特征数据，如年龄、性别、婚姻状况、家庭状况、教育程度、收入、职业、在所提供的住址居住的时间长短、企业地位以及一些个人的个性方面的信息。

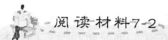
阅读材料 7-2

分步推进的促销组合策略——福特"野马"轿车的成功营销

1964年，福特汽车公司的新产品——"野马"轿车在一年内销出36万辆，创下了美国汽车史上的奇迹。野马汽车的成功是与汤姆逊广告公司做的一套分步推进的促销组合系列活动和形成的强大宣传攻势分不开的。

第一步，利用媒体进行宣传，取得轰动效应。邀请各大报纸的编辑到迪尔伯恩，借给他们每人一辆野马车参加从纽约到迪尔伯恩的野马车赛，同时邀请100名记者做现场采访。这次活动被数百家报纸杂志进行了报道，实现以告知为目的的广告宣传效果。

第二步，提高产品知名度。野马车上市前一天，在2600家报纸上刊登整版广告。画面是奔驰中的白色野马车，主题是"真想不到"，副题是"售价2368美元"。这次以提高产品知名度为主的广告攻势，为扩大市场占有率打下了基础。

第三步，扩大宣传，进一步提高知名度。野马上市后，在各大电视网播放广告。其内容是一个渴望成为赛车手或喷气机驾驶员的年轻人正驾驶野马车飞驰。通过大众传媒的传播，野马车的知名度进一步提高，几乎达到了家喻户晓的程度。

第四步，竖立广告牌，唤起注意，保持影响。选择最显眼的停车场竖立巨大的广告牌，上写"野马栏"，唤起消费者的注意，提醒他们去买野马汽车。

第五步，炒热野马车。在全美最繁忙的15个空港和200个假日饭店展览野马车，以实物激发消费者的购买欲望，使野马车"热上加热"。

第六步，宣传售后服务，直接促销。向几百万小汽车车主寄送宣传品，表示公司竭诚服务的决心，达到直接促销的目的。随着强大的宣传攻势的展开和推进，野马车迅速轰动全国，风行一时。

野马车的成功，说明分步推进的媒体组合广告活动应当有层次地展开，并且保证组合的时间选择：一是广告媒体的选择要与产品的推出相协调；二是各媒体在时间上要互相吻合，宣传攻势的展开要错落有致，此起彼伏，连绵不断。

7.2.5 广告促销策略

广告在现代市场营销中占有重要的地位，已经成为企业促销活动的先导。汽车广告是汽车企业用以对目标消费者和公众进行说服性传播的工具之一。汽车广告要体现汽车企业和汽车产品的形象,从而吸引、刺激、诱导消费者购买该汽车产品。

1. 广告的概念与种类

1)广告的概念

广告源于拉丁语,本意为"诱导"、"注意",后演化为广告活动(Advertising)和广告宣传(Advertisement)。它不仅影响消费者的购买行为,也影响消费者的消费习惯和生活方式。

广告有广义和狭义之分,广义的广告不仅包括各种商业性广告,而且包括政府部门的通知、公告、声明等。狭义的广告则是指法人、公司和其他经济组织为推销商品、服务或观念,通过各种媒介和形式向公众发布的有关信息。

在市场营销活动中,汽车广告是指由特定的汽车广告主有偿使用一定的媒体,传播汽车产品和汽车劳务信息给目标顾客的促销行为。

汽车广告与其他商业广告一样,具有以下特征。

(1) 广告的主体是企业。广告是企业为了推销商品或者服务而向消费者传递信息的一种促销活动,因而它是一种企业行为。

(2) 广告是以非人员方式进行的,广告活动必须通过一定的媒介形式传播。它是以群体为对象进行的一系列信息沟通活动。

(3) 广告的内容是商品或服务。企业通过广告活动唤起消费者对有关商品与服务的需求,从而诱导和促进他们购买动机的产生,达到促销的目的。

(4) 广告的目的是为了增加商品销售而做的有效的传播。企业将事先准备的所要传递的信息内容有目的地传达给信息接受者,达到修正消费者对企业、商品或服务等的态度和行为。

(5) 广告是一种由广告付费的经济行为。任何形式的广告都需要支付一定的费用,包括广告制作费和刊播费等。免费广告仅仅是广告宣传的特殊形式。这也是广告与其他宣传方式的根本区别。图7-8为马自达汽车马年新年促销广告。

图7-8 马自达汽车马年新年促销广告

2)广告的作用

(1) 传递信息,沟通产需。在市场经济中,谁掌握了市场信息谁就掌握了市场的主动权。对于汽车生产企业来说,面临与众多竞争对手的激烈竞争,要想使自己的产品尽快地让消费者知晓，必须借助于广告向消费者传递自己汽车产品的性能、特点、质量、使用方法、购买地点、购买手续以及售后服务等信息，使消费者对企业的产品留下深刻的印象，为其购买选择提供信息需要。消费者如果掌握到了必要的汽车产品信息，就可以根据汽车产品信息进行购买决策，选择物美价廉的汽车产品，使购买效用达到最大化。

（2）激发需求，促进销售。广告的最终目的就是激发需求，促进销售。消费者的需求开始一般处于潜在状态，这种需求并不能形成直接的购买行为。通过广告宣传，可以引起消费者的注意，进行购买说服，促使消费者产生兴趣，使消费者处潜在状态的需求被激发起来，促成其购买行为产生。实践证明，一则生动活泼、具有说服力的广告，能够激发消费者的购买欲望，培养新的需求和创造新的消费者方式，明确选择目标，促使其产生购买行为，从而有利于扩大企业的产品销售。

（3）介绍产品，指导消费。广告是无声的推销员，它比人员推销所接触的市场范围要大得多，具有广泛的传播范围。消费者在数量、种类众多的商品世界中很难做出选择，因此，他们购买商品往往带有盲目性。此时，企业可以运用广告来介绍产品，指导消费。通过运用多种广告媒体向消费者介绍产品的种类、功能、款式、使用方法等，帮助消费者根据广告信息来选择符合自身需求的商品，既扩大企业的产品销售，又扩展自己的目标市场。

（4）树立形象，赢得市场。企业的产品进入市场，通过广告宣传产品的特色、企业的质量保证和服务措施，树立良好的企业形象，提高产品的知名度，从而赢得市场。对于汽车这种高档的耐用消费品，消费者在购买汽车时，企业的形象（包括信誉、名称、商标等）是其做出选择的重要依据。可见，企业的良好形象对其产品销售关系重大，甚至影响到其市场份额。

广告不仅对消费者具有激发购买作用，对中间商还能起到鼓励作用，争取更多的中间商分销本企业产品。在同类产品竞争激烈的市场条件下，中间商的进货具有很大的选择性，他们对那些市场知名度低的产品一般不愿意经营。只有那些经过有效广告攻势，建立一定市场知名度的产品，他们才愿意进货。

3）广告的分类

按照广告的内容可分为以下三类。

（1）产品广告。这是企业为了推销产品而做的广告，属于告知性的宣传方式。它的内容主要是介绍产品，不是直接宣传企业的形象，而是通过产品的宣传介绍间接地使人感知生产该产品的企业。从这个意义上说，做好产品广告，不但可以推销产品，而且还可以帮助企业树立良好的形象。图7-9为完美汽车空调喷雾净的产品广告。

（2）企业广告。企业广告是直接为树立企业形象服务的，有关公共关系和公共利益的广告都属于这类广告。

（3）服务广告。服务广告是以各种服务为内容的广告，如产品维修、人员培训以及其他各种服务活动等。

按照广告的目标可分为以下几类。

（1）开拓性广告。此类广告是一种以介绍、说服为目标的广告，其目的在于通过向消费者宣传新产品的质量、性能、花色品种、用途、价格以及服务等情况，加深消费者对这些商品的认识，诱导消费者产生初次需求，解除消费者对企业生产和销售的产品的顾虑，促使消费者建立起购买这些产品的信心，使产品迅速占领目标市场。

图7-9 完美汽车空调喷雾净产品广告

（2）劝导性广告。劝导性广告着重宣传产品的用途，说明产品的特色，突出比其他品牌的同类产品的优越之处，努力介绍产品的厂牌与商标，使消费者对某种品牌的产品产生偏好，以稳定产品的销售。这类广告属竞争性广告，其目的是促使消费者建立起特定的需求，对本企业的产品产生偏好。

（3）提醒性广告。提醒性广告着重宣传商品的市场定位，以引导消费者产生"回忆性"需求，是一种加强消费者对商品的认识和理解的强化性广告。企业某一品牌产品在市场衰退期退出市场之前使用此类广告，仍能满足一部分老顾客（客户）的需求。

按照广告的媒体可分为以下几类。

（1）印刷广告。印刷广告包括广告主自行或者委托广告经营者利用单页、招贴、宣传册等形式发布，介绍自己所推销的商品或者服务的一般形式印刷广告，以及广告经营者利用有固定名称、规格、样式的广告专集发布介绍他人所推销的商品或者服务的固定形式印刷广告。

（2）视听广告。视听广告以视频和声音为传播广告信息主题的传播形式，是20世纪后期最有影响力和发展最快速的广告媒介形式。视听广告兼有报纸、广播和电影电视的视听特色，以声、像、色兼备，听、视、读并举，生动活泼的特点成为最现代化也最引人注目的广告形式。视听广告在20个世纪的主要载体就是影视广告，数字时代的技术革新使得视听广告传媒空间发展迅速，由于网络的发展和电信的崛起，视听数字技术在手机、网络、虚拟互动等传播手段中日益成熟起来，使得视听广告艺术的发展具备了无限的潜力。图7-10为一汽-马自达在电影《杜拉拉升职记》中植入睿翼汽车广告。

（3）邮寄广告。广告主通过邮寄、赠送等形式，将宣传品送到消费者手中、家里或公司所在地，如产品样本寄给顾客、中间商或代理人。邮寄广告包括商品目录、商品说明书、宣传小册子、明信片、挂历广告，以及样本、通知函、征订单、订货卡、定期或不定

图 7-10 马自达《杜拉拉升职记》电影广告植入

期的业务通信等。邮寄广告最大的优点是广告对象明确、选择性强、传递较好、较为灵活,提供信息全面、准确、说服力强,效果显著。局限性是生动性较差,传播面也较少。

（4）户外广告。户外广告指在城市道路、公路、铁路两侧、城市轨道交通线路的地面部分、河湖管理范围和广场、建筑物、构筑物上,以灯箱、霓虹灯、电子显示装置、展示牌等为载体形式和在交通工具上设置的商业广告。户外广告通常有招贴、广告牌、交通广告以及霓虹灯广告等。户外广告经常作为辅助性推广媒体,也有助于开拓营销渠道,地点多选择在闹市、交通要道或公共场所,一般比较醒目。它的主要优点是视觉冲击力强,传播到达率高;利用灯光色彩、美术造型等艺术手段,显得鲜明、醒目、美观;内容简明易记,使人印象深刻,发布时间长,城市覆盖率高;既宣传产品,又美化环境。局限性是受空间的限制,不易表达复杂的内容,不能动态化。

2. 广告媒体

所谓广告媒体就是指能够借以实现广告主与广告对象之间信息传播的物质工具。广告主不会放弃任何一个能够用来做广告的媒介。随着市场经济的飞速发展,广告媒体也由传统媒体向伴有技术进步和新视角的多元化的广告媒体转变,而多元化广告媒体也意味着广告信息传播在与目标顾客接触过程中的选择更加广阔,而选择的标准就是实现最佳传播效果。

1) 广告媒体的分类

（1）按表现形式分类。按表现形式可分为:印刷媒体、电子媒体等。印刷媒体包括报纸、杂志、说明书、挂历等。电子媒体包括电视、广播、电动广告牌、电话等。

（2）按功能分类。按功能可分为:视觉媒体、听觉媒体和视听两用媒体。视觉媒体包括报纸、杂志、邮递、海报、传单、招贴、日历、户外广告、橱窗布置、实物和交通等媒体形式。听觉媒体包括无线电广播、有线广播、宣传车、录音和电话等媒体形式。视听两用媒体主要包括电视、电影、戏剧、小品及其他表演形式。

（3）按影响范围分类。按广告媒体影响范围的大小可分为:国际性广告媒体、全国性广告媒体和地方性广告媒体。国际性媒体如卫星电路传播、面向全球的刊物等。全国性媒体如国家电视台、全国性报刊等。地方性媒体如城市电视台、报刊以及少数民族语言、文字的电台、电视台、报刊、杂志等。

(4) 按接受类型分类。按广告媒体所接触的视、听、读者的不同，分为大众化媒体和专业性媒体。大众化媒体包括报纸、杂志、广播、电视，专业性媒体包括专业报纸、杂志、专业性说明书等。

(5) 按时间分类。按媒体传播信息的长短可分瞬时性媒体、短期性媒体和长期性媒体。瞬时性媒体如广播、电视、幻灯、电影等。短期性媒体如海报、橱窗、广告牌、报纸等。长期性媒体如产品说明书、产品包装、厂牌、商标、挂历等。

(6) 按可统计程度分类。按对广告发布数量和广告收费标准的统计程度来划分，可分为计量媒体和非计量媒体。计量媒体如报纸、杂志、广播、电视等。非计量媒体如路牌、橱窗等。

(7) 按传播内容分类。按其传播内容可分为综合性媒体和单一性媒体。综合性媒体指能够同时传播多种广告信息内容的媒体，如报纸、杂志、广播、电视等。单一性媒体是指只能传播某一种或某一方面的广告信息内容的媒体，如包装、橱窗、霓虹灯等。

(8) 按与广告主的关系分类。按照与广告主的关系来分，又可分为间接媒体（租用媒体）和专用媒体（自用媒体）。间接媒体（租用媒体）是指广告主通过租赁、购买等方式间接利用的媒体，如报纸、杂志、广播、电视、公共设施等。专用媒体（自用媒体）是指属广告主所有并能为广告主直接使用的媒体，如产品包装、邮寄、传单、橱窗、霓虹灯、挂历、展销会、宣传车等。

2) 广告媒体比较

广告媒体种类较多，每一种媒体都有自己的优势和不足，在制定广告促销策略时要充分考虑广告媒体的优缺点，选择合理有效的广告媒体（表 7-11）。

表 7-11 主要广告媒体比较

媒体	优 点	局 限
报纸	信息传播可以限制在所希望的区域内； 覆盖面宽，读者稳定，传递灵活迅速； 新闻性、可读性、知识性、指导性和记录性"五性"显著； 便于保存，可以多次传播； 制作成本低廉	广告版面不占突出地位； 广告有效时间短，日报只有一天或半天的生命力； 广告设计、制作较为简单粗糙； 图片运用较少，广告用语模式化，展现方式较呆板单调
杂志	阅读有效时间长，便于长期保存； 内容专业性较强，有独特的、固定的读者群	篇幅成本和创意成本高； 周期较长，不利于快速传播； 截稿时间早，时间性、季节性不够鲜明
电视	覆盖面广，信息接收效果佳； 形声兼备，视觉刺激强	制作成本高； 播放费用高； 信息量有限，观众选择性少； 信息不能保存
广播	传收同步，听众容易收听到最快最新的商品信息； 每天重播频率高，信息接收对象层次广，速度快，空间大； 广告制作费低	只有听觉刺激； 广告的频段、频道相对不太固定，需要经常调寻

(续)

媒体	优　　点	局　　限
邮寄	针对性强，直接指向目标顾客； 可以充分表达要传播的信息； 属于"隐蔽"媒介，竞争对手很难获得你的信息	时间长； 成本较高； 需要事先获得目标顾客的邮寄信息
户外	灵活，到达范围广，曝光频率高，展示时间长； 费用低； 竞争少	观众无法选择，很难对准目标市场； 曝光时间短，传达信息量少
POP (Point Of Purchase)	灵活多样； 成本低廉； 直接影响消费者的购买行为	只能在指定空间内展示
网络	信息交互性强； 消费者可控制广告获取的信息量和信息率； 短时间内覆盖范围广； 成本低廉	目标受众规模有限； 消费者信息选择权太大

3. 广告促销的设计

在企业促销活动中，应运用有效的广告策略来策划设计广告促销方案。在了解和分析市场、消费者、竞争者及宏观环境因素的基础上，广告促销方案的设计一般包括以下主要步骤。

1) 选择广告目标

广告目标是指企业通过广告活动将要完成的特定任务或使命。其实质是要在特定的时间对特定的受众完成特定的信息沟通任务。现代营销理论界认为，企业做广告的目标不仅要促进企业增加产品销量和企业利润，还要服务于企业的品牌资产增值。只顾及眼前的销量增长，没有对品牌资产积蓄力量，会抵消广告效果，使企业落入广告陷阱，但企业减小了广告投放力度，消费者就会遗忘企业及产品。因此，只有实现销量增长和品牌增值的广告，才是成功的广告，才能为企业的持续发展做出贡献。

企业可以为了不同的具体目标进行广告设计。企业广告都是根据市场需求状况提出广告自身的具体目标，如单纯提高销售量或销售额；为新产品开拓市场；提高产品知名度，建立消费偏好，培养忠诚顾客；提高市场占有率，对付竞争对手；提升品牌地位，树立企业形象等。到底选择哪个目标，应以设计广告时的企业具体情势而定。

在广告目标设计中，要注意广告目标的确定必须与企业的市场地位相适应。例如，生产汽车的甲企业把产品定位于高档市场，乙企业把产品定位于大众市场。这两家汽车生产企业不同的产品定位决策，其广告的目标是有区别的。前者广告的宣传应更多地注重产品的消费与消费者财富、地位和名誉相联系，后者广告宣传应更多地注重产品的价格合理及消费该产品能够得到的附加利益。

2）核定广告费用预算

为了实现企业的销售目标，企业必须花费必要的广告费用，广告费用的开支是一个关键问题。如果开支过少，达不到广告效果；反之，会造成浪费降低效益。为此，在广告预算设计中要充分认识广告支出与广告收益的关系。

企业在选择广告形式时必须注意广告宣传所取得的经济效益要大于广告费用的支出。电视是很好的广告媒体，它形象生动，信息传递范围大，速度快，但广告费用很高。因此，对形象性不强、市场消费有限的产品就没有必要去选用电视广告。

企业在决策广告投入时，需考虑以下因素。

(1) 产品所处的生命周期阶段。

对处于导入期的产品，需要较多的广告投入以提高消费者对产品的认知程度，建立品牌知名度。主要投放信息型广告，主要介绍产品、价格、功能、品牌、售后承诺等方面，灌输企业经营观念，以提高产品知名度和可信度，激发购买欲望。

对处于成长期的产品，已经建立了一定知名度和销售网络，广告活动频率可以适当降低，以节约广告费用。这时，广告的重点应转向"个性诉求"，引起目标用户的观念认同，培植品牌忠诚度。

对处于成熟期特别是成熟期后期的产品，由于市场上大量出现竞争产品和替代产品，企业应增加广告投入，强化竞争优势，维持其市场地位。

对处于衰退期的产品，即使增加广告投入，市场销量也不会得到明显改善。此时，企业已有新产品开发出来，应将广告投入重点转向新产品的推介上。

(2) 市场份额。

一般而言，产品的市场份额大，广告投入应多；产品的市场份额小，广告投入可少一些。如果企业希望扩大市场份额，就必须增加广告投入。通常情况下，保持现在市场占有率的广告费用远远低于扩大市场占有率的广告费用。由于领导型品牌有较高的市场知名度和成熟的销售网络，其广告目的只是为了维持老顾客的重复购买，无需大规模增加广告投入。处于挑战者地位的品牌，就需要较大规模的广告投入。

(3) 竞争情况。

竞争越激烈，越需要增加广告投入，目的是宣传本企业产品的特色和优点，使之在目标顾客心目中与竞争产品区别开来；反之，如果市场上同类竞争产品较少，广告投放则可相对少一些，只需要将产品信息告知顾客即可。

(4) 企业成本核算。

实力强大、资金雄厚的企业，其广告投入量可以适当增加。但盲目增加广告投入并不一定能换取市场份额增长。实力雄厚的汽车企业，更应该将竞争手段转向新产品开发及提高产品质量和服务质量上来，汽车是功能性强的产品，片面依靠广告不能创造销售传奇。

3）确定广告信息

广告信息设计是根据促销活动所确定的广告目标来设计广告的具体内容。产品设计要注重广告效果，只有高质量的广告，才能对促销起到宣传、激励的作用。高质量广告设计应遵循准确、简明、形象、动力的原则，达到汽车广告设计的标准，如图7-11所示。

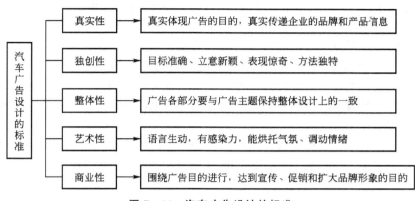

图 7-11 汽车广告设计的标准

4）广告媒体的选择

广告媒体的选择就是根据不同广告媒体的各种特点，有针对性地选择广告媒体，使广告目标顺利实现，这是企业进行广告宣传时必须解决的问题。选择广告媒体还需要考虑以下一些影响因素。

（1）产品的性质。对汽车来说，电视和印刷精美的杂志在形象化和色彩方面十分有效，因而是最好的媒体。汽车属于技术性复杂的机械产品，宜用样本广告，可以详细说明产品性能；或用实物操作展示，增加用户的真实感；一般消费品可以用视听广告媒体。

（2）目标消费者的媒体习惯。不同媒体可将广告传播到不同的市场，而不同的消费者对杂志、报纸、广播、电视等媒体有不同的阅读、收视习惯和偏好。例如，购买跑车的大多数消费者是中青年的成功人士，所以广播和电视就是跑车的最有效的广告媒体。男性汽车用户通常有读报或上网的习惯，可选择报纸或网络为媒体。

（3）传播信息类型。例如，宣布本周的购销活动，可在电台或报纸上做广告；而如果有大量的技术资料需要在广告信息出现，则可在专业杂志上做广告。一般情况下，汽车产品的针对性强，因此比较适合在专业杂志和报纸上做广告，能直接面向特定的消费者，有助于用较低的预算实现预期的目的。

（4）广告媒体的知名度和影响力。包括发行量、信誉、频率和散布地区等。

（5）广告主的经济承受能力。广告主能够用于广告的总预算是媒体选择的主要前提。

4. 广告效果的评估

广告效果研究的主要内容是广告传播内容对传播对象和整个社会产生什么影响和作用及产生的效果如何。人际传播的效果是直接的、迅速的、明显的，传播者很容易觉察到。而广告通过大众传播媒介所产生的往往是间接的、潜移默化的、迟缓的，广告传播者不易觉察到。因此，就需要对广告效果进行有效的评估。广告效果的评估就是指运用科学的方法来鉴定所做广告的效益。应从广告的经济效果、广告的心理效果和广告的社会效果三个方面进行评估。

1）广告的经济效果评估

广告的经济效果是指广告促进商品或服务销售的程度和企业产值、利税等经济指标增长的程度。整个广告活动经济效果的测定包括：事前测定、事中测定和事后测定三个部分。

（1）事前测定，可以深入研究消费者的购买动机和购买欲望。事前测定主要采用销售实验法，即模拟一个销售环境，通过实验的方法来检验广告的效果。

（2）事中测定，主要是为了检验广告战略、广告策划的执行情况与实际情况的吻合程度，以便能够及时地发现问题，随时予以纠正。事中测定的主要方法有销售地区实验法、分割测定法、促销法等。

（3）事后测定是对广告活动进行之后的效果进行的综合评定与检查，是判断广告活动效果的依据，是评价和检验广告活动的最终指标，也是整个广告活动效果评估的最后阶段。

2）广告心理效果评估

广告的心理效果是指消费者对所做广告的心理认同程度和购买意向、购买频率。心理学的研究结果表明，人们对一种新信息的接受过程必须具备三个过程：注意、理解和接受。广告对人们的心理活动的影响程度，也反映在对消费者认识过程、情感过程和意志过程。

（1）注意程度。广告能否对消费者产生影响，引起他们的注意是第一步，这是对广告传播效果的最基本要求。注意分为"有意注意"和"无意注意"，"有意注意"是自觉的，有预定目的的，必要时还需要一定努力的注意。"无意注意"是自然发生的，既没有任何目的，也不用任何努力的注意。企业的广告宣传必须重视"无意注意"，来引起消费者的更高兴趣。消费者的注意程度越高，对商品销售的影响越大。

（2）理解程度。不同的消费者对同一则广告的理解可能大不相同，有人能够理解全部广告的意图，有的人只能部分理解广告的内容，甚至有人根本不理解广告主题。所以，广告的构思、创意、内容、形式等要通俗易懂。

（3）记忆程度。人们接受了广告传递的信息后，即使对某种商品产生良好的印象，也很少会立即去购买，时间久了会忘记广告的内容，或是购买前又受到其他各种广告宣传的影响，转而购买其他品牌的商品。所以企业的广告宣传要做到标新立异、独树一帜，能够让人们记住。广告内容要简明扼要、形象具体。

（4）反应程度。广告要从"情感"和"理性"上刺激消费者的购买欲望，使他们相信其购买行为的决定从情感层面和理智层面都是合理的、明智的。消费者反应的程度越强烈，证明广告信息传播效果越好。

3）广告社会效果的评估

广告的社会效果是指是否符合社会公德，主要表现在广告对消费者产生的社会影响上，能否促进社会的物质文明与精神文明建设，特别是能否传播知识、促进社会首先教育、推广最新技术成就。广告社会效果的评估，要从法律规范、伦理道德、文化艺术、风俗习惯、宗教信仰等方面进行综合的考察、评定。

广告应旗帜鲜明地履行社会职责，向人们展示美好的现实生活和崇高的理想，把宣传高尚的社会道德情操同追求美的享受结合起来，防止低级庸俗、不健康的广告内容和情调流入社会，使广告真正起到指导消费者、方便人民生活的作用。

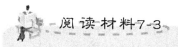
阅读材料7-3

成功的汽车广告

"福特永远关心您"系列性广告寓企业于公益,包括"为了您和您的孩子,请遵守交通规则"、"在高速公路上只有福特关心您"、"在高速公路上您不再孤立无援"、"在高速公路上福特帮您再上路"等等,颇能赢得信赖与好感。

德国大众福斯金龟车,曾有一则广告是这样写的:"如果有人发现我们的金龟车发生故障,被修理厂拖走,我们将送您一万元美金。"充分表现它对品质和性能的自信。

金龟车另一则广告也很有意思,该广告是针对一般人误认金龟车无法在高速公路上超车加以澄清。广告标题是:"他们说它根本就办不到。"画面则是一位骑摩托车的警察,正在高速公路上给一位驾金龟车的青年开超速的罚单。

劳斯莱斯汽车的广告手法也技高一筹。有位富翁在非洲人烟绝迹的沙漠上,他所驾的劳斯莱斯汽车发生故障进退不得,只好徒步回城,打电报给英国总公司的工厂。该厂当天就派直升机前往修理。数天之后,这位富翁又打电报给该公司问修理费多少。该公司打回来电报,电文是:"我们并没有修理过您的车子,也许是您搞错了吧!"

7.2.6 人员推销策略

人员推销是一种起源最早、最常用、最富有技巧的促销方式,也是成本相对较高的营销沟通工具。

1. 人员推销概述

1)人员推销的概念

人员推销是企业推销人员或委托推销人员,直接向目标消费者进行产品和服务的一种促销活动。人员推销虽是一种传统的促销方式,但到现代市场营销中,这种促销方式仍然十分有效,特别是在洽谈交易和成交手续磋商中,是其他促销方式所不能代替的。在人员推销活动中,推销人员、推销对象和推销品是三个基本要素。其中前两者是促销的主体,后者是促销活动的客体。

2)人员推销的特点

(1)销售的针对性强,适应个性化需求。

人员推销是销售人员与顾客直接接触,相互间在态度、气氛、情感等方面都能捕捉和把握,销售人员根据各类潜在用户的需求、动机及购买行为,有针对性地做好沟通工作,解除各种疑虑,引导顾客的购买欲望。

(2)双向信息反馈,适应需求变化。

在人员推销过程中,销售人员可以随时随地与顾客交流,销售人员把企业信息及时、准确地传递给目标顾客,同时,把市场信息、顾客(客户)的要求、意见、建议反馈给企业,为企业调整营销方针和政策提供依据。

(3) 促销过程灵活性强，利于开发顾客购买动机。

销售人员根据不同顾客的购买动机，采取相应的解说言辞及推销不同的商品，来达到他们不同的需要。销售人员也可通过展示商品、解答质疑、指导产品使用方法，使目标顾客能当面接触产品，从而确信产品的性能和特点，易于引发消费者购买行为。

(4) 人际间的沟通性强，利于建立买卖双方的友谊。

销售人员与顾客在长期反复的接触中，逐渐产生信任和理解，加深双方感情，有可能把单纯的买卖关系变成一种友谊，销售人员在许多方面为顾客服务，帮他们解决问题，充分体现以顾客为导向的营销观念，不断地培育出忠诚顾客，稳定企业销售业务。

(5) 成本高、效益差，适合高价、大件、批量的商品交易。

由于人员推销直接接触的顾客有限，销售面窄，人员推销的开支较多，增大了产品销售成本。当企业的市场范围不足够大，且无力建立有效的人员推销队伍到广大地区去推销时，应考虑其他促销方式。

(6) 人员素质的限制性强，条件要求高。

人员推销的成效直接决定于推销人员的素质。尤其随着科技的发展，新产品层出不穷，对推销人员的要求越来越高。要求销售人员不仅要熟悉商品的技术特点、功能、保养和维护等商品本身的信息，甚至还要了解顾客的喜好、心理动机等相关知识和技能。

3) 人员推销的步骤

市场营销学中的"公式化推销"理论将推销过程分成以下七个不同的阶段。

(1) 寻找顾客。这是人员推销工作的第一步。

(2) 事前准备。销售人员必须掌握三方面的知识：①产品知识，即关于本企业、本企业产品的特点、用途和功能等方面的信息和知识。②顾客知识，即包括潜在顾客的个人情况、购买者的性格特点、顾客购买产品的目的和用途等。③竞争者的知识，即竞争者的能力、地位和他们的产品特点。同时还要准备好所推销产品的样品（或图片）、介绍说明材料、选定接近顾客的方式、访问时间、应变语言等。

(3) 接近。即开始登门访问，与潜在顾客开始面对面的交谈。

(4) 介绍。在介绍产品时，要注意说明该产品可能满足顾客的哪方面需求或带来的利益，要注意从顾客的发言中判断其真实意图。

(5) 克服障碍。推销过程中，顾客会提出各种不同的意见，推销人员应随时准备应对，处理各种意外的交易障碍。

(6) 达成交易。抓住成交机会，促成交易成功。此阶段要确定具体磋商交易条件，如成交价格、交货地点、结算方式、服务保障等。

(7) 售后追踪。如果销售人员希望顾客满意并重复购买，则必须坚持售后追踪。推销人员应认真执行交易合同中所保证的条件，如交货期、售后服务、安装服务等内容。

2. 人员推销的形式、对象与策略

1) 人员推销的基本形式

(1) 上门推销。上门推销是由推销人员携带产品样品、说明书和订单等走访顾客，推销产品。这种推销形式可以针对顾客的需要提供有效的服务，方便顾客，故为顾客广泛认可和接受。它是最常见的人员推销形式，是一种积极主动的推销形式。

(2) 柜台推销。柜台推销是指企业在适当地点设置固定门市，由营业员接待进入门市的顾客，推销产品。门市的营业员是广义的推销员。柜台推销是等客上门式的推销方式，它与上门推销正好相反。由于门市里的产品种类齐全，能满足顾客多方面的购买要求，为顾客提供较多的购买方便，并且可以保证产品完好无损，故顾客比较乐于接受这种方式。

(3) 会议推销。会议推销是指利用各种会议向与会人员宣传和介绍产品，开展推销活动，如在展览会、订货会、交易会、物资交流会等会议上推销产品。这种推销形式接触面广、推销集中，可以同时向多个推销对象推销产品，成交额较大，推销效果较好。

2) 人员推销的对象

人员推销的对象有消费者、生产用户和中间商三类。

(1) 向消费者推销。推销人员向消费者推销产品，必须对消费者有所了解。为此，要掌握消费者的年龄、性别、民族、职业、宗教信仰等基本情况，进而了解消费者的购买欲望、购买能力、购买特点和习惯等，并且，要注意消费者的心理反应。对不同的消费者，施以不同的推销技巧。

(2) 向生产用户推销。将产品推向生产用户的必备条件是熟悉生产用户的有关情况，包括生产用户的生产规模、人员构成、经营管理水平、产品设计与制作过程以及资金情况等。在此前提下，推销人员还要善于准确而恰当地说明自己产品的优点；并能对生产用户使用该产品后所得到的效益做简要分析，以满足其需要；同时，推销人员还应帮助生产用户解决疑难问题，以取得用户信任。

(3) 向中间商推销。与生产用户一样，中间商也对所购商品具有丰富的专门知识，其购买行为也属于理智型。这就需要推销人员具备相当的业务知识和较高的推销技巧。在向中间商推销产品时，首先要了解中间商的类型、业务特点、经营规模、经济实力以及他们在整个分销渠道中的地位；其次，应向中间商提供有关信息，给中间商提供帮助，建立友谊，扩大销售。

3) 人员推销的策略

销售人员应根据不用的推销气氛，针对推销对象审时度势、巧妙而灵活地采用不同的方法和技巧，吸引用户，促使其做出购买决定，产生购买行为。

(1) 试探性策略，也称刺激——反应策略。就是在不了解客户需要的情况下，销售人员运用刺激性手段引发顾客产生购买行为的策略。销售人员事先设计好能够引起顾客兴趣、刺激顾客购买欲望的销售语言，对客户进行试探和渗透性交谈，同时密切注意对方的反应，了解顾客的真正需求，然后根据反应进行进一步的说明或宣传，引导产生购买行为。

(2) 针对性策略，也称配合——成交策略。销售人员事先基本了解客户的某些方面的需要，然后有针对性地进行宣传讲解，引起顾客的兴趣和好感，从而达到促成交易的目的。运用这种策略的销售人员常常在事前已根据顾客的有关情况设计好推销语言，有利于在促销过程中把握气氛，掌握主动。

(3) 诱导性策略，也称诱发——满足策略。销售人员首先设法诱发顾客的购买需求，再说明所推销的这种服务产品能较好地满足这种需求，引导顾客产生购买行为。这是一种创造性推销，这种策略要求推销人员有较高的推销技术，在"不知不觉"中成交。

4) 人员推销的销售技巧

销售人员在运用促销策略时，还应掌握一些销售技巧。

(1) 上门推销技巧。

① 找好上门对象。可以通过商业性资料手册或公共广告媒体寻找重要线索，也可以到商场、门市部等商业网点寻找客户名称、地址、电话、产品和商标。

② 做好上门推销前的准备工作。要对企业的发展状况和产品、服务的内容材料十分熟悉并充分了解、牢记，以便推销时有问必答；同时对客户的基本情况和要求应有一定的了解。

③ 掌握"开门"的方法。即要选好上门时间，以免吃"闭门羹"，可以采用电话、传真、电子邮件等手段事先交谈或传送文字资料给对方并预约面谈的时间、地点。也可以采用请熟人引见、名片开道、与对方有关人员交朋友等策略，赢得客户的欢迎。

④ 把握适当的成交时机。应善于体察顾客的情绪，在给客户留下好感和信任时，抓住时机发起"进攻"，争取签约成交。

(2) 洽谈艺术。

首先应给客户一个良好的印象，注意自己的仪表和服饰打扮，言行举止要文明、懂礼貌、有修养，做到稳重而不呆板、活泼而不轻浮、谦逊而不自卑、直率而不鲁莽、敏捷而不冒失。在开始洽谈阶段，推销人员可采取以关心、赞誉、请教、炫耀、探讨等方式，巧妙地把谈话转入正题，做到自然、轻松、适时。在洽谈过程中，推销人员应谦虚谨言，注意让客户多说话，认真倾听，表示关注与兴趣，并做出积极的反应。遇到障碍时，要细心分析，耐心说服，排除疑虑，争取推销成功。洽谈成功后，推销人员切忌匆忙离去，应该用友好的态度和巧妙的方法祝贺客户做了笔好生意，并指导对方做好合约中的重要细节和其他一些注意事项。

(3) 排除推销障碍的技巧。

① 排除客户异议障碍。若发现客户欲言又止，自己应主动少说话，直截了当地请对方充分发表意见，以自由问答的方式真诚地与客户交换意见。对于一时难以纠正的偏见，可将话题转移。对恶意的反对意见，可以"装聋扮哑"。

② 排除价格障碍。当客户认为价格偏高时，应充分介绍和展示产品、服务的特色和价值，使客户感到"一分钱一分货"；当客户对低价有看法时，应介绍定价低的原因，让客户感到物美价廉。

③ 排除习惯势力障碍。实事求是地介绍客户不熟悉的产品或服务，并将其与他们已熟悉的产品或服务相比较，让客户乐于接受新的消费观念。

3. 推销人员的素质

推销员是实现公司与消费者双向沟通的桥梁和媒介之一，推销员在公司的营销活动、特别是人员推销活动中的地位和作用是不容忽视的，是公司里最重要、最宝贵的财富之一，它是公司生存和发展的支柱。在推销过程中，推销员就是企业的代表和象征，推销员有现场经理、市场专家、销售工程师等称号。越是在竞争激烈、复杂的市场上，企业越需要应变能力强、创造力强的开拓型推销员。

1) 销售人员的角色

(1) 企业形象代表。销售人员是企业派往目标市场的形象代表，他们主动热情的工作，积极的态度乃至一言一行都代表了企业形象，是企业文化和经营理念的传播者。

(2) 热心服务者。销售人员是目标顾客的服务人员，帮助顾客排忧解难，解答咨询，提供产品使用指导,其服务质量和热情赢得顾客的信任和偏爱。

(3) 信息情报员。销售人员广泛接触社会各个方面,因此,他们不仅收集目标顾客的需求信息,而且还能收集竞争者信息、宏观经济方面信息和科技发展状况信息,使营销决策者能迅速把握外部环境的动态,及时做出反应。所以,销售人员是企业信息情报的重要反馈渠道,扮演着信息情报员的角色。

(4) 客户经理。在企业营销战略和政策指导下,当销售人员面对一群顾客做营销沟通工作时,可行使一定的决策权,此时,他们所担任的就是"客户经理"角色,如交易条款的磋商、交货地点的确认等。

2) 推销人员的任务

(1) 顺利销售产品,扩大产品的市场占有率,提高产品知名度。公司经营的中心任务就是占领和开拓市场,而推销员正是围绕这一中心任务开展工作的。推销员的重要任务就是利用其"千里眼"和"顺风耳"在复杂的市场中寻找新的、尚未满足的消费需求。他们不仅要说服顾客购买产品,沟通与老顾客的关系,而且还要善于培养和挖掘新顾客,并根据顾客的不同需求,实施不同的推销策略,不断扩大市场领域,促进公司生产的发展。

(2) 沟通信息。顾客可通过推销员了解公司的经营状况、经营目标、产品性能、用途、特点、使用、维修、价格等诸方面信息。刺激消费者完成从需求到购买的行动。同时,推销员还肩负着搜集和反馈市场信息的任务,应及时了解顾客需求、需求特点和变化趋势,了解竞争对手的经营情况,了解顾客的购后感觉、意见和看法等,为公司制定有关政策、策略提供依据。

(3) 推销商品,满足顾客需要,实现商品价值转移。推销员在向顾客推销产品时,必须明确推销的不是产品本身,而是隐藏在产品背后的对顾客的一种建议,即告诉顾客,通过购买产品,他能得到某些方面的满足。同时,要掌握顾客心理,善于应用推销技巧,对不同顾客使用不同的策略。

(4) 良好的服务是推销成功的保证。推销员在推销过程中,应积极向顾客提供多种服务,如业务咨询、技术咨询、信息咨询等。推销中的良好服务能够增强顾客对企业及其产品的好感和信赖。

3) 推销人员的素质

优秀的推销人员应具备良好的职业道德品质、良好的个人修养、宽领域的知识结构与全面的销售能力。

(1) 职业道德品质。推销人员应能够正确处理与企业的关系。销售人员是企业的代表,负有为企业推销产品的职责;要具有强烈的事业心和高度的责任感,热爱本职工作,忠于自己所服务的企业,时时处处维护企业的利益,不损公肥私。当个人利益与企业利益发生冲突时,应首先自觉服从企业利益。

推销人员应能够正确处理与促销对象的关系。销售人员是顾客的顾问,有为顾客购买活动当好参谋的义务,应该确立"以顾客为中心"的观念。力求把促销对象的利益和企业的利益协调起来,既要维护企业的利益,又要不损害消费者的利益,不可为了企业的利益花言巧语、强行推销,甚至坑骗消费者。

推销人员应能够正确处理与竞争对手的关系。在激烈的市场竞争中,销售人员应严守商业道德,不可为了抬高自己,故意贬低别人。创造良好的竞争环境与氛围,为行业的共同发展做出应有的贡献。

（2）良好的个人修养。营销人员应该注意培养自己仪表端庄、举止文雅、作风正派、谦虚礼貌、平易近人等良好的气质和外表风度，给消费者一种亲切、愉快和满意的直观感觉，以赢得他们的信任，为销售工作的顺利开展奠定基础。

（3）宽领域的知识结构。销售人员既是产品的销售员、市场调查员和信息收集员，又是售前、售中、售后服务员，还是消费者参谋员和新观念的宣传员。因此，为了适应科学技术的迅速发展和商品结构、品种日益复杂的要求，销售人员应构建由宏观经济知识、企业知识、产品知识、用户知识和法律知识等构成的知识结构，满足销售工作的需要。

（4）全面的销售能力。销售人员要成功地开拓市场，就需具备市场开拓能力、成功谈判能力、吃苦耐劳精神、敏锐的洞察力、业务组织能力、业务控制能力、应变创新能力。

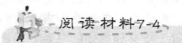
阅读材料7-4

优秀的丰田汽车推销员

丰田汽车公司之所以能在汽车销售方面取得巨大的成绩，是因为他们有一支优秀的丰田汽车推销员队伍。"丰田精神已经彻底贯彻到丰田系统的推销员中去了"，"丰田系统的推销员不但人数多，而且他们都坚决相信丰田公司的汽车是最好的"。他们具有踏实的工作作风，持之以恒的热情和信心。一名丰田汽车公司的推销员在发现一名潜在用户时，两星期之内拜访达20次，最终使他变成了丰田汽车的用户。

4. 销售人员的考核与评价

企业制定公平而又富有激励作用的绩效考核标准，通过科学而合理的绩效考试途径，不但加强了对推销人员的管理，又为企业分配报酬、做出人事决策提供了重要参考依据。

1）销售人员的考核途径

（1）销售人员的记事卡。

（2）销售人员销售工作报告。

（3）顾客的评价。

（4）企业内部员工的评价。

2）销售人员的考核标准

在实际工作中对推销人员的业绩考核主要有以下几个标准。

（1）销售计划完成率，用于衡量销售人员的销售增长。

（2）销售毛利率，用于衡量销售利润完成的指标。

（3）销售费用率，考核销售人员每次访问支出费用，计算出完成销售量所需要的销售费用率，越小越好。

（4）货款回收率，衡量销售人员回笼货款的状况指标。

（5）客户访问率，考核销售人员访问顾客的次数及能否达到销售效果。

（6）访问成功率，衡量销售人员的工作效率。

（7）顾客投诉次数，衡量销售人员服务质量和服务水平的指标。

（8）培育新客户数目，衡量销售人员开拓市场能力的指标。

7.2.7 公共关系促销策略

对企业来说，其业务活动和营销活动中都必须与其有关的公众打交道，发生各种社会关系、物质关系、经济关系和利益关系。企业外部公众为原材料供应商、产品经销商、代理商、顾客、政府管理部门、各种团体等，企业内部公众为合伙人、股东、董事、职工等，因而存在错综复杂的公共关系。

1. 公共关系的概念及构成要素

1) 公共关系

公共关系(Public Relations，PR)或简称公关，是通过传播组织机构信息、协调组织内部与外部等各种关系、管理组织形象等方式，促进公众对组织的认识、理解及支持，达到树立良好组织形象及与公众保持良好关系的活动。在市场营销学体系中，公共关系是企业机构唯一一项用来建立公众信任度的工具。

2) 公共关系促销

公共关系促销并不是推销某个具体的产品，而是利用公共关系，把企业的经营目标、经营理念、政策措施等传递给社会公众，使公众对企业有充分了解；对内协调各部门的关系，对外密切企业与公众的关系，扩大企业的知名度、信誉度、美誉度。为企业营造一个和谐、亲善、友好的营销环境，从而间接地促进产品销售。

3) 公共关系的构成要素

(1) 社会组织。

社会组织是公共关系的主体，在市场营销中主要是指企业。公共关系活动的主体是公共关系的实施者、承担者。我们在理解公共关系时，特别要注意这一点，不要把一些个人的行为也说成是公共关系。例如，某公司总裁以个人名义向野生动物基金会捐款，这是个人行为，而不是公共关系；但当他以公司的名义捐这笔款时，我们便可把这种行为理解为一种旨在提高组织(公司)的知名度和美誉度、扩大组织影响的公共关系行为。

(2) 公众。

公众是公共关系的客体，企业要公关的对象是与企业有关的内部公众和外部公众。公共关系是组织主动地去与公众建立和维护良好关系的过程。公众随时都可以表达自己的意志和要求，主动地对公关主体的政策和行为做出积极反应，从而对公关主体形成舆论压力和外部动力。组织在计划和实施自己的公关工作时，必须认清自己的公众对象，分析研究自己的公众对象，并根据公众对象的特点及变化趋势去制定和调整公关政策和行动。

(3) 传播。

公共关系的实现体制就是传播，也是公共关系主体与客体之间的沟通渠道与中介。传播的目的是通过双向的交流和沟通，促进公共关系的主体和客体(组织和公众)之间的了解、共识、好感和合作。传播是使组织和公众之间建立关系的一种手段，传播媒介则是实现这种手段的工具。只有这两者有机结合、共同作用，才能产生整体大于部分之和的协同效应，才能使组织的公共关系活动得以顺利开展，使组织得以在公众面前建立和维持良好的公共关系形象。三者的关系可用图 7-12 表示。

图 7-12 现代公共关系三要素关系图

2. 公共关系促销的基本特征

公共关系是一种社会关系，但又不同于一般社会关系，也不同于人际关系，因为它有独特的特征。

(1) 形象至上。良好的形象是企业最大的财富，是组织生存和发展的出发点和归宿。在公众中塑造、建立和维护组织的良好形象是公共关系活动的根本目的，而这种形象既与企业的总体有关，也与公众的状态和变化趋势直接相连。企业以公共关系为促销手段，根据公众、社会的需要及其变化，制定合理的经营决策机制、正确的经营理念和创新精神，并及时调整和修正自己的行为，不断地改进产品和服务，以便在公众面前树立良好的形象，促进产品销售的顺利进行。

(2) 沟通为本。公共关系是一种信息沟通，是创造"人和"的艺术。企业与公众通过信息双向交流和沟通来建立相互间的理解、信任与扶持，协调和改善企业的社会关系环境。通过平等自愿的、充分的信息交流和反馈，形成了企业与公众之间的共同利益和互动关系。没有任何强制力量，双方都可畅所欲言，因而能最大限度地降低不良的副作用。

(3) 互惠互利。公共关系以一定的利益为基础，对于企业而言，当然应该追求自身利益的最大化，而只有在互惠互利的情况下，才能真正实现这一目标。通过公共关系，可以协调双方的利益，实现双方利益的最大化，这也是具备公关意识的组织和不具备公关意识的组织的最大区别。否则，只顾企业利益而忽视公众利益，在交往中损人利己，不考虑企业的信誉和形象，势必会失去公众的信任。

(4) 真实真诚。现代社会，信息及传媒手段空前发达，这使得任何组织都无法长期封锁消息、控制消息，以隐瞒真相，欺骗公众。正如美国总统林肯所说，你可以在某一时刻欺骗所有人，也可以在所有时刻欺骗某些人，但你绝对不能在所有时刻欺骗所有人。真相总会被人知道。因此公共关系要求公关人员实事求是地向公众提供信息，以取得公众的信任和理解。

(5) 长远观点。由于公共关系是协调沟通、树立组织形象、建立互惠互利关系的过程，这个过程既包括向公众传递信息的过程，也包括影响并改变公众态度的过程，甚至还包括组织转型，如改变现有形象、塑造新的形象的过程。所有这一切，都不是一蹴而就能完成的，需要经过长期艰苦的努力。企业不应计较一城一池之得失，而要着眼于长远利益，追求长期稳定的战略性关系。

3. 公共关系促销的作用

公共关系促销的主要内容是树立以公众为对象、以企业形象为目标、以互惠为原则、以传播为手段、以真诚为信条、以长远为方针的思想，促进社会主义和谐社会的建设。其作用主要表现在以下几个方面。

1) 对企业的作用

(1) 收集信息，检测环境。信息是企业生存与发展必不可少的资源，通过公关可以获取大量信息，也是企业了解自己与环境及其关系的最有效手段。企业的环境信息主要包括：公众需求信息、公众对产品形象评价的信息、公众对组织形象评价的信息及其他社会信息，这些信息起到了组织"环境监测器"的作用。

(2) 舆论宣传，创造气氛。通过公共活动可以将企业的有关信息及时、准确、有效地传送给特定的公众对象，为企业树立良好形象创造良好的舆论气氛。企业要想发展壮大，一方面是要保证产品或劳务的质量，另一方面也要搞好宣传工作，提高企业的知名度和美誉度。通过公关活动，能持续不断、潜移默化地完善舆论气氛，引导公众舆论朝着有利于企业的方向发展，适当地控制和纠正对企业不利的公众舆论。

（3）协调关系，增进合作。公共关系是"内求团结、外求发展"的一门艺术。通过协调使企业中所有部门的活动同步化；使企业内部成员之间的关系和谐化，增强凝聚力；使企业与外界环境相适应，加强企业与当地政府、经销商、社会、消费者的联系，增进合作。

（4）咨询建议，参与决策。通过公关活动收集到的信息都是来自社会各方面的与企业有关的真实信息，可以考察企业的决策和行为对公众产生的效应及影响程度，预测企业决策和行为与公众可能意向之间的吻合程度，并及时、准确地向企业决策者进行咨询，提出合理而可行的建议。公共关系作为决策参谋能帮助决策者评价各方案的社会效果，提高决策方案的社会适应能力和应变能力。

（5）危机管理，处理突发事件。所谓"突发事件"，即企业所处的未知环境，在短时间内发生企业运营、发展过程中的管理人员未曾预料到的事件。由于这类事件具有突然性、变化快、影响大、处理难度大、余波长等特点，因此组织的管理者时刻都要有危机管理意识。公共关系在危机管理中的作用体现在：事先预报，避免发生；提前准备，减少损失；紧急关头，稳定人心；做好善后，挽回损失。

2）对社会的作用

公共关系对社会组织起作用的同时，也促使了社会环境的优化，促进了社会的和谐。主要表现在以下几方面。

（1）促使社会互动环境的优化。公共关系涉及群体与群体、群体与个人以及社会人际间的互动，它通过沟通社会信息、协调社会行为、净化社会风气来实现对社会互动环境的优化。

（2）促使社会心理环境的优化。公共关系提倡人们通过交往摆脱孤独和隔阂、恐惧和忧虑，从而促使社会心理环境优化。

（3）促使社会经济环境优化。公共关系倡导公平竞争，使营利性组织争取最好的经济效益，从而带动整个社会经济繁荣。

（4）促使社会政治环境优化。通过建立民主政治，树立"民本位"思想，增强社会管理人员的公仆意识和人民群众的主人翁意识，满足人民群众参与社会公共事务决策和管理的愿望。

3）对个人的作用

公共关系对个人的作用主要体现在以下几方面。

（1）促使个人观念的更新。公共关系是塑造组织形象的艺术，组织的形象与个人的形象是分不开的。它灌输给每一个人有关形象的意识，在注重组织形象的同时也必须注重个人的形象；公关强调"顾客第一"、"公众至上"，以尊重公众的意愿、满足公众的需求为己任，培养人们强烈的尊重他人意识；公关工作广结人缘，沟通信息，带给人们一种现代交际观念；公关谋求组织与公众之间的合作，表现出强烈的合作意识，并把这种合作意识灌输给每一个人。

（2）促使个人能力的提高。为了树立组织的形象，公关部常以独特新颖、出奇制胜的专题活动吸引公众，这种创造性的活动需要富有创造能力的人来胜任，在工作中培养了人的创造能力；公关活动常要和各种人、各种矛盾、冲突打交道，要处理各种突发事件，要适应不断变化的公众和环境，因而促使个人交际能力、自我调节能力、应变能力的提高。

4．公共关系促销的方式与原则

1）公关促销的方式

（1）内部刊物。这是企业内部公关的主要内容，是企业各种信息载体，是管理者和员工的舆论阵地，是沟通信息、凝聚人心的重要工具。

（2）发布新闻。由公关人员将企业的重大活动、重要的政策以及各种新奇、创新的思路编写成新闻稿，借助媒体或其他宣传手段传播出去，帮助企业树立形象。

（3）举办记者招待会。邀请新闻记者，发布企业信息。通过记者的笔传播企业重要的政策和产品信息，传播广，信誉好，可引起公众的注意。

（4）设计公众活动。通过各类捐助、赞助活动，努力展示企业关爱社会的责任感，树立企业美好的形象。

（5）企业庆典活动。营造热烈、祥和的气氛，显现企业蒸蒸日上的风貌，以树立公众对企业的信心和偏爱。图7-13为2011年东风悦达-起亚新年庆典活动。

图7-13　2011年东风悦达-起亚新年庆典活动

（6）制造新闻事件。制造新闻事件能起到轰动的效应，常常引起社会公众的强烈反响，如海尔张瑞敏刚入主海尔时的"砸冰箱"事件，至今人们谈及，还记忆犹新。

（7）散发宣传材料。依靠各种传播材料接近和影响其目标市场，公关部门要为企业设计精美的宣传册或画片、资料等，这些资料在适当的时机，向相关公众发放，可以增进公众对企业的认知和了解，从而扩大企业的影响。

2）公共关系促销的原则

（1）真实性原则。要以诚取信，企业只有诚实才能获得公众信件，在公众心目中树立良好的形象。企业以欺骗的方法，吹嘘自己，必然失去公众的信任。

（2）平等互利原则。公众利益与企业利益相协调，企业的生存发展离不开社会的支持，因此，企业要为社会公众提供优质产品，进行公关活动时必须将公众利益与企业利益结合起来。

(3) 整体一致性原则。从战略角度长远考虑，汽车企业在追求自身利益的同时，更要注意社会的整体利益，使企业的利益与社会的利益达到一致。在自身利益和社会整体利益发生冲突时，首先考虑社会整体利益，这样企业才能在社会公众中确立长期稳定的良好形象，最终也将促进企业自身获得更大的经济效益。

(4) 全员公关原则。企业内部要统一认识，全员参与，企业的发展与壮大是全体员工智慧的体现和努力的结果，全体员工应上下统一认识，树立公关意识，将企业的良好风貌充分展现给公众。

5. 公共关系促销的主要决策

1) 公共关系的主要内容

(1) 与顾客的关系。"顾客就是上帝"反映了企业与顾客之间的关系。顾客是企业社会价值的最重要评判者，企业的所有营销活动均要以顾客的需要为出发点，因此，企业公共关系工作的主要内容是促使消费者对企业及产品产生良好的印象，提高企业及产品在社会公众中的知名度、信任度。

(2) 与供应商、分销商的关系。供应商为企业提供产品保障，企业借助分销商扩大销量。企业要以长期友好合作为目标，以互惠互利为基础，加强沟通，维持良好的供应关系，促进企业的生产和销售。

(3) 与竞争者的关系。企业在处理与竞争企业的关系时，要树立公平竞争的思想，正确处理竞争过程中的各种矛盾和冲突，不使用诽谤、中伤、贿赂等不正当手段挤压对手，以免企业的自身形象和信誉受到损失。

(4) 与新闻媒介的关系。在信息时代，新闻媒体和新闻工作者的作用日益突出，他们可以创造出社会舆论，引导消费者，影响公众的观念和生活方式，进而影响企业的社会形象，间接调整企业行为。因此，要正确处理与新闻媒介的关系，帮助企业实施公关策略、争取社会公众，实现公关目标。

2) 公关促销设计

(1) 公关活动目标。公关活动的目标应与企业的整体目标相一致，并尽可能具体，同时要分清主次轻重。

(2) 公关活动对象。即公关活动中所针对的目标公众。

(3) 公关活动项目。即采用什么方式来进行公关活动，如举行记者招待会、组织企业纪念活动和庆祝活动、参加社会公益活动等。

(4) 公关活动预算。在制定活动方案时，要考虑公共关系活动的费用预算，使其活动效果能够取得最大化。

3) 公关促销的步骤

(1) 市场调查研究。企业公关工作要做到有的放矢，应先了解与企业实施政策有关的公众意见和反映。公关要把企业领导层的意图告诉公众，也要把公众的意见和要求反映到领导层。因此，公关部门必须收集、整理、提供信息交流所必需的各种材料。

(2) 确定公关目标。一般来说，企业公关的直接目标是促成企业与公众的相互理解，影响和改变公众的态度和行为，建立良好的企业形象。具体的公关目标又分为传播信息、转变态度和唤起需求。企业不同时期的公关目标，应综合公众对企业理解、信赖的实际状况，分别确定以传递公众急切想了解的情况，改变公众的态度还是以唤起需求、引起购买行为为重点。

(3) 信息交流。公关工作过程也是信息交流的过程，面对广大的社会公众，企业必须学会运用大众传播媒介及其他交流信息的方式，以有说服力的传播去影响公众，从而达到良好的公关效果。

(4) 公关效果评估。公关工作的成效可从定性和定量两方面评价。有些公关活动的成效可以进行数量统计，如理解程度、抱怨者数量、传媒宣传次数、赞助活动等。传播成效的取得是一个潜移默化的过程，在一定时期内很难用统计数据衡量。评价结果的目的在于为今后公关工作提供资料和经验，也可向企业领导层提供咨询。

7.2.8 销售促进促销策略

1. 销售促进的概念及特点

1) 销售促进的概念

销售促进又名营业推广，是一种适宜于短期推销的促销方法，是企业为鼓励购买、销售商品和劳务而采取的除广告、公关和人员推销之外的所有企业营销活动的总称。

2) 销售促进的特点

(1) 营业推广促销效果显著。在开展营业推广活动中，可选用的方式多种多样。一般说来，只要能选择合理的营业推广方式，就会很快地收到明显的增销效果，而不像广告和公共关系那样需要一个较长的时期才能见效。因此，营业推广适合于在一定时期、一定任务的短期性的促销活动中使用。

(2) 营业推广是一种辅助性促销方式。人员推销、广告和公关都是常规性的促销方式，而多数营业推广方式则是非正规性和非经常性的，只能是它们的补充方式。也就是说，使用营业推广方式开展促销活动，虽能在短期内取得明显的效果，但它一般不能单独使用，常常配合其他促销方式使用。营业推广方式的运用能使与其配合的促销方式更好地发挥作用。

(3) 营业推广有贬低产品之意。采用营业推广方式促销，似乎迫使顾客产生"机会难得、时不再来"之感，进而能打破消费者需求动机的衰变和购买行为的惰性。不过，营业推广的一些做法也常使顾客认为卖者有急于抛售的意图。若频繁使用或使用不当，往往会引起顾客对产品质量、价格产生怀疑。因此，企业在开展营业推广活动时，要注意选择恰当的方式和时机。

3) 营业推广的不足

(1) 影响面较小。它只是广告和人员推销的一种辅助的促销方式。

(2) 刺激强烈，但时效较短。它是企业为创造声势获取快速反应的一种短暂促销方式。

(3) 顾客容易产生疑虑。过分渲染或长期频繁使用，容易使顾客对卖者产生疑虑，反而对产品或价格的真实性产生怀疑。

4) 营业推广的作用

(1) 可以吸引消费者购买。这是营业推广的首要目的，尤其是在推出新产品或吸引新顾客方面，由于营业推广的刺激比较强，较易吸引顾客的注意力，使顾客在了解产品的基础上采取购买行为，也可能使顾客追求某些方面的优惠而使用产品。

(2) 可以奖励品牌忠实者。因为营业推广的很多手段，如销售奖励、赠券等通常都附带价格上的让步，其直接受惠者大多是经常使用本品牌产品的顾客，从而使他们更乐于购买和使用本企业产品，以巩固企业的市场占有率。

(3) 可以实现企业营销目标。这是企业的最终目的。营业推广实际上是企业让利于购买者，它可以使广告宣传的效果得到有力的增强，破坏消费者对其他企业产品的品牌忠实度，从而达到本企业产品销售的目的。

2. 销售促进的方式

1) 面向消费者的营业推广方式

(1) 赠送促销。向消费者赠送样品或试用品，赠送样品是介绍新产品最有效的方法，缺点是费用高。样品可以选择在商店或闹市区散发，或在其他产品中附送，也可以公开广告赠送，或入户派送。

(2) 折价券。在购买某种商品时，持券可以免付一定金额的钱。折价券可以通过广告或直邮的方式发送。

(3) 包装促销。以较优惠的价格提供组合包装和搭配包装的产品。

(4) 抽奖促销。顾客购买一定的产品之后可获得抽奖券，凭券进行抽奖获得奖品或奖金，抽奖可以有各种形式，如图 7 - 14 所示。

图 7 - 14　比亚迪滕州安驰销售服务店促销活动

(5) 现场演示。企业派促销员在销售现场演示本企业的产品，向消费者介绍产品的特点、用途和使用方法等。

(6) 联合推广。企业与零售商联合促销，将一些能显示企业优势和特征的产品在商场集中陈列，边展销边销售。

(7) 参与促销。使消费者参与各种促销活动，如技能竞赛、知识比赛等活动，能获取企业的奖励。

(8) 会议促销。各类展销会、博览会、业务洽谈会期间的各种现场产品介绍、推广和销售活动。

2) 面向中间商的营业推广方式

(1) 批发回扣。企业为争取批发商或零售商多购进自己的产品，在某一时期内给经销本企业产品的批发商或零售商加大回扣比例。

(2) 推广津贴。企业为促使中间商购进企业产品并帮助企业推销产品，可以支付给中间商一定的推广津贴。

(3) 销售竞赛。根据各个中间商销售本企业产品的实绩，分别给优胜者以不同的奖励，如现金奖、实物奖、免费旅游、度假奖等，以起到激励的作用。

(4) 扶持零售商。生产商对零售商专柜的装潢予以资助，提供POP广告，以强化零售网络，促使销售额增加；可派遣厂方信息员或代培销售人员。生产商这样做目的是提高中间商推销本企业产品的积极性和能力。

3) 面对内部员工的营业推广方式

主要是针对企业内部的销售人员，鼓励他们热情推销产品或处理某些老产品，或促使他们积极开拓新市场。一般可采用的方法有：销售竞赛、免费提供人员培训、技术指导等。

3. 销售促进的控制

营业推广是一种促销效果比较显著的促销方式，但倘若使用不当，不仅达不到促销的目的，反而会影响产品销售，甚至损害企业的形象。因此，企业在运用营业推广方式促销时，必须予以控制。

(1) 选择适当的方式。营业推广的方式很多，且各种方式都有其各自的适应性，选择好营业推广方式是促销获得成功的关键。一般说来，应结合产品的性质、不同方式的特点以及消费者的接受习惯等因素选择合适的营业推广方式。

(2) 确定合理的期限。控制好营业推广的时间也是取得预期促销效果的重要一环。推广的期限，既不能过长，也不宜过短。这是因为，时间过长会使消费者感到习以为常，失去刺激需求的作用，甚至会产生疑问或不信任感；时间过短会使部分顾客来不及接受营业推广的好处，收不到最佳的促销效果。一般应以消费者的平均购买周期或淡旺季间隔为依据来确定合理的推广时间。

(3) 禁忌弄虚作假。营业推广的主要对象是企业的潜在顾客，因此，企业在营业推广全过程中，一定要坚决杜绝弄虚作假的短视行为发生。在市场竞争日益激烈的条件下，企业的商业信誉是十分重要的竞争优势，企业没有理由自毁商誉。本来营业推广这种促销方式就有贬低商品之意，如果再不严格约束企业行为，那将会产生失去企业长期利益的巨大风险。因此，弄虚作假是营业推广中的最大禁忌。

(4) 注重中后期宣传。开展营业推广活动的企业比较注重推广前期的宣传，这非常必要。在此还需提及的是不应忽视中后期宣传。在营业推广活动的中后期，面临的十分重要的宣传内容是营业推广中的企业兑现行为。这是消费者验证企业推广行为是否具有可信性的重要信息源。所以，令消费者感到可信的企业兑现行为，一方面有利于唤起消费者的购买欲望，另一个更重要的方面是可以换来社会公众对企业良好的口碑，树立企业的良好形象。

此外，还应注意确定合理的推广预算，科学测算营业推广活动的投入产出比。

4. 销售促进设计

(1) 确定推广目标。营业推广目标的确定，就是要明确推广的对象是谁，要达到的目的是什么。只有知道推广的对象是谁,才能有针对性地制定具体的推广方案。例如,是以培育忠诚度为目的?还是鼓励大批量购买为目的?

(2) 选择推广工具。营业推广的方式方法很多,但如果使用不当,会适得其反。因此,选择合适的推广工具是取得营业推广效果的关键因素。企业一般要根据目标对象的接受习惯和产品特点及目标市场状况等来综合分析选择推广工具。

(3) 推广的配合安排。营业推广要与营销沟通的其他方式,如广告、人员推销等整合起来,相互配合,共同使用,从而形成营销推广期间的更大声势,取得单项推广活动达不到的效果。

(4) 确定推广时机。营业推广市场时机的选择很重要,如季节性产品、节日、礼仪产品,必须在季节前、节前做营业推广,否则就会错过了时机。

(5) 确定推广期限。即营业推广活动持续时间的长短。推广期限要恰当,过长,消费者新鲜感丧失,产生不信任感;过短,一些消费者还来不及接受营业推广的实惠。

综合习题

一、填空题

1. 汽车产品包括_____、_____、_____、_____和_____五个层次。

2. 汽车产品组合通常采用_____、_____、_____和相关性四个参数衡量。

3. 汽车产品生命周期分为_____、_____、_____、_____和_____五个阶段。

4. 汽车新产品的开发要经历_____、_____、_____、_____、_____和_____六个阶段。

5. 汽车促销组合是一种组织促销活动的策略思路,是汽车制造商运用_____、_____、_____、_____四种基本促销方式组合成一个策略系统。

6. 汽车组合促销中,人员推销的基本形式有_____、_____、_____。

二、名词解释

(1) 汽车产品生命周期;(2) 汽车新产品;(3) 汽车促销组合;(4) 汽车营业推广;(5) 网络营销。

三、简答题

1. 什么是汽车产品组合?有哪些类型?什么是汽车产品组合的广度、深度、长度和相关性?

2. 常见的汽车产品组合策略有哪些?

3. 什么是汽车产品生命周期?简述生命周期各阶段的营销策略。

4. 试述汽车新产品开发的过程。

5. 什么是促销?汽车促销的方式有哪些?

6. 汽车广告促销策略有哪些?

7. 人员推销应注意哪些问题?

四、案例分析题

根据以下案例所提供的材料，试分析：

(1) 刚进入中国市场时，通用汽车为什么进行这样的产品定位？

(2) 通用汽车采用的是什么策略调整其产品组合？

(3) 通用汽车产品组合策略的特点是什么？

通用汽车的产品组合策略

通用汽车刚进入中国时，中国轿车各细分市场已形成竞争的格局：以夏利为代表的经济型轿车占据了中国轿车的低端市场，桑塔纳、捷达和雪铁龙富康是中档车市场的霸主，中高档轿车市场则以进口车为主。根据这一市场情况，通用决定将其目标市场定位于高档市场，向中国市场推出其成熟的别克车型。上市的第一年推出了当时在中国市场生产的最高档的三款轿车：别克新世纪、GLX 和 GL，率先在市场上赢得了主动。2000年，上海通用分别推出具有驾驶乐趣的别克 CS 和中国第一辆多功能公务车别克 GL8，紧接着又针对 20 多万元的市场推出排量比较小的别克 G，形成从 20 多万元到 30 多万元这样一个梯级排列的产品线。

随着别克在中国的成功，竞争者也纷纷瞄准高档车这一潜力巨大的市场：一汽大众和广州本田先后从德国大众和日本本田引进了与别克同一级的奥迪 A6 和本田雅阁，其中奥迪 A6 更是占据国产顶级轿车；本田雅阁则是当今最畅销的车型之一，全球销量超过 800 万辆；上海大众从德国大众集团引进更先进的、在国际上屡次获得大奖的帕萨特 B5。这样，高档车市场竞争开始白热化，在 25 万元～45 万元这一级的市场上就有了奥迪 A6、别克系列、本田雅阁和帕萨特四大品牌，别克系列轿车受到来自一汽大众、上汽大众和广州本田的严峻挑战。

为迎接市场的挑战，上海通用又对市场进行了分析：经济型轿车虽然价格便宜，但给消费者的印象是低质低价，缺乏一种具有竞争力的车型，市场上还没有一款完全意义上的进口轿车；经过了近两年的市场运作和品牌传播，别克轿车在中国已经有了很高的知名度和认知度。鉴于此，上海通用决定将产品线向低端延伸。

通用将在海外市场上的一款欧宝车引进中国，取名赛欧，俗称小别克。别克赛欧推出后，凭借着别克强大的品牌效应和 10 万元轿车的卖点，在中国轿车市场引起了轰动。2001年，上海通用又针对中国家庭市场推出赛欧的家庭版——赛欧 SRV，将一种全新的汽车消费观念带给中国普通的消费者。2002 年的产销量达到 5 万辆，成为这一市场的领头羊。通用根据中国市场的变化适时地推出相应的新产品，填补国内某个市场的空白，并保持每年推出一款新车的新产品策略。进入中国市场仅三年的通用汽车，经营业绩却令人惊讶：目前已经形成别克系列、多功能商务车——陆地公务舱和赛欧系列三大系列的车型；产品线覆盖了 10 万元左右到 30 多万元的各个级别；多功能公务车更是在市场上占据绝对优势；市场占有率从 1999 年的 3%，排名第七，上升至 2002 年超过 10%，成为仅次于上海大众、一汽大众之后的第三轿车生产集团。

➡ 资料来源：成玉莲，常兴华. 汽车营销 [M]. 北京：北京理工大学出版社，2011.

第 8 章

汽车品牌营销

 本章教学要点

知识要点	掌握程度	相关知识
汽车品牌营销概述	掌握品牌的含义； 熟悉品牌的作用； 掌握品牌营销的含义及方式； 掌握汽车品牌的组成； 熟悉汽车品牌策略； 了解我国汽车品牌的十大营销策略	品牌及其作用； 汽车品牌的组成及汽车品牌策略； 我国汽车品牌的营销策略
汽车自主品牌营销策略	掌握我国汽车自主品牌的发展模式； 了解我国汽车自主品牌的发展历程及现状； 掌握我国汽车自主品牌发展存在的问题； 我国汽车自主品牌发展战略； 掌握我国汽车自主品牌国际化营销战略	我国汽车自主品牌的发展模式； 我国汽车自主品牌国际化营销战略

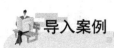

世界汽车品牌营销百年评述

从1886年德国奔驰成为世界上第一个汽车品牌，汽车发展史历经百年巨变。伴随着工业革命的进程，以欧美和日本汽车为代表的品牌发展与演变，成为人类进入市场经济时代以来最具有商业价值和最生动的一本品牌营销教科书。

1. 创始人与品牌人格

世界级汽车品牌往往是与创始人紧密联系在一起的。品牌的命名、个性和定位从一开始就深深打上了其创始人的烙印，并且随着其产品的不断更新与发展进一步发扬光大。无论是世界顶级品牌，德国的戴姆勒-奔驰，美国的福特、克莱斯勒，还是英国的劳斯莱斯，法国的雪铁龙、雷诺和日本的丰田，这些品牌都是以创始人的名字直接命名的。纵观国际著名的汽车品牌，每一个品牌背后都是一部创始人奋斗的历史或充满神奇的经历，而每一个品牌又直接用创始者的名字而命名，赋予其不同的个性和风格。

2. 与工业文明同生共荣的汽车品牌

汽车品牌的塑造相对来讲是一个漫长的过程，也是一场没有终极的世纪"拉力赛"。最初汽车品牌的发祥地集中在欧美国家。最初，欧美汽车公司都将注意力集中在了汽车的机械工程上，品牌的存在与区别完全基于名称的差异，如果说品牌有差异的话也仅仅存在于机械与造型的产品差异方面。随着科技进步，汽车性能的不断提高，以20世纪初美国福特T型汽车普及为标志，掀起美国汽车市场品牌竞争的第1页。当时以通用汽车公司为首的雪佛兰部推出了"富兰克林"、"凯迪拉克"等品牌予以还击，最终击败了垄断汽车市场40余年的福特公司。福特与通用两家汽车公司的竞争实质上已经演变成了20世纪初汽车品牌争霸的雏形。也正是这一竞争将汽车的发展带入了一个逐步以品牌为转移的汽车营销时代，以技术为导向的汽车竞争服务于品牌的塑造。

3. 多品牌策略各领风骚

世界排名前5位的汽车公司大多数实行多品牌策略。例如，福特汽车公司拥有福特(Ford)、林肯(Lincoln)、水星(Mercury)、马自达(Mazda)、沃尔沃(Volvo)等汽车品牌，德国大众旗下有奥迪(Audi)、大众(Volkswagen)、兰博基尼(Lamborghini)等。这么多的世界级品牌为什么能够在竞争激烈的汽车市场中保持不败，并与竞争品牌各领风骚呢？

产品的明确定位和市场细分化是保证各个品牌在市场上得以生存和发展的基础。仔细研究消费者的购买行为和心理需求，分析竞争对手的市场定位策略，寻找市场的突破口，建立自身产品的独特市场定位，是诸多强势品牌既保持自身优势又与竞争品牌保持抗衡的生存之道。

4. 从产品品牌到企业品牌

汽车品牌个性在建立初期同其他商品一样，都是基于其产品的功能、特点、用途或主要消费群而定位和诉求的。同其他企业品牌建立一样，世界汽车生产商往往借助企业独特的价值观念(文化)、团队构成、技术特色和企业资产等软性因素，逐步建立起一种组织联想，并通过舆论、广告和促销行为传播植于消费者脑海之中，让目标对象对企业自发地产生良好的印象，这就是企业品牌的塑造。

5. 走向联合与国际化的汽车品牌

发起于20世纪70年代末期的世界经济国际化，把世界汽车企业推入一个无国界经营的时代，特别是20世纪90年代互联网的兴起，又加速了全球经济一体化的步伐。汽车行业之间的兼并联合、创立合资或合作企业、企业部分或全部合并、联合开发项目等层出不穷，遍及世界范围的资本重组完全改变了传统的汽车品牌创立与管理体系。

8.1 汽车品牌营销概述

品牌是汽车企业可持续发展的重要资源之一。在中国汽车市场发育和发展的过程中，品牌正在受到越来越多的关注；品牌意味着市场定位，意味着产品质量、性能、技术、装备和服务的价值，最能体现企业的经营理念。品牌形象的确立来源于消费者的认同。企业如果不建立起与消费者沟通的渠道，不能取得消费者的信任，品牌价值就等于零。对汽车生产和流通企业来说，品牌营销有利于集中人力和精力研究市场、开拓市场，有利于规划、发展和管理营销网络，有利于增加经销商的服务功能，也有利于制定灵活的营销政策。

8.1.1 品牌

1. 品牌定义

品牌是什么？品牌不仅仅是商标与符号，也不仅仅是产品与形象，品牌构成了产品、消费者和企业三者之间的社会关系。国际商业管理类的词典中，对品牌的注释是："一个名称、标志或象征，可以用来界定销售主体的产品或服务，以使之区分于竞争对象的产品或服务"。品牌具备以下6个特点。

（1）属性：一个品牌首先给人带来特定的属性。例如，"奔驰"传递给人的属性是质量可靠、豪华、安全、舒适。

（2）利益：属性需要转换成功能和情感利益。消费者购买汽车追求的是利益，"质量可靠"会减少消费者维修费用，给消费者提供节约维修成本的利益，"服务上乘"则节约了消费者的时间，方便了消费者。

（3）价值：品牌还体现了该制造商的某些价值感。例如，"高标准、精细化、零缺陷"是"宝马"体现的价值。

（4）文化：品牌附加了一种文化。例如，"法拉利"体现了速度、勇敢、勇夺第一的文化。

（5）个性：品牌代表了一定的个性。例如，悍马的个性是超强的越野性，劳斯莱斯的个性是超豪华性。

（6）使用者：品牌还体现了使用者的一些特性，这对品牌的市场定位有一定帮助。例如，奔驰在我国主要是企业界成功人士在使用，而宝马则是演艺界明星的首选。

品牌是企业为使自己的商品区别于其他企业商品所做的特殊标志，是企业形象特征最明显的外在表现。著名的品牌不仅仅是企业无形的资产，能给企业带来直接的和长远的经济效益，表现为企业本身和企业经营活动的价值，而且是社会的宝贵精神文化财富，对社会大众的思想意识和生活观念会产生重要影响。品牌不仅代表企业的形象、企业的发展历程，还代表一种现代化的生产经营方式。消费者将品牌视为产品的重要组成部分，以品牌来识别产品、购买符合心愿的品牌产品。熟悉的品牌给消费者以信心保证，并向消费者提供他们所期待的稳定的利益和价值，使消费者愿意为购买称心的产品而付出更多的金钱。

阅读材料8-1

1886年，德国工程师卡尔本茨和戈特利布·戴姆勒发明的汽车没有车标，三年后法国人路易斯·雷纳·潘哈德开创了使用汽车商标的先河，提高了汽车品牌的知名度，促进了汽车的销售。汽车标志包含两部分，文字标志和图案标志，它们构成了汽车文化功能性与精神性的内涵，它使汽车成为融合自然科学、社会科学与艺术文化的完美器物。

从车标中我们不仅可以探寻到创业者奋斗的足迹，还能够窥视他们独立潮头的身影，有许多车标是直接用创业者的名字命名的。世界上第一辆车，就是用"汽车之父"卡尔·本茨(Carl Benz)的名字命名的。德国人卡尔·本茨是汽车的发明者之一，世界第一辆汽车的制造者。他创立的奔驰汽车公司于1886年1月29日获得汽车制造专利权，这一天被公认为世界上首辆汽车的诞生日。"平治"和"奔驰"都是Benz的中译名称，前者为香港代理商行采用，后者则流行于中国大陆，两者均被誉为品牌翻译中的经典之作，各自来历不同。"平治"给人们以傲视群雄之感，原出于《孟子》书中"修身、齐家、治国、平天下"的人生信念，既突出了汽车本身的稳重、高贵，也符合车主的显赫身份。至于奔驰的定名则更费周张，因为在中国处理外国品牌名称的翻译时，一般习惯是音译，所以起初的版本都是译音不译意。"奔驰"取自"Benz"译音，但在译意方面，可以说是与译音匹配得天衣无缝。"奔"腾飞跃，"驰"骋千里，充满活力动感，正是Mercedes-Benz的最佳写照。

2. 品牌的基本特征

1) 品牌是企业的无形资产

由于品牌拥有者可以凭借品牌的优势不断获取利益，可以利用品牌的市场开拓力、形象扩张力、资本内蓄力不断发展，因此我们可以看到品牌的价值。这种价值我们并不能像物质资产那样用实物的形式表述，但它能使企业的无形资产迅速增大，并且可以作为商品在市场上进行交易。例如，2001年全球第一品牌为可口可乐，品牌价值为689.5亿美元，比排名第二的微软(650.7亿美元)高出近40亿美元。而中国没有一家企业拥有的品牌挤进全球最佳品牌100强。

2) 品牌转化具有一定的风险及不确定性

品牌在创立后，在其成长的过程中，由于市场和需求的不断变化，企业的品牌资本可能壮大，也可能缩小，甚至在竞争中退出市场。

3) 品牌具有表象性

品牌是企业的无形资产，不具有独立的实体，不占有空间，但它最原始的目的就是让人们通过一个比较容易记忆的形式来记住某一产品或企业。因此,品牌必须有物质载体,需要通过一系列的物质载体来表现自己,使品牌有形化。

4)品牌具有唯一性

品牌是用以识别生产或销售者的产品或服务的。品牌拥有者经过法律程序的认定,享有品牌的专有权,有权要求其他企业或个人不能仿冒、伪造。

5)品牌具有一定的扩张性

品牌具有识别功能,代表一种产品、一个企业,企业可以利用这一优点展示品牌对市场的开拓能力,还可以帮助企业利用品牌资本进行扩张。

此外,对于高优势品牌(名牌)而言,它还有如下特征。

(1)品牌与产品品质可以分离。高知名度品牌具有高信任度和高附加价值,在某种意义上,已经成了一种特殊的社会象征。这样,名牌就既可以同产品品质相分离,又可以同厂商的实质资产价值相分离。例如,一瓶普通的白酒,只要换成茅台的包装与品牌就立即身价倍增,甚至出现人们明知是假茅台也照买不误的奇特现象。其实人们购买的不是茅台酒,而是茅台的品牌,茅台已成为一种社会身份的象征。在这种场合,知名品牌已经与产品品质完全分离。这种分离是假冒产品很难根绝的一个重要原因。当然,品牌与产品品质的分离一定程度上与消费者的不成熟有关,即与消费者的名牌崇拜意识有关。

知名品牌不仅可以与产品品质分离,而且可以与厂商的实质资产价值分离——只要拥有知名品牌,就可以创造巨额财富。据说,1967年美国可口可乐(Coca-Cola)公司曾宣称:即使可口可乐的所有工厂在一夜之间被大火烧毁,它也能很快起死回生,因为可口可乐的牌子能使任何一家公司财源滚滚,凭此就可以向银行贷款,恢复生机。

(2)优势品牌通常具有超长的生命周期。生命周期是借用生物学术语来概括品牌产生、发育(成长)、成熟、衰落全过程的概念。任何品牌如同人一样,都有生命周期,不过名牌的生命周期要长于非名牌,有些名牌甚至可以说是永远存在的。名牌的生命周期之所以超长,主要是因为高知名度、高美誉度、高信任度和高附加值,这些构成名牌的内在要素通常很难在一个相对短的时间内获得。也许某个品牌可以爆炸式地在短时间就获得高知名度,但要同时获得高美誉度、高信任度和高附加值几乎是不可能的。假如某一品牌借助千载难逢的机遇和成功的营销技术而在短期内获得了作为名牌所必须具有的全部内在要素,那么,要在同样短的时间内巩固这些成果也是不可能的。这意味着,名牌的创造是一个艰难的过程,许多曾名噪一时的品牌最终没有进入名牌的行列有许多元凶,其中就包括了难以承受时间的考验这一基本因素。可口可乐是世界第一品牌,在其一百多年的发展历史上它一直被小心谨慎地管理着,这种管理使其保持了最初的品牌价值。可口可乐是强势品牌管理中的榜样。同样麦当劳自从创立到发展到至今的规模无不透射着科学管理的气息。人们一提到"麦当劳"就想起它的管理带来的标准化的服务——快捷、卫生、方便、全世界同样的快餐食品、同样的快餐文化。

3. 品牌名称、标志

品牌名称和标志是品牌的直接表现,是品牌最基本的元素。

品牌名称和标志至少给消费者两个信息,这两个信息是产品和消费者的关系基础。当我们看到品牌名称和标志时,我们可以确信这件产品是货真价实的。同时,它是产品持续一致的保证。许多成功的品牌都保持一种持续演进的状态,并且不断做出必要而符合市场需要的改变。品牌名称和标志的改变要符合产品一贯的承诺，否则，品牌力减弱，用户对品牌忠诚度就会降低。下面是几种汽车品牌标志的含义。

1) 奥迪 Audi

奥迪轿车的标志为四个圆环，代表着合并前的四家公司。这些公司曾经是自行车、摩托车及小客车的生产厂家。由于该公司原来是由四家公司合并而成，因此每一环都是其中一个公司的象征。

2) 奔驰 Benz

1909 年 6 月，戴姆勒公司申请登记了三叉星作为轿车的标志，象征着陆上、水上和空中的机械化。1916 年在它的四周加上了一个圆圈，在圆的上方镶嵌了 4 个小星星，下面有梅赛德斯"Mercedes"字样。"梅赛德斯"是幸福的意思，意为戴姆勒生产的汽车将为车主们带来幸福。

3) 大众 Volkswagen

大众汽车公司的德文 VolksWagenwerk，意为大众使用的汽车，标志中的 VW 为全称中头一个字母。标志像是由三个用中指和食指做出的"V"组成，表示大众公司及其产品必胜—必胜—必胜。

4) 法拉利 Ferrari

法拉利车的标志是一匹跃起的马。在第一次世界大战中意大利有一位表现非常出色的飞行员，他的飞机上就有这样一匹会给他带来好运气的跃马。在法拉利最初的赛车比赛获胜后，该飞行员的父母对伯爵夫妇建议：法拉利也应该在车上印上这匹带来好运气的跃马。后来这位飞行员战死了，马就变成了黑颜色；而标志底色为公司所在地摩德纳的金丝雀的颜色。

5) 标志 PEUGEOT

标志汽车公司的前身是 19 世纪初标志家族皮埃尔兄弟开办的一家生产拉锯、弹簧等铁制工具的小作坊。这些铁制品的商标是一个威武的雄狮，它是公司所在地弗南修-昆蒂省的标志，不可征服的喻意体现了标志拉锯的三大优点：锯齿像雄狮的牙齿经久耐磨、锯身像狮子的脊梁骨富有弹性、拉锯的性能像狮子一样所向无阻。当 1890 年第一辆标志汽车问世时，为表明它的高品质，公司决定仍沿用"雄狮"商标。

6) 通用别克 BUICK

别克商标中形似"三利剑"的图案为共图形商标，那三把颜色不同的利剑（从左到右分别为红、白、蓝三种颜色），依次排列在不同的高度位置，给人一种积极进取、不断攀登的感觉，别克轿车的英文车标来源于该公司的创始人大卫-别克的姓氏，而整个商标是一只展翅的雄鹰即将落在别克的英文字母上，它象征别克是雄鹰最理想的栖息之地。

7) 马自达 MAZDA

马自达汽车公司的原名为东洋工业公司，生产的汽车用公司创始人"松田"来命名，又因"松田"的拼音为 MAZDA（马自达），所以人们便习惯称为马自达。马自达公司与福特公司合作之后，采用了新车标，椭圆中展翅飞翔的海鸥，同时又组成"M"字样。"M"是 MAZDA 第一个大写字母。

8) 莲花 LOTUS

莲花车标是在椭圆形底板上镶嵌着抽象了的莲花造型，上面除了有"莲花"（LOTUS）字样外，还以创始人查普曼姓名全称（A.C.B. CHAPMAN）的四个英文字母"A.C.B.C"叠加在一起而成。莲花公司是英国人查普曼1951年创立的，主要生产跑车，由于规模小，在激烈的竞争中几经易手，现落户到意大利的菲亚特汽车公司。

4. 品牌等级

品牌等级通过陈列公司产品中普通和特殊品牌要素的数目和性质，可以对品牌要素进行明确的排序。品牌等级可以用来在公司不同产品间捕捉潜在的品牌联系，因而它是以图表方式描绘公司品牌策略的有效手段。而且，品牌等级建立在这样一种理解的基础上：根据所使用的新的和现存的品牌要素的数目及其结合方式的不同，一个产品可以有多种不同的品牌方式。由于特定的品牌要素可用于多个品牌的构造，因而可以用品牌等级来反映产品之间基于共同品牌要素的联系。有些品牌要素可被多个产品分享（如福特），有些品牌要素仅能用于特定产品（如F系列卡车）。

品牌等级从顶层向底层排列为：企业品牌、家族品牌、单个品牌和型号品牌。例如，福特汽车公司的福特雷鸟汽车，企业品牌是福特汽车，家族品牌是福特，单个品牌是雷鸟。品牌等级的最高层次通常是企业或公司品牌，"福特"就是最高层次，该层次的品牌也被称为母品牌，母品牌下属的品牌都是子品牌。家族品牌归属于企业品牌，往往代表企业不同档次的品牌形象，家族品牌便于消费者正确认知产品特色，也便于与对手的市场竞争。例如，福特公司的名下有路虎、捷豹、马自达、沃尔沃、林肯等多个家族品牌，其中凯迪拉克定位于高档轿车，可以与福特公司的林肯相竞争，别克定位于中档轿车，可以与福特公司的福特品牌相竞争。

1) 企业品牌

品牌等级的最高层次是企业或公司品牌。鉴于法律原因，在产品或其包装上，总会印上公司或企业的品牌。有些情况下，也可用子公司的名称代替母公司的名称。例如，大众汽车公司旗下拥有11个品牌，分别是：大众、奥迪、布加迪、西雅特、兰博基尼、宾利、斯柯达、斯堪尼亚、MAN重卡、杜卡迪和保时捷，如图8-1所示。佢是产品线的任何产品都没有使用公司名称。对于某些公司来说，公司品牌是其在产品上使用的唯一品牌，如通用电气公司和惠普公司。其他一些公司则将公司品牌名称与家族品牌或单个品牌结合起来使用，如西门子的众多电力工程部门和电子事业部以描述性的修饰品牌命名，西门子交通运输系统部就是其中的一例。在有些情况下，公司名称虽然在技术上仍是品牌等级的一部分，但其实质上是无形的，不受到任何营销计划的支持，如 Black&Decker 的高端 DeWalt 专业动力工具就没有使用公司名称，惠普公司为其低端喷墨打印机成立全资子公司。

2) 家族品牌

家族品牌又称群体品牌，是企业决定其所有产品都统一使用一个品牌名称，形成一个品牌系列。家族品牌的特征是多从个别品牌的生产线扩充而来。即使是家族品牌，在其作为事业单位升级以后也要当作事业品牌来看。家族品牌是一种用于多个产品大类的品牌。例如，本田汽车公司所生产的所有产品都统一使用"HONDA"这个品牌，包括本田发动

图 8-1 大众集团旗下品牌

机、本田摩托车、本田各系列汽车等。

3) 单个品牌

单个品牌仅限于一个产品大类，但在同一产品大类内，可用于几种不同的产品类型。德国大众集团下的大众品牌有捷达、桑塔纳、高尔夫、波罗、帕萨特等系列车型，此些品牌均在产品大类中占有主导地位。

2007 年美国福特汽车公司的品牌及等级关系，如图 8-2 所示。如今，捷豹、路虎已出售给了印度塔塔，马自达已减持股份，沃尔沃出售给吉利集团，阿斯顿马丁也已出售，水星系列停产。

图 8-2 2007 年美国福特汽车公司的品牌及等级关系图

品牌分为不同等级具有以下的优点。

(1) 品牌等级可以用来在公司不同产品间捕捉潜在的品牌联系，是描绘公司品牌策略的有效手段。

(2) 便于品牌管理。

(3) 便于企业产品的生产组织与管理。

(4) 便于在消费者心中树立不同的品牌形象。

(5) 便于市场营销和售后服务，也便于消费者的购买。

5. 品牌的作用

1）品牌对消费者的作用

（1）便于汽车消费者购买。有了汽车产品品牌，使汽车消费者易于辨认所需的汽车产品与服务。同时，同一品牌的汽车原则上具有相同的品质，便于消费者选择购买。由于科学技术的发展，许多汽车产品的品质差异不大，汽车消费者对不同汽车产品的偏爱感主要是建立在品牌上的。采用不同的品牌，能满足汽车消费者的不同需求。

（2）便于保护汽车消费者的利益。品牌能表明汽车产品所达到的质量水平以及其他各项标准。例如，劳斯莱斯公司强调不会因车辆故障而发生事故，它所标榜的"无故障性"，即使是因自己的使用不当而使汽车发生故障的车，也能得到公司的免费维修。同时，汽车消费者利用品牌能方便地找到汽车制造商，或进行汽车产品的维修及零配件的更换。

（3）有利于促进汽车产品质量的提高。优良的品牌是汽车企业在激烈的市场竞争中取胜的重要手段，汽车企业产品一旦在消费者心目中树立了良好的声誉，汽车企业就会设法提高汽车产品质量，保住名牌。

2）品牌对生产者的作用

（1）有利于汽车企业的产品扩大市场占有率。品牌可引起汽车消费者的重复购买，并保证该汽车产品不被其他同类产品所替代。优良品牌的汽车产品，易于获得较好的市场信誉。

（2）有利于广告促销活动。品牌有助于人们建立对企业的印象，企业宣传品牌远比介绍企业名称或生产制造技术方便。事实上，对许多产品，消费者仅知其品牌，而不知其生产厂家。好的品牌可以培养一批偏爱该产品的汽车消费者。

8.1.2 品牌营销

感性消费的时代已经来临，商品质量上的差异性越来越小，想在竞争中赢得较大的市场份额，就需要一种能够象征它的消费价值的东西，那就是品牌。品牌营销作为新经济下的营销趋势已经被越来越多的企业所重视。

1. 品牌营销含义

品牌营销是通过市场营销使客户形成对企业品牌和产品的认知过程，是企业要想不断获得和保持竞争优势，必须构建高品位的营销理念。最高级的营销不是建立庞大的营销网络，而是利用品牌符号，把无形的营销网络铺建到社会公众心里，把产品输送到消费者心里，使消费者选择消费时认这个产品，投资商选择合作时认这个企业。获取营运的全部，败者将一无所有。名牌市场扩张的过程也就是品牌营销的过程。品牌营销作为一种新的高级的营销战略，具有以下几个鲜明的特点。

（1）全局性和综合性。从企业的角度说，现在的竞争已不仅是单项的竞争，而是一种企业战略的竞争。品牌营销战略就是一种体现全局性和全面性竞争的战略，它不仅包括了质量战略，也包括了人力资源战略及其他战略。

（2）系统性和开放性。品牌营销战略的系统性表现为它包括了品牌的创造、推广、发展、保护、更新和撤退等一系列环节，是一个系统工程。而系统内各个环节与过程都是可以转化、可以连接的，因而是一个开放的而非封闭的系统。同时，它的开放性也表现为这一战略是一种系统结构，可以不断接受外来能量与之交流，进而不断调整完善。

(3) 资本积累性和效益裂变性。从企业角度来看，在实施品牌战略中，由于品牌是一种无形的资产，它的特殊性就在于广泛使用不仅不会带来损耗而且还会带来资产的积累、增值、扩张和提高。这就是为什么每听不到 1 美元的可口可乐其品牌价值高达 600 多亿美元，因为它所产生的效益随着它的无形资产的积累而增值，其效益不是以递增的形式发展，而是表现出巨大的裂变性。这也就是为什么在市场上一般商品与知名品牌在价格和效益上会形成如此巨大的反差的原因。

(4) 原理共同性和主体多元性。品牌战略包括品牌的创造与运作。运作就是更好地利用品牌的扩张性，使之产生更大的效益。创造是前提，但光创造不运作，就是对品牌资产的极大浪费，甚至等于对创造出的品牌实行自我淘汰。反过来，品牌运作可以有效地拓展产品市场，使技术、经验得到移植和融合，有利于品牌的创造与完善。

2. 品牌营销手段

品牌营销的手段有品牌的传统营销、品牌的网络营销、品牌网络营销服务。

1) 品牌的传统营销

在市场营销中，营销组合框架已经由 4P、4C 发展到 4R，这反映了营销理论在新的条件下不断深入整合的变革趋势。4P 是营销中最关键的组合因素，要求企业满足客户需要；4C 让企业忘掉产品，研究客户的需要和欲望；4R 让企业与客户建立紧密的联系，提高客户忠诚度。品牌营销时代，消费者对品牌的满意度是企业发展的重要环节，当消费者满意时，就会对品牌保持长时间的忠诚度，这种忠诚度一旦形成，就很难接受其他品牌的产品。

品牌企业要想不断获得和保持竞争优势，必须构建高品位的营销理念。例如，整合营销传播的工具（广告、公关、促销），可以提升品牌价值；通过市场细分，可以提升品牌的营销层次。品牌的形成并非一朝一夕，品牌的打造只有经过日积月累才能走向成功。

2) 品牌的网络营销

网络营销是指企业以电子技术为基础，以计算机网络为媒介和手段，进行各种营销活动的总称。网络营销的职能有：网站推广、网络品牌、信息发布、在线调研、顾客关系、顾客服务、销售渠道、销售促进等。

对于传统企业来说，网络营销一般从建立网站开始，企业的品牌形象在建立网站之前就已经确立了。英特尔总裁葛洛夫曾说："5 年后将不再有网络公司，因为所有公司都将是网络公司"。互联网将改变企业的经营方式，如今《财富》全球 500 强企业都建立了自己的网站主页，而且 90% 以上的企业采用网上招聘等方式，这说明网络已经不仅仅用于介绍公司概况、收发电子邮件，而是进入了深层次的应用，品牌营销是互联网对企业经营方式的重大变革。例如，在网上商店，既可以为企业扩展销售渠道提供便利的条件，又可以在电子商务平台上增加客户的信任度，将企业网站与网上商店相结合，塑造品牌。

对于网络企业来说，企业的品牌形象是从网站开始的，网站在一定程度上代表着企业的品牌。例如，阿里巴巴是全球企业间(B2B)电子商务的著名品牌，是拥有 800 余万商人的电子商务网站，任何人或企业都可以在这里找买家、建公司、看商情、参展会。作为目前全球最大的网上交易市场和商务交流社区，阿里巴巴汇集了 220 个国家和地区的 43 万专业买家，每天发布超过 3000 条的买家求购信息，享用即时沟通软件 TradeManager；拥有专业外贸操作后台管理工具 SupplierCRM，是个永不落幕的网上广交会。图 8-3 为阿里巴巴中国交易市场网站首页。

图 8-3 阿里巴巴中国交易市场网站首页

需要指出，在电子商务和网络营销还没有在全球得到充分发展的时候，互联网作为新兴的虚拟市场，它的覆盖面只是世界市场的一部分，许多消费者还不能接受或使用网络沟通方式；许多发展中国家，特别是最不发达国家，现实的终端仍然是采用传统的营销渠道。因此，品牌培养与品牌营销应在传统、网络的基础上谋求发展，传统营销与网络营销也要在实践中逐步整合。

3）品牌网络营销服务

品牌网络营销服务中的"事件营销"与"公关营销"就好比是两把利刃，每一个都足以助力品牌在茫茫的互联网中显露一席之地，然而将二者有机结合的整合网络营销则能起到"双剑合璧"威力倍增的效果。

如果说事件营销引发的是品牌爆炸式的认知，只是让网民看到品牌的一两个闪光点，那么 EPR(Electronic Public Relation)则是从品牌的各个方面进行深度的发掘与传播，提升事件营销的热度，扩展品牌影响的深度，增加品牌的美誉度。EPR 其实就是制造网络声音、传播与监管。

3. 品牌营销的五个要素

如果说概念营销对于产品价值的提升总是徘徊在若有若无之中的话，那么品牌营销便是实实在在的表现了。2013 年全球最具价值品牌 100 强排行榜名单中，苹果以 1850.71 亿美元的品牌价值荣登榜首，丰田汽车以 244.97 亿美元的品牌价值位列第 23 位，宝马汽车则以 240.15 亿美元的品牌价值位列第 24 位。这充分说明了实施品牌战略能带来怎样的直接经济效益。现在的问题是人们的生活进入了一个信息化空间，产品的同质化和广告宣传的诸多限制，使得数不胜数、大同小异的所谓"品牌"信息频繁轰炸消费者。怎样才能让消费者在这纷繁杂乱的信息海洋中发现并看好自己的品牌，确实是摆在每一个企业面前的重要课题。

从一般意义上讲，产品竞争要经历产量竞争、质量竞争、价格竞争、服务竞争到品牌竞争，前四个方面的竞争其实就是品牌营销的前期过程，当然也是品牌竞争的基础。从这一角度出发，要做好品牌营销，以下五方面必不可少。

1）质量第一

质量是品牌的生命，是品牌的灵魂。没有质量，品牌就如"无水之源"，失去了立足点。优秀品牌的一个显著特征就是能提供更高的可依靠的质量。世界上的知名汽车品牌如奔驰、宝马、奥迪等无不体现着高质量。

质量是品牌的灵魂，许多顾客青睐名牌，甚至不惜以高价购买，主要就是出于名牌所体现的质量优势。名牌从来都是以优质为基础的，品质是企业创名牌的根本，是使顾客产生信任感和追随度的最直接原因，是品牌大厦得以稳定的根基。没有高品质，一个品牌不可能成为真正的名牌，甚至可能会导致企业经营失败。

质量作为品牌的本质、基础，会影响到品牌的生存和发展。同时，高质量会带来品牌的成长，会带来高的市场份额。剑桥的策略计划研究所曾进行过一项调查，结果表明，1978年约30%的消费者认为质量比价格更重要，而到了1981年，这一比例超过80%。由此可见，对那些雄心勃勃想创名牌的企业来说，质量作为品牌的本质是一道必须攻克的难关。

2）诚信至上

人无信不立，同理，品牌失去诚信，终将行之不远。时间是检验诚信与否的标尺，靠脚踏实地、诚信为本的产品品牌会比靠华而不实的广告吹嘘和虚拟概念炒作的产品品牌走得更远更长久。

3）定位准确

著名的营销大师菲利普·科特勒曾经说过：市场定位是整个市场营销的灵魂。的确，成功的品牌都有一个特征，就是以始终如一的形式将品牌的功能与消费者的心理需要连接起来，并能将品牌定位的信息准确传达给消费者。

市场定位并不是对产品本身采取什么行动，而是针对现有产品的创造性思维活动，是对潜在消费者的心理采取行动。因此，提炼对目标人群最有吸引力的优势竞争点，并通过一定的手段传达给消费者，然后转化为消费者的心理认识，是品牌营销的一个关键环节。

4）个性鲜明

一个真正的品牌产品，绝不会强调自己的全能和完美。就像吉普车适于越野、轿车适于坦途、赛车适于运动比赛一样，对于商品的功效诉求和目标靶向，一定要在充分体现独特个性的基础上力求单一和准确。单一可以赢得目标群体较为稳定的忠诚度和专一偏爱；准确能提升诚信的指数，成为品牌营销的着力支点。鲜明独特的诉求较容易得到消费者的认同，品牌形象也伴随着这些朗朗上口的广告语而迅速建立。如图8-4为吉普牧马人和奥迪R8跑车。

图8-4　吉普牧马人和奥迪R8

5) 巧妙传播

有整合营销传播先驱之称的舒尔茨说，在同质化的市场竞争中，唯有传播能够创造出差异化的品牌竞争优势。如今，许多产品的同质化现象都非常突出。在20世纪80年代，简单的广告传播便足以树起一个品牌；到90年代，铺天盖地的广告投入也可以撑起一个品牌；时至今日，品牌的创立就远没有那么简单了，除了需前述四个方面作为坚实基础外，独特的产品设计、优秀的广告创意、合理的表现形式、恰当的传播媒体、最佳的投入时机、完美的促销组合等诸多方面都是密不可分的。同时，产品的市场传播还必须考虑其持续性和全面性。某些企业在传播上也下了一番功夫，但为什么最终没有效果，主要原因就是产品或者创意是虚弱的，无法支持其传播的持续性。有些企业产品的确不错却难以打动更多的消费者，主要原因就是营销策划缺乏周密的整合思路，自然也就无法全面收到市场传播的效果。

4. 品牌营销与消费者忠诚度

品牌没有终身制。因此，如何实现品牌的可持续发展，也就成为各品牌企业难以回避的问题。在品牌战略实施过程中，品牌企业不仅要对新顾客热情周到，更要对老顾客进行无微不至的关怀，这样会有效地加强消费者的忠诚，给品牌的发展带来巨大的潜力和广阔的空间。

忠诚的消费者能给企业带来可观的经济效益。据美国哈佛商业杂志在世界上30多个国家所做的调查，企业25%~85%的利润来源于"回头客"。另据有关资料统计，培养一个新顾客所需成本是留住一位老顾客成本的5倍。可见，忠诚的消费者不仅能为企业带来巨大的经济利益，而且能实现科学意义上的低成本运营。

忠诚的消费者给企业带来旺盛的"人气"。消费者的忠诚不仅体现在"非某某品牌不买"的指向性上，不仅体现在纵向的个体消费者重复购买、扩大购买、连锁购买上，更体现在横向消费时的积极"显示"性和购后人际传播的积极倾向性上。消费者的积极显示，主观上满足了消费者个体的"偏好心理"、"自我表现心理"，客观上却对其他消费者起到了示范作用，极易引起其他消费者的模仿、攀比和从众等行为。由于"满意"而成为"忠诚"的消费者，在购后的人际传播中，自然会把自己的"满意"当作谈资与亲朋好友、同事邻居，甚至与陌生人一起"分享"。这种"口碑"式的人际传播无论在理论上还是在实践上，都已被证明是一种极为有效的信息传播方式，对招徕新顾客、开拓新市场十分有效。

忠诚的消费者能为企业注入无限的生机与活力。当企业以良好的形象屹立于市场之上，越来越多的消费者会蜂拥而至，把大量的"货币选票"投给企业，使企业品牌长期屹立不倒。

8.1.3 汽车品牌的组成

品牌的构成体系是一个复杂系统，总体来说可分为品牌的有形构成要素和无形构成要素两部分。其中，有形部分对于消费者来说比较熟悉，具体包括品牌名称、品牌标识、商标等；无形部分包括品牌属性、品牌利益、品牌价值、品牌文化、品牌个性、品牌联想、品牌形象、品牌认同度、品牌知名度、品牌美誉度、品牌忠诚度、品牌资产等。

1. 有形构成要素

1) 品牌名称

品牌名称指品牌中可以用语言称呼的部分，包括中文名称和外文名称（通常为英语），如奥迪（Audi）、奔驰（Mercedes Benz）、丰田（Toyota）、别克（BUICK）、东风（DFM）、解放（FAW）等。品牌名称是品牌最基本、最重要的要素，是消费者口碑（或口传）中最常提到的品牌要素，可以说不存在没有名称的品牌。品牌名称简洁地反映了产品的中心内容，使人产生关键的联想，品牌名称是传递产品信息过程中最有效的缩写符号，是品牌无形资产的主要载体，也是品牌延伸和发展的基础。

（1）汽车品牌命名的方式。

纵观汽车发展历史，汽车品牌的命名有很多种方式，了解这些命名，对新品牌的命名会有一定的借鉴性。

① 以人物命名。以人物命名的汽车品牌有很多，如以企业创始人命名的汽车品牌有福特、凯迪拉克、奔驰、兰博基尼、保时捷、法拉利、宾利、布加迪、标志、丰田、雪铁龙、马自达等；还有以合作者命名的汽车品牌，如劳斯莱斯等；有些汽车还以公众偶像作为品牌名称，如林肯、雪佛兰、切诺基、庞蒂克、阿尔法-罗密欧等。

② 以动物或植物命名。有些汽车品牌直接采用了自然界的动物名为品牌名，如雷鸟、火鸟、云雀、蓝鸟等，是以飞禽为汽车的品牌名；甲壳虫以昆虫命名；美洲豹、野马、雄狮等是以走兽命名的汽车品牌；莲花则是以植物命名的品牌；蝰蛇是以爬行动物命名的。

③ 以象征命名。以象征作为品牌的汽车，多以事物为依托来表达企业的理想和梦想，这种命名方式在我国比较常用，如红旗、解放、东风、跃进、吉利、富康等，但国外品牌也有用的，如沃尔沃（滚滚向前之意）。

④ 以地位命名。如福特公司的君王、男爵。

（2）汽车品牌命名的程序。

专业化的品牌命名遵循以下程序：提出方案—评价选择—测试分析—调整决策。

① 提出备选方案。根据命名的原则，首先收集那些能够描述产品的单词或词组。采用集体讨论、网上征集、有奖征集等方法，可得到大量的候选品牌名称。

② 评价选择。品牌命名时一般都会组织一个合理的评价小组来评价、筛选品牌名称。评价小组的成员最好包括语言学、心理学、美学、社会学、市场营销学等方面的专家。所选品牌要简洁、独特、新颖、高气魄。而且品牌名称应该预示出企业良好的经营理念；品牌名称应该包括与该产品有关的字或词；不应该选择带有负面形象或含义的品牌名称；从长远发展的角度考虑，为使品牌将来能够延伸，要避免品牌名称狭窄的定位。

③ 测试分析。专家对品牌名称的评价和筛选并不是品牌名称的最后选定。消费者才是最终的决策者。测验分析就是对选择的方案进行消费者调查，以便最终确定品牌名称。通常可采用调查问卷的形式了解消费者对品牌名称的反应。

④ 调整决策。如果通过测试分析显示的结果是：消费者并不认同被测试的品牌名称，那么不管专家或企业领导多么偏爱这种品牌名称，都应考虑重新命名。

2）品牌标识

品牌标识又称为品牌视觉标识，指品牌中可以被认识、易于记忆但不能用语言称呼的部分，即品牌的视觉形象标志，通常由文字、标记、符号、图案和颜色等要素组成，其作用是帮助消费者通过视觉识别品牌，使人们在看到标识时马上就能联想到品牌名称，特别是在不便于用企业名称表现品牌时，标识可以起到无可替代的重要作用。标识可以在一段时间以后很方便地修改，从而使它始终能跟上时代。

标识与图标标识可以分为两种，一种是用独特的文字书写的标识，称为文字标记，其特点是标识往往是品牌名称的直接表示，如福特汽车的标识是艺术化的"Ford"；另一种是抽象的图案标识，这种没有文字的图案标识也称图标，在汽车上有时也称其为车标，如奔驰的三叉星。标识往往被设计成图标，以便以某种方式强调或修饰品牌含义。从汽车品牌标识本身来说，希望它尽可能地简单，让消费者和公众能够过目不忘，不经意间就能记住它。标识可以传达出企业要表现的核心信息，这是标识设计最高明之处。

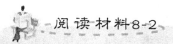

福田汽车的新车标

福田汽车的新标识采用了钻石造型，新的标识突出了福田汽车作为一个专业化的汽车公司，高科技和精密生产加工始终是企业的质量追求。钻石，象征着财富、品质和企业长久的生命力；代表了完美、恒久、坚固、高贵和纯洁，而这些特征与"福田"二字所蕴涵的"创造和追求完美"的内涵达到了统一。福田的新标识以立体钻石形象为原形，在此基础上进行了抽象变形，银色代表的是卓越的工业化气质和现代感。三条边线象征多元化经营的业务结构，三条斜线构图代表了福田"突破、超越、领先"的三阶段竞争策略。在整体色调的改造上，福田汽车摒弃了以往的红色主色调，而采用了国际上更为推崇的蓝色作为新标识的主色调。福田标识的成功之处就在于它用一个最简洁的三角形符号，与企业的许多经营要素进行关联。由于把它切成了三块，又加了一些倒角，使人感觉到它有一种动感，始终在往一个尖角方向移动，体现出企业热情、创新、永不止步的理念。与福田汉语标识名称相映，福田的英文名称也做了调整，放弃了原来的"FU-TIAN"汉语拼音字样，以"FOTON"取而代之。福田英文名称"FOTON"的含义是为车、为人，体现了福田汽车的产业特征和宗旨。同时双O有车轮的动感，暗喻福田公司永不止步的核心价值观。英文的国际化名字"FOTON"，还代表了福田从全球化的发展目标出发，使产品能够在未来走向世界。"FOTON"从感觉上看一眼就会记住，对称性很好，英文释意与中文发音都接近福田。

3）商标

商标指品牌名称和品牌标识经依法注册，成为受法律保护、具有专用权的品牌视觉系统，包括文字、图案和符号。它主要出现在商品的外表或者包装上，便于消费者识别，本质上属于品牌的一部分。商标是一个法律概念，其法律作用主要表现在：一是通过商标专用权的确立、转让、争议、仲裁等法律程序，保护商标所有者的合法权益。未经商标所有者允许，任何人不得使用所有者的商标。否则就是商标侵权，为法律所不许。所以商标保护了标志在有关商品交易中的价值和使用。二是促使生产经营者保证商品质量，维护商标信誉。三是商标掌握在企业手中，是企业的工业产权，不管使用与否，商标总是有价值的，因为至少在商标的申请注册、维护管理等环节上，商标所有者已经为它花费了一定的成本。当然，商标转让(贴牌)的价格不取决于这种商标的直接费用，而取决于被转让者可能获得的新增收益，其背后的支撑因素是品牌的资产价值。例如，2002年韩国现代与北京汽车投资公司合资成立的北京现代汽车公司，在其产品上市后才发现"现代"商标，如图8-5所示，早在

1996年就被浙江现代集团成功注册。最后北京现代斥资4000万元换回了商标的使用权。相对商标而言，品牌是一个市场概念，它属于消费者。也就是说，品牌需要市场接受和消费者认可后才具有资产价值。品牌资产不是银行存款，如果消费者对品牌的信心下降，那么品牌资产就会减少。或者品牌不被使用，就没有资产价值。而对于商标，特别是驰名商标，通常具有很高的价值，是企业的重要财富。德国著名的《世界报》曾公布了一份全世界十大著名商标排行榜，世界十大著名商标中汽车商标有两个，分别是"奔驰"（位列第三）和"丰田"（位列第七）。另外，品牌的内涵也不像商标那样简单，品牌除可视部分外，还包括丰富多彩的无形内容，所以品牌是一个复杂的综合系统。

图8-5 北京现代商标

目前，国际上对商标权的认定有两种方式，一种采用注册在先的原则，如中国、德国、法国等大陆法系国家；另一种采用使用在先的原则，如英国、美国、加拿大、澳大利亚等英美法系国家。但著名商标的认定，一般采取注册权超越优先申请的原则。例如，被某个国家认定著名商标，即使在其他国家没有注册，它也受商标的保护，所以著名商标的专用权是自动跨越国界的。自从汽车工业诞生以来，世界上1500家汽车厂商生产过3万多种汽车商标名，所以汽车厂家在为新车命名时可谓煞费苦心。

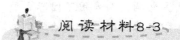

20世纪60年代，美国福特汽车公司和通用汽车公司都曾经在概念上使用过"野马"这一车名，两公司争执不下，诉诸法律，由于福特汽车公司命名时间早于通用汽车公司几天，在这场官司中福特汽车公司就占了上风。2002年12月5日发生了中国汽车领域的第一场涉外知识产权官司：丰田汽车公司认为吉利汽车公司美日的车标图案酷似其"小地球"造型，构成侵权，将其告上法庭。丰田根据吉利在被起诉时23200辆的销量和1‰的利润率，算出吉利应赔偿1392万元，加上律师费用等总计索赔1407万元，要求吉利汽车公司赔偿人民币1400万元。但是最终丰田败诉，因为汽车属于高价商品，消费者会经过深思熟虑后才购买，对不同品牌的汽车具有较强的识别能力。

2．无形构成要素

品牌专家戴维森（Davidson）在"品牌冰山论"中说，"品牌的标识、符号等是品牌浮在水面的15%的部分，而冰山隐藏在水下的85%的那部分则是品牌的价值观、智慧和文化。"汽车品牌的无形构成要素正是冰山下的隐藏部分，是冰山冲击力的来源。

1）品牌属性与品牌利益

品牌属性指品牌所代表的特定产品属性，如著名汽车品牌就是产品信誉好、价值高、高贵耐用等。久负盛名的品牌就是优等质量的保证。品牌利益指品牌所代表的特定利益，即顾客通过消费特定的品牌产品，品牌属性转化给消费者的特定利益，包括基本利益和附加利益。基本利益为产品的基本使用价值，附加利益是使用价值以外的利益，如著名的汽车品牌可以让消费者获得更可靠、更安全、更放心、更有品位等心理上的满足。事实上，品牌就是一种承诺、契约和保证，放心就是品牌带给消费者的最大附加利益。品牌利益是消费者购买品牌产品愿意额外增加支付的基础。

2) 品牌价值、品牌文化与品牌个性

品牌价值指品牌经营者所奉行的并能够引起目标消费者共鸣的价值观。它是品牌的精髓，能够覆盖或延伸至多个产品。例如，VOLVO汽车长期奉行"安全以人为本"的核心价值观。

品牌文化指品牌所蕴藏的特定文化底蕴。品牌文化虽然与品牌经营者所处国度的社会文化和民族文化有关，但更主要还是蕴含品牌经营者的企业文化，如企业的经营理念、社会责任感、价值取向、创新能力和综合竞争实力等。品牌，就其实质而言，它代表着销售者对其产品特征、利益和服务的承诺。1958年，一汽生产了第一辆红旗高级轿车，结束了中国不能造轿车的历史，从此红旗的品牌文化中就折射出浓郁的民族情感，它高贵、大方、威严，代表中华民族的自强不息的精神。

品牌个性就是要让消费者能够将不同的品牌及其产品进行区别。每个品牌都有自己的个性。建立品牌个性，不能仅在产品层次上做到外观上具有差异，而应在品牌价值和品牌文化上做到让消费者在心目中留下鲜明印象，即品牌个性着力建立消费者的心理差异。法拉利火热激情，劳斯莱斯奢华高贵，这些都是著名汽车品牌树立已久的个性并为人熟知。现实生活中，汽车营销者常常只注重品牌的属性（产品功能），这种忽视品牌其他要素的做法，往往不能培植品牌忠诚。一旦有功能更好的产品，消费者就会选择离开，使得厂商苦心经营的品牌价值丧失殆尽。其实，品牌价值、品牌文化和品牌个性才是品牌最持久的意义，品牌有了这些内涵，品牌力就存在，即使出现功能更好的产品，只要厂商及时改进产品，消费者就不会过分流失。

3) 品牌定位、品牌联想

品牌定位就是在准确地寻找企业所服务的消费者的基础上，将企业的品牌属性、品牌价值、品牌文化和品牌个性，准确地传达给目标受众，使其具有鲜明印象，能在目标消费者心目中占有一个独特的、有价值的位置。在作了充分的市场研究后，品牌定位的主要手段就是品牌传播。奔驰的尊贵、宝马的快乐、奥迪的科技、沃尔沃的安全，公司也一直围绕其定位进行一系列的宣传和营销。

品牌联想就是社会公众在任何时间和地点，以任何方式接触品牌后所产生的各种想象，包括对品牌属性、品牌利益、品牌价值、品牌个性的记忆和想象，尤其要让目标消费者联想到自己就是品牌最合适的用户。这些联想来自于生活中的各个层面，如汽车消费者的使用体验，汽车俱乐部成员之间的口耳相传，汽车广告的信息传播等。

品牌联想是汽车品牌的作用之一，目的在于使消费者对其产生一系列联想，给其一个具体而具说服力的购买理由，是消费者制定品牌购买决策的基础。例如，国内的五菱汽车，会让大家联想起勤奋扎实的朴实形象，广袤的农村，实惠的价格等。

4) 品牌认同、品牌形象

品牌认同就是品牌经营者对品牌的各种有形或无形构成要素的设定，它反映的是品牌经营者的一种期待。品牌经营者总是期待自己的品牌设定能够得到目标消费者群体的认同。品牌形象是品牌认同经传播后被消费者所认知的品牌印象，即消费者对品牌的印象和看法。

品牌形象反映的是品牌给消费者的综合感觉。如果说品牌认同是企业设定的"内因"，那么品牌形象则是消费者自然而然得到的"结果"。

5）品牌知名度、品牌美誉度

品牌知名度反映的是品牌在市场上被消费者"知晓"的程度，知道的消费者人数越多，品牌的知名度就越高。品牌美誉度是品牌在市场上受消费者赞誉的程度，持赞誉和肯定态度的消费者人数越多，品牌的美誉度就越高。知名度高，未必就会使美誉度也高，如重大恶性事件，可能会增加厂商和品牌的知名度，但却丝毫不能增加其美誉度。需要说明的是，品牌经营并不等于就是造就名牌。名牌只是一种知名度很高的品牌，其美誉度可能高，也可能不高。品牌经营应致力于造就知名度和美誉度都很高的品牌。其实，"名牌"一词的出现，是我国在特定市场环境下产生的特定名词，是一种俗称，从严格意义上来讲是不准确、不科学的。

6）品牌忠诚度、品牌资产

品牌忠诚度是指消费者在购买决策中多次表现出来对某个品牌有偏向性的（而非随意的）行为反应。它是一种行为过程，也是一种心理（决策和评估）过程。品牌忠诚度的形成不完全是依赖于产品的品质、知名度、品牌联想及传播，它与消费者本身的特性密切相关，由消费者的产品使用经历决定。提高品牌的忠诚度，对一个企业的生存与发展及扩大市场份额极其重要。忠诚的顾客人数越多，品牌忠诚度就越高。如果消费者面对汽车性能、价格等更优越的竞争品牌，仍能购买某一汽车品牌，则可反映出其是否忠诚。品牌忠诚度的价值主要体现在以下几方面。

（1）降低行销成本，增加利润。忠诚创造的价值是多少？忠诚、价值、利润之间存在着直接对应的因果关系。营销学中著名的"二、八原则"，即80%的业绩来自20%的经常惠顾的顾客。对企业来说寻找新客户重要性不言而喻，但维持一个老客户的成本仅仅为开发一个新客户的七分之一。

（2）易于吸引新顾客。品牌忠诚度高代表着每一个使用者都可以成为一个活的广告，自然会吸引新客户。

（3）提高销售渠道拓展力。拥有高忠诚度的品牌企业在与销售渠道成员谈判时处于相对主动的地位。经销商当然要销售畅销产品来赢利，品牌忠诚度高的产品自然受经销商欢迎。

（4）面对竞争有较大弹性。营销时代的市场竞争正越来越体现为品牌的竞争。当面对同样的竞争时，品牌忠诚度高的品牌，因为消费者改变的速度慢，所以可以有更多的时间研发新产品，完善传播策略应对竞争者的进攻。

所谓品牌资产就是消费者关于品牌的知识。它是有关品牌的所有营销活动给消费者造成的心理事实。这个定义表明品牌资产具有以下四个特点。

（1）品牌资产是无形的。

（2）品牌资产以品牌名字为核心。

（3）品牌资产会影响消费者的行为，包括购买行为以及对营销活动的反应。

（4）品牌资产依附于消费者，而非依附于产品。

从这个定义可以看出：品牌资产指品牌能够为企业带来经济收益的能力。品牌知名度高，美誉度好，忠诚顾客人数多，品牌的资产价值就越高。这样的品牌就成为企业的资产要素，是企业重要的无形资产和知识产权。品牌资产是各种品牌要素的综合市场表现，品牌资产价值的大小取决于它能够为经营者带来多大的收益，包括市场占有率增加和价差效应所产生的经济收益等。

8.1.4 汽车品牌营销

1. 汽车品牌营销含义

汽车品牌营销就是要把某一品牌的汽车带给消费者,远不只是一种功能的应用,更重要的还要带给他们一种独特的认知和情感,这才是汽车品牌的核心理念。传统的营销体系不可能提高用户的满意度和塑造品牌形象。因为它们是横向、多元、非整合的。就经销商而言,无品牌或多品牌销售的结果必然是向横向发展,功能单一化,延伸到其他经营领域经营,这样一来,风险大,难管理,无形象。现代汽车企业品牌的营销必须满足顾客的主要要求是:使顾客看到这个汽车品牌确实具备他们所要求的独具的特色,这个特色能够给顾客带来情感和功能的某种忠诚度和利益;这一汽车品牌能广泛地、真实地、始终如一地履行着自己的诺言;积极应用网络营销的新型营销方法,使顾客能感受到青睐。

推行品牌营销是实现汽车畅通流畅体系现代化,加强汽车工业市场竞争力,同国际接轨,保证汽车工业健康快速发展的必然选择。在某种程度上,汽车作为一项特殊的产品是一个国家综合国力的体现。

2. 汽车品牌的营销策略

1) 品牌的设计策略

一个优秀的品牌有赖于品牌名称与商标的精心设计。有战略眼光的企业家都极其重视品牌的命名与设计。品牌的设计应遵循:不违法、选题好、有特色以及易懂易记、寓意深刻的原则。汽车品牌名称可谓是五花八门,但都有一个共同特点,那就是要有利于产品在目标市场上树立美好的形象。品牌设计必须集科学性和艺术性于一体,创意要新颖,给人以美感,还要符合民俗民情。如在产品出口时,必须要研究出口产品的品牌译制是否符合出口国的风俗理解和审美情趣,否则就难以成功。

2) 品牌防御策略

品牌防御是防止他人的侵权行为以及避免企业的声誉、利润受损,可采用以下对策。

(1) 及时注册商标。品牌标记经注册成为商标后可得到法律保护,有效地防止竞争者抢注、仿制、使用、销售本企业的商标。出口产品应在目标国家及时注册商标。注册商标在有效期满后应及时申请续展注册。

(2) 企业非同类产品注册同一商标。例如,电风扇的"钻石牌"的商标已注册,该企业在未来生产的门锁、轴承等产品上也注册同样的商标,以充分利用和扩大商标的影响。

(3) 企业同一产品注册多个商标。如牙膏同时注册"两面针"、"针两面"、"面两针""两针面"等多个商标,从而堵住可能被仿冒的漏洞。

(4) 使用防伪标识。采用各种形式的防伪标识,为保持商标专用权可起到积极作用。

(5) 品牌并用。我国企业与外国企业合资时,便可以采用品牌并用的办法来防止被洋牌吞没的风险。如在合资企业的不同产品上分别使用我国和外国的品牌,或在同一产品上共同使用本国与外国的品牌。

3) 品牌延伸策略

企业对自己的各种产品是使用不同的品牌,还是使用统一的品牌,如何利用已成功的品牌的声誉来推出改良产品或新产品等,这些是品牌延伸策略涉及的问题。品牌延伸策略如下。

(1) 统一品牌策略。企业所有的产品使用同一品牌。其特点是:推出新产品时可省去命名的麻烦,并可节省大量的广告宣传费用,如果该品牌已有良好的声誉,可以很容易地借用推出新产品。但是任何一种产品的失败都会使整个品牌受损失,因此,使用单一品牌的企业必须重视所有产品的质量。

(2) 不同品牌策略。企业的各种产品分别使用不同的品牌。其特点是:便于企业扩充不同档次的产品,适应不同层次的消费需求。同时又避免把企业的声誉系于一种品牌从而分散了市场的风险;各种产品采取不同品牌,可以刺激企业内部的竞争;另外,这种方法还可以扩大企业的产品阵容,提高企业的声誉。但每个品牌要分别进行广告宣传,开拓市场费用开支较大。

(3) 企业与品牌名称并用策略。在每个品牌名称之前冠以企业的名称,以企业的名称表明产品的出处,以品牌的名称表明产品的特点。其特点是:可利用企业名誉推出新产品,节省广告宣传费用,又可使品牌保持自己相对的独立性。世界上大型汽车企业无不使用这一策略,如丰田、福特公司等。

(4) 同一产品不同品牌策略。企业对其所经营的同一种产品,在不同的市场采用不同的品牌。这种策略可以针对不同国家、不同民族、不同宗教信仰地区,采用不同的色彩、图案、文字的商标,从而适应不同市场的消费习惯,避免由于品牌不当而引起的市场抵触。

4) 品牌变换策略

许多相关因素的变化都会要求企业做出变更品牌的决策,它包括以下两种策略。

(1) 更换品牌策略。当品牌已不能反映企业现有的发展状况时,或由于产品出口的需要等,企业完全废弃原有的牌名、商标,更换为新的牌名、商标。其目的是为了使品牌适应新的观念、新的时代、新的需求和新的环境,同时也可给人以创新的感受。

(2) 推展品牌策略。指企业采用原有的牌名,但逐渐对原有的商标进行革新,使新旧商标之间造型接近、相互传承,其目的与更换品牌基本相同。如世界著名的百事可乐公司、雀巢公司等的商标都曾进行过多次的修改,但商标本质体现没有改变。

汽车是品牌生产,消费者更多关注的是品牌而不是生产者。品牌是集技术、企业文化和商誉于一身的载体,是企业历史的积淀。因此与技术相比,品牌更加重要。汽车品牌成为未来世界汽车市场核心竞争力的重要因素。相同车型、不同品牌的汽车在市场上的表现存在很大差距,用户愿意为品牌所代表的价值付费。

3. 我国汽车品牌的十大营销策略

近年来,我国汽车市场出现了井喷式的增长,尤其是轿车市场更是如此,然而,随着外资品牌与自主品牌的激烈竞争,汽车营销的方式也将出现一些变化,开始向网络化、时尚化、个性化和品牌化的方向发展。

1) 网络营销策略

自2005年以来,报纸、电视、杂志等传统媒体广告市场持续下降,其中相当大的市场份额被网络广告市场所抢占。随着网络内容的日渐丰富以及面向中产阶级的内容网站的崛起,汽车市场的网络营销趋势将不可阻挡。并且由于网络广告市场的精准性、互动性、内容丰富、粘性高和低成本等特点，可以为汽车广告主带来超值回报。面向都市白领一族的奇瑞QQ在面市前就运用网络定价竞猜游戏，给广大网友带来了惊奇，赢得了网络上的一片赞誉，使得奇瑞QQ未上市已先声夺人，如图8-6所示。

图8-6　奇瑞新QQ

2）公益营销策略

自2006年比尔·盖茨等国际富豪和华人首富李嘉诚等宣布要捐赠巨额财富以来，公益营销就成为企业家们关注的热点话题。因此，中国汽车营销也进入了公益时代，综合来看，汽车企业的公益行为主要集中于教育、体育、友好事业、质量建设和环保等领域。但从中国企业的公益营销模式中发现国内汽车企业从事公益营销还存在一些误区，主要表现为公益营销没有置于企业的整体战略中，出现了哪里有灾哪里救，导致企业的公益形象不突出，公益精神难以被感知等问题。这需要汽车企业、行业协会和专家们来共同解决。

3）体育营销策略

20世纪70年代，丰田公司看到足球热在日本和全球各国不断升温，就开始谋划借助顶级足球赛事来扩大丰田汽车在球迷中的影响。1980年，丰田公司在日本举办了一场名为丰田杯的由欧美顶级球队参赛的争霸赛，获胜球员可以获得荣誉和奖金以及丰田豪华轿车。不仅有100多个国家的几亿人通过直播观看丰田比赛，由于不用倒时差，更是得到了东南亚国家球迷的热捧，丰田魅力也深刻地留在了广大球迷心中。

定位于"纯粹驾驶乐趣"的宝马公司当然也不会放弃体育营销这一利器，随着中国市场的高速成长，BMW亚洲公开赛在2004年首次移师上海，吸引了中国高层精英人士的热烈关注。超过35个国家的十多万球员参加的BMW国际高尔夫杯已经成为全球最盛大的业余高尔夫赛事。宝马还积极参加F1大奖赛，在莫斯科举办BMW俄罗斯公开赛，在墨尔本举办喜力精英赛，在迪拜举办沙漠精英赛等。

通过丰田和宝马体育赛事的赞助策略的对比我们发现，汽车的定位将决定汽车赞助的体育赛事的项目，并且力争锁住专一项目，长久坚持下来，成为专业领域的盛大赛事，只有这样才能具有强大的品牌影响力。

4）艺术营销策略

和艺术一样，营销也分为几个不同的境界，初级为卖啥吆喝啥，中级为卖啥炫啥，高级则表达为追求品牌塑造的生活方式和意境。别克轿车的目标群体是国企的高层管理人员、外企或台资企业高层管理人员及企业老板，这部分人群具有稳健持重、兼备中西文化、沉稳内敛和创新进取的特点，由此，别克在品牌诉求中表达了"心致、行随、动静合一"的人生境界，如图8-7所示。

图 8-7 别克君威营销海报

5）服务营销策略

在汽车市场竞争日益激烈的今天，有人提出"卖车就是卖服务"。广州本田就是一个执行以服务为中心的营销策略的企业。目前来看，本土品牌在硬件上不如洋品牌，所以服务品牌的建设是实现民族品牌突围的有效之道。

6）口碑营销策略

对于目前大多数中国家庭而言，汽车还是昂贵的耐用消费品。在中高端商务人群中，人们在家中时间往往很少，接触媒体群的时间也非常有限，而大部分时间将用于参加商务活动。因此，朋友间的交互相传往往成为购买决策的重要依据。

口碑营销在实操中往往表现为车友会活动、车友俱乐部联谊、汽车测试赛、试驾活动等，借此建立目标用户群中的品牌形象。

7）责任营销策略

汽车作为一种给工作和生活带来便利的交通工具，同时也给社会带来了一些新的问题。例如，每年交通事故制造的居于首位的死亡率，汽车尾气排放引发的环境污染和温室效应，汽车与公交争道引发的交通阻塞等都为广大民众关注的热点问题。汽车企业为了提升自己的公众形象，承担力所能及的社会责任，实施了基于社会责任的环保营销和安全营销策略等，这些系统称为责任营销。

8）社区营销策略

社区营销是中国汽车市场建设的新产物，它根据中国客户的流动规律和消费特点，夏夜将汽车搬动到小区广场，让社区居民们方便试驾和观摩，或做即兴的汽车知识普及，开辟了中国特色的汽车零售渠道。

9）比附营销策略

比附营销是一种借势借力的营销手段，即自身力量不够，借助于外力来提升自己的附加价值。目前，民族汽车产业实力偏弱，需要借助于洋品牌和外资来比附发展，洋品牌在渠道开拓上则会更多地依靠国内汽车，各取所需。

10）整合营销策略

国产车中，奇瑞的成功让民族汽车工业看到了一些胜利的曙光，在几近全军覆没的家庭轿车市场，奇瑞运用创新整合营销理念，精准把握本土市场特点，打了一场汽车产业民族保卫战中的漂亮仗。奇瑞 QQ 从上市之初，就通过目标人群定位为产品设计、渠道策略、定价方式和促销手段等奠定了基调，在产品的市场推广营销中，针对目标客户群的个性、时尚感悟、思维活跃和富于想象等特点做了精心设计，定位为新时代"年轻人的第一辆车"。很多年前，美国人的第一辆车是从福特开始的，那情形与 QQ 非常相似，只不过福特开始时坚持黑色，QQ 则从一开始就五颜六色。奇瑞 QQ 没有依靠民族轿车的口号博取国人好感，而是实实在在根据新兴市场特点创造需要，依据整合营销理念，设计 I-SAY 数码听系统、数码存储和靓丽色彩等，针对目标客户群的附加价值，赢得了市场的热烈反响。

综合来看，目前国产轿车市场还是洋品牌为主，国产品牌取胜的优势主要在于依靠对本土市场的独特理解。中国汽车正在艰难地从汽车大国向汽车强国过渡。2002 年，中国汽车工业协会和日本丰田、本田、铃木、日产、东京大学、爱知大学、龙谷大学、现代文化研究所合作，在中国调查了各种所有制汽车企业 54 家，得出的一个结论是：20 年前的日本家电曾统治中国市场，但现在中国家电企业已经绝对控制了中国家电市场。汽车企业一定还会走家电的路，20 年后的中国汽车业将与今天中国的家电业一样。中国汽车工业的当务之急是必须根据大营销的思想，贴近市场，面向客户，才能打造出具有中国特色和核心竞争力的品牌。

8.2 汽车自主品牌营销策略

8.2.1 汽车自主品牌

1. 自主品牌的概念

自主品牌是一个企业及其产品的综合体，它涵盖了企业的创新能力、企业管理、市场定位、营销服务等多方面的综合特征。它是指在拥有自主知识产权的前提下，通过整合资源、集成创新，在消费者心目中形成独有特征，并能有效促进消费者购买其产品，乃至产生品牌忠诚的符号、形象或设计。

中国自主品牌汽车是相对于外资汽车品牌和合资汽车品牌而言的，是中国特殊汽车工业道路的产物。对自主汽车品牌比较公认的说法是指由企业自主开发，拥有自主知识产权的汽车品牌。自主品牌是对品牌所有、品牌发展、品牌历史和品牌核心价值的综合概括，是指在拥有自主知识产权的前提下，通过自主开发，在消费者心目中形成独有特征，并能有效促进消费者购买其产品，乃至产生品牌忠诚的符号、形象或设计。自主品牌是一个企业及其产品的综合体，它涵盖了企业的创新能力、企业管理、市场定位、营销服务等多个方面的综合特征。它有三个主要衡量因素：市场保有量、生产研发的历史及其在整个行业中的地位。

2. 汽车自主品牌的发展模式

整体而言，我国汽车自主品牌分为两类，一类是使用引进技术的国内自主品牌，这类品牌虽为国内自主品牌，但产品都是引进国外成熟车型技术；另一类是使用自主开发车型技术的自主品牌，其产品是由国内企业开发且掌握完全知识产权。进一步研究其发展模式，可以细分为四类，具体见表8-1。

表8-1 自主汽车品牌开发模式

模式名称	主要内容	代表厂家	主要困境
模仿开发	从模仿起步，自己主导研发，生产自主品牌	奇瑞、吉利、比亚迪	知识产权纷争
委托开发	和国外设计公司合作，购买成熟车型技术，生产自主品牌	华晨、哈飞	持续开发能力
联合开发	在合资企业中与外方合作，借鉴先进技术，合作研发自主品牌	东风、一汽（奔腾）	品牌定位
集成开发	购并国际汽车企业，整合国际国内优势资源，开发自主品牌	上汽集团	

本质上讲，若从知识产权的自主程度上看，除简单地仿制以外，上述模式的差异并不大；若从汽车核心部件的来源上看，模仿基础上的修改和购买仍是时下汽车厂商的主要获取方式。也就是说，相对于真正意义、完全自主、高水平的自主品牌整车，中国尚有一段距离。

这四种模式是依据逻辑等式的简单分解所得，实际的自主品牌整车开发要复杂得多。比如，模仿至少可以划分为两个基本类别，一是简单地仿制，并没有实质的创新；一是逆向工程，就是在分解研究的基础上，对重大部件有关键的突破。而委托开发也可以分为单纯交钥匙方式委托和参与开发性委托。显然，前者的风险最大，委托方也会比较被动。现实运行中，大部分委托方是参与一些重要工作，这对自身能力的提高有很大帮助。对于集成开发，它是在能力的基础上进行的，如果自身没有能力，委托别人集成，本质上还是委托。显然，如果说国外汽车厂商综合利用各种资源进行的全面而系统的集成创新是一种集成开发方式的话，那么上汽集团通过并购所形成的资源合成也就是一种集成开发。但前者的集成度和创新度更大。更为关键的是，完全意义的集成模式是以强大的组织效率和组织开发能力为基础的，而上汽的集成模式虽然在英国聘用了一批工程师，也拥有了自己的海外研发团队，但它仍是以工程师的个人能力为基础的，如果个人能力没有转化为公司的组织开发能力，那么，这种集成模式仍然是低水平的。

若从动态意义上看，真正的自主品牌还应当体现支持系统的内容。所谓支持系统，就是在强调基础研究的开发能力以外，还需要把市场开发能力和流程开发能力作为两个重要条件。其中，市场开发和流程开发可看作企业内部标准。流程管理、供应商关系和市场网络会涉及商业机密，其自主性的依据是由谁来控制决定的，即公司控制，则公司自主；股东控制，公司就不自主。对于中国自主品牌而言，在动态意义上，这两个开发能力是重要的附加条件。

3. 发展汽车自主品牌的必要性

1) 自主品牌整车的发展水平关乎中国汽车产业的前途

多年以来,中国在很多领域上采取的是"以市场换技术"主导下的策略,但"以市场换技术"能够成功的前提是中国的企业能够取得转让技术或搞技术合作,参与设计和提供部分零部件的配套制造,以进行先进技术的消化吸收和再创新。然而,二十多年"以市场换技术"为我们带来的不是技术的成熟和自主研发的飞速发展,而是在奉献本国市场的同时,中方越来越没有话语权。在今天的合资企业当中,尽管外方的投资都不超过50%,但他们拿到的利润超过90%,双方之间的权益完全是不对等的。一个国家的汽车产业必须要有自己的内核,这个内核包括自主品牌、设计制造能力和完整的零部件配套体系。

2) 培育并发展自主品牌,是中国走向汽车强国的标志

目前,后起国家汽车工业的模式主要有两种:一是巴西"国际汽车俱乐部的组装工厂",完全没有自主品牌的汽车;另一种是韩国"国产自主品牌汽车的模范"。同是两个汽车生产大国,一个没有自己品牌的汽车,完全是国际汽车巨头的组装厂,另一个生产的汽车却完全拥有自己的自主品牌,并由汽车生产大国向强国发展。同样作为经济后起国家、汽车生产大国的我国,如何选择汽车工业发展的模式,我们应该从外国的发展经验中吸取教训,以免重蹈覆辙。借鉴巴西和韩国的经验,我国要想成为世界汽车生产强国必须拥有自己的自主品牌汽车,必须拥有强大的自主开发能力,才能在全球化条件下获得持续、永远的发展权力,并不断得到发展和壮大。

8.2.2 我国汽车自主品牌的发展历程及现状

从汽车品牌的所有制结构角度分析,中国汽车品牌经历了三个发展阶段:20世纪80年代以前独立的自主品牌阶段;80年代以后至2000年以合资品牌为主阶段;进入新世纪以来,自主品牌、合资品牌和进口品牌的共存阶段。在第一阶段向第二阶段转变时期,国内汽车制造厂商采取"以市场换技术"策略,忽视了对自身知识产权的保护和自主开发能力的培养,更没有注重自主品牌的培育,导致在市场上汽车产品增多的状况下,自主品牌汽车市场占有率和质量都大幅下降。在第二阶段向第三阶段转变时期,由于加入WTO,市场全面放开,更多的国外汽车制造商涌入,使得大量的进口品牌和合资品牌在国内市场上处于主导地位。

1. 我国汽车自主品牌的发展历程

1) 独立的自主品牌阶段

1956年7月15日第一辆"解放"牌卡车在长春中国一汽下线,1958年9月28日,一汽生产的第一辆"红旗"轿车装配完成,如图8-8所示。一汽的建设和汽车生产是在前苏联的帮助下完成的,从此中国汽车人迈出了建设自己汽车品牌的第一步。随后,我国在没有外援的情况下,在一汽经验和人才的基础上自己建成了二汽,生产出"东风"牌越野汽车。这时的中国汽车由于没有机会参与国际汽车市场的竞争,品牌优劣不能通过市场得到反映,汽车研发和生产单位主要是从满足国家政治、经济建设需要和提高民族自尊心的角度,不断改进汽车品牌的质量。

图 8-8 中国第一辆解放牌卡车和第一辆红旗轿车

2) 合资品牌为主阶段

20 世纪 80 年代，我国汽车工业开始进入合资合作阶段，20 世纪 80 年代中后期，国家允许国有大型汽车企业生产轿车。1987 年 8 月北戴河会议后，中央许可一汽、二汽和上汽生产小轿车。一汽大众的奥迪捷达是 20 世纪 90 年代中期开始生产的，二汽的神龙富康是 20 世纪 90 年代后期投产的，上海通用的别克是 1999 年投产的，南京的菲亚特系列、广州本田是 90 年代末投产的，而北京现代、奇瑞、长安、哈飞、福田、吉利、中华等均是在 20 世纪 90 年代后期才创立的。实际上，我国企业生产轿车的历史只有 20 余年，虽然开始走的是合资之路，但合资汽车企业也是我国的企业，这是不争的事实。汽车工业是一个资金密集、技术密集、人才密集的行业。正因如此，不是任何投资者均可涉足的。2001 年以前，捷达、富康和桑塔纳占据了中国车市的半壁江山。截至 2003 年我国生产的 202 万辆轿车中 90% 是合资企业的产品。那时一种观点认为：我国暂没有自主开发轿车的能力，主要是因为开发一款轿车需 10～20 亿美元，国内的投资者尚无这一实力，且轿车企业必须有相当的规模才能承担巨额的开发费用，而自主开发一款轿车则要 10 年甚至 20 年的时间，想要尽快发展我国的汽车工业，走合资是一条捷径。因此，改革开放以来，特别是 20 世纪 90 年代之后，国外汽车公司进入中国。我国汽车生产企业大都采取了合资的形式，全球大的汽车公司几乎都在中国设立合资企业。就品牌而言，合资企业主要生产外国品牌汽车，中国自主品牌汽车的发展受到抑制。

3) 自主品牌开始发展阶段

真正意义上的自主品牌发展是以长城汽车、奇瑞汽车、吉利汽车等品牌的崛起为标志的。1990 年，魏建军任长城汽车工业公司总经理，并承包经营，开始运用灵活的管理使企业发展起来。1997 年，吉利集团正式进入汽车行业，注册资本为 6.3 亿元。2002 年，由中央拨款，辽宁省政府批准成立国有独资公司——华晨汽车集团公司，2003 年 6 月，华晨与德国宝马公司合作生产，次年，定位于高端客户的自主知识产权"中华轿车"上市。2003 年比亚迪公司成立，推出 F3、F6、F8 系列。其他的自主品牌如长安、东风、哈飞、夏利、昌河、力帆等，也是在一定工业基础上与外资合作，然后开发自己的品牌。应该讲，中国汽车的自主品牌起步较晚，底子也比较薄，但发展速度很快。2005 年奇瑞和吉利进入乘用车市场销量前十名，分列第七位和第九位。奇瑞和吉利的成功，还带动了国内其他自主品牌汽车企业的发展，自主品牌在汽车市场的分量越来越大。据统计，2003 年，自主品牌乘用车的市场占有率为 21%，2004 年有所下滑，市场占有率为 19%。但 2005 年，市场占有率提高到 26%。2006 年，自主品牌轿车累计销售 98.28 万辆，占轿车销售总量的 25.67%。并且奇瑞、中华、吉利公司都开发出拥有自主知识产权的发动机。2007

年8月8日,天津一汽夏利品牌轿车第150万辆下线;同年8月2日,奇瑞第10万辆汽车奇瑞A3在安徽芜湖奇瑞汽车第三总装厂正式下线。2008年奇瑞汽车以35.6万辆稳居全国乘用车销量排行榜第五名,也是连续第十年蝉联自主品牌销量第一。据统计,2008年在轿车自主品牌中,排名前十位的自主品牌依次为:奇瑞QQ、比亚迪F3(图8-9(a))、天津一汽夏利、海马福美来、吉利自由舰、中华骏捷(图8-9(b))、奇瑞A520、吉利金刚、奇瑞旗云和天津一汽威志。上述十个品牌占自主品牌轿车销售总量的70%以上。值得一提的是,发展自主品牌不再是奇瑞、吉利这些企业的"专利",国内的大型汽车集团都加快了打造自主品牌的步伐,特别是一汽、上汽和东风三大汽车集团,从2005年开始纷纷加快了打造自主品牌的进程。

(a) (a)

图8-9 比亚迪F3和中华骏捷

4) 自主品牌的出口状况

自主品牌汽车在国内的生产能力出现一定程度过剩,迫使国内汽车企业将目光投向国际市场,从而使自主品牌汽车也出现在我国汽车出口的行列中。2001年10月,奇瑞生产的第一批轿车出口中东,首开自主品牌汽车出口海外之先河。随后,以吉利、长城、中兴、吉奥、比亚迪等为代表的自主品牌纷纷加大海外市场拓展的力度,汽车出口量节节上升。2003年2月,奇瑞与伊朗SKT公司签署在该国建立奇瑞整车制造厂的协议,这是中国汽车企业首次走出国门建立生产基地。此后,以奇瑞、吉利、华晨、长城、中兴等自主品牌企业为主体的中国汽车企业,掀起了一股海外建厂的热潮。2004年1月12日,马来西亚ALADO公司与奇瑞汽车有限公司在人民大会堂举行授权签字仪式。奇瑞公司全面授权马来西亚ALADO公司制造、组装、配售和进口代理奇瑞牌轿车。2005年4月,中大集团与阿拉伯联合酋长国ICP公司签署协议,在该国建立客车生产厂。2005年4月15日,华晨集团与埃及BAG集团在北京签署协议,双方将在埃及合作建立华晨中华轿车组装生产线,从当年第4季度开始组装生产中华轿车。2005年5月30日,吉利集团与马来西亚EGC集团在吉隆坡举行整车项目合作CKD签约仪式,马来西亚联邦议会下议院议长拉姆利和时任全国人大常委会委员长吴邦国共同见证了签约仪式。根据协议,双方将合作在马来西亚制造、组装和出口吉利汽车。除上述企业外,中兴、长城、一汽等企业则把突破点放在俄罗斯,在大批出口产品的同时,也开始以CKD、SKD的方式在俄罗斯当地建厂组装生产。进入汽车业不久的力帆,也在俄罗斯建厂。目前,据不完全统计,自主品牌汽车已销往世界17个国家,其中俄罗斯、哈萨克斯坦和伊朗是三大销售市场。

2. 中国汽车自主品牌发展存在的问题

经过几十年的发展，我国的汽车工业从无到有，有了长足的发展，虽然发展速度很快，但也存在着不少的问题，这些都成为制约中国汽车工业发展的瓶颈问题。

1）品牌流失问题

我国国内汽车工业的发展多是以合资企业为主，从车型引进，生产线设备采购，合资外方往往能够赚取全部利润的80%，由于关键技术和零部件及出口销售渠道均需要依赖外方，使中国汽车企业在利益分配上丧失了话语权，我国成为典型的制造大国，品牌小国。外资全方位控制我国汽车产业的格局。如果不加以改变，中方只能在汽车产业中获取微薄的加工制造费用，而这点利润的获得还需要以资源耗费、环境污染为代价，中国要解决品牌问题迫在眉睫。

2）品牌老化问题

改革开放后，我国的汽车工业开始大力发展，曾涌现过大量的汽车知名品牌，解放、红旗、东风等，但随着几十年来的发展，这些汽车品牌发展步伐较慢，无论是研发技术，还是车身整体流线均落后于世界同等水平，而这些都是我国汽车工业的"开国元勋"，品牌老化问题渐渐成为制约这些汽车品牌发展的瓶颈问题，如何做好品牌延伸成为发展的首要问题。

3）产品结构存在的问题

以轿车市场为例，我国汽车自主品牌发展势头不错，但一直以来只是以中低档车销售为主，目前只有在5万元以下经济型轿车领域，自主品牌依然有很强的价格优势，至于自主品牌企业推出的10万元以上的中高级别轿车，虽然在同级别的车型中仍具有一定价格优势，但由于购买这一档轿车的消费者更看重品牌和技术，自主品牌的价格优势很难转变为市场上实实在在的竞争优势。

4）汽车企业存在数量多、规模小、人才与资金匮乏问题

目前中国的汽车整车制造企业多达100多家，不少地方政府都把汽车工业作为本地区支柱产业，由于整个汽车工业竞争不充分，汽车项目赢利过于容易，导致跨地区的兼并重组存在较高的成本，政府主导型投资行为和地区封锁较为严重，这些情况严重地阻碍了我国汽车工业朝着良性有序的方向发展，政府应对此种做法做出相应的调整。

5）发展模式存在问题

合资经营这样的方式虽然使我国的汽车工业在初期建设曾经得到过较快的发展，但到后来在一定的程度上反而成为制约我国汽车工业发展的瓶颈问题，合资经营使得我国汽车自主品牌流失的速度加快，甚至一些知名汽车品牌已经不再被生产，鉴于这些情况的出现，社会各界展开了大辩论，探讨新的汽车工业发展模式。

3. 中国汽车自主品牌战略发展的建议

中国汽车品牌只有拥有独立的品牌，才能够拥有足够的主动权，不受外资的限制，因此，我国汽车工业发展应做出以下几方面的调整。

1）培养自主品牌

自主品牌需要不断进行技术创新，保持技术的先进性，在产品的品种、质量、性能等方面制造差别化。而且更需要创新型的企业文化，外国汽车企业之所以强大，很重要的一点也在于其独特的新型企业文化，因此，建立企业文化的同时需要以不断地提高本企业的

研发技术为前提，要在提高汽车性能的同时，使消费者在消费时有良好的购买意愿。

2）激活原先品牌

中国原先一些汽车品牌，如解放、红旗、黄河、东风等无论在国内，还是在国际市场上都具有一定的知名度，我们一方面要重新进行品牌广告的宣传，利用电视、网络、广播、杂志等进行各方面报道，但最重要的是这些品牌的企业要对汽车研发技术和轿车车型进行再研究，推出新产品，甚至做到品牌延伸，推出新品牌，因此营销变革应该从不同的角度出发，寻找出自己与别人的差别，做出自己的特色。

3）加强技术研发，调整产品结构

虽然近几年来我国汽车自主品牌发展的速度很快，但是这是通过较低的价格来占有市场份额实现的，而且发展的大都是低档汽车，长期下去，就会成为制约我国汽车工业发展的瓶颈问题，因此不仅在技术研发上，而且在产品结构上都要进行提高。具体来说，在技术研发方面，首先企业内部要时刻保持与时俱进，强化企业领导班子的带头作用，实现企业要求自我进步的良好风气，政府对汽车企业不论在政策环境，还是资金、技术、人员调配都要给予支持，企业可以学习国外发达国家汽车企业先进的技术经验、管理经验、营销经验及品牌管理方法。在调整产品结构方面，首先要做好市场细分，了解市场需求，在明确企业市场定位的同时，对企业的品牌价值定位做出判断，再以不同品牌价值的车型去开拓不同的细分市场，迎合消费者自身价值体系的需求。同时创立我们自主汽车知名品牌可以走两条路，一个是先占领中低端市场，以中质低价切入，创出牌子，再向高端市场挺进；另一个是从高端产品做起，直接创建新的高品质品牌，但这一点很困难；再就是在汽车的某个关键核心技术上拥有新的突破，以此为切入，创立自主品牌。

4）走汽车集约化发展道路

提升汽车产业国际竞争力的着力点首先放在整合产业组织结构，提高企业规模上，把现有的主要汽车企业重组为几家集团，几家零部件系统集团公司，便于对技术、资金、人员的管理和利用，增强资源的利用效率，提高企业集团的规模经济效益。

坚决走专业化分工之路，第一是使整车生产企业退出大部分零部件生产领域；第二是组建零部件生产集团，提高专业化效益；第三是打破地区封锁，按最优采购原则构筑产业链；第四是改变目前整车生产企业直接面对众多零部件供应商的局面，采取模块化生产方式，使主要零部件供应商承担整车的所有部件的配套，并负责与二级供应商签订供货合同，以围绕整车企业形成逐级配套、逐级协作的分工体系。

5）选择最优的发展模式

自主品牌建设在目前有多种方式，但都是同样的目的——打造民族强势自主品牌。发展模式有多种选择，选择合适的就是最优的，主要有以下几种。第一，自主研发，自主研发是一个艰辛而漫长的过程，需要大量的人力物力的投入，自主研发不能在较短时间内带来收益，因此许多有实力的国内本土企业很少依靠自主研发，但这是国家汽车工业发展过程中所必须跨越的，国内几大汽车集团在自主研发方面应承担更大的责任。第二，联合开发，在合资企业中开展自主品牌建设计划，有利于吸收最先进的汽车技术，这也是当年"以市场换技术"的出发点，但是在目前合资企业中，这种设想的实施却异常艰难，毕竟核心技术都被外方控制，如果外方不同意，中方搞自主开发的难度很大。第三，设计外包，对于刚处于起步阶段的国内汽车企业而言，不失为一种最为可行的方式，符合国际分工的要求，但从长远而言，掌握关键汽车技术是自主品牌核心竞争力所在，因此，与外包

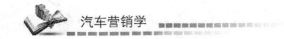

并行的是，本土汽车也要加大关键技术研发。

我国汽车发展现状呈现出良好的发展势头，自主品牌汽车百花齐放，获得了可喜的业绩，鼓舞了国内汽车工业发展自主品牌的士气。当然，我国汽车工业在发展自主品牌建设的道路上存在着许多问题，还需要很长的一段时间，但由于国家、政府、人民的支持，汽车企业的发展环境会有很大的改善，届时，中国自主品牌汽车将会有更好的发展空间。

8.2.3 国际化汽车品牌的营销策略

经济的繁荣发展、人民生活水平的不断提高，使汽车消费呈上升趋势，中国已成为全球第一大汽车消费国。然而依赖大量进口从而满足持续增长的用车需求一直是中国汽车界的心头之痛。同时作为全球第三大汽车生产国，中国汽车产业，尤其轿车产品曲曲折折盘桓了20年，还是没有整体走出合资的圈圈，没有出现真正意义上的本土强大汽车集团。

这几年从中国汽车业夹缝中艰难走出的自主品牌汽车企业，让公众似乎看到了未来中国汽车行业的希望。2001年10月，奇瑞生产的轿车第一批出口中东，首开自主品牌出口海外之先河。随后，以吉利、长城、中兴、吉奥、比亚迪为代表的民营企业和以一汽、东风、长安、宇通、江淮为代表的国有汽车集团也纷纷加大海外市场的拓展力度，汽车出口量节节攀升。2005年，中国汽车企业终于开始向海外市场发力，中国汽车出口向前迈进了一大步，出口首次超过进口。汽车出口瞬时成为媒体关注的焦点，《纽约时报》也于2006年4月26日刊登了《中国将成为世界主要汽车出口国》的报道。

1. 自主品牌汽车的国内外市场分析

1）我国自主品牌汽车的国内市场分析

2001年，中国加入世贸组织以后，我国汽车行业大举对外开放，跨国汽车巨头加快了进军中国市场的步伐。迄今为止，世界汽车行业排名九大巨头（通用汽车、福特汽车、戴姆勒集团、丰田汽车、德国大众、雷诺-日产六大汽车集团，宝马、本田和PSA集团三个独立汽车公司）都进入中国，合资生产和销售汽车。全球最大的50家汽车零部件企业，绝大多数都在中国设立了合资企业。这些国际汽车和零部件巨头，带来了资金、技术、管理，以及先进的造车理念和营销模式，为众多国内汽车企业提供了借鉴和零部件支撑。但我国汽车行业还是没有掌握制造中高端汽车的核心技术能力，仍然受制于人。中国汽车产业的版图已经由跨国公司主导，这是一个不争的事实。

对不同层级市场进行简单地对比，可以发现自主品牌汽车的市场认同度并没有想象中乐观。高端市场，奥迪夺取了绝大多数的份额，而在中高端市场已经被别克君威、广州本田雅阁、长安福特蒙迪欧、北京现代索纳塔、东风日产尼桑、东风标致雪铁龙凯旋等占据大部分份额，以上两个领域的市场基本没有自主品牌的参与；中端市场有伊兰特、凯越、菱帅、毕加索等品牌，在这个层面的自主品牌车型，目前只有一汽奔腾、中华和东方之子在角逐；经济型轿车，本是自主品牌的主战场，但除奇瑞的旗云、风云外，几乎被合资品牌占领；只有在微型车领域，QQ凭借低廉的价格和造型占据一定优势；吉利、夏利也仅凭借其超低的价格在二三线小城市站住脚跟。低端市场是自主品牌目前唯一能站得住脚的领域，也是其得以生存的核心。

虽然合资汽车公司中，中方的股份占了50%，但中国汽车产业仍被跨国汽车公司主宰，跨国汽车巨头在我国车市取得了绝对优势，中国自主品牌只能在市场缝隙中艰难成长。

2）我国自主品牌汽车的国际市场分析

据中国汽车工业协会统计的汽车整车企业出口数据显示，2012年汽车整车出口明显增长，共出口汽车105.61万辆，同比增长29.7%。出口的主要车型为轿车和货车，所占比重分别为45.3%和27.9%。出口企业前五位的分别为奇瑞、吉利、长城、上汽和力帆，其中奇瑞和吉利均超过10万辆。在轿车出口中，基本上是自主品牌或民营企业的产品，自主品牌成为我国汽车出口的主力。

从整车出口目的地看，目前我国共向170多个国家和地区出口各类汽车，主要集中在中东、南美、欧洲、亚洲等地，如图8-10所示，主要是进入门槛很低的发展中国家，如图8-11所示。对自主品牌而言，在海外竞争中唯一的优势就是低价。

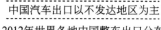

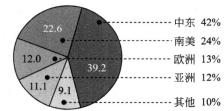

图8-10　2012年中国整车出口地区分布及所占比例

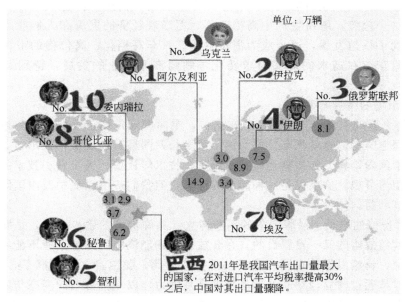

图8-11　2012年中国整车出口前十的国家

虽然我国自主品牌不断加大了对国际市场的重视，但自主品牌的国际化面临着许多问题：在战略上，缺乏清晰的战略、计划、目标和总体的竞争分析；组织上，缺乏明确的职能部门来负责国际化运营以及风险管理机制；在文化方面，对国际市场和国际商务文化的不熟悉也是一个重要问题。

2. 我国自主品牌汽车国际化营销战略起因

1) 国内市场的发展与冲击

国内汽车市场发展现状对于自主品牌的发展有利有弊，其冲击不容忽视，在这种环境下，自主品牌选择国际化营销模式也是其自身发展的一种权宜之路。

(1) 国内超低端市场的逐步稳固。自主品牌汽车出口的迅速发展，得益于近几年来自主品牌逐渐在国内市场上站稳脚跟。自主品牌汽车要提升竞争力，就需要进行清晰的品牌定位，通过品牌定位去迎合消费者深层次的需求——即消费者自身价值体系的需求。成长中的自主品牌汽车，以不同品牌价值的车型去开拓不同的细分市场，进行准确的品牌价值定位，迎合消费者自身价值体系的需求。经过几年的发展，自主品牌汽车已基本在超低端市场立稳了脚，这对其进一步发展有着重要的支撑作用。

(2) 国内中高端市场的激烈竞争。在市场方面，从市场占有情况也可以清晰地看到，中高端车锋芒毕现，自主品牌没有立足之地；在技术方面，国内自主汽车品牌的发展与国内汽车工业的研发能力直接相关。从总体上看，目前我国汽车工业在中低档商用车、微型车及低档乘用车等领域，具有一定的自主开发能力，而在高档商用车、中高档乘用车等领域，基本不具备整车开发能力。避开锋芒，以自己的优势寻找适合自己的发展之道，何尝不是一种明智之举。

(3) 国内大众消费理念的制约。长期以来，由于受到政策和收入条件的限制，汽车被看作奢侈品，因而汽车消费市场以集团消费为主。而集团消费者由于多数是国家行政部门和国有企业，他们支付能力很强，很少考虑价格，而更多注重汽车档次，而生产企业为了适应这一趋势，纷纷生产中高档产品。但随着经济的发展和人们收入的提高，私人购车族得到了快速发展，逐步成为消费主流。汽车高档化、高价格的市场定位，很大程度上阻碍汽车潜在需求向现实需求转化，制约汽车产业的发展，特别是低端汽车的发展。

2) 国际市场的诱导与驱使

(1) 经济利益的引导。自主品牌汽车出口，走向国际市场，巨大的国际市场也留给我们巨大的利润空间。以奇瑞汽车公司为例，董事长尹同耀日前表示，在出口方面，奇瑞的利润还要高于国内销售。如果算上品牌使用费、技术转让费、人工费、技术指导费等，奇瑞的利润将相当可观。这仅仅是一种简单的计算，但我们却可以从中看出国际汽车市场有着巨大的经济利益。

(2) 品牌价值的增长。品牌形象的不断树立，品牌价值的逐步增长，是我国自主品牌汽车国际化营销战略的又一重要目的。在开放的市场经济中，如果企业不能在本国之外加强自己的力量，就难以保持在国内市场的强势。因此，我国自主品牌汽车必须走出国门，建立全球品牌，通过树立国际品牌形象来提升品牌力，以一种更高的姿态与国际汽车巨头展开竞争。中国自主品牌的优势就是满足百姓对汽车最简单、最基本的需求，这是构成汽车市场需求金字塔的巨大基座，而且这个优势将随着中国自主品牌走向海外而不断得到强化和巩固,并将反过来使国人改变对自主品牌的成见。

(3) 战略发展的必须。中国汽车工业发展自主品牌无论是宏观环境还是微观环境都不如合资企业,面临的威胁大于机遇。主要威胁有:日益严格的标准法规,且有被跨国公司操纵利用的趋势;跨国汽车公司利用合资品牌网络直接低价倾销国外品牌;合资品牌正在加速进入汽车中低端细分市场,与自主品牌在同一细分市场竞争;跨国公司和零部件公司在关键零部件领域的技术壁垒、技术封锁;持续的价格战,降低了企业利润率,削弱了自主品牌未来的竞争力;外来文化对消费者消费行为的影响。

为了长远的生存和发展,要实现持续性发展的目标,必须要具备持续进行成本控制和产品创新的能力,前者需要规模,后者更需要规模带来的资金实力。而要提升规模,必须要有更大的下游市场和更多的上游资源来支持,换句话说,就是立足国际市场,利用国际资源在更大的舞台上实现规模提升。国际化是任何一个整车企业走向成功和长期稳定发展的必然趋势,是最终的出路,自主品牌也不例外。

3. 对我国自主品牌汽车战略营销的建议

1) 明确品牌定位,突出核心价值

每一个品牌都具有自己的属性,即品牌价值,当品牌价值与消费者的自身价值需求"交集"达到一定程度,就会产生共鸣,形成品牌偏好度,产生购买行为。因此,准确的品牌价值定位是企业提升品牌力的前提。不管是轿车的品牌价值,还是消费者的价值体系,都是由相同性质的价值元素构成,包括质量、美誉、服务、个性化、亲和力、新潮、激情、自然、科技、性价比、价格。一个汽车品牌可能涉及所有的价值元素,但是必须寻找出其中一个或几个核心的价值元素,并准确地传达给消费者,强化消费者心目中的品牌形象。

2) 紧跟国际步伐,确保产品品质

进军海外市场将同样面临着不可预知和险象环生的挑战。进入发达国家市场,首先必须面临产品质量和售后服务体系的挑战,要面对环保与安全等市场准入技术标准严苛的门槛。同时,欧美国家又在不断推出更高的行人安全标准、旧车回收技术标准以及更严的排放标准,这需要企业不断进行技术研发才能追赶上"壁垒"成本。

3) 确保信息畅通,提升服务水准

在细分市场里,竞争优势从获得信息的能力转变为使用信息,把有形的、越来越有针对性的价值返还给客户所需要的技能。厂商需要把整个生产和营销系统紧密地结为一体,才能使营销机构得到的信息资料有效地用于产品发展计划、生产、后勤操作以及客户服务规程。目前国外有些制造商已能充分利用信息资源做到高效的在线服务。对我国的汽车市场来说,要树立市场营销观念,提高汽车行业的服务质量和市场竞争力。

4) 实施目标锁定,分层重点突破

汽车产业的营销创新是一项系统的、复杂的、长期的战略工程,对于汽车行业在我国的国情下更应该注重战略分层发展,重点突破。由于自主品牌的基础薄,技术水平不高等一系列原因,应当暂时摒弃高端路线,走大众化路线,以优质低价切入,创出品牌,然后,再向中高端市场挺进。国际管理咨询公司柯尔尼认为,中国超低端汽车产品市场潜力巨大,尚待开发,这为中国本土企业的生存发展提供了一个良好契机。开发这类产品的企业可以先将规模做大,再"曲线渗透"海外中低端市场,以"价值品牌"的卖点取胜,走一条独特的发展道路。

5) 把握传统文化，推进营销创新

中国是一个有着五千年历史的文明古国，中华民族和谐、丰富的精神世界构建了中国传统文化的主体框架。中国的每一个人，无不受到中国传统文化的熏陶，它不但影响每个人的思想，同时也影响每个人的行动。因此，在汽车营销时，打出传统文化的旗号，对吸引受过较多传统教育的消费者十分有效；这在国际营销中，也有着重要的作用，在让世界认识中国的同时，提高企业自身的销售。在具体实施时，主要有两大突破方向：一是富有中国特色的车型名称，二是开展中国文化元素的文化活动，这是一种以传统促创新的方式。

综合习题

一、填空题

1. 品牌营销的五个要素包括_____、_____、_____、_____和_____。
2. 品牌营销的手段有_____、_____、_____。
3. 品牌等级从顶层向底层排列为_____、_____、_____和型号品牌四部分。
4. 随着外资品牌与自主品牌的激烈竞争，汽车营销的方式也将出现一些变化，开始向_____、_____以及_____和品牌化的方向发展。
5. 中国自主品牌汽车是相对于_____和_____而言的，是中国特殊汽车工业道路的产物。
6. 自主品牌是一个企业及其产品的综合体，它涵盖了企业的_____、_____、_____、营销服务等多个方面的综合特征。
7. 自主品牌主要衡量因素有_____、_____及其在整个行业中的地位。

二、名词解释

（1）品牌；（2）品牌标识；（3）品牌营销；（4）汽车品牌营销；（5）自主品牌。

三、简答题

1. 简述品牌的基本特征。
2. 简述汽车品牌的组成。
3. 简述我国汽车自主品牌的发展模式。
4. 简述我国汽车自主品牌的发展历程。
5. 中国汽车自主品牌发展存在哪些问题？应从哪些方面考虑中国汽车自主品牌战略发展？
6. 简述我国自主品牌汽车国际化营销战略。

四、案例分析题

根据以下案例所提供的材料，试分析汽车企业如何实现汽车品牌的营销策略。

梅赛德斯-奔驰(中国)汽车销售有限公司冠名赞助中国网球大奖赛

2008年10月10日上午,2008"梅赛德斯-奔驰杯"中国网球大奖赛新闻发布会在南京奥林匹克网球中心室内球场隆重举行,这也宣告了这项中国网坛一年一度的收官之战正式拉开帷幕。

比赛的赛程安排在10月21日至29日举行,为广大球迷们带来一场网球盛宴。作为中国网球事业的亲密合作伙伴,梅赛德斯-奔驰(中国)汽车销售有限公司冠名赞助了此次大奖赛。

与以往不同的是,此次发布会直接选择在南京奥体中心的室内网球场举行。宽敞而充满运动气息的网球场内,舞台被装饰得绚丽又不失精致,背景音乐轻快动感,整个现场被布置得更像是一个快乐的网球派对。特别是场地入口处停放的一辆装满了比赛用球的梅赛德斯-奔驰R350,银色车身在一个个绿色精灵的映衬下显得清新优雅而又活力十足,将梅赛德斯-奔驰品牌的运动气质展现得淋漓尽致,让不少嘉宾驻足留影。

出席新闻发布会的嘉宾有国家体育总局网球运动管理中心主任孙晋芳女士、梅赛德斯-奔驰(中国)汽车销售有限公司代表王绮绮女士、江苏省体育局副局长周旭先生、北京比格文化传播有限公司首席执行官汤姆·麦卡锡先生、三名江苏籍国家队运动员——曾少眩、公茂鑫、季春美,各赞助商的代表以及众位媒体记者。此次的发布会一改以往的严肃传统,在一阵铿锵动感的鼓舞表演中拉开了序幕。

孙晋芳女士在致辞中表示,成功的网球赛事离不开好的企业的支持,正是在梅赛德斯-奔驰的鼎力协助下,2008"梅赛德斯-奔驰杯"中国网球大奖赛得以在去年的基础上进一步扩大规模,让中国网坛的更多后备力量有机会展示自己的实力,并通过与国家队一线选手的较量提高自己的技艺,累积宝贵的经验。这对中国网球后备人才的培养和国内高水平网球比赛的市场化和产业化进程起到了至关重要的作用。

接下来,麦卡锡先生向大家介绍了整个赛事的情况。在赛程的安排上,2008"梅赛德斯-奔驰杯"中国网球大奖赛还沿用自己独特的比赛模式,分为挑战赛和冠军赛两个阶段。

随后在主持人的邀请下,孙晋芳女士、王绮绮女士和周旭先生将三把奔驰车钥匙共同嵌入了一个装满网球的容器里,2008"梅赛德斯-奔驰杯"中国网球大奖赛由此正式启动,舞台中央的大门随即徐徐打开,一辆全新的梅赛德斯-奔驰S350轿车惊艳登场,在灯光的照射下,S350熠熠生辉,引来三位江苏籍国手与众嘉宾纷纷上台与奔驰车合影留念。

梅赛德斯-奔驰(中国)汽车销售有限公司代表王绮绮表示,作为成功的全球豪华汽车品牌,梅赛德斯-奔驰不仅为客户提供高质量的产品与服务,还致力于倡导积极、健康的生活态度与生活方式。网球运动尊贵优雅的气质与梅赛德斯-奔驰的品牌风范非常一致,网球选手们奋发图强、力争上游的精神也与梅赛德斯-奔驰所倡导的生活理念相吻合,这些共同之处成就了梅赛德斯-奔驰与中国网球大奖赛的携手合作。梅赛德斯-奔驰期待有更多有潜力的年轻选手出现在中国网球大奖赛的球场上,期待未来在世界大赛的领奖台上,出现更多的中国面孔。

资料来源:付辉.赢法:高档汽车品牌营销案例全解(中)[M].上海:百家出版社,2009.

第 9 章

汽车国际营销

本章教学要点

知识要点	掌握程度	相关知识
国际营销理论基础	了解汽车工业发展历程； 熟悉国际汽车市场概念及特点； 掌握国际汽车市场营销的概念及特点； 熟悉国际汽车市场营销环境	国际汽车工业发展历程； 国际汽车市场； 国际汽车市场营销； 政治、法律、文化环境
国际营销方式和战略	掌握国际汽车市场经营方式； 掌握国际汽车市场营销策略； 熟悉国际汽车市场营销模式	产品出口、国外生产、对销贸易； 产品、定价、分销、促销

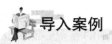

导入案例

东风雪铁龙：爱丽舍"变脸"求胜

市场上东风雪铁龙的单厢、两厢、三厢车一应俱全，不同子品牌的产品在9万~20万元家庭轿车"黄金价格区间"形成了层次分明的合理布局。在爱丽舍的发展历程中，东风雪铁龙几次"变脸"，运用价格手段区分购买需求，使爱丽舍成为中档轿车主力军，堪称中国轿车经营战略的经典案例。

第一变：彻底打破传统格局

在2002年"装上轮子就卖钱"的黄金时代，在众多厂家为产能跟不上发愁的时候，东风雪铁龙已经看到：中国市场需要配置更高、更具文化内涵的产品。经过精心策划，爱丽舍以"精致生活、精彩演绎"的全新形象推向市场，在2002年北京国际车展上，外观优雅时尚、配备先进齐全的爱丽舍吸引了众多消费者的目光。爱丽舍的成功推出立刻使轿车市场的传统格局被打破，成为与垄断市场十几年的老三样平起平坐的新生力量。

根本变化：在中档轿车市场导入产品文化。

第二变："换心手术"大获全胜

2003年上半年，东风雪铁龙再次显示出求新、求变的魄力：果断推出更换了16V小型高能发动机的爱丽舍VTS、SX系列，使爱丽舍的竞争优势更加凸显。

根本变化：彻底扭转消费者对爱丽舍"动力不足"的误区，为爱丽舍销售锦上添花。

第三变：全面拓宽产品序列

2003年东风雪铁龙一口气推出VTS、SX、VIP、X多款产品，各产品在性能、配置上既保留了爱丽舍原有的产品特点，又分别在具体表现方面侧重不同。例如，爱丽舍VTS鲜明的运动特点，爱丽舍SX的优雅俊朗，爱丽舍X针对城市人群量身订做，都成为爱丽舍整体品牌概念的有效组成部分。通过这一调整，爱丽舍开始了对目标市场的细分策略。

根本变化：在中档轿车市场引入个性化购车的细分策略。

第四变：整体价格架构调整

在爱丽舍产品整体架构渐趋完善的同时，东风雪铁龙的手术刀再次举向其整体产品序列，先是富康价格整体下调，其中两厢富康新自由人降到8.8万元，为爱丽舍腾出了11万~15万元的价格空间，使东风雪铁龙全面完成了富康主打入门级市场，爱丽舍覆盖中低端市场，赛纳XSARA及毕加索面向中高端市场的完整市场格局。

根本变化：运用价格手段区分购买需求，使爱丽舍成为中档轿车主力军。

随着世界经济的迅速发展，各国汽车企业在商品、劳动力、资本、科技情报等方面的交流日益频繁，经济全球一体化的步伐日益加速，越来越多的汽车企业都积极参与到国际汽车市场的竞争中来。国际汽车市场营销是国内汽车市场营销活动在国际汽车市场上的延伸，两者在指导思想、市场细分、目标市场选择、市场定位、营销组合策略等理论方面是相似的。但由于国际汽车市场在发展阶段、竞争状况和营销环境等方面与国内汽车市场差别很大,因此需要对国际汽车市场营销进行专门研究,了解国际汽车营销的特点、营销方式和营销战略。

9.1 国际营销的理论基础

9.1.1 汽车工业的发展历程

自汽车诞生以来,汽车工业发展迅速,汽车生产不断智能化,汽车性能不断提高,汽车已经成为人类生活中不可缺少的交通工具。汽车工业的发展历程可以分为:汽车发明前期、手工生产时期、大量生产时期和精益生产时期四个阶段。

1. 汽车发明前期

1769年,法国人古诺(N. J. Cugnot,1725—1804)研制了第一辆蒸汽驱动的三轮汽车。此后法国人雷诺(Ecience Unoir,1822—1900)在1860年发明了二冲程内燃机。德国人奥拓(Cownt Nicholas Otto,1832—1891)在1876年研制了四冲程内燃机,提出了奥拓循环理论。这些机械工程技术为后来汽车的诞生奠定了基础。

2. 汽车的诞生及手工生产阶段

1885年,德国人卡尔·本茨(Karl Benz,1854—1929)制成了第一辆装有单缸二冲程内燃机的三轮汽车,如图9-1所示,并于1886年1月29日取得了德国专利。另一位德国人戈特利布·戴姆勒(Gotlieb Daimler,1834—1900)也于1885年研制了第一辆装有四冲程汽油机的四轮汽车,如图9-2所示,该汽车已经具有现代汽车的基本布置形式。后来人们便将1886年1月29日——本茨取得汽车发明专利权的日子——作为汽车诞生日,并将1886年定为汽车元年。同时,本茨和戴姆勒被公认为汽车工业的鼻祖。

图9-1 第一辆三轮汽车

图9-2 第一辆四轮汽车

汽车诞生后的近20年间,汽车工业的发展重心集中在欧洲,当时的汽车采用手工方式生产,并具有了基本的使用功能。但在这个期间,汽车生产成本高、价格贵,仅限于社会上层人物使用,汽车被看作是奢侈品。在这个时期,汽车工业整体上很弱小。

3. 大量生产阶段

1908 年,福特汽车公司以流水装配线大规模作业代替传统个体手工制作生产福特 T 型车,如图 9-3 所示。到 1927 年,福特 T 型车被淘汰,在 19 年间福特公司共生产销售了 1600 多万辆福特 T 型车,在历史上创造了汽车工业之最,期间世界汽车工业的重心也从欧洲转移到了美国。福特的成功得益于他在 1913 年发明的流水装配线,开创了大批量生产方式,并使汽车制造成为一种新型工业。成立于 1908 年的美国通用汽车公司,在 20 世纪 20 年代艾尔弗雷德·斯隆(A. P. Sloan,1875—1966)出任总裁之后,他敏锐地发现了市场需求的变化,以自己的实践创立了汽车市场经营学。斯隆提出了产品的系列化、多品种,强调通过不断更换车型来刺激消费者的欲望,并组织专业化生产。他的出色领导才能使通用汽车公司的汽车产量在 1926 年首次超过福特公司,之后其产量一直处于世界汽车工业的首位。

图 9-3 福特 T 型车

4. 精益生产阶段

精益生产阶段始于 20 世纪 60 年代,以日本丰田生产方式的创立为标志,是一种以最大限度地减少企业生产所占用的资源,降低企业管理和运营成本为主要目标的生产方式,又是一种理念、一种文化,它掀起了世界汽车工业的第三次高潮。

20 世纪 50 年代中期,在政府的严格保护和支持下,日本汽车工业改变以装配外国车为主的状况,通过技术引进和技术革新逐渐形成了日本汽车工业自主开发能力,在技术上逐渐缩小了与欧美汽车工业的差距。60 年代,年轻的日本汽车工业对发生在 20 世纪 70 年代的世界能源危机似乎早有察觉,正当欧美汽车工业以其大型豪华汽车骄傲自居时,日本人看准小型车、经济型车,果断地以此为突破口,成功地躲避了与欧美汽车企业的正面竞争和冲撞,并最终产生冲击欧美汽车工业的能力。1980 年,日本以 1104 万辆的汽车产量取代美国,成为世界汽车工业霸主,并一直保持到 90 年代初期。日本汽车工业的成功除了经营战略和策略正确外,很重要的原因是得益于其独特的生产管理模式——精益生产(LP)。

现在,世界汽车工业仍然具有很强的生命力,发展潜力和发展余地巨大。首先,汽车作为一种重要的交通运输工具,全球需求量巨大,近几年,发展中国家汽车需求量增长迅速,即使在发达国家,汽车需求量也在缓慢增长,全球汽车需求还远未达到饱和。其次,大量的高科技成果(如计算机、无线电通信、卫星通信、机器人、人工智能、新工艺、新材料等)注入汽车工业,使汽车生产智能化,汽车工业的质量效益大大提高。汽车工业仍然是国际性支柱产业,在世界贸易中的作用相当明显,在汽车工业发达国家的经济中依然占有十分重要的地位。

9.1.2 国际汽车市场分析

国际汽车市场是指各国和各地区之间汽车产品的交易,是通过国际贸易把各国国内市场连接起来的整体,还包括国际汽车工业之间在金融、投资、技术等方面的合作与贸易等。

1. 国际汽车市场特点

美国汽车行业权威杂志 Wardsauto 公布:根据各国和地区政府公布的汽车注册量及历史汽车保有量,截至 2011 年 8 月 16 日,全球汽车总保有量(包括轿车、卡车及公共汽车等)已经突破 10 亿辆。1950 年至 1970 年,全球汽车保有量每 10 年翻一番,1970 年至今,全球汽车保有量每 15 年翻一番,到 2050 年全球汽车保有量将达到 25 亿辆。目前国际汽车市场主要表现出以下特点。

1)国际汽车市场呈现出寡头垄断的竞争结构

国际汽车市场经过百年的发展,逐渐演变成寡头垄断的竞争结构,寡头垄断是指少数几个生产者分享市场。首先,从地区范围看,国际汽车市场主要集中在北美、欧盟和亚洲三个地区。据统计,2004 年北美汽车销量占世界汽车销量的 32%,西欧占 24%,亚洲占 22%,这三个地区销售的汽车总量占了世界汽车销量的 78%。其次,从各国汽车产销情况看,自 20 世纪 80 年代以来,世界汽车市场一直呈现出美国、日本和德国分别稳居世界前三位的格局。三国的汽车产销量一直维持在全球汽车总产销量的 60% 的水平上。最后,从各公司的产销量看,2007 年以前通用、福特、丰田三家公司一直雄踞世界汽车产量的前三位,占据 40% 的市场份额。2007 年以来大众取代福特进入世界汽车产量前三位。2012 年,各大汽车公司汽车产销量排在前 10 位的公司主要是丰田、通用、大众、雷诺-日产联盟、现代起亚、福特、菲亚特、本田、PSA 标致雪铁龙和铃木,10 家汽车公司的产销量占世界汽车总产销量的 70% 以上。以上情况表明,国际汽车市场被少数跨国汽车集团所垄断。

2)乘用车占据国际汽车市场的主导地位

根据统计,乘用车一直占据国际汽车市场 71%~72% 的份额,商用车不足 30%。在世界汽车市场上,轿车生产和销售占据主导地位,部分国家如法国、德国、意大利等,其轿车市场份额更高,甚至维持在 80% 以上。美国市场上轿车的份额在 60% 以上,日本、韩国及南美各国大体上同国际平均水平差不多。截止到 2012 年,我国汽车市场中乘用车所占比例超过 70%,商用车为 28% 左右。汽车市场中乘用车的产销量一直占据主导地位。

3)汽车企业的兼并、联合、重组步伐加快

世界各汽车厂家为了提高自身的竞争地位和进入对方市场、提高市场占有率,以竞争为目的兼并、联合、重组趋势增大,一些经营不善的汽车企业被兼并。全球汽车企业合作方式主要包括 6 种:①企业部分或全部合并;②双方创办合资企业,合资企业可以设在合资一方的所在国,也可设在第三国;③对业务伙伴进行战略投资,这种合作形式有利于打入对方市场；④联合开发项目；⑤相关行业之间的联合或兼并，这种方式有利于利用对方汽车零部件和相关行业的优势；⑥进口投资，这种方式有利于绕开贸易障碍和政府障碍。

从 1900 年至今，世界汽车企业的兼并、联合、重组经历了兼并重组大规模发生阶段、小规模发生阶段、市场成熟阶段、全球化发展阶段和金融危机下的兼并重组五个阶段。戴姆勒公司与奔驰公司合并、大众公司收购奥迪公司、大众持股保时捷、福特和马自达联合等，通过不断地兼并、联合、重组逐渐形成了世界九大汽车集团。强强联合使汽车技术、产品和企业国际化的特征更加明显，使汽车企业竞争力不断加强。

4）国际汽车市场呈现出明显的买方市场特征

2012 年世界汽车产量为 8414 万辆，产能过剩 240 万辆，全球汽车市场存在产能过剩问题，呈现出明显的买方市场特征。从正面认识，汽车产能过剩有利于汽车市场的培育、产业结构调整和产业集中度的提高；从汽车市场发展来看，汽车产能过剩能使汽车价格下调，促进潜在消费者向现实消费者转变，使汽车市场扩大；从产业发展来看，汽车产能过剩有利于控制汽车产业发展全局，减少盲目投资，保证汽车产业整体走势趋稳，有利于汽车行业的调整和重组，提高汽车企业竞争力，促进规模经济的形成。从国际汽车市场供给和需求来看，汽车产能过剩将是一个长期普遍的现象，它将对汽车工业的发展产生深远的影响。

5）发展中国家在汽车市场的地位正稳步提高

从国际汽车市场供给来看，20 世纪 80 年代世界七大汽车生产国为美国、日本、德国、法国、英国、意大利和西班牙，其汽车产量占全球汽车产量的 80% 以上，然而截止到 2012 年，世界七大汽车生产国为中国、日本、美国、德国、韩国、印度和巴西，西班牙和法国退居第八、第九位，英国和意大利退出世界前十。中国、印度、巴西和泰国四个发展中国家的汽车产销量进入全球前十位，根据表 9-1，从 2010 年以来中国的汽车产销量连续三年居全球第一，由此可以看出世界汽车需求增长的焦点将集中在发展中国家，并且从汽车生产和需求两个方面看，发展中国家在国际汽车市场上的地位将稳步上升。

表 9-1 2010—2012 年世界各国汽车产量排行榜

排名	2010 年		2011 年		2012 年	
	国家	产量（辆）	国家	产量（辆）	国家	产量（辆）
1	中国	18246667	中国	19271808	中国	18418876
2	日本	9625940	美国	10328884	美国	8653560
3	美国	7761443	日本	9942711	日本	8398654
4	德国	5905985	德国	5649269	德国	6311318
5	韩国	4271941	韩国	4557738	韩国	4657094
6	巴西	3648358	印度	4145194	印度	3936448
7	印度	3536783	巴西	3342617	巴西	3406150
8	西班牙	2387900	墨西哥	3001974	墨西哥	2680037
9	墨西哥	2345124	泰国	2483043	西班牙	2353682
10	法国	2227742	加拿大	2463732	法国	2294889

6）从价格竞争转向非价格竞争为主的竞争方式

价格竞争是指通过比对手更有效的方式设计、生产和销售同样的产品而进行的竞争，是以其成本优势参与低价格的竞争。如果在市场销售的产品价格大致相当，那么，低成本的竞争者能获得更高的利润；如果产品的价格有波动，那么低成本的竞争者就更有能力降低其产品价格，从而赢得更多的消费者。当年福特汽车公司用流水生产线生产出来的T型车风靡世界，独占鳌头，靠的就是价格竞争策略。但企业成本降低有一定的限制，成本降低到一定程度后再难以降低。

非价格竞争又叫差别化竞争，是指利用在产品质量、性能、特殊的功能或者售后服务方面具有的独特价值而进行的竞争。非价格竞争的方法和手段主要有：提高企业产品质量，增加产品性能、品种及差异，改进包装装潢，提供售前与售后服务，加强广告宣传，树立企业形象等。随着经济的发展，各国人民生活水平的提高，谁能生产出更符合社会需求的汽车新产品，谁就能占有更多的市场。售后服务也越来越受到人们的重视，对于消费者而言，售后服务和产品质量同样重要。这使得在国际汽车市场的竞争中，价格竞争已经没有优势，非价格竞争越来越激烈。为此，各国汽车厂商都非常重视销售战略和策略，加强市场调查和研究工作，提倡以服务制胜。

7）积极参与国际汽车市场的争夺

在许多国家，政府为了使本国汽车集团在世界汽车市场获得更高的市场份额，往往采取一系列措施。例如，政府通过关税和非关税壁垒来限制外国汽车产品的进口，以维护本国汽车企业在市场上的统治地位。一般来说，发展中国家大多采取关税和部分非关税壁垒手段来限制外国汽车产品的进口；而发达国家更多地采用非关税壁垒手段来限制外国汽车产品过量进口。如我国汽车产业自20世纪50年代以来，一直受到政府的高度保护，特别是采取了高关税政策，轿车产品的进口关税曾经高达180%～200%。目前，我国汽车产品关税虽已经大幅度降低，但仍处于较高水平。此外，政府还采取各种奖励出口措施，如出口信贷、出口补贴、提供巨额低息贷款、减免国内税收等，以提高本国汽车产品在国际汽车市场上的竞争能力，扩大本国汽车产品在国际汽车市场上的市场份额。如墨西哥为了扶持本国汽车工业，在信贷、税收和汽车零部件进出口关税方面为汽车出口创造条件，给本国汽车工业开拓海外市场带来了机遇。此外，一些国家还通过"对外援助"等形式进行资本输出、技术输出和汽车产品输出，对出口有成绩的厂商进行物质和精神方面的奖励等措施来争夺国际市场的份额。

8）汽车零部件采购、整车生产的全球化

各大跨国汽车整车制造商将汽车零部件企业纳入全球化采购体系当中。跨国整车制造商在推行产品线决策及产品成本控制的同时，除了关键性技术零部件自制率保持在30%左右（如通用公司自制率在35%，丰田为22%，福特为38%），对标准化的零部件则按性能、质量、价格、技术、服务等供货条件在全球范围内比较选择，充分利用全球资源，实行全球采购。

跨国汽车公司为追求汽车产业的规模经济，对汽车整车生产实行全球化。哪里有市场，就在哪里建立自己的汽车装配线，在销售市场所在地或靠近市场的地方进行最终装配，充分利用当地资源和廉价劳动力来降低生产和经营成本。不仅通过对分销店的网络建设划分区域市场，方便促销管理，还通过先进的信息控制和反馈机制不断完善人员、服务和过程管理，提高顾客的忠诚度，不断提高跨国汽车公司自身产品的全球市场占有率。

资料表明,目前全球平均每 6.75 个人拥有一辆汽车,与汽车普及程度较高的西方发达国家相比仍存在较大差距。这个事实表明,从长远看,国际汽车市场的总体规模仍将增加,汽车厂家完全可以在国际汽车市场上,尤其在经济迅速增长的国家的汽车市场上寻找到挖掘需求潜力的机会。但从另一方面看,由于发达国家汽车市场的新增需求潜力逐渐减少,不少发展中国家出于保护本国汽车工业的目的也不会完全开放国内汽车市场,而经济落后国家的汽车市场又十分狭小,因而对从事国际市场营销的各个汽车厂家来说,未来的国际汽车市场向各汽车厂家提供的营销机会,在数量上也不会大幅度增加,汽车厂家的竞争将更趋激烈。对西方发达国家的汽车厂家而言,汽车生产能力相对过剩,需求相对不足的矛盾仍将继续存在,各汽车厂家应继续坚持走质量内涵再生产的发展道路。

综上所述,国际汽车市场错综复杂、竞争激烈,要想使本国的汽车产品打入国际市场,必须从各个方面进行努力,提高产品品质性能,降低成本,增强在国际市场上的竞争能力,只有这样,才能在国际汽车市场中占领有利地位。

2. 国际汽车市场发展趋势

21 世纪前期,国际汽车市场将随着世界汽车工业和世界经济的发展而呈现新的特点,国际市场竞争将形成新的格局。国际汽车市场呈现出以下发展趋势。

1) 地区性汽车需求发生变化

研究表明,21 世纪前期,世界汽车市场的发展仍呈稳定增长趋势。但各地区的增长率存在很大差异,汽车工业发达的国家呈现低速增长趋势,而发展中国家尤其是经济增长迅速的发展中国家和地区,汽车市场的呈现高速增长趋势。

2) 汽车产品结构发生变化

21 世纪汽车产品将围绕环保、安全、节能、舒适、方便等几个方面,在新型动力开发、原材料选用、零部件模块生产、整车装配以及汽车使用等环节中充分体现汽车的环保性。为了节约自然资源和达到汽车零排放的要求,未来的电动汽车(图 9-4)、乙醇汽车以及混合动力汽车(图 9-5)等新型汽车将得以迅速发展。

图 9-4 大众甲壳虫电动汽车

图 9-5 奥迪 A2 混合动力汽车

3) 国际汽车工业进一步向低成本地区转移

这一发展趋势体现在:①发展中国家在国际汽车市场上的竞争优势日益提高。例如,韩国的劳动力成本只有美国的一半,且其国产化率高达 90%以上,生产效率高;马来西亚的劳动力成本只有美国的 1/10,虽其产品在技术上的竞争力尚有待提高,但该国在未来小型汽车市场上的竞争力将不断提高;墨西哥在未来时期,将会由于生产规模的扩大而受益,该国的汽车生产效率同发达国家的差距将明显缩小。②欧美国家的汽车生产向墨西哥、中国、西班牙等地区转移,日本的汽车生产向东南亚转移。美国汽车公司将加速向墨西哥转移,其转移产品的重点是小型轿车、元件以及技术成熟的零部件;德国大众汽车公司也将提高其在墨西哥的汽车生产能力;欧洲其他厂家也将加快向西班牙转移;日本汽车厂家在小型汽车方面,既面临发展中国家的竞争,也面临欧美移植厂的竞争,因而极有可能在东南亚(或在中国)开辟低成本生产基地。值得指出的是,西班牙因为生产成本正逐步上升而面临被亚洲或拉美地区的国家所取代的局面。

4) 发展中国家和地区积极参与国际汽车市场的竞争

就未来一定时期而言,发展中国家和地区的汽车工业政策仍是保护本国和本地区的汽车工业和汽车市场,不可能迅速实现汽车贸易的完全自由化。但各地情况不一,因而发展中国家和地区汽车工业产业政策也有差别,大致可分为以下四类:①开放汽车进口,向世界标准靠拢,提高其汽车工业竞争力,如韩国、中国台湾地区和澳洲。亚洲新兴工业国家和地区,除了对日本汽车关税较高外,对欧美汽车的关税也有10%～30%,如韩国开放汽车进口,因其汽车生产在成本、价格方面与欧美汽车差距很大,即使低关税也不可能对其民族汽车工业产生强烈冲击。澳洲由于本地区生产的汽车价格过高,令消费者不满,政府将会大量进口,以提高当地汽车工业的竞争力。②随着本国经济和汽车工业的发展,逐步放开汽车进口,如巴西、泰国、印尼、马来西亚等。这些国家和地区在短期内仍然对进口汽车进行限制,但长期政策是在不伤害本国汽车工业的前提下开放国内汽车市场。③继续执行从紧的汽车进口政策,保护和培植国内汽车工业,如阿根廷、南非、埃及、印度及中国等。这些国家的共同特点是其汽车工业目前还较弱小,在民族汽车工业的发展过程中,政府肯定会给予适度保护。④放弃本国汽车工业,依靠地区间的汽车贸易满足本国需要,如秘鲁、中美洲及其他一些小国,其特点是国家小,没有汽车生产基础,他们发展汽车工业的必要性和可能性都不大。

5) 世界汽车市场竞争将出现多极化格局

在欧、美、日等发达国家的汽车市场上,世界汽车工业强国既要力保自己在本国和本区域的市场占有率,又要挤占对方的市场份额,还要应付新兴工业国家(如韩国、墨西哥)在中低价位汽车市场上的激烈竞争。在亚太、南美、东欧三大新兴市场上,世界大的跨国汽车公司一方面要围绕分割市场份额展开竞争,积极谋求与当地的民族汽车企业合作。这有可能会使他们放弃向这些发展中国家转移淘汰车型的传统做法,代之以输出新概念汽车或汽车技术,推行汽车制造的本土化,从而使发展中国家的汽车工业水平得以提高。另一方面,在中低价位及某些汽车品种上,发展中国家的汽车厂家也将向世界汽车市场发起强有力的攻击。

9.1.3 国际汽车市场营销理论

国际汽车市场营销是指企业跨国从事市场营销活动,是国内汽车市场营销活动在国际市场上的延伸。

1. 国际汽车市场营销的特点

国际汽车市场是一个复杂多变、竞争激烈的全球市场。汽车企业进入国际汽车市场进行营销活动,绝不能将其理解为国内营销活动在地域范围上的简单延伸,要正确地在国际市场做出营销决策，汽车企业应该首先从总体上把握国际汽车市场营销的特点，分析营销环境，制定合理的营销战略和策略。国际汽车市场的特点决定了国际汽车市场营销的特点，国际汽车市场营销的特点具体表现在以下三点。

1）国际汽车市场行情多变，竞争激烈

国际汽车市场有自己独特的价格体系，价格的形成更多地受市场供求关系的调节，国际汽车市场行情往往变幻莫测，因此企业要想及时掌握国际汽车市场行情的变化，必须要加强信息的收集、沟通和传递，建立灵活的、运转敏捷的和协调的国际汽车市场营销体系（包括信息网），而这一体系的建立并非轻易之举。

在国际汽车市场上，市场结构、产品结构变化快，买方市场的市场格局使竞争更加激烈，竞争对手的竞争策略更加高明，市场的竞争空间更加狭窄，突破所在国的种种贸易保护措施也更加困难。因此，当今国际汽车市场，汽车企业之间除了展开价格竞争之外，更注重开展非价格竞争策略，采用以优取胜，信誉取胜，方便取胜，服务取胜，满意取胜等多种手段和策略，不断提高自身竞争能力。

2）汽车市场营销的宏观环境复杂，具有不可控制性

国际汽车市场营销比国内市场营销面临的市场环境更加复杂多变。各国的地理环境、道路条件、城市建设、文化传统、宗教信仰、政治制度、法律体系、技术标准、经济地位和经济水平各异，在国际市场上从事汽车营销会遇到各种意想不到的困难。以政治、法律环境为例，有些国家的国内汽车市场可以受到政府政策调控、保护或引导，在国际汽车市场中每一个国家制定政策都是从本国利益出发考虑的。由于各国法律的不同，国际市场上一旦发生纠纷，事情无法协商解决时，就要根据某些国际法规和国际惯例进行仲裁和处理。这就要求国际市场营销人员熟悉国际汽车市场营销环境，并且具有极强的应变能力。

3）国际汽车市场营销管理难度高、风险大

国际汽车市场营销面临的主要困难在于，国际汽车市场受不可控因素影响较大，交换关系复杂，从而使汽车企业在决策、计划、执行和控制等营销管理方面比国内营销管理难度进一步加大。首先是预测难度加大，影响决策与计划的客观性；其次，各种营销策略协调困难加大，并且因为不稳定性因素的增加，难以形成整体有效的策略。另外，在国际汽车市场营销中，企业要承受比国内营销更大的风险，如信用风险、商业风险、汇兑风险、运输风险、政治风险等，其风险程度要远远大于国内汽车市场营销。

2. 开展国际汽车市场营销的意义

积极开展国际汽车市场营销，可以加速本国经济建设、扩大汽车销售、规避经营风险、加速本国汽车企业的成长。

1）加速经济建设

目前，世界各国经济、技术发展极不平衡，任何一个国家都不可能拥有发展本国经济所需要的一切资源，更不可能拥有发展所需要的所有先进技术。要加速发展本国经济，就需要积极开展国际汽车市场营销，将国内汽车打入国际市场，顺利实现汽车的价值并获取更多的盈利，通过出口创汇，引进先进的科学技术和设备，加速本国经济的发展。

2）扩大汽车销售

积极开展国际汽车市场营销，为国内汽车企业开拓了新的营销领域，使本国汽车企业可以寻求更广泛的汽车市场，从而扩大企业的汽车销售量。通过扩大销售量可以获得更大

的利润回报，可以扩大企业的生产规模，降低汽车单位成本，获得规模效益。

3）规避经营风险

积极开展国际汽车市场营销可以在本国经济不景气时，在一定程度上避开国内市场饱和与竞争过度给企业带来的损失。同时，对于汽车跨国公司来说，开展多国的市场营销，可以在全球范围内选择有利的市场机会，保证本国汽车企业的健康发展。

4）加速企业成长

积极开展国际汽车市场营销，使企业投身到激烈地国际汽车市场竞争中去，可以磨炼汽车企业的生存发展能力，加快技术进步，提高经营管理水平，从而加速汽车企业成长壮大。对于我国这样一个发展中国家来说，加入世界贸易组织对众多的汽车企业既是压力也是动力，既有竞争又有机会。在我国现代化建设进程中，鼓励国内汽车企业积极开展国际汽车市场营销，参与国际竞争，可以在强手如林的激烈竞争中锻炼企业，在融入世界经济主流的同时，从根本上转变我国汽车企业的发展思路，锻炼出适应国际竞争趋势的新型的现代化汽车企业。

3. 国际汽车市场营销环境

国际汽车市场营销环境是指环绕汽车企业周围，并对汽车企业的营销活动及其目标实现有影响的所有因素和动向。它对企业的国际市场营销活动起着决定性作用，是研究国际汽车市场营销的起点和基础。一般国际汽车市场营销环境包括经济环境、政治环境、法律环境和社会文化环境等。

1）国际营销的经济环境

经济环境是企业在国际市场营销中确定目标市场和制定营销决策首先要考虑的因素。各国经济发展状况不同，制定出的国际市场营销决策就会存在一定差异。涉及国际经济环境的因素有：经济结构、经济发展阶段、市场规模、基础设施、科技水平和资源分布等。

（1）经济结构。

经济结构是指一个国家的第一产业、第二产业和第三产业之间，劳动密集型产业、资本密集型产业、技术密集型产业和知识密集型产业之间，以及各产业所属部门之间的比例关系。经济结构直接决定需求结构。通过对一国经济结构现状及其变化趋势分析，企业可以发现某些市场机会。从目前情况看，各国的经济结构大致可以划分为原始农业型经济（生存经济）、原料输出型经济（原材料或能源出口经济）、新兴工业化经济、工业发达型经济四种主要类型。

原始农业型经济类型的国家生产力水平低，自给自足的传统农业经济占统治地位，商品经济很不发达，市场基本封闭，很少有商品推销机会，所以进入该国市场的机会极小。原料输出型经济类型的国家某种自然资源储量极为丰富，其他资源贫乏，因而以该种资源的出口换汇成了国民经济的支柱，对生活消费品的进口依赖性很强。这类国家大量从国外进口轻纺产品、日用消费品、耐用消费品及开发本国资源所需的机电产品、大型成套技术设备、运输工具等，汽车市场较小。新兴工业化经济的国家是依靠国内廉价而丰富的劳动力资源，大力发展国内的加工制造业，带动了能源和原材料进口需求量大幅度增加，同时制造业所生产的劳动密集型产品也大量出口，使得这些国家进出口贸易的迅速增长，这类国家汽车市场增长迅速。发达工业经济类型国家的特点是工业基础雄厚，生产力水平高，资金充裕，技术先进，以通信、信息、网络等为主的第三产业迅速发展，这类国家是国际市场上资本、技术密集型产品的进口国，这些国家国内的消费市场庞大，消费水平高，是国际市场营销的主要场所。

汽车生产和销售企业要了解目标市场国的经济结构，进口的产品种类，有针对性地开展汽车市场营销。对于进入新兴工业化经济国家和工业发达型国家的汽车产品，多集中于家用中高档轿车和大吨位的、专用的商用车，对于进入原料输出型国家的汽车产品，则偏重于中低档轿车和通用型的商用车。

（2）经济发展阶段。

从各国经济发展阶段来看，按人均收入的不同，世界银行曾将世界各国家和地区划分为五种不同的经济发展阶段：①前工业化国家。指人均收入低于330美元的国家，特点是国家生产力水平低，经济发展落后，在这类国家开拓汽车市场很难；②不发达国家。指人均收入在330～800美元的国家和地区，特点是现代的科学技术已开始应用于工农业生产，交通运输、通信及电力等基础设施逐步建立，这类国家汽车使用多以商用车为主，轿车市场非常小；③发展中国家，即半发达国家。指人均收入在800～3300美元的国家，特点是国家已大致形成了经济成长的雏形，新兴的工业部门不断涌现，拥有某些高度发达的产业部门，尤其是加工制造部门，这类国家汽车的使用以商用汽车为主，有一定的轿车市场；④工业化国家。指人均收入在3300～7600美元的国家和地区，特点是居民的文化程度很高，工资水平提高很快，消费者对耐用商品以及交通、旅游、娱乐和住宅等方面的需求上升很快，这类国家汽车普及程度提高迅速，汽车销售增长率大，轿车被普遍作为个人交通工具；⑤后工业化国家。指人均收入超过7600美元的国家和地区，特点是产品的饱和程度超过工业化国家，服务部门的重要性加强，信息生产和交换的作用加强，知识产权非常重要，这类国家的汽车市场趋于饱和，市场规模大，竞争激烈，市场机会更多地取决于发展和创新。

国家的经济发展阶段与汽车企业的国际市场营销密切相关，一个国家的经济发展所处的阶段不同，居民收入水平明显不同，消费者对产品的需求也不一样，因此会直接或间接地影响企业的国际市场营销。

（3）市场规模。

一个国家的市场规模主要由人口和个人收入水平所决定。从人口方面来看，通常是由总人口、人口密度、年龄结构、人口自然增长率等指标来衡量。总人口是最主要的指标，总人口决定了市场容量的大小；人口密度影响企业的促销方式；人口的年龄结构影响消费结构和购买力水平；人口自然增长率的变化会对市场需求大小和需求结构产生影响。从收入方面来看，收入水平制约着市场规模，收入水平的高低决定了一个国家消费市场购买力的大小。国民收入水平是衡量一个国家总体经济实力和购买力的重要指标，个人可支配收入、个人可自由支配收入则与商品购买力成正比。汽车属高档耐用品，国民收入水平高的国家汽车市场相对较大。

（4）基础设施。

基础设施是衡量一个国家市场营销环境优劣的重要因素。一个国家的能源供应、交通运输、通信设施及商业建筑等基础设施的完善程度，与国际汽车市场营销活动有着密切关系，这些基础设施越完善，数量越多，就越能促进经济的发展和市场的繁荣。

（5）科技水平。

企业在开展国际市场营销时，要正确认识和分析目标国家的科技发展水平，以增强市场营销决策的针对性和适应性。了解国际上的技术进步状况,有利于针对不同国家调整生产模式,降低生产成本,发挥本国汽车企业的优势。

(6)资源分布。

不同国家的资源(包括气候、地理位置、地形、自然资源等)的分布状况,对进出口商品结构会产生重大影响,因此,汽车企业在开展国际市场营销活动时,应考虑该国的资源分布状况,因地制宜地制定营销战略和策略。

2)国际营销的政治环境

政治环境也是影响国际市场营销的重要因素。政治环境对于营销的影响,大多通过国家的法令规定和其他限制性措施起作用。政治是经济的集中体现,又对经济产生巨大影响,现代社会,任何经济活动都不可能独立于政治因素之外。对于企业而言,开展国际市场营销活动的前提就是必须取得该国政府的批准,政府是外国企业中一个几乎可以支配一切的隐形合伙人,是企业每一项国外营销策略的组成部分。因此,企业必须保持高度的政治敏感性,重视政治环境中的各种因素。因此,开展国际汽车市场营销前应对东道国政治环境进行如下分析。

(1)政治稳定性。

一个国家如果有稳定的政治政策必定会带来稳定的经济政策,而稳定的经济政策有利于汽车企业的正常经营;相反,如果一个国家政局不稳、执政党频繁更迭、资深政治要员被迫离职,甚至发生局部武装冲突,将会严重影响该国的汽车贸易,给国际汽车市场营销企业带来严重损失。

(2)国际关系。

开展国际营销的汽车企业在东道国经营过程中,必然会与其他国家发生业务往来,特别是与企业所在母国有着密切的关系。因此,东道国与母国之间、东道国与其他国之间的国际关系状况,也将对国际汽车市场营销活动产生影响。例如,冷战时期,福特汽车公司曾考虑在苏联建造一个卡车制造厂,但美国国防部告诫福特汽车公司最好取消这种打算。可见,国际关系将对汽车企业开拓海外市场产生巨大影响。

(3)东道国对国际贸易投资的态度。

一个国家对国际贸易的态度主要体现在该国的外贸政策上。由于各国政府用以实现国家目标的方针不同,对国际贸易的基本政策和态度会有很大差别。世界各国政府对国际贸易的态度主要有三种:鼓励(欢迎)、限制和禁止。它们是通过政府所制定的一系列有关的政策体现出来的,如果该国的外贸政策鼓励对外往来,进出口贸易就比较畅通;若政策苛刻,营销机会就会大为减少。在贸易保护主义盛行的今天,各国都有自己的一套关税和非关税壁垒方面的保护措施,以奖出限入。关税壁垒就是通过提高进口商品关税的办法,削减进口商品的竞争力,从而阻止或限制其进口,保护国内产业。非关税壁垒是指在法律、行政、行业惯例上限制进口的各种措施,如进口许可证、进口配额、复杂的海关手续、过于严格控制的安全和技术质量标准等。就国际汽车市场营销而言,发展中国家大多采取关税壁垒和部分非关税壁垒手段限制进口,而发达国家则更主要采用非关税壁垒手段限制进口。发展中国家大多数汽车产品打不进发达国家的主要原因,就是汽车安全、质量、性能等方面达不到发达国家的标准。作为汽车生产企业要了解东道国政府对外国汽车企业进入本国汽车市场的态度,充分利用好各种鼓励政策,在政府规定的范围内开展汽车生产和营销活动。

3）国际营销的法律环境

国际营销的法律环境是由政治环境衍生出来的，它通过国与国之间的法律制度及国际经济法律的相互作用来影响国际市场营销活动。汽车企业在市场经济中的行为主要由法律来规范和约束，汽车企业在进行国际汽车市场营销活动时，必须了解国际法律的有关规定，依法经营，避免不必要的法律纠纷。法律是国际市场营销环境中一个重要而又复杂的因素，国际企业进入多少个国家，就要面临多少种不同的法律环境。因此开展国际汽车市场营销前，应对东道国法律环境进行如下分析。

（1）国际公约。

国际公约是两国或多国之间缔结的关于确定、变更或终止它们权利或义务的协议。一国只有依法定程序参加并接受某一国际公约，该条约才会对该国具有法律约束力。进行国际市场营销活动的汽车企业，只有遵守相应的国际公约，才能在经营中获得法律的保护。

（2）国际惯例。

国际惯例是指在长期国际经贸实践中形成的一些通用的习惯做法与先例。它们是通过各国的反复实践逐渐形成的某种特定行为和习惯。它们通常由某些国际性组织归纳成文，并加以解释，并为许多国家所认可。国际惯例虽然不是法律，但在国际营销活动中，各国法律都允许各方当事人选择所使用的惯例。一旦某项惯例在合同中被采用，该惯例便对各方当事人产生法律约束力。

（3）东道国涉外法规。

东道国涉外法规即目标市场国政府对有关国外企业在该国活动的法律规范，是每个进入东道国的企业必须遵守的，这是影响国际市场营销活动最直接的因素。这些涉外法规主要有三个方面：一是基本法律，如外资法、商标法、专利法、反倾销法、环保法、反垄断法、保护消费者权益法等，这些法规都是东道国的国内立法，但对进入该国的国际企业同样具有直接的法律约束；二是关税政策，包括进口税、出口税、进口附加税、差价税、优惠税等税种的设置以及关税的征收形式，如从量计税、从价计税和混合计税、选择计税等；三是进口限制或非关税壁垒，如进口配额制、进口许可证制、进口押金制、进出口国家垄断以及各种苛刻的商品检验技术标准等。因此，汽车企业在进行国际汽车市场营销活动前，必须了解东道国法律法规的具体内容。

（4）本国法律。

本国即汽车企业所在国。本国法律是指本国针对涉外经济关系所制定的法律、法规。从全球范围来看，本国法律对国际市场营销行为的影响主要可以归纳为进口贸易立法管制、出口贸易立法管制、技术贸易立法管制、投资立法管制四个方面。汽车生产和营销企业还要特别关注有关的行业法律和规范，如道路交通安全法规、汽车产品质量技术标准等。

4）国际营销的社会文化环境

不同国家社会文化的差异，决定了不同国家的消费者在购买方式、消费偏好、需求指向等方面存在较大差别。在一个国家行之有效的营销策略，在另一个国家未必可行。因此，开展国际汽车市场营销需要仔细研究各国的社会文化差异，以适应东道国社会文化的感性形式，进入东道国汽车市场，这样才能取得良好的营销效果。一般分析一个国家的社会文化环境，可以从社会结构、语言文字、宗教信仰、风俗习惯、物质文化、教育水平和价值观念等几个方面进行分析。

(1) 社会结构。

开展国际汽车市场营销前,首先应对东道国的家庭结构、家庭生命周期等社会结构进行研究,通过研究可以探求以家庭为购买单位的市场营销问题,对开展国际汽车市场营销有着很大的帮助。此外还应该对东道国的社会群体、利益共同体进行研究。社会群体主要指家庭以外的其他群体,如年龄群体、性别群体、共同利益群体等。利益共同体指东道国的各种社会组织、协会、行会等。在国际汽车市场营销中,这些社会群体、利益共同体对该汽车企业能否在东道国及其各地区顺利经营,有着举足轻重的作用。

(2) 语言文字。

在国际营销中,交易双方通信联系、洽谈合同、广告宣传等都离不开语言文字。若对国际通用的语言文字或东道国的语言文字缺乏准确的了解,不能准确地运用,或不能准确表达自己的意愿,就会产生沟通障碍,无法进行销售宣传,难以达到营销目标,就有可能导致营销机会的丧失。成功的营销者往往能针对目标市场灵活地运用当地语言服务于自己的营销目标。例如,日本丰田公司的"车到山前必有路,有路必有丰田车"广告语(图9-6),三菱汽车的"有朋自远方来,喜乘三菱牌"广告语,巧妙地运用了我国的语言来传递其产品信息。可见,日本汽车企业对我国的语言文字进行了深入的研究。

图9-6 丰田汽车广告

(3) 宗教信仰。

世界各地聚集着不同的宗教信仰者,不同的宗教信仰者有着不同的文化倾向,宗教信仰影响到人们认识事物的方式、行为准则和价值观念,影响到人们的消费行为。对于某些民族或宗教来说,一些颜色或特定的日子可能会成为禁忌,在这些地方进行汽车销售时必须注意到这些禁忌。

(4) 风俗习惯。

风俗习惯是人们自发形成的习惯性的行为模式,是社会大多数人共同遵守的行为规范。它包括消费习俗、婚丧习俗、节日习俗、经商习俗等。另外,由于文化传统和文化结构的不同,形成了人们对时间、空间、颜色、图案、数字、动物、植物和社会交往等方面的偏好和禁忌。如中国人以红色代表喜庆,以白色代表丧事,而西方却把白色作为女式婚服色彩;在泰国黄色代表吉祥,在马来西亚绿色代表疾病,在荷兰蓝色是女奴的象征等。在图案方面,罗马尼亚用三角形和环形图吸引消费者,在柏林方形图案受欢迎;中国人的荷花表示"和合",而日本人以荷花为丧气,中国人赏菊为乐事,意大利却忌用菊花图案等。不同的偏好,需要采用不同的产品设计、包装和广告设计。可见,熟悉和掌握各国的风俗习惯,是国际营销人员的必备素质。因此,汽车企业在不同国家销售汽车、设计品牌、广告促销时,都要充分考虑该国特殊的风俗习惯。

(5) 物质文化。

一个国家的物质文化水平直接影响该国家的经济活动,影响汽车的生产、分配、交换、消费等各个环节。因此,汽车企业在进入国外市场之前,首先应分析东道国的物质文化水平,从而有针对性地制定营销战略和策略。

(6) 教育水平。

教育水平的高低往往对社会的消费结构和消费者的购买行为产生巨大影响。不同的文化修养表现出不同的审美观,购买商品的选择原则和选择方式也不同。一般来说,受教育程度高的消费者,一般从事较好的职业并具有较高的购买力,对于新产品的鉴别能力和接受能力较强,对产品质量、品牌等因素要求较高,购买时的理性程度也较高,接受的宣传工具多,特别容易接受文字宣传的影响。反之,受教育程度低的消费者则可能具有较低的购买力,商品品牌的选择力度也要弱一些。因此,汽车企业在教育水平不同的国家从事营销活动时,营销策略要视具体情况而定。

(7) 价值观念。

价值观念是人们判断和评估事物好坏、善恶、美丑和主次的标准,对人们的消费行为、消费方式有着重大的影响。不同国家和民族,以及同一民族不同的文化教育都会对消费者的价值观念产生影响。不同的价值观念对人们的消费习惯和审美标准有很大影响,从而制约着汽车企业的营销策略。如西方国家因时间观念强,人们生活方式倾向于快节奏,于是汽车就会有较大的市场。而有些国家认为,财富是能力、地位的象征,在这些国家做销售广告时就应把汽车产品和财富连在一起,引起消费者的购买欲望。

例如,美国福特汽车公司开拓泰国市场便经历了许多教训。20 世纪 70 年代,福特公司拟把它在菲律宾非常畅销的"费拉"牌汽车打进泰国市场,这是一款低成本实用型汽车,该车的设计理念是想使它成为亚洲的 T 型车,但在泰国的推广却遭到失败。究其原因,就在于福特公司对泰国市场的营销环境研究得不够透彻。归纳起来,存在以下问题:不符合泰国消费者的标准和偏好,他们正为日本的小汽车形象和性能所吸引;过高地估计了"费拉"的低价所能引起的冲击;"费拉"车虽在泰国制造,但当地政府并没有像福特公司预期的那样禁止外国汽车的进入;不了解泰国用户的使用特点,在泰国,汽车的载货量经常要超过其设计能力的数倍,因此,"费拉"车经常出故障。

近年来,西方文化对世界的影响日益扩大。许多发展中国家由仰慕西方文化进而模仿西方的消费方式及消费习惯,这也为西方国家的汽车产品提供了更多的市场,在汽车企业开展国际汽车市场营销时应该重视这一点。

9.2 国际营销的方式和战略

9.2.1 国际目标市场的选择

尽管国际汽车市场竞争日益激烈,但不充分竞争仍是引导商品和资本在不同国家与地区之间流动的主要因素。汽车企业在开展国际汽车市场营销中,如果想在海外纷繁复杂的市场环境中寻求市场机会，以尽可能少的风险、尽可能高的投资回报，成功开拓海外市场，其首先需要解决的问题是选择正确的目标市场。目标市场的选择需要借助于必要的市场调研，并在大量信息的整理、分析基础上进行市场的宏观细分与微观细分，而后才能做出目标市场决策。

1. 国际营销调研

国际营销调研是指系统地收集、记录和分析国际市场信息，以使国际企业能正确认识市场环境、评价企业自身行为，为其国际营销决策提供充分依据。国际经营相比国内经营往往风险大、涉及资金多，一旦决策失误，损失也更大，因此要求掌握的信息要更充分、更及时、更准确。同时，国际营销决策所需要的信息与国内营销所需要信息会有所差异，如选择何种方式进入国际市场，对产品设计与品牌应做怎样的修改等，这些决策的做出需要国际营销调研提供的信息支持。此外，国际营销调研比国内调研更困难、更复杂，这是因为有些信息在国内很容易得到，在国外却难以获得，甚至根本不可能获得，尤其是发展中国家常常缺乏必要的、可靠的统计资料，由于统计方法、统计时间的差异以及汇率的变动，所获得信息往往缺乏国与国之间的可比性。营销调研的方法也需要因国家不同、地区环境不同而不同，其成本也远远高于国内调研。如果跨国企业需要在多国市场上进行同一内容的调研，则调研的组织工作会更复杂。

国际营销调研主要有案头调研和实地调研两种。案头调研是为了获取第二手资料，它一方面可以经济地获取许多有价值的信息，另一方面也可为国外实地调研打下基础。其信息来源主要有：国际企业本身信息系统，调研者案卷，各国政府机构及其驻外使领馆，国际组织（如联合国、世界银行、国际货币基金组织、经济合作与发展组织等），国内外行业协会，各国金融机构，国际交易会、博览会、展销会，国际商业刊物，海内外市场调研公司，消费者组织等等。实地调研是为了获取案头调研所无法取得的第一手资料，其方法有访问法，包括面谈访问、电话访问、邮寄调查、计算机访问、投影法等；观察法，包括直接观察、仪器观察、实际痕迹测量等；实验法，通常在某一种商品需改变设计、包装、价格、促销手段时予以应用。

国际营销调研中总会遇到一些国内调研时不会碰到的问题，首先是问卷的准确翻译问题；其次在有些文化背景下一些被调查的对象可能不愿意与陌生人交流，或不愿透露其真实情况；第三是在一些发展中国家缺乏必要的基础设施支持，如邮电通信系统效率低、普及率低，缺少有资格的市场调研公司协助在当地调研等。要解决这些问题必须重视取得当地专家的帮助，并加强对调研人员的培训，问卷翻译可采用循环翻译方法以确定其准确性。

2. 国际市场细分

国际市场细分分为宏观细分与微观细分。

宏观细分是要决定在世界汽车市场上应选择哪个国家或地区作为要进入的市场。这就需要根据一定的标准将整个世界市场划分为若干子市场，每一个子市场具有基本相同的营销环境，企业可以选择某一组或某几个国家作为目标市场。加拿大马西-弗格森公司是专业生产农业机械的公司，20世纪50年代末，它将世界农机市场划分为北美与非北美两大市场，并将其业务重点放在非北美市场，结果由于避免了与其他几个农机行业巨人如福特汽车公司、迪尔公司、国际收割机公司的直接竞争而取得成功，在非北美市场上获得较高的市场份额并持续盈利。国际市场宏观细分的标准有地理标准、经济标准、文化标准和组合法。地理标准是宏观细分最常用的标准，这是因为地理上接近易于跨国公司进行国际业务管理，同时处于同一地理区域的各国具有相似的文化背景。特别是第二次世界大战后，区域性贸易和经济上一体化发展迅速，从而使地理接近的市场更可能具有同质性。当然这一标准并不总是可行的。所谓组合法是以国家潜量、竞争力、风险三个方面来综合分析世界各国市场，以选择潜量大、企业竞争力强、市场风险小的国家作为目标市场。

微观细分类似于国内市场细分，即当企业决定进入某一海外市场后，它会发现当地市场顾客需求仍有差异，需进一步细分成若干市场，以期选择其中之一或几个子市场为其目标市场。

3. 国际市场选择

国际汽车市场营销中选择目标市场有两层含义：一是基于宏观细分基础上，在众多国家选择某个或某几个作为目标市场；二是通过微观细分，在一国众多的子市场中选择某个或某些作为目标市场，其选择策略为无差异营销策略、差异性营销策略和集中性营销策略。

9.2.2 国际汽车市场营销方式

进行国际汽车市场经营，首先要善于分析研究国际汽车市场的特点，了解国际汽车市场的要素成本、市场特征、贸易壁垒、政府政策以及一般的投资环境等，选择企业的国际营销活动范围，找准目标市场；其次要根据自身的营销目标、资源以及营销环境等来研究目标市场的营销方式。随着国际市场营销活动的不断发展，国际市场营销方式日益增多，企业应根据世界各国市场的不同特征和要求采取不同的营销方式，以最低的风险、最小的投入获得最大收益。

目前，汽车企业的国际营销方式主要有：产品出口、国外生产、对销贸易和加工贸易等。

1. 产品出口

汽车产品出口是指汽车产品在国内生产，然后通过适当渠道销往国际市场的经营方式。这是一种传统的国际市场营销方式，也是最初期、最简单的营销方式。在这种营销方式下，企业所拥有的生产要素留在国内，生产地点不变，生产设施仍然留在国内，劳动力没有国际的流动，在本国制造产品，出口的产品可与内销产品相同，或根据国际市场需要作适当的变动，当产品在国际市场销售遇到阻力时，还可以及时转向国内市场。这种方式不需要增加投资，风险较小，对产品结构调整和生产要素组合影响很小。其具体方式可分为间接出口和直接出口。

1）间接出口

间接出口是企业将产品卖给国内的出口商或委托外贸代理机构，由他们负责出口业务，而企业自身不负责国际市场营销，本身不从事任何实际的出口业务。这是企业开始走向国际市场最常用的方法。间接出口的主要做法如下。

（1）企业把产品卖给外贸公司，产品所有权由生产企业转向外贸企业，由外贸企业再将产品销往国际市场。

（2）生产企业委托外贸公司代理出口产品，产品所有权未转移，外贸公司是生产企业的代理商。

(3) 生产企业委托本国其他企业在国外的销售机构代销自己的产品,合作开拓国际市场。

企业选择间接出口具有以下优点。

(1) 投资少。企业不需要建立自己的国外销售机构,甚至不需要聘请专门的国际营销人才,节省投资和相关费用。

(2) 风险小。经由国内专门外销机构,通过这些机构积累的国际营销经验为自己服务,可减小风险,同时,由于没有为国际营销设立专门机构,也会减小损失。

(3) 企业可集中精力生产,不必为外销渠道分心,可利用现有的出口贸易机构的销售渠道和营销经验,将产品迅速打入国际市场。

但是,企业选择间接出口也具有以下缺点。

(1) 不利于产品以及整个营销战略的提高。由于企业没有亲自从事国际市场营销,不能及时了解国际市场的信息反馈情况,难以围绕国际市场需求展开营销。

(2) 不能控制国际市场营销的主动权。企业由于过于依赖国内中间商,易于造成外销失控,甚至造成被中间商抛弃的风险。

(3) 不利于企业的长期发展和国际竞争实力的提高。企业本身没有直接参与产品的国际市场营销活动,无法在国际市场上锻炼培养自己的营销队伍,无法积累国际市场营销经验,从而会对企业的长期发展和国际竞争力的提高产生极其不利的影响。

2) 直接出口

直接出口是指企业把产品直接卖给国外顾客(中间商或最终用户),而不通过国内的中间机构。汽车企业直接出口的形式通常有利用国外代理商、利用国外经销商、设国外商务办事处和设营销子公司四种。

直接出口时,企业不同程度地直接参与其产品的国际市场营销活动,如国际市场调研、发展和建立海外客户、产品分销和定价、出口文件处理等。直接出口是企业开始真正进入国际市场的标志。企业选择直接出口具有以下优点。

(1) 可以节省国内中间环节的费用,促进企业销售量的增长,使企业获得最大利润。

(2) 可以直接面对国际市场,获取国际市场的需求变动信息,为企业的及时决策提供依据,及时调整生产经营活动。

(3) 可以在一定程度上自主决策,控制产品外销。企业独立完成市场调研、产品定价、运输和保险等任务,拥有很大的营销自主权,同时也可以提高自身的国际营销业务水平。

直接出口的最大缺点是企业承担的责任和投资风险较大。直接出口需要建立产品出口的专门机构,甚至在国外建立机构,并需要聘用专门的国际营销人才,增加一定的费用,还需要企业自己承担由直接出口带来的经营风险。

在上述两种出口方式中,直接出口意味着企业自己要独立进行市场分析、选择分销渠道、制定定价与促销策略、办理有关出口手续及与外商签约等工作。企业采取直接出口方式,标志着企业真正开始了国际市场营销活动。我国的大型汽车企业集团已有直接出口的外贸权,企业也具有一定的实力,他们可以选择直接出口方式;而一般汽车及零部件企业如果实力不济,可以考虑采取间接出口方式。

2. 国外生产

国外生产是企业直接在国外设厂生产产品。汽车产品国外生产可以以较低的风险实现产品生产，绕开贸易壁垒，降低产品的成本，扩大企业的国际市场。国外生产已经成为当代汽车企业进入国际市场的一种非常重要的战略，这种战略的目的主要有两个：一是在国外当地生产，当地销售，一般是为了绕开进入当地市场的壁垒；二是当地生产，异地销售，一般是为了利用生产国的成本优势，或者第三国对本国产品严禁进口，但对生产国的产品却限制不严。国外生产方式的具体形式主要有以下几种。

1) 国外组装

国外组装是在国外投资或与外国企业合作，开设组装整车的制造分厂，将国内生产厂生产的汽车零部件、主机和装配用的工具、设备等出口，运到国外的组装整车分厂进行组装、调试成最终产品，再进行出售或交货。国外组装一般需要国内总厂提供设备、技术和有关零部件等方面的支持。

国外组装业务的主要优点是比在国外全部生产投资少，相对于整机或最终产品的出口而言，关税低、运费低、劳动力成本低，并且能够为当地增加就业机会，易被当地政府接受，同时可以使大部分生产、增值、技术等留在本国。

例如，多年来，日本汽车厂商通过部分组装的方式在美国境内生产轻型卡车，占领美国市场。而且，日本汽车厂商在美国的装配范围最初非常有限，只是把卡车底座装上车身。然而，这种有限度的组装就可以使日本厂商享受3%的关税，而不是已装配卡车的25%的关税。后来，美国海关人员认为，这种有限度的装配不能享受"未装配"车辆3%的关税，因此开始对这种装配征收全额25%的关税。这一措施迫使日本生产厂商开始考虑在美国扩大装配的范围或全部生产。因此，现在本田公司、日产公司以及丰田公司等都在美国建立了生产厂。

2) 合同制造

合同制造是指与国外的生产企业签订合同，由对方生产某种产品，然后由本企业负责营销，如来料加工等。这种方式的优点是投资少，风险小，产品销售和市场的控制权仍在自己手中，国外不少企业在汽车总装配地就近采购零部件的做法，就是合同制造形式。

3) 许可证贸易

这是技术转让时采用较多的一种方式。技术转让是指利用某种方式、将某项技术使用权从输出方出售给输入方的一种交易行为，其内容包括专利使用权、商标使用权和专有技术使用权等的转让。许可证贸易指交易双方在签订许可证协议之后，输入方可在支付一定费用并承担有关义务的条件下，使用输出方的发明专利、商标、技术秘密、产品外形设计等工业产权，并实施制造、销售该技术项目下的产品。许可证贸易是一种简单的走向国际市场的方式，它具有以下优点：可避开进口国提高关税、实行进口配额等限制，使自己的产品快速进入国际市场；不用承担东道国货币贬值、产品竞争的风险和其他政治风险；不需支付高昂运输费用，节约经营成本。但是，许可证贸易具有以下缺点：对被授权企业的控制有限；可能会培养出国际竞争对手。因此，对于采用许可证贸易的企业来说，一般不转让其核心技术；而从受让方来讲，必须在吸收消化外国技术基础上，尽快形成技术实力。

4) 海外合资企业

海外合资企业是指两个或两个以上不同国籍或地区的投资者，依照东道国的法律兴办的共同出资、共同经营、共负盈亏、共担风险的企业。合资企业一经成立，即为东道国的法人，受东道国的法律保护和管辖。海外合资企业具有以下优点。

（1）由于与外国企业合资经营，政治风险相对较小，并可能享受较多的优惠。

（2）可以利用国外合营伙伴熟悉东道国政治法律、社会文化及经济状况的优势，比较容易取得当地资源并打开当地市场。

（3）发展中国家通过这种形式，可以尽快学会外国的先进技术、生产方式及管理方法。

海外合资企业这种方式的主要缺点是投资各方人员管理上难以协调，在利润分配和使用上容易产生矛盾。

5）海外独资生产

海外独资生产方式是企业在国外单独投资兴办企业，独立经营，自担风险，自负盈亏。这是企业在国外投资的最高形式。其优点是可获得东道国的支持与鼓励；可获得东道国廉价的生产要素，降低经营成本；可加强对独资企业的控制，避免工业产权向本企业以外转移，避免竞争对手的迅速成长。海外独资生产这种方式也是所有国外市场营销方式中风险最大的方式，比如东道国没收、征用、通货膨胀、价格限制等，都可能使企业遭受全部或极大的损失；同时由于缺乏当地合作者的协助，企业市场应变能力较差。

国外生产，实质上是用资本输出和技术输出带动商品输出。总的来看，其优点是可以避开关税和非关税壁垒，或者利用当地廉价劳动力、廉价土地和廉价原材料，以保持产品竞争能力。

3. 对销贸易

对销贸易是指卖方向买方出口货物或技术的同时，必须承担向进口国购买一批货物（一般不超过出口货物价值）的义务。对销贸易的双方都达到了进入对方市场的目的。两笔交易虽然相关联，但各自独立地进行结算。结算方式可以用现金方式，也可以用实物，或一部分用现金，一部分用实物抵付等方式。具体方式由买卖双方共同商定。汽车对销贸易具体有汽车产品补偿贸易和汽车产品易货贸易两种方式。

1）补偿贸易

补偿贸易指的是进口商不使用现汇，而是使用买卖双方议定的某种商品或劳务偿还全部或部分进口货款的贸易方式。即设备进口方不使用现汇，而是与卖方议定用某种产品购进国外机器设备、技术和专利，进行项目新建或改建、扩建，待项目竣工投产后，以该项目的产品或其他产品予以偿还货款。补偿贸易有以下四种具体形式。

（1）产品返销又称直接产品补偿，或有关产品补偿，即设备进口方从设备出口方购进技术设备，待生产出产品后用产品来抵付进口货款的方式。这是最典型、最常见的补偿贸易方式。进口方一般都愿意用直接产品偿付全部价款。

（2）互购又称间接产品补偿，或非有关产品补偿，它是设备进口方用其他产品来抵付进口货款的方式，即出口机器设备和专利技术的一方，在签约货款时，必须承诺在协议期内，向对方购买一定数量的产品。

（3）部分补偿。它是设备进口方的货款部分用产品偿还、部分用货币偿还的方式。偿还的产品既可以是该项目生产的产品，也可以是项目外的其他产品。偿还的货币既可以是现汇，也可以是用制成品抵消货款，还可以用贷款后期偿还。

(4) 第三国补偿贸易。它是在国际补偿贸易活动中，进出口双方不直接发生联系，由国际中间代理商从中斡旋。增加一个环节，能够使谈判双方减少冲突或僵持的局面，更便于讨价还价，各抒己见。第三国补偿贸易货款偿还的方式灵活多样，虽然要多付佣金，但是能够尽快促使双方达成协议，还可以进一步扩大补偿的范围。

2) 易货贸易

易货贸易是一种以价值相等的商品直接交换的方式。易货贸易不需要货币媒介，并且往往是一次性的交易，履约时间较短。易货贸易的优点是在不动用现汇的情况下出口商品并取得国内急需的设备和产品；缺点是交易的商品有局限性，难以达成大宗的易货贸易。

汽车产品对销贸易是目前国际较为流行的一种贸易方式，也是汽车企业进入国际市场一种较好方式，对发展中国家的汽车企业开展国际营销尤其适合。

4. 加工贸易

汽车产品加工贸易就是利用国外原材料，经过生产加工重新进入国际市场的方式。随着经济国际化趋势日益明显，汽车产品国际市场营销方式的运用上，也越来越灵活多样。例如，在以劳务为主的领域内，不论是实行进料加工，或是来料加工与来样定制，都是行之有效的国际经济合作的重要方式。加工贸易的经营方式主要在汽车零部件的生产贸易中应用，其主要方式有来料加工装配贸易和进料加工贸易。

1) 来料加工装配贸易

来料加工装配贸易包括来料加工、来样制作、来件装配，它是以外商为委托方，本国企业为加工方，由委托方提供原材料、材料、辅料或半成品，必要时也提供某些设备，加工方按照委托方的品质、规格、款式等要求，承担加工生产或装配任务，产品经检验合格后由委托方负责销售，加工方收取相应的加工费。加工方对上述原料与设备有使用权，没有所有权，产品经营盈亏与承接方无关，只收取事先约定的加工费。从事加工装配的企业通常是劳动密集型企业，因而这一方式在发展中国家发展迅速。

2) 进料加工贸易

进料加工也称以进养出，它是企业购进外商提供的原材料、材料、辅料、半成品，加工生产后产品重新进入国际市场。进料加工与来料加工装配都是通过加工生产获得一定的收益，但不同的是进料加工双方是商业买卖关系，买方向卖方支付货款后拥有货物的所有权，加工产品的销售也随着货款的支付而伴之以所有权的转移。

汽车产品加工贸易的优点是可以引进国外先进技术，利用国外资源；可以充分利用本国廉价的劳动力、土地资源，增加就业；可以增加外汇收入。缺点是：不直接面对国际市场，市场控制程度差，有一定程度的风险。

9.2.3 国际汽车市场营销战略

一个汽车企业要想在竞争激烈的国际汽车市场取得成功，需要花费许多时间、精力和资金去分析市场机遇，了解目标市场运作，研究消费者的心理，摸清组织市场营销的活动规律。在仔细地研究分析汽车市场特点，确定目标市场后，汽车企业需要灵活的制定汽车产品策略、价格策略、分销渠道策略和促销策略。

1. 产品策略

目前，国际汽车市场产品升级换代速度加快，汽车产品生命周期缩短，甚至在造型、颜色等方面出现了"时装化"的趋势。这就要求汽车企业要深入地了解目标市场的社会文化以及消费者的购买偏好，加速技术开发的步伐，在产品的开发和定位上要符合目标市场的需求，同时，还应注意提高产品的质量、功能、档次和附加值。国际汽车市场营销的产品策略主要有产品和品牌延伸策略、产品适应策略和产品发明策略。

1) 产品和品牌延伸策略

产品和品牌延伸策略是指对现有产品和品牌不做任何变动，直接延伸到国际市场的策略。这一策略的核心是在原有生产基础上的跨国扩张，即在产品功能和外形的设计上、在包装广告上都保持原有产品的面貌，不做任何改动，不增加任何产品研制和开发费用，只是将现有产品原封不动地打入国际市场。如果汽车产品在质量、性能、外观等方面都符合国际市场的要求时，可以直接将产品出口，在国际市场上采用群体品牌策略，传递相同的产品信息，建立相同的产品形象。这一策略主要优点是可以获得规模效益，把生产成本和营销费用保持在最低水平，节约产品开发成本；可以壮大企业声势，树立产品的国际市场统一形象，产品的市场信誉度较高。产品和品牌延伸策略的缺点是对国际市场的适应性差，很多产品在不同国家的需求或多或少总会有所区别。

宝马汽车公司在开拓国际市场时，始终保持着高档轿车的市场定位，以其优越的驾驶性能和精心的内部设计为世人所熟知，如图9-7和图9-8所示，以让消费者充分享受"驾驶乐趣"的体验，来实现其"驾驶极品车"的市场定位。

图9-7 宝马i8

图9-8 宝马X6 M

2) 产品适应策略

产品适应策略是指对现有的产品进行适当变动，以适应国际市场不同需求的策略。也就是根据国际市场的区域性偏好或条件，改造产品和产品传递信息，以适应国际市场的区域消费需求。这一策略的核心是对原有产品进行适应性更改或部分更改，即一方面保留原产品合理的部分，另一方面对某些部分做适当更改，以适应不同国家客户的具体需要。通常汽车产品更改包括：功能更改、外观更改和品牌更改等。

在消费者需求不同、购买力不同、技术不同的情况下，企业在国际市场营销中往往采用产品适应策略。例如，丰田汽车公司在进入美国市场时，不惜花费大量资金和时间，通过各种渠道，了解和听取顾客对产品提出的改进意见，不断地变换产品的型号、花色和品种，使丰田汽车很快被美国消费者接受。

产品适应策略主要采用产品直接延伸、信息传递改变策略；产品修改、信息传递直接延伸策略及产品和信息传递双调整策略三种组合策略。产品适应策略的优点是增加了产品对国际市场的适应性，有利于扩大销售，增加企业的收益；缺点是增加了产品更改费用，提高了产品制造成本。

3）产品发明策略

产品发明策略是指全面开发、设计新产品，以适应特定国际目标市场的策略。产品发明策略的核心是产品的全面创新，即在产品功能，外观和品牌上都针对目标市场进行新产品的开发。在市场具有独特的巨大需求，企业技术规模都比较大的情况下，可以采用产品发明的策略。产品发明策略的优点是产品对国际市场的适应性强，能够大大提高对消费者的吸引力，减少销售风险，迅速有效地进入国际市场；其缺点是研制开发投资大、费用高、困难多。

2. 价格策略

在国际汽车市场上，汽车企业通常应针对竞争对手和目标市场制定出一个有竞争力的价格，并以此反推出成本的额度，以在汽车生产中做好成本控制，使成本不超过成本额度。

1）影响国际汽车市场营销价格的因素

国际市场环境比国内市场更为复杂，其价格也受很多因素的影响。影响国际汽车市场营销价格的因素主要包括以下五个方面。

（1）经营成本。除生产成本外，产品的国际市场营销成本还包括关税和其他税收、国际中间商成本、运费、保险费以及营销业务费等。

（2）国外法规。关税和非关税壁垒、反倾销法、反托拉斯法、价格控制法、产品安全法等国外法规，对产品定价也有诸多影响。

（3）国际市场供求及竞争。国际市场竞争激烈，制订国际营销产品价格，必须考虑市场供求及竞争状况。

（4）经济周期与通货膨胀。国外市场经济的周期变动，会导致不同产品的价格升降；通货膨胀则会增加产品成本，引起产品价格上升。

（5）汇率变动。国际市场营销活动中使用的计价货币是可以选择的，在实行浮动汇率的情况下，汇率变动使产品价格相对发生变化，极大地影响营销的收益。

鉴于国际汽车市场营销价格有上述影响因素，使得汽车产品进入国际市场时，其价格与国内市场有较大的差异。一般来说，国际产品价格较国内产品价格增加了关税、国际中间商成本、运输和保险费、汇率变动等。

2）国际汽车市场营销的价格策略

国际汽车市场营销价格策略主要有以下几种。

（1）多元定价策略。这一策略是指国际汽车营销企业对同一种汽车产品采取不同价格的策略。采用这一策略时，企业对国外子公司的定价不加干预，各子公司完全根据当地市场情况做出价格决策。这一策略使各个国外分支机构有最大的定价自主权，有利于根据市场情况灵活机动地参与市场竞争，但易于引起内部同一产品盲目的价格竞争，影响公司的整体形象。

（2）控制定价策略。这一策略是指国际营销企业对同一产品采取适当控制价格的策略。采用这种策略是为了利用统一定价与多元定价的优点，克服其缺点，对同一产品的定价实行适当控制，既不采用同一价格，也不完全放手由各子公司自主定价，而是对引起内部竞争做出控制，同时又准许子公司根据市场状况进行灵活定价。这一策略既使定价适应了市场变化，又避免了公司内部的盲目竞争，但采用这一策略也会增大管理的难度和成本。

（3）正确选择计价货币。国际市场营销活动使用多种计价货币。国际交易的每笔交易周期较长，外币汇率波动较大，正确选择计价货币是国际市场营销的重要定价策略。在选择计价货币时，应注意以下问题。

① 出口国与进口国是否签订了贸易支付协定，是否规定使用某种计价货币。

② 如果两国间没有签订计价货币协议，一般选用可兑换货币。可兑换货币指那些可以在国际外汇市场上自由进行交易的货币，如美元、日元、英镑、欧元等。

③ 出收"硬"、进取"软"的计价策略。指在出口商品时宜争取用"硬货币"计价，而在进口商品时宜争取用"软货币"计价。

④ 如因各种条件限制，只能以"软货币"计价时，可以根据该国货币币值疲软趋势加价，也可以在交易合同中订立保值条款，规定该货币贬值时，按贬值率加价。

（4）转移价格策略。转移价格策略是指国际汽车营销企业通过母公司与子公司、子公司与子公司之间转移产品时确定某种内部转移价格，以实现全球利益最大化的策略。它是跨国公司的母公司与各国的子公司之间，或各国的子公司之间转移产品和劳务时采用的国际定价方法。采用这一策略，母公司与子公司、子公司与子公司之间转移产品时，人为提高内部结算价格，造成总公司内部一企业利润或亏损转移到另一企业，实际上是把国际转移价格定得偏离正常的国际市场价格，目的是实现其利润的最大化。整车制造企业与同属一公司的零部件企业的内部交易价格，可以采用内部转移价；通过避税达到增大利润的目的。转移价格策略虽然有利于公司整体利益的最大化，但却损害了某些国家的民族利益。

转移价格策略常用方法如下。

① 当产品由 A 国转到 B 国时，如 B 国采用从价税，且关税较高，则采用较低的转移价格，以减少应纳的关税。

② 当某国的所得税较高时，进入该国的产品价格定高，转出该国的产品价格定低，以少纳所得税。

③ 当某国出现高通胀时，也采用高进低出的转移价格，避免资金在该国大量沉淀。

④ 在外汇管制国家，高进低出的转移价格，既可避免利润汇出的麻烦，又可少纳所得税。

3. 分销渠道策略

国际汽车营销企业的产品从本国转移到国外市场的最终消费者，形成国际汽车市场的分销渠道。由于各国市场环境不同，分销渠道安排错综复杂，因而存在着许多国际市场分销渠道形式。选择和建立分销渠道是国际市场营销中极其重要也是十分困难的环节之一。汽车企业可以根据不同国度的市场状况，采用不同的市场分销渠道策略。

1）窄渠道策略

窄渠道策略又称为独家销售特定商品或劳务的策略，是指国际汽车营销企业在国际市场上给予中间商一定时期内独家销售特定汽车商品的权力。买卖双方的利益、权利和义务由协议明确规定。该策略包括独家包销和独家代理两种形式。独家包销是国际汽车营销企业将汽车产品的专卖权转移给国外的中间商，产品所有权转移，再由中间商将产品在国际市场销售，并承担经营风险。独家代理则是国际汽车营销企业将产品委托国外中间商独家代理销售，产品所有权未发生变化，代理商只收取佣金但不承担经营风险。

窄渠道策略的优点是有利于鼓励中间商开拓国际市场，并依据市场需求订货和控制销售价格。其缺点是独家经营容易造成中间商垄断市场。

2）宽渠道策略

宽渠道策略又称为广泛性分销渠道策略，是国际汽车营销企业在国际市场上的各个经营环节中选择较多的中间商来销售企业的产品。也就是说，出口汽车产品在国际市场上各个层次的环节中，尽可能多地选择中间商来推销其产品。宽渠道策略强调选择中间商的广泛性，要求在特定目标市场上形成众多中间商销售特定产品的格局。日本丰田汽车公司在最初进入美国市场时，采用的就是广泛的代理制，取得了很大的成功。

宽渠道策略的优点是促进企业产品进入广阔的国际市场，有利于中间商之间形成强有力的竞争，扩大商品销售。缺点是中间商不愿意为产品承担广告宣传费用，可能造成中间商互相削价竞销，损害产品在国际市场的形象。

3）短渠道策略

短渠道策略是指国际汽车营销企业直接与国外零售商或产品用户交易。短渠道策略尽可能越过中间环节，使商品在跨国界销售中的中间环节减少到最少。短渠道策略可采取两种具体方式：一是国际汽车营销企业直接与大物资经销商、大百货公司、超级市场、大连锁商店等从事交易，降低商品成本，让利于零售商和消费者；二是国际汽车营销企业直接在国外建立直销机构进行销售，让利消费者，以低价策略开拓国际市场，由于自建直销网络需要较大的投入，只有少数几家大型跨国汽车公司采用。

短渠道策略的优点是：越过大量中间环节，可以节约经营成本，让利于消费者，有利于增强竞争能力，扩大产品销售。其缺点是有的商品难以缩短中间环节，不利于产品进入广阔的国际市场。

日本的汽车销售体系以代理商制度为主，销售体系中生产厂家占主导地位，生产厂家结合地方势力建立全国经销网络。经销网络由公司、地区分部、经销总店和分店组成。总店和分店销售汽车，地区分部负责全国合同执行过程的协调，每一地区建有仓库和配件库存场所，统一存货，统一订货。每一分店均是三位一体，负责销售、维修和配件供应，其售后服务机构是由经销商设置，与生产厂商无关。

4）长渠道策略

长渠道策略是指国际汽车营销企业选择两个或两个以上环节的中间商来销售企业的产品。长渠道策略的优点是产品易于进入国外更广阔的地理空间和不同层次的消费者群；其缺点是容易形成产品在各个层次上的较大存量，并增加销售成本，导致最终售价上升。

国际汽车营销企业既可建立自己独立的分销渠道，也可以与进口国国内分销渠道采取联合、控股等方式组建国际市场销售渠道，以节省建立分销渠道的成本。

4. 促销策略

国际汽车市场促销的主要任务是实现国际汽车营销企业与外国客户之间的沟通。汽车企业在进入某国市场时要强化进口国民众对本国及本公司友好的一面，限制不友好一面，在目标市场上努力树立良好形象。国内市场促销策略中有关人员推销、公共关系、营业推广、国际广告宣传的策略，很多内容同样适用于国际市场促销。但是国际市场营销环境复杂，国际市场促销策略的运用比国内市场要复杂得多。

1) 人员推销

在国际市场上，人员推销最容易受到目标市场国家的社会、文化和语言等因素的制约。人员推销因其选择性强、灵活性高、能传递复杂信息、有效激发购买欲望、及时反馈信息等优点而成为国际营销中不可或缺的促销手段。人员推销能有效地发现和接近顾客，推销宣传针对性强、推销策略灵活，便于密切企业与客户的关系，但人员推销并非适用于一切产品。对于汽车产品来说，要根据产品种类选择人员推销策略。例如，对于农用车、摩托车、一般的汽车配件销售等品种，人员推销仅适用于对中间商的推销，而不适用于对消费者的推销；对于专用汽车、大型车辆、产业用户、集团消费等却可能是最好的促销方式。因此，企业在决定使用人员推销手段时，必须考虑如下因素。

(1) 市场的集中程度。人员推销对产品市场的消费群体相对集中的地区很有效，而对于消费群体相对分散的市场，它的作用就很有限。

(2) 市场用户类型。汽车产品，如配件、半成品的产业用户，一般购买量大，并具有行为的连续性，因而广泛应用人员推销；而对于普通汽车用户，虽然整个市场对配件的需求量很大，但单位数量用户的购买量却很少，这时宜采用广告宣传的方式，人员推销方法只面向中间商或批发商。

(3) 产品的技术含量。若产品的技术含量很高，顾客很难全面了解产品的性能及特点，单凭广告不易使其产生购买欲望，在这种情况下，应用人员推销就非常必要。

(4) 产品的价格。高价格的产品使顾客产生风险感，利用人员推销可以及时解除顾客的心理压力，坚定顾客的购买信心，以促进产品销售。

在国际汽车市场营销中，使用人员推销面临着费用高、培训难等问题，所以在选择人员推销这一促销手段时需要招聘有潜力的优秀人才，严格培训并加以有效的激励措施。

(1) 营销人员来源。一是企业的外销人员，其优势是易与公司沟通，忠诚度高，他们具有销售技能，并且懂得目标市场国家的社会文化、政治法律等环境因素。这类人才会在市场上加强公司的外来形象。二是母公司所在地移居国外的人员，其优势是懂得两国的语言和文字，只需学习推销技术和公司的政策，就可能成为优秀的销售人员。三是国外当地人员，要能驾驭两种特定语言，其优势是在当地有一定社会关系，且熟悉目标市场的政治经济和社会文化，特别是那些具有销售经验的人才，既可以利用他们在当地的社会关系资源，又能减弱国际企业在当地的外来形象。

(2) 营销人员的培训。对营销人员的培训集中在适应性和技能性两个方面。一是要使营销人员熟悉当地的社会、政治、经济、法律，特别是要适应当地的文化，包括价值观、审美观、生活方式、宗教信仰、商业习惯等；二是要使营销人员熟悉营销的技能和技巧，提高他们市场营销的能力。

(3) 营销人员激励。这是促销的重要环节。常用的物质激励方法有固定薪金加奖励、佣金制、薪金与佣金混合制。除此之外，精神激励也很重要，例如赞许、参与、沟通等情感激励因素是必不可少的。

2) 公共关系

汽车企业在国际汽车市场营销中，公共关系对汽车产品促销的作用日益增大，特别是进入一些封闭性较强的汽车市场，公共关系好坏直接关系到能否进入该市场并在进入后能否取得较好的经济效益。公共关系是一项长期性的促销活动，其效果只能在很长的一段时期后才能得以展现。在国际汽车市场营销中,公共关系注重以下几方面的工作。

(1) 与东道国政府保持良好关系,争取得到东道国政府的支持和帮助。在与东道国的所有公众关系中,与其政府关系是最重要的,因为没有东道国政府不同程度的支持,国际汽车企业很难进入该国市场。东道国政府对海外投资、进口产品的态度,特别是对某一特定企业、特定产品的态度,往往直接决定该国际汽车企业在该国市场的前途。因此,汽车企业要尊重和支持东道国政府,与其保持良好的关系,让东道国政府认识到国际企业的营销活动有利于推动当地经济的发展。

(2) 利用有关传媒正面宣传汽车企业的营销活动和社会活动,树立良好的企业形象。汽车企业要利用东道国的各种公共媒介,加强对企业有利信息的传播,扩大社会影响力,不断调整企业行为,以获得当地政府和社会公众的信任与好感。

(3) 建立多条沟通渠道,收集各阶层公众对企业的意见,及时消除相互间的误解和矛盾。

(4) 积极参加东道国的各种社交活动,对当地的教育事业、文化活动、慈善机构等定期捐助,并积极组织国际教育和文化交流。

(5) 与国际企业业务活动有关的各重要部门和关键人物保持良好的关系。

(6) 协调企业内部的劳资关系,尊重当地雇员的社会文化偏好、风俗习惯和宗教信仰。

3) 营业推广

营业推广的手段非常丰富,但在运用时要考虑有当地法律和社会文化习俗等。例如,法国的法律规定,禁止抽奖的做法,免费提供顾客的商品价值不得高于其购买总价值的5%。此外,国际市场营销中,博览会、交易会、巡回展览等营业推广形式对产品促销具有十分重要的作用。在国际汽车市场中,营业推广是一种行之有效的促销手段,针对不同的销售对象,不同的国际市场环境,营业推广的策略也有所不同。常见的营业推广形式如下。

(1) 展销会。汽车制造商通过各种形式的汽车展览会、展销会,发布最新产品,展示其汽车产品的优点和特性,树立起厂家的品牌形象。汽车展览会主要有国际车展(如图9-9)、国产车展、厂家车展和商家车展、固定车展和巡回车展等。

图9-9　2014年日内瓦国际车展法拉利California T

（2）订货会。订货会是一种面向重要客户的汽车推广形式，一般是由企业自办或行业联办，邀请那些用量较大的直接客户或中间商参加，向他们发布信息、介绍产品，与他们联络感情，建立联系，并通过洽谈和谈判，达到争取订单、推广产品的目的。

（3）汽车大赛。汽车大赛是体育竞技比赛，由于关注者多、刺激性强、传播得远，无论胜负，都可以大大提高企业及产品的知名度和美誉度，是一种有效的汽车推广形式。如图9-10为国际汽车联盟世界一级方程式锦标赛。

图9-10　国际汽车联盟世界一级方程式锦标赛

（4）有奖销售。企业在销售产品的同时向消费者赠送奖品，以此来刺激购买欲望，提高销量。有奖销售主要有抽奖、赠送奖品、赠送维修卡、洗车卡等形式。

（5）分期付款。汽车属于高档商品，这种销售方法解决了有购买欲望的消费者汽车购买力不足的问题。世界各汽车公司与金融机构合作都有分期付款的业务，有的汽车公司自己就有专门的汽车金融公司。

（6）交易折扣和价格折扣。交易折扣主要是面向中间商在产品的交易价格和支付条件的优惠政策；价格折扣主要是面向消费者的，在一些特殊时间（如销售淡季、重大节日等）给购车者一定的价格优惠。

（7）无偿赠车和免费供车。企业以营利为目的，免费赠车，以此来提高企业知名度，并和当地政府建立友好关系。

企业要根据东道国的环境，消费者的购买习惯等因素，选择适宜的营业推广形式，这样才能取得好的营销效果。

4）国际广告宣传策略

国际汽车企业的产品进入国际市场初期，通常广告是其先导和唯一代表，它可以帮助产品实现其预期定位，也有助于树立其国际企业形象。国际广告促销要注意以下几个问题。

（1）广告限制因素。在国际市场上进行广告活动，有诸多限制因素，需要国际汽车营销企业认真分析，以便择宜而行。一是法律限制，不同国家对广告有不同法规，必须遵守这些国家的广告法及有关法规。二是媒体限制，不同国家广告媒体的可利用性、质量、覆盖面及成本不同，需根据媒体情况做出适当选择。国际市场营销应根据产品的性质和各国市场的特殊性，选择不同的广告媒体传递商品信息。汽车产品如专用汽车、汽车配件的消费群体比较集中，广告重点应放在一些专业媒体，而轻型车、微型乘用车的消费群比较分散,选择大众化媒体效果更好。三是民众限制,不同国家的居民有自己的价值准则和审美观、宗教信仰,需认真进行分析,使广告真正切合当地消费者的需求动机及文化背景。图9-11为三菱汽车阿拉伯地区广告图片。

图 9-11　三菱汽车阿拉伯地区广告图片

(2) 广告的标准化及差异化。广告的标准化是指在不同的目标市场对同一产品用统一的广告,这种选择突出了国际市场基本需求一致性,节约广告费用,有利于保持企业产品的统一性,但针对性不强。一般来说,汽车的标准化广告必须以汽车产品的形象定位与目标市场的心理需求保持高度一致为前提。广告差异化是指充分关注国际市场需求的差异性,使同一产品在不同目标市场进行不同的广告,针对性强,广告促销效果好,但广告成本高。其依据是不同的国家和地区,在政治制度、法律、文化、风俗习惯、经济发展状况等方面存在着巨大的差异。

(3) 广告管理。国际广告管理方式有集中管理、分散管理、集中管理与分散管理相结合三种。在这三种方式中,集中管理有利于总公司控制成本;分散管理使广告决策权分散到国外各子公司,有利于开展差异化广告促销;集中管理与分散管理相结合,则试图按目标市场的具体情况,分情况采取集中或分散的管理方式,使国际广告形成有效的管理方式。

例如,日本丰田汽车公司20世纪80年代开拓美国市场时,首次推向美国市场的车牌"丰田宝贝"仅售出228辆,出师不利,增加了丰田汽车以后进入美国市场的难度。究其原因一是实力雄厚的几家美国汽车公司和德国大众汽车公司几乎占据了全部美国市场;二是随着日美之间贸易摩擦的不断增长,使美国消费者对日本产品有一种本能的排斥和敌意。丰田汽车能够面对美国的营销环境及市场变化,及时调整其营销策略。尤其是在广告宣传过程中,极力掩饰汽车的日本来源、特性及风格,强调产品的美国特点和对美国消费者的适应性,从而减轻了美国消费者对丰田企业的抵触情绪。

9.2.4　国际汽车营销模式

国际汽车营销模式由营销理念、营销组织和营销技术三个组成部分。

(1) 三位一体、四位一体的专卖店(图9-12)为代表的营销模式也是最基本、最普遍的一种营销模式,发达国家普遍采用。

图 9-12 温州奥迪汽车专卖店

(2) 随着市场需求和消费者需求的变化，一些发达国家、汽车大国出现了集中交易的营销模式，即汽车商店。其主要特点是：独家经营，多品牌销售，规模较大，如美国卡麦克司汽车商店、韩国的首尔汽车专营店。

(3) 汽车店铺集中，数十家汽车店铺集中在同一地区，其构成部分有三位一体专卖店和部分展示、展销厅(扎堆效应)。

(4) 汽车大道是目前国际上比较先进的汽车营销发展趋势。在欧洲、美国、日本等主要汽车大国，已经建成汽车大道，即在一条快速路两侧建成几十家三位一体、四位一体的专卖店，形成群体，独立经营，自主经营，形成市场效应。

(5) 国外已经出现一个汽车销售集团公司在全国各地建立连锁店，或总代理商下设众多品牌分销店。集销售、维修、装饰、配件为一体的品牌专营和"专卖总汇型"的汽车交易市场相结合。

综合习题

一、填空题

1. 汽车工业的发展历程可以分为：_____、_____、_____和_____四个阶段。

2. 一般国际汽车市场营销环境包括_____、_____、_____和_____。其中_____是企业在国际市场营销中确定目标市场和制定营销决策首先要考虑的因素。

3. 汽车企业的国际营销方式主要有_____、_____、_____和_____四种。

4. 影响国际汽车市场营销价格的因素主要包括_____、_____、_____、_____和_____。

二、名词解释

(1) 国际汽车市场；(2) 国际汽车市场营销；(3) 对销贸易；(4) 来料加工装配贸易。

三、简答题

1. 简述国际汽车市场的特点。

2. 国际汽车市场营销环境主要包括哪些？并作简要分析。
3. 汽车企业的国际汽车营销方式主要有哪些？并作简要分析。
4. 简述国际汽车市场营销的产品策略。
5. 国际汽车市场营销价格策略主要有哪几种？
6. 简述汽车企业进入国际市场的分销渠道应该如何选择。
7. 简述国际汽车市场促销策略。

四、案例分析题

根据以下案例所提供的材料，试分析汽车企业如何进行国际汽车市场的开发与经营。

奥迪征战中国大市场

奥迪轿车在中国市场上采取了"进口＋本土"的产品策略，即奥迪A4、A6通过德国奥迪企业、德国大众企业与一汽集团的合资企业——长春一汽-大众汽车有限公司生产；而奥迪A8则采取进口，由奥迪中国企业负责。对于中国市场上的奥迪系列产品，奥迪A6于1999年年底下线，2000年正式上市，新款奥迪A6于2002年11月正式上市，奥迪A4于2003年4月上市，旗舰产品奥迪A8通过"进口"方式，2003年7月登陆中国市场，至此奥迪公司完成了征战中国市场的产品布局。在世界高档豪华车市场上，宝马、奔驰都是奥迪最强劲的竞争对手，它们通过进口或在华寻找合作伙伴（如宝马与华晨合作）来争分高档车市场的"一杯羹"。就产品竞争而言，奥迪A4产品级别与宝马3系列相当，奥迪A6与宝马5系列、奔驰S系列相当，A8与奔驰C系、宝马7系相当。那么，奥迪轿车如何成功博弈中国市场？

品牌行销：营销的灵魂

"同一星球，同一奥迪，同一品质"，同德国大众企业一样，奥迪在全球有着统一的品牌准则。奥迪企业中国区总监狄安德对品牌有一个清晰的概念："品牌是一个承诺，品牌是一种体验。品牌是在顾客心中形成的概念，包括产品开发、设计、生产、销售、市场和服务。"其实，这是奥迪轿车行销中国的"指南针"，更是品牌行销规则。

广告行销：传播的主阵地

奥迪中国总部负责奥迪品牌形象传播事业，包括围绕品牌而开展的品牌塑造、品牌传播、公关企划等作业，这样保证一汽-大众的A4、A6与"进口"A8在品牌方面保持良好统一性，而产品广告由一汽-大众负责，共同拥有一个完善的整合营销传播计划，保持良好合作关系。

奥迪广告通过"运动"适应不同市场形势，不同的市场阶段，与"品牌运动"相呼应。总体来看，奥迪广告有如下特征：广告传播主线化、广告传播周期化、广告诉求规律化、广告媒体整合化、版面大气化、发布时间集中化、版面选择科学化、广告投放广泛化、核心媒体策略、广告运动化。

如何才能让抽象、感性的品牌价值观在中国的目标消费者心里根植？这是整合营销传播所要解决的问题，而广告作为传播的核心载体，自然要比公关活动、事件行销等承担得更多。因此，必须做到广告传播方案的周密性、良好的计划性：全年的宣传概念和

分阶段的主题,在每一阶段,媒体公关、事件营销、广告等都围绕这些主题进行,按部就班、有条不紊地把奥迪的品牌形象注入消费者的心里。

服务行销:打造忠诚度

"一切以用户满意为中心"是一汽-大众的核心服务理念,也得到了奥迪品牌的认可。通过开展情感营销,打造顾客忠诚度,服务于老客户,更影响新客户开发。2002年,根据美国著名权威市场的调查机构J. D. Poeder对中国市场的调查显示,奥迪A6售后服务满意度在被调查的国内20多家的知名整车产品中脱颖而出,获得中国整车售后服务第一名。

渠道分销:打造最佳通路

汽车渠道分销有独家分销、选择性分销和全面分销,而选择性分销是奥迪中国市场的分销策略。由于奥迪系列产品有"进口"和与本土生产之分,因国家明文规定"国产车"与"进口车"不能混合销售,使奥迪A6、A4与A8进入市场的通路有所不同,经销商服务配套体系方面也有所区别。但是,这并不影响奥迪规范化的经销商管理体系在渠道分销中发挥重要作用。

艺术行销:嫁接艺术与品牌

如果说奥迪品牌行销是一种完全理性化,那么就忽略了其行销感性化的一面:奥迪更像一位集特长于一身的艺术家,艺术行销更为奥迪拼杀于中国高档豪华车市场平添了几分感性色彩。奥迪倡导"享受生活"的生活模式,于是艺术行销、娱乐行销走进奥迪营销视野。奥迪开展艺术行销的核心原理是:驾驭奥迪轿车是"享受人生",享受艺术同样是"享受人生",二者有着极其密切的关联点。

公关行销:传播"软武器"

公关行销包括新闻行销、事件行销、社会公益行销等多种策略形式。奥迪非常重视公关行销,诸如在上海设立奥迪新闻中心、在网站(包括中国企业网站、一汽-大众网站)上设立网上新闻中心,能够拥有良好的新闻条件与环境。良好的公关环境是奥迪在中国市场快速发展的基础。要知道,目前奥迪与宝马、奔驰等豪华车已经开始了新闻上的舆论战,诸如奥迪作为第一家实现生产本土化的豪华轿车,面对的却是宝马大中华区总裁昆特·席曼"我们有幸成为第一个在中国生产轿车的豪华品牌"的答记者问。在对豪华车概念相对模糊的中国市场,或者说消费还处于"启蒙教育"阶段,如果哪个品牌忽略了新闻媒体的作用,那是致命的,对此奥迪身体力行。

资料来源:汪泓,陈力华,杨亚莉等.汽车营销实务[M].北京:清华大学出版社,2012.

第10章 汽车电子商务与网络营销

本章教学要点

知识要点	掌握程度	相关知识
汽车电子商务概述	了解电子商务的发展历程、内涵、本质及优势； 了解国内外汽车电子商务发展现状及发展策略； 掌握电子商务的概念、分类、功能及流程； 熟悉汽车电子商务运行模式及模式选择	电子商务手段是电子，目的是商务； 电子商务对汽车企业和消费者提供的优势； 电子商务指整个贸易活动实现电子化； 基于供应链的电子商务模式
汽车网络营销实务	了解汽车网络营销给消费者和汽车企业带来的优势； 熟悉国内汽车网络营销存在的问题及发展策略； 掌握汽车网络营销概念、方式及流程	汽车网络营销同时为汽车企业和消费者提供便利； 增强品牌创新意识，提高互动服务功能； 汽车网络营销方式为：网络表现、网络交互、网络商务
网络营销模式及特点	掌握网络营销的概念及特点； 熟悉网络营销内容； 掌握网络营销功能及模式	正确理解网络营销； 网络营销八大功能、八大模式

导入案例

宝马：网络营销短片显示威力

2001年宝马集团邀请知名电影制片人大卫·芬奇加盟，拍摄以宝马汽车为主的电影短片，这些电影风格与007系列相似，都是主人公驾驶宝马跑车在公路上飞奔，并做出各种惊险动作，观众在享受电影带来的刺激镜头时，也对宝马汽车卓越的操纵性能留下了深刻的印象。

为了制造轰动，宝马集团还邀请了全球六位知名导演，其中两位来自中国，一位是以拍摄《卧虎藏龙》而获得奥斯卡奖的李安，另一位是香港知名导演王家卫。六位知名导演分别为宝马公司执导拍摄了六部电影短片，并且其中五部影片的男主角都是著名影星克莱夫·欧文。

由于超强的制作阵容，使得全球观众对这些影片充满了期待。当李安、王家卫执导的影片首度在互联网上亮相时，热心的影迷们纷纷登陆宝马集团的电影网站，令该网站在很长一段时间处于塞车状态，宝马汽车迅速被广大消费者所知晓。

来自宝马集团的统计表明，迄今为止已经有超过5500万人次的消费者登陆宝马集团的电影网站下载或者观看上述短片，平均每天登录网站下载影片的消费者超过8万人。并且许多网友将短片资料传到其他网站或发给周围朋友，所以观看过宝马系列影片的观众数以亿计，为宝马汽车做了巨大的宣传，显示出网络营销的巨大威力。

近几年，互联网的迅速发展开创了网上交易的经营模式，使传统的汽车销售体系受到冲击，世界各大汽车企业纷纷建立网上汽车电子商务交易平台，开创网上汽车交易的经营模式，试图凭借电子商务和网络营销使企业获得新的活力，帮助汽车企业渡过难关。我国汽车企业也要跟上世界工业变革的步伐，开展电子商务，以信息化改造传统的汽车工业，提高汽车产业的效率。

本章主要介绍汽车电子商务的功能、优势、运行模式、发展策略及汽车网络营销的概念、特点、营销模式等。

10.1 汽车电子商务概述

根据世界电子商务会议对电子商务的定义为：电子商务(Electronic Commerce)是指整个贸易活动实现电子化。从涵盖范围方面可以定义为：交易各方以电子交易方式而不是通过当面交换或直接面谈进行的任何形式的商业交易；从技术方面可以定义为：电子商务是一种多技术的集合体，包括交换数据(如交换电子数据、电子邮件)，获得数据(共享数据库、电子公告牌)以及自动捕获数据(条形码)等。

电子商务涵盖的业务包括：信息交换，售前售后服务(提供产品和服务的细节、产品使用技术指南、回答顾客意见),销售,电子支付(使用电子资金转账、信用卡、电子支票、电子现金),运输(包括商品的发送管理和运输跟踪以及可以电子化传送的产品的实际发送),组建虚拟企业(组建一个物理上不存在的企业,集中一批独立的中小公司的权限,提供比任何单独公司多得多的产品和服务),公司和贸易伙伴可以共同拥有和运营共享的商业方法等。电子商务的目标是利用 Internet 技术,优化产品供应链及生产管理,优化顾客服务体系,完成传统产业的提升与转化。

10.1.1 电子商务的发展历程、内涵及本质

1. 电子商务的发展历程

电子商务最早出现在 1837 年,到目前为止经历了很多不同的电子化媒介。

第一代电子商务:商人可通过电报进行贸易信息的交流。

第二代电子商务:商人可通过地区性电话进行商务商讨。

第三代电子商务:商人可通过全球 IDD 电话与传真机开展商务。目前电话和传真在商务活动中还被广泛采用。

第四代电子商务:商人可通过电视进行商业信息广告传播,用计算机通过通信网络来发布信息,制作和交换贸易之中的文档和单据,这种贸易方式成为"电子数据交换",又称 EDI(Electronic Date Interchange)。

第五代电子商务:互联网为商人们提供了一个全新的商务平台,大家可各自发布商品信息,主动性、互动性、广泛性更强。图 10-1 为苏宁电器电子商务平台。

图 10-1 苏宁电器电子商务平台

2. 电子商务的内涵

电子商务的内涵很广,不仅指基于 Internet 的交易,而且指所有利用电子信息技术来解决问题、降低成本、增加价值和创造商机的商务活动,包括通过网络实现从原材料查询、采购、产品展示、订购到出口、储运以及电子支付等一系列贸易活动。

电子商务不同于网络营销。电子商务强调的是交易方式和交易过程的各个环节,而网络营销注重的是以互联网为主要手段的营销活动。发生在电子交易过程中的网上支付和交易之后的商品配送等问题,并不是网络营销所能包含的内容;电子商务体系中所涉及的安全、法律等问题,也不全部包括在网络营销中。

从贸易活动的角度分析,电子商务可以在多个环节实现,由此也可以将电子商务简单分为两个层次,较低层次的电子商务如电子商情、电子贸易和电子合同等;最完整的也是最高级的电子商务应该是利用Internet能够进行全部的贸易活动,即在网上将信息流、商流、资金流和部分的物流完整地实现,也就是说,从寻找客户开始,一直到洽谈、订货、在线付(收)款、开具电子发票以至到电子报关、电子纳税等,一气呵成。

要实现完整的电子商务还会涉及很多方面,除了买家、卖家外,还要有银行或金融机构、政府机构、认证机构、配送中心等机构的加入。由于参与电子商务的各方在物理上是互不谋面的,因此整个电子商务过程并不是物理世界商务活动的翻版,网上银行、在线电子支付等条件和数据加密、电子签名等技术,在电子商务中发挥着重要的不可或缺的作用。

3. 电子商务的本质

电子商务是企业通过电信网络进行的生产、营销、销售和流通活动。电子只是一种手段,商务才是最终的目的。电子商务的本质仍然是商务,而任何商务的本质则是价值交换,电子商务则是为各商务实体之间的价值交换提供了前所未有的信息交流和协作手段。

真正的电子商务是企业各个经营环节的信息化过程,并不是简单地将过去的工作流程和规范信息化,而是要围绕电子技术和网络的应用,在科学管理和科学经营两个方面展开。因此,一个汽车企业仅仅是建立了网站,并在网上开展了一些采购和销售业务,并不算是实现了电子商务。因为传统的生产管理模式已不能适应新技术产业革命的变化,必须根据网络经济的特点对企业原有的管理模式,包括计划管理、采购管理、生产管理、物流管理、销售管理、成本管理和财务管理等诸多层面进行根本性的变革。同时,由于企业的电子商务也是企业信息化建设和企业资源计划系统的一个有机组成部分,因此电子商务的高效运行还有赖于一个能够为其提供大量、动态、有效的企业经营、开发、生产、库存、物流、财务、成本等信息的企业内部网络。

10.1.2　国内外汽车电子商务发展现状

1. 国内汽车电子商务发展概况

要将我国潜力巨大的汽车市场与世界接轨,汽车电子商务是一个重要途径。汽车电子商务的应用,使我国的中小型汽车企业和国外大型汽车企业拥有了同等参与竞争的机会,大力发展汽车电子商务,开展网上经销,有利于我国汽车企业增强自身实力,缩小与跨国汽车集团之间的差距。虽然国内汽车电子商务应用已经逐步开展,但现状不容乐观,仍然存在以下问题。

1) 汽车市场不规范

网络是虚拟空间,汽车又是一个高附加值的大件消费品,因此对汽车电子商务而言,建立消费者的信任度至关重要。目前我国有形市场的建设差强人意,国内鱼龙混杂的市场渠道和大量假冒伪劣现象的屡禁不止,使消费者很难建立起网上购车的信任度。完善市场环境是一个费时费力的系统工程,但若没有这个条件,网上汽车交易就无从谈起。

2) 企业的观念问题

我国的汽车企业在推进信息化建设的进程中,仍以一种传统经济的思维方式来思考问题,往往对计算机系统、网络系统和应用软件等技术平台重视有余,而对革新企业管理思想和观念、推进先进的管理方式等深层次工作认识不足,使汽车电子商务难以发挥作用。

3) 管理模式陈旧

国内大多数汽车企业的管理水平与国外相比存在很大差距,采购、生产、销售还是相对独立的手工操作,这种老一套的管理模式难以适应电子商务条件下各环节高效、协调、统一、即时的要求。

4) 网络安全问题

在我国商业信誉还达不到一定级别的今天,现场交易都有可能存在商业诈骗等不良商业行为,更何况目前网上交易尚无完整的法律制约。

5) 网上支付问题

虽然制约电子商务发展的支付系统已经在不断完善,在线支付等问题已经基本解决,但是从技术和方便易用性上讲,它还存在许多弊端和漏洞,有待进一步完善。

6) 消费者的观念问题

最近一项调查表明,经常光顾汽车网站的网民中,真正愿意体验网上购车的不足5%。几千年来,人们习惯了一手交钱、一手交货的传统交易方式,这种网上看得见、摸不着的交易方式,让消费者在购买时无法对交易目标有真实的接触,因此难以完全信任,尤其交易目标又是汽车这种高附加值的大件消费品,消费者更是慎之又慎。

7) 短期效益问题

目前汽车经销商的实际整车销售利润已经很低,售后服务是将来汽车服务的主要收入来源,但网站不可能亲自提供完善的售后服务,最终只能由相应的销售商或维修厂提供,而目前一般的汽车商业网站的运营成本比较高,再说消费者还不习惯网上购车,如果网站仅靠所谓的网上售车或其他形式的电子商务来参与竞争是不现实的,至少在近一两年内是不能盈利的。

总体来说,我国汽车电子商务仍然处于萌芽状态,要想真正实现电子商务还有很长的路要走,但是我国汽车电子商务发展潜力十分巨大。

2. 国外汽车电子商务发展概况

国外汽车企业实施电子商务最显著的成效体现在汽车产品供应链两端——上游零部件的供应和下游汽车产品的销售服务。

汽车部件的供应十分复杂,分为好几个层。例如,福特公司将大型集成系统、座椅、车轮和制动器等列为第一层,第二层是向第一层提供部件的公司,此外还有第三供应商。目前福特已经通过它的电子数据交换系统同第一层供应商建立了密切的联系,同第二层供应商的联系也正在加速进行,最终它将同所有三层供应商联网,互通信息。当福特公司通知第一层供应商,它需要多少红色、蓝色和紫色座椅的时候,属于第二层的皮革供应商也能在网上随时看到福特对各种颜色座椅的需求变化,并开始准备存货,而不必等待座椅制造商告诉它需要什么皮革。汽车部件供需关系的改善,将大量节省交易费用,降低成本,减少库存。据福特公司讲,通过网络采购,每笔交易的费用只有15美元,而目前一项典型采购所付的交易费是 150 美元。由于包括雷诺-日产在内的四大汽车公司的采购额极大，每年约为 7 000 亿美元，因此，网上采购节省的交易费用相当可观。另外，汽车公司将放弃许多部件生产厂的股份，使它们成为供应商，从而减少低利润的企业，精简公司的投资。在这方面，福特已经走在其他汽车公司的前面。通用汽车公司也有所动作，它已经将庞大的德尔福汽车部件生产系统公司分拆出去。

汽车行业电子商务应用一般可分为五个层次：企业商网宣传，企业网上市场调研，企业与分销渠道网络联系模式，企业网上直接销售模式和供应链的网上营销集成模式。国外汽车电子商务已经从第一、第二层逐步发展到第四、第五层。例如，通用汽车企业与美国著名的电子商务软件商 Commerce One 合作，建立了一个名为 Tradex-change 的 B2B(Business to Business)电子商务中心，其目的是为了加速零部件采购过程和降低采购成本，并于 1999 年 11 月开始运营。2000 年，福特、通用、戴姆勒-克莱斯勒、雷诺-日产四大汽车企业共同组建了 Covisint，实现通过网络来进行零部件的采购。有资料表明，通过全面实施电子商务活动，每辆车可以节省大约 14% 的生产总成本，福特企业每年因此能节省将近 80 亿美元的费用，并从开支、办公纸张费用以及其他高效的交易中节省将近 10 亿美元的费用。现在经销商们不得不开始接受互联网。据统计，美国 22600 家汽车经销商的 65% 已经设立了一名专职的互联网销售人员，61% 设立了自己的网站，40% 参与到了在线购买服务。据业内人士分析，美国的网上汽车销售额从 2000 年的 4 亿美元增加到 2004 年的 166 亿美元。所有这一切表明，网络化将是汽车工业的又一次革命。本就落后的中国汽车工业要及时清楚地认识到网络革命的到来，积极投身到网络革命的浪潮中去。

10.1.3 汽车电子商务的分类及功能

1. 汽车电子商务的分类

1) 按照汽车电子商务活动的范围分类

按照汽车电子商务活动的范围可分为本地汽车电子商务、远程国内汽车电子商务和全球汽车电子商务。

(1) 本地汽车电子商务是指利用同区域的网络系统所进行的汽车电子商务活动。同区域的汽车电子商务活动是利用 Internet、Intranet(内联网)或专用网将参与商务活动各方的电子信息系统、金融系统的电子信息系统、商品检验信息系统、税务和工商信息系统、物流信息系统、本地区 EDI(Electronic Data Interchange)中心系统等连接成一个网络系统。本地汽车电子商务系统是远程国内汽车电子商务活动和全球汽车电子商务活动的基础系统，建立和完善本地汽车电子商务系统是实现全球汽车电子商务活动的起始条件。

(2) 远程国内汽车电子商务是指在本国范围内进行的网上汽车电子商务活动。由于其活动范围比本地汽车电子商务的大，因此对软硬件技术要求较高。

(3) 全球汽车电子商务是指在全世界范围内通过全球网络进行的电子商贸活动。全球汽车电子商务活动的业务内容复杂、信息交换频繁、设计范围宽泛，如涉及进出口公司、海关、金融、认证、税务、商检、运输等环节和系统，这就要求全球汽车电子商务系统为商贸活动提供准确、安全、可靠的保证，因此必须制定全球统一的电子商务标准和电子商务协议。

2) 按汽车电子商务的交易对象分类

(1) 企业与企业之间的电子商务(B to B)是指汽车行业供求企业之间以及协作企业之间利用网络交换信息，传递各种票据，支付货款，从而使商务活动全过程实现电子化(图10-2)。通过专用网络或增值网络进行的电子数据交换(EDI)可以说是这种类型的电子商务最早而且最为典型的应用。特别是近年来，随着 Internet 的发展，越来越多的企业和公司已经开始利用 Internet 进行贸易活动。

图 10-2 汽车配件电子商务交易平台

(2) 企业与消费者之间的电子商务(B to C)。其典型应用便是网上购车，即电子化的销售。它随着 Internet 的出现而迅速发展起来。目前，在 Internet 上遍布着各种类型的汽车电子商务网站，提供不同品牌汽车的信息和购买服务，如图 10-3 所示。消费者在家中通过 Internet 便可以在网上选购自己需要的车型，而不必亲自到专卖店去挑选。

(3) 企业与政府之间的电子商务(B to G)。这种电子商务活动可以覆盖企业、公司与政府组织间的各种事务。例如，在美国，政府采购清单通过 Internet 发布，企业、公司可以以电子化方式来完成对政府采购的响应。目前我国在这方面的应用较少。

(4) 企业内部的电子商务。企业通过防火墙等安全措施将企业 Intranet(内联网)与 Internet 隔离，从而将企业内联网作为一种安全、有效的商务工具，用来自动处理商务操作及工作流程，实现企业内部数据库信息的共享，并为企业内部通信和联系提供快捷的通道。企业内联网的商务应用可以增强企业商务活动处理的敏捷性，能够对市场状况的变化做出更加灵敏的反应，为客户提供更加全面、优质、高效的服务。

图 10-3 汽车电子商务交易网站

3) 按汽车电子商务的交易阶段分类

(1) 交易前(Pro-Trade/Transaction)汽车电子商务，主要包括在线采购、新车发布和汽车信息发布咨询等。

(2) 交易中(Trade/Transaction)汽车电子商务，主要包括汽车在线购买、定制和电子转账等。

(3) 交易后(Post-Trade/Transaction)汽车电子商务，主要包括汽车售后服务。

4) 按汽车电子商务的交易内容分类

(1) 电子购物与贸易。这种汽车电子商务活动是以实物商品为内容的。交易前信息的查询、订货及货款的支付过程都可以通过网络来完成，但是汽车产品最终到达顾客手中，还需要依赖于传统的送货网络来完成。

(2) 网上信息商品服务。这是以无形的信息商品或服务为内容的汽车电子商务，如各种汽车行业信息、品牌信息、价格信息、汽车配置等的查询和网上信息咨询服务等。

(3) 电子银行与金融服务。这是为以上两种汽车电子商务活动提供方便、快捷的电子支付手段的网上银行和相关金融组织的活动。这种活动是实现真正意义上的汽车电子商务的前提条件之一。

5) 按汽车电子商务的网络基础分类

(1) 基于Internet的汽车电子商务。商家通过Internet进行信息的发布、产品的宣传及网上销售、售前售后服务等，如虚拟商店、网上购车、网上信息服务等都适宜在Internet上开展。

(2) 基于Intranet的汽车电子商务。通过Intranet完成企业内部信息的发布、交流、反馈，进行业务流程和人、财、物的协调、管理，加强对企业内部有关数据库及文件系统的管理，通过防火墙技术及设置访问权限等措施，保证企业机密信息的安全。

(3) 基于Extranet(外联网)的汽车电子商务。相关企业之间，如企业与其供货商、购货商、代理商、大客户以及维护服务中心等，以俱乐部的形式通过 Extranet 相互沟通信息、协同运作，实现网上实时交易过程，以便提高运作效率和效益。

（4）基于其他网络的汽车电子商务。如在其他增值网上的传统的 EDI、视频会议、视频点播（VOD）业务等。

2. 汽车电子商务的功能

汽车企业利用电子商务所获得的效益突出表现在两个方面：一是提高对顾客的服务水平；二是降低企业的经营成本。实施供应链管理的第一步，就是实现供应商与零售商、企业内各部门之间的信息沟通与共享，这样就可以将顾客的需求信息迅速地传递到制造商手中，使供应链上的各个环节都能对顾客的需求变化迅速做出反应，从而最大限度地满足顾客的需求。由于信息沟通方式的变化，导致了交易方式及交易流程的变化，从而大大缩短了交易周期，降低了供应链上每个环节的库存，避免了浪费，降低了企业经营成本。虽然汽车电子商务的关键环节对所有的汽车企业来说都是相同的，但每个企业应以不同的方法来实现各自的供应链管理。这种变化的多样性是由买卖双方根据市场及顾客需求所确定的各自的供求关系决定的。

根据我国国情和汽车业的特点，各种汽车电子商务方案除了具备企业形象及产品信息的宣传功能外，还必须具有以下基本功能。

（1）灵活的商品目录管理功能。作为零售商，在商品目录管理系统上能够创建包括任何厂商，任何商品类别，任意数量的自建商品目录，如图 10-4 所示。这些目录里的商品信息的任何更改，都可以实时反映在系统中。而对于供应商来说，不仅可以通过建立包含任意商品类别的公开商品目录向零售商发布产品信息，也可以创建只供指定零售商查看的商品目录。在这些目录中，甚至可以提供特殊的优惠而不用担心被其他供应商或者未指定的零售商看到。

图 10-4 上海奇瑞汽车专卖店网站

(2) 网上洽谈功能。当零售商发现一个感兴趣的商品，或者供应商寻找到零售商发布的采购目录后，网上洽谈功能可以帮助零售商、供应商进行实时交流，而且所有的洽谈记录都将存放到数据库中，以备查询。

(3) 订单管理功能。根据用户的实际需要，自动将发生在供应商、零售商之间的订单草稿以及洽谈形成的采购意向集合到一起，并且组合成一个订单送给供应商。另外，对于经常交易的双方来说，由于互相之间比较信任，也可以不经过任何洽谈就直接发送订单。这样就极大地提高了采购、供应的效率。

(4) 基于角色的权限和个性化页面功能。规定各种角色之间的权限和安全的继承性，如一个系统管理员的账号可以创建和管理销售、采购经理的账号，而销售、采购经理的账号可以创建许多属于他领导的业务员，这些业务员的权限也各不相同。同时，基于这些用户制定并提供的个性化功能，对于不同角色其操作是不一样的，同一个角色不同账号之间的内容也可以完全不一样。

10.1.4 汽车电子商务的优势

电子商务并不是要建立一个全新的商务，而是要疏通现有商务的各个环节，提高现有商务的动作效率，改善现有商务程序，开辟一个全新的交易场所。汽车电子商务对汽车企业和消费者都具有优势。

1. 汽车电子商务是提升汽车企业核心竞争力的有效途径

1) 优化企业的价值链

通过电子商务，企业可以将内部的所有功能整合起来，使企业真正实现顾客导向；企业能够更好地处理自身与顾客、供应商、销售商、合作伙伴、政府机构等方面的关系；企业可以较为容易地实现管理一体化，使主要价值链(包括进货后勤、生产制造、发货后勤、营销服务等一系列价值活动)有机结合起来，加速在企业内外部的流动。

2) 缩短中间环节，降低交易成本，减少库存，提高产品竞争力

电子商务是企业在市场经济条件下提高经济效益、降低成本的一个有效途径。在网上销售汽车，汽车生产企业和销售商可以利用汽车商务网站快捷地、实时地、不受时空条件限制地直接面向世界任何一个角落、任何一个消费者，可以减少各种中间环节，为经销商节省一大笔营销费用。有资料表明，电子商务可以节省的交易成本在20%～40%之间，节省的费用和时间指数为11.61%和19.34%。汽车厂家迟早将脱离中间商做网上直销，直接在网上提供价格信息，由厂家和顾客共同商定价格。

库存量的多少，可以反映企业的经营状况。库存管理水平也直接影响企业的营销。库存增多，会使运营成本增加，从而减少企业的盈利。高库存量并不能保证可向客户提供更佳服务。产品生产的周期越长，企业需要的库存量就越多，以便保证能够对付可能出现的交货延迟、交货失误，对市场需求变化的反应也就越慢。当然，库存过低，有时候也会因缺货使顾客另寻他处。所以，适当的库存，不仅可以让客户得到满意的服务，而且可以为企业尽量地减少运营成本。这样，就要求提高库存管理水平，提高劳动生产率，提高库存周转率，降低库存总量。电子商务能够使企业在短时间内获取订单信息，从而便于企业及时地组织生产，及时地调整库存量。

3）提供高效服务

（1）全面而低廉的个性化服务。汽车企业通过电子商务网络，能够以更加快捷方便的方式为顾客提供高效的个性化服务。电子商务系统可提供 24 小时的全天候服务，及时与顾客沟通信息；网络广告能处理文字、声音、图片、动画、视频、色彩等多媒体信息，展示的内容丰富多彩，比传统媒介广告要方便、快捷得多。

网络广告不仅能展示各种多媒体信息，而且价格相对低廉，可以降低促销成本。有研究表明，在 Internet 上做广告，进行网上促销，其结果是增加 10 倍的销售量，而花费的广告费只有传统广告预算的 1/10，而且，一般来说，网上促销的成本只相当于直接邮寄广告费用的 1/10。

（2）有效的信息反馈机制，有助于促进汽车厂家改进技术、改善服务。由于网络具有时效快、联系便捷的优势，可以使汽车企业与更多的顾客接触，保持密切的信息联系，可以在全世界范围内向顾客提供远距离、低成本的访问。汽车企业可以把产品更新、经营政策、企业电子期刊等信息快速传送到顾客的电子信箱中，进行顾客跟踪。利用主页，可以征集顾客反馈信息，了解顾客需求。汽车生产商和经销商可以根据网络市场反馈的信息不断调整产品结构，改进汽车生产工艺和制造技术水平，加强与消费者的沟通，更好地为顾客服务。

4）促进企业管理创新

（1）改革管理组织。电子商务时代，信息的传递方向由层级型变为水平型，体现在企业组织管理结构上，则表现为由从上到下的垂直结构向水平型的开放结构转变，与信息传递密切相关的企业组织结构从金字塔型转变成矩阵形式。

（2）革新管理思想。电子商务时代盛行多种新的管理思想，如"企业再造工程"，主张重新设计管理业务流程；"虚拟企业"思想，主张为顺应日益动荡的市场形势，应尽快抓住市场机遇，由不同的企业为某一特定任务组织灵活的联合性企业；"学习型企业"思想，主张企业需进行自我调整和改造，以适应不断变化的环境，求得有效的生存发展环境。

（3）完善管理方法。企业的管理会更注重于职工的培训和学习，促进学习型组织的形成，使职工不断提高知识和技能，能更好地协调行动。

（4）整合管理职能。电子商务将积极地促进管理对象的合理重组，进一步综合集成各种相关的管理职能，从而使管理工作得到根本改观。实施电子商务，企业不仅可以大幅度降低管理成本，而且可极大地提升企业的组织竞争力和战略管理竞争力。

5）提高企业的决策水平

信息作为商业资产，本身就是重要的可销售商品，是公司决策时的重要依据。实施电子商务，使企业有更多的机会在互联网上查询到有用的商业和技术信息，可以为企业制定战略和经营决策提供参考。

6）提高顾客对公司的忠实度

电子商务的应用使企业对消费者的"锁定"越来越牢固，进一步拉大了与弱小企业的距离，从而使市场呈现"主流化"。网上直销汽车可能导致世界汽车巨头们进入一个新的竞争，对顾客的争夺战将会白热化，而顾客对公司的忠实度将会影响公司的市场份额。电子商务手段的应用，使顾客与公司的沟通联络更加便利快捷和密切，顾客对公司的了解更加直接和丰富，从而促使顾客更加忠实他所选择的公司。

2. 汽车电子商务使消费者拥有更多的购车自主权

（1）与在汽车 4S 店购车相比较，网上购车可以排除汽车推销员的干扰，使消费者购车时能够按照自己的意向，拥有更多的购车自主权。

（2）汽车电子商务可以为消费者提供每款车的车型、性能和价格等信息，消费者可以坐在家中通过网络仔细比较各种车型的性能和价格，然后从中做出最佳的选择。

（3）消费者可以根据自己的喜好就汽车的车型、颜色、发动机、空调等方面提出设想，向汽车企业定制一辆真正属于自己的汽车，实现个性化购车。

（4）网上购车大大节省了消费者的时间，人们足不出户就可以了解汽车企业的最新情况，查询最新的汽车信息。

通过互联网，汽车企业可以将汽车的三维图像呈现在用户眼前，用户可通过比较各款车型的性能进行"个性化"购车选择，当用户需求信息通过网络反馈给厂家后，可以在最短的时间内得到厂家的信息反馈。目前，汽车消费者的个性化需求及对厂家生产的影响越来越明显，个性化、小批量、柔性化的"量体裁衣"式生产正成为现实。厂家必须和用户进行交互式的信息沟通，得到大量个性化需求信息，而这种个性化需求信息交互的实现，只有网络可以提供。可以设想，不久的将来，在国内汽车行业中汽车网络自身成熟完善、信用体系、金融防范机制等因素逐步健全，中国成功地实现企业对消费者式（B to C）的汽车电子商务不再是幻想。

10.1.5 汽车电子商务流程

1. 汽车电子商务的参与者

汽车电子商务的参与者主要有汽车企业、消费者、政府和中介机构等。汽车企业是汽车电子商务最主要的推动者和受益者，消费者作为经济活动中不可缺少的一环，也必然属于汽车电子商务的参与者，政府作为现代经济生活的调控者，在电子商务环境中应该起什么样的作用，是由每个国家的具体国情来决定的，中介机构是汽车电子商务中最具电子商务特色的另外一个重要参与者，大部分的金融性服务行业，如银行、保险公司、信用卡公司、基金组织、风险投资公司都是中介机构，其他的像经纪人、代理人、仲裁机构也属于中介机构。

2. 汽车电子商务流程

1）交易前的准备

这一阶段主要是指参加交易各方在签约前的准备活动。

（1）买方根据自己要买的商品，准备购货款，制定购货计划，进行货源市场调查和市场分析，反复进行市场查询，了解各个卖方国家的贸易政策，反复修改购货计划和进货计划，确定和审批购货计划，再按计划确定购买商品的种类、数量、规格、价格、购货地点和交易方式等，尤其要利用 Internet 和各种电子商务网络寻找自己满意的商品和商家。

（2）卖方根据自己所销售的商品，召开商品新闻发布会，制作广告进行宣传，全面进行市场调查和市场分析，制定各种销售策略和销售方式，了解各个买方国家的贸易政策，利用 Internet 和各种电子商务网络发布商品广告，寻找贸易伙伴和交易机会，扩大贸易范围和商品所占市场的份额。其他涉及交易的各方（中介方、银行金融机构、信用卡公司、海关系统、商检系统、保险公司、税务系统、运输公司）也都为进行电子商务交易做好准备。

2) 交易谈判和签订合同

这一阶段主要是指买卖双方对所有交易细节进行谈判，将双方磋商的结果以文件的形式确定下来，即以书面文件形式和电子文件形式签订贸易合同。

电子商务的特点是可以签订电子商务贸易合同，交易双方可以利用现代电子通信设备和通信方法，经过认真谈判和磋商后，将双方在交易中的权利、所承担的义务、对所购买商品的种类、数量、价格、交货地点、交货期、交易方式和运输方式、违约和索赔等合同条款，全部以电子交易合同做出全面详细的规定，合同双方可以利用电子数据交换（EDI）进行签约，并可通过数字签名等方式完成签名。

3) 办理交易进行前的手续

这一阶段主要是指买卖双方签订合同后到合同开始履行之前办理各种手续的过程，也是双方贸易前的交易准备过程。

交易中要涉及有关各方，即可能要涉及中介方、银行金融机构、信用卡公司、海关系统、商检系统、保险公司、税务系统、运输公司等，买卖双方要利用 EDI 与有关各方进行各种电子票据和电子单证的交换，直到办理完可以将所购商品从卖方按合同规定开始向买方发货的一切手续为止。

4) 交易合同的履行和索赔

这一阶段是从买卖双方办完所有各种手续之后开始，卖方要备货、组货，同时进行报关、保险、取证、信用等，卖方将所购商品交付给运输公司包装、起运、发货，买卖双方可以通过电子商务服务器跟踪发出的货物，银行和金融机构也按照合同，处理双方收付款、进行结算、出具相应的银行单据等，直到买方收到自己所购商品，完成了整个交易过程。索赔是在买卖双方交易过程中出现违约时，需要进行违约处理的工作，受损方要向违约方索赔。

汽车电子商务流程如图 10-5 所示。

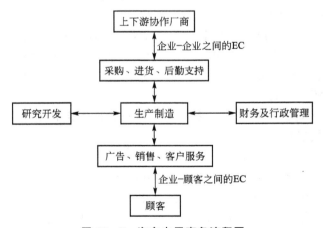

图 10-5 汽车电子商务流程图

10.1.6 汽车电子商务运行模式及模式选择

1. 电子商务运行模式

目前，在线电子商务主要有以下五种主要的运行模式。

1) 支付系统无安全措施模式

顾客从商家订货，信用卡信息可通过电话、传真等非网上传送手段进行传输，也可在网上传送信用卡信息，但无安全措施。商家与银行之间使用各自现有的授权来检查网络。

特点是：风险由商家承担；信用卡信息可以在线传送，但无安全措施。

2) 通过第三方经纪人支付模式

顾客在第三方付费系统服务器上开一个账号，顾客使用账号付费，交易成本很低，对小额交易很适用。顾客在网上经纪人处开账号，网上经纪人持有顾客账号和信用卡号，顾客用账号商家订货，商家将顾客账号提供给经纪人，经纪人验证商家身份，给顾客发送E-mail要求顾客确认购买和支付后，将信用卡信息传给银行，完成支付过程。

特点是：顾客账号的开设不通过网络；信用卡信息不在开放的网络上传送；使用E-mail来确认顾客身份，防止伪造；商家自由度大，无风险；支付是通过双方都信任的第三方（经纪人）完成的。

3) 电子现金（E-CASH）支付模式

顾客用现金服务器账号中预先存入的现金来购买电子货币证书，这些电子货币就有了价值，可以在商业领域中进行流通，电子货币的主要优点是匿名性，缺点是需要一个大型的数据库存储顾客完成的交易和E-CASH序列号以防止重复消费。这种模式适用于小额交易。

特点是：银行和商家之间应有协议和授权关系；顾客、商家和E-CASH银行都需使用E-CASH软件；适用于小的交易量；身份验证是由E-CASH本身完成的，E-CASH银行在发放E-CASH时使用了数字签名，商家在每次交易中，将E-CASH传送给E-CASH银行，由E-CASH银行验证顾客的E-CASH是否有效（伪造或使用过等）；E-CASH银行负责顾客和商家之间资金的转移；有现金特点，可以存、取、转让。

4) 支付系统使用简单加密模式

使用这种模式付费时，顾客信用卡号码被加密。这种加密的信息只有业务提供商或第三方付费处理系统能够识别。由于顾客进行在线购物时只需一个信用卡号，所以这种付费方式给顾客带来方便。这种方式需要一系列的加密、授权、认证及相关信息传送，交易成本较高，所以对小额交易而言是不适用的。

特点是：部分或全部信息加密；使用对称和非对称加密技术；可能使用身份验证证书；采用防伪造的数字签名。

5) SET模式

SET是安全电子交易的简称，它是一个在开放网上实现安全电子交易的协议标准。商务活动的基本要求是保证交易的保密性、数据的完整性、安全的认证机制和可交互操作性。相应的电子商务的安全措施有：数据加密——保证数据安全传输；认证——确定发送者的真实身份；交易防抵赖——确保发方不能否认曾向收方发过信息，收方不能在收到信息后否认已经收到信息；授权——决定顾客是否有权执行某一项特殊的操作。

SET协议规定了交易各方进行安全交易的具体流程。SET协议主要使用的技术包括：对称密钥加密、公共密钥加密、哈希算法、数字签名技术以及公共密钥权机制等。SET通过使用公共密钥和对称密钥方式加密保证了数据的保密性，通过使用数字签名来确定数据是否被篡改、保证数据的一致性和完整性，并可以完成交易防抵赖。

2. 汽车电子商务模式选择

按照本身的生产与市场发展规律，汽车工业的行业体系结构有一个基本的模式，即从原材料供应、汽车零件加工、零部件装配、整车装配、汽车分销到售后服务的一整套"供应-制造-销售-服务"的供应链体系，如图10-6所示。

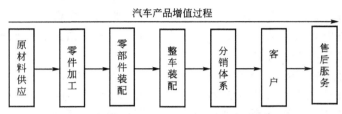

图10-6 汽车行业供应链体系结构

在当前的网络经济中，汽车制造企业的管理已经突破了单一企业范围，将客户、营销网络以及供应商等相关资料纳入管理的范围，利用Internet/Intranet/Extranet建立虚拟企业的扩展供应链，进行全球网络供应链的集成管理，以信息的形态及时地反映物流活动和相应的资金状况，实现物流、资金流、信息流的实时、集成、同步控制，保证"增值"的实现。基于供应链的电子商务模式能够满足如上需求，成为汽车行业的电子商务发展模式，如图10-7所示。

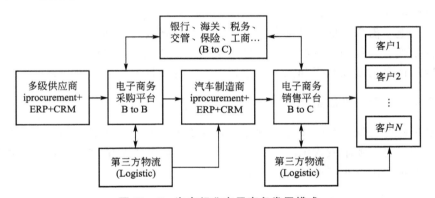

图10-7 汽车行业电子商务发展模式

此种汽车电子商务发展模式有以下特点。

(1) 汽车制造商为了实现全球的广域网络采购(iProcurement)，要分离许多零部件生产协作配套厂家，使它们成为供应商，从而减少利润低的部门，精简企业机构，减少投资。通过电子商务平台，汽车制造商与上游供应商(汽车部件供应商、零件供应商、原材料供应商)组成一个有效的上游零部件产品供应链。汽车制造商致力于汽车的设计和研发，几乎不生产汽车部件，而是将供应商配件的汽车零部件进行最后的装配，然后打上自己的品牌。美国的福特汽车公司就采用此种模式。

(2) 当网上支付体系、安全保密以及认证体系非常完善时，大量网络用户的个性化需求就可以通过汽车制造商的CRM系统快速形成"批量定制"，已形成的"批量定制"的订单将触发汽车制造商的ERP系统，拉动其"批量生产"。CRM对产品的整个营销过程进行管理，包括市场活动、汽车电子商务发展模式管理及售后服务三大环节。

（3）原材料及汽车零部件供应商、汽车制造商的物流配送体系与主业剥离，社会化、专业化的物流体系逐步完善，第三方物流配送中心完成汽车产品供应链物流配送功能。信息流为：上游供应商的 CRM、第三方物流系统、汽车制造商的 iProcurement、汽车制造商的 CRM、第三方物流系统、客户需求。第三方物流配送中心通过先进的管理、技术和信息交流网络，对产品的采购、进货、储存、分拣、加工和配送等业务进行科学、统一、规范的管理，使整个商品运动过程高效、协调、有序，减少损失、降低成本、提高效率，实现最佳的经济效益和社会效益。

（4）汽车制造商的 ERP 系统定位于企业内部资金流与物流的一体化管理，也就是从原材料采购直到完成整个产品的全过程实施各种资源的计划与控制，主要目标还是以产品为导向的成本控制。企业各种资源的计划与控制通过信息系统集成，形成企业内部各业务系统之间畅通的信息流，通过 iProcurement 与上游供应商连接，通过 CRM 与下游分销商和客户连接，形成供应链中所有企业的信息集成，提高整个供应链的效率。基于互联网技术，企业在应用 ERP 系统实现内部资金流、物流与信息流一体化管理的基础上，借助 iProcurement、ERP、CRM 集成一体化运行，就可以实现对整个供应链的管理。

（5）随着网络经济的不断发展，分销商经销渠道逐步萎缩，其汽车销售功能由电子商务销售平台逐渐替代，信息集成、反馈和处理由汽车制造商的 CRM 系统完成，物流配送由第三方物流配送企业完成。

上述汽车电子商务发展模式是在整个社会信息化建设和网络经济发展水平比较成熟情况下的一种模式。在我国现有的汽车行业发展水平上开展电子商务，不能要求一蹴而就，要根据我国的信息化发展水平和汽车工业管理水平逐步提高，逐步展开。

10.1.7 汽车电子商务发展策略

汽车电子商务的发展是一项复杂的社会系统工程，要充分考虑与国际接轨特别是零部件全球化采购局势，要求融入国际零部件交易网络，以开放性的网络精神进入网络和电子商务时代，促进我国汽车产业的良性发展。

1. 汽车企业应加速企业信息化建设

汽车企业要发展电子商务，必须有良好的信息化体系的支撑。企业的信息化是电子商务的基础，因此，发展电子商务首先要加速企业的信息化建设。目前，多数汽车企业普遍存在信息化基础落后的情况，与网络和电子商务技术的现代化形成了巨大反差，企业很难快速灵活地响应顾客的个性化需求。

作为汽车销售商，在商品信息管理系统上，要能够创建包括任何厂商、任何商品类别、任意数量的自建商品目录。在这些目录里，商品信息的任何更改，都可以实时地反映出来。对于汽车生产企业，不仅可以通过建立包括了任意商品类别的公开商品目录向销售商及消费者发布产品信息，也可以创建只供指定销售商查看的商品目录。在这些目录中，甚至可以提供特殊的优惠，而不用担心被其他供应商或未被指定的销售商浏览到。因此，汽车企业要把信息作为战略资源加以开发和利用，进而把诸多现代化科学管理方法和手段进行有机结合，实现系统的信息优化管理。

2. 汽车企业应设计一个开放的、交互的汽车电子商务方案

构建一个能够满足顾客需求的信息资讯平台是发展汽车电子商务至关重要的一步。实现商务或促成商务是汽车专业网站的最终目的，但传统汽车产业、网络业二者自身发展的完善程度需要一个培育过程。网络的技术优势和时空优势是实现商务目的的基础。要想真正实现商务目的，网络应该根据不同需求对信息进行深加工，向消费者、商家、厂家提供全方位、系统化、个性化的资讯服务。提供的信息资讯应是有效而且实用的。在信息资讯的实用性、有效性及技术实现方式上，应满足信息需求双方的对接性、交互性，因为网络资讯平台的最终目的还是要促成汽车商务的达成。

业内人士希望有一个好的电子商务解决方案来应对汽车采购、生产和销售的各个环节中存在的问题，以提高效率。但目前能适用于汽车业的电子商务相关产品少且不完善。许多汽车电子商务网站信息内容短缺，更新速度慢，不能为顾客提供众多有效的汽车商务信息。对于汽车产业，完善的电子商务解决方案应包括以下几点。

（1）全面搜集并分析顾客需求信息。
（2）自动完成采购预测。
（3）协同汽车生产与组装。
（4）实现销售商与供应商之间的信息交流。
（5）实现物流的跟踪与库存控制。
（6）进行自动补货监测。
（7）网络营销与高质量的服务。

3. 汽车企业应提高网络宣传水平

整个汽车交易过程中，网站对汽车品牌宣传、产品导购以及服务功能的桥梁作用越来越重要。网站不仅能够提供详细的展示和导购功能，还应该做到人-机对话、在线沟通交流等，做到与现场购车无差别的环境和条件。在形象宣传上，汽车企业要运用网络的虚拟环境，突出汽车的品牌文化、技术文化和服务文化，用有品位的文化特色宣传自己的汽车企业形象。

汽车企业和经销商在拓展网上交易市场时，不应过分强调网上销售额的多少，而应更多地考虑如何提升产品品牌的影响力。目前，大多数汽车消费者都会最终选择用离线方式购买汽车。因此，汽车企业可能很难看到网上销售额在短时间之内有显著增加。在这种情况下，Internet应该成为汽车制造商宣传其商品品牌的场所，可以在网上加大对重点产品性能及品牌的宣传，提高顾客对自己产品的认知程度，提高产品在国际贸易市场上的知名度。

4. 汽车企业应努力提高服务质量

汽车电子商务及汽车商业网站的前景，就是网络技术与传统汽车经济的结合。一方面，在企业面向最终用户进行产品推广时，企业网站应该用来帮助企业拓展新的商业模式，通过在企业网站上进行直接市场推广、营销和服务活动，加强企业对市场需求的响应能力。企业网站以最终客户为向导，并为他们提供更多的电子化服务。这些服务内容包括：提供详尽的产品目录和服务介绍；提供产品和服务的预订服务；提供技术咨询、培训及其他动态的服务查询，使顾客更好地利用已经购买的产品和服务；建立完整的网上营销业务等。另一方面，在企业业务流程的运作方面，企业网站应是沟通供应商、销售商以及合作伙伴的有力工具，能更加有效地组织起企业的各种资源，减少采购、生产、库存、销售和服务之间的环节，降低企业的生产成本和流通成本，提高企业的运营效率。通过建立企业网站，供应商、销售商以及合作伙伴都能被有效地纳入企业的工作流程。

10.2 汽车网络营销实务

汽车产业作为国民经济的支柱产业，已跨入了网络化时代，越来越多的汽车企业意识到网络对汽车营销的重要作用，纷纷投资发展网络营销，并将其视为未来营销竞争优势的主要途径。将来，汽车网络营销必将成为汽车营销的主要形式之一。

汽车营销是指在以顾客需求为中心的思想指导下，汽车企业所进行的有关汽车生产、流通和售后服务等与市场有关的一系列经营活动。汽车网络营销是汽车企业整体营销战略的重要组成部分，是建立在互联网基础上、借助互联网特性来实现一定营销目标的一种营销手段。

10.2.1 汽车网络营销的优势

1. 汽车网络营销给汽车企业带来的优势

1) 能及时了解顾客的需求

在汽车市场竞争日趋激烈的今天，企业比以往任何时候都更重视了解自己的客户是谁、客户需要什么样的产品等需求信息。网络技术为汽车企业进行市场研究提供了一个全新的通道，汽车企业可以借助它方便迅速地了解到全国乃至全球的消费者对本企业产品的看法和要求，随着互联网用户的急剧增长，网上调研的优势将更加明显。企业还可以借助互联网图文并茂的优势，与客户充分交流，满足客户的个性化需求，完成网上汽车定制。与此同时，网络技术为汽车企业建立客户档案、做好客户关系管理也带来了很大的方便。汽车企业有了这样的基础平台，就可以致力于做好客户信息挖掘，定期或不定期地了解客户的各种需求信息，从而赢得市场竞争的主动权。

2) 实现与顾客的有效沟通

汽车作为复杂而昂贵的商品，虽然在短期内无法完成网上看货、订货、成交、支付等，但是网络营销至少能够充分发挥汽车企业与客户相互交流的优势。汽车企业可以利用网络为顾客提供个性化服务，满足顾客真正希望得到的使用价值及额外的消费价值。汽车网络营销以企业和顾客之间的深度沟通，使企业获得顾客的深度认同，满足顾客的显性和隐性需求，是一种新型的、互动的、更加人性化的营销模式，能迅速拉近企业和消费者的情感距离，企业通过大量人性化的沟通工作，树立良好企业形象，使产品品牌对客户的吸引力逐渐增强，从而实现由沟通到顾客购买的转变。

3) 获取低廉的成本

与传统的营销方式相比较，开展网络营销可以使得汽车企业以较低的成本去组织市场调研，了解顾客的需求，根据市场需求开发新产品，发布产品信息，进行广告宣传，完成客户咨询，实施双向沟通等，有利于汽车企业降低生产经营成本，增强产品价格优势。同时，网络营销信息传递及时，增强了企业信息获得、加工和利用的能力，使企业提高市场反应速度，避免机会损失和盲目营销损失，改善营销绩效。总之，网络营销可以为企业节约时间和费用，提升营销效率，既使企业获得低廉的成本，又使顾客获得实惠。

4）方便用户购买

由于生产集中度和厂家知名度相对较高，产品的知名度也比较高，企业比较注重市场声誉，服务体系较为完备，同时对企业营销的相关监督措施较为得力，像汽车、家电等高档耐用消费品，在市场发育较为成熟后就特别适合网络营销。顾客可以放心购买，不必过于顾虑产品质量等问题。而网络营销，顾客可以浏览网上车市，不用到购车现场就可以在网上完成信息查询、比较决策、产品定制、谈判成交乃至货款支付等购车手续，接下来客户只需等待厂家的物流配送机构将商品车(甚至已办妥使用手续)交到自己的手中，真正实现足不出户买汽车。此外，网上交易还不受时间和地域的限制，这也从另一方面给广大汽车消费者带来了便利。

2. 汽车网络营销给消费者带来的优势

1）宣传形式多样，内容丰富

汽车产业链条的多环节以及与外围产业的交叉，决定了汽车消费的多样性和复杂性，除了购车消费，汽车消费可以延伸到维修、养护、美容、配件、保险、信贷等。这就决定了在消费者有所需求的时候便可以方便登录网站，享受网络平台提供的各种资讯和服务，网络广告可以利用文字、声音、图像、动画、三维空间、全真图像等多种手段，将产品全面、真实地提供给网络用户。这保证了网络媒介可以作为消费者的伙伴，在消费者购买行为发生前后的整个消费链条中，给予汽车用户全程关注和跟踪服务。

2）宣传信息定位准确，传播及时

网络窗口式互动使得受众可以有针对性地选择广告的内容、详细程度、观看时间和次数。同时可以知道，通过点击进入的基本上是对广告内容或者企业的产品感兴趣的。可以通过程序跟踪客户的来源和兴趣。网络媒介在传播信息方面具有快速实时的特点，这是传统媒体无法拥有的优势。对于消费者来说，使得消费者能够迅速了解汽车行业市场行情，第一时间掌握促销信息、降价信息、车型款式等。对于厂家和经销商来说，能够及时把握市场动态和竞争对手状况，积极调整营销战略，促进市场竞争。

3）网络媒介搜索功能方便，消费者可准确定位目标产品和所需信息

消费者在登录汽车网络频道或网站之后，可以通过检索功能，通过不同的指标，包括价格、品牌、车型、排放和所在城市等，单检索或者复检索符合自己要求的车型。网络媒介的检索功能和超链接使得消费者能够方便地对产品进行比较，消费者在购买汽车之前，既要充分了解汽车信息，同时也非常看中不同车型之间的比较。因此，在横向比较便捷性这方面，网络媒介无疑对汽车消费者有很大的帮助。

10.2.2 国内汽车网络营销存在的问题

1. 品牌意识不强

根据《中国汽车行业互联网品牌营销状况调查》统计数据，在接受调查的跨国汽车企业中国网站中，启用 CN 域名比例高达 97.1%，而国内汽车企业或品牌则以 69.6% 落后

于外资企业，显示出与跨国公司在互联网品牌营销上的不小差距。品牌经营是市场营销的高级阶段，是网络营销的基础与灵魂。网络营销只有建立在知名度高、商业信誉好、服务体系完备的汽车品牌的基础上，才能产生巨大的号召力与吸引力，广大用户才能抛弃传统的实物现场购车习惯，接受网上购车等新的交易方式。而我国的部分汽车品牌缺乏科学化、现代化、规范化的操作系统，品牌意识及实力还有待提升。网络经营者面对的首要问题是如何把自己的品牌打出去，扩大自己站点的知名度，网站的知名度提高了，便会有网络用户光顾站点，自然也会吸引不少的广告客户，我国汽车网站目前注重培养推销产品的品牌，却很少注重打造网站自己的品牌，客户往往是寻找知名的产品，却不知道有哪个网站能更全面、更准确地找到，目前客户信任度较高的多数还是门户网站的汽车频道，而专业网站的品牌则较少。

2. 创新意识不强

国内汽车网站一般规模不大，网站的服务内容以及广告和一些知名的门户网站大同小异，网站新闻内容有些是转载其他网站的，或转载一些杂志报纸的，没有自己的特色，没有做出本土网站的优势，没有新意，也就意味着没有生命力。

3. 互动功能不强

目前，国内大部分汽车企业只是建立了一个网站，借助网络技术做网络广告、促销宣传、车型介绍、信息发布、价格查询以及收发电子邮件等简单业务，有的企业甚至只是将企业的厂名、简介、车型、研发成果、通信地址、电话等简单信息挂在网上，互动功能很少，网络的应用还只是停留在初级阶段，更有效的功能没有发挥出来，从而大大降低了网络的使用效率和网站的功能，互动功能应是未来汽车专业网站要发展和开拓的主要功能方向。

4. 服务功能不强

我国的汽车网络媒体区别于国外的同类网站的最大特点是：还处于单纯的资料库与新闻展播的层次上，其交易等多元化和经济平台等各方面的服务功能基本上还未得以发挥和实现，销售全程跟踪服务更是远远没有展开。简单的资料和信息服务，远远满足不了消费者的需求，也难以对汽车专业网站构成有力支撑。

5. 汽车网络营销人才缺乏

网络高科技是网络营销发展的推动力，与其他营销模式相比较，网络营销对信息技术（IT）的要求较高，如营销信息的采集、处理与分析、市场调研与管理决策等活动，都需要强有力的技术支持。而目前国内汽车网络营销的整体发展还处在初级阶段，缺乏大量的既懂网络技术又懂汽车营销的复合型人才，这种人才需要有一个培养过程。

6. 物流网络不完善

由于网络营销具有信息流与物流相分离的特点，所以物流配送便成为保证网络营销的又一关键环节。目前，国内物流企业的整体发展水平较低，物流企业规模小，技术及设备落后，管理经验不足，使汽车企业缺乏社会化的物流配送支持。因此，许多汽车企业不得不自建配送中心，形成配送中心无法实现物流的规模化经营、物流作业能力和利用率较低的局面；或由于受到投资能力的限制，而不能建立地区配送中心，形成不能及时将商品交付给客户的局面。

7. 网络服务水平低、收费高

网络营销的发展依赖于一个具有一定规模的网上消费群体,即必要的客户基础,而这个群体的壮大主要受到网络速度与上网费用两个因素的影响。有关调查表明,有86.1%的中国用户抱怨互联网速度太慢,服务质量较差,许多网站无法登录。另外,上网费用比较高,据权威部门计算,我国人均收入不过美国的1/10,但获取相同的信息量,国人要比美国人多付出12.88倍的上网费用。低水平的网络服务与高额的收费已经成为制约网络营销发展的一道瓶颈。

10.2.3　汽车网络营销方式

汽车企业的商业网站是汽车企业与顾客之间实现信息流通的主动脉,也是汽车企业开展网络营销必不可少的前提条件,应尽可能多地运用多媒体工具,把汽车企业的情况、产品、功能以三维立体图形或动画的方式表现出来,最大限度地满足消费者的需求。汽车企业网上营销的基本方式是:网络表现、网络交互和网络商务。

1. 网络表现

网络表现是指汽车企业在门户网站或专门网站上进行自我展示,其主要表现形式有以下几种。

(1) 广告。即硬性地投放在网站上,以图片或文字的方式出现在显要位置,表现的主题是企业商标、汽车品种、车型参数和配置、价格等。

(2) 目录。加入某个搜索引擎以待用户查询。

(3) 商情。在某个发布平台将自己的商业动态和经营信息传播开来。

(4) 页面。拥有独立的网页或建设自己的网站,全方位地体现汽车企业形象,如图10-8所示。

图10-8　一汽-大众官方网站

2. 网络交互

拥有独立空间或信息平台的汽车企业通过自己的产品表现进行在线交易或服务,其主要表现形式有以下几种。

（1）调查。通过汽车用户的反馈信息了解市场需求和产品销售状况，并对销售趋势及产品市场占有率进行在线统计。

（2）订货。用户如果需要某种车型的汽车可要求配货或预定，汽车企业可以通过信息传递要求各地的分支企业来完成对用户的服务。

（3）投诉。为汽车用户的直接投诉提供通道，以提高服务质量，获得消费者的好感，从而发展潜在客户。

（4）建议。对汽车产品及企业有信心的用户往往会提出好的建议，为汽车企业的市场定位、决策提供有益的参考。汽车企业应该认真对待消费者的建议，在其基础上调整企业决策。

3．网络商务

网络商务是高技术实现与管理实现的结合，它以汽车企业经营现代化为基础。如果汽车企业已经实现了办公自动化，可以在保证内部系统安全的条件下与外部系统连接起来。其主要表现形式有以下几种。

（1）订单管理。用户在线购买产品并在线支付购物款。订单上的客户资料进入客户管理系统，汽车产品资料进入库存和物资流通管理系统，付款进入资金管理系统。这些系统的信息将反馈给订单系统以确认是否有效。

（2）客户管理。客户在交易行为产生后，系统就会进行定期或随机的跟踪服务，并对客户的反馈信息搜集整理，予以回复。反馈信息经统计后形成意见提交给管理人员。

（3）库存管理。仓储及流水线的控制数据需要输入此系统以调剂市场供求，并影响采购系统的运作。

（4）物流管理。订购信息会直接决定汽车产品的送货时间、频率、负荷和路线，从而清楚地计算成本，调整运输策略。

（5）采购管理。依赖于网页上发布的采购供求信息，也依赖于企业内部提交的市场预测。仓储及流动资金的信息通过内部系统可以直接连接采购平台，实时发布采购信息，保证供货时间与质量符合生产的需求。

（6）资金管理。汽车企业财务的管理基于企业内部的财务系统，银行资金的调用必须与内部调配相结合。在线资金流动不仅可以显示经营业绩，还可以进行电子报税以及其他的在线金融项目操作，使会计电算化的应用达到一个新的水平。

（7）数据管理。数据是现代化汽车管理的客观依据，网络的数据处理功能是在线数据管理的基础。网络数据库可以根据企业的需要实时统计目标主题的数据内容，进行数据分类处理，形成一份无人为误差的分析报告。

（8）信息管理。汽车企业的各种信息都可以被企业内部网络中的所有终端共享。无论是文档还是命令，都可以通过网络传递，汽车企业的行政管理和商业流程都会变得更加有序，执行起来会更为轻松。

10.2.4　汽车网络营销流程

1．直销流程

（1）消费者进入Internet，查看汽车企业和经销商的网页，在这样的网页上，消费者通过购物对话框填写购货信息，包括：个人信息、所购汽车的款式、颜色、数量、规格、价格等。

(2) 消费者选择支付方式，如信用卡、电子货币，电子支票、借记卡等，或者办理有关贷款服务。

(3) 汽车生产企业或经销商的客户服务器检查支付方服务器，确认汇款额是否认可。

(4) 汽车生产企业或经销商的客户服务器确认消费者付款后，通知销售部门送货门。

(5) 消费者的开户银行将支付款项传递到消费者的信用卡公司，信用卡公司负责发给消费者收费单。

直销流程如图 10-9 所示。

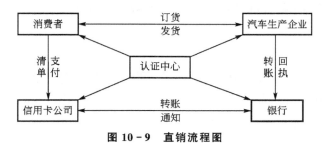

图 10-9 直销流程图

2. 中介交易流程

以 Internet 为基础，利用先进的通信技术和计算机软件技术，将汽车生产商、经销商甚至零部件生产商和银行紧密地联系起来，为客户提供市场信息、商品交易、仓储配送、货款结算等全方位的服务。

(1) 买卖双方将各自的供应和需求信息通过网络告诉网络汽车交易中心，交易中心通过信息发布服务向参与者提供大量详细的汽车交易数据和市场信息。

(2) 买卖双方根据网络汽车交易中心提供的信息选择自己的贸易伙伴。交易中心从中撮合，促使买卖双方签订合同。

(3) 交易中心在各地的配送部门将汽车送交买方。

中介交易流程如图 10-10 所示。

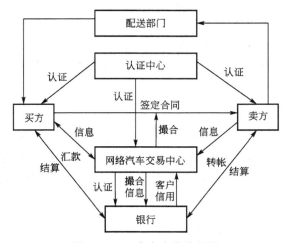

图 10-10 中介交易流程图

10.2.5　国内汽车网络营销发展策略

1. 树立品牌意识

品牌经营是汽车市场营销的高级阶段,是汽车网络营销的基础和灵魂。网络营销只有建立在知名度高、商业信誉好、服务体系完备的汽车品牌的基础上,才能产生巨大的号召力与吸引力,广大用户才能抛弃传统的实物现场购车习惯,接受网上购车等新的交易方式。我国汽车企业应该建立科学、现代、规范的操作系统,树立品牌意识,提高品牌实力。

2. 提高创新意识

国内汽车企业应该建立具有自己特色的汽车营销网站,实时更新自己的汽车产品信息以及国内外汽车的新动态,网站建设要有新意,不要只是照抄国外的汽车网站。

3. 加强与消费者的互动,提高服务水平

汽车网站除了完成网络广告、促销宣传、车型介绍、信息发布、价格查询以及收发电子邮件等简单业务外,还要与消费者进行交流,了解消费者的需求,满足消费者购车的个性化要求,提高自己的服务水平,拉近与消费者的情感距离。

4. 培养汽车网络营销人才

汽车网络营销能够取得成功,在很大程度上取决于汽车企业所拥有的既懂汽车技术又懂网络营销管理的高素质人才。汽车企业应着力培养出一批网络营销精英,并借助于这批素质高、能力强、业务精的专业人才,才能稳步推进汽车网络营销的发展。

5. 完善网络基础设施

国家要加快网络技术开发,改善网络基础设施,建设信息高速公路,提高完善服务水平,为网络营销的发展提供一个良好的物质基础。值得一提的是,截至 2014 年 12 月,我国网民规模达 6.49 亿,互联网普及率为 47.9%。我国域名总数为 2060 万个,其中".CN"域名总数年增长为 2.4%,达到 1109 万,在中国域名总数中占比达 53.8%;中国网站总数为 335 万。2000 年中国网通宽带高速互联网正式开通,一期工程全长 8490km,网络总传输带宽高达 4GB,贯穿我国东南部 17 个重点城市,这将为国内网络营销奠定强大的通信设施基础。

6. 健全物流配送系统

国家应鼓励建立一批跨地区、跨部门、跨企业的现代化大型物流企业集团,完善集物流、商流、信息流于一体的社会物流体系,实现物流配送系统的专业化、系统化、网络化、信息化、现代化、规模化及社会化,为网络营销的发展提供强有力的社会支撑。

7. 建立、健全网络营销的法律、法规体系

网络营销在我国还是一种新的营销手段,尚处于导入阶段,需要有一个良好的法制环境。健全网络营销的法律、法规体系,一方面要求对原有的法律体系进行必要的调整;另一方面又需要制定新的法律、法规,以适应网络营销的发展。

10.3　网络营销模式及特点

国际电信联盟发布的数据显示，2014年底，全球互联网用户已超过30亿人，全球的互联网用户普及率达到40%。互联网已经渗透到政治、经济和社会文化的各个领域，进入人们的日常生活中，并带来社会经济和人类生活方式的重大变革。由于互联网的迅速普及，使网络营销正以超乎人们想象的速度发展，并且在市场实战中显现出以小搏大的功效。

10.3.1　网络营销的概念及内容

1. 网络营销的概念

网络营销是企业营销实践与现代信息通信技术、计算机网络技术相结合的产物，是指企业以电子信息技术为基础、以计算机网络为媒介和手段而进行的各种营销活动（包括网络调研、网络新产品开发、网络促销、网络分销、网络服务等）的总称。简单地说，网络营销就是以客户需求为中心的营销模式，是市场营销的网络化。网络营销可以使企业的营销活动始终和三个流动要素（信息流、资金流和物流）结合并流畅运行，形成企业生产经营的良性循环。开展网络营销前必须正确理解网络营销。

1）网络营销不是网上销售

网上销售是网络营销发展到一定阶段产生的现象，但网络营销本身并不等同于网上销售。一方面，网络营销的目的并不仅仅是促进网上销售，还可以表现为企业品牌价值的提升、与客户之间沟通的加强、对外信息发布渠道的拓展和对顾客服务的改善等。另一方面，网上销售的推广手段也不仅仅靠网络营销，还需要采取许多传统的方式，如传统媒体广告、发布新闻和印发宣传册等。

2）网络营销不等于网站推广

网络营销的开展需要科学地制定网络营销目标与计划，而不能片面地认为网络营销就是网站推广，网站推广只是网络营销的基础性内容。单纯的网站推广，其营销效果会大打折扣。企业往往发现，虽然网站访问量提高了，关键词搜索也使用了，却没有带来多少客户和订单，这是因为相关配套的网络营销措施不到位。所以企业在开展网络营销时，要制定包括网站推广在内的系统而周密的网络营销计划，才能达到预期效果。

3）网络营销是手段而不是目的

网络营销具有明确的目的和手段，但网络营销本身不是目的。网络营销是为实现网上销售目的而进行的一项基本活动。网络营销是营造网上经营环境的过程，也就是综合利用各种网络营销方法、工具、条件并协调它们之间的相互关系，从而更加有效地实现企业营销目的的手段。

4）网络营销不局限于网上

由于互联网本身还是一个新生事物，上网人数占总人数的比例还很小。即使对于已经上网的人来说，由于种种因素的限制，尽管有意寻找相关信息，但在互联网上通过一些常规的搜索方法也不一定能找到所需信息。尤其对于许多初级用户来说，他们可能根本不知

道如何去查询信息。因此，一个完整的网络营销方案，除了在网上做推广之外，还很有必要利用传统营销方法进行网下营销。

5）网络营销不等于电子商务

电子商务的定义强调的往往是电子化交易的基础或形式，也可以简单地理解为电子商务就是电子交易。可以说网络营销是电子商务的基础，在具备开展电子商务活动的条件之前，企业照样可以开展网络营销。网络营销只是一种手段，无论传统企业还是互联网企业都需要网络营销，但网络营销本身并不是一个完整的商业交易过程。

6）网络营销不是孤立存在的

许多企业开展网络营销的随意性很大，往往是根据网络公司的建议进行，而企业营销部门几乎不参与，网络营销成了网络公司的表演秀。事实上，网络营销应纳入企业整体营销战略规划。网络营销活动不能脱离一般营销环境而独立存在，网络营销应被看作传统营销理论在互联网环境中的应用和发展。网络营销与传统市场营销策略之间并不冲突，但由于网络营销依赖互联网应用环境而具有自身的特点，因而有相对独立的理论和方法体系。在营销实践中，往往是传统营销和网络营销并存。

2. 网络营销的内容

网络营销是依托网络开展各种营销活动来实现企业目标，虽然其营销目的、营销工具与传统的营销方式基本相同，但在实施和操作过程中与传统的营销方式有很大区别。具体来讲，网络营销主要包括以下内容。

1）网上市场调查

网上市场调查是指企业利用互联网的交互式信息沟通渠道来实施市场调查活动，所采取的方法包括直接在网上通过发布问卷进行调查，企业也可以在网上收集市场调查中需要的各种资料。网上市场调查的重点是利用网上调查工具，提高调查的效率和调查效果，同时利用有效的工具和手段收集整理资料，在互联网浩瀚的信息库中获取想要的信息和分辨出有用的信息。

2）网络消费者行为分析

网络消费者是网络社会的一个特殊的群体，与传统市场上的消费群体的特性是截然不同的，因此，要开展有效的网络营销活动必须要深入了解网上用户群体的需求特征、购买动机和购买行为模式。互联网作为信息沟通的工具，正成为许多有相同兴趣和爱好的消费群体聚集交流的地方，在网上形成了一个个特征鲜明的虚拟社区，网上消费者行为分析的关键就是要了解这些虚拟社区的消费群体的特征和喜好。

3）网络营销策略的制定

企业在采取网络营销实现企业营销目标时，必须制定与企业相适应的营销策略，因为不同的企业在市场中所处的地位是不同的。企业实施网络营销需要进行投入，并且也会有一定的风险，因此企业在制定本企业的网络营销策略时，应该考虑各种因素对网络营销策略制定的影响，如产品周期对网络营销策略的影响。

4）网络产品和服务策略

网络作为有效的信息沟通渠道，改变了传统产品的营销策略，特别是营销渠道的选择。在网上进行产品和服务营销，必须结合网络特点重新考虑对产品的设计、开发、包装和品牌的产品策略研究，因为存在不少传统的优势品牌在网络市场上并不一定是优势品牌的例子。

5）网络价格营销策略

作为一种新的信息交流和传播工具，互联网从诞生伊始就实行自由、平等和信息基本免费的策略，因此，在网络市场上推出的价格策略大多采取免费或者低价策略。所以，制定网上价格营销策略时，必须考虑到互联网对企业产品的定价影响和互联网本身独特的免费特征。

6）网络渠道选择与直销

互联网对企业营销活动影响最大的是企业的营销渠道。经历了从传统市场到网络市场战略性转移的 Dell 公司，借助互联网交易双方可以直接互动的特性建立了网上直销的销售模式，改变了传统渠道中的多层次选择和管理与控制的问题，最大限度地降低了营销渠道中的营销费用，通过网络营销获得巨大成功和巨额利润。但是企业在建设自己的网上直销渠道时必须在前期进行一定的投入，同时还要结合网络直销的特点改变本企业传统的经营管理模式。

7）网络促销与网络广告

互联网具有双向的信息沟通渠道的特点，可以使沟通的双方突破时空限制进行直接的交流，操作简单、高效，并且费用低廉。互联网的这一特点使得在网上开展促销活动十分有效，如图 10-11 所示。但是在网上开展促销活动必须遵循在网上进行信息交流与沟通的规则，特别是遵守一些虚拟社区的礼仪。网络广告是进行网络营销最重要的促销工具，网络广告作为新兴的产业已经得到了迅猛的发展。网络广告作为在第四类媒体上发布的广告，其交互性和直接性的特点具有报纸杂志、无线电广播和电视等传统媒体发布广告无法比拟的优势。

图 10-11　广汽三菱新帕杰罗团购促销活动

8）网络营销管理与控制

网络营销依托互联网开展营销活动，必将面临传统营销活动无法碰到的许多新问题，如网络产品质量的保证问题、消费者隐私保护问题以及信息的安全问题等，这些都是网络营销必须重视和进行有效控制的问题，否则企业开展网络营销的效果就会适得其反。

10.3.2 网络营销的特点

由于网络营销是在网络和信息技术的基础上开展营销活动,因此,与传统的营销方式相比,网络营销具有以下特点。

1. 跨时空

通过互联网能够超越时间约束和空间限制进行信息交换,因此使得脱离时空限制达成交易成为可能,企业能有更多的时间和在更大的空间中进行营销,每周 7 天,每天 24 小时,随时随地向客户提供全球性的营销服务,以达到尽可能多地占有市场份额的目的。

2. 多媒体

参与交易的各方通过互联网可以传输文字、声音、图像、动画等多种媒体的信息,从而使为达成交易进行的信息交换可以用多种形式进行,能够充分发挥营销人员的创造性和能动性。

3. 交互式

企业可以通过互联网向客户展示商品目录,通过链接资料库提供有关商品信息的查询,可以和顾客进行双向互动式的沟通,可以收集市场情报,可以进行产品测试与消费者满意度的调查等,因此,互联网是企业进行产品设计、商品信息提供以及服务提供的最佳工具。

4. 人性化

在互联网上进行的促销活动具有一对一、理性的、消费者主导、非强迫性和循序渐进式的特点,这是一种低成本、人性化的促销方式,可以避免传统的推销活动所表现的强势推销的干扰。并且,企业可以通过信息提供与交互式沟通,与消费者建立起一种长期的、相互信任的良好合作关系。

5. 成长性

遍及全球的互联网上网者的数量飞速增长,而且上网者中大部分是年轻的、具有较高收入的和高教育水准的群体,由于这部分群体的购买力强,而且具有很强的市场影响力,因此,网络营销是一个极具开发潜力的市场渠道。

6. 整合性

在互联网上开展的营销活动,可以完成从商品信息的发布到交易操作的完成和售后服务的全过程,这是一种全程的营销渠道。另一方面,企业可以借助互联网将不同的传播营销活动进行统一的设计规划和协调实施,通过统一的传播途径向消费者传达信息,从而可以避免不同传播渠道中的不一致性产生的消极影响。

7. 超前性

互联网兼具渠道、促销、电子交易、互动顾客服务以及市场信息分析与提供等多种功能,是一种功能强大的营销工具,并且它所具备的一对一营销能力,正迎合了定制营销与直复营销的未来趋势。

8. 高效性

网络营销应用计算机储存大量的信息,可以帮助消费者进行查询,所传送的信息数量与精确度,远远超过其他传统媒体。同时还能够适应市场的需求,及时更新产品阵列或调整商品的价格,因此能及时有效地了解和满足顾客的需求。

9. 经济性

网络营销使交易的双方能够通过互联网进行信息交换,代替传统的面对面的交易方式,可以减少印刷与邮递成本,进行无店面销售而免交租金,节约水电与人工等销售成本,同时也减少了由于交易双方之间的多次交流所带来的损耗,提高了交易的效率。

10. 技术性

建立在以高技术作为支撑的互联网基础上的网络营销,使企业在实施网络营销时必须有一定的技术投入和技术支持,必须改变企业传统的组织形态,提升信息管理部门的功能,引进懂营销与计算机技术的复合型人才,方能具备和增强本企业在网络市场上的竞争优势。

综上所述,网络营销依托互联网在全球的广泛使用和电子商务网络市场的飞速发展,以其源于传统营销又超脱于传统营销的特点和优势,帮助众多企业取得了极大的经济效益和社会效益,得到社会各界广泛的关注和认可,给市场营销领域带来了一场巨大的变革,前景辉煌。

10.3.3 网络营销的功能

网络营销的功能很多,具体的功能主要有以下八项。

1. 信息搜索功能

信息的搜索功能是网络营销进击能力的一种反映。在网络营销中,将利用多种搜索方法,主动地、积极地获取有用的信息和商机;将主动地进行价格比较;将主动地了解对手的竞争态势;将主动地通过搜索获取商业情报,进行决策研究。搜索功能已经成为了营销主体能动性的一种表现,一种提升网络经营能力的经济手段和竞争手段。

2. 信息发布功能

发布信息是网络营销的主要方法之一,也是网络营销的又一种基本职能。无论哪种营销方式,都要将一定的信息传递给目标人群。但是网络营销所具有的强大的信息发布功能,是古往今来任何一种营销方式所无法比拟的。

网络营销可以把信息发布到全球任何一个地点,既可以实现信息的广覆盖,又可以形成地毯式的信息发布链;既可以创造信息的轰动效应,又可以发布隐含信息。信息的扩散范围、停留时间、表现形式、延伸效果、公关能力、穿透能力,都是最佳的。

3. 商情调查功能

网络营销中的商情调查具有重要的商业价值。对市场和商情的准确把握,是网络营销中一种不可或缺的方法和手段,是现代商战中对市场态势和竞争对手情况的一种电子侦察。

在激烈的市场竞争条件下,主动地了解商情、研究趋势、分析顾客心理、窥探竞争对手动态是确定竞争战略的基础和前提。在线调查或者电子询问调查表等方式,不仅省去了大量的人力、物力,而且可以在线生成网上市场调研的分析报告、趋势分析图表和综合调查报告。其效率之高、成本之低、节奏之快、范围之大,都是以往其他任何调查形式所做不到的。这就为广大商家提供了一种市场的快速反应能力,为企业的科学决策奠定了坚实的基础。

4. 销售渠道开拓功能

网络具有极强的进击力和穿透力。传统经济时代的经济壁垒、地区封锁、人为屏障、交通阻隔、资金限制、语言障碍、信息封闭等,都阻挡不住网络营销信息的传播和扩散。新技术的诱惑力,新产品的展示力,文图并茂、声像俱显的昭示力,网上路演的亲和力,地毯式发布和爆炸式增长的覆盖力,将整合为一种综合的信息进击能力,能快速地打通封闭的坚冰,疏通种种渠道,打开进击的路线,实现和完成市场的开拓使命。

5. 品牌价值扩展和延伸功能

美国广告专家莱利·莱特预言:未来的营销是品牌的战争。拥有市场比拥有工厂更重要。拥有市场的唯一办法,就是拥有占据市场主导地位的品牌。

互联网的出现,不仅给品牌带来了新的生机和活力,而且推动和促进了品牌的拓展和扩散。实践证明:互联网不仅拥有品牌、承认品牌,而且在重塑品牌形象、提升品牌的核心竞争力、打造品牌资产方面,具有其他媒体不可替代的效果和作用。

6. 特色服务功能

网络营销具有和提供的不是一般的服务功能,而是一种特色服务功能,其服务的内涵和外延都得到了扩展和延伸。

顾客不仅可以获得形式最简单的FAQ(常见问题解答)、邮件列表以及BBS、聊天室等各种即时信息服务,还可以获取在线收听、收视、订购、交款等选择性服务,无假日的紧急需要服务,信息跟踪、信息定制到智能化的信息转移服务,手机接听服务及网上选购,送货到家的上门服务等。这种服务以及服务之后的跟踪延伸,不仅极大地提高顾客的满意度,使以顾客为中心的原则得以实现,而且使客户成为了商家的一种重要的战略资源。

7. 顾客关系管理功能

客户关系管理源于以客户为中心的管理思想,是一种旨在改善企业与客户之间关系的新型管理模式,是网络营销取得成效的必要条件,是企业重要的战略资源。

在传统的经济模式下,由于认识不足或自身条件的局限,企业在管理客户资源方面存在着较为严重的缺陷。针对上述情况,在网络营销中,通过客户关系管理,将客户资源管理、销售管理、市场管理、服务管理、决策管理融合于一体,将原本疏于管理、各自为战的销售、市场、售前和售后服务与业务统筹协调起来。既可以跟踪订单,帮助企业有序地监控订单的执行过程,规范销售行为,了解新、老客户的需求,提高客户资源的整体价值,又可以避免销售隔阂,帮助企业调整营销策略,收集、整理、分析客户反馈信息,全面提升企业的核心竞争能力。客户关系管理系统还具有强大的统计分析功能,可以为我们提供"决策建议书",以避免决策的失误,为企业带来可观的经济效益。

8. 经济效益增值功能

网络营销会极大地提高营销者的获利能力,使营销主体提高或获取增值效益。这种增值效益的获得，不仅由于网络营销效率的提高、营销成本的下降、商业机会的增多，更由于在网络营销中，新信息量的累加会使原有信息量的价值实现增值或提升其价值。

10.3.4 网络营销模式

进行网络营销最重要的是根据企业的性质和营销目标选择合理的营销模式，营销模式的确立对于企业经营的成功至关重要。目前常用的网络营销的模式主要有以下几种。

1. 在线商店模式

在线商店模式的主要目标是利用网络技术缩短企业与顾客之间的距离，是向消费者直接销售产品或提供服务的经营模式。这类网站实质上是一个电子版的产品目录商，这些虚拟的店铺通过精心编制的文字和图片来描述它们所提供的产品和服务进行促销活动，它们拥有网络数据库，提供在线交易系统。一旦消费者决定购买则发出订货单，企业据此安排生产、组织送货。

在线商店可以分为两大部分：第一部分是消费者可以接触到的部分——在线商店的前台部分，即顾客在电子商店中选择商品、通过购物车核对所购物品的品种数量、下电子订单、进行电子支付、选择付款方式和送货方式等一系列过程。第二部分是在线商店的后台管理部分，包括网站的维护与更新、客户关系管理、订单管理、电子支付平台、库存管理和商品配送系统等部分。

2. 企业间网络营销模式

企业间的网络营销模式是利用网络营销平台将企业的上下游产业紧密地整合在一起，即将原料供应商、产品经销商、运输商、往来银行甚至海关连成一体，实行网络的交易与管理，有效地加快了信息的流通速度、减少中间流通环节、缩短供货周期、降低经营成本、提高运营的效率和经济效益。

企业间的网络营销系统既可以建得相对简单，只跟某一个企业建立 B to B 的供应关系，也可以建得很复杂，将多个上下游合作伙伴用网络连成一体。企业间网络营销系统需要企业建立一个高效、实用、易于扩展的网络营销平台，还要配备一个企业内部局域网，将网络营销平台与企业资源计划、供应链系统、客户关系管理系统、配送系统等整合成一个完整的电子商务系统。

3. 中立交易平台模式

中立交易平台模式是众多电子商城广泛使用的一种模式。电子商城属于一种完全的电子商务企业，它既不生产产品，也不购买产品，只是为其他企业提供一个电子交易的平台，通过扩大电子商城的知名度吸引消费者到商城购物，通过招商吸引商家进驻商城，向进驻商城的商家收取服务费从而实现盈利，如图 10-12 所示。这类电子商城的知名度越高，所提供的服务越好，入驻的商家越多，商城的访问量就越大，效益也就越好。中立交易平台模式的优点是将分散的电子零售店集中起来，为招商企业提供统一的电子结算渠道、物流配送系统及其他配套服务，实现规模经济；具有为消费者提供信息集成的综合优势，减少消费者搜索信息的成本，从而增加商城的访问量，增强品牌形象和知名度。

对招商企业来说，不必自己投资建立网站，而是在电子商城中租用一个摊位，设立网上专卖店，利用电子商城的知名度和众多顾客来销售自己的产品或服务。这样可以缩短企

图 10-12 庞大汽车电子商城

业开展电子商务的周期,简化了开展电子商务的复杂过程,增加在网上为顾客展示产品的窗口,并且可以直接获得网上销售收入,同时不需要太多的有关网站建设方面的专业知识,便于管理和经营,从而做到投资少、收益大、见效快。

4. 网上采购模式

采购是企业为进行正常的生产、服务和运营而向外界购买产品和服务的行为,是企业运营过程中的一个重要组成部分,直接影响着生产环节,对销售以及企业最终利润的实现有着很大的影响。网上采购就是企业通过互联网采购产品,包括企业通过网络了解供应商的产品信息,通过比较选择合适的供应商,经过贸易洽谈达成交易及签订采购合同的全部过程。企业实行网上采购可以建立网上采购平台,也可以利用公共采购平台。在传统采购中由于中间环节过多提高了进货成本,由于管理不善及其他人为因素造成采购原材料价格过高或质量低下,相比之下网上采购则有着如下的优点。

(1) 利用网络将采购信息进行整合和处理、统一订货,选择合适的供货商,从而求得最大批量折扣。

(2) 利用网络将生产信息、库存信息和采购系统连接在一起,企业根据需要适时采购,最大限度地降低库存,减少资金占用和仓储成本,避免价格波动对生产的影响。

(3) 实行库存、采购管理的自动化和科学化,提高采购效率和保证原料质量,避免人为因素造成的不必要损失。

网上采购有买方为主、卖方为主和中立采购平台三种形式。

5. 网络招投标模式

招标是由采购方或主办单位发出通知,说明准备采购的商品或兴办工程的要求,提出交易条件,邀请卖主或承包人在指定的期限内提出报价。投标是一种严格按照招标方规定的条件,由卖主或承包人在规定的期限内提出报价,争取中标达成协议的一种商务方式。网络招投标是通过互联网完成招标和投标的全过程,它的优点如下。

(1) 网络招投标体现了"公开、公平、竞争、效益"的原则。电子招标网络系统的可靠性和安全性可以避免招投标过程中的暗箱操作现象,使不正当交易、招标人虚假招标、私泄标底、投标人串通投标、贿赂投标等腐败现象得以制止。

(2) 网络招投标减轻了企业招投标过程中的信息发布、信息交换等方面的负担,提高了工作效率,缩短了招投标周期,降低了招投标过程中的成本,节约了资源。

(3) 企业通过网络实行网络招投标可以实行标书审核的电子化,既可以扩大招标范围,获得更大的主动权,又充分体现了"择优录取"的原则。

6. 网络拍卖模式

网络拍卖是卖方借助拍卖网站通过不断变换的标价向购买者销售产品的行为。网络拍卖的竞价形式有两种,即正向竞价和逆向竞价。其交易方式有三种:竞价拍卖、竞价拍买和集体议价,有的网站可能同时兼有几种交易方式,其中竞价拍卖为正向竞价模式,而竞价拍买和集体议价为逆向竞价模式。

7. 电子报关模式

入世后中国企业与国际市场的联系更为紧密,进出口贸易会越来越多。企业的全球化运作对商品进出口物流的速度有了更高的要求,而影响进出口物流速度的瓶颈往往是报关环节,要提高进出口贸易的效率,必须要解决报关的速度,因此电子报关将是一个发展趋势。电子报关有如下优点。

(1) 提高海关的管理效率,减轻工作强度,改善通关质量,减少通关时间。

(2) 促进企业进出口贸易,杜绝逃税现象;如果海关和银行能够联网,就可以掌握进出口商品的真实价格和交易额,有效制止用假发票欺骗海关。

在我国一些海关(如上海、青岛、南京、杭州、宁波、深圳、拱北、黄埔)已经率先实行了电子报关,凡是有报关权的企业并具有联网条件的,均可采用 EDI 方式向海关进行电子申报。电子报关的程序包括企业填写电子报关申请表,海关进行电子审单,办理税费征收手续以及查验放行等一系列过程。

8. 电子邮件营销模式

电子邮件列表是互联网上比较常见的一种服务内容,有许多表现形式,如新闻邮件、电子刊物、网站更新通知等。邮件列表既是建立顾客关系的有效工具,又是网络营销的最重要手段之一,同时也被认为是最有前途的网络广告形式之一。邮件列表的作用是:作为公司产品或服务的促销工具;方便和用户交流;在为用户提供一定有价值信息的同时获取"注意力"。如果作为营销工具,也许无法准确计算出有多少销售收入来自于邮件列表,但事实上通过邮件列表直接获得盈利是非常实在的。国外的许多网站已经依靠邮件列表获得了满意的利润。目前大部分电子商务网站都提供电子邮件顾客服务,由于传统媒体如电视和广播广告缺乏针对性,而传统的直邮广告成本太高,所以电子邮件营销更受到商家的青睐,而且电子邮件营销的成本较低,可以降低产品销售价格,即使开发不常购买的顾客也有利可图。

综合习题

一、填空题

1. 汽车行业电子商务应用一般可分为五个层次：_____、_____、_____、_____和_____。
2. 按照汽车电子商务的交易对象，电子商务可以分为_____、_____、_____和_____。
3. 根据我国国情和汽车业的特点，各种汽车电子商务方案除了具备企业形象及产品信息的宣传功能外，还必须具有以下基本功能：_____、_____、_____和_____。
4. 汽车电子商务的参与者主要有_____、_____、_____和_____。汽车电子商务的流程为：_____、_____、_____和_____。
5. 汽车网络营销给汽车企业带来的优势有_____、_____、_____和_____。汽车企业网上营销的基本方式是_____、_____和_____。
6. 网络营销的特点为_____、_____、_____、_____、_____和_____。

二、名词解释

（1）电子商务；（2）网络营销；（3）汽车网络营销。

三、简答题

1. 目前国内电子商务存在哪些问题？
2. 汽车电子商务给汽车企业和消费者带来哪些优势？
3. 目前电子商务有哪些运行模式？对汽车行业来说如何进行选择？
4. 简述汽车电子商务发展策略。
5. 简述国内汽车网络营销存在的问题及发展策略。
6. 简述网络营销的特点及功能。
7. 简述网络营销模式。

四、案例分析题

根据以下案例所提供的材料，讨论汽车电子商务的发展策略。

全面投入电子商务的通用汽车公司

1. 建立网络采购系统

早在 1996 年，通用公司就将电子数据公司分离出去，将原有系统转至因特网之上，并在电子商务应用方面投入 16 亿美元，短短几年内就成功转型成为一个 dot corp 公司（而非 dot com 公司），一个将传统工业与现代信息技术结合的公司。

1999 年，通用公司与 Commerce One 合作，建立了名为 TradeXchange 的网络采购系统，将本公司的零部件采购放在 TradeXchange 上进行，其目的是为了加速零部件采购过程和降低采购成本,当年 TradeXchange 的交易额就达到 100 万美元。

2000 年年初,为了使不同的用户能够使用同一系统,以及实现标准化采购,在美国汽车采购委员会的要求下,通用、福特与克莱斯勒三大汽车公司利用各自的电子商务资源,联合组建了一个全球最大的汽车零部件采购网络 Covisint,并将 TradeXchange 和 AutoXchange(福特汽车公司)的业务转至 Covisint 系统,同年年底 TradeXchange 和 AutoXchange 停止使用。

作为全球最大的汽车零部件采购系统,Covinsint 进一步拓宽了服务范围。它面向全球汽车制造商和供应商,不仅是一个零部件交易的平台,还提供供应链管理、产品的合作开发等增值服务。企业无论规模大小,都可以注册成为 Covisint 的会员,并通过 Covisint 网络进行以下内容:①零部件交易;②企业间资金的流动以及信息交流;③企业内部的供应链管理,包括库存管理、运输管理、发布及获得相关信息等;④企业之间的合作开发,从而达到降低采购、经销、管理成本,缩短产品开发与生产的周期,提高企业效益和消费者对最终产品——汽车的满意度的目的。通过使用 Covisint 可使用户在采购过程中节约费用 3%～9%,库存减少 30%～70%,运输费用降低 50%～90%,管理费用降低 40%～80%。

2. 体现巨大力量的"购买力量(GMBuypower)"网

通用汽车于 1997 年在美国引入了 GMBuypower 系统,建立了自己的销售网站,该系统与零售商的库存记录相连接。消费者可以在网上浏览通用生产的各种型号的汽车,通过颜色、组件选择或者可得性进行搜索,找到一个可能提供自己所中意的汽车的当地销售商。

1999 年 8 月通用公司宣布成立一个名为"e-GM"的业务中心,其职能是充分利用飞速发展的互联网技术,使公司在全球的产品和服务更加贴近其各自的目标顾客,真正实现企业与顾客之间的实时交流和互动。公司对在传统业务中建立的分散电子商务应用进行整合,建立全新的电子商务系统,以实时、互动、用户定制等方式,把阵容强大的通用汽车产品系列和集成服务,更加快捷地提供给目标顾客。

2000 年通用公司在"e-GM"成立 1 周年之际,宣布了这一年来因特网业务的成果。据介绍该公司网上售车网站"GMBuypower" 1 个月的访问量超过 100 万人,居汽车制造商之首。特别是在 2000 年 4 月网站更新以后,使用检索功能的顾客增加了 130%,向销售商咨询的人数增加了 85%,1999 年 3 月到 2000 年 3 月一年之间便从网上售出了 20000 台汽车。GMBuypower 更被 Gomez Advisors 评为 2000 年"最佳综合汽车制造站点"。

作为一个衡量成功程度的指标,通用公司的领导层指出,自 1999 年 8 月购买力量网投入运行以来,用户访问十分频繁,而在 2000 年度,该网站直接促成了 400000 辆汽车的交易,其中 66000 辆汽车的销售被电子商务部的霍根称作是"战利品"式销售——如果没有网站的话,这些交易不可能发生。

但是通用汽车公司领导层对购买力量网感兴趣的最重要的理由在于它有希望实现一个名为"感觉与回应"的新概念,即预见消费者对汽车的所思所想,并迅速满足他们需要的能力。

通用公司的电子商务部曾在明尼阿波利斯（网络发展最好的地区之一）做了一次试验，以观察电子商务的实际效果。第一步是让当地的八家老爷车销售商——老爷车在明尼阿波利斯依然很流行，达成共享阿勒若跑车的"实质库存"的协议。实质库存指的是不同的销售商拥有的阿勒若跑车存货的总和。消费者可以从购买力量网上选择要购买的汽车，定下规格、选定销售商。如果消费者所选的销售商手中没有存货的话，他可以求助于实质库存，这样汽车在当天就可以供应。

如果连实质库存中也没有这种车了，那么这份订单将以电子形式发到通用汽车设在密歇根州兰辛的工厂。汽车的各个部件可以向供应商订购，90分钟内即可送到通用公司的工厂，而此时阿勒若跑车的集中生产线也开始启动。"我们的目标是让消费者在发出订单后15～30天内就可以得到汽车。"埃德·沃格特——电子商务部的企业对顾客电子销售主管这样说道。

而电子商务部的电子销售主管斯各特·麦当劳透露，公司已经对消费者作了大量的深入调查以了解他们的需要。"测试并没有结束，"麦当劳说，"但是目前我们已经发现80%的汽车是从销售商组成的实质库存发出去的。"实际上，这个项目最困难的部分既不是技术，也不是让消费者熟悉购买力量网或者习惯在线购车，而是促使销售商同意形成统一的价格以及共享存货。

目前，GMBuypower正在全球范围内推广，通用汽车的土星分部以及加拿大、巴西、法国、荷兰、阿根廷、智利、意大利、比利时和卢森堡等国的通用汽车公司都已经实施了GMBuypower。在我国台湾地区，该系统于1999年7月开始运营，到2000年12月，已网上卖出超过300辆汽车。在巴西，通用从2000年9月开始通过Internet销售Celta小型轿车，创下了一天销售288辆的记录。截止到2000年12月，在巴西共售出汽车23000辆，60%的Celta轿车是在网上销售的。2001年，GMBuypower在上海开通，网站名称为百车通。

GMBuypower业务拓展完成后，其业务范围将覆盖亚太市场的90%。通用汽车互联网部门e-GM的负责人Mark Hogan在底特律的电子汽车世界会议上称："当项目完成时，Buypower的全球网站将能让全球60亿人中有35亿接入我们的网站"。

通用汽车公司同时还通过SmartAuction网站销售汽车租赁业淘汰的二手汽车。SmartAuction通过使每辆旧机动车在库房中存放时间减少30～40天的方式来达到成本控制的目的。通用汽车同时发现，通过应用SmartAuction网站，汽车销售的价格也有进一步的提升。

在欧洲，1999年11月，通用汽车在英国的子公司沃豪Vauxhall成为第一家在线销售系列车型的汽车制造商。从2000年11月开始，Vauxhall又成为了世界上第一家在网上销售包括所有车型、所有颜色和所有配置的产品的公司，同时他们还在网上销售汽车的零配件。

资料来源：陈永革. 汽车服务贸易概论 [M]. 北京：机械工业出版社，2006.

第11章 汽车销售实务

 本章教学要点

知识要点	掌握程度	相关知识
汽车销售实务程序	掌握汽车销售程序； 掌握汽车整车销售的概念、流程； 熟悉汽车整车销售特点、模式； 了解汽销售服务、零配件供应、维修服务和信息反馈	"五位一体"销售程序； 整车销售时汽车营销工作的核心； 售前、售中、售后服务
汽车销售注意事项	掌握汽车销售的基本法则； 熟悉展厅布置、顾客接待、车辆展示、顾客异议、交车、投诉处理等注意事项	售前、售中、售后注意事项； 展厅布置、顾客接待、车辆展示、顾客异议、交车、投诉处理等注意事项

导入案例

情感式汽车销售服务

美国著名企业家玫琳凯有一次开着一辆旧车去一家代销福特汽车的商行,准备购买一部自己早已看中的黑白相间的车子,以作为庆祝自己生日的礼物。但是,福特车行的售货员看到玫琳凯开的是辆旧车,把她看作是"不可能的买主",因而接待时显得漫不经心,最后干脆找了个借口,说已和别人约好要共进午餐,把玫琳凯拒之门外。

玫琳凯走出福特代销商行后,无意中走进了另一家商行。这商行的售货员极其热情,当他询问后得知玫琳凯是为自己的生日来购车的,说了声"请稍等"就走开了,过了一会儿又回到了柜台前。15分钟后,一位秘书给她送来了12朵玫瑰花。他把这些花送给玫琳凯,说是一点心意,以表示对她生日的祝贺,这使玫琳凯大感意外、惊喜并激动不已。于是,她打消了原来想买黑白相间的福特车的想法,决定从这家商行买回一辆黄色默库里汽车。

在现实生活中几乎没有纯粹的产品或纯粹的服务,消费者在购买产品实体的同时也会购买相关服务,也就是客户让渡价值在实施购买行为中有着巨大的影响力。任何销售都有有形部分和无形部分,就像分子是由不同原子构成的一样。例如,汽车是有形产品,但维修、保养等无形服务同样十分重要。

商品交易虽是商品与货币之间的交换,但绝不仅仅是商品与金钱之间的关系。任何商品都要通过人去销售,也都要通过人去购买,换言之,买与卖都要涉及人与人之间的关系。人与人(销售者与购买者)之间的关系处于什么样的状态,将直接影响到销售工作的成败。以上案例就是一个典型的例证。这里实际上提出了一个常常被人忽略的真理:购买感受和体验也是无形产品的重要组成部分。若在这部分上有所欠缺,可能会导致产品销售(尽管是一个十分优秀的产品)的失败。

其实,当玫琳凯走进福特车行时,她已是一个现实的购买者了,但销售人员的冷漠态度赶走了一笔生意;而当她无意间走进另一家车行时,起初她只是一个看客,但销售人员高度技巧性的情感式服务却把看客转变为现实的购买者。由此可见,在销售过程中,买卖双方的情感交流以及处于何种状态是多么重要。

如何让客户有完美的购买感受和体验,最好的老师是那些深夜还在忙碌营业的大排档老板们。他们可能不会有送花之类的想象力或浪漫,但绝对让你感觉热乎乎的,无论是嘴里还是心里。就像有些工厂的厂区大楼上贴有大大的标语:努力让客户感动。

该案例中福特代销车行中的销售人员武断地从表面现象中判断客户的行为造成了很大的后果,不仅没有完成交易,更为严重的是伤害了客户的心。所以在销售过程中不要有偏见,更不要让客户感觉"很受伤"。

消费者从对汽车需求的产生到满足,期间需要经历一个极为复杂的购买过程。汽车企业及销售商要将汽车销售看作是重要的业务环节,企业的一切活动都应围绕汽车销售进行。在汽车市场竞争日趋激烈的情况下,销售业务开展的如何对企业的生存和发展起着举足轻重的作用。所以了解汽车销售程序、注重客户的发掘与管理、把握业务洽谈的时机、规范的签订和履行合同等,是汽车销售人员必须掌握的汽车销售实务知识。

11.1 汽车销售实务程序

汽车销售实务是指汽车销售企业针对汽车市场的特点、现状和变化情况，采用各种有效方式和手段，实施汽车销售业务的具体活动和行为。汽车销售程序是在现代市场营销观念的指导下，实施汽车销售的一整套步骤。汽车销售程序包括：整车销售、销售服务、零配件供应、维修服务、信息反馈五项内容。

11.1.1 整车销售

1. 汽车整车销售的概念

汽车整车销售是汽车企业为了满足消费者现实和潜在的购车需要及实现企业目标，通过市场达成汽车整车交易所开展的商务活动过程。它包括以下几个方面的含义。

（1）汽车整车销售的目的是为了满足消费者现实和潜在的购车需要及实现企业的目标。满足消费者现实和潜在的需要是开展汽车整车销售活动的最高准则，实现企业目标的重要方面是获取尽可能多的利润。

（2）汽车整车销售的核心是达成交易。汽车整车销售的核心是通过市场达成汽车交易，引导汽车和劳务转移到消费者手里，把消费者手中的货币转移到生产者和中间商手中，从而完成商品的交换过程，交换是市场营销的重要内容，交易是交换的基本单元，是双方之间的价值交换所构成的行为。

（3）汽车整车销售的手段是开展综合性的商务活动。综合性的商务活动也称现代市场营销活动，既包括企业在汽车流通领域内进行的商品交换活动，又包括在汽车生产过程前的市场调研活动和汽车流通过程结束后的售后服务。汽车整车销售不仅以消费者为全过程的重点，更重要的是以消费者为全过程的起点。

2. 汽车整车销售的特点

汽车作为社会经济生活的一个重要工业品，因为其体积大、价值高、使用寿命长等特点，因此它的销售具有了不同于一般商品的特点；同时，又因为其具有可移动的特点，因此它又不同于标的不可移动的房地产的销售；再加上国家对汽车使用都有一系列的法律、法规约束，因此，汽车整车销售特点中又增加了许多内容。

1）非现货交易

由于汽车商品体积较大、价值高，汽车整车销售店面不可能摆放数量较多的现车，一般只摆放几辆样车供顾客挑选。因此，汽车销售一般都不采取现货交易的方式，而是采取预付货款而后交车的方式。

2）配套手续繁多

因为国家对汽车销售、使用、回收等都有一系列相应的规定，其中仅新车销售环节就有许多强制的规定，如购买新车必须相应购买车辆保险、必须交纳养路费，还有新车上路需要牌照等，因此在买车时相关服务是否便捷是消费者选择新车的一个重要衡量指标。

3）售后服务要求高

汽车具有使用寿命相对较长、遭到意外损害可能性较大的特点，使汽车维修成为汽

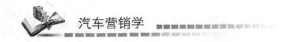

商品售后服务的一个非常重要的内容。购车后能不能及时得到较好的维修，维修的时间要多长，平时在哪里可以进行维护和保养，这都是在购买新车时车主非常关心的问题。

4）汽车市场波动频繁

汽车作为社会经济生活的一种重要工业品，其市场行情随国民经济运行的波动而波动。这种波动呈现出明显的周期性特点，即每一波动周期在理论上均包括"衰退、萧条、复苏、高涨"四个阶段。汽车市场行情经常处于波动之中，而且波动形态各异。归纳起来，汽车市场的波动形态主要有以下四种。

（1）周期性波动。它是以数年为周期，与国民经济周期性波动发展进程大致相符的一种循环波动。

（2）季节性波动。它是一种以一年为周期，一再发生于某季或某月的循环波动，也就是说由于季节关系而使汽车市场发生数量上的伸缩现象，这种现象总是在每年的特定时期有规则地出现。例如，由于受我国社会生产活动的季节性规律以及春节等节假日的影响，我国汽车市场一般在每年的第一季度销势相对平稳；第二、三季度较第一季度销势强劲，而第四季度销势又相对减弱。

（3）长期趋势。它是指在一个较长时期内，整个汽车市场呈现出的一种倾向性发展态势。我国汽车市场在一个较长时期内，总体上仍将保持上升态势，市场容量不断扩大，汽车市场在每一次周期性波动结束时，市场规模比该周期起点时的规模大。

（4）偶然波动。它是指由于外部环境受其他随机因素影响而引起汽车市场不定期、不规则的变动。

3. 汽车整车销售发展趋势

1）全球化特征日益明显

伴随着汽车贸易的全球化、汽车整车销售的全球化具有汽车营销的全球化、售后服务的全球化、服务贸易的全球化等多方面的内涵。其宗旨是优化资源配置，降低经营成本，占领更大的市场份额，增强在全球市场上的竞争能力。

随着全球化的步伐不断加快，世界汽车产业兼并重组浪潮此起彼伏。20世纪90年代以来这一趋势更为明显。1980年，全球有实力的汽车厂有30家，到1998年减少到18家，到目前则减少到只剩十家左右，而这些企业的产量加起来占到了全球汽车产量的90%以上。1998年初，奔驰和克莱斯勒的合并震动了整个世界，紧接着，又发生了宝马收购罗孚，大众兼并劳斯莱斯，福特收购沃尔沃轿车，雷诺同日产联手，通用控股和参股德国绅宝、日本铃木、五十铃和意大利菲亚特等重大兼并行动。

2）汽车制造和服务贸易一体化

汽车生产全球化实质上就是跨国公司售后服务的全球化及制造与服务贸易的一体化，其宗旨是不仅为消费者提供优秀产品，同时还需提供优质服务，获取更大的市场份额，增强全球的竞争力。

通用汽车公司等大的汽车制造厂商早就提出在中国分销汽车的要求，福特汽车金融公司则提出为中国用户提供消费信贷的服务。如果一旦允许外国汽车制造商提供贸易服务，进口汽车的销售量将会大增。

3）规模化经营

汽车的传统分销体制正在受到挑战，规模化经营已是大势所趋。传统的分销体制是制造商到特约经销店再到顾客，需要投入巨额资金建立销售设施，需要保持较多的库存，需要许多的人员。在美国，同制造业的联合兼并一样，汽车销售业也发生了大规模的改组。20世纪80年代，通用公司在美国有13000多个代理商，到1999年只剩下7000个，说明每个经销商的销售量接近提高了一倍，这种趋势受到通用公司的鼓励。从零售环节看，许多业内的小型独立经营公司在过去的10年中，要么退出了该行业，要么被大公司收购。由于大型连锁店的发展，零配件等售后市场也继续稳定增长。

从市场销售组织结构看，资产重组是长期的焦点。例如，1996年和1997年，美国国内仅汽车零配件批发商和零售商这两个环节的收购和兼并就分别达到155起和195起，并有继续增长的趋势。

从行业经营看，市场集中倾向十分明显。例如，1997年，经营规模前8名的连锁公司所经营的零售店总数就达到了5938家，年收入超过了全行业的一半，并有继续集中的趋势。近年来的国际连锁销售系统是进入国际市场、扩大出口的新渠道。国际连锁销售系统是指国际上经营同类商品、使用同一商号的一批企业，在统一管理下，共同采购、共同经营、共享规模效应的一种新型的销售系统。

4）电子商务将大举介入国际汽车贸易

进入21世纪，电子商务作为新兴的、先进的商业贸易工具和营销手段，正在世界各地和各行业得到广泛应用和迅猛发展。与传统的营销手段相比，汽车电子商务具有明显的成长发展优势，是21世纪面向普通消费者开展快速成长的有个性化服务特色的销售途径。

4. 汽车整车销售模式

汽车整车销售模式对于汽车销售企业开拓汽车市场、建立有效运营具有举足轻重的作用。随着汽车市场的不断发展，汽车整车销售模式发生了深刻演变，传统的销售模式受到了冲击，新的与国际接轨的现代模式被引入了国内，并获得了很快的发展，使我国汽车整车销售模式呈现出了多元化的特征。

1）代理制

代理制是在销售领域中的虚拟经营模式，通过代理制，借助中间商的分销系统来销售产品，已被证明是一种非常有效的分销网络模式。

同汽车生产需要专业化分工协作一样，汽车的整车销售也要走专业化协作的道路。从对世界各大汽车公司销售渠道的剖析中可以看出，世界上许多国家都建立了汽车代理制，不少国家还成立了汽车代理商协会。由代理商组成的销售网成为各大汽车公司的重要销售渠道。从整车销售方面看，代理制的优点如下。

（1）可实现工商分工，调动生产厂家和代理商两方面的积极性。

（2）销售网点可以更多、更贴近用户，使销售活动更灵活主动。

（3）代理商一头是用户，另一头是企业销售部门或其分支机构，有利于减少汽车销售渠道的环节，降低企业的销售经营成本。

（4）工商分离，销售专业化，有利于提高销售效率，更符合市场经济机制的要求。

（5）企业可以加强对代理商的管理和控制，促使其努力工作，有利于为企业分担经营风险。

2）特许经营制

特许经营是一种营销产品和（或）服务和（或）技术的体系，它是基于在法律和财务上分离和独立的当事人(特许人和他的单个受许人)之间紧密而持续的合作基础之上的营销产品和(或)服务和(或)技术的体系,依靠特许人授予其单个受许人权利,并附以义务,以特许人的概念进行经营。此项权利经由直接或间接财务上的交流,给予或迫使单个受许人在双方一致同意而制定的书面特许合同的框架之内,使用特许人的商号和(或)商标和(或)服务标记、经营诀窍、商业和技术方法、持续体系及其他工业和(或)知识产权。

在特许经营的运营中,至少涉及以下两者:特许人(Franchisor)和受许人(Franchisee)。它在本质上是一种连锁经营的市场销售分配方式,其基本特征如图11-1所示。

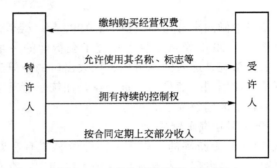

图11-1 特许经营制基本特征

特许经营是特许人和受许人之间的契约关系,对受许人经营中的领域(经营诀窍和培训)由特许人提供并有义务保持关注;受许人的经营是在特许人控制下按一个共同标记、经营模式和(或)过程进行的,并且受许人以自己的资产对其业务进行投资。

3)品牌专营

品牌专营汽车专卖在国外被称为Automotive Dealership Marketing,它是由汽车制造商或销售商授权,只经营销售专一汽车品牌,为消费者提供全方位购车服务的汽车交易场所。

品牌专营模式是目前各大厂商发展的重点,也是主要模式之一。以轿车为例,上海通用、广州本田等八大厂商构建了自己的品牌营销模式,各厂商理论上基本一致,但在功能组合与称谓上各有不同。在功能组合上,有的是集售车、零配件供应及维修服务功能于一体的"三位一体"模式,有的是在前者基础上再加上信息反馈功能的"四位一体",有的是售车功能与服务功能两者分离式;在称谓上,有的称"特许(授权)销售服务中心",有的称"特许代理",有的则称"特许专卖店"。该模式从根本上较好地解决了服务的专业化、方便化、优质化问题。

品牌专营模式有利于结束"千军万马"搞流通的混乱营销局面,强化营销资质认定,规范汽车交易行为,而且可以帮助生产厂家增加利润厚度,扩充资本积累,有益于扩大生产和增大科技开发力度。由于责任明确,产品售后服务更有保障,对于广大消费者来说,当然是利大于弊。真正有实力的经销商可以借助"专卖制"挤掉许多竞争对手,从中受益。这种经销队伍的优胜劣汰可以起到净化汽车流通市场的积极作用,对汽车工业的发展也是大有好处的。

4)自营自销

自营自销就是汽车生产企业自筹自建销售网络体系,它的优势如下。

(1) 网点布建快。

由于是自产自销的营销体系,可以省略许多商务与法律程序,在单一权力意志的推动下,集中人、财、物进行单刀直入的网点布建工作。

(2) 产品占领市场快。

自营自建营销网络便于形成金字塔式的多层次销售网络体系,能使新产品迅速深入到各个区域市场及市场的各个层面。

(3) 有利于树立品牌形象。

自建自营销售网点一般只经营自家的品牌,故使品牌形象迅速传播与确立。

(4) 便于市场管理。

自营自销的弊端如下。

(1) 运作成本高。

在营销体系的构建过程中,整车制造商需投入大量的人力、物力、财力和精力,同时由于产权-经营权一体化的运作机制,缺乏有效的监管与自控,致使铺张浪费严重,使制造商的销售成本不堪重负,企业利润大为下降。

(2) 客户的利益得不到保障。

由于是产权一体化的销售机制,责、权、利不明晰,造成人浮于事、效率低下的恶性循环。工作中,或无章可依,或有章不循,或服务意识不强、服务态度生硬,或工作懒散、久拖不决,人员混日子的多,干实事的少;办事方式扯皮推诿的多,雷厉风行的少;工作作风心不在焉的多,精益求精的少;总之,以老大自居者多,视客户为"上帝"者少,严重影响企业的市场口碑与品牌的公众形象。

5) 汽车超市

汽车超市又称汽车商店,它与专卖店最大的不同之处在于:汽车超市可以代理多家品牌,也就是一家商店可以提供多种品牌的选择和服务。另外有些汽车超市还可以为顾客提供休息和娱乐(图11-2、图11-3)。汽车超市的特点是以汽车服务贸易为主体,并千方百计拓展服务的外延,促使服务效益最大化。

图11-2 华南地区吉利汽车超市

图11-3 上海真辰汽车超市

6) 汽车城

汽车城是大型的汽车交易市场,集纳众多的汽车经销商和汽车品牌于同一场地,形成了集中的多样化交易场所(图11-4)。其品种丰富多样,不仅便于购车者比较选择,而且具有服务快捷、管理规范的优势,是集咨询、选车、贷款、保险、上牌、售后服务于一体的汽车营销新业态。此外，汽车城内热烈的交易气氛和规模经营所营造的良好购车氛围，以及由此产生的示范效应，再加上与之毗邻的相关汽车服务市场的繁荣，都是汽车城有别于其他汽车营销模式的独特优势。

图 11-4　哈尔滨国际汽车城

7) 汽车大道

汽车大道模式就是在方便顾客进入的快速路两侧，建立若干品牌的三位一体、四位一体的专卖店，在独立经营、自主经营的基础上形成专卖店集群。汽车大道模式集汽车交易、服务、信息、文化等多种功能于一体，具有规模大、环境美、效益好、交易额大、影响大等特点，是目前最先进的汽车营销模式，是西方汽车工业高度发达和当地地理、人文条件融合形成的产物，体现了国际汽车营销由单一专卖店向集约化、趋同性方向发展的趋势。

5. 汽车整车销售流程

汽车整车销售是汽车营销工作的核心，是汽车销售公司的基本职责。整车销售的流程一般包括：进货、验车、运输、储存、定价、销售等。

1) 进货

进货就是汽车销售公司通过某种渠道获得销售所需的商品汽车。一般来讲，第一手货源，也就是直接从生产厂或生产厂主管的汽车销售公司进货，进价较低。因此，最好要减少商品车的中间流通环节，把从工厂直接进货作为主渠道。除从生产厂进货外，也可发展横向联系，从各地的汽车销售公司进货，这就是第二手货源和第三手货源。一般而言，商品转手的次数越多，价格就越高，但这要根据本公司的具体情况，如地理位置、运输成本、与厂家和其他进货商的合作关系等具体分析，其原则就是要控制商品车的进货价格。

另外，销售部门必须在头一年年底或当年年初，由整车销售部根据市场信息和顾客的需求，编制《汽车年度销售计划》，经总经理批准后进行采购。同时每月根据年度计划和实际情况制定下个月的订车计划单。

进货订货时，供应和销售双方在充分协商的基础上，签订供货合同。双方应履行合同条款的各项规定，按合同办事。

2) 验车

销售公司根据合同票据规定的时间，计算车辆到达时间，做好接车的准备工作。如果是由专业运输商负责将新车运输到本公司,销售部在接车过程中要严格按照相应《车辆发运交接单》的内容进行检查,运输商确认,双方在《车辆发运交接单》上签字认可。检查出的在运输过程中产生的问题由运输商负责修复或承担全部费用。

销售公司对供货方所提供的商品车进行的检查和验收工作,一般要由服务部门完成,因为服务部门有专门人员熟悉汽车技术,有相关经验。验收的核心问题是:对于第一手货源,要检查质量是否有问题;对于第二手货源或第三手货源,主要辨别是真货还是假货,是新车还是旧车,质量有无问题,防止上当受骗。商品车的验收主要做好以下各项工作。

(1)核对发动机号、底盘号与合格证是否一致。
(2)检查备胎、随车工具是否齐全。
(3)检查随车附件、文件是否相符齐全。
(4)检查全车漆面是否有损伤。
(5)检查四门及前后玻璃是否完好。
(6)检查各种灯罩是否完好。
(7)检查轮胎、轮辋是否完好、统一、紧固。

现在世界各国的汽车公司生产的汽车大都使用了 VIN(Vehicle Identification Number)车辆识别代号编码。"VIN 车辆识别代号编码"由一组英文字母和阿拉伯数字组成,共17位,所以又称为17位识别代号编码(图11-5),它是识别一辆汽车不可缺少的工具,在汽车验收时要特别注意。按照识别代号编码的顺序,VIN 编码中可以识别出该汽车的生产国别、制造公司或生产厂家、车的类型、品牌名称、车型系列、车身型式、发动机型号、车型年份、安全防护装置的型号、检验数字、装配工厂名称和出厂顺序号码等。

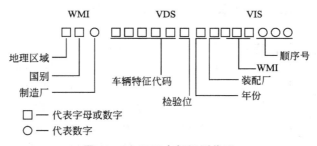

图 11-5 VIN 车辆识别代码

我国原机械工业部于1996年12月25日发布了"车辆识别代号(VIN)管理规定"。规定我国"在1999年1月1日以后,适用范围内所有新生产的汽车,必须使用车辆识别代号"。VIN 车辆识别代号编码要求每辆汽车都必须具有车辆识别代号,并在30年内生产任何车辆,其识别代号不得相同。此外,还要求车辆识别代号应位于车辆的前半部,要易于看到,且位于能防止磨损或不被替换的部位。对9人座或9人座以下的车辆和最大总质量小于或等于3.5t的载货汽车的车辆识别代号应位于仪表板上,在白天日光照射下,从车外即可分辨出车辆识别代号。

另外,还应核对说明书、维修书等文档材料。若从第二货源或第三货源进货,还应逐车验收。验车应严格按有关手续进行,检查合格后,将商品车入库保管,填写相关商品车交接验收单据,并请发运人员签字。

3）运输

汽车在从货源地运到销售公司所在地的过程即为车辆的运输。可以委托生产厂负责运输；或者委托当地储运公司把商品车提出后，由储运公司负责运输；也可自行负责。常用的运输方式如下。

（1）铁路运输。通过订铁路运输的车皮，运输到当地的车站再由司机开回公司的方式。这种方式一般较为安全，成本也较低。但是受到列车到达站的限制，而且运输时间也较长。

（2）公路运输。即由生产厂派司机或者公司自雇司机通过公路长途运送。此法速度快，但费用高，一般只在订购的车辆少、路程较短、铁路运输又不易解决、情况又较紧急时采用。

目前国内已经广泛采用了汽车专用运输车辆运输的方式，一次可装运 12～16 辆轿车，经公路运抵目的地。国外的汽车生产大国大多采用这种专用运输车辆运送商品车。

（3）水上运输。即采用运输轮船运送车辆，通过相近的码头将车辆装上船，然后运抵目的地附近的码头。这种方法安全性好、成本低，适合长距离运输，但运输时间更长，而且受到码头分布的限制。

在实际选择运输方式时，可以单独采用一种方式，也可几种方式联合采用，要视情况而定。在运输中有可能出现问题，造成不必要的损失，特别是公路运输，很容易发生碰撞事故，因此可以通过保险公司转移一部分风险。

4）储存

在储存移送车辆时，注意采用合适的方法搬运移动，防止因振动、磕碰、划伤而造成车辆损坏，销售部接车后负责将车辆清洗干净，由仓库保管员将待售商品车驶入规定的区域并有序停放。商品车从入库后到售出前的这一段时间为仓储保管期，这一期间应精心保管，防止电瓶失效；若保存期较长，对某些部件还要做防锈养护；冬天还要注意防水防冻。

定期整理商品车，保证商品车处于最佳状态，可随时提出进行销售；在移动商品车过程中，应保证至少两人参与，确保商品车不受损伤；商品车按"先入先出"的原则有序排列，钥匙按次序放好，以便准确、及时地开启和调出车辆。汽车销售过程中，若发现汽车的质量问题，经验证确实需要索赔时，应积极按照相关索赔管理的规定程序进行索赔。

要及时、准确地编制商品车入库单。无储运仓库的，则要租借储运仓库。事先一定要定好储存合同，预先约法三章，避免以旧换新、以假乱真，或用商品车跑运输赚钱，或搞其他运输工作。汽车进货储存的一般流程如图 11-6 所示。

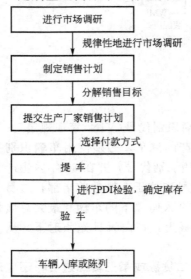

图 11-6 汽车进货储存的一般流程

5）定价

《汽车工业产业政策》第 49 条规定：汽车工业企业根据市场需求自行确定其生产的民用汽车产品价格，但对小轿车暂时实行国家指导性价格。国家计委规定，国产小轿车实行国家指导价，具体办法如下：

实际出厂价 =（准出厂价 + 消费税）× （1±10% 浮动幅度）

对已包含消费税的汽车不再加消费税。例如，奥迪、切诺基、夏利、富康、奥托、云雀轿车的出厂价中已含消费税。桑塔纳、标志、捷达轿车的出厂价中不含消费税，故需另加。汽车销售价包含实际出厂价和按实际出厂价计算的经营管理费：

$$销售价 = 实际出厂价 \times (1 \div 6.5\% 管理费率)$$

管理费率由国家计委、物价局规定，6.5%应包括所有经营环节费用的总和。至于增值税是一种价外另加的税。轿车经营企业如付出一定的劳务和业务经费的，经规定部门批准可收少量劳务费。在经营中发生的合理的进货运杂费，按实际发生金额向用户收取，凡是经营单位不垫付资金、不入库的，原则上不得收取任何费用，发生的费用应包括在6.5%以内。上式中管理费率6.5%包含了通常所说的商品流通费(内含狭义管理费)和利润。对于营销单位汽车销售常用以下公式：

$$汽车销售价 = 进货价 + 商品流通费 + 销售利润$$

企业的成本和费用指企业在经营活动中发生的与经营活动有关的支出。包括商品进价成本(原始进价＋购入环节缴纳的税金)和为经营商品或提供劳务而发生的商品流通费。商品流通费包括经营费用、管理费用和财务费用。利润通常为销售收入的1%～5%，并根据市场的情况有很大波动，畅销时偏上限，滞销时偏下限(甚至低于1%)。

6) 销售

汽车销售有批发交易和零售交易两种。零售交易多为个人购车，要凭个人居民证件，并要做一些项目的登记，以便联系。零售交易也有单位购车的，要凭单位介绍信，并留下作为凭证。单位购车一般使用汇票，本市内的单位可使用支票。用支票一般都要交银行查验，并在划拨车款后才能提车，以防支票有假或为废票。

批发交易时，客户必须要有汽车营销许可证，应查验客户的营业执照，要签订好合同，在合同中明确交易的车型、数量、价格、交货期、交货方式、付款方式等有关内容。这里要坚守一条，即收款后方可交车，以避免有不轨行为或"三角债"发生。

销售公司实施分期付款的方式销售车辆的初期，由于保障制度、手续等方面还不很严密，个别不法之徒就钻了空子，把车提走后，转手销售，携款潜逃，使销售公司蒙受损失。如今，已有了规范的制度和保障措施，这种销售汽车的方式，已在全国各地开展，为汽车销售创造了很好的条件。通过分期付款的方式销售汽车，已经成为汽车销售领域的一项重要的销售形式和手段。它能够促使潜在客户转变为现实客户，提高销售量，为汽车公司创造更大的经济效益。对需要分期付款购车的客户，销售顾问要为其详细讲解有关分期付款购车的利与弊，为其计算首付款、月还款，解释有关保证保险、律师费、验车费等全部费用的缴纳情况。客户在销售部认可报价并选定车辆后，由销售顾问带其到客户服务部办理后续贷款手续。

11.1.2 销售服务

汽车销售服务业务包括潜在客户的发掘与管理、业务接待与洽谈、签订购车合同、付款、办理牌照、交车等业务。汽车销售服务业务流程可分为售前、售中和售后三个阶段。

1. 售前

1) 发展潜在客户

销售的数量因销售人员所拥有的潜在客户及可能成为潜在客户数量约不同而不同，销售人员要想在最短的时间内获得最多的销售量,必须练就能准确辨别真正潜在客户的本领,在寻找客户的同时就要注意对他们的情况进行分析评价,从中找出有望客户,以免盲目访问,浪费大量的时间、精力以及财力。在实际工作中,评估潜在客户的方法主要是 MAN 法则。

M:MONEY,代表"金钱"。所选择的对象必须有一定的购买能力。

A:AUTHORITY,代表购买"决定权"。该对象对购买行为有决定、建议或反对的权力。

N:NEED,代表"需求"。该对象有这方面(产品、服务)的需求。

"潜在顾客"应该具备以上特征,但在实际操作中,会碰到以下状况,应根据具体状况采取具体对策,评估潜在客户的 MAN 法则表,见表 11-1。

表 11-1 评估潜在客户的 MAN 法则表

购买能力	购买决定权	需求
M(有)	A(有)	N(大)
m(无)	a(无)	n(小)

其中:

M+A+N 代表有望顾客,理想的销售对象。

M+A+n 代表可以接触,配上熟练的销售技术,有成功希望的人。

M+a+N 代表可以接触,并要设法找到有决定权的人。

m+A+N 代表可以接触,但需要调查其业务状况、信用条件等给予融资的人。

m+a+N 代表可以接触,应长期观察、培养,待其具有另一条件的人。

m+A+n 代表可以接触,应长期观察、培养,待其具备另一条件的人。

M+a+n 代表可以接触,应长期观察、培养,使其具备另一条件的人。

m+a+n 代表非顾客,应该停止接触的人。

由此可见,潜在顾客有时欠缺了某一条件(如购买力、需求或购买决定权)的情况下,仍然可以开发,但要应用适当的策略,便能使其成为企业的新顾客。

发展潜在顾客的方法具体为:①散发宣传资料,如在经销商的市场区域内,至少每月散发一次。②询问(拜访顾客)、收集潜在顾客的信息并上门拜访或电话交谈,尽可能地促使他们参观展厅。③按照发展顾客的名单发送邮寄材料,特别是一些名人,促使他们来展示厅参观。④举办展示会或其他活动。⑤建立顾客发展档案(顾客发展卡)。⑥顾客推荐,顾客推荐促销是销售活动中最重要的因素之一。顾客推荐资料一般由经销点的销售经理管理和控制。

2)潜在顾客管理

潜在顾客是销售网点最重要的客户资源,应建立必要的顾客管理制度以保障潜在顾客不至于流失,便于进一步发展。潜在顾客管理是将潜在顾客进行识别和分类。通常根据在销售活动中收集的关于个人和车辆状况的信息,判断或识别顾客的购买意向(感兴趣的车辆、购买的意向以及对所销产品的兴趣),购买能力(职业、收入、资产、资金的储蓄),或者需求(家庭情况变化、年款车型的淘汰、车辆老化或损坏)。为使销售会谈更顺利地展开,应将潜在顾客按其可能转化的程度和预计的购买时间进行分类,然后确定拜访频次。潜在顾客分类见表11-2。

表11-2 潜在顾客分类表

类 型	可能签销售购车合同的时间	评价依据	管理方法
最具有潜力的顾客（A类）	一个月内	是否对产品进行说明；是否完成试驾；是否选定车型、颜色；是否已报价；是否已讨论付款方式	重点跟踪；安排约见；及时了解客户动向；提供特别服务
较具潜力的顾客（B类）	三个月内	是否接受车辆介绍	定期电话访问；及时了解客户动向
一般潜力的顾客（C类）	六个月内	是否接受车辆介绍	传递车辆信息
其他潜在顾客	六个月以上	对车辆的一般性了解	

3）接待与洽谈

接待的流程为：迎接—问候—随意参观—洽谈介绍。

洽谈是一门高超艺术,主要技巧如下。

(1) 会谈的问候技巧。一般要求言谈举止适应顾客的个性,用顾客习惯的方式向顾客问候,记住顾客的姓名并在称呼对方时使用,行为自然大方,彬彬有礼。与顾客初次会面时,要进行自我介绍,创造使顾客感到无拘无束的气氛。要善于打破沉默,同顾客交谈,掌握询问顾客的时机,找到顾客感兴趣的话题。如果是多位顾客的话,应判定谁是具有决定权的购买者,把精力主要集中到他的身上,但也不能完全忽略其他人的作用。

(2) 询问的技巧。询问是为了尽可能深入地探问顾客,以便为顾客推荐合适的产品,估计顾客对购买产品的渴望程度,发展与顾客的关系。询问之前,对准备提出的问题要有充分的准备,如询问顾客的兴趣爱好、生活方式、何种需要等。

(3) 推荐的技巧。在了解顾客的需要后,就可以向顾客推荐他最满意的产品。当顾客提出问题时,应认真解答。

(4) 示范的技巧。例如,在进行必要的讲解说明后,引导顾客自己试车。

(5) 回答顾客问题的技巧。特别是顾客有反对意见时,要弄清楚反对意见是真实存在还是由其他原因造成的。要举例说明并明确答复,用事实说明问题。

4）车辆介绍

车辆介绍因人而异。对不同购买行为和购买心理的客户要区别对待。在接待中采用试探、询问的方式发现顾客的需求利益、价值,并据此从公司所能提供的选择车型中有针对性地做车辆介绍。车辆介绍的方法主要有FAB(Feature Advantage Benefit)介绍法和六方位介绍法。

车辆介绍的内容包括:安全性、舒适性、高新技术运用的独到之处、整车方面富有动感的造型、高雅和谐的气质、优质的材料、精心设计的空间、舒适周到的配置和持久的经济效益等。介绍中要注意顾客的反应,及时调整介绍的内容和侧重点,以突出不同消费者所关心的问题,尽可能给消费者留下深刻的印象。语言的表达应当简捷,适当用一些专业术语,同时要主动解释这些术语的含义。

5)汽车试乘试驾

汽车销售过程中的试乘试驾是客户亲身体验并获取车辆第一手材料的最好机会。在试乘试驾的服务和陪驾过程中,销售人员可以摸清客户的需求及购买动机,并有针对性地介绍车辆,为促成顾客购买创造条件。

汽车试乘试驾是指在顾客看车和选车过程中,让顾客在汽车试车场内或特定的公路上亲自乘车或驾车的体验,了解车辆性能的活动。试乘一般是指顾客搭乘汽车销售人员驾驶的车辆,以体验车辆的舒适性为主的活动。试驾是具有驾驶执照的顾客亲自驾驶车辆,以体验车辆的动力性能、操纵性等为主的活动。

对于那些对某种车型的性能和特征不太了解的顾客,销售人员在做好车辆展示和介绍的基础上,通过顾客的试乘试驾,让顾客体验出车辆的各方面的性能,把握车辆可以带来的利益,这是许多顾客作出购买决策的关键阶段。

顾客提出试乘试驾的要求,反映出顾客对车辆有一定的兴趣,对于销售人员来说,在销售汽车的进程中又向成功的方向迈进了一步。作为一名销售人员,这时应该诚挚、热情地去帮助顾客,尽快并妥善地安排好试乘试驾的时间、车辆、驾驶员或陪同试乘试驾的人员等。

2. 售中

售中的销售服务包括车辆选购、签订合同、确定付款方式与付款、验车上牌、交车等环节。

1)车辆选购

在经过车辆演示后,消费者就要对车辆进行挑选,所以服务就进入车辆选购模块。服务人员应按消费者对车型、颜色、基本装置、选装件和内饰的偏好,给消费者提供完全符合其要求的汽车产品。

在选车过程中,服务人员应陪同顾客,随时解答顾客提出的问题。这个阶段很重要的一项内容就是谈价,即向顾客介绍车辆价格的情况,内容如下。

(1)价格构成——价格的内涵,所包含的价格要素,如是否含税、含上牌费等。

(2)价格与价值的关系——性价比。

(3)价格与信心——赢得信任。

(4)附送品价格——表示诚意,以经销商的让利方式实现。

(5)价格与款型配置——最经济、最适用。

如果消费者已经选中车辆,服务人员应该立即与库存管理人员联系,核实仓库是否存有现货。若有,则准备汽车销售合同,并向消费者解释购车合同的相关条款。

2）签订合同

选定车型、谈定价格之后，接下来就是签订购车合同。购车合同的内容如下。

(1) 合同主体。卖方：汽车经销商；买方：汽车购买者。

(2) 合同主体的基本情况。名称（姓名）、经办人、地址、电话、营业执照（身份证）。

(3) 车辆资料。出厂车型、车架号、排量、颜色、座位、发动机号。

(4) 价格构成。车价、选用装备价格、运费、其他（车辆附加费、牌照费）。注意：合同中约定价格的内容必须清楚。

(5) 付款方式。通常方式：定金（数额）＋余款（数额）。

(6) 付款形式。现金、支票、汇票。

(7) 余款拟付日期。

(8) 预计交车时间、交车地点。

(9) 履约条款。

3）付款与交货

在签订销售合同后，就进入车辆付款与交货服务。目前在中国的汽车 4S 店，车辆的验车、上牌一般由经销商代理，因此，付款与交货要经历：预付定金—PDI 检验—上牌—付车款余额—交车的过程。具体可分解为下述服务环节。

(1) 交付定金。定金是买方确定对商品购买的承诺。经销商在收取定金后为客户代办相关手续，验车、商检、购买购置税、上牌等。定金一般为 2 万元或为车价的 10%，以数额高者为准。

(2) PDI 检验。新车交车前的全面检查称为 PDI 作业。各品牌汽车的 PDI 检查项目和指标差别很大，但大致内容均涉及车辆内部、外观、发动机舱、底盘、随车附属品和工具，以及各部件的性能状态等。现在这项检查已经扩展到了商品车的整个管理过程，如新车验收、库存车管理、展车管理、交车准备等。

(3) 上牌。客户在交付定金之后一般由经销商代办上牌手续。上牌手续是一个复杂的过程，包括工商验证、办理移动证、购买购置税、购买保险、安全排放检验、领取牌照、缴纳养路费、购买车船税、领取车辆行驶证、办理车辆档案登记等。

(4) 交车。交车的环节实际上是在办理完了验车、购买购置税之后，将车辆资料递交到车辆管理部门后，等待领取牌照时进行的。此时，客户向经销商补足车款余额方可提车。

3. 售后

车辆交付顾客以后，并不意味着销售工作的完结。售后服务是汽车后市场的一项长期的业务，也是获利非常丰厚的业务内容。任何一个有经验的优秀销售人员都不会忘记经常与客户保持沟通，询问和关心用户在车辆使用过程中的感受，赢得顾客的满意与信任，为日后工作打下良好的基础。

1）售后服务的意义

售后服务是成交签约后销售人员继续与顾客交往，并完成与成交相关的一系列售后跟踪服务，从而更好地实现销售目标的行为过程。

现代企业的竞争已经由产品的竞争转为对市场的竞争，而市场竞争的关键是对顾客的争夺。汽车技术迅速进步和车型的更新换代越来越快，汽车产品本身的技术优势越来越微弱，今天的商业价值将以经销商与顾客的关系来进行衡量。如果能比竞争对手更胜一筹地与顾客建立良好的双向互动关系，他们就能放心地从你这里购买商品而不会被任何竞争对手"挖走"，从而使企业在竞争中获胜。销售人员需要发展与顾客的关系，售后服务就成为整个销售过程中一项重要的工作，具有重大的意义，具体表现如下。

(1) 提升企业销售利润。

在汽车销售行业，售后服务工作的重要性已经得到越来越多企业的重视，整个汽车工业的发展情况也验证了这一点。目前，汽车销售的利润在不断地下降，在市场竞争日益激烈的情况下，提高顾客对企业的忠诚度，使顾客在车辆使用期间重复惠顾，接受保养、维修、保险、精品加装、美容等后续的服务，增加购买次数与购买金额，从而创造更大的利润和业绩。做好顾客的售后服务工作，就能够使顾客在车辆的使用期内持续地接受公司提供的服务和产品，从而给公司带来源源不断的利润。

(2) 增强企业的核心竞争力。

良好的顾客关系可以为企业赢得良好的口碑，增强企业的核心竞争力。一个老顾客比一个新顾客可为企业多带来20%以上的利润。业绩优异的汽车经销店，40%以上的新顾客是通过老顾客推荐赢得的。多次光顾的顾客比初次登门者，可为企业多带来20%~35%的利润，固定顾客数目每增长5%，企业的利润则增加25%。公司减少5%的顾客流失率，所带来的利润增长将超过25%。假设一家汽车销售店的销售业绩是其他经销店的两倍，取得这样的业绩主要得益于他们将顾客的流失率始终控制在5%以下，而同行业流失率的平均水平是30%。因此，售后服务已成为企业的竞争优势之一，可以帮助企业在竞争中脱颖而出，立于不败之地。企业与顾客之间的关系越牢固，企业的地位也就越稳固。

(3) 降低营销成本。

一般开发一个新顾客的费用是保持现有顾客的6倍。新顾客不仅开发费用高，而且成交机会也少。平均而言，将产品或服务向一位曾经成交的老顾客推销的成交机会有50%。因此，企业必须采取措施尽最大努力服务顾客，防止顾客流失。

(4) 是企业获取市场信息的重要途径。

经营顾客关系的前提就是要了解顾客，时刻关注顾客的需求变化，获取顾客对产品数量、质量、花色品种、价格等方面要求的信息。企业对市场信息反馈越迅速及时，就越能有效地解决顾客的问题及抱怨等，就能更好地服务顾客、留住顾客，还能挖掘顾客潜在的需求，开发出顾客乐于接受的新产品或新的服务项目。

"你忘记顾客，顾客也会忘记你"，这是成功销售员的格言。在成交之后，要持续不断地关心顾客，了解他们对产品的满意程度，虚心听取他们的意见，对车辆使用过程中存在的问题，采取积极的弥补措施，防止顾客的流失。只要销售人员与顾客保持密切的关系，就可以在竞争中取胜。

2) 售后服务的工作内容

(1) 建立顾客档案。

顾客的信息是动态的，销售人员在与顾客初次接触之后，就要开始收集顾客的信息，每一次接触都会有新的信息补充进来，在顾客交车后，还要将顾客车辆的信息收录其中，形成完整的顾客档案，并在今后的售后服务中不断地丰富和修改档案中的信息。

顾客档案一般包含的信息有：顾客的姓名、性别、年龄、生日、工作单位、地址、电子邮箱、兴趣爱好、家庭成员情况、联系电话、身份证号码、购买的车型、颜色、规格、车架号、发动机号、保险项目、精品加装项目、交车时间、维修保养记录、事故记录、理赔记录、投诉记录、投诉处理结果等。售后顾问应将销售人员在汽车销售过程中获得的信息进行整理、检查、挑选，建立顾客档案，并经常同顾客保持联系，一有变动，及时修改和更新。

（2）采取多种方式提供服务。

汽车销售需要对顾客持续的关怀与跟进。很多经销商辛辛苦苦建立起来的顾客群，由于长时间不去关怀和跟进，造成顾客的忠诚度开始下降，这都是没有建立持续的售后服务的结果。其实，对顾客的售后服务并不用花很多的时间，关键是让顾客感觉到你没有忘记他们。有的时候，一张小小的卡片，一个祝福的电话，一封联络的邮件，都可帮助维系顾客关系，使你的顾客成为永续的资源。常用的方式主要有：电话联系顾客、走访顾客、组织会员活动、经常关怀顾客等。

（3）对顾客进行技术培训。

由于汽车产品的高度技术密集、知识密集，汽车产品的售后服务工作必然包含着对用户的技术指导、技术咨询、技术示范，也包含着对厂商售后服务网络的技术培训、技术示范、技术指导和技术咨询。通常的做法是，汽车厂商的售后服务部门面对售后服务网络，售后服务网络再对广大用户实施上述工作。

（4）质量保修。

质量保修，又称质量保证、质量担保、质量赔偿等，我国俗称"三包"，其基本含义是指处理用户的质量索赔要求，进行质量鉴定，决定和实施赔偿行为，并向厂商反馈用户质量信息。

在我国的汽车行业内，质量保修工作的过程通常是由第一线的售后服务网络受理用户的质量索赔要求，决定是否赔偿，厂商售后服务总部对服务站的赔偿进行赔偿鉴定，复核赔偿准确性，并进行质量动态的综合分析，向生产和采购部门反馈产品的质量信息。

质量保修工作的要点有：一准确，是指准确地做出质量故障鉴定，既要维护企业的利益，又要维护用户的利益；二快速，是指对用户的求救要迅速处理，快速服务；三厚待，是指售后服务人员要善待用户，对用户的愤慨、怨恨、不满，应始终保持一种平和的心态，认真解决产品的质量故障。

（5）组织和管理售后服务网络。

汽车是典型的大量生产的产品，而且其用户分布很广，单纯依靠生产厂家自身的力量很难圆满完成售后服务的全部工作。通常的做法是，汽车厂商在全社会组织一个庞大的服务网络，并由这个网络代表汽车厂商完成各种售后服务工作。无论何种网络建设方式，汽车厂商都是广泛利用社会资源，在合适的地点选择合适的经销商和服务商，以此构建自己的营销及服务网络。

阅读材料11-1

汽车成功销售案例

美国中部一个普通城市里一家比较知名车行的展厅内有六辆各种类型的越野车，某天下午，一对夫妻带着两个孩子走进了车行。凭着10年汽车销售的经验，乔治认为这对夫妻是真实的买家。

乔治热情地上前打招呼（汽车销售的第一个步骤）并用目光与包括两个孩子在内的所有的人交流，他做了自我介绍，并与夫妻分别握手。之后，他不经意地抱怨天空逐渐积累的云层以及周末可能来的雨雪天气，似乎是自言自语地说，也许周末的郊游计划要泡汤了。这很自然地转向了他需要引导到的话题，他诚恳地问："两位需要什么帮助？"（消除陌生感，拉近陌生人之间距离的能力）。

这对夫妇说他们现在考虑再买一辆新车，他们对越野车非常感兴趣。乔治开始了汽车销售流程中的第二步骤——收集客户需求的信息。他开始耐心、友好地询问：什么时候要用车？谁开这辆新车？主要用它来解决什么困难？在彼此沟通之后，乔治开始了汽车销售的第三个步骤——满足客户需求，从而确保客户将来再回到自己的车行。他们开始解释说，周末要去外省看望一个亲戚，他们非常希望能有一个宽敞的四轮驱动的汽车，可以安全以及更稳妥地到达目的地。

在交谈中，乔治发现了这对夫妻的业余爱好——钓鱼，这种信息对销售人员是非常重要的，这种客户信息为销售人员留下了绝佳的下一次致电的由头。掌握及了解客户业余爱好的能力，一直被大多数销售人员所忽视，优秀的销售人员一直认为自然界中"变色龙"的技能对销售过程最为有用。由此，在上述的案例中，乔治展现出自己也对钓鱼感兴趣，至少可以获得一个与客户有共同兴趣的话题，从而建立起与客户在汽车采购以外的谈资。

乔治非常认真地倾听来自客户的所有信息，在确认自己能够完全理解客户对越野车的准确需求之后，他慎重而缓慢地说："车行现在的确有几款车可以推荐给你们，因为这几款车比较符合你们的期望（销售流程中的第三步骤：产品展示）。"乔治首先推荐了"探险者"，并尝试着谈论配件选取的不同作用。他邀请了两个孩子到车的座位上去感觉一下，因为两个孩子好像没有什么事情干，开始调皮，这样一来，父母对乔治的安排表示赞赏。

这对夫妻对汽车非常内行，他推荐的许多新技术、新操控，客户都非常熟悉，由此可见，这对夫妻在来之前一定收集了各种汽车方面的信息。目前，40%的汽车消费者在采购汽车之前都通过互联网搜索足够的信息来了解汽车，这些客户多数都是高收入、高学历，而且多数倾向购买较高档次的汽车，从而也将为车行带来更高的利润。乔治认为，越了解汽车的客户，越没有那些一窍不通的客户所持的小心、谨慎、怀疑的态度。

这对夫妻对"探险者"非常感兴趣，但是，乔治也展示了"远征者"，一个较大型的越野车，因为后者的利润会多一些。这对夫妻看了一眼标有价格的招牌，叹了口气说，超过了他们的预算。这时，乔治开了一个玩笑："这样吧，我先把这个车留下来，等你们预算够了的时候再来。"客户哈哈大笑。

乔治此刻建议这对夫妇到他的办公室来详细谈谈。这也就是汽车销售流程中的第四个步骤——协商。在通往办公室的路上，他顺手从促销广告上摘了两个气球给看起来无所事事的两个孩子玩，为自己与客户能够专心协商创造了更好的条件。

汽车行销售人员的办公桌一般都是两个倒班的销售人员共同使用的，尽管如此，乔治还是在桌上放了自己以及家人的相片，这其实是另外一个与客户有可能谈到的共同话题。他首先写下夫妻两人的名字、联系方式，通常采购汽车的潜在客户都不会是第一次来就决定购买，留下联系方式，以便将来有机会在客户到其他的车行都调查过以后再联系客户，成功性会高许多。他再一次尝试着问了客户的预算是多少，但客户真的非常老练，反问道，"你的报价是多少？"乔治断定他们一定已经通过多种渠道了解了该车的价格情况，因此，乔治给了一个比市场上通常的报价要低一点的价格，但是，客户似乎更加精明，面对他们的开价，乔治实际只能挣到65美元，因为这个价格仅比车行的进价高1%。乔治表示出无法接受，于是，乔治说，如果按照他们的开价，恐怕一些配置就没有了。于是，乔治又给了一个比进价高6%的报价。经过再次协商，乔治最终达成了比进价高4%的价格。对于乔治来说，这个价格利润很薄，不过还算可以了，毕竟，客户第一次来就能够到达这个步骤已经不错了，而这个价格则意味着车行可以挣到1000美元，乔治的提成是250美元。

乔治非常有效率地做好了相关的文件，因为需要经理签字，只好让客户稍等片刻。乔治带回经理签了字的合同，但在这时，客户却说他们还需要再考虑一下。此时，乔治完全可以使用另外一个销售中的技巧，那就是压力签约，他可以运用压力迫使客户现在就签约，但是他没有这样做，他宁愿让他们自由地离开。这其实也是这个车行的自我约束规则，这个规则表示，如果期望客户再回来，那么不应使用压力，应该让客户在放松的气氛下自由地选择。乔治非常自信这个客户肯定会回来，他给了他们名片，欢迎他们随时与他联系。

两天以后，客户打来电话，表示他们去看了其他的车行，但是不喜欢，准备向乔治购买他们喜欢的车，虽然价格还是高了一点，但是可以接受。他们询问何时可以提车，令人高兴的是，车行里有现车，所以乔治邀请他们下午来。

下午客户来了，接受了乔治推荐的延长保修期的建议，并且安排了下一次维护的时间，并由专门的维护人员确定了90天的日期回来更换发动机滤清器（汽车销售流程的最后一个步骤，售后服务的安排）。

11.1.3 零配件供应

零配件供应是搞好售后服务的物质基础。首先，应保证汽车保质期内的零部件供应；其次，应保证修理用件。汽车生产厂对零部件的生产量，要超出整车生产量的20%，以满足各维修部及配件商店的供应。配件定价要合理，按物价部门的规定定价，不得在配件供应紧张时涨价。

11.1.4 维修服务

维修服务是汽车销售实务重要的一环。销售部门必须建立一个维修能力强的维修服务站，或特约当地水平较高的维修厂。要有一支技术素质高、思想作风好的技术队伍。另外，不仅在保用期内做好服务，保用期外也要维修。当用户需要时，迅速到达服务现场，高效率地为用户解决问题。还要主动走访用户，进行跟踪服务。

对于维修站的设备配备，一般要求能实现中修和小修。因为国内汽车产品质量日益提高，需要大修的车子较少。据天津市156个大修厂统计，真正做大修的不足20%，大部分在做小修和维护。每个大、中城市只要有一定数量的大修厂就行了。维修站应有三项功能：强制保养、供应配件、性能恢复性修理。还可组织驾驶员和维修人员进行技术培训，提高他们的水平。对于营销汽车的单位而言，能否落实维修服务，是影响汽车销售收入的一个重要因素。顾客看到有专门维修点又有配件供应，买车就比较放心。因此，销售公司必须落实维修服务环节。

如图11-7所示为博世汽车专业维修站。

图11-7 博世汽车专业维修站

11.1.5 信息反馈

信息反馈是指汽车销售服务人员向汽车制造企业反馈汽车各方面的信息。因为汽车整车销售、零配件供应、售后服务人员与顾客直接交流接触，了解车辆的实际情况，对汽车投放市场后的质量、性能、价位、客户评价和满意程度，以及与其他车辆对比的优势与劣势等都比较了解。搜集这些信息，并及时反馈给产品设计部门、质量管理部门以及企业的决策领导层，对提高产品质量、开发适销对路的新产品、提高市场占有率等都有重要意义。此外，汽车销售公司有关各地市场占有情况的信息、技术服务的质量和效率的信息都对进一步开拓市场，提高服务质量是十分有用的。

汽车整车销售、售后服务、零配件供应、维修服务、信息反馈五个方面形成了"五位一体"的汽车销售体系。其中汽车整车销售是汽车销售实务的核心内容，其他各项都是为汽车整车销售服务的，这些工作做好了就能推动汽车整车的销售。"五位一体"销售体系体现了现代汽车营销的观念，是现代汽车营销行之有效的方法。

11.2 汽车销售注意事项

汽车销售的利润来源于顾客的满意度,顾客的满意度越高,汽车制造商或销售商获得或即将获得的利润就越高。因此,汽车销售服务人员应该为赢得顾客的满意而努力,以把每件事都尽可能做到尽善尽美为宗旨,为汽车顾客提供高质量的服务。

11.2.1 汽车销售的基本法则

1. 汽车售前销售人员应具备的素质

(1) 把握好第一次。第一印象很重要,应尽力将工作做好。对初次打交道的客户要认真并竭尽全力地对待,永无机会改变自己的第一形象。机会总是留给有准备的人。

(2) 要有控制问题的能力。

(3) 要有积极主动而自信的心态。汽车营销人员的自信是建立在周密调查研究、全面了解情况的基础之上,而不是盲目的自信。

(4) 按客户的要求去做并尽量做得更好。

(5) 不要轻易放弃任何一个客户。销售时"勤奋"是你的灵魂,而真正接受你销售的只有 20%。

(6) 解决问题时,应注意团队智慧和经验,发扬集体协作的精神,寻求解决问题的最佳方案。

(7) 不要只是被动地应付问题,要能够预计问题的发生。

(8) 做好每一件事,都需要一定的程序,要按部就班,有条不紊。

2. 汽车销售过程中的注意事项

(1) 客户来到展厅不久要礼貌地欢迎和问候,如果客户需要,展厅内有汽车销售顾问可以向客户提供帮助。

(2) 表现出对客户的兴趣,倾听客户的谈话,建立起咨询关系,以确定客户的要求。用 80% 的耳朵去听,用 20% 的嘴巴去说服。对每一个客户都应尽量提供一次试车的机会。

(3) 保证客户得到了全面的解答,以及愉快的没有压力的购买经历。往往成功的 80% 来自交流与建立感情,20% 来自于产品本身。

(4) 使用一份交车清单,销售顾问在商定的日期把车完好地交给客户。

(5) 销售顾问把客户介绍给维修和配件人员。

(6) 对每一个购买了汽车的客户,销售顾问应在客户购买后一周之内同他们联系,以保证客户完全满意。

3. 汽车售后服务的注意事项

汽车销售人员通过努力促成了最后的交易,但要切忌,销售工作完成后,所要发挥的工作精神比销售完毕之前还要多。没有一种汽车产品是十全十美的,当然制造品质越好,其所需的售后服务就越少。良好的售后服务,是汽车销售工作的延伸。优秀的汽车销售公司,往往都表现出出色的汽车售后服务。

(1) 及时通知汽车用户进行定期的汽车维护、检查、更换机油配件等。

(2) 对于完成交易的汽车用户,一年最少要进行一次信用满意度调查。保留住一个老客户要比去物色两个新客户好得多。

(3) 对保养及维修服务提供方便的预约。

(4) 提供周到的服务(提供运输服务、休息室、24小时急救服务等)。

(5) 客户来到维修部门即开始接待程序。并在开始进行保养及维修工作之前对汽车进行检查,且尽量同客户一起检查。

(6) 认真确定维修项目,按照维修顺序作准确记录,正式及礼貌地向客户说明将要进行的工作。在开始维修工作之前向客户提供一份估价单。

(7) 尽快开始汽车的维修工作。

(8) 在商定的时间将汽车准备好。

(9) 保证客户得到有关维修工作和费用的详细解释。

(10) 在保养或维修工作完成后的一周内主动与客户联系回访,保证客户保养和维修完全满意。

11.2.2　汽车展厅布置注意事项

展厅是客户参观挑选车辆的地方,因此其工作环境应该令人感到舒适、清新。展厅的布置首先应该做到以下三点。

(1) 充分整理,合理分类。要区分工作环境中的物品哪些是有用的(或再细分为常用和不常用,急用和缓用),哪些是无用的。将有用的物品进行科学整齐的布置和摆放,将无用的物品和明显的垃圾及时清除掉。

(2) 保持清洁。在整理的基础上,根据工作环境、物品的作用和重要性等,进一步进行清除细微垃圾、灰尘等污染源的活动。

(3) 进一步美化。除了达到整齐、干净等基本要求外,还应使环境符合人性美学要求并与工作场合协调,要经常性地督促,使员工形成习惯。

图11-8所示为广州本田汽车展厅。

在展厅布置的具体实施过程中应该注意以下问题。

图11-8　广州本田汽车展厅

1) 展车的摆放

展车数量应根据展厅空间的大小合理确定,一般来讲 3~5 辆为宜。展厅绝不能变成仓库,面积大的展厅可以考虑各种颜色的展车共同摆放,展厅较小的话要以深色展车为主,以配合展厅内较浅的色调,并且用灯光打出丰富多彩的色彩。对重点车型可以根据情况设计独立的展台,以起到突出的作用。要为每台车配备精致的展示牌,上面写明车型款式、主要技术参数、售价等关键信息,展示牌样式尺寸要统一。

展车摆放时要充分展示该车的优势,尽量掩饰弥补其不足之处。例如,有的三排座的车后排座椅空间较小,展示时应通过调整三排座椅间距离尽量减小这种感觉;为了突出某些 SUV 车辆后部空间大的特点,可在其中放入高尔夫球包、旅行箱等物品,甚至可以放入两辆自行车以展示后部空间。展车摆放时要充分体现促销意图。例如,应通过展车的摆放积极地促销滞销车型;产品系列很丰富的车,要根据当时销售重点的不同,突出摆放需大力销售的车型;先进先出是销售工作的一个原则,作为展示车的样车最长应 2 周更换一次。

展示车一般必须设专人管理。展车必须状态良好,外表无擦痕、无指纹、无油污物、脚印;展示车内部无用的纸片塑料薄膜等物要清除干净,且每天不少于两次清洁;展车表面应打蜡处理,黑色塑料件、轮胎表面喷射光亮剂;发动机箱、门边、轮胎挡泥板、底边等细微处要清洁到位;展示车辆必须有质地较好的脚垫,不许使用有异味的塑料橡胶制品;如果有条件的展销商可以对车内部加以布置,但不应该影响产品的性能,绝对不允许对展示车进行私自改装;展车内一般不允许使用任何空气清新剂及气味品,随时保持展车处于最佳状态。

展厅除了摆放新车之外还可以根据特定的意图摆放特殊的东西。例如,有的摆放有剖切的车用发动机,以达到展示介绍和突出高科技这一目的。有一家展厅摆放了一台碰撞事故后的汽车车架,虽然前部受损严重,双安全气囊已经打开,但前门能够开启,驾驶室变形不是很厉害,充分表明了该车的安全性。

2) 展厅内的其他布置

灯光对于美化展厅有着举足轻重的作用,所以要高度重视,灯光设计一般由专业公司来完成。顶灯用于展厅整体的照明,标识灯用于形象墙的照明,展车射灯用于展车的美化及色彩变幻,地灯用于展台、展车底部和展厅内植物的照明,墙面射灯用于墙面背景画、招贴画的照明,夜灯用于夜间照明。

总台的台面要清洁整齐,勿杂乱。一般只留电话、文件夹、装饰品(如一盆花)等。

客户接待室的资料柜要整洁,桌面上清洁无杂物。客户休息区一般应设沙发、茶几、电视、VCD 机等物品。整体感觉应温馨、随意,区别于展厅内其他的区域。如地面可铺木质地板,沙发尽量舒服,色调尽量柔和等。

儿童娱乐区按规定设置应有的设施,特别注意不允许有安全隐患。

墙面招贴画应根据展厅实际情况设置,洽谈桌一般是一桌四椅,桌面清洁,烟灰缸随时清洗干净;雨伞架可以为客户准备雨伞若干把,用于接待客人;资料架应保持干净、整洁;展厅内必须有足够的绿色,茶几桌面应用小的植物点缀;室内空气要保持清新,经常通风,每周至少两次喷洒空气清新剂,注意经常灭蚊灭虫;卫生间必须随时保持干净,无异味。

如图 11-9 所示为东风汽车展厅效果图。

图 11-9 东风汽车展厅效果图

11.2.3 汽车销售人员仪表、举止

1. 销售人员仪表

销售人员的着装应遵循整洁、统一、干净、安全的原则，树立专业、正规的形象（图 11-10）。男销售顾问每天要刮胡子，注意鼻毛是否剪短。女销售顾问注意要适当地化妆。一般来讲，头发不能凌乱，每天洗头，男销售顾问要半月理一次发，注意不要有明显的头屑，要有适合工作环境的发型，或按照公司的统一要求。发型长短适中，工作之前要将头发整理好。要及时修剪指甲，并且始终保持手的干净。女销售顾问的手指甲油注意不要太浓，手和脚等暴露部位的汗毛要及时修剪。在着装方面，注意工作服的统一、干净、平整，工作牌要戴在规定的地方。男销售顾问要佩戴领带，一般来讲，销售顾问不可以在手上戴带任何饰品。皮鞋要擦拭干净，袜子与鞋的搭配要合理，如黑皮鞋配深色袜子。

图 11-10 汽车销售人员仪表

2. 销售人员行为举止的要求

销售人员在进行交流时应注意自己的视线和笑容，二者要自然配合。不要长时间盯住对方，应适时挪动视线，切忌视线过度向上或向下、头不移动只移动视线等。笑容可以拉近与客户的距离，要保持微笑并做到自然，注意不能有严肃、傲慢和愤怒的表情。

销售人员的站姿一般为自然站立，双脚开度15mm左右，腿要伸直，两肩挺直，肩部保持水平，两手自然下垂或交叉放于腹部，抬头、挺胸、收腹，视线水平前视。

销售人员的坐姿：男性坐姿为在椅子前一个拳头距离处站立，其中一只脚后退半步，慢慢弯腰座下，坐时两膝间留有一个拳头位置，两膝平行向前两手放在腿上，背部与椅靠背留一个拳头空间。女性坐姿为在椅子前一个拳头距离处站立，其中一只脚退半步，同时两手压住腿上后部裙子，身体稍前倾，然后慢慢坐下，坐下时，两膝并拢，两手重叠放在腿上。

销售人员的行姿一般为重心平移，身体平移动，平移前伸脚步，上半身抬头、挺胸、收腹并保持相对稳定,不要移动身体,两脚内侧成一直线移动,手自然下垂摆动,视线水平前视,切忌摇头晃脑、驼背拖地和扭腰晃臀。

销售人员应正确掌握和使用礼仪语言,并掌握必要的本行业常用用语,说话时注意身体语言与说话的自然协调。

名片接送时的注意事项:递送名片时,用双手从胸前递出,名片卡文字方向应正面向着对方,在对方接受名片的同时,简要介绍自己及公司名字。接收名片时,要用双手接收,简要确认(或口述)名片内容;视情况,礼节性客套几句(如久仰、认识你很高兴等)。同时交换名片时,用右手递送自己的名片,同时用左手接对方的名片,右手递出名片后,缩回时接住接收的名片,然后稍作确认,视情况客套。注意送出的名片应该干净、整洁,对名片容易读错的字要进行解释,接收名片后要确认和回述,接收后不要折来折去或随意放置。客户的名片要妥善保管,不能草率对待对方的名片或忘记拿走。

陪同引导时的注意事项:引导手势一般为手掌平展,拇指自然靠近食指侧面,手与前臂成一直线,手心倾斜指示方向,前后臂的夹角可表远近感,陪同引导时,在客人1～2步之前。在楼梯陪同引导时,在客人侧上方,2～3级台阶距离引导,在狭小路段或转弯时,让客人先走。在电梯陪同引导时,当电梯里已有人,进电梯时,先按住电梯门旁按钮,让客人先进;当电梯无人,进电梯时,自己先进入电梯,按住电梯按钮,等客人进来;离开电梯时,按住电梯按钮,让客人先走。

倒茶、倒咖啡时的注意事项:手要保持干净,茶具不能脏,不能有缺口,茶水的分量约为茶具容器的6～7成。茶碗有手柄时,手柄要正对客人,使用的抹布必须干净。倒咖啡时,糖袋和牛奶袋应该放在咖啡盘上。上茶时,应该先敲门,(即使门开着)再进门,然后将盘放在桌边上,从上座方向按照顺序从客人右侧用两手端出。

在销售过程中,销售人员应不要在展厅里喝水、吸烟及吃东西,不要在工作时间阅读与工作无关的书籍和杂志,不要与其他销售人员聚在一起闲谈,不要在前台接待处化妆、修整指甲、梳理头发等。

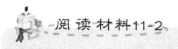
阅读材料11-2

丰田公司销售人员培训范例

日本丰田公司素有"销售的TOYOTA"这项美誉,目前,他们拥有超过35500位优秀销售人员。在丰田公司,一名新的汽车销售员需要经过一年的培训才能成为一名正式的销售人员。新人在进入公司后的前四个月交由机械部门培训,让销售人员对汽车的构造有透彻的了解,接下来的两个月开始接受销售培训,训练的重点分为人间性和科学性两个部分。

"人间性"指的是销售人员要了解客户的人性面、感情面及客户所处的立场,也就是通常所说的"情商"的培养,同时还注重销售人员所需的毅力、诚实、态度等方面的修行;"科学性"的重点是计划性地销售商品知识的充实及销售技巧的训练。经过训练后,新进的销售人员实际配属到各个分公司、营业所,由分公司、营业所的资深销售人员带领实战练习,自我评估是否能成为一名专业的汽车销售人员。

11.2.4 客户接待注意事项

在第一次与客户接触时,销售人员应当应用职业化的欢迎顾客的技巧,明确客户的想法和关注的问题,建立咨询服务关系,完好地推销所要销售的车辆。

1. 接待电话顾客

销售人员必须在电话铃响三声内接听电话。接听时应用左手接听电话,并且热情、清晰而又精神饱满地说:"您好,这里是×××公司"。在接听移动电话时应说:"您好,我是×××,×××汽车公司的销售顾问"。同顾客进行电话沟通时,应边听边记。电话挂断后,将接听内容和顾客信息进行归纳并填写《顾客来电登记表》。

销售人员应按如下要求接听电话。

(1) 重复电话主要内容,再做确认。

(2) 感谢顾客来电。在感谢顾客给专营店来电和说"再见"之前,询问顾客还有什么其他的要求。

(3) 如接听固定电话,则再次明确告知专营店的名称和你的姓名,并感谢顾客来电。要等对方挂断电话后再挂电话。

(4) 以礼貌和帮助的态度来弄清顾客的需求,如果是电话找人,则提示他稍等,迅速将电话转给他要找的人。或者告诉顾客他的电话将被转接,并告知他转接电话人的姓名,或者向被转接者说明顾客的需求,以节省顾客的时间,使其不必再重复所说的话。

(5) 如果被访者正忙,就询问顾客是否愿意等一下,但不能让顾客等待的时间超过10s,一旦超过了10s,应及时将电话转回来向顾客说明,并询问他是否可以再等一等。因为,超过10s的等待,容易让顾客产生烦躁难耐的心情。

(6) 如果被访者不在,应询问顾客怎么给他回电话。若被访者在附近则用手遮住话筒,再请被访者前来接听。

(7) 如果顾客来电是询问相关事宜,则回答顾客询问前先问:"请问先生(小姐)贵姓?"必要时重述来电者问题以示尊重,并做确认。若一时无法回答顾客询问的问题,则请顾客稍等,向同事问清答案后再回答,或请同事代为回答。

(8) 顾客咨询车的价格、配置等相关技术问题时,一定要非常流利、专业地给予回答。电话报价时,应遵循你所代理品牌的汽车公司所规定的报价,其他费用明细也应报得非常准确。

(9) 如顾客电话是咨询售后服务的,回答应尽可能准确、明确,帮助顾客解决问题,一时解决不了的,应让顾客留下联系电话,并马上交给售后服务部负责跟进。同时,销售人员应在《来电顾客登记表》上注明相关内容。如果顾客来电的目的是咨询二手车的相关事宜,则转请负责二手车的人员按照有关"二手车销售"的内容来进行回答。

(10) 应主动邀请顾客来专营店参观、看车或参加试乘试驾,并尽可能地留下顾客姓氏和联系方式,但不要强求。挂电话前,要再一次感谢顾客来电。

2. 接待来访顾客

销售人员应随时注意进入展厅的顾客。顾客一进门,展厅销售人员要面带微笑、双眼注视顾客、稍稍鞠躬,并说"欢迎光临"。若是二人以上同行,则不可忽视对其他人的照顾。顾客经过任何工作人员旁边时,工作人员即使忙于其他工作,也应面带微笑点头致意。销售人员要马上微笑前迎,并说:"先生(小姐)您好,来看车吗?"一边递上名片一边自我介绍说:"我是×××,您先看着,如果有事我就在您的附近,随叫随到。"接着你应离开顾客。

若顾客不需要销售人员陪同,那就让顾客轻松自在地活动,但你仍应随时注意观察顾客的动态,如顾客在看什么、顾客关心什么、顾客在意什么,以便及时地调整自己的销售方案。若发现顾客有疑问时或需要服务的迹象时,要立即上前服务,最好将顾客引入洽谈区坐下。

在接待顾客的过程中,针对不同的情况,要不同对待。

(1) 不是本店的老顾客来店寻求帮助时,销售人员要表示出关心,请顾客坐下,递上茶水等饮料,问清车况、事发地点及可能发生故障的原因,并且马上通知相关的服务人员前来处理,让顾客感觉到你真心诚意地愿意帮助他。

(2) 当确认顾客来店的目的不是买车而是要求和专营店的某人谈话时,先请顾客在顾客休息区坐下,然后马上通知被访者会客。奉上茶水并说:"先生(小姐)请用茶,请稍等一下,×××马上就来。"一直陪同顾客,直至证实他可以得到适当的帮助为止。如被访者不在,可以说:"×××刚好外出,请您先坐一下,我们马上帮您联络。"请顾客在顾客休息区坐下后,马上联络被访者。同时奉上茶水说:"先生(小姐)请用茶,我们已经在帮您联络他了。"询问顾客的需求,并且根据情况主动关心并提供服务。若无法联系到被访者,且其他销售人员也无法为其服务,则请客人留下姓名、电话及来访目的之后,再请被访者尽快和他联系,或写下被访人的移动电话号码,请顾客直接与被访人联系。此时应感谢顾客的光临,请求谅解,并表示今后如有需要,将再提供帮助。

(3) 当确认顾客来店的目的是想看看某款车,并且只是想自己一个人看看时,首先感谢顾客的光临,递上你的名片以便提供进一步的帮助。让顾客自己随意浏览参观,销售人员行注目礼,随时准备与顾客交流。适当时递上茶水,并说:"先生(小姐)请用茶。"尽可能让顾客留下联系资料,但不可强求。

(4) 当确认顾客来店是想看看某款车并需要帮助时,问清楚顾客需要解决什么问题,并重复一遍顾客所说内容,请顾客确认你对他来访目的的理解是否正确。适当时机递上茶水,并说:"先生(小姐)请用茶。"别忘了向顾客递上你的名片。如果顾客有疑问时可进行解答,如果顾客愿意继续往下交谈,在已获得顾客意向程度的基础上,可以借此机会再向他提一些问题,以便能更好地了解他的购买动机。

(5) 当确认顾客来店是看中某款车型,而且购买意向较强,但展厅暂时没有摆放时,应向顾客说明原因,如需要提前预订、销售很好、新车正在运输途中等,恰好表达该车型很畅销的信息,也可以说明公司可以为决定购买的顾客提供紧急调车等特殊服务。也可以根据销售人员掌握的新车采购计划和顾客另行约定看车时间。如果顾客对未展示的车辆表现得不是非常急迫,销售人员可以给顾客介绍其他款型的车辆。

无论来访的顾客是否表示出购车意向,在顾客离开展厅时,销售人员都要确认是否递交了自己的名片,并送顾客到门外,并说:"有需要帮助的时候请来电,欢迎下次光临,请慢走。"目送顾客离去。回到展厅后,及时整理、分析并将有关资料记录到《来店顾客信息表》中。

3. 咨询服务

咨询服务的主要内容是回答客户的提问，并主动进行介绍和问询（图 11-11）。咨询服务的目的就是了解客户的真正需求，引导、激发客户的购买欲望，促成交易。

图 11-11　接待来访顾客

首先，在咨询服务的过程中，应该从客户的角度出发，倾听他们的谈话，关注他们的需求，建议他们买什么合适，介绍清楚车辆的特征、配置、选装设备及优势。一定要友好、尊敬地进行交流，诚实、真诚地提供信息，让客户在销售中占主导地位。同时，还应该打消客户的各种担忧，如：担心受到虚假不平等的待遇，销售的产品和维修不能满足他们的要求，价格比他们预计的高等。倾听时一定要全神贯注，及时给出反馈信息，让客户知道你在聆听，对重要信息应加以强调，及时检查你对主要问题理解的准确性，重复你没有理解的问题。

其次，客户在选购汽车及配件过程中，会比较关心有关汽车及配件使用方面的知识。如果汽车及配件销售人员掌握的配件使用知识越全面，就越能使顾客满意。因此，掌握汽车及配件使用知识也是对汽车及配件销售人员的一项基本要求。汽车及配件使用知识涉及面广，它主要包括以下内容。

（1）汽车及配件名。正式的汽车及配件名称。
（2）质量。包括品质、强度、耐久性、试验结果。
（3）材料。使用的材料、材料的特点。
（4）用途。主要使用者、主要用途、其他特殊用途。
（5）使用方法。如何使用和操作。
（6）养护。保管、维护、特别的注意事项。
（7）时尚。使用这种汽车及配件的名人或公司，总的市场销售情况。

汽车及配件营销人员不仅自己要熟练掌握配件使用知识，还应针对客户的询问，把汽车及配件的有用性、功能及使用方法详细地向客户做一介绍。有时还需做示范，或让客户亲自试用，并给客户分发一些有关产品使用方面的小册子、说明书或宣传碟片。如果汽车及配件的使用过程比较复杂，还可开办专门的培训班。

此外，在客户咨询或购买汽车及配件时，一般会对汽车及配件质量有一定要求。因此，营销人员应对汽车及配件的产地、质量、特点等有较深的了解，能积极如实地向客户介绍，以满足客户的要求。同时，有关质量保修的规定，也是客户十分关心的问题。营销人员也应向客户详细介绍有关质量保修的规定，如质量保修的年限、承保范围、费用分担等问题，还可向客户发送质量保修卡。

在咨询服务的过程中收集的主要信息如下。

（1）客户的个人情况。了解客户的个人情况有助于掌握客户的实际需求。如是集体购买还是个人购买、购车的主要用途、生活方式、职业职务、预算、经济状况、做决定的人是谁、做决定的过程等。

（2）过去使用车的经验。如果客户有使用经验的话，应先了解其过去用的什么车，购车原因，以及对过去使用车的态度，重点掌握其不满之处。了解过去他们使用车的经验有助于理解客户再买车时究竟想要什么，不要什么。

（3）对新车的要求。是指对配置、颜色、款式、选装项等的要求。询问客户的需求和购买动机有助于销售人员针对客户的需求，突出具体车型的适用特点，以便更好地为这个客户服务。

阅读材料11-3

汽车销售牢记"不要轻易承诺"

2012年9月8日湖南华隆展厅销售顾问伍巍盼来了他跟踪回访1个月左右的客户周先生。周先生是一家建材公司的私人老板，女儿刚刚大学毕业。10月4日是女儿22岁的生日，打算在此时送一台新车给女儿，不仅为了庆祝女儿生日，也是为了方便其工作上下班时使用。

周先生今天是第二次光临湖南福特4S店，第一次接待时小伍给客户留下了深刻的印象。小伙子服务态度好、热心肠，平时又经常与客户保持联系，所以建立了比较良好的客户关系。今天周先生与太太一起来的，在简短沟通中，得知打算给女儿一个惊喜，试探性地问过女儿对新福克斯感觉怎么样，女儿表示非常喜欢新福克斯糖果红的二厢车型，但谈到购买时，只是说工作稳定之后再考虑。目前条件允许了，女儿工作一年基本稳定下来也让家人非常满意，所以今天就打算定下来，只是有个要求："必须要在10月4日当天提车"。销售顾问伍巍看了看车辆资源情况，店内可惜无现车，在途也没有车辆。询问了新车部现在预定是否能在10月4日达到，新车部给予的回复是"不能确定"。考虑到客户的感受，销售顾问心想，一般定车到车周期15个工作日基本上应该是没问题的。所以私自承诺了客户"一定没问题"，还建议客户早定早拿车，再晚定肯定就没法保证到货进度了。在愉快的商谈后，双方签署了新车定购合同。

十天之后，周先生第一次主动与小伍电话联系"小伍啊，车辆快到了吧"。销售顾问此时却还没回过神，马上跑到新车部落实资源进度情况，吞吞吐吐掂量了一会，回复客户"周总，快了快了，福克斯目前全国销售火热，资源真的非常紧张，您的车还未定到，这二天会抓紧为您安排，应该没问题的"。周先生听后心情有些不悦，表示不管什么原因一定要在10月4日提车。小伍此时才意识到事态的严重性，马上跑到新车部把事情的来龙去脉跟新车主管汇报了，务必拜托新车部想办法尽快安排，新车部也只好硬着头皮，三番两次的与厂家车辆资源部门联系。

9月25日，又是一周过去了，周先生再次与小伍电话联系"小伍，车到了吗？要是到不了，我可要你们公司赔偿"。小伍听到周先生的电话顿时紧张起来马上又跑到新车部，看到资源看板上资源已经定到了，一看时间，23号才发出，便回复客户：已经定到了。客户又再次强调"10月4日之后到店，到了我也不要了，便挂断了电话"。10月4日周先生到店，这次来不是为了提车，而是为了退定单，给说法及经济补偿。

通过这次销售案例我们应该深刻的反思如下问题。

第一：办不到，不确定的事情，不要轻易承诺客户，否则如同搬石头砸自己脚。

第二："勤则变，变则通"销售顾问应摆正一个良好的态度，定车之后也像潜在顾客一样地热诚、关爱、维系客户，跟进回访，如实并及时主动告之车辆到店进度情况。

第三：通过长时间努力建立起的良好的客户关系，最终通过不恰当的处理方法付之东流，很难再次得到客户的肯定和信任。

11.2.5 车辆展示注意事项

车辆展示是销售人员针对展示的车辆通过讲解与示范帮助顾客全面了解产品，进而使顾客产生购买欲望的过程。车辆展示的目的是使顾客对车辆性能有更直接的感性认识，进一步增强顾客的购买欲并体现其安全、高质量的品牌内涵。

车辆展示要为顾客的参观与操作提供方便。一般应注意以下几点。

(1) 注意车辆的颜色搭配。展示区域的车辆不能只有一种颜色，几种颜色搭配的效果会更好一些。

(2) 注意车辆的型号搭配。同一个品牌的车，可能有不同的系列。就是同一系列车型的车辆，也是从基本型到豪华型，价格有高有低，排量有大有小等，要求不同型号的车都应搭配展示。

(3) 注意车辆的摆放角度。应让客户感觉错落有致，而不是凌乱无序。

(4) 注意重点车型的摆放位置。重点车型是销售亮点，要把它们放在合适醒目的位置。特别是属于旗舰的车型，一定要突出它的位置。可以把一些特别需要展示的车辆停放在展示大厅的中心位置，其他车型根据颜色、款型的特点进行合理布置，既突出重点，也考虑顾客需求的多样性。

(5) 注意凸显产品特色。这是体现产品差异化，提高竞争力，使客户加深印象的重要手段。如图 11-12 所示为奥迪汽车展示。

图 11-12 奥迪汽车展示

作为展示的车辆应注意以下问题。

(1) 展车要全面清洁卫生，无手纹，无水痕(包括发动机室、排气管、车身、车门、门缝、玻璃、门拉手、前脸等部位)。车辆油漆的光洁度非常高，车门把手都是镀铬的，很亮，手触摸会留下指纹。所以，销售人员在展厅里面要随时随地地按照规范保持车辆的清洁度。水迹也是不允许的，特别是车辆夹缝里的水迹尤其要注意擦干净。

(2) 车辆要保持一尘不染，引擎盖打开以后，凡是视线可及的范围内都不允许有灰尘。

(3) 轮毂中间的LOGO(车标牌)应与地面成水平状态。

(4) 轮胎导水槽内要保持清洁、无异物。因为车是从外面开进展厅的，难免会在导水槽里面卡住一些石子等东西，这些东西都要去掉，还要清洗干净。

(5) 前排座椅调整到适当的距离，而且前排两个座位从侧面看必须是一致的，不能够一个前，一个后；不能够一个靠背倾斜的角度大一点，一个靠背倾斜的角度小一些，而且座位与方向盘也要有一个适当的距离，以方便客户的进出；两者距离太近了，客户坐进去不方便，这样会使客户有空间局促感，还以为是驾驶空间小了，其实是座位太靠前的缘故。

(6) 新车车厢内的方向盘、倒车镜、遮阳板、座椅等都有塑料薄膜包装物，展示的车辆应将包装物拆除。

(7) 调整好倒车镜、后视镜，使其处于一个合适的位置。

(8) 将方向盘摆正并调到适当位置。将仪表盘上的时钟调校为标准的北京时间。确认各功能开关所处的合适位置并试用，空调出风口在空调打开后有风。确认收音机功能范围内的频道包括交通台、文艺台在内已调好，左右喇叭声道、音量也已调好。可以准备一些音乐光盘，在向顾客介绍音响功能时使用。

(9) 将后座椅安全带折好用橡皮筋扎起来塞到后座座位中间的夹缝里，并留一半在外面。

(10) 展车里面放一些脚垫，如果脚垫上面有品牌标志，摆放的时候应注意标志的方向。同时要注意脚垫放正，脏了以后要及时更换。

(11) 后备厢整洁有序，无杂物，安全警示牌应放在后备厢的正中间。

(12) 展车放置时间长了，电瓶可能会亏电，所以要保证电瓶充足有电。

(13) 轮胎应该装饰和美化一些，可以采用亮光剂把它喷得乌亮。

试乘、试驾是一种很好的展示车辆的方式，可以让汽车自己推销自己，所以如果条件允许，应该尽量提供试乘、试驾服务。在试驾前，应确保车辆整洁，工作正常且燃油充足，办好路上所需的保险和执照。向客户介绍所有装备和使用方法，试驾客户必须有驾驶证，并签试驾协议以确保安全。应提供足够的试乘、试驾时间，一般以20~30min为宜。试车道路应避开有危险的路段，在途中有一地点可安全地更换驾驶员，尽可能选择有变化的道路以展示车辆的动力性、制动性、操纵稳定性、舒适性、内部的安静程度等性能。试驾中，应先由销售人员进行试驾，介绍车辆、指出汽车的各种特性并解答问题。顾客驾驶时销售顾问指出试车的道路并说明道路情况，顾客驾驶汽车时销售顾问相对保持安静，根据客户驾驶技术和提问等简要予以介绍。

11.2.6 处理顾客异议注意事项

顾客异议是指顾客对销售人员或其销售活动所做出的一种在形式上表现为怀疑或反面

意见的反映。简单地说，被顾客用来作为拒绝购买理由的就是顾客异议。广义的顾客异议不仅指顾客的意见及提出的各种各样的问题，还指在销售过程中顾客对销售人员的任何一个语言或举动的不赞同、质疑的行为。

异议产生的原因可能是顾客，也可能来自于销售人员。事实上，销售人员在与顾客交流的过程中，一旦让顾客感到不愉快，轻者，顾客会马上提出许多主观上的诸如这也不好，那也不喜欢等"虚拟"的异议；重者，则会马上撤离，终止在你这里的买卖行为。因为顾客担心即使在你这里买了车以后，在以后的售后服务的问题上也会合作不愉快。因此，如果我们的销售人员自身能够做得很好很到位，避免发生上述情况，实际上可以减少许多顾客异议的产生。

顾客提出异议就表明他有需求。顾客提出异议是好现象，顾客的异议暗示顾客对产品已开始有兴趣，否则就不会浪费时间徒劳地与销售人员继续讨论了。在处理顾客的异议时，必须坚持正确对待、避免争论、把握时机的原则。

1) 正确对待

虽说顾客的异议是销售的主要障碍之一，但在我们的日常汽车销售中，很少有顾客不提出"异议"的，正如我们前面所说过的那样，销售人员必须勇于面对这一普遍存在的现象。要以良好的心态正确地对待顾客提出的异议，把这个过程看成是一个必经的流程。

2) 避免争论

销售人员在回答顾客的问题或异议时常常会产生争论，这种现象在日常的销售活动中经常会发生。有时你会突然发现自己在不知不觉地和顾客争论起来，还不知道是怎样开的头，也弄不清究竟是由谁引起的。与顾客争论可以说是有百害而无一利，顾客一旦不高兴，就有可能终止买卖。所以，这就要求你必须牢牢地记住：无论顾客怎样挑你毛病，无论怎样反驳你，甚至即使他的话是错误的，你也不要与他争论。自己先要冷静下来，待顾客降温后再适当地加以陈述。

3) 把握时机

从顾客心理学的角度来讲，一般情况下，顾客为了证明自己的信息、自己的观点，或者想急于达到某种目的，往往会越说越多。在顾客说的话语中，有的是正确的，有的是自编的、听来的、没有依据的。你得让他说，在他说的过程中，及时地发现那些不正确的"异议"，这样你就会变主动。

11.2.7 交车注意事项

从顾客的角度来讲，当他(她)在交完车款办完各种手续准备开走自己的爱车时，心情大多会欣喜而激动，因此，整个交车的程序以及在交车的过程中销售人员应注意以下问题：

（1）交车当日的活动首先是客户挑选车辆。销售人员应先通知仓库保管员客户所选车辆的型号及颜色，并将车辆提至指定区域待选。销售人员应陪同客户进行选车，以及时解答顾客在选车过程中提出的疑问，待客户确定外观无损后，打开车门起动发动机，检查发动机是否运转正常，察看内饰件是否有损，各功能件是否操作无误。在选车的过程中一般而言不可以移动车辆。因顾客操作不当而造成的任何车辆损失问题由销售人员负责。

（2）客户确定好所要购买的车辆后，销售人员即可通知财务部门安排交款事宜。一般应该坚持车款到账提车的原则，以免产生不必要的纠纷。

（3）办完交款手续后，销售人员该为客户办理车辆交付的有关手续。车辆交付手续一般包括如下步骤。

① 领取档案。销售人员到仓库保管员处领取车辆档案，领取的档案一定要与客户所选定的车辆一致，当面核对档案袋内容，如合格证、技术参数表、车辆使用说明书、保修手册、点烟器及交车手续等。特别注意合格证上的车架号、发动机号与所售车辆要绝对一致。

② 开具发票。客户需提供有效证件作为开票依据。注意开完发票后要认真核对，确保其准确无误，以免为后续车辆落户工作造成麻烦。

③ 填写购车单。客户信息的填写务必要准确，为后续跟踪服务提供有效依据。交车前一小时完成所有行政、证件、交款的相关手续。

④ 建立客户档案。复印合格证、技术参数表、发票、客户有效证件、条形码用于建档。客户档案一般包括的内容有：加盖业务专用章的购车单一张、合格证复印件、技术参数表复印件、条形码和客户有效证件复印件、发票复印件、需要客户签字确认的汽车交付表、需要客户签字确认技术报告单等。

⑤ 填写保修手册。内容的填写必须详细、清晰且符合标准。分别由客户、销售部门、售后服务部门各留一份。

⑥ 车辆交付。再次核对发动机号和车架号是否清晰无误，检查随车工具是否齐备，为客户详细讲解车辆使用及操作过程中应注意的事项。客户在汽车交付表及技术报告单上签字确认完成交车。

⑦ 参观维修部门。带客户参观维修部门，向客户介绍适当的维修人员和维修程序，出现什么问题找什么部门解决。售后服务部门的工作人员向客户介绍汽车保修和保养计划、保养项目、保养秘诀等。销售、售后部门相关人员与客户合影留念，确认车主购车过程、交车流程是否满意，约定下次电话拜访的可能时间。

交车程序结束后，建立了俱乐部或会员制的公司要用一种恰当的方式将公司的会员卡送给客户，把与之相关的证件的复印件留档，并做好记录备查。提醒客户将公司介绍给其他客户。

11.2.8 投诉处理注意事项

无论多么努力，销售人员都无法避免地会遇到不满意的顾客。每一个销售人员都必须意识到，顾客的投诉是必然存在的，这对于销售人员来说是一件好事，对于顾客的投诉要抱着接纳和欢迎的态度。如果销售人员没有一个正确的认识，在处理顾客投诉时就容易与顾客对立。所以，成熟的销售人员懂得怎样正确对待和处理顾客的投诉和抱怨。汽车销售人员在处理顾客投诉时应该注意问题。

1. 倾听顾客的抱怨和投诉

顾客因对服务或产品不满意而产生激动的行为是可以理解的，他当时最大的愿望就是把心中的那股不满的情绪发泄出来。作为销售人员，这时候不可以和顾客争论，因为争论不仅对处在激动状态的顾客没有任何意义，反而会增加顾客的反感。销售人员要以诚心诚意的态度来倾听顾客的抱怨，当然，不只是用耳朵听，为了收集信息，在听的时候别忘了一定要将重要的内容记录下来。倾听能使抱怨者得到充分的发泄，痛痛快快地将他们的怨气吐出来，恢复冷静，也不会使抱怨扩大；同时，也让顾客感受到销售人员对他的尊重，以及对处理投诉的正确态度。因此，倾听在处理投诉的过程中非常重要，一定要让顾客发泄完之后再发表看法，千万不能打断顾客说话。

2. 换位思考，向顾客表示理解

当了解了顾客投诉或抱怨的原因后，不要急于辩解，而要站在顾客的角度，去理解顾客的感受。任何产品都不可能100%不出问题，否则汽车厂也不可能设置保修期。任何产品都会存在缺陷率，无论这个比率是多么的小，而发生在顾客身上，产品的缺陷率就是100%。因此，换位思考会让我们真正理解顾客的感受，设身处地地为顾客着想，这样我们才会发自内心地对顾客表示理解。能得到销售人员的理解，对顾客来说是非常重要的，这是对他心灵的一种安慰。任何人都不希望自己在别人眼中是一个不讲道理的人。如果顾客的投诉不能得到销售人员的理解，那么顾客就会认为销售人员将他看成不讲道理的人，那么在接下来的事件处理过程中，顾客就会真的不讲道理了。只有顾客感受到销售人员的理解才会使他变得理智。

3. 向顾客致歉

不管顾客投诉的问题是谁的责任，只要顾客有投诉或抱怨，销售人员就要向顾客表示歉意。很多销售人员在没有分清事情的责任之前不愿意或不想向顾客道歉，他们认为道歉就是认错，就会在事件的处理中处于被动，这是错误的观念。向顾客致歉不等于承认自己承担全部的责任，向顾客致歉仅仅是表达因为顾客使用我们提供的产品或服务而带来的不便或麻烦表示歉意，与事件的责任没有关系。销售人员要牢记"顾客永远是对的"这句话，不论顾客的抱怨和投诉是否合理，先道歉，然后再寻求解决方案。有时顾客投诉的问题很容易就得到解决，他所看重的也就是销售人员一句道歉的话，有时照顾顾客的面子比解决具体问题更重要。

4. 向顾客表明处理问题的态度

有些顾客投诉的问题可能非常重大，特别是涉及安全、法律等可能影响企业和顾客重大利益的问题，必须经过详尽的调查和核实之后，才能提出解决方案。因此，在有些投诉的处理上需要一定时间，无法给顾客一个及时的答复。此时，销售人员就必须向顾客说明原因，表明公司非常重视，一定会站在顾客的立场来公正地处理，绝不会推脱；同时也要向顾客承诺多长时间给予答复。这样就容易获得顾客的理解，为处理赢得宝贵时间，使顾客安心地等待我们的处理决定。

5. 了解顾客的真实想法和要求

在倾听顾客对于投诉内容的陈述后，销售人员一定要了解顾客的真实想法和具体的要求。了解顾客的真实想法和要求，有助于投诉的快速解决。如果顾客的要求不高，金额不多，销售人员在请示领导后就可以立即满足顾客的要求，马上解决，从而赢得顾客对我们的信心。

6. 把握事实真相

顾客在投诉的过程中由于有各种各样的目的，因此对于具体问题的陈述往往会进行加工甚至夸大，以此来引起公司的重视，期望获得最快的处理和最大的赔偿。因此，销售人员在了解顾客投诉内容时，不能仅凭顾客的陈述就贸然提出处理决定，一定要进行细致的调查和分析，通过调查和分析找出原因和责任。同时，销售人员还要确认车辆的状况、用户的信息等内容，只有弄清了事实真相才能保证有一个合理的解决方案。

7. 区分投诉的性质

销售人员在接到顾客投诉后,要对投诉的内容有一个基本的判断。投诉可以分为一般性投诉和重大投诉。重大投诉一定要向公司领导汇报,由公司领导出面来进行处理。索赔金额大的投诉,与安全方面相关的投诉,涉及媒体、律师、消协、政府机关等的投诉都属于重大投诉,这些投诉必须及时向公司领导汇报,销售人员不能擅自进行处理,否则会给公司带来更大的麻烦。

8. 提出处理意见并获得领导的支持

销售人员在了解了顾客投诉的具体情况以及顾客的要求后,要及时向公司领导汇报,详细介绍顾客的情况以及投诉的内容,提出自己的处理意见。由于在处理顾客投诉时,往往会涉及赔偿的问题,因此,必须经过公司领导的同意和认可。另外,公司领导可以利用他的经验给销售人员必要的指导。有时领导出面协助销售人员处理会起到事半功倍的效果。

9. 告知顾客,并征询顾客的意见

当处理方案确定后,要立即告知顾客,并征询顾客的意见。销售人员要向顾客详细介绍处理方案的具体内容,表明公司认真负责的态度,并对顾客的配合和支持表示感谢。要想获得顾客的认可,销售人员还要向顾客表明双赢的思想,由于顾客购车后与销售店会长期交往,如果双方都能彼此谅解,对双方今后都会有好处的。

10. 迅速执行处理方案

顾客认可了销售店的处理方案,销售人员就应该立即执行,以最快的速度帮助顾客解决问题。同时,为了使顾客能够转忧为喜,一般情况经销店都会为顾客准备一份小礼品,表达歉意,同时也让顾客感受到受重视、被尊重。通过这种超出顾客期望的服务,让顾客从满意到感动。

投诉处理后,要及时了解顾客对于处理结果的满意程度,以便销售人员及时跟进。销售人员还需要对顾客的投诉进行细致的分析和总结,找出工作中存在的问题,及时调整工作流程和工作标准,防止此类事件的再次发生。每一次顾客投诉都要详细记录处理的过程和结果,以此作为日常工作的经验积累。销售人员要在事件处理后,认真填写用户投诉处理报告,并将报告存档。

综合习题

一、填空题

1. 汽车销售程序包括:_____、_____、_____、_____和_____五项内容。
2. 汽车整车销售的特点包括:_____、_____、_____和_____。
3. 汽车整车销售模式有_____、_____、_____、_____、_____、_____和_____七种。
4. _____是汽车营销工作的核心,是汽车销售公司的基本职责,其流程一般包括:_____、_____、_____、_____、_____、_____。

5. 在处理顾客异议时，必须坚持：_____、_____、_____的原则。

二、名词解释

（1）汽车销售实务；（2）汽车整车销售；（3）汽车试乘试驾；（4）顾客异议。

三、简答题

1. 简述汽车整车销售的特点及发展趋势。
2. 简述汽车整车销售流程。
3. 根据整车销售的特点及波动性，假如你作为一个销售经理，你将对目前的汽车销售模式做如何改进？
4. 简述售后服务的意义及内容。
5. 简述汽车销售的基本法则。
6. 汽车展厅布置要注意哪些问题？
7. 汽车销售人员在处理顾客投诉时应注意哪些问题？

四、案例分析题

（1）从案例中可以看出汽车售后服务有何作用和意义？
（2）你认为汽车售后服务工作的内容有哪些？
（3）现代汽车营销认为售后服务应从汽车销售之前就开始，你同意这种观点吗？为什么？

汽车售后服务从汽车销售前就开始

买车时，消费者最不放心的就是售后服务，但在华鑫汽车销售大厅里，这种服务在买车时已经建立了。

一天，某公司的部门主管沈小姐走进整洁、宽敞、明亮、开着空调的销售大厅一楼。她一个月前选好了一辆派力奥轿车，今天是特意来提车的。南京菲亚特公司自推出新车派力奥以来，销售火爆，沈小姐通过广告才知道，原来誉满全球的法拉利跑车竟然是意大利菲亚特公司生产的，于是正想购车的她便选择了派力奥。当得知沈小姐是电话预约好前来提车时，工作人员马上通知了销售经理，并由售车小姐在前面领路，引导沈小姐来到了宽敞的展厅。"沈小姐，这是您的车钥匙，插到钥匙孔中右旋就可以了"工作人员把车门打开将钥匙双手交给了沈小姐，开始介绍汽车的各个功能。

工作人员先是请沈小姐一同坐在车上，然后对车内的设施进行讲解，如音响、空调、安全带的使用，座椅及头枕的调整等并请沈小姐操作，或许是因为工作人员业务熟练，讲话较快，沈小姐不时地要求工作人员重复一些讲过的内容，这时另一位工作人员则将介绍过的功能在新车交货表上逐一做上标记，从车上下来后，工作人员演示了后备厢和油箱的开启，展示了备胎的位置，示范了千斤顶的使用方法，沈小姐明白之后，工作人员接着说："公司都要给售出的新车加5L汽油，"她请沈小姐看油表盘，"到红线位置即是5L，现在的油量大约是5L多一点。"通过介绍，沈小姐还了解到，派力奥1.3L车的多点燃油喷射发动机最大输出功率可达44.1kW（60马力）。该车持续行驶也能保持低油耗，适合在城市中使用。这时销售经理已经来了，他和另一位工作人员为沈小姐的新车拿来了一次性的方向盘套和一次性脚垫，并拿来一张表，销售经理说："沈小姐，感谢您购买南京菲亚特派力奥车及对我们的信任,我想在车辆交付前告知您,您的车已经接受了下列测试,这是技术报告单,请您过目。"技术报告单上的技术数据很全面,有起动和怠速数据,离合器操纵,变换挡位的操作状况,还有内外照明灯和前照灯光照度及汽车喇叭音量的调整,还包括各种油位控制等二十几项内容,沈小姐看完技术报告单,销售经理说:"这是公司新实行的交车程序的一部分。我们要让您感到,新车是为您'量身定做'的,希望您能对我们的工作满意。"销售经理代表公司同沈小姐一起在技术报告单和汽车交付表上签了字,销售经理及工作人员邀请沈小姐在她的新车面前同他们合影留念。据说,合影留念是交车过程的重要环节,可以缩短车主和公司之间的心理距离。整个交车过程大约持续了45min。完成了交车过程,沈小姐随工作人员来到了工作大厅,由工作人员代为办理牌照和车保等相关的手续。工作人员还向她提供了近百种样式颜色的汽车座套供选购,在沈小姐选定之后,工作人员马上将其安装上。

手续办好之后,工作人员告诉沈小姐,汽车在经过第二天的车检之后就真正属于她了。最后工作人员告诉沈小姐,两天后,她将收到公司给她的致谢信,以感谢她对菲亚特派力奥的惠顾。7天后,公司将打电话向她询问新车的使用状况和驾驶感觉。到首次维护时,公司将打电话提示。谈到购车的感受时,沈小姐表示,只是觉得车座套太贵,应免费赠送或打折,除此之外,她对整个服务比较满意。当沈小姐办完所有提车手续后,对售后服务的担心已经烟消云散了。原来,本应在售后才有的服务现在已经开始了。

华鑫公司完整的售时售后服务体系,再加上华鑫集团较早抢占汽车的销售市场,使公司在本地区有近1/3的汽车销售市场,无限的商机,雄厚的经济实力,再加上优质的售中售后服务使该集团在当前的激烈竞争中取得了优势。

▶ 资料来源:边伟. 汽车及配件营销 [M]. 西安:西安电子科技大学出版社,2007.

参考文献

[1] 中国标准化研究院. GB/T 4754—2011. 国民经济行业分类 [S]. 北京:中国标准出版社, 2011.
[2] 卢燕, 阎岩. 汽车服务企业管理 [M]. 北京:机械工业出版社, 2005.
[3] 巴兴强, 邓红星. 汽车技术服务市场总论 [M]. 北京:人民交通出版社, 2007.
[4] 管惟琦. 浅谈我国汽车市场营销现状的分析 [J]. 科技与企业, 2012(22):133.
[5] 姚新胜, 李遂亮. 关于我国汽车市场营销趋势的研究 [J]. 汽车工业研究, 2010(7):23-26.
[6] 李宗伟. 现今社会市场营销的发展趋势 [J]. 经营管理者, 2013(16):313.
[7] 刘雪峰. 我国汽车营销现状研究 [J]. 现代营销:学苑版, 2011(11):86.
[8] 徐向阳. 汽车市场营销学 [M]. 北京:机械工业出版社, 2007.
[9] 王琪. 汽车市场营销 [M]. 北京:机械工业出版社, 2009.
[10] 潘祥杰, 梁靖廷. 我国汽车市场战略定位的探讨 [J]. 汽车工业研究, 2002(1):25-28.
[11] 鑫焱. 品牌规划与战略规划如何实现联动 [J]. 企业研究, 2012(15):30-32.
[12] 张晶. 文化适应对消费者购买行为的影响 [J]. 经济理论与经济管理, 2013(12):43-55.
[13] 王松. 基于顾客让渡价值的顾客忠诚度培养研究 [J]. 价值工程, 2007(2):42-44.
[14] 浦维达. 汽车营销 [M]. 上海:上海三联书店, 2004.
[15] 苑玉凤. 汽车营销 [M]. 北京:机械工业出版社, 2005.
[16] 张发明. 汽车营销实务 [M]. 北京:机械工业出版社, 2009.
[17] [美] 菲利普·科特勒, [美] 加里·阿姆斯特朗. 市场营销原理 [M]. 郭国庆, 钱明辉, 陈栋, 等译. 11版. 北京:清华大学出版社, 2007.
[18] 徐向阳. 汽车市场调查与预测 [M]. 北京:机械工业出版社 2007.
[19] 黄水灵, 黄中南. 产品生命周期理论与我国轿车车型的升级换代战略 [J]. 上海汽车, 2004(8):6-9.
[20] 张国方, 陈令华. 试论汽车品牌的构成要素 [J]. 汽车工业研究, 2009(10):36-39.
[21] 王芳, 查恩铭. 我国汽车品牌营销策略 [J]. 汽车运用, 2007(5):19-20.
[22] 马春阳. 汽车品牌联合营销模式 [J]. 上海汽车, 2007(6):38-41.
[23] 阎文峰. 关于汽车行业中电子商务应用的研究 [J]. 汽车工业研究, 2011, 10:33-35.
[24] 张怀阁, 洪宪培. 东风商用车网络营销对策 [J]. 企业经济, 2013, 01:109-112.
[25] 范向南, 刘丽圆. 国内汽车网络营销的现状研究 [J]. 经营管理者, 2013, 07:289.
[26] 张向阳. 我国汽车网络营销创新模式探析 [J]. 电子商务, 2011, 10:28-29.
[27] 张国方, 刘刚. 汽车销售与服务 [M]. 北京:人民交通出版社, 2005.
[28] 李江天. 汽车销售实务 [M]. 北京:人民交通出版社, 2008.